本书获得东北师范大学政法学院学科建设经费资助

中国政治学与政治发展

（2022）

名誉主编　杨海蛟

执行主编　杨　弘　张等文

中国社会科学出版社

图书在版编目（CIP）数据

中国政治学与政治发展. 2022 / 杨弘，张等文主编. 北京：中国社会科学出版社，2024. 9. -- ISBN 978-7-5227-4156-7

Ⅰ. D6

中国国家版本馆 CIP 数据核字第 2024QT7931 号

出 版 人	赵剑英
责任编辑	周晓慧
责任校对	刘　念
责任印制	戴　宽

出　　版	中国社会科学出版社
社　　址	北京鼓楼西大街甲 158 号
邮　　编	100720
网　　址	http://www.csspw.cn
发 行 部	010-84083685
门 市 部	010-84029450
经　　销	新华书店及其他书店

印　　刷	北京明恒达印务有限公司
装　　订	廊坊市广阳区广增装订厂
版　　次	2024 年 9 月第 1 版
印　　次	2024 年 9 月第 1 次印刷

开　　本	710×1000　1/16
印　　张	35.5
插　　页	2
字　　数	548 千字
定　　价	196.00 元

凡购买中国社会科学出版社图书，如有质量问题请与本社营销中心联系调换
电话：010-84083683
版权所有　侵权必究

前　言

　　2022年是党和国家事业发展进程中极为重要的一年。一年来，中国在新时代十年变革中见证历史，在世界巨变环境中稳中求进，以高质量的发展答卷迎来党的二十大的胜利召开。党的二十大是在全党全国各族人民迈上全面建设社会主义现代化国家新征程、向第二个百年奋斗目标进军的关键时刻召开的一次十分重要的大会，吹响了以中国式现代化全面推进中华民族伟大复兴的号角。2022年，面对复杂严峻的国际环境和艰巨繁重的国内改革发展任务，以习近平同志为核心的党中央领导全党全军全国各族人民迎难而上、砥砺前行，在党的建设，全面依法治国，中国特色社会主义政治制度建设，党和国家机构改革，一体推进"不敢腐、不能腐、不想腐"，以大国风范诠释奥运精神，扎实推动共同富裕等方面取得重大成就，向世界展现了中国发展的新图景。

　　在这一年里，广大政治学者立足国内外政治发展实践，积极深入开展学术研究，服务于国家和社会发展的学科自主意识进一步彰显。具体而言，学者围绕中国式现代化、国家治理现代化以及建构中国政治学自主知识体系等重大问题展开深入研究，取得了重要的研究成果。国内学者在政治学研究方法方面将习近平新时代中国特色社会主义思想融入政治学本体论、认识论和方法论研究中，力图构建中国特色政治学研究方法体系；在西方政治思想研究方面取得了一系列新成果，研究成果的数量稳步增加，研究成果的质量不断提高，夯实了西方政治思想研究的学科基础；在中国政治思想史研究方面展现出学者对国内外政治学知识体系的反省，强调中国政治思想史研究要为中国政治学自主知识体系建构提供理论资源；公共行政学呈现出新的研究趋向，主要包括探索本土问题并总结中国经验、吸纳海外学者的研究成果并展开对话以及从技术、安全、生态等命题出发彰显中国公共行政学的学科责任和时代使命；中外政治制度研究取得了新进展，从制度理论及其应用、国家治理现代化、民主理论与实践、廉政建设与腐败治理等方面展开探究；国际政治与国际关系领域研究呈现出多元化、系统化的发展趋势，学者对习近平外交思想的理论内涵、马克思主义国际关系理论中国化、中国国际关系理论的建构路径、人类命运共同体的构建、大国竞争下的双边与多边关系、区域国别研究、全球治理等议题进行了深入探讨；比较政治学研究议题具有延续性，在引介国外研究成果的基础上，对国家建构、民主转型、民粹主义与政治极化等热点问题展开了深入研究；公共政策研究体现了新的时代特征，学术生态建设持续深化，学术合作网络初步建成，研究领域不断拓展，研究议题与时俱进；网络政治学、生命政治学、空间政治学、生态政治学、文化政治学、新制度主义政治学等政治学新兴学科研究方面涌现出大量学术成果。简言之，2022年，中国政治学界在政治学自主知识体系建构方面展现出明确而强烈的学科自觉，取得了丰硕的研究成果，为新时代以中国式现代化推进中华民族伟大复兴提供了重要的理论支撑。

目 录

中国政治建设的新进展 …………………… 孙 恒 刘方亮（1）
中国政治学研究的新动态 ………… 程竹汝 杨世照 孟 娴（27）
中国人大制度和人大工作理论研究与实践的新亮点
　　　　　　　　　　　………… 王维国 杨 莹 李 霞（65）
中国新型政党制度的新发展 ……… 张献生 刘海峰 伊青学（116）
中国民族区域自治制度理论研究与实践的新拓展
　　　　　　　　　　　………………… 郭雷庆 王嘉雯（142）
中国基层群众自治制度的新进展
　　　　　　　　　　　………… 吴易哲 路永豪 杨 弘（177）
中国行政体制改革的新探索 ……………… 王亚茹 许开轶（238）
中国反腐败理论研究与实践的新成就
　　　　　　　　　　　………… 樊倩倩 肖 鸿 张等文（257）
中国政治学研究方法本土化探索与创新的新势头
　　　　　　　　　　　………………… 黄鑫淼 李 猛（297）
西方政治思想研究的新动态 ……………… 漆程成 佟德志（317）
中国政治思想史研究的新进展 ………………… 张师伟（343）
中国公共行政学研究新趋向 ……… 谢程远 许开轶（378）
中外政治制度研究的新景象
　　　　　　　　　　　… 程凯 柏然 陈 虎 马雪松（395）
中国国际政治与国际关系研究的新态势
　　　　　　　　　　　………………… 吕耀东 鞠佳颖（446）

中国比较政治学研究的新气象
………………………………… 李 辛 吕同舟 周幼平（489）
中国公共政策研究的新面貌 ……………… 黄新华 段渲琪（512）
中国政治学新兴学科研究的新热点 ………… 黄杨森 王义保（544）

中国政治建设的新进展

孙 恒 刘方亮[*]

2022年，是极不平凡的一年。面对复杂严峻的国际环境和艰巨繁重的国内改革发展稳定任务，以习近平同志为核心的党中央领导全党全军全国各族人民迎难而上、砥砺前行，在党的建设、全面依法治国、中国特色社会主义政治制度建设、政府治理现代化、人权事业建设与处理各大关系上取得了重大进展，各项事业扎实推进，为全面建设社会主义现代化国家和实现中华民族伟大复兴打下了坚实基础。

一 党的建设成果显著

"办好中国的事情，关键在党，关键在于党的领导和党的建设。"[①] 2022年是党的二十大成功召开之年，全党上下坚持以习近平新时代中国特色社会主义思想为指导，以党的政治建设为统领，在思想建设、作风建设、组织建设、制度建设等方面取得了显著成效，有力地提高了党的执政能力和领导水平。

（一）政治建设成就显著

2022年，党和国家政治生活的首要大事就是中国共产党第二十

---

[*] 作者工作单位：孙恒、刘方亮，青岛大学政治与公共管理学院。
[①] 曾维伦主编：《新时代党的思想建设与理论武装》，中共党史出版社2018年版，第1页。

次全国代表大会胜利召开。此次大会是在我们迈上全面建设社会主义现代化国家新征程、向第二个百年奋斗目标进军的关键时刻召开的一次十分重要的大会。

此次大会通过的报告对当前的国际、国内形势进行了分析，对过去五年工作以及新时代以来发生的巨大变化进行了回顾和总结，对开创马克思主义中国化时代化、中国式现代化的特征和本质要求等一系列重要问题进行了论述，描绘了建设社会主义现代化强国的宏伟蓝图和实现途径，对今后五年党和国家事业的发展作出了总体规划，是党领导全国人民在新时代取得中国特色社会主义新成就的行动纲领。党的二十大报告对过去十年发生的巨大变化作出了十六点总结，其中有六个方面十分具有里程碑意义：一是"两个确立"取得了重要的政治成就；二是中国共产党经过革命性锻造变得更加坚强；三是完成了全面建成小康社会的任务；四是维护国家安全能力增强；五是中国的国际地位明显上升；六是中国制度优势进一步凸显。[1] 这些伟大变化都是在以习近平同志为核心的党中央的坚强领导与全党全军全国各族人民敢于攻坚克难的合力下取得的。党的二十大是中国共产党在百年辉煌成就的伟大起点上创造更大成就的大会，是在实践基础上进行理论创新、开辟马克思主义中国化时代化新境界的大会，是谋划以中国式现代化全面推进中华民族伟大复兴的大会。

党的二十大通过《中国共产党章程（修正案）》，实现了党章的又一次与时俱进。新的党章既蕴含着对中国共产党历次章程精髓的继承，又体现了党的理论和实践创新，同时始终坚持加强党的全面领导，坚持马克思主义中国化时代化，坚持加强中国共产党的自身建设。新的党章吸纳了十九大以来党在理论、实践和制度等方面的创新成果，把习近平新时代中国特色社会主义思想的新发展写入其中，增写了二十大报告确立的重大思想和观点指示。这有利于用最新思想指导实践，并将其贯彻落实到党和国家工作的各方面，更加彰显出我们党始终坚持追求真理、揭示真理、笃行真理的精神追求。

---

[1] 张研、董博婷：《夺取新时代中国特色社会主义新胜利的政治宣言和行动纲领》，《人民日报》2022年10月25日第4版。

（二）思想建设效果突出

思想政治工作是我党鲜明的政治优势。党的二十大报告提出了"全面加强党的思想建设"的战略要求。2022年，全党认真学习贯彻习近平新时代中国特色社会主义思想，并以这一思想为指引不断进行理论创新，在有效推动党的思想建设，巩固已有成果的同时开拓新的篇章，为社会主义建设提供强有力的思想保障。

这一年，全党开展了以"四个能不能"检验标准为主题的对党忠诚教育，以及"对党忠诚，始于足下"等多种形式的教育，引导党员干部把对党忠诚展现在贯彻落实党中央决策部署和做好本职工作上。中央和国家机关内部为提高领导干部、年轻干部的能力，开展了以提升政治判断力、政治领悟力、政治执行力为目的的专项培训，不断提高干部规避风险、解决困难的本领和水平。此外，一方面，全党加强学习贯彻党的二十大精神，深刻体悟新时代以来党和国家事业所取得的伟大成就，引导党员发扬奋斗精神，开展了以形势、成就、典型案例为主要内容的宣传活动。另一方面，全党上下认真学习《习近平谈治国理政》，着重研读习近平总书记关于部门工作的重要论述和重要指示，与时俱进地学习习近平总书记重要讲话精神，进一步强化了党员干部的思想武装。

（三）制度建设成就卓著

2022年，以习近平同志为核心的党中央注重顶层设计，统筹全局，持续完善党内法规制度体系。这一年，党和国家监督体系更加健全。中央巡视工作持续深化发展，坚持加强政治监督以及对党中央重大决策部署和改革内容的落实情况开展监督检查，督促领导班子依规依法履职用权。截至2022年12月底，上至中央，下至市县，各级都已建立起巡视巡察制度，构建了以党内监督为主导、与党和国家监督体系不断健全相适应的巡视巡察战略格局。[①] 2022年，中共中央办公

---

① 《推进新时代新征程巡视工作高质量发展 中央巡视工作领导小组办公室主要负责人就〈中央巡视工作规划（2023—2027年）〉答记者问》，《中国纪检监察》2023年第10期。

厅还印发了规范纪检监察机关派驻机构工作的基础性党内法规——《纪检监察机关派驻机构工作规则》，有效运用了新时代深化派驻机构改革的理论、制度和实践成果，对派驻机构工作作出了全面规范。此外，多部重要党内法规陆续出台，如《中国共产党纪律检查委员会工作条例》《信访工作条例》《推进领导干部能上能下规定》等，党内法规制度建设不断走深走实。

（四）作风建设效果明显

习近平总书记在党的二十大报告中指出："我们持之以恒正风肃纪，以钉钉子精神纠治'四风'，反对特权思想和特权现象，坚决整治群众身边的不正之风和腐败问题，刹住了一些长期没有刹住的歪风，纠治了一些多年未除的顽瘴痼疾。"① 这是对新时代党的作风建设实践和成效的科学总结、高度凝练，彰显出持之以恒推进全面从严治党的鲜明态度。

这一年，党中央坚持"不敢腐、不能腐、不想腐"一体推进，以"零容忍"的态度反腐，坚决防止"七个有之"问题的发生；坚决查处穿插多领域问题的腐败现象，坚决遏制领导干部变成"代理人"这类不正之风以及官商勾结污浊政治环境的歪风邪气，党风廉政建设取得重大进展。根据中央纪委国家监委公布的数据，2022年，被审查调查的中管干部共计32位，并公布了37位中管干部受党纪和政纪处分的情况。② "天网2022"行动于2022年1月至2022年11月期间，累计追回840名境外出逃人员，追回涉案资金65.5亿元。③ 同时，加强整治特权思想、"四风"问题泛滥的现象。这一年，继续筑牢中央八项规定堤坝，警惕并治理"四风"新表现形式，以及苗头性、倾向性、隐蔽性问题。据统计，2022年，全国共查处违反中央

---

① 习近平：《高举中国特色社会主义伟大旗帜 为全面建设社会主义现代化国家而团结奋斗——在中国共产党第二十次全国代表大会上的报告》，《人民日报》2022年10月26日第1版。

② 《中央纪委国家监委通报2022年对纪检监察干部监督检查审查调查情况》，《中国纪检监察报》2023年2月7日第1版。

③ 岳弘彬、赵欣悦：《反腐败斗争必须永远吹冲锋号》，人民网，http://politics.people.com.cn/n1/2023/0107/c1001-32601853.html。

八项规定精神问题95376起，批评教育并处理141348人，其中给予党纪政务处分96756人。① 此外，各级纪检监察机关严肃整治有损党的形象的享乐主义、形式主义、官僚主义弊病，严格处理乱作为、不作为等问题。针对非法收礼、隐蔽聚餐、占用公款等"隐形"享乐奢靡现象采取严厉措施，维护了风清气正的政治生态。

（五）组织建设不断深入

中国共产党始终把基层党组织和党员队伍建设作为党的建设的基础性工作。中央组织部最新党内统计数据显示，中国共产党党员总数为9804.1万名，基层党组织共计506.5万个。同时，党员队伍结构持续优化。具有大专及以上学历党员为5365.4万名，占54.7%；女党员为2930.2万名，占29.9%；少数民族党员为744.5万名，占7.6%。此外，基层党组织建设不断夯实。截至2022年12月31日，全国共设立基层党委28.9万个、总支部32万个、支部445.6万个②，农村、社区基层党组织带头人队伍进一步优化。组织建设更加规范完善。在基层党组织书记中，具有大专及以上学历的人员比上年提高10个以上百分点；35岁及以下的中青年书记比例比上年提高约5个百分点。③ 2022年，党中央高度重视基层党组织建设，各行业各领域基层党组织建设深入推进，组织凝聚力进一步增强，组织建设更加成熟完善。

与此同时，这一年进一步强化对党员干部的教育管理监督。2022年，各级党组织深入学习贯彻习近平新时代中国特色社会主义思想，不断加强党员教育工作力度，深入开展讲党课和学习榜样等党员教育活动，共举办教育培训177.3万次，基层党组织书记参与培训共计430.4万人次，④ 教育质量持续提升，有效增强了基层党组织的凝聚力。

---

① 王昊魁：《2022年全国查处违反中央八项规定精神问题95376起》，《光明日报》2023年1月18日第4版。
② 中共中央组织部：《中国共产党党内统计公报》，《人民日报》2023年7月1日第2版。
③ 《中国共产党党员队伍持续发展壮大》，《人民日报》2022年6月30日第3版。
④ 《中国共产党党员队伍持续发展壮大》，《人民日报》2022年6月30日第3版。

二 中国特色社会主义制度更加成熟定型

2022年，在习近平新时代中国特色社会主义思想的指引下，中国特色社会主义政治制度不断发展，社会主义民主政治的独特性和优越性得以充分彰显。

（一）人民代表大会制度取得显著成就

首先，深化对人民代表大会制度的规律性认识。在党的二十大报告中，习近平总书记系统概括了新时代以来我们党推进和发展人民代表大会制度的要求，即"必须坚持中国共产党领导，必须坚持用制度体系保障人民当家作主，必须坚持全面依法治国，必须坚持民主集中制，必须坚持中国特色社会主义政治发展道路，必须坚持推进国家治理体系和治理能力现代化。"[1] 由此系统概括、坚持和完善了人民代表大会制度的思路举措，不仅使人民代表大会制度的科学内涵和实践要求有了新的理论拓展，也为人民代表大会制度在全过程人民民主中发挥作用指明了方向。

其次，健全人大制度体系，推动人大工作取得重大进展。具体来说，一是以成体系的、完整科学的制度保证宪法的实施。2022年，人大把全面贯彻实施宪法摆在突出位置，设立国家宪法日，建立并完善宪法宣誓制度，为坚持实现宪法威严提供了有力保障。二是发挥人大立法职能，与时俱进地完善中国特色社会主义法律体系。2022年，人大加强多个重点领域立法工作，制定《中华人民共和国期货和衍生品法》《中华人民共和国节约能源法》，健全社会主义市场经济法律体系；制定《中华人民共和国黄河保护法》《中华人民共和国反电信网络诈骗法》，推进民生、环保领域立法不断完善，为各领域改革创新提供了更完善的法治保障。三是依法履行监督权。一年来，全国人大及其常委

---

[1] 习近平：《高举中国特色社会主义伟大旗帜　为全面建设社会主义现代化国家而团结奋斗——在中国共产党第二十次全国代表大会上的报告》，《人民日报》2022年10月26日第1版。

会积极履行监督职能，围绕改革发展关键任务展开布局，增强监督的实效性，听取审议国务院、国家监委会、最高人民法院及最高人民检察院的相关工作报告，切实解决监督工作中存在的"四不"问题。四是充分发挥人大代表作用，落实为人民服务的基本原则。全国人大常委会制定了35条有关加强和改进全国人大代表工作的具体措施，完善了列席全国人大常委会会议的人大代表座谈机制以促进人大代表依法履行职责。此外，全国各级人大建立的人大代表联络站、"人大代表之家"等平台达22万余个，人大代表联系群众的渠道更加畅通。①

（二）协商民主制度愈加成熟

协商民主制度是中国民主政治的特有形式和独特优势。2022年，党中央坚持推进协商民主规范化、制度化、程序化，构建起适合中国现阶段发展要求的协商民主制度和工作机制。这一年，完善了民主党派中央对重大决策落实情况的监督制度，健全民主党派中央直接向中共中央提出建议的制度规范，完善人民政协专门协商机构制度建设。同时，推进基层协商民主，发展"众人的事情由众人商量"的制度化实践，完善基层组织联系群众制度，从制度上保障协商见实效。此外，协商民主的实践形式更加多样。一年来，协商民主实践科学发展，有序展开，形成了既直抒己见，又依法依规的良好协商氛围。具体来说，一是协商领域更加全面，从国家立法、国民经济发展等事关党和国家发展的大事要事，到物业管理、社区治理、垃圾分类管理等日常难事琐事，人民群众都能切实参与其中。二是协商层级更加广泛，从中央到地方、基层，各个层级、各个方面都呈现出一派良好景象。三是协商渠道更加畅通，政党协商、政协协商、基层协商等渠道运行更加通畅，在人民内部各个方面形成了广开言路、集思广益的良好局面。四是协商形式更加丰富，人们可以通过会议、座谈、咨询、评估等多种途径和方式参与到协商中，更好地将人民民主理念落实到生动具体的民主实践中来。

---

① 齐惠：《群众路线为全过程人民民主提供内生动力》，《人民论坛·学术前沿》2021年第23期。

(三) 坚持和完善民族区域自治制度

民族区域自治制度是被历史与现实证明了的有效处理民族问题的基本政治制度，具有鲜明的中国特色、历史根基和现实支撑。2022年，民族区域自治制度进一步发展完善，推动中华民族共同体意识不断铸牢，社会主义民族关系稳步前进。

习近平总书记在党的二十大报告中强调："以铸牢中华民族共同体意识为主线，坚定不移走中国特色解决民族问题的正确道路，坚持和完善民族区域自治制度，加强和改进党的民族工作，全面推进民族团结进步事业。"[①] 以此为指导，各级国家机关和民族区域地方推进多种形式的铸牢中华民族共同体意识的机构建设和主题活动，并将民族地区的发展自觉融入中华民族伟大复兴战略全局，将依法行使民族区域自治权与贯彻执行党的方针政策有机结合，形成了铸牢中华民族共同体意识的强大合力。例如，新疆维吾尔自治区持续开展"民族团结一家亲"联谊活动，120多万名干部职工与160多万户各族基层群众家庭结对认亲，办好实事2400多万件。[②] 同时，各民族地方持续巩固拓展脱贫攻坚成果，助力扶持乡村振兴，有效改善了各族人民的物质生活条件。例如，广西壮族自治区少数民族聚居区脱贫人口人均纯收入达14920元，同比增长12.6%[③]，高于全国平均水平；新疆维吾尔自治区全区居民人均可支配收入超过2.7万元，比上年增长3.8%，尤其是农村居民人均可支配收入增长率达到6.3%。[④] 此外，民族区域自治制度也为坚持平等团结互助和谐的基本原则提供了制度保障。这一年，各民族自治地方在《中华人民共和国民族区域自治法》的

---

① 习近平：《高举中国特色社会主义伟大旗帜 为全面建设社会主义现代化国家而团结奋斗——在中国共产党第二十次全国代表大会上的报告 (2022年10月16日)》，人民出版社2022年版，第39页。

② 李慧等：《新疆：天山南北展新颜》，《光明日报》2022年8月10日第5版。

③ 覃文武、何明华：《广西加快少数民族聚居区发展》，《广西日报》2023年2月24日第12版。

④ 《新疆维吾尔自治区2022年国民经济和社会发展统计公报》，新疆维吾尔自治区人民政府网，https://www.xinjiang.gov.cn/xinjiang/tjgb/202303/a527e6eb22524c40bc7fca952a05710e.shtml。

指引下，把维护国家统一和民族团结作为首要职责，有力地担负起维护和发展社会主义民族关系的责任，对民族歧视等破坏民族团结和制造民族分裂的行为予以严令禁止，促进民族地区发展水平进一步提高。

（四）基层群众自治制度不断发展

基层民主是中国社会主义民主政治中不可或缺的一部分。2022年，全国各地持续推进基层民主实践，不断开拓创新基层民主形式，完善基层群众自治机制等，基层民主活力进一步增强，基层民主建设取得显著成效。一是坚持党建引领基层民主发展。2022年，各地自觉以党建引领基层社会治理，不断健全党领导基层治理的制度体系，通过"第一书记"等形式强化党在基层的领导能力，夯实党在基层的群众基础。二是以法治和制度建设保障基层民主发展。2022年，各地继续深入贯彻落实《中华人民共和国村民委员会组织法》《中华人民共和国城市居民委员会组织法》和《关于加强基层治理体系和治理能力现代化建设的意见》等相关法律和政策。在此基础上，进一步完善权力清单制度、责任清单制度、负面清单制度、办事公开制度等，高质量推进基层民主制度建设，构建起了成体系、合规范、运行有效的基层民主制度体系。三是以科技创新营造基层民主发展新模式。2022年，各地运用数字技术等建设智能化共享管理平台，有效促进了基层民主实践的数据化、智能化，创造出"网格＋联办""线上＋线下""公众号＋数字化"多式多样的基层治理新方案，为新时代基层治理问题提供了更开阔的视野。

三 全面推进依法治国 建设社会主义法治国家

党的二十大报告对新时代法治建设总体要求及完善中国特色社会主义法律体系等具体要求作出了全面阐述。2022年，在习近平法治思想指引下，全国上下认真贯彻落实依法治国的基本方略，全面依法治国实践取得重大进展。

(一) 立法工作稳中求进

2022年，全国人大及其常委会统筹推进国内法治和涉外法治建设，加强重点领域、新兴领域、涉外领域立法，制定法律6件，修改法律10件次，作出法律解释1件，通过有关法律问题和重大问题决定7件。新制定的法律包括《中华人民共和国预备役人员法》《中华人民共和国黄河保护法》《中华人民共和国反电信网络诈骗法》《中华人民共和国黑土地保护法》《中华人民共和国期货和衍生品法》等。新修订或者修改的法律包括《中华人民共和国对外贸易法》《中华人民共和国野生动物保护法》《中华人民共和国妇女权益保障法》《中华人民共和国畜牧法》《中华人民共和国农产品质量安全法》《中华人民共和国体育法》《中华人民共和国反垄断法》《全国人民代表大会常务委员会议事规则》《中华人民共和国职业教育法》《地方各级人民代表大会和地方各级人民政府组织法》等。此外，处在审议修改过程中的法律还有《中华人民共和国传染病防治法》《中华人民共和国国境卫生检疫法》，处在审议新制定过程中的法律有"突发公共卫生事件应对法""金融稳定法""学前教育法""粮食安全保障法""社会救助法"等。[1] 这些重要的立法举措和立法成效使得社会法律规范基础进一步得到丰富和充实。在习近平法治思想指引下，国家立法能力建设持续加强，立法工作专业化水平进一步提高，中国特色社会主义法治体系不断健全，法治中国建设不断迈出新步伐。

与此同时，地方立法也取得卓越成果。这一年来，各省级行政区总计制定地方性法规386件，修改396件，废止72件，批准设区的市、自治州、自治县的地方性法规、自治条例共700余件，其中设区的市新制定地方性法规521件。各省年度平均制定地方性法规122件，修改12.5件，废止23件；28个省、自治区平均年度批准设区的市地方性法规18.6件，[2] 使地方立法的实效性不断增强，有力地推动了科技创新、数字经济、就业保障、基层社会治理等方面工作的开展。

---

[1] 《国家法律法规数据库》，https://flk.npc.gov.cn。
[2] 同然：《地方立法统计分析报告：2022年度》，《地方立法研究》2023年第1期。

（二）严格执法，促进执法规范化

2022年，各执法机关维护法律权威，坚持严格规范执法，有效提升了执法水平和能力。首先，严格公安执法。一年来，全国公安机关完善治安执法、公共安全防控等各项举措，推动公共安全管理工作取得新成就。自2022年6月25日起，全国公安机关开展了为期百日的集中执法整治行动，影响范围覆盖全国。在行动期间，全国公安机关深入开展系列打击整治行动，重拳严惩治安类违法犯罪，特别是对挂账督办的治安部门管辖的54起特大刑事案件、475起重大刑事案件开展重点攻坚，全部成功告破；截至9月27日，本次打击整治行动共破获刑事案件64万余起，抓获违法犯罪嫌疑人143万余名，挂牌整治治安乱点7442个，全国刑事案件实现了立案数下降4.5%，破案数上升25.3%。①

其次，严格市场监管执法。2022年，国家市场监管总局和各地市场监管部门全面加大执法力度，推动经济社会持续健康发展。在反垄断执法工作方面，全年共查办滥用行政权力排除、限制竞争案件73件；查处垄断协议、违法占有市场支配地位案件29件，罚款7.35亿元；审结经营者集中申报案件794件，公开处罚32起未依法申报案件；查办各类不正当竞争案件9069件，有效维护了公平竞争的市场秩序。此外，国家市场监管总局加强对市场秩序的依法治理，针对性质恶劣的典型案件予以依法查办，全年共查办民生领域违法案件20.6万件，移送公安机关3500多件，全国18个省份联动销毁侵权假冒伪劣商品3000多吨。②

最后，严格环境保护执法。2022年，生态环境部门始终保持严的主基调，牢牢保证环境保护执法的严肃性。全年各级生态环境部门

---

① 《通报全国公安机关扎实做好"百日行动"各项工作有关情况，介绍部署开展"9·30"烈士纪念日活动，以及国庆长假安保维稳工作的有关情况》，中华人民共和国公安部网站，https://www.mps.gov.cn/n2254536/n2254544/n2254552/n8707455/n8707473/c8708140/content.html。

② 《市场监管总局2022年法治政府建设年度报告》，国家市场监督管理总局网站，https://www.samr.gov.cn/zw/zfxxgk/fdzdgknr/fgs/art/2023/art_9e39e60803074beb9e4352c896bae14d.html。

共下达行政处罚决定 9.1 万个，罚款数额共计 76.72 亿元；全国各级法院共审结环境资源一审案件 24.5 万件；全国各级检察机关共对破坏环境资源类犯罪案件提起公诉 2.16 万件，涉及 3.7 万人，立案办理生态环境和资源保护领域公益诉讼案件 9.5 万件；司法鉴定机构完成环境损害鉴定 2 万余件；配套实施五类案件 9850 件，其中按日连续处罚案件数量为 143 件，罚款金额为 1.55 亿元，查封、扣押案件 4836 件，限产、停产案件 629 件，移送拘留案件 2815 件，移送涉嫌环境污染犯罪案件 1427 件。[①] 并曝光影响恶劣的重大环境违法犯罪典型案例，对不法分子加以震慑。这一年，生态环境执法治理体系不断完善，治理能力有所提升，为推动生态环境质量不断改善，加快推进人与自然和谐共生的现代化，助力经济社会高质量发展提供了重大支撑。

（三）公正司法，推进司法体制改革

2022 年是党的二十大后持续深化司法体制综合配套改革的起始之年，也是人民法院司法体制改革承上启下的重要一年。一年来，中国推进司法改革建设，加强司法体制改革，取得了显著的成效。第一，最高人民法院立足各地法院审判工作实际，制定印发《关于规范合议庭运行机制的意见》，进一步细化了合议庭组成机制，完善了成员职责、评议规则和裁判文书制作方式，不仅规范了合议庭的运行机制，而且强调与此前建立的规范审判权运行的相关制度机制有机贯通，由此形成配套衔接的审判权力运行体系。第二，民事诉讼程序繁简分流改革试点成果上升为法律制度。最高人民法院及时完善相关司法解释，推动司法确认、简易程序、在线诉讼等制度创新，使人民群众更加高效便捷低成本地解决纠纷。民事强制执行法草案经多次修改后，已提交第十三届全国人大常委会第三十五次会议第一次审议，并公开向社会征求意见，"基本解决执行难"成果即将制度化。第三，最高人民法院、最高人民检察院等司法行政部门还发布年度改革纲要

---

① 《生态环境执法方式持续优化 将 4.49 万家企业纳入正面清单》，《人民日报》2023 年 2 月 23 日第 14 版。

及办案数据。最高人民法院出台《2022年人民法院工作要点》，明确八个方面方针具体29项举措，并印发工作要点分工方案，将其细化为135项具体改革任务；① 最高人民检察院发布《2022年全国检察机关主要办案数据》，公布了八个方面工作情况、具体27项具体数据。司法行政部门以高度的法律自觉，依法能动地履行刑事、民事、行政、公益诉讼"四大检察"职能，助力更高水平法治中国建设。② 以科学技术助力司法。2022年，最高人民法院发布的《人民法院在线调解规则》正式施行。以科技创新为司法改革加持赋能，有力地推进了审判体系和审判能力现代化。这一年，"人民法院在线服务"平台，在全国法院实现了100%应用，其移动端访问量已累计达到14.19亿次，其中30.38%的立案申请在非工作时间、非工作日提出，律师发出排期避让提醒37.73万次，③ 司法便民利民程度明显提升。

（四）加强普法工作，促进全民守法

2022年，全国各地深入实施"八五"普法规划，将宣传习近平法治思想作为"八五"普法首要任务，认真学习《习近平法治思想学习问答》《中国共产党百年法治大事记》等重要著作，推动学习宣传贯彻习近平法治思想走深走实。同时，组织开展公民法治素养提升行动试点，举行宪法宣传周、民法典宣传月等集中宣传活动，将普法宣传与基层治理结合起来，组织开展"全国守法普法示范市（县、区）"创建活动，命名1136个村（社区）为第九批"全国民主法治示范村（社区）"④。此外，在先前"七五"普法工作中暴露出的一些问题和困难，如普法的针对性、实效性不足，高质量普法内容供给不足，社会力量参与力度不足等，也都在"八五"普法中得到了很好地改善。普法工作与人民群众日常生活的结合更加紧密，普法的形式

---

① 《最高人民法院关于印发〈2022年人民法院工作要点〉的通知》，《中华人民共和国最高人民法院公报》2022年第4期。
② 《2022年全国检察机关主要办案数据》，《检察日报》2023年3月8日第3版。
③ 《最高法：2022年"人民法院在线服务"移动端提供网上立案1071.8万次》，人民网，http://society.people.com.cn/n1/2023/0215/c1008-32624364.html。
④ 《司法部发布〈2022年法治政府建设年度报告〉2022年全国人民调解组织调解各类矛盾纠纷892.3万件》，《人民调解》2023年第5期。

和手段进一步丰富，使每个公民都在法律学习上获得更大的自主选择权，推动法治精神内化于心、外化于行。①

四 加快法治政府建设 推进政府治理现代化

2022年，在党中央坚强领导下，各级政府有效应对内外部冲击，统筹社会稳定和经济发展，坚定不移深化改革，出台实施稳经济一揽子政策和接续措施，推动经济稳中有升，国家治理体系不断完善，治理能力显著提升。

（一）推进治理体系和治理能力现代化

2022年，持续推进政府机构改革走深走实，坚决破除各方面体制机制弊端，各领域多方面制度框架更加成熟定型，政府治理能力和治理体系现代化水平明显提高。这一年，各级政府不断深化对中国共产党执政规律的认识，将治理实践中的有益经验转化成行之有效的制度成果，为推进治理体系和治理能力现代化提供了重要制度保障。首先，坚持和完善党的领导制度。坚定中国共产党统揽全局的制度体系，把党的领导落实到政府治理工作各领域各方面各环节。其次，与时俱进发展并完善治理体系。例如，完善分配制度，健全社会保障体系，强化包括公共教育服务、公共医疗服务与公共文化服务在内的基本公共服务体系；推进以人为核心的新型城镇化战略，提高新型城镇化建设质量，促进城乡融合发展并提升治理水平；推动基层治理体系现代化，优化治理手段，提高社区服务质量，支持社会组织、志愿服务、公益慈善等健康发展。最后，提高政府机构履职能力，保障制度执行到位。着力增强各级政府依规办事、依法办事的意识，提高政府机构人员依法履职能力，持续强化制度执行监督机制，推进制度优势不断转化为治理效能。

---

① 舒颖：《开启新时代普法工作新篇章》，《中国人大》2021年第12期。

（二）处理好政府与市场的关系

2022年，中国消费市场整体遇冷，投融资活跃度下降。对此，各级政府提前实施部分"十四五"规划中的一批重点工程，加快地方政府专项债的发行和使用，总计投放政策性开发性金融工具7400亿元，维稳重大项目建设。此外，各级政府采取财政贴息、专项再贷款等政策，支持重点领域设备改造上新。实施联合办公、地方承诺等办法，提高项目审批效率。2022年，基础设施和制造业投资分别增长9.4%、9.1%，同时带动了固定资产投资增长5.1%，在一定程度上弥补了消费收缩缺口。各级政府积极开展消费新业态，例如通过降低车辆购置税等措施拉动汽车销售量增长，新能源汽车销量增长93.4%；又例如开展绿色智能家电及绿色建材普惠农村活动，社会消费品零售总额保持基本稳定。[①]

为解决企业的生产与运营问题，各级政府加大了纾困支持力度。全年实现了超过2.4万亿元的增值税留抵退税，减税降费超过1万亿元，缓税缓费总额超7500亿元。[②] 同时，中央转移支付大幅增加，引导加大信贷投放力度，降低融资成本，将新发放企业贷款平均利率降至有数据记录以来最低水平，对受疫情影响严重的中小微企业、个体工商户等实施阶段性贷款延期还本付息的对策，通过多方面积极改革重唤市场活力，中小微企业和个体工商户受益较大。

（三）坚持推进法治政府建设

2022年，一方面，党和国家聚焦法治政府建设中的重难点问题，持续推进一系列变革性实践，使经济社会活动更好地在法治轨道上运行。主要包括深化"放管服"改革，实施权力、责任、负面清单制度；创新以"互联网+监管"为基本方式、以信用监管为基础的监管机制；推进行政执法体制改革，推动执法重心下移，夯实基层政府

[①] 李克强：《政府工作报告——2023年3月5日在第十四届全国人民代表大会第一次会议上》，《中华人民共和国国务院公报》2023年第8期。

[②] 王观：《2022年新增减税降费及退税缓税缓费超4.2万亿元》，《人民日报》2023年2月1日第1版。

执法力量；健全行政仲裁制度，充分发挥行政机关在处理民事争议问题上效率高、专业性强的优势；推行检察机关提起公益诉讼制度等。另一方面，完善制度保障，把高效可行的改革举措整合为制度规范，为法治政府发展提供制度保障。主要包括制定《重大行政决策程序暂行条例》，将公众参与、专家论证、集体讨论等环节确定为重大行政决策的规范程序，促进决策更加科学化、民主化；两次修改行政处罚法，使执法重心下移的改革成果呈现于法律制度中；深入推进《法治政府建设实施纲要（2021—2025年)》的贯彻落实，完善法治政府建设督察体制，不断推动法治政府建设高质量发展。经过这一年的建设，多方面改革措施落地见效，促使许多长期没有解决的难题得到有效解决，法治政府建设展现出一片向好态势。

五 人权事业进一步发展

2022年，中国坚持以人民为中心的发展思想，以务实行动在更高水平上保障人权，开创人权事业发展新境界。

（一）保障公民政治权利

2022年，全过程人民民主理念不断深入人心，公民的选举权与被选举权、知情权与参与权、表达权与监督权得到充分保障。当年召开的十三届全国人大五次会议明确提出，在第十四届全国人民代表大会代表中，基层代表的比例要比上届有所上升，同时明确党政领导干部代表的比例要继续从严掌握，妇女代表的比例原则上要高于上届。由此强化最高权力机关的代表性。在此过程中，公民的选举权利得到发展和强化。

公民的知情权与参与权的广度和深度不断提高。截至2022年底，全国人大常委会法工委增设了第四批10个基层立法联系点，总数达到了32个，覆盖31个省、自治区、直辖市，覆盖人口5770多万人。基层立法联系点发挥了国家立法"直通车"的重要作用。截至2022年12月底，法工委就152部法律草案通过基层立法联系点这一平台征求来自基层老百姓最真实的15000多条意见和建议，其中 2800 余条意见和建议被不同程度采纳吸收。① 此外，最高人民法院出台十余个司法公开规范性文件，通过各种载体，采用多种形式，保障公民的知情权落到实处。传统媒体、政务网站、诉讼服务热线、微信公众号平台等多样化的司法公开形式逐渐形成。截至 2022 年底，中国庭审公开网累计直播庭审超 2100 万场，访问量超 500 亿人次。② 这种"权力在阳光下运行"的做法，使人民群众的表达权和监督权得到了更加充分的保障。

（二）保障公民社会经济权利，增进民生福祉

首先，人民生活水平全方位提升。2022 年，我国城乡居民收入比显著缩小至 2.45∶1，③ 中等收入群体的规模超过 4 亿多人。④ 按联合国规定的标准，依据恩格尔系数判断，我国人民生活已经进入相对富足阶段，每百户家庭拥有汽车超过 37 辆；住房条件也显著改善，在过去的十年间，我国城镇棚户区改造惠及 9000 多万居民，老旧小区改造惠及 2000 多万户，1.8 亿左右的农村人口成为城镇常住人口。⑤

其次，公共服务全方位普及普惠。这一年，农村地区、边疆地区、脱贫地区教育水平得到了显著提高。学前教育毛入学率大幅提升至 88.1%，⑥ 高等教育持续普及，劳动年龄人口平均受教育年限达到 10.9 年。⑦ 此外，公共卫生服务体系不断完善，多层次医疗服务体系更加健全。国家医学中心加快规划布局，国家和省级区域医疗中心建设推向全

---

① 朱宁宁：《每个立法流程环节都能听到人民的声音》，《法治日报》2023 年 3 月 6 日第 7 版。
② 张璁等：《司法公开，让公平正义可触可感可信》，《人民日报》2023 年 2 月 16 日第 19 版。
③ 乔金亮：《农民增收还要跑得更快》，《经济日报》2023 年 10 月 31 日第 5 版。
④ 《中国经济大船将乘风破浪持续前行》，《人民日报》2023 年 10 月 27 日第 1 版。
⑤ 《国家发改委：过去十年我国民生建设取得历史性、全方位成就》，人民网，http://finance.people.com.cn/n1/2022/0512/c1004-32420276.html。
⑥ 李柏逸、程威：《为国育才培养时代新人》，《中国纪检监察报》2022 年 10 月 6 日第 7 版。
⑦ 于忠宁：《劳动年龄人口平均受教育年限达 10.9 年》，《工人日报》2022 年 9 月 10 日第 2 版。

国，超过 87.7% 的县级医院具备二级医院服务能力，① 基层医疗机构的服务能力普遍增强。2022 年，我国人均预期寿命达到了 78.2 岁，位居中高收入国家前列。②

最后，社会保障体系更加健全。2022 年，国家社会保障制度建设放在了更高的地位。一年来，我国先后发布了《"十四五"退役军人服务和保障规划》《残疾退役军人医疗保障办法》《优抚对象医疗保障办法》《"十四五"国民健康规划》《个人养老金实施办法》等多部政策文件，有力地保障公民在医疗、养老等多个方面的切身权利。推动建立了以社会保险为主体，包括社会救助、社会福利等制度在内的较为完备的社保体系。截至 2022 年底，我国医保参保人数达 13.6 亿人，基本养老保险覆盖近 10 亿人，已建立起规模居世界首位的社会保障体系。③ 同时，各级政府为解决就业压力增大的问题，积极强化稳岗扩就业政策支持，对困难行业企业社保费采取适当缓缴政策，落实担保贷款、租金减免等创业支持政策，着重解决高校毕业生就业困难问题，对就业困难人员实施专项帮扶政策，确保就业形势总体保持稳定，切实兜住民生底线。

（三）保障公民受教育权

2022 年，政府全力推进教育和文化事业发展，坚持教育公益性原则，把教育公平作为国家基本教育政策，建立覆盖从学前教育到研究生教育的全学段学生资助政策体系，公民受教育权利得到更好保障。在义务教育方面，九年义务教育巩固率达到 95.5%。在小学阶段，全国共有普通小学 14.9 万所，共招生 1701.4 万人；在校生总计达 1.07 亿人。并且重点支持农村教育、中西部地区教育，更多偏远地区孩子享受到更优质更公平的教育。此外，高中文化普及水平进一步提高。2022 年，高中阶段毛入学率为 91.6%，比上年提高 0.2 个百分点。高

---

① 《国家卫健委：截至 2022 年底 87.7% 县医院达到二级医院能力》，人民网，http://health.people.com.cn/n1/2023/0413/c14739-32663763.html。
② 马彦涛：《战略思维视域下的中国式现代化》，《马克思主义哲学》2023 年第 1 期。
③ 孙燕明：《我国基本医疗保险参保人数超 13.6 亿人》，《中国消费者报》2022 年 9 月 14 日第 1 版。

等教育在学规模也进一步扩大,建成世界上最大规模的高等教育体系。2022年,高等教育毛入学率为59.6%,比上年提高1.8个百分点。各种形式的高等教育在学总规模达4655万人,比上年增加225万人。全国普通、职业本专科共招生1014.54万人,比上年增长6.11%。全国共招收研究生124.25万人,比上年增长5.61%。[①]

此外,在地区层面,民族地区教育事业快速发展。各类学校在民族地区广泛建立起来,并开办预科班、民族班等,在农牧区推行寄宿制教育,着力办好民族地区教育事业,促进教育公平。例如,国家首先在西藏建立15年公费教育政策体系和学生资助政策体系,并着力解决除教育费用外的各种杂费问题、教师队伍教育问题、教育商业化问题等,保障少数民族受教育权利。贫困地区义务教育权也得到充分保障。贫困地区政府着力改善义务教育学校办学条件,持续提升办学水平和教育质量,实施农村义务教育学校教师特设岗位计划,鼓励更多高校毕业生到贫困地区从事教育工作。同时不断健全学生资助体系,进一步提高义务教育阶段家庭经济困难学生生活补助工作精准度和规范度。

(四) 保障特定群体权利

《国家人权行动计划(2021—2025年)》强调要加强对特定群体权益的平等保护和特殊扶助,建立特定群体权利保障机制。2022年,中国持续加大政策力度,切实维护和保障妇女、儿童、老人以及残疾人等弱势群体的合法权益。

首先,妇女儿童权利得到保障。习近平总书记在党的二十大报告中指出:"坚持男女平等基本国策,保障妇女儿童合法权益。"[②] 这充分彰显了党和国家对妇女儿童事业发展的高度重视。2022年10月30日,十三届全国人大常委会第三十七次会议表决通过新修订的《中华人民共和国妇女权益保障法》,有效回应了侵害妇女合法权益的不良

[①] 康丽:《教育部发布2022年全国教育事业发展基本情况》,《中国教师报》2023年3月29日第1版。

[②] 习近平:《高举中国特色社会主义伟大旗帜 为全面建设社会主义现代化国家而团结奋斗——在中国共产党第二十次全国代表大会上的报告(2022年10月16日)》,人民出版社2022年版,第41页。

现象，着力解决妇女权益保障不到位的突出问题。2022 年，国家秉持"十四五"规划纲要首设的"加强家庭建设"专节相关规定要求，推动妇女儿童事业与经济社会共同健康发展。与此同时，人民法院坚决反对家暴现象，继续发展完善人身安全保护令制度；《中华人民共和国未成年人保护法》明确了入职查询等法律规定，维护和保障妇女儿童权益的法律体系和制度设计进一步完善。

其次，残疾人权利得到有效保障。2022 年，残疾人参加养老保险和医疗保险获得缴费补贴的占比超过 60%。残疾人参加社会保险的人数稳中有增，截至 2022 年底，参加城乡居民基本养老保险的残疾人数达 2761.7 万人，有 1209.3 万名残疾人领取养老金，在 60 岁以下参保的残疾人中，有 692.3 万名重度残疾人和 285.5 万名非重度残疾人得到参保缴费资助。① 近些年来，全国范围内享有最低生活保障的人数持续减少，享受最低生活保障的残疾人数量却有所增加。享受医疗救助的残疾人数也逐年增长，从受助比例来看，残疾人医疗救助受助比例超过 90%；享受最低生活保障的残疾人占比超过 40%。② 困难残疾人生活补贴、重度残疾人护理补贴和托养服务的覆盖面均比上年有所扩大。"十三五"时期，我国新增城乡就业残疾人 180.8 万人，③ 残疾人通过集中就业、灵活就业或是自主创业等多种形式，实现了就业增收；据最新统计数据，残疾儿童少年义务教育入学率超过 95%，有 5.8 万名残疾学生进入高等院校就读；对 65 万户贫困重度残疾人家庭进行了无障碍改造，④ 充分保障了残疾人的各项权利。

最后，老年人权利保障更加到位。2022 年，中共中央办公厅、国务院办公厅印发《关于推进基本养老服务体系建设的意见》，提出由国

---

① 王晓慧：《中国残联等十三部门部署第三十三次全国助残日活动》，《华夏时报》2023 年 5 月 22 日第 3 版。

② 安胜、蓝汪嫒：《完善残疾人权益保障 共享幸福美好生活》，《光明日报》2021 年 9 月 27 日第 2 版。

③ 《国务院关于印发"十四五"残疾人保障和发展规划的通知》，《中华人民共和国国务院公报》2021 年第 22 期。

④ 《不断加大政策、资金、项目对特殊教育的倾斜——我国残疾儿童义务教育入学率超 95%》，中华人民共和国教育部网站，http://www.moe.gov.cn/jyb_xwfb/s5147/202109/t20210927_567367.html。

家提供基础性、普惠性的养老服务,重点解决老年人群体中常出现的身体失能、无人照顾等问题,满足老年人基本养老服务需求。国务院办公厅印发的《关于制定和实施老年人照顾服务项目的意见》,明确了20项照顾服务老年人的重点任务。① 法律援助机构也将老年人作为重点服务对象,扩大对老年人群体的法律援助范围,健全便老助老服务机制。这一年,中央政法委牵头开展打击整治以老年人群体为目标的诈骗行为,依法惩治养老诈骗分子。截至2022年8月17日,全国共破获养老诈骗案件1.7万起,抓获嫌疑人3.4万人,打掉养老诈骗团伙2212个,追回赃款155亿元,② 有力地保障了老年人的基本权益。

六　各种政治关系进一步发展

2022年,中国持续推进政党关系、海峡两岸关系以及国际外交关系的协调发展,为中国政治发展营造了更加稳定和谐的环境。

(一) 政党关系更加和谐

2022年是党的统一战线政策提出100周年,是各民主党派全国代表大会召开以及民主党派中央和省级组织换届之年,在这样一个历史节点上,政党关系取得了重大进展。

首先,各民主党派始终坚持维护中国共产党的领导。这一年,党的二十大的胜利召开,对于各党派进一步统一思想、团结一致、集中力量办大事具有深远意义。各民主党派作为与中国共产党站在统一战线上的亲密友党,一致把学习党的二十大精神作为其当前和今后一个时期的首要政治任务,引导广大成员深刻领悟"两个确立"的决定性意义,坚决做到"两个维护",以中国共产党二十大精神为指导开展各项工作,为全面建设社会主义现代化国家贡献参政党的智慧和力量。这充分彰显了中国共产党与各民主党派间和衷共济、友好团结的新型政党关系,有利

---

① 蒲晓磊:《老龄政策法规体系不断完善》,《法治日报》2022年9月1日第2版。
② 赵祯祺:《以法治守护幸福晚年——审议国务院关于加强和推进老龄工作进展情况的报告》,《中国人大》2022年第17期。

于各民主党派在中国共产党领导下沿着中国特色社会主义道路阔步前进，进一步扮演好中国共产党"挚友"和"诤友"[①]的光荣角色，更好地承担起中国特色社会主义事业的支持者和维护者的崇高使命。

其次，新型政党制度发挥出重要作用。中国共产党领导的多党合作和政治协商制度是基于政党合作协商，创新政党政治形式，形成政治命运共同体时代内涵的外在表现，在新时代被凝练为"新型政党关系"[②]。2022年7月、8月、12月，中共中央先后在京召开多次党外人士座谈会，分别就当下经济社会发展和党的二十大报告展开交流，听取各民主党派和无党派人士代表的意见、建议。这些会议的成功召开，体现了中国共产党"虚怀若谷，博采众议"的宽广胸怀，体现了各民主党派"共商国是，科学建言"的责任担当，真正形成了结合中国实际，扎根在伟大中国梦基础上并通过利益协调实现协商合作的政党关系，造就了中国共产党与各民主党派间肝胆相照、荣辱与共、齐心协力建设中国特色社会主义的良好局面。这一政党政治形式的伟大创新，不仅有利于实现科学民主决策，也有利于集聚智慧、凝聚力量，彰显了中国新型政党制度的巨大优势。

最后，政党协商不断推进。2022年6月，中共中央印发的《中国共产党政治协商工作条例》作为中共中央专门规范政治协商工作的第一部党内法规正式发布。与先前发布的《关于加强社会主义协商民主建设的意见》等不同，后者是意见性文件，代表着中国共产党在该问题上的主张和态度，前者不仅带有更明确的方向性，而且带有对全党协商工作运行的规范性和强制性要求。此外，该条例整合"协商民主"和"新型政党制度"两方面内容，加强了中国共产党对政治协商工作的领导，为推进政治协商工作提供了基本遵循，对巩固完善新型政党制度、提高政治协商工作的规范化水平具有重要意义。

（二）坚持和完善"一国两制"，推进祖国统一

2022年，中国始终坚持"一国两制"的基本国策，坚持一个中国

---

① 李玛琳：《在"中国之治"中彰显参政党的履职风采》，《人民政协报》2021年1月6日第8版。

② 王炳权：《新时代中国政治学的发展与前瞻》，《社会科学研究》2023年第1期。

原则，坚决维护国家主权和领土完整，努力维持国家大局的和平稳定。

首先，《台湾问题与新时代中国统一事业》白皮书发表。继1993年和2000年之后，2022年8月10日，中国政府就台湾问题发表了第三份白皮书。该白皮书再次强调了台湾是中国不可分割的一部分的事实，表明了中国人民追求祖国统一的坚定意志和坚强决心，彰显了中国政府在新时代推进实现祖国统一的坚定立场。[①]

其次，纪念"九二共识"30周年系列活动胜利举办。这昭示着祖国统一是民心所向，是大势所趋。2022年是"九二共识"达成30周年，两岸组织了一系列主题活动。2022年7月26日，全国政协主席汪洋出席"九二共识"30周年座谈会并发表讲话，对"九二共识"的历史脉络、核心内涵和重大意义进行了系统的梳理和解读。[②] 2022年下半年，两岸学者和民间社会组织多次召开以"九二共识"30周年为主题的学术研讨会和学术论坛，两岸各界人士、港澳同胞和海外侨胞也围绕"九二共识"30周年举办了丰富多样的活动。

最后，坚决反制任何"台独"企图。这一年，时任美国国会众议长佩洛西不顾中方强烈反对，执意窜访中国台湾地区，严重侵犯中国主权安全，严重损害中美政治关系，严重威胁地区和世界和平。外交部、国防部、国台办等予以强烈谴责。中国人民解放军更是采取了切实的反制措施，在台岛周边开展联合军事行动，并在环岛六大重要区域进行重要军事演训行动，组织实弹射击。[③] 中国的切实行动，是针对美国在台湾问题上的败坏举动给予的强硬回应和严正震慑，是对"台独"势力政治算计的严重警告，有力地彰显了全国人民上下一心维护国家主权安全的坚定决心。

（三）在复杂国际关系中保持定力，促进世界和平与发展

在当今世界，百年变局加速演进，全球多重危机叠加，在这种背

[①] 黄昌盛：《2022两岸关系十大热点》，《团结报》2023年1月14日第3版。

[②] 刘相平、罗筱霖：《朱立伦主导下国民党大陆政策主张基点论析》，《台湾研究》2022年第6期。

[③] 《解放军历次台海演习中力度最大一次 专家：迫近合围台岛前所未有》，人民网，http://military.people.com.cn/n1/2022/0806/c1011-32496137.html。

景下，习近平主席统筹国内国际两个大局，以大国领袖的责任担当开展元首外交，高举构建人类命运共同体伟大旗帜，大力弘扬全人类共同价值，为解决人类面临的共同问题贡献中国智慧与力量，开启"于危机中育先机、于变局中开新局"的新征程。

一方面，以元首外交为引领，全方位开展中国特色大国外交。2022年，习近平主席亲自擘画，亲力亲为，开展了高潮迭起的元首外交。这一年，习近平主席在国内外主持和出席十余场重要国际多边会议，与60多位外国领导人及国际组织负责人举行会谈，就双边关系发展和重大国际问题解决密切深入沟通。博鳌亚洲论坛、金砖国家领导人会晤、上合组织元首理事会、二十国集团领导人峰会、亚太经合组织领导人非正式会议、首届中阿峰会和中海峰会等高层领导人重要会晤皆体现了习近平主席为全球事务治理作出的巨大贡献，为人类巨轮前行致远把舵定航。在元首外交引领下，中国外交致力于开放合作，为推动全球经济复苏提供机遇；反对阵营对抗，为维护世界安全倾心竭力；提倡团结合作，为共建双赢多赢关系作出贡献；坚持心系天下，为推动全球治理展现大国担当；不畏强权霸凌，筑起捍卫国家安全和民族利益的坚强防线。

另一方面，以推动全球合作共同发展和弘扬全人类共同价值为主线，为维护世界和平与发展作出新的重大贡献。2022年6月，习近平主席在全球发展高层对话会上，推出中方落实全球发展倡议的32项举措，包括创设"全球发展和南南合作基金"、加大对中国—联合国和平与发展基金的投入、成立全球发展促进中心、发布《全球发展报告》等；[①] 11月，习近平主席在二十国集团领导人峰会上发表重要讲话，倡议推动更加包容、更加普惠、更有韧性的全球发展，呼吁"我们要比以往任何时候都更加重视发展问题"[②]。目前，全球已有100多个国家和多个国际组织支持全球发展倡议，70多个国家赞赏和支持全球安全倡议。[③] 同

---

① 邓茜等：《高举共同发展旗帜 同行人类进步正道》，《人民日报》2023年9月21日第1版。
② 曲颂、沈小晓：《推动更有韧性的全球发展》，《人民日报》2022年11月24日第3版。
③ 和音：《新时代中国外交的根本遵循和行动指南》，《人民日报》2022年10月2日第3版。

时，构建人类命运共同体的思想内涵和实践路径不断丰富。在国家层面，中国重视构建双边命运共同体，友好伙伴间的合作不断深入发展。在地区层面，中亚、中阿、中非命运共同体建设不断取得新进展；在全球层面，中国倡议构建网络安全、核安全、海洋、卫生健康等命运共同体，得到各方积极呼应，产生了重大的国际反响。

七 2023年政治发展展望

2022年，在国内国际形势复杂多变的背景下，中国共产党带领全国人民取得了丰硕的发展成果。展望2023年，在以习近平同志为核心的党中央领导下，中国政治必将进一步向前发展，取得更大的成就。

第一，党风廉政建设将进一步加强。2023年，全党将坚定不移地进行全面从严治党战略部署，加大廉政建设和反腐败力度。一方面，继续加强腐败惩治力度。严厉打击整治政治问题和经济问题交织的腐败现象；坚持党内正风肃纪，持续在纠治"四风"问题上下功夫，以纠治形式主义、官僚主义为抓手，坚决打击党员干部身上出现的特权现象；另一方面，加强政治监督，以政治正确性的标准来考量问题，深挖埋藏在问题表象下的"七个有之"等问题，为实现社会主义现代化强国目标提供强有力的保障。

第二，2023年，党和国家政治生活中的一件大事即召开十四届全国人民代表大会，此次大会将选举并决定新一届国家机构领导人员。可以预见，新一届人民政府将继续牢固树立以人民为中心的发展思想，扎实办好每一件民生实事；将集中力量推动高质量发展，把新发展理念贯彻到各行各业，加快构建新发展格局；将坚持社会主义市场经济改革方向，坚定不移深化改革，坚持以推动高质量发展为主题，发挥扩大内需战略与供给侧结构性改革的协同作用，通过高质量供给创造有效需求；将以新一轮政府机构改革为契机，切实加强新一届政府履职能力建设，提高各级干部解决实际问题的能力，进一步提高依法行政能力和创造性执行能力。

第三，持续加强习近平新时代中国特色社会主义思想学习，深入开展学习贯彻习近平新时代中国特色社会主义思想主题教育，使全党深刻体悟习近平新时代中国特色社会主义思想所蕴含的理论内涵和实践价值。这是党中央为全面贯彻党的二十大精神，动员全党同志为完成党的中心任务而团结奋斗所作出的重大部署，对于推动全党更加坚持"两个确立"、坚强"四个意识"、坚定"四个自信"、做到"两个维护"，始终在思想上行动上同党中央保持高度一致具有重大的意义。

第四，2023年，中国将持续推进新时代大国外交工作。积极发展"双边合作双赢、多边合作共赢"的全球伙伴关系，不断推动世界经济走向开放发展，坚决捍卫国家利益和民族尊严，为全球治理事业继续贡献中国智慧，提供中国方案，着力提升国际话语权。2023年，俄乌危机仍将是国际形势中备受关注的焦点事件，在俄乌双方深陷其中的同时，美国及一些欧洲国家借机运筹，坐山观虎斗，和平与发展的时代主题继续面临严峻挑战。同时，全球经济发展面临一系列挑战。面对百年未有之大变局，中国外交将继续在以习近平同志为核心的党中央领导下，以元首外交为引领，贯彻党的二十大精神，践行习近平外交思想，为实现高质量发展创造更有利的国际环境，为建设新型国际关系贡献中国力量。

第五，社会治理能力将进一步提高。党的十九届四中全会第一次提出构建"社会治理共同体"这一时代命题，引起全社会的广泛讨论和实践。2023年，社会治理将朝着现代化方向不断前进。一方面，坚持党建引领，将党的领导贯穿于社会治理的各领域各方面，针对面临的社会治理难题提出创新性理论建树并采取实质性实践举措；另一方面，在实际治理过程中更加注重各方面力量的综合运用，将继续秉持社会治理体系现代化所要求的"七位一体"方针，完善各主体协商合作共同推进社会治理事业的健康模式，实现党的建设和具体工作同频共振，形成分类协作、专业攻坚的协同治理格局。

中国政治学研究的新动态

程竹汝　杨世照　孟娴[*]

2022年，中国政治学研究服务于国家发展远景的学科自主意识和建构中国政治学知识体系的学科自觉进一步彰显。其研究主题主要聚焦国家理论、民主理论、政治哲学、科技与政治、学科建设与发展等方面。研究特点集中体现为面向实践、聚焦问题、奠基未来，具有较鲜明的中国特色、中国风格与中国气派。回顾总结2022年中国政治学研究动态，有助于进一步构建中国特色政治学自主知识体系。

一　中国政治学研究主题的新视域

研究主题的更新是政治学研究取得新发展的集中体现。2022年度的政治学研究特别聚焦中国式现代化及其相关问题，同时全过程人民民主、共同富裕、国家治理、国家安全等议题也成为研究的重点和热点。

（一）中国式现代化的政治学阐释

中国式现代化是2022年度政治学研究的重中之重。学界对中国式现代化的相关问题进行了持续深耕，并取得了比较丰富的成果，党的二十大可视作这一研究主题的"分水岭"。党的二十大报告深化了对中国式现代化的认识，进一步明确了党的中心任务、战略目标和实

---

[*] 作者工作单位：程竹汝、杨世照、孟娴，上海交通大学马克思主义学院。

现路径，揭示了中国式现代化的本质要求。围绕党的二十大提出的新论述，学界掀起了研究热潮。学者从多种维度阐述了中国式现代化的生发逻辑，界定了中国式现代化的丰富内涵，总结了中国式现代化的主要特征和价值意蕴，拓展了中国式现代化的世界价值，并论证了推进中国式现代化的实践进路。同时，相关研究亦重视中国式现代化与其他议题的勾连。

中国式现代化的理论基础是学界的关注点之一。关于此问题，学界基本达成了一定的共识，普遍认为中国式现代化的理论基础主要由马克思主义经典作家的理论、历代中国共产党人关于现代化的理论和中华优秀传统文化中的相关思想共同构成，同时也借鉴了西方的现代化理论。虽然马克思没有直接使用过"现代化"一词，但是他较早提出了人类从"前现代"向"现代社会"的转变将是一个质的飞跃。① 马克思主义经典作家关于社会基本矛盾运动的思想、群众史观、科学社会主义理论、资本逻辑理论和东方社会理论构成了中国式现代化理论的来源之一。学者多持近似的观点，认为中国式现代化道路的理论逻辑起点源于马克思主义的国家观，遵循的是国家建设、事物成长的一般规律理论。② 部分学者认为，列宁的现代化理论也是中国式现代化理论基础的重要组成部分。比如，有的学者认为，列宁创新了马克思主义东方社会发展理论，形成了社会主义可以首先在一国或者多国中获得胜利的科学理论，为中国式现代化理论提供了重要域外理论基源。③ 还有的学者认为，列宁关于在社会主义制度下发展国家资本主义的思想，把现代化建设与社会主义建设辩证统一，为中国式现代化道路的探索提供了理论借鉴。④

而中国共产党人的现代化理论是中国式现代化的直接理论指导。

---

① 徐坤：《中国式现代化道路的科学内涵、基本特征与时代价值》，《求索》2022年第1期。

② 欧阳恩良、胡静：《"国家成长"视角下中国式现代化道路的形成》，《江西社会科学》2022年第2期。

③ 张波、孙振威：《论新时代中国现代化新道路内在逻辑及世界意蕴》，《贵州社会科学》2022年第2期。

④ 张润峰、梁宵：《中国式现代化道路的结构要素及辩证逻辑》，《西安财经大学学报》2022年第2期。

有学者认为，马克思主义中国化的发展，包含着中国式现代化道路理论的重大飞跃。① 尤其是邓小平提出的"中国式的现代化"等论述，具有深刻而重大的指导意义。② "两个结合"作为马克思主义中国化时代化的重要理论成果，着重指出了中华优秀传统文化的地位。作为理论昭示，亦能够找寻到其在中国式现代化理论中的生成基础。有观点指出，中国的现代化之所以能够取得成功，主要是因为党和国家将马克思主义基本原理同中国的实际、同中华优秀传统文化相结合。③ 中国式现代化是党和国家把握人类社会发展的历史规律和充分汲取中华优秀传统文化思想智慧，从而获得的重大理论和实践成果。④

理解并阐述中国式现代化的丰富义理是研究中国式现代化的重要前提。一方面，2022 年度研究呈现出由对中国式现代化整体叙事的宏观研究到其具体内涵的微观研究。比如，从整体上把握中国式现代化，由表及里地理解其具体含义。有观点认为，中国共产党在政治保证、领导力量、发展基础、指导思想、精神力量、制度保证等方面成功地推进和拓展了中国式现代化。⑤ 现代化是中国人自近代以来面对的国家基本处境，需要从理论上深刻认识现代化的本质、在实践中实现现代化的目标，⑥ 中国式现代化既是典型的后发国家追赶型现代化，又是中国特色社会主义现代化，还是"创新型现代化"⑦。要真正理解中国式现代化的人类文明意义，必须在比较现代化研究中彰显党的领导和人民政治的意义。在比较政治的视野下，中国式现代化包括政党中心主义的现代化道路、"为人民服务"的现代化方向、和平发展

---

① 颜晓峰：《党的百年奋斗成功走出中国式现代化道路》，《思想理论教育》2022 年第 4 期。
② 洪银兴：《论中国式现代化的经济学维度》，《管理世界》2022 年第 4 期。
③ 王海锋：《构建与"中国式现代化新道路"相匹配的学术体系——基于"现代性"问题研究的学术史梳理》，《宁夏社会科学》2022 年第 1 期。
④ 宋惠民：《以中国式现代化推进中华民族伟大复兴》，《红旗文稿》2022 年第 4 期。
⑤ 魏礼群、孙文营：《坚定不移推进和拓展中国式现代化》，《理论视野》2022 年第 11 期。
⑥ 任剑涛：《现代化研究的世界眼光：宏观探究与理论启示》，《国家现代化建设研究》2022 年第 1 期。
⑦ 胡鞍钢：《中国式现代化道路的特征和意义分析》，《山东大学学报》（哲学社会科学版）2022 年第 1 期。

的现代化方式以及由此构建的旨在修补不平等世界秩序的人类命运共同体。现代化模式的差异性源于不同的历史属性所演绎的制度变迁方式。① 有学者认为，中国式现代化的显著优势由推进国家治理现代化、发展物质生产现代化和开展社会建设现代化凝结而成，归根结底是走中国特色社会主义道路、不断发展中国特色社会主义的实践产物。② 正是这些从宏观走向微观、具体化、细分化研究的推进，让学界对中国式现代化的研究有了逻辑递进，在广义现代化的基础上注重中国政治语境之下的现代化。

另一方面，2022年度的研究既关注中国共产党在中国式现代化的政治逻辑中的核心地位，又关注从历史比较的角度出发，以更广阔的视角审视中国式现代化在世界政治文明发展中的方位。如何理解中国共产党与中国现代化的关系，是当代中国知识界的一个重要课题。③ 坚持中国共产党的领导是中国式现代化的本质特征、价值取向和实践要求，学界普遍注重研究中国共产党与中国式现代化的内在关联，尝试概括、提炼出中国式现代化的政治逻辑。有学者指出，中国式现代化遵循"人本逻辑"，既有质的规定又有量的筹谋，是对资本主义现代化"资本逻辑"的突破和超越，其最核心的要求是坚持党对中国式现代化建设的全面领导。④ 中国式现代化最本质的要求就是坚持中国共产党的领导，我党探索马克思主义中国化时代化的进程丰富和发展了中国式现代化的理论体系，确保了中国式现代化建设的正确方向，同时，历次党代会也推进着现代化的历史进程。⑤ 还有学者聚焦党的领导与中国式现代化的政治逻辑，认为政党主导是中国式现代化进程的国家建设和国家治理的核心特征，这是中国社会发展历史逻辑的内生结果。中国共产党主导着中国特色社会主义国家建设，而中国特色社会主义国家建设需要政党主导，党的自身建设以及党的领导水

---

① 杨光斌：《中国式现代化与人类文明新形态》，《教学与研究》2022年第10期。
② 项久雨：《中国式现代化的显著优势》，《马克思主义研究》2022年第5期。
③ 姚洋：《中国现代化道路及其世界意义》，《国家现代化建设研究》2022年第1期。
④ 包心鉴：《论中国式现代化的鲜明特色、内在逻辑和核心要素》，《国家现代化建设研究》2022年第5期。
⑤ 辛向阳：《中国共产党的领导与中国式现代化》，《马克思主义研究》2022年第10期。

平和执政能力的提高对现代化国家建设全局始终具有决定性作用,是中国式现代化的基本政治逻辑。①大多数研究肯定中国共产党在中国式现代化中的重要地位,形成强大政党建设与现代强国建设的匹配机制是推动中国式现代化迈向更高阶段的必由之路。②以中国式现代化推进中华民族伟大复兴,就要从发挥党的领导作用、推进全面从严治党、健全党的领导制度三个方面来确保全面建设社会主义现代化国家的正确方向。③

中国式现代化的动力机制也是学人关注的重点。何以驱动、以何驱动,以及如何维系持久的中国式现代化动力,既是重要的政治议题,也是具有深远意义的学术问题。中国式现代化动力机制的功能发挥在于微观与宏观动力的协调联动,宏观上的动力体现为生产关系的调整、国家与政党的规划作用、意识形态的整合作用等,微观上的动力则体现为企业、资本、创新、人才、竞争等。④有学者把中国式现代化的动力归纳为内源驱动型、效能驱动型、价值驱动型三种类型,具体可分为目标导向力、文化内蕴力、精神支撑力、制度依托力、改革内驱力、政党领导力、理论指引力、价值引领力、情怀感召力九种动力。⑤

在研究方法上,学界重视应用历史分析法对中国式现代化进行深入研赜,着重阐发中国式现代化在广维层面上的"政治超越"意涵。有学者认为,中国式现代化在完成现代化任务的同时,正在开启人类文明新形态,对中华民族、世界社会主义、人类整体的发展具有重大意义,可以统合理解为"世界历史意义"⑥。有观点指出,中国式现代化以世界情怀为人类发展共同价值理念,抛弃了狭隘的西方文明霸

---

① 唐皇凤:《政党主导型现代国家建设:基于中国式现代化理论和历史逻辑的阐释》,《四川大学学报》(哲学社会科学版) 2022 年第 6 期。
② 刘小钧:《强大政党建设与中国式现代化新道路》,《江西师范大学学报》(哲学社会科学版) 2022 年第 6 期。
③ 张占斌:《全面建设社会主义现代化国家的逻辑进路、内涵特征与实现路径》,《东南学术》2022 年第 2 期。
④ 王维平、薛俊文:《中国式现代化新道路的"总体性"阐释》,《北京行政学院学报》2022 年第 1 期。
⑤ 于安龙:《中国式现代化发展动力论析》,《上海经济研究》2022 年第 5 期。
⑥ 吴晓明:《世界历史与中国式现代化》,《学习与探索》2022 年第 9 期。

权逻辑，增加了现代化发展道路的多样选择，为后发国家实现其自身发展提供了一条新的现代化可能路径。① 中国式现代化创造了超越西方的现代化理论与实践模式，打破了新兴国家在追求现代化过程中对西方资本主义国家的依附，有力地反驳了西方现代化进程中对民主形成的话语霸权，为世界各国提供了实现现代化的全新选择，具有深远的世界意义。②

总体而言，在习近平新时代中国特色社会主义思想的指导下，在过往研究所提供的扎实的学理基础上，2022年度关于中国式现代化的研究实现了实质飞迁。尤其是在党的二十大之后，国内学界形成了新的研究高潮。众多学者从相关意涵、演进历程、内容特征等角度进行了全面系统的研究，初步形成了中国式现代化的理论框架。对政治学研究而言，中国式现代化是具有现实价值和广阔前景的研究话题。中国式现代化是在中国社会主义现代化建设中提出来的重大命题，为中国的政治学研究提供了一种基本范式。③ 展望未来，可以从专题研究与综合研究相结合的角度切入，增强关于中国式现代化研究的针对性，特别是突出和彰显政治学学科在中国式现代化研究格局中的特殊地位。

（二）对全过程人民民主重大理念的理论阐释

2022年，学界对全过程人民民主的研究取得了较为丰硕的成果。总体来看，学者在全过程人民民主的理论内涵、内在逻辑、重点场域和比较优势等方面深入挖掘，形成了全过程人民民主研究的基本框架和整体思路，突破了规范性民主与治理性民主的界限，丰富了民主的形式和内涵。但是在全过程人民民主的概念统合、外延拓展、内涵新释、案例研究、影响因素发掘、指标体系构建等方面还需要进一步深入。

理解全过程人民民主的理论内涵是全过程人民民主研究的基本要义。在全过程人民民主重大理念提出之初，学界多以全链条、全方

---

① 沈江平：《比较视野下的中国式现代化道路》，《中国高校社会科学》2022年第3期。
② 段妍：《比较视域下中国式现代化道路的世界意义》，《东岳论丛》2022年第4期。
③ 徐勇：《中国式现代化为政治学研究提供范式》，《贵州民族研究》2022年第6期。

位、全覆盖等关键词为研究突破口。随着中国式民主的地方实践不断取得新成就、民主实现形式不断创新、理论研究不断深入，学界逐渐认识到人民群众参与民主政治的全过程和各环节，是人民民主更加真实、更为彻底的实现形态。因此，理解全过程人民民主的深刻内涵需要从全链条、全方位、全覆盖特征和人民性本质两方面进行把握。一是全链条、全方位、全覆盖特征。鉴于全过程人民民主这一概念的术语和学理意义，不同学者对其全链条、全方位、全覆盖特征的阐发，丰富了这一重大理念的理论内涵。有学者认为，常态化的协商民主与阶段性的选举民主相结合是提升全过程人民民主的全链条性、全方位性、全覆盖性的基本形式。① 有学者分析了全过程人民民主作为超大型国家韧性的形成机理，能够以全方位民主体系、全链条民主机制、全覆盖民主实践和全过程民主共识，为超大型国家韧性的持续巩固提供组织基础、制度保障、可操作技术和价值认同。② 二是人民性的本质。对这一概念本身，学者普遍达成共识并认为"人民"是民主权利的主体和民主实施的目的，是全过程人民民主的理论内核。有研究认为，全过程人民民主进一步明确了民主的重要价值和国家的民主性质、优化了人民民主的有机构成及其发展道路、彰显了人民当家作主制度体系的优势，并面向实现人的自由全面发展的目标推进。③

厘清全过程人民民主的内在逻辑是全过程人民民主研究的重要方面。全过程人民民主这一重大理念源于中国特色社会主义伟大实践，成为指导中国民主政治发展的重大理念，是中国特色社会主义民主政治理论成果的深化和升华。这集中体现在中国式民主的历史逻辑、理论逻辑和实践逻辑之中。一是历史逻辑。全过程人民民主有其中西思想渊源，以马克思主义经典作家关于民主政治的思想与中国共产党对人民民主的探索为基础，扎根于新时代中国，是社会主义民主的新概念、新实践、新成果，有其深厚的土壤和根源。有学者提出全过程人

---

① 唐皇凤、黄小珊：《中国共产党发展全过程人民民主的制度保障和优化路径》，《治理研究》2022年第6期。
② 房亚明、古慧琳：《全过程人民民主：超大型国家韧性的形成机理》，《长白学刊》2022年第5期。
③ 赵永红：《全过程人民民主：理论逻辑与制度路径》，《行政论坛》2022年第1期。

民民主独特的政治思维和观念在传统思想中具有明确渊源：从"天下"政治观到"人民"政治观，从民本思想到人民民主，从贤能政治到党的领导，开创了以人民根本利益为最高权威来源的责任政治新形态。① 有学者将全过程人民民主与传统政治智慧中的"民心政治"联系起来，提出民心政治是全过程人民民主过程的内在信仰、规范、主线。② 二是理论逻辑。全过程人民民主重大理念是马克思主义民主理论中国化的最新成果，是马克思主义民主理论同中国民主政治实践相结合的产物，深化了对民主政治发展规律的认识，是对马克思主义民主理论的继承与发展。有研究认为，全过程人民民主重大理念，揭示了人民民主的本质属性和全过程实践特征相结合的历史必然性，反映了中国共产党对社会主义民主政治发展规律认识的深化，进一步丰富和发展了社会主义民主政治理论。③ 有学者从全过程人民民主话语建构的视角出发，提出全过程人民民主的话语权意涵包含政治要素、经济要素、价值要素、程序要素等。④ 有研究提出全过程人民民主是对社会主义民主政治理论的重大创新，在新发展阶段，继续坚持和完善全过程人民民主、推进中国式民主的高质量发展，对继续探索社会主义新型政治文明形态，进而促进形成人类文明新形态具有重大的理论意义。⑤ 三是实践逻辑。全过程人民民主在基层有着最广泛最生动的实践。有研究指出以村民自治为核心的基层群众自治，属于全过程人民民主的具体实践形式，要激活基层民主治理体系，必须使村庄公共治理在全过程人民民主的轨道上运行，实现公共物品与村庄公共性的同步生成。⑥ 有学者从全过程人民民主与基层治理的关系出发，认为全过程人民民主以人民精神为基层治理嵌入人民性，有助于满足人

---

① 刘九勇：《全过程人民民主的传统思想渊源》，《政治学研究》2021 年第 4 期。
② 张爱军：《全过程人民民主与民心政治》，《党政研究》2022 年第 1 期。
③ 程竹汝、陈亮：《论全过程人民民主重大理念的内在逻辑》，《青海社会科学》2022 年第 1 期。
④ 程同顺、王雪珂：《全过程人民民主的话语权意涵》，《统一战线学研究》2022 年第 1 期。
⑤ 孙应帅：《全过程人民民主的理论逻辑与实践路径》，《人民论坛》2021 年第 30 期。
⑥ 桂华：《国家资源下乡与基层全过程民主治理——兼论乡村"治理有效"的实现路径》，《政治学研究》2022 年第 5 期。

民美好生活需要,切实提高社会政治认同,推动自治、法治、德治有机融合,进而全方位促进基层善治的实现。① 聚焦地方实践研究的有全国人大常委会办公厅主办的《中国人大》的"聚焦·全过程人民民主"专栏、上海市人民代表大会常务委员会主办的《上海人大月刊》的"全过程人民民主进行时"专栏等。以上研究成果总结了全国各地践行全过程人民民主的实践案例,一方面为全过程人民民主实践探索提供经验借鉴,另一方面为全过程人民民主的理论研究积累案例样本。

把握全过程人民民主的实践场域是全过程人民民主研究的重要环节。全过程人民民主有着广泛的实践场域,既有研究将两会制(人民代表大会制度、中国人民政治协商会议制度)、人民监督作为全过程人民民主的重点场域。一是两会制。作为全过程人民民主的集中体现,两会制形成了与人民群众广泛的现实联系,推动全过程人民民主实践不断向前发展。有学者从政治学角度出发,分析人民政协与人民民主的历史逻辑关系,挖掘人民政协制度的性质定位与运行机制对全过程人民民主的多方位体现,印证了人民政协是全过程人民民主的重要制度载体。② 有学者指出,人民代表大会制度是人民广泛有序参与的根本制度载体,协商民主是全过程人民民主的基本实践形式,人民民主制度所蕴含的"全过程"必然性与广泛有序政治参与的统一,构成全过程人民民主的现实基础。③ 二是人民监督。有研究认为,民主形态与民主监督形态是紧密地联系在一起的。全过程人民民主应当建构起与之相对应的由监督诸环节、监督的全领域、监督的总布局和监督的好结果构成的无缝隙监督体系。④ 有学者立足中西方公权力制约监督对比的角度,提出全方位、全覆盖、全链条、全过程监督,有助于促成"合力监督式有为政府模式"的成长,是将全过程人民民

---

① 王炳权:《论全过程人民民主与基层治理》,《甘肃社会科学》2023年第1期。
② 周淑真:《人民政协:全过程人民民主重要制度载体——历史逻辑、方位体现与职能机制考察》,《当代世界与社会主义》2022年第2期。
③ 程竹汝:《论全过程人民民主的制度之基》,《中共中央党校(国家行政学院)学报》2021第6期。
④ 任剑涛、佟德志等:《全过程人民民主视域下的权力监督》,《广州大学学报》(社会科学版)2022年第3期。

主落到实处的具体表现。①

提炼全过程人民民主的鲜明特质和超越意义是全过程人民民主研究的内在需要。从政治过程、政治体系、政治领域和政治效能多元视角着眼，全过程人民民主有其鲜明特质，避开了西式民主的诸多弊病，从而构成了人类政治文明新形态。一是鲜明特质。从横向上看，全过程人民民主具有鲜明的持续性、协同性、全过程性特征，保持着全周期一以贯之的满格状态。从纵向上看，全过程人民民主呈现出整体性、复合性、责任性和真实性，具体而现实地体现在党和国家事业的各个方面各个层级，充分保证了人民当家作主。有学者认为，全过程人民民主统合了手段与目的、形式民主与实质民主、民主过程和治理效果，具备历史性、批判性、辩证性和体系性四种理论特质。② 有研究立足于时代特征，认为全过程人民民主顺应了新时代人民对美好公共生活的集体期盼，是马克思主义民主观的中国践行，是宪法民主精神的政治实践探索，是国家治理体系和治理能力现代化的重要内容。③ 二是超越意义。学界对西方民主虚假性的批判集中体现于少数精英参与的民主和多数普通大众的不民主上，并达成了全过程人民民主是"最广泛、最真实、最管用"的民主的共识。有研究认为，全过程人民民主为人民主权的实现提供了制度性的保障，重塑了被西方民主所破坏的民主与治理的关系，通过针对性地解决"选主"取代民主的问题重塑了实质性的民主内容体系。④ 面向未来，全过程人民民主研究可以从概念统合、外延拓展、内涵新释、案例研究、影响因素发掘、指标体系构建等方面进一步深入。

（三）对共同富裕的政治学研究

2022年度，"共同富裕"仍然是一个热点话题。不仅仅局限于经济

---

① 唐亚林：《公权力制约监督的决策维度考察：一种基于全过程人民民主的新视角》，《广州大学学报》（社会科学版）2022年第3期。
② 刘小妹：《全过程人民民主的理论特质初探》，《西北大学学报》（哲学社会科学版）2022年第1期。
③ 王洪树：《全过程人民民主：中国式民主的时代诠释和多维建构》，《理论与评论》2021年第5期。
④ 林毅：《重塑民主：全过程人民民主对西方民主的超越》，《探索》2022年第2期。

学领域，学者从多维角度持续探索关于"共同富裕"的研究话题。作为一个意义重大的理论和实践命题，"共同富裕"的理论建构是推进中国式现代化的应有之义和必然要求。从2022年的研究成果来看，学界对"共同富裕"等内容的理论阐释有所进展。政治学、行政学领域的学者围绕共同富裕的理论内涵、历史演进、实现路径等议题展开了研究，并逐步深入进行脱贫攻坚、收入分配、县域经济等现实实践，取得了重要的学理进展。然而，客观分析2022年度在"共同富裕"方面的研究成果，发现在基础理论研究深度、广度和系统性方面仍然有待增强，尤其是应该加大力度从政治学的角度进行探析和研赜。

2022年度，学界对于共同富裕内涵的认识不断深化，尤其是关于进入新时代后的共同富裕的新内涵。有学者以中国式现代化的重要特征和社会主义的本质要求来解释共同富裕的基本概念，然后重点分析了"共同"这一概念，认为"共同"是全体人民的"共同"，是没有阶级性的"共同"，而不是绝对的"共同"[1]。有学者认为，新时代共同富裕思想的内涵具有多方面要素，其中包括坚持党的领导；进一步解放生产力、发展生产力；坚持以人民为中心的发展思想；共享、公平、正义的核心指向。同时他指出应该充分认识到共同富裕的渐进性。[2] 有研究提出，要充分认识到迈向富裕在空间与时间上的差异性，新时代共同富裕的内涵主要在于反对绝对平均，做到人人富裕。既要物质丰富，也要在精神生活领域得到极大满足。[3] 部分学者梳理、总结了习近平总书记关于共同富裕的重要论述内容，包括战略地位、具体内容、基本原则和重要举措，他们认为，共同富裕是新时代中国特色社会主义现代化的重大任务，是经济社会发展的根本目的与标准判断，是中国式现代化道路的重要特征，是共产党的重要使命与职责。[4]

---

[1] 刘洪森：《新时代共同富裕的生成逻辑、科学内涵和实践路径》，《思想理论教育》2022年第3期。

[2] 方宁：《新时代中国共产党共同富裕思想的发展与实践研究》，《南京审计大学学报》2022年第1期。

[3] 董志勇、秦范：《实现共同富裕的基本问题和实践路径探究》，《西北大学学报》（哲学社会科学版）2022年第2期。

[4] 陆卫明、王子宜：《新时代习近平关于共同富裕的重要论述及其时代价值》，《北京工业大学学报》（社会科学版）2022年第3期。

深入研究习近平总书记关于共同富裕的相关论述构成这一研究主题的一个重要方面，有观点认为，相关论述的基础主要有三：从马克思和恩格斯的观点来看，共同富裕是人类社会不断探索的发展方向；从中国共产党的百年奋斗史来看，共同富裕是共产党人的初心使命与奋斗目标；从现阶段新时代的发展前景来看，实现共同富裕是解决社会矛盾、构建和谐社会的重要方式。①

共同富裕的特征、目标和理路等概念得到了学界的深入挖掘与延展。准确把握共同富裕的出台背景、政策工具以及实现措施是从学术视角理解共同富裕问题的关键所在。② 有学者以东亚经济起飞时期的发展型国家和西方第二次世界大战后形成的福利国家两种现代化模式作为认知对比镜像，论述了共同富裕治理体系的主要框架和特征，从经济、社会、生态和数字化发展等多维角度阐释了共同富裕治理体系的内涵。③ 有观点认为，共同富裕是人类文明新形态形成与发展的重要内核，实现了马克思主义文明观、马克思主义共同富裕思想的有机融合，体现了人民至上的价值追求，展现了中华文明、社会主义文明和现代文明的融合发展。④ 在实践中，共同富裕目标的演进经历了由效率优先到侧重公平的转变过程，推动实现共同富裕的关键在于处理好公平与效率的关系。⑤

共同富裕的价值意涵是重要的学术议题。有学者指出，价值引领是达成共同富裕广泛共识的重要方式。⑥ 价值引领的关键性机制体现在社会主义核心价值观是实现共同富裕的根本价值导向上，应以公正价值理念引领初次分配、以平等价值理念引领再分配、以友善价值理

---

① 刘燕：《习近平关于共同富裕重要论述的主要依据、理论要义与实践要求》，《马克思主义理论学科研究》2022 年第 2 期。
② 任剑涛：《发展结构之变："共同富裕"的宏观论题》，《理论探讨》2022 年第 3 期。
③ 郁建兴、刘涛：《超越发展型国家与福利国家的共同富裕治理体系》，《政治学研究》2022 年第 5 期。
④ 王友建：《共同富裕：人类文明新形态的重要内核》，《江苏社会科学》2022 年第 6 期。
⑤ 蓝庆新、童家琛、丁博岩：《数字经济与共同富裕的关联机制和协调发展》，《经济社会体制比较》2022 年第 5 期。
⑥ 骆郁廷、刘舒皓：《论共同富裕与价值引领》，《思想理论教育导刊》2022 年第 12 期。

念引领三次分配。① 有研究关注"正义性"与共同富裕的价值观念的内在契合性，指出劳动正义对共同富裕的实现具有价值支撑意义，劳动生产效率为共同富裕奠定财富基础，劳动公平分配为共同富裕提供正义守护，劳动关系和谐为共同富裕提供秩序保障，劳动自由自主为共同富裕确立价值指针。② 亦有学者从道德伦理的视角解读共同富裕的理论意涵，认为社会贡献是共同富裕的伦理前提，以非生产性的形式在推进共同富裕的过程中作出贡献，应配享社会的承认和尊严。③ 共同富裕与道德进步相辅相成，应该把公平正义的伦理原则作为推动实现共同富裕的价值指引。④ 学界亦关注新时代共同富裕的思想理论创新问题。部分学者认为，新时代共同富裕的理论创新在于其蕴藉着中国特色社会主义所有制的创新、中国特色社会主义分配制度的创新、发展理念的创新和以人民为中心的共享共富理念。⑤

在实践中，推动全体人民共同富裕面临着诸多挑战。例如居民收入差距持续扩大、农村发展不平衡不充分、区域发展不平衡、人的全面发展存在不足、⑥ 劳动者参与企业决策机制不完善不健全等。⑦ 基于此，学界围绕回应、化解共同富裕进程中的主要难题进行了积极探讨。有研究聚焦扩大中等收入群体是实现共同富裕这一重要途径，论证了完善收入分配政策和精准识别与培育潜在的中等收入者的政策设计。⑧ 新发展阶段扩大中等收入群体比重的战略方针和政策方案应该从三个方面进行设计：宏观层面的"扩中""促中""育中"策略；结

---

① 杜帮云：《扎实推动共同富裕的价值引领》，《社会主义核心价值观研究》2022年第5期。

② 毛勒堂：《论劳动正义及其对共同富裕的价值支撑》，《上海师范大学学报》（哲学社会科学版）2022年第5期。

③ 谭安奎：《重新理解贡献：共同富裕的一个伦理前提》，《治理研究》2022年第6期。

④ 陈伟宏：《共同富裕的伦理内涵》，《思想理论教育》2022年第10期。

⑤ 侯晓东等：《百年共同富裕：演进历程、理论创新与路径选择》，《经济问题》2022年第2期。

⑥ 刘守英：《共同富裕的中国式现代化》，《中国人民大学学报》2022年第6期。

⑦ 白暴力：《健全劳动者参与机制 扎实推动全体人民共同富裕》，《世界社会主义研究》2022年第10期。

⑧ 张文宏：《扩大中等收入群体促进共同富裕的政策思考》，《社会科学辑刊》2022年第6期。

构调整角度的"扩中""稳中"方略；针对特定目标群体的"精准扩中"政策，最终达到促进全体人民共同富裕的"有效扩中"目标。[1]有观点认为，国有企业是人民物质生活和精神生活富裕的主要创造者，在缩小收入差距中具有不可替代的作用，因此应让国有企业率先迈出促进共同富裕的步伐，在推进共同富裕进程中发挥先锋作用。[2]实现共同富裕的短板在于农民和农村，应该重视农民的期望和需求，从农民视角出发，全面提高农民的获得感、幸福感、安全感和认同感。[3]脱贫攻坚任务的完成为进一步实现共同富裕提供了底线保障，共同富裕的下一步应该立足于乡村振兴，解决发展不均衡的问题。[4]有学者认为，在共同富裕实现的过程中，最艰巨的任务是实现农业农村现代化，这是中国式现代化进程中的短板。[5]部分学者认为，共同富裕、农村现代化以及中国式现代化三者之间存在机理勾连。在共同富裕实现之前需要完成乡村振兴任务，而乡村振兴就是要实现农业农村现代化。结合中国具体的实际情况来看，实现农业农村现代化必须推进小农户的现代化，要建立有效的保障机制使小农户克服其自身的脆弱性，结合消费者对产品的差异化需求与相应的营销手段，将小农户的劣势转化为优势，以此为实现共同富裕积蓄动能、奠定基础。[6]

精神生活共同富裕也是2022年度的研究热点。有学者指出，精神生活共同富裕的议题提升了共同富裕的境界、开阔了共同富裕的领域，其与物质生活共同富裕相比，既有共性的内容，也有特殊的内涵。[7]精神生活共同富裕既包含人的全面发展的实现，又包括中国特色社会主

---

[1] 李春玲：《迈向共同富裕阶段：我国中等收入群体成长和政策设计》，《北京工业大学学报》2022年第2期。

[2] 邱敏学：《国有企业促进共同富裕的内在机理及其实现路径》，《马克思主义研究》2022年第10期。

[3] 叶敬忠：《共同富裕研究的问题导向与短板视角》，《社会科学辑刊》2022年第6期。

[4] 黄承伟：《论乡村振兴与共同富裕的内在逻辑及理论议题》，《南京农业大学学报》（社会科学版）2022年第6期。

[5] 刘欣、黄轲：《推进乡村振兴促进共同富裕的科学指南——学习领会习近平总书记关于共同富裕的重要论述》，《南京农业大学学报》（社会科学版）2022年第1期。

[6] 王晓毅、罗静：《共同富裕、乡村振兴与小农户现代化》，《北京工业大学学报》（社会科学版）2022年第3期。

[7] 颜晓峰：《促进人民精神生活共同富裕》，《人民论坛》2022年第22期。

义信念和社会主义核心价值观的确立以及人民群众日常精神文化需求的满足。① 全体人民的共建共享是精神生活共同富裕的核心，精神生活贫富差距的缩小则是促进精神生活共同富裕的重点。② 整体而言，学界对"共同富裕"（包括"精神生活共同富裕"）理论与实践的研究呈现出持续的关注，研究成果在数量和质量方面取得长足进步。

2022年度，关于"共同富裕"的研究取得了一定程度的进展，但同时也表现出一些局限和不足。客观审视关于这一主题的研究，发现其尚存在一定的局限与不足，对于持续推进"共同富裕"的相关研究具有一定的意义。回顾2022年度关于"共同富裕"的成果，发现它在以下几个方面需要进一步完善和深化。一是关于"共同富裕"的政治话语理论建构还有待进一步完善，理论研究深度也有待加强。共同富裕在本质上属于科学社会主义，③ 属于政治范畴，应该以政治学的视角思考和回应相关问题。二是关于"共同富裕"的学科视野和研究思路有待进一步拓展。相关研究不能仅"就事论事"，对政治方针和宏观政策要求的理解、挖掘程度和研究思路有待进一步拓展。三是关于"共同富裕"的研究理论与实践的互动性有待进一步增强。共同富裕不仅是一个理论命题，也是一个实践命题。实践是理论发展的重要资源，可以推进思维转化和凝练升华从而发展理论。把握好理论与实践的互动关系，探索案例式研究方法，评估共同富裕及相关理论赋能实践的效果，并总结这种"双向互动"关系的逻辑与意旨。

（四）协商民主研究的持续深入

2022年，中国协商民主研究在多方面取得进展，进一步推动了中国式民主发展。"协商民主"研究议题主要围绕其发展演变、中国特色与独特优势、中国协商民主实践、协商民主研究相关重点以及协商民主研究方法等方面展开。

---

① 张颖：《扎实推动共同富裕的主体性要求》，《求索》2022年第6期。
② 李建国、严春蓉：《论精神生活共同富裕的理论意涵及其实践路径》，《科学社会主义》2022年第4期。
③ 宋笑敏：《科学社会主义理论视域下实现共同富裕研究》，《学习与探索》2022年第10期。

社会主义协商民主在中国有着深厚的历史根基和文化基因。西方对协商民主的研究起步较早，建立了一套较为完善的基于西方民主政治体制的协商民主理论体系，而中国要构建起一套适合本土实际的中国特色协商民主理论体系，就要批判性地吸收借鉴包括西方社会在内的人类社会所创造的一切优秀政治文明成果。协商民主在中国的发生与政治发展理论的演变共轨，一方面是民主理论内部的自我修正的动力，另一方面是回应政治发展在不同阶段的现实需求。有学者将中国共产党发展协商民主的百年演进划分为五个阶段，高度评价中国共产党百年协商民主的历史创造了协商建国的辉煌壮举，并实现新时代协商治理和协商决策的实践创新。[1] 有研究立足于协商民主的中国特色，分析了中国共产党基层组织在乡村协商民主治理格局里的中心角色，认为应当重点发挥领导、组织及协调等政治作用，建立和完善乡村协商民主治理体系的基层善治。[2]

综观学界的研究成果，学者从比较视野、基本国情分析、协商民主运行逻辑等视角，对中国协商民主特色和优势的阐释各有侧重，研究结论主要包含扩大公民有序政治参与、满足民众利益诉求、增强人民民主实效、增进公共决策科学化民主化、提升党的执政水平与能力、促进社会和谐稳定等诸多方面。有学者认为，中国式基层协商民主具有其自身显著的实践特点：基于中国基层问题而生、民主与民生相互促进、在全过程民主中独具特色、人民群众的主体性与创造性充分发挥等；并从这些特点出发，总结出中国协商民主的独特优势在于顶层设计与民间智慧、大事协商与微协商、协商典型与协商创新、主体协商与联动协商的结合。[3] 协商民主的突出优势在于"真协商"，其集中体现在协商主体多元化、协商领域和内容广泛化、协商过程深度化、协商工作常态化制度化、协商结果落地化方面。[4]

---

[1] 郭红军：《中国共产党协商民主的百年演进及其启迪》，《理论学刊》2022年第1期。
[2] 张师伟：《中国共产党基层组织在乡村协商民主治理格局的中心角色与领导作用》，《学海》2021年第5期。
[3] 赵秀玲：《中国式基层协商民主的成功经验与未来发展》，《甘肃社会科学》2022年第3期。
[4] 王红艳：《中国协商民主为什么真？——以标准、条件和效能为视角的分析》，《政治学研究》2022年第2期。

中国特色协商民主的应用领域极为广泛，涉及人民日常政治生活的方方面面，无论是国家政治制度安排内的协商民主、国家与社会两个层面互动性质的协商民主，还是公民社会内部的协商民主，其重要作用的发挥都需要一定的实践场域作为支撑中国式协商民主实践贯穿于中国革命、建设、改革全过程。近年来，对协商民主在实践层面的有益成果与经验进行梳理与总结取得了一定的成果。有学者认为，协商民主在基层落地生根必须有相应的实践环境、实践条件，应当搭建组织动员平台、协调服务平台、听证议事平台和智慧协商平台四大实践平台，这是保证协商民主在基层有效实施并发挥作用的必备要素。① 有学者通过对江苏淮安"码上议"协商平台实践的考察，提出数字技术能够赋能基层协商民主，打破传统议事协商的时空局限，拓展议事协商的公共领域，有力地提升了基层公共事务的民主化治理效能。② 有研究聚焦于全过程人民民主与协商民主的内在联系，认为协商民主是全过程人民民主的生动诠释，在于协商民主能够将民主的原则要求与民主的发展规划结合起来，将民主的制度设计与民主的实践操作结合起来，将民主的理论思考与民主的经验总结结合起来。③

中国协商民主是具有多渠道、多领域、多层次、多形式的"横向到边、纵向到底"的民主制度与形式。人民政协协商民主是其最重要的构成，同时，国家政权机关、党派团体渠道的协商民主和中央、地方、基层的协商民主成为学界探讨的对象。有学者认为，政党协商在社会主义协商民主中处于重要地位，政党协商有利于中国政党制度的完善、有利于决策的科学化民主化、有利于国家治理的现代化，具有强大的协商民主的制度优势。④ 有研究提出，人民政协在建构中国特色社会主义协商民主体系中发挥着重要作用，政协依托

---

① 杨莉芸：《党建引领基层协商民主的政治逻辑、实现机制与实践平台》，《中州学刊》2022 年第 3 期。
② 邹家峰：《数字协商民主与基层治理民主化——基于江苏淮安"码上议"协商平台的实践考察》，《新疆社会科学》2022 年第 5 期。
③ 陈家刚：《协商民主与全过程人民民主的实践路径》，《中州学刊》2022 年第 12 期。
④ 周少来、贺凯：《协商民主的制度优势：中国共产党与民主党派政党协商的历史经验考察》，《治理现代化研究》2022 年第 3 期。

其在协商民主体系中的"枢纽"地位，促进各具体协商形态之间的良性互动，协同共进并实现对协商民主体系的制度性引领。① 有学者将协商民主与数字技术研究相结合，提出在数字时代下，需要抓住数字自治、数字共享、数字治理、数字赋能的机遇，坚持数字协商民主发展的正确的价值逻辑、技术逻辑和政治逻辑，推进数字协商民主的健康发展。②

相关研究围绕协商民主的中国特色这一向度，集中从理论和实践两个维度推进研究，研究方法既有抽象的宏观理论叙事，又有具体的实践应用。作为一种民主理论，社会主义协商民主规范研究是必须的，但任何理论的使命都是为指导实践，并且只能在实践中得到修正与完善。有学者将信息、互联网和数字技术作为数字协商民主发展的动力，从技术的变化性和民主形式的稳定性、实践的差别性和民主价值的原则性、程序的规范性与民主创新的探索性之间的内在关系进行挖掘，指出新时代协商民主需要鼓励更多差异性的创新探索，以实现协商民主的开放式发展。③ 面向未来，社会主义协商民主的进一步研究应从加强马克思主义协商民主理论、深化社会主义协商民主实践、充实社会主义协商民主研究重点与丰富社会主义协商民主研究方法等方面着手和努力。

（五）对国家治理现代化的政治学研究

在党的十八届三中全会提出"推进国家治理体系和治理能力现代化"这个重大命题后，该命题迅速成为学术界的研究热点；党的十九届四中全会审议通过《中共中央关于坚持和完善中国特色社会主义制度 推进国家治理体系和治理能力现代化若干重大问题的决定》，进一步完善了中国特色社会主义国家治理体系的理论认识，引发了学界的研究热潮。2022 年，国家治理现代化研究在梳理国家治理的思想渊

---

① 钱牧：《政协协商在协商民主体系中的独特地位和作用：专门性、示范性和引领性》，《社会主义研究》2022 年第 3 期。

② 段治文、于雯美：《元宇宙数字协商民主的机遇、风险和逻辑进路》，《学术界》2022 年第 11 期。

③ 陈家刚：《数字协商民主：可能性、风险及其规制》，《教学与研究》2022 年第 7 期。

源和发展进程、充实国家治理现代化的内涵和要素、挖掘中国之治的显著优势、厘清国家治理现代化的现实挑战以及探索国家治理现代化的基本路径上取得突破。

梳理国家治理的思想渊源和发展进程。一个国家对政治道路的认知与政治制度的选择至关重要,影响其国家治理体系的构建和国家治理能力的发展路径。中国特色社会主义国家治理根植于中华民族五千年辉煌文明,是马克思主义中国化的产物。马克思主义理论、中华民族传统文化与历代国家治理实践探索,共同形成了中国国家治理的思想渊源。而国家治理的发展进程在很大程度上取决于历史积淀。中国国家治理现代化的发展进程可以划分为三个阶段:探索、发展和完善。有研究提出了理解国家治理发生的双重逻辑:一方面,国家治理的逻辑起点是近代民族国家的兴起,是在经济生产基础上作为协调权益分化的策略性产物而存在的;另一方面,在经典马克思主义国家学说语境下,社会主义国家与社会之间的治理关系凝结在无产阶级专政与人民民主的对立统一中,表现为党通过干部和群众路线来引导、组织和团结群众。[1] 有学者认为,中国共产党精神谱系对国家治理的发展进程产生着强大的政治、社会与文化意义上的影响,能够强化国家政权的政治属性,明晰国家治理的政治本色,从而增进社会共识。[2]

充实国家治理现代化的内涵和要素。国家治理体系和治理能力现代化是一个由不同组成要素构成的社会系统工程。在这一系统中,不同的组成要素具有不同的定位,发挥着不同的功能。有学者认为,纵向治理在大国治理现代化中具有特殊的重要意义,以"结构—过程—功能"的分析框架透析中国国家纵向治理体系现代化的核心问题,进一步拓展复杂性理论在公共行政分析中的应用性。[3] 有研究从结构和功能两个视角出发,认为中国的国家治理是在党的领导下,把国家治

---

[1] 赵中源等:《国家治理现代化的内在理性、变革逻辑与实践形态》,《政治学研究》2022 年第 1 期。

[2] 冯思淇:《定向与聚力:中国共产党精神谱系赋能国家治理的实践理路》,《探索》2022 年第 1 期。

[3] 张贤明、张力伟:《国家纵向治理体系现代化:结构、过程与功能》,《政治学研究》2021 年第 6 期。

理体系的潜在动能转化为实际有效的治理效能，确保现代化进程的有序展开，实现中国政治稳定和经济社会协调发展的体制机制。① 有学者基于系统科学的理论分析视角，提出中国国家治理是以社会主义为根本和特质，集制度、体制、机制运行于一体，具有整体性、协同性、层次性、关联性等系统性特征，推进国家治理现代化需要注意各子系统的协同与衔接机制、信息反馈与调平纠偏机制、系统能动性的激发机制等方面。② 有学者从空间维度剖析国家治理，提出要将国家治理现代化视为国家权力从以领土为基础的辖区空间向不断分化的社会空间、精神心理空间扩展覆盖，以实现理想秩序的过程。③

挖掘中国之治的显著优势。理解中国的国家治理不能脱离中国语境，包括党的集中统一领导、在长期人治（德治）传统基础上建构法治国家、"有事好商量"的人文环境、隐忍守法的朴实民风等。同时，治理是否科学需要治理成就的证明。党的十八大以来，中国用高速稳定的经济发展形势、不断提升的人民生活水平、显著提高的综合国力、高度繁荣的社会主义文化等发展成就，向全世界发出了"中国之治"的最强音。有学者认为，国家治理现代化在根本要求上是实现人的现代化，在根本立场上必须坚持我国人民主体地位不动摇，以增进人民福祉为目标导向，以人民利益为最终评价标准，并提出以人民为中心这一根本立场的思想在国家治理中表现出更具时代性、导向更具目标性、需求更具多样性、落实更具艰巨性的特征。④ 建构中国特色社会主义制度优势认同，应当将国家治理效能的持续输出作为立足点。国家治理效能的物质形态、精神形态、数字形态、行为形态和对比形态构成了制度优势认同的现实基础。⑤ 中国国家治理中所内含的

---

① 熊光清、蔡正道：《中国国家治理体系和治理能力现代化的内涵及目的——从现代化进程角度的考察》，《学习与探索》2022 年第 8 期。

② 张树华、王阳亮：《制度、体制与机制：对国家治理体系的系统分析》，《管理世界》2022 年第 1 期。

③ 杨雪冬、陈晓彤：《国家治理现代化的空间逻辑》，《中国人民大学学报》2022 年第 5 期。

④ 陈树文、王敏：《国家治理现代化以人民为中心的根本立场研究——基于社会主要矛盾转化分析》，《重庆大学学报》（社会科学版）2022 年第 4 期。

⑤ 潘同人：《确信国家治理效能：中国特色社会主义制度优势的认同机制》，《教学与研究》2022 年第 11 期。

责任政治这一基本原则，有利于增强国家治理的垂直贯通与多级协同、调节有序治理与有效治理的内在张力、推动治理主体的协商对话与通力协作，是彰显中国之治优势的有力保障。

厘清国家治理现代化的现实挑战。改革开放以来，我国外部环境和内部环境都发生了深刻变革，深入推进国家治理现代化需要应对一系列挑战。厘清国家、社会、市场的关系是国家治理现代化必须解决的基本问题，当前仍然存在着改革进程迟缓、社会组织自主活动能力有限、法律供给滞后、逆政社分开等亟待解决的一系列问题。[1] 中国国家治理必然要面对不平衡不充分的现实困境，这是由现代化世界历史进程贯穿其中的总特征即发展的不平衡性不充分性所决定的。中国国家治理的不平衡性、不充分性问题既相互独立，又相互交织。在一定条件下，不平衡性与不充分性还会相互转化。[2] 人的现代化是应对国家治理能力现代化面临挑战的关键。现代化国家治理的效能必然会受到人的现代化程度的深刻影响和制约。同时，在国家治理能力现代化中，技术、资本又制约着人的现代化本质的实现，即人的自由而全面的发展。[3] 在实践中，国家治理的一个重要认知前提是：突发事件贯穿于改革发展的整个进程，它并不会因为某一具体问题的解决而彻底消失。当前突发事件的常态化、政府回应的全面化和社会意见的多元化催生了以风险为核心的问题意识。[4]

探索推进国家治理现代化的基本路径。国家治理现代化是中国特色社会主义的必然要求，是我国现代化总进程的题中之义，是现代国家建构的内在逻辑。如何进一步推进国家治理体系和治理能力现代化，相关研究对此作出了多方面的解答。有研究结合高质量发展的目标要求，提出推进国家治理现代化需要不断巩固制度建设的人民导向、明确权责对等原则、促进顶层设计与基层探索的有效衔接、增进

---

[1] 竺乾威：《国家治理现代化与厘清国家社会市场关系》，《理论探讨》2022年第1期。
[2] 杨燕江、黄小军：《中国国家治理的不平衡不充分困境及战略理路》，《学术探索》2022年第3期。
[3] 王雪源、唐洲雁：《国家治理能力现代化的关键内核与建构路径》，《福建论坛》（人文社会科学版）2022年第6期。
[4] 徐亚清、于水：《新发展阶段国家治理的风险向度与共同体归属》，《社会科学战线》2022年第12期。

各部门的协同治理与方式创新和坚持渐进式改革和构建容错纠错机制。① 数字国家建设与国家治理现代化有着显著的内在关联，应以政府数字化转型为支撑，社会数字化能力提升为基础，构建多元参与的精准施策社会治理新模式，进而形成一个完整推进国家治理现代化的数字生态系统。人的现代化是实现国家治理及其能力现代化目标的前提和基础。要实现马克思构想的人类自由与解放的目标，需要在现代社会的实践进程中、在国家治理现代化的实践进程中实现人文理性、制度理性的在场性和无产阶级政党领导的在场性与全场性。②

（六）对中国特色国家安全道路的政治学阐释

中国特色国家安全道路这一概念自提出以来便迅速得到学界的高度关注。从更准确的意义上说，总体国家安全观是中国特色国家安全道路的思想理论指引，中国特色国家安全道路是总体国家安全观的具体体现和实践。学者从中国特色国家安全道路的主要内容、基本特征、实现路径等方面展开探讨和论述，取得了一系列颇有建树的理论成果。

中国特色国家安全道路研究内容丰富，政治、社会、文化、军事安全作为传统国家安全要素，在总体国家安全观研究中依然占有很重的分量。此外，随着世界及中国周边潜在安全形势的影响，军事安全在国家安全特别是反恐战争中仍然具有不可替代的地位和作用，并且更加突出。与此同时，以美国为首的西方敌对势力直接或间接地频频冲击着中国主流意识形态，对中国国家安全构成了严重威胁。有研究从国家安全实践的系统性原理出发，提出了以政治安全为系统根本，以人民安全为系统目标的目标层，以经济安全系统为基础的核心层，以军事、文化、社会安全以及国际安全为保障和依托的环绕层的中国特色国家安全道路。③ 有学者对国家安全领域的"七个统筹"进行了

---

① 马雪松、冯修青：《国家治理现代化视域下高质量发展的内在机理与实现路径》，《云南社会科学》2022 年第 1 期。

② 王雪源、唐洲雁：《国家治理能力现代化的关键内核与建构路径》，《福建论坛》（人文社会科学版）2022 年第 6 期。

③ 姚晗：《习近平总体国家安全观的系统原理》，《中国政法大学学报》2022 年第 2 期。

阐释，认为只有在理论研究和实际工作中理顺"七个统筹"的关系，才能有效处理大安全背景下的总体性国家安全治理问题。① 还有研究从意识形态安全视角入手，认为当前意识形态安全面临着对外抵御来自西方资本主义国家的意识形态渗透，对内提升主流意识形态对纷繁复杂的社会思潮的价值引领，以及有效化解全媒体时代网络舆情对意识形态安全的冲击等一系列威胁挑战，需要进一步提升总体国家安全观的指导地位以维护意识形态安全。②

中国特色国家安全道路作为一种新的国家安全发展路径，对其特征的精准把握对于处理国家安全事件具有重要意义。首先，作为一种整体性国家安全发展理念，中国特色国家安全道路注重各类安全问题耦合而产生的整体涌现效应，它强调各类国家安全要素之间的相互联系与作用，而不是仅仅重视各类安全要素的简单相加。要理解并深入贯彻总体国家安全观就必须从其整体性原理出发，考察其各要素如何有机统一于国家安全系统之中。这种有机统一主要体现为政治安全、人民安全、国家利益至上的有机统一以及传统安全与非传统安全的有机统一。③ 其次，注重用唯物辩证法的两点论与重点论相统一的思想来把握国家安全问题，主体国家安全观的内在品质即"内部与外部、国土与国民、传统与非传统、发展与安全、自身与共同安全问题并重"④。再次，人民安全是中国特色国家安全道路的宗旨，这既是党的群众路线在国家安全领域的贯彻落实，同时又突出了国家安全追求中对国家主权和人民群众集体安全的重视。在整个国家安全体系中，无论最终包括多少要素，也无论这些要素在国家安全体系中处于什么地位，人民安全都处于各种要素的首位，是整个国家安全的核心要素。⑤

---

① 刘跃进：《论国家安全领域的七个统筹》，《上海交通大学学报》（哲学社会科学版）2022年第6期。
② 俞婷：《总体国家安全观视域下的意识形态安全探析》，《学校党建与思想教育》2022年第4期。
③ 姚晗：《习近平总体国家安全观的系统原理》，《中国政法大学学报》2022年第2期。
④ 戴开成、李红革：《习近平总体国家安全观系统思维研究》，《湖南社会科学》2022年第1期。
⑤ 刘跃进：《人民安全是国家安全的宗旨和基石》，《红旗文稿》2022年第8期。

国家安全涉及宏观、中观、微观不同层面的内容。从宏观层面来看，贯彻落实中国特色国家安全道路，就要增强忧患意识，树立和塑造总体国家安全观念。有学者对坚持走中国特色国家安全道路提出了"外向性"与"内向性"的应对思路，对外主张合作实现安全，对内着重可持续安全建设。在格局构建上，统筹国内与国外两个场域的治理；在观念引领上，倡导共商、共建、共享的中国理念；在平台建设上，大力推动"一带一路"倡议的全球实施，实践全球安全治理的中国方案。① 从中观层面来看，贯彻落实总体国家安全观，要发挥国家安全委员会的领导作用，加快建立健全集中统一、高效权威的国家安全体制。国家安全体系是落实总体国家安全观的总抓手，一方面要完善集中统一、高效权威的国家安全领导体制；另一方面要健全国家安全法治体系、战略体系、政策体系、人才体系和运行机制，全面加强国家安全能力建设。② 从微观层面来看，要提高综合治理、有效应对的国家安全能力。还有学者从国家安全体系的总体化、统筹化、科学化、专业化、数智化、法治化与社会化出发，提出了中国国家安全体系现代化的路径体系。③

中国特色国家安全道路作为一种全新的国家安全发展路径，其所具有的特殊时代价值是毋庸置疑的。总体国家安全观和中国特色国家安全道路互为表里、相互统一。在比较政治上，中国特色国家安全道路的独特性在于：美国对外扩张、追求霸权的国家安全道路，中国坚持推进国际共同安全、推动构建人类命运共同体；与俄罗斯"国家安全高于一切"的不同之处在于：中国更注重统筹发展和安全；与欧洲和日本将国家安全依附于别国的不同之处在于：中国始终坚持独立自主、自力更生。④ 有学者提出中国特色国家安全道路之所以能够有效破解和科学回应新时代中国在发展过程中所面临的诸多国家安全问

---

① 李志斐：《总体国家安全观与全球安全治理的中国方向》，《中共中央党校（国家行政学院）学报》2022年第1期。

② 倪春乐、王瑶、汤骁钰、任世丹：《总体国家安全观视阈下的"安全发展"》，《情报杂志》2022年第2期。

③ 王秉：《中国国家安全体系现代化的历程、内涵与路径》，《湖南师范大学社会科学学报》2022年第6期。

④ 袁鹏：《关于中国特色国家安全道路的战略思考》，《国家安全研究》2022年第1期。

题，关键是因为它内在地蕴含了"以人民为中心"的政治立场，把握了治国理政的系统性逻辑思维，全方位维护了中华儿女和中国发展中各方面的安全权益。① 中国特色国家安全道路是新时代坚持和发展中国特色社会主义的必然要求，是推动新时代国家治理体系和治理能力现代化的迫切要求，为积极塑造国际安全环境、构建人类命运共同体提供了重要的理论和方法论支撑。

二 中国政治学研究若干特征

当今中国正处于新时代新征程开局起步的关键时期，面临着全面建成社会主义现代化强国、实现第二个百年奋斗目标的历史任务。以中国式现代化全面推进中华民族伟大复兴，可谓任重道远。如何在世界的动荡变革中走好中国道路，需要政治定力与政治智慧，在回应时代变化中达成价值共识、维护和提升公共利益，不断铸牢中华民族共同体意识，全面推进社会主义现代化国家建设。2022 年，中国政治学的学科发展在基于既往、综合创新的道路上取得了新发展，呈现出务实、批判、创新相交融的特点，在加强本土化研究、加快建构中国自主的政治学知识体系、探索科技与政治学的相互关系、提升中国政治学的时代回应能力等方面取得长足进步。

（一）更多强调本土化研究

政治学的一个重要特质就是主要以"问题"界定学科范围，以"解决问题"来确立学科地位，促进知识生产，进而彰显学科的意义。中国政治学的持续生命力不仅在于能否提出美好的理论，而且在于能否解决关键的理论与现实问题。

第一，深度阐发习近平新时代中国特色社会主义政治建设的论述。"时代是思想之母，实践是理论之源。"当代中国正在经历人类历史上最广泛、最深刻的社会变革，也正在创造人类历史上最宏大、

---

① 张宇伯、王丹：《习近平总体国家安全观的三重意蕴：生成渊源、价值关切和时代观照》，《学术探索》2022 年第 10 期。

最独特的政治实践。在领导全党全国各族人民推进党和国家事业的过程中，以习近平同志为核心的党中央围绕中国和世界面临的问题，提出了一系列具有开创性意义的新理念新思想新战略，形成了博大精深的习近平新时代中国特色社会主义政治建设论述。其中，关于政治学方面的思想具有内容的丰富性、鲜明的人民性、强烈的时代性、明确的指导性，引领中国政治建设迈入新阶段，促进中国国家治理达到新水平，推动中国政治的国际影响力达到新高峰。关于政治制度、政治观念、政治建设、政治方向、政治意识、政治能力、政治大局、政治生态、政治引领、政治安全、政治定力、政治纪律、政治规矩、政治判断力、政治领悟力、政治执行力等的论述涵盖了包括政治制度、政治关系、政治行为、政治文化、政治发展等在内的所有政治学研究领域和重大议题，并形成了诸多具有一定原创性的论断。它构成了马克思主义政治学理论中国化、时代化、大众化的最新成果，是关于中华民族深厚政治传统和精神血脉的最新阐发，是对人类创造的有益的政治学理论观点和学术成果的最新借鉴和超越，不仅为中国人民的幸福和中华民族的复兴提供了坚实的理论基础，而且"为世界谋大同"，为人类政治发展的重大问题提供了睿智思考和独特创见，因而这方面的研究已然成为2022年乃至今后一段时间中国政治学本土化研究的基本方面和特征。

第二，不断深化中国之治的内在规律的研究。社会主义国家的政治制度具有其自身的优越性，但由于发展起步晚、底子薄等原因，这种优越性并没有得到全面展现，甚至随着苏联的解体而使人们产生了"历史终结"的幻象。随着中国经济长期中高速发展、建立起覆盖全民的社会保障体系、打赢人类历史上空前的脱贫攻坚战、为世界提供大量公共产品等伟大成就，中国特色社会主义政治制度的优势得以逐渐彰显。中国特色社会主义政治制度的优势包括坚持党的集中统一领导和科学理论，保持政治稳定，确保国家始终沿着社会主义方向前进；坚持人民当家作主，发展人民民主，密切联系群众，紧紧依靠人民推动国家发展；坚持以人民为中心的发展思想，不断保障和改善民生、增进人民福祉，走共同富裕道路；坚持改革创新、与时俱进，善于自我完善、自我发展，使社会始终充满着生机活力，等等。基于此，立足新的历史方位，中国之制的特征与优势、中国之治的运作与机理在学理上得到进一步阐发。有学者系统梳理了党的领导制度，指出党组制度、领导小组制度、党管干部制度、群众路线制度和党对军队绝对领导制度、党建制度等在党的领导制度体系中发挥着重大作用。① 有学者总结了"中国之治"所蕴含的政治逻辑，指出中国政治发展具有独特的演进逻辑和显著的制度优势，包括坚持中国特色社会主义政治发展道路的自主性与实践性、人民民主的制度化和有效性以及先进政党的全面领导及其政治权威。② 还有学者将中国老龄社会治理的制度创新视为国家治理现代化进程中的关键一招。中国老龄社会治理制度被"嵌入"国家治理体系，与国家治理体系构成一个"内协调、外适应"的动态开放系统，并在中国治理体系制度建构实践中展现出强大的能动性、适应性、高效性、可行性，逐步成为国家治理体系和治理能力的重要依托、国家治理效能提升的关键。③ 总之，2022 年中国政治学始终保持着对当代中国政治实践的高度关注，始终关注从政治实践中挖掘有价值的理论问题，坚持以致用为根本的学术发展原则，在解释、解决中国发展各种理论与现实问题的过程中创新本土理论，使政治学理论发展获得源源不断的创新动力。

（二）更多强调中国自主政治学知识体系的建构

建构中国政治学自主知识体系，是对政治学知识跨情境效度问题的有效破解，是对西方政治学霸权的积极回应，是拓展人类政治文明新形态的学术努力，符合中国政治学的学科属性和发展规律。2022 年 4 月 25 日，习近平总书记在中国人民大学考察时强调"加快构建中国特色哲学社会科学，归根结底是建构中国自主的知识体系"，为新时代政治学的发展指明了前进方向。建构中国自主的政治学知识体

---

① 贺东航：《党的领导制度体系的历史脉络和重要制度理析》，《当代世界与社会主义》2022 年第 5 期。

② 蒋英州、王梦雅：《中国特色社会主义制度优势的生成逻辑》，《理论探索》2022 年第 2 期。

③ 周学馨：《国家治理现代化进程中的中国老龄社会治理制度创新研究》，《华中科技大学学报》（社会科学版）2022 年第 3 期。

系成为新时代政治学人的自觉意识与共同追求。学者在建构中国自主的政治学知识体系的探索中，形成了理论建构型、话语创新型、概念研究型和方法创新型等基本进路。回顾总结 2022 年政治学界在建构中国政治学自主知识体系上所取得的成绩，有助于我们进一步推动自主知识体系的构建和创新。

第一，重申指导思想与价值取向。确立正确的指导思想与价值取向是建构中国自主的政治学知识体系的首要前提。在指导思想层面，中国政治学的展开意味着对马克思主义与中国政治学之间关系的重新审视，意味着坚持和发展马克思主义政治学理论任务的出场。有学者认为，中国学界开始出现本土化的探讨就是在马克思主义与中国政治现实相结合之时，因此中国政治学从产生之时起便嵌入了马克思主义的基因。① 在价值取向层面，中国政治学是顶天立地和经世致用之学，围绕中心、服务大局是本分。聚焦全面建设社会主义现代化国家的核心议题，为中国式现代化和人类进步事业贡献学术能量。有学者提出中国政治学研究的目的在于以中国特色的政治学理论思维回应中国的问题，推动中国式现代化道路。②

第二，进一步推进理论范式创新。建构中国自主的知识体系，离不开理论范式创新。作为理论阐释与话语创新的重要生长点，具有强烈"中国性"的田野政治学、历史政治学、民族政治学、比较政治学、责任政治学研究在立足中国的基础上，展现出从普遍性政治要素中提炼理论命题的努力。历史政治学作为一种新型政治学研究路径，一经提出就受到政治学界的广泛关注。田野政治学是以实践问题为导向，研究农村政治关系、权力、制度及其发展规律的政治学分支学科。田野政治学运用田野调查、历史分析、结构主义、"过程—事件"等研究方法，强调在政治学的视角下，以农村基层政权建设、农村基层治理和农村社会变革为核心，以农村自治、农村政治关系、农村政治管理等为研究主线，并聚焦于国家社会与农业农村农民的实践

---

① 王炳权、杨睿智：《论建构新时代中国政治学自主知识体系》，《新视野》2023 年第 1 期。

② 张贤明、张力伟：《互鉴与对话：中国政治学自主知识体系构建的思考》，《四川大学学报》（哲学社会科学版）2023 年第 1 期。

问题。① 历史政治学强调致力于建设具有中国自主性的政治解释框架和话语体系，探求塑造"历史—实践—理论"三位一体的研究逻辑，在认识论、方法论、本体论这三个视角下，力图达致突破。② 民族政治学凝练了政治学与民族学的新兴交叉学科的研究特色，试图在政治学的解释框架、思维方法和话语体系下审视民族问题、民族文化、民族行为等方面的政治属性，探寻国家治理中民族问题的解决之道以及民族事务治理方式。③

第三，进一步完善中国政治学的概念体系。建构中国自主的知识体系，概念研究是重要着力点。概念研究的新趋势主要表现在以下方面。一是概念建构的自觉意识显著增强。随着学术积累的丰厚与自主意识的成长，对政治学既有概念的反思、解构和新概念的建构尝试，乃至面向概念建构的学术共识与学理分析，非常值得关注。有学者认为，中国政治学概念的供给面临着内涵上的适应性危机、所含价值观上的兼容性危机、完备性与自治性挑战、可对话性危机，当前概念研究急需从概念重构深化逐步推进到概念体系的重构。④ 有的学者从"概念之树"的视角，梳理了类政治概念建构、政治概念更新与种属政治概念供给三种构建本土政治概念的可能路径。⑤ 二是进一步强调概念建构的体系化。无论是所谓"为'概念孤儿'寻家"⑥，还是部分学者总结的田野政治学所贡献出的一大批具有原创性概念的经验⑦，其目的都是要加快推进政治学概念的体系化建设。三是注重概念建构中普遍性与特殊性的关系。部分学者认为，"制度"概念与其他概念

---

① 贺东航：《困境与挑战：农村政治学的研究方法演化与范式转换》，《政治学研究》2019年第4期。

② 杨光斌：《历史政治学与中国政治学原理重构》，《公共管理与政策评论》2022年第6期。

③ 周平：《民族与政治的纠缠及政治学的认知》，《政治学研究》2022年第3期。

④ 刘伟：《政治学话语体系建设中的概念重构》，《中国社会科学评价》2022年第4期。

⑤ 郭忠华：《本土政治概念建构的三种进路——基于"概念之树"的视角》，《探索与争鸣》2022年第6期。

⑥ 徐勇：《将概念带入学术体系：为"概念孤儿"寻家》，《中国社会科学评价》2022年第4期。

⑦ 吴春宝、李旻昊：《"错位式生产"：田野政治学概念研究历程及其供给特征》，《理论导刊》2022年第12期。

的本土建构相似,需要应对理论与实践、传统与现代、政治学与其他学科等多重张力,缓解与其他重要范畴间的紧张关系。① 还有学者基于田野政治学中"国家化"概念的建构脉络,凝练出田野政治学概念建构的基本进路。②

第四,进一步加强方法论的自觉与创新。建构中国自主的知识体系,方法论自觉与创新是重要支撑。有学者认为,随着技术哲学的系统化、理性化思维不断融入政治学科方法论体系中,政治学方法论出现了技术哲学的转向。模型化、系统化、计算化方法将对政治学范式体系构建产生重要意义。③ 有学者对中国政治学实证研究进行反思,主张不能单纯追求研究方法的科学性,而应深入政治学知识生产的机制,在方法论运用与创新、新一轮学科融合等方面推动政治学的发展。④ 还有学者指出,如何更为有效地"理解中国""解释中国"应成为政治学方法论反思的主要内容。经验、历史与逻辑的关系决定了历史政治学作为批判实证社会科学的研究进路和学术定位,同时也决定了其可能的成就与可能的风险。⑤

面向未来,自主的政治学知识体系建构不仅要立足"中国性",体现"中国性",也要透过中国经验或中国关怀,在人类文明的对话交流中彰显中国政治的成就与贡献,在更清晰地界定核心问题,挖掘理论资源,开阔研究视野,掌握议题设置与话语创新的主动性中确证其自身存在的独特价值。

(三) 更多强调科技进步与政治学的交融

2022年,科技的进步与政治学的发展相伴相随。随着科学技术不断挑战人类对其自身和世界的基本认知,"人工智能""元宇宙""区块

---

① 马雪松、冯源:《政治学"制度"概念的本土建构:内在张力、多维特征与基本面向》,《学海》2023年第1期。
② 吴春宝:《田野政治学的"国家化"概念:建构脉络及其基本策略》,《中国农业大学学报》(社会科学版) 2022年第4期。
③ 褚尔康:《论政治学方法论的技术哲学转向》,《甘肃社会科学》2022年第3期。
④ 刘金海:《中国政治学实证研究的反思与探索》,《政治学研究》2022年第4期。
⑤ 张树平:《政治学理论建构中的经验、历史与逻辑——对历史政治学发展的一项阶段性评估》,《政治学研究》2022年第1期。

链""生成式人工智能"等伴随着科技进步而生的新事物正成为政治学领域密切关注的研究议题。2022年度，学界对基层治理、城市治理、国家治理实践和政治理论方法中新技术的运行机制与价值，以及新科技革命与人类文明前景等展开了研讨。这些思考发展和推进了当下的政治学研究，尤其是对基础理论的创新提出了现实的要求。

有学者提出了具有时代特征的新锐观点或理论，丰富和发展了政治学的时代话语表达。有学者提出"数字治理生态理论"，从"全景视角"出发阐述了协同发展阶段数字政府建设的理论范式，强调治理体系的系统化、治理主体的包容性、治理资源的共享性，进而构建数字政府、数字经济与数字社会协同演进的生态系统。① 有学者关注作为独特权力主体的技术在基层治理权力结构中所承担的中介作用，将以控制为核心的政治职能和以技术行政为核心的治理职能概括为有机结合技术重塑基层治理权力结构的两种基本样态，进而总结和提炼了"分布式治理"概念。② 人工智能、区块链和扩展现实等技术在实现全过程人民民主过程中具有巨大潜能，但这些数字技术也存在其内在限度及其自身问题。③

从哲思层面建构技术与政治学的理路连接，增强时代问题的思辨性和哲理性构成2022年政治学研究的一个显性方面。有学者指出，诸如实时、微型化等速度技术的全面运用使得其负面后果愈发增强，需要进行超越生命政治学的哲学反思，从而提出了速度政治学的批判性意义。④ 政治学方法论既是一个政治学问题，也是一个哲学方法论问题，并认为技术体系中模型化、系统化、计算化方法对政治学范式体系构建产生了重要影响和意义，应当深入思考和探索技术哲学体系下政治学分析范式、工具体系和功能实现机理的创新与突破。⑤ 第四

---

① 孟天广：《数字治理生态：数字政府的理论迭代与模型演化》，《政治学研究》2022年第5期。
② 王磊：《分布式治理：技术嵌入基层治理的理论基础、权力逻辑与治理样态》，《电子政务》2022年第5期。
③ 高奇琦：《数字技术如何支持全过程人民民主重大理念的落实》，《政治学研究》2022年第6期。
④ 卓承芳、文佚敏：《加速社会语境中的生存及其前景——从生命政治学到速度政治学》，《浙江社会科学》2022年第8期。
⑤ 褚尔康：《论政治学方法论的技术哲学转向》，《甘肃社会科学》2022年第3期。

次科技革命驱动人类社会迈入数字时代,包括计算政治学、计算社会学、计算传播学和计算法学等在内的计算社会科学将从本体论、方法论和认识论层次为理解数字文明语境下新生的社会经济现象构建概念、理论和方法体系。①

有学者关注到元宇宙在政治学问题研究中的"在场"问题,指出数字鸿沟、数字垄断、数字殖民、数字霸权等是元宇宙视域下协商民主与数字技术的"张力"所在,需要以科学辩证的态度认识元宇宙和数字协商民主,有效规制元宇宙数字资本主义给数字协商民主所带来的风险。② 元宇宙能够从多个层面赋能政党政治但也会给意识形态、民主政治、社会治理、主权安全等政党政治要素带来诸多潜在风险,需要引入协同治理框架。③ 在元宇宙中现代意义上的国家和政府将不复存在,但元宇宙中的任何活动主体,在人工智能、算法、数据、隐私、安全等方面的行为都必须遵守政治规则和法的基本精神。④ 亦有学者认为,元宇宙在阶段式发展过程中可能会带来国家主权安全风险、意识形态安全风险、经济安全风险和人口安全风险,应当坚持保障安全、技术制衡、人类进步、平等参与及合作监管等原则,对这些风险应加以防范和治理。⑤

针对技术与政治的关系这一核心议题,有学者呼吁要深入研究"技术政治学",认为在技术政治学视域中,技术已然构成塑造当代政治之形态的根本性力量,而不再是从属于科学和政治的次要元素,它已然构成塑形当代政治形态的根本力量,同时技术从影响共同体形态的众多元素之一上升为决定性的主导元素。而中国技术政治学的演进,呈现出中国独特的文明性格。⑥ 科技是一把双刃剑,在应用、享

---

① 严宇等:《重访计算社会科学:从范式创新到交叉学科》,《新文科理论与实践》2022年第1期。

② 段治文、于雯美:《元宇宙数字协商民主的机遇、风险和逻辑进路》,《学术界》2022年第11期。

③ 孙会岩:《元宇宙政党政治:议题、风险与治理》,《深圳大学学报》(人文社会科学版)2022年第4期。

④ 鲁照旺:《元宇宙的秩序和规则》,《学术界》2022年第2期。

⑤ 高奇琦、隋晓周:《元宇宙的政治社会风险及其防治》,《新疆师范大学学报》(哲学社会科学版)2022年第4期。

⑥ 吴冠军:《为什么要研究"技术政治学"》,《中国社会科学评价》2022年第1期。

用科技红利的同时也应警惕其潜在的风险、应及时回应其带来的问题与挑战。部分学者提出要提防技术资本侵蚀,既要避免技术层面的信息控制和技术内嵌,又要防范权力层面的权力依赖和权威迁移。① 数字时代国家的实践形态呈现出新现象、新特征,诞生于工业文明时代的国家理论也面临新挑战,需要建构数字时代的国家理论,重新审视暴力、主权、政府以及国家能力等传统国家理论的核心概念。②

总而言之,关于"科技进步与政治学"关系的讨论是构成年度政治学研究动态的一个显性方面。科技与政治学的融合、互嵌本就是"老生常谈"的学术话题,但是诸如元宇宙之类的新科技、新技术不断"涌入"政治学学科研究中,为构建中国式、时代式的政治学研究范式提供了客观动力。2022 年度,科技政治学、技术政治学、计算政治学等研究领域得到阐发,为国家理论、治理理论乃至中国式现代化理论体系的更新提供了契机。同样也应该清醒地认识到,2022 年度"科技与政治学"相关研究成果虽然在数量上略显不足,但研究呈现出深化趋势。在未来"科技与政治学"研究中,要更加注重基于政治学研究范式的前瞻性思考、全局性谋划、整体性推进。可以说,新兴科技与技术开创了国家治理的新维度,数字治理及数字治理理论、技术治理、科技治理在未来仍会是政治学研究的前沿热点领域。面向未来,应立足于中国本土化的数字治理、技术治理、科技治理实践经验,推动政治科学和政治学科的时代性理论创新和范式转换。

(四)更多强调提升中国政治学的时代回应能力

习近平指出,"社会大变革的时代,一定是哲学社会科学大发展的时代""这是一个需要理论而且一定能够产生理论的时代,这是一个需要思想而且一定能够产生思想的时代"③。中国政治学作为生而便携带经世济民基因的学科,与其他社会科学一道帮助人类认识着世

---

① 许开轶、谢程远:《数字政府的技术资本侵蚀问题论析》,《政治学研究》2022 年第 2 期。
② 黄其松:《数字时代的国家理论》,《中国社会科学》2022 年第 10 期。
③ 习近平:《在哲学社会科学工作座谈会上的讲话》(2016 年 5 月 17 日),《人民日报》2016 年 5 月 19 日第 2 版。

界和改造着世界。在所有社会科学之中，中国政治学更具有统领性作用，必须承担起时代赋予的职责与使命。我们需要借助马克思主义世界观和方法论具体而深入地认识时代的特征和变化，正确看待当今世界和当今中国及其相互之间的关系，准确把握中国政治学的历史任务，进而通过认识规律，尊重规律，推动中国道路的完善和人类政治文明的进步。概括而言，这样一个急剧变化的时代赋予中国政治学以新的重大历史使命，提出了中国政治学研究历史性展开的必要性和紧迫性。正是在这个意义上我们可以说，中国政治学发展应更多地强调时代回应能力的提升。

第一，强化中国政治学的世界历史视野，积极参与人类向何处去的讨论。今天的中国已经不是处于农耕时代而是处于现代化、全球化、信息化时代。这是一个全球性的快速发展过程，不仅带来了科技、产业革命和物质世界的变革，而且对人类的精神世界、思维方式和生活方式产生了巨大的影响。新的一轮科技革命和产业变革的加速演进，推动人类社会经历着前所未有的巨变，它重新激活了社会主义与资本主义之间关系的重大课题，意味着世界社会主义迎来新的发展机遇，标志着世界社会主义复兴宏大叙事的重新开启。"当今世界正经历百年未有之大变局"[1]，百年未有之大变局向中国政治学提出了正确认识时代特征和把握人类社会发展趋势的理论任务，其中包括梳理冷战后世界格局演变的历史过程与特征，厘清问题链条及其相互之间的内在逻辑，以及从理论上回应"今天的世界怎么了"和"全球化走向何处"等一系列时代之问。中国学者面对这一系列时代之问，从不同角度展开了阐释与回应。有的学者立足于大历史观的视野，认为构建人类命运共同体为站在"十字路口"上的全球治理体系提供了中国方案。[2] 有学者认为，在西方异化的现代化道路与失衡的现代化发展模式弊端频现的当下，中国共产党领导的中国式现代化道路为

---

[1] 习近平：《同中非合作论坛前任和新任非方共同主席国元首共见记者时的讲话》（2018年9月4日），《人民日报》2018年9月5日第2版。
[2] 袁航：《人类命运共同体：大历史观视野下全球治理的中国方案》，《河南社会科学》2023年第6期。

渴望独立自主发展的国家开拓出一条走向现代化的新的康庄大道。①中国政治学发展既追求本土化以及对中国政治实践的解释力与指导力，在开放发展的环境下也追求包容开放，强化政治文明的互相借鉴，加强政治学交流。因此，中国政治学在扎根于本土的基础上，与政治实践同步推进世界政治学的发展，既追求一般性，也关注政治实践的特殊性，在吸收优秀经验的同时，为世界政治学发展提供中国智慧。

第二，突出实践中的问题意识，深化对中国政治发展道路的规律性认识。政治建设的积极成就，特别是现代化建设日益深化，推动着政治学议题的认知转变和主题创新。但同时这也为中国政治学研究的时代化带来了更为紧迫的任务。党的十八大以来，国家治理现代化的持续发展，改革和建设的实践多方面推进，实施了主要包括"放管服"改革、机构调整和改革、服务型政府建设、精准扶贫、乡村振兴、经济高质量发展、环境治理、社会治理创新等在内的一系列措施。这些实践为中国政治学提出了研究主题和问题，提供了客观的研究依据，中国政治学的研究重心也逐步从求变转向求治，形成了从社会与国家、民主与民生相统一的自觉。随着改革由顶层设计向基层实践的推进，中国政治学在政治体制与行政体制改革、中央与地方关系调整、基层民主政治建设、政府与社会协同治理、基层党组织建设，以及反腐败等现实问题领域内的研究都在不断推进，成为中国政治学整体创新发展的重要理论生长点。具体来看，改革实践过程中暴露出的诸多问题，包括发展的不平衡不充分、改革进入深水区、社会矛盾交织叠加、意识形态领域斗争依然复杂、党的建设仍需加强，以及这些实际问题背后所反映出的若干理论问题，例如，如何把市场逻辑与政治逻辑有机结合起来？如何在国家治理和制度优化层面跳出概念化和片面化的误区？如何真正实现人民民主权利？诸如此类具有时代性和实践性的问题，都是推动中国政治学创新发展的强大动力。政治实践面对的问题，无不事关中华民族伟大复兴目标的实现。与削足适

---

① 唐亚林、周昊：《走自己的路：中国式现代化的理论演进、路径选择与价值追求》，《理论探讨》2022 年第 5 期。

履、用旧理论应对新实践相比，中国政治学研究的重点理应聚焦创新理论，让处于统领地位、战略性地位的政治学更好地发挥作用。

第三，加强学科融合意识，彰显中国政治学的学术特色和学术风格。当下社会科学各个学科之间的边界日益模糊，学科交叉融合已经成为社会科学发展的重要趋势，很多重大问题必须进行多学科综合研究才能解释和解决。"学科交叉""学科融合"是现代社会科学的普遍特征，政治学也不例外。跨学科研究的必要性一方面在于政治学自身创新的需要，另一方面主要在于新时代出现的新情况、新问题有待新型政治理论进行解答。党的十八大以来，中国不断完善学科建设各项机制保障措施，切实鼓励跨学科、跨机构的协同攻关，大力推进学科开放和交叉融合机制，促进新兴学科形成，构建交叉学科体系。中国政治学同样寓于学科边界模糊的情境当中，完全孤立的社会科学学科已经难以适应当下社会发展需要。由此，中国政治学的时代回应能力提升的关键是，如何实现学科间的互鉴与对话、增强政治学学科的包容性和生命力。当然，无论学科边界如何模糊，无论学科之间的融合多么深入，不同学科仍然要保持其自身的特色，既要坚守各自学科的研究对象和基本内容，又要广泛融合其他学科的理论和方法，提升学科回应现实复杂问题的能力。基于此，加强政治学与其他学科的交叉融合需要从以下方面展开：其一，坚守政治学理论研究在整个政治学研究中的基础性地位，这由政治学的原真性价值所决定，只有政治学理论研究才能回应政治学的基础问题。在中国学术界，对福利政策、公共财政政策乃至民族政策、文化政策等政策性问题的探讨，从来都无法回避国家与社会、资本的权力关系等问题，因而应该追溯到结构性、制度性、价值性问题的根源上，这是中国政治学的学术特色和学术风格。其二，强化政治学的历史研究，在以史为鉴中夯实中国政治学的发展根基，以"世界史观"打通不同文明视域下理论体系的关系。学术研究要有时间层次，要实现对过去、现在与未来的共同把握，注重不同时空情境之间的关系和连接，使研究具有彰显动态性过程的特征。其三，以问题为导向博采各类学科之长，为解决现代化道路上不同领域、不同层次的问题提供最为适宜的工具。中国政治学在与不同学科交叉融合的过程中启发了协同合作、共同进步的自觉，锚定了中国政治学自主知识体系构建的学术共识，并在互相学习、互相借鉴中一起成长，并带动中国政治学从自主走向自信。

三 总结与展望

2022年度，中国政治学研究的深度、广度、维度不断拓展，涌现出一批有分量的学术成果，凝结着无数学人的智慧与汗水。政治学是回应时代之问的学问，坚持把回应并解决新时代重大理论与实践问题当作出发点，把以中国式现代化全面推进中华民族伟大复兴的宏伟目标当作落脚点，以此不断迸发出具有学科特点的活力与生力。2022年，中国政治学研究回应党的二十大以中国式现代化推进中华民族伟大复兴的时代命题号召，研究内容集中于对中国式现代化的政治学阐释、对全过程人民民主重大理念的理论阐释、对共同富裕的政治学研究、对中国协商民主研究的持续深入、对国家治理现代化的政治学研究、对中国特色国家安全道路的政治学阐释。除此之外，2022年，中国政治学研究的新发展与新面貌表现在更多强调本土化研究、更多强调中国自主政治学知识体系的建构、更多强调科技与政治学相互关系的探索以及更多强调中国政治学的时代回应能力的提升。在新时代的新征程上，对当前中国政治学研究成果进行总结和前瞻，既是夯实政治学建设"内功"的关键所在，也是推动理论赋能实践的应有之义。

政治学是探求共同事务解决之道、谋求良善秩序与公共利益的学问，既有着鲜明的实践性和时代性，也内蕴着规范性与超越性。当前，世界百年未有之大变局加速演进，世界进入新的动荡变革期，如何在变局中推动和平与发展的时代主题，如何在变局中凝聚构建人类命运共同体的共识与力量，是关系人类命运的共同课题。当今中国正处于新时代新征程开局起步的关键时期，全面建成社会主义现代化强国、实现第二个百年奋斗目标，以中国式现代化全面推进中华民族伟大复兴，任重而道远。如何在世界的动荡变革中走好中国道路，需要政治定力与政治智慧，在因应时代变化中形成共同价值、达成共同协作、维护和提升公共利益，不断铸牢中华民族共同体意识，全面推进社会主义现代化国家建设。这需要政治学自觉自省、自立自强，不断加强政治学学科体系建设，增强学科吸引力、推进人才储备更新，以学科调整为契机实现内涵式高质量发展；不断提升政治学知识生产能力，加快建构中国自主的政治学知识体系，为全面建成社会主义现代化强国，推进中国式现代化提供更加丰富的价值资源、方法手段与行动选择；不断推进政治学话语体系建设，提升中国政治学的学术影响力和话语传播力，在世界政治学的知识体系中确立中国政治学的地位与价值。

中国人大制度和人大工作理论研究与实践的新亮点

王维国　杨莹　李霞[*]

2022年，全国各级人大坚持党的全面领导，紧紧围绕党和国家工作大局，[①]坚持以习近平新时代中国特色社会主义思想为指导，坚持高质量做好立法、监督、代表等各方面的工作，人大工作实践不断取得新成效。专家学者围绕人大制度建设、加强和改进新时代人大工作[②]等重要议题，以人大立法、监督、代表工作等为研究重点，不断拓展研究的维度与深度，取得了多方面的理论成果。

一　人大工作取得新进展

"2022年是党和国家发展史上极为重要的一年"[③]，我们党胜利召开举世瞩目的第二十次全国代表大会。中国共产党的第十九次、第二十次全国代表大会，"深刻回答新时代新征程坚持和发展中国特色社会主义一系列重大理论和实践问题"[④]"为做好新时代人大工作进一

---

[*] 作者工作单位：王维国、杨莹、李霞，西安交通大学马克思主义学院。
[①] 栗战书：《在第十三届全国人大常委会第三十八次会议上的讲话》，《中国人大》2023年第1期。
[②] 栗战书：《全国人民代表大会常务委员会工作报告》，《人民日报》2023年3月17日第1版。
[③] 栗战书：《在第十三届全国人大常委会第三十八次会议上的讲话》，《中国人大》2023年第1期。
[④] 栗战书：《全国人民代表大会常务委员会工作报告》，《人民日报》2023年3月17日第1版。

步指明了方向，提供了遵循"①。一年来，全国各级人大坚持"紧紧围绕党的中心任务开展人大工作"②，坚持把党的领导全面贯彻落实到人大工作各方面全过程，认真贯彻落实党的二十大精神和中央人大工作会议精神，推动新时代人大工作高质量发展。

（一）关于立法工作

在中央人大工作会议上，习近平总书记指出："要加强党对立法工作的集中统一领导，完善党委领导、人大主导、政府依托、各方参与的立法工作格局。"③ 党的二十大报告进一步强调："必须更好发挥法治固根本、稳预期、利长远的保障作用，在法治轨道上全面建设社会主义现代化国家。"④ 这就要求有立法权的各级人大及其常委会在实践中紧紧围绕党和国家工作大局，注重发挥"在立法选题、评估、论证、立项、协调、起草、征求意见、审议等环节的主导作用"⑤，不断提高立法质量，进一步完善了以宪法为核心的中国特色社会主义法律体系。

2022年，第十三届全国人民代表大会常务委员会紧跟党中央重大决策部署，制定法律5件，修改法律9件，通过有关法律问题和重大问题的决定4件，作出法律解释1件，⑥ 为推进中国式现代化提供坚强的法治保障。"我国十四亿多人口整体迈进现代化社会，规模超过现有发达国家人口的总和，艰巨性和复杂性前所未有"⑦，必须充分发挥法治保障作用。为此，2022年，第十三届全国人大及其常委会积极以立法推动教育，更好地托举精彩人生，⑧ 全面修订《中华人

---

① 栗战书：《全国人民代表大会常务委员会工作报告》，《人民日报》2023年3月17日第1版。
② 汪洋：《紧紧围绕党的中心任务开展人大工作》，《中国人大》2022年第20期。
③ 习近平：《在中央人大工作会议上的讲话》，《求是》2022年第5期。
④ 《中国共产党第二十次全国代表大会文件汇编》，人民出版社2022年版，第33页。
⑤ 栗战书：《全国人民代表大会常务委员会工作报告》，《人民日报》2023年3月17日第1版。
⑥ 栗战书：《全国人民代表大会常务委员会工作报告》，《人民日报》2023年3月17日第1版。
⑦ 《中国共产党第二十次全国代表大会文件汇编》，人民出版社2022年版，第18页。
⑧ 汪洋：《做好中国式现代化法治保障》，《中国人大》2022年第23期。

民共和国职业教育法》，聚焦职业教育领域热点难点问题，将职业教育改革发展的政策举措和实践成果上升为法律规范，为打造现代职业教育体系夯实法治基础。① 为确保人民群众身体健康和生命安全，第十三届全国人大常委会第三十五次会议修订《中华人民共和国体育法》，在法治轨道上推动新时代体育事业实现高质量发展，推动全民健身事业迈上新台阶，为体育强国和健康中国建设营造良好的法治环境；② 第三十七次会议修订《中华人民共和国畜牧法》，以有利于促进畜牧业高质量发展、防范公共卫生风险；③ 第三十八次会议审议通过《中华人民共和国预备役人员法》，有力规范预备役人员管理，推进国防和军队现代化建设，更好地守护人民安全。④ 第十三届全国人大及其常委会坚持以问题为导向，审议通过《中华人民共和国反电信网络诈骗法》，针对电信网络诈骗发生的信息链、资金链、技术链、人员链等各环节，作出防范性制度规范；修订《中华人民共和国农产品质量安全法》，进一步健全农产品质量安全责任机制，以"最严谨的标准、最严格的监管、最严厉的处罚、最严肃的问责"，全面完善农产品产地、生产、销售、流通、监管等方面的制度设计；⑤ 修订《中华人民共和国妇女权益保障法》，完善相关制度机制，推动解决现实难点问题，⑥ 有效解决特定群体的权益保护问题，为保障人民群众的安全和发展权益提供了坚强的法治保障。

共同富裕是中国特色社会主义的本质要求，"是人民群众的共同期盼，也是中国共产党人的不懈追求，法治是助力和保障共同富裕的

---

① 栗战书：《在十三届全国人大常委会第三十四次会议上的讲话》，《中国人大》2022年第9期。

② 张宝山：《体育法治建设的里程碑——体育法完成修订》，《中国人大》2022年第13期。

③ 栗战书：《在第十三届全国人大常委会第三十七次会议上的讲话》，《中国人大》2022年第21期。

④ 栗战书：《在第十三届全国人大常委会第三十八次会议上的讲话》，《中国人大》2023年第1期。

⑤ 栗战书：《在第十三届全国人大常委会第三十六次会议上的讲话》，《中国人大》2022年第17期。

⑥ 栗战书：《在第十三届全国人大常委会第三十七次会议上的讲话》，《中国人大》2022年第21期。

强大制度力量"①。2022 年，第十三届全国人大及其常委会认真贯彻新发展理念，更加关注"蛋糕"切好分好的问题，审议通过我国首部规范期货交易和衍生品交易行为的专门法律——《中华人民共和国期货和衍生品法》，以高质量立法保障和促进经济社会高质量发展；②修正《中华人民共和国反垄断法》，③ 通过全国人民代表大会常务委员会关于设立成渝金融法院的决定，④ 为市场竞争行为明确规则，营造良好的金融法治环境，"着力维护和促进社会公平正义，着力促进全体人民共同富裕，坚决防止两极分化"⑤。这将充分体现以高质量立法促进公平正义、推动共同富裕稳步实现的法治效能。

党的二十大报告明确提出："物质富足、精神富有是社会主义现代化的根本要求"⑥。"丰富人民精神世界，是文化现代化的根本标准，是最深厚最精微的现代化"⑦。第十三届全国人大及其常委会坚持深入学习贯彻习近平总书记关于把社会主义核心价值观融入法治建设重要指示精神。⑧ 2022 年，全面修订《中华人民共和国职业教育法》，弘扬爱国、敬业等社会主义核心价值观，有力地推进职业道德建设，坚持以高质量立法促进物质文明和精神文明协调发展。

"人与自然是生命共同体"⑨，缺少绿水青山的现代化不是真正的中国式现代化。2022 年，第十三届全国人大及其常委会认真贯彻习近平生态文明思想，以高质量立法保护"绿水青山"。为了保护黑土地资源，稳步恢复提升黑土地的基础地力，促进资源可持续利用，

---

① 汪洋：《做好中国式现代化法治保障》，《中国人大》2022 年第 23 期。
② 栗战书：《在十三届全国人大常委会第三十四次会议上的讲话》，《中国人大》2022 年第 9 期。
③ 栗战书：《在十三届全国人大常委会第三十五次会议上的讲话》，《中国人大》2022 年第 13 期。
④ 栗战书：《在十三届全国人大常委会第三十三次会议上的讲话》，《中国人大》2022 年第 5 期。
⑤ 《中国共产党第二十次全国代表大会文件汇编》，人民出版社 2022 年版，第 19 页。
⑥ 习近平：《高举中国特色社会主义伟大旗帜 为全面建设社会主义现代化国家而团结奋斗——在中国共产党第二十次全国代表大会上的报告》，人民出版社 2022 年版，第 22 页。
⑦ 汪洋：《做好中国式现代化法治保障》，《中国人大》2022 年第 23 期。
⑧ 李学勇：《深入推进社会主义核心价值观融入教科文卫领域法治建设》，《中国人大》2022 年第 14 期。
⑨ 《中国共产党第二十次全国代表大会文件汇编》，人民出版社 2022 年版，第 19 页。

维护生态平衡，保障国家粮食安全，第十三届全国人大常委会审议通过《中华人民共和国黑土地保护法》。①在毛泽东同志发出"要把黄河的事情办好"号召七十周年、习近平总书记主持召开黄河流域生态保护和高质量发展座谈会三周年之际，第十三届全国人大常委会审议通过了《中华人民共和国黄河保护法》，②为保护黄河流域生态和高质量发展提供了法治保障。此外，第十三届全国人大及其常委会积极回应社会关切，坚持"以人为本，万物共生、和谐相处，互为有利的原则"③，修订《中华人民共和国野生动物保护法》，以高质量立法有力地维护生物多样性。这些有关生态文明建设法律的通过和修订充分展现了中国对于自然环境保护的信心和决心，以生态立法有效引领和保障绿色发展和协调发展，坚定走生产发展、生活富裕、生态良好的文明发展道路，以更好地实现可持续发展。

第十三届全国人大及其常委会坚持学习贯彻习近平法治思想，不断加强涉外立法工作。④2022年，全国人大及其常委会修订《中华人民共和国对外贸易法》，删去原法案第九条关于对外贸易经营者备案登记的规定，⑤有利于促进贸易自由化、便利化、高质量发展，在法治轨道上不断优化营商环境，进一步促进高水平对外开放。2022年12月30日，全国人大常委会对13部法律草案公开征求意见，其中外国国家豁免法（草案）、对外关系法（草案）为专门性涉外立法；公司法（修订草案）第十三章外国公司的分支机构，海洋环境保护法（修订草案）第2条、第85条、第96条、第103条、第115条；民事诉讼法（修正草案）第四编涉外民事诉讼程序的特别规定；金融稳定法（草案）第48条；慈善法（修订草案）第92条、第108条；

---

① 栗战书：《在十三届全国人大常委会第三十五次会议上的讲话》，《中国人大》2022年第13期。
② 栗战书：《在第十三届全国人大常委会第三十七次会议上的讲话》，《中国人大》2022年第21期。
③ 丁显阳、彭东昱：《野生动物保护法修订草案二审：加强保护与利用 处理好人与动物利益冲突》，《中国人大》2022年第17期。
④ 汪洋：《做好中国式现代化法治保障》，《中国人大》2022年第23期。
⑤ 《全国人民代表大会常务委员会关于修改〈中华人民共和国对外贸易法〉的决定》，《人民日报》2022年12月31日第3版。

青藏高原生态保护法（草案）第 41 条、第 54 条以及增值税法（草案）第 1 条、第 20 条、第 28 条、第 30 条、第 31 条等均为涉外条款。中国涉外法治工作取得的新成果，有利于更好地维护国家和人民的利益，促进国际合作。

总之，2022 年，全国人大适应新时代对立法工作提出的新要求，紧扣推进国家治理体系和治理能力现代化的重大部署，聚焦法治领域短板和弱项，加强重点领域、新兴领域、涉外领域立法，增强立法系统性、整体性、协同性、时效性。[1] 一方面，通过坚持以人民为中心的立法理念，围绕促进高质量发展立法，充分发挥法律在规范、引导、保障、促进方面的作用，人民群众的安全和发展权益得到有效维护，人民美好生活的实现获得了坚强的法治保障。另一方面，国家治理体系和治理能力现代化的过程必须以完备的法律制度体系为支撑，人大立法工作的显著成效意味着中国特色社会主义法律制度体系得到进一步完善和发展，为新形势下强化治理能力、提升治理水平提供了保障。从人大立法实践来看，深入推进科学立法、民主立法、依法立法，必须继续丰富立法形式，增强立法的针对性、适用性和可操作性。这就是说，人大立法要始终坚持人民至上，更好地开展立法论证、立法协商及立法前后评估工作，更有效地提升立法质量和效率，以高质量立法更好地实现人民向往的美好生活。

（二）关于监督工作

人大监督是具有法定权威、代表人民的监督。[2] 宪法赋予人大的监督权，是"确保人民赋予的权力始终用来为人民谋幸福"[3] 的保障；用好人大监督权，必须坚持正确监督、有效监督、依法监督。2022 年，全国人大及其常委会紧紧围绕党的中心任务和人民群众所思所盼所愿，依法扎实推进人大监督工作，不断完善监督工作

---

[1] 栗战书：《全国人民代表大会常务委员会工作报告》，《人民日报》2023 年 3 月 17 日第 4 版。

[2] 栗战书：《全国人民代表大会常务委员会工作报告》，《人民日报》2023 年 3 月 17 日第 1 版。

[3] 汪铁民：《人民代表大会制度更加成熟更加定型》，《中国人大》2022 年第 13 期。

机制和监督方式，持续提升监督实效，"切实解决不便监督、不好监督、不敢监督、不善监督的问题"①，有力地推动了宪法法律规定的有效实施，确保国家机关及其工作人员的权力都受到监督和制约。

听取审议"一府一委两院"有关工作报告23个，确保行政权、监察权、审判权、检察权依法正确行使。2022年，全国人大常委会听取审议了国务院工作报告18个，即关于2021年度环境状况和环境保护目标完成情况，②关于2021年中央决算，关于2021年度中央预算执行和其他财政收支的审计工作，关于巩固拓展脱贫攻坚成果同乡村振兴有效衔接，关于儿童健康促进工作情况，关于研究处理全国人大常委会固体废物污染环境防治法执法检查报告及审议意见情况，③关于2022年国民经济和社会发展计划执行情况，关于预算执行情况，关于加强和推进老龄工作进展情况，④关于数字经济发展情况，关于金融工作情况，关于有效减轻过重作业负担和校外培训负担、促进义务教育阶段学生全面健康发展情况，关于2021年度国有资产管理情况，⑤关于就业工作情况，关于深化"三非"外国人治理情况，关于财政社会保障资金分配和使用情况，关于审计查出问题整改情况以及关于"证照分离"改革涉及暂时调整适用法律有关情况的报告，⑥确保国务院及有关部门依法正确行使行政权，不断改进相关工作，健全推动解决问题的长效机制，确保党中央决策部署的全面贯彻落实。全国人大常委会听取审议了最高人民法院专项工作报告3个以及最高人民检察院专项工作报告1个，即最高人民法院关于决定实施三年来有

---

① 汪铁民：《人民代表大会制度更加成熟更加定型》，《中国人大》2022年第13期。
② 栗战书：《在十三届全国人大常委会第三十四次会议上的讲话》，《中国人大》2022年第9期。
③ 栗战书：《在十三届全国人大常委会第三十五次会议上的讲话》，《中国人大》2022年第13期。
④ 栗战书：《在第十三届全国人大常委会第三十六次会议上的讲话》，《中国人大》2022年第17期。
⑤ 栗战书：《在第十三届全国人大常委会第三十七次会议上的讲话》，《中国人大》2022年第21期。
⑥ 栗战书：《在第十三届全国人大常委会第三十八次会议上的讲话》，《中国人大》2023年第1期。

关情况、① 关于四级法院审级职能定位改革试点情况、② 关于人民法院涉外审判工作情况的报告，最高人民检察院关于人民检察院开展未成年人检察工作情况的报告，③ 确保审判权、检察权能够得到依法正确有效行使；听取审议了法制工作委员会关于2022年备案审查工作情况的报告，④ 大力推进备案审查工作，有效提升备案审查质量，不断完善备案审查制度，为法治中国建设作出积极贡献。⑤

"坚持把'依法'二字贯穿监督工作全过程"⑥，继续加强对法律法规实施情况的监督，检查5部法律实施情况、进行1次专题询问，打出监督"组合拳"，确保宪法法律有效实施。2022年，人大及其常委会继续聚焦生态环保领域法律的执法检查，第十三届全国人大常委会第三十六次会议听取审议环境保护法执法检查报告并开展专题询问、⑦ 第三十八次会议听取审议了长江保护法执法检查报告，⑧ 持续推动生态环保领域相关法律法规的贯彻实施，助推美丽中国建设全面提速。为更好地推进高水平对外开放，第十三届全国人大常委会第三十七次会议听取审议外商投资法的执法检查报告，⑨ 确保贸易投资合作质量和水平能够依法有序提升。"教育、科技、人才是全面建设社

---

① 栗战书：《在十三届全国人大常委会第三十三次会议上的讲话》，《中国人大》2022年第5期。
② 栗战书：《在十三届全国人大常委会第三十三次会议上的讲话》，《中国人大》2022年第5期。
③ 栗战书：《在十三届全国人大常委会第三十三次会议上的讲话》，《中国人大》2022年第5期。
④ 栗战书：《在十三届全国人大常委会第三十三次会议上的讲话》，《中国人大》2022年第5期。
⑤ 沈春耀：《全国人民代表大会常务委员会法制工作委员会关于十三届全国人大以来暨2022年备案审查工作情况的报告——2022年12月28日在第十三届全国人民代表大会常务委员会第三十八次会议上》，《中华人民共和国全国人民代表大会常务委员会公报》2023年第1期。
⑥ 栗战书：《全国人民代表大会常务委员会工作报告》，《人民日报》2023年3月17日第1版。
⑦ 栗战书：《在十三届全国人大常委会第三十三次会议上的讲话》，《中国人大》2022年第5期。
⑧ 栗战书：《在十三届全国人大常委会第三十三次会议上的讲话》，《中国人大》2022年第5期。
⑨ 栗战书：《在十三届全国人大常委会第三十三次会议上的讲话》，《中国人大》2022年第5期。

会主义现代化国家的基础性、战略性支撑"①，全国人大常委会坚持推动落实科教兴国战略，听取审议了关于检查科学技术普及法实施情况的报告，② 以强有力的监督确保科技相关法律法规的贯彻实施，助力科技自立自强和科技强国建设。"全面建设社会主义现代化国家，最艰巨最繁重的任务仍然在农村。"③ 全国人大常委会聚焦"三农问题"持续发力，专门听取审议了乡村振兴促进法的执法检查报告，深入查找问题，提升监督实效，扎实推动乡村振兴。人大监督作为促进宪法法律实施的重要形式，在推动党的决策贯彻落实和实现全面依法治国方面发挥着重要的作用。

紧紧围绕党和国家工作大局，聚焦国家社会发展突出问题，开展8项特色专题调研，寓监督于调研中，推动有关部门更好地改进工作，更好地回应人民群众的关切。2022年，全国人大及其常委会更为关注民生问题，特别是人口老龄化问题。全国人大常委会调研组前往河南、黑龙江围绕"实施积极应对人口老龄化国家战略、推动老龄事业高质量发展"开展专题调研，深入了解各地老龄化现状和积极应对人口老龄化制度建设情况，养老服务体系建设情况，老年人健康服务工作、权益保障、社会参与和友好型社会建设情况，养老产业发展情况，养老保险制度改革和养老保险资金状况，长期护理保险试点情况等，④ 有针对性地提出意见和建议，在健康中国建设中充分发挥人大作用。如何更好地推动经济高质量发展同样是第十三届全国人大及其常委会关注的焦点。2022年，全国人大财经委调研组全面贯彻新发展理念，不仅前往江苏就金融工作、数字经济发展情况开展专项调研，⑤ 而且在广西开展西部陆海新通道重大工程项目建设专题调研并

---

① 习近平：《高举中国特色社会主义伟大旗帜 为全面建设社会主义现代化国家而团结奋斗——在中国共产党第二十次全国代表大会上的报告》，人民出版社2022年版，第33页。

② 栗战书：《在第十三届全国人大常委会第三十六次会议上的讲话》，《中国人大》2022年第17期。

③ 习近平：《高举中国特色社会主义伟大旗帜 为全面建设社会主义现代化国家而团结奋斗——在中国共产党第二十次全国代表大会上的报告》，人民出版社2022年版，第30—31页。

④ 《全国人大常委会在黑龙江开展专题调研》，中国人大网，http://www.npc.gov.cn/npc/c2/c30834/202207/t20220727_318727.html。

⑤ 《全国人大财经委在苏开展执法检查专项检查和有关专项调研》，中国人大网，http://www.npc.gov.cn/npc/c2/c30834/202208/t20220829_319005.html。

在南宁召开座谈会,① 在海南开展西部陆海新通道重大工程项目建设专题调研并在海口召开座谈会,对海南有力有序推进西部陆海新通道建设所取得的成绩给予充分肯定,并提出相关建议。② 第十三届全国人大常委会同样重视我国政治文化领域发展,不仅在京开展侨务工作,落实"发展全过程人民民主、扩大人民有序政治参与"专题调研,③ 而且在黑龙江省就铸牢中华民族共同体意识进行专题调研并召开调研工作座谈会,④ 并提出有效建议。全国人大积极推进专题调研成果运用和转化,在优化人大及其常委会职权行使和其自身建设的同时,为"一府一委两院"工作提出意见和建议,这一过程充分发挥了人大代表的桥梁纽带作用、有效提升了现代治理能力。

2022 年,全国人大及其常委会依法有效正确行使监督职权,聚焦党中央重大决策部署、代表人民群众所思所盼所愿,优化和完善了监督工作机制和监督方式,对"一府一委两院"的工作开展了多方面的监督,对宪法法律规定的实施给予了有力推动,对社会重点领域和突出问题开展调研并进行有力推动、更好解决,充分发挥了人大监督在党和国家监督体系中的重要作用。在实践中进一步发挥人大监督作用,必须继续坚持正确监督、有效监督、依法监督,确保人民赋予的行政权、监察权、审判权、检察权始终用来为人民谋幸福。财政是国家治理的基础和重要支柱,人大及其常委会要不断加强对国有资产管理情况的监督,确保全体人民的共同财富始终用来为人民谋利益。人大及其常委会要结合实践经验不断完善人大监督制度,健全对执法、监察、司法工作的监督机制,改进人大监督工作方式方法,增强人大监督的针对性和实效性,推动人大监督工作做深做实,不断提升

---

① 《全国人大财经委调研组在广西开展西部陆海新通道重大工程项目建设专题调研并在南宁召开座谈会》,中国人大网,http://www.npc.gov.cn/npc/c2/c30834/202211/t20221110_320336.html。

② 《全国人大财经委调研组在海南开展西部陆海新通道重大工程项目建设专题调研并在海口召开座谈会》,中国人大网,http://www.npc.gov.cn/npc/c2/c30834/202211/t20221110_320338.html。

③ 《全国人大华侨委在京开展侨务工作专题调研》,中国人大网,http://www.npc.gov.cn/npc/c2/c30834/202207/t20220701_318440.html。

④ 《全国人大常委会调研组在黑龙江省开展铸牢中华民族共同体意识专题调研》,中国人大网,http://www.npc.gov.cn/npc/c2/c30834/202207/t20220715_318596.html。

人大监督质效。

(三) 关于人大代表工作

"人大代表是人民代表大会的主体，代表工作是人大工作的基础";① 人大代表来自人民、扎根人民，是党和国家联系人民群众的重要桥梁。"人大代表作用发挥得如何，直接影响着人大作为国家权力机关的工作成效。"② 因此，必须全面加强和改进代表工作，必须"密切常委会同人大代表的联系，密切人大代表同人民群众的联系"，更好地发挥人大代表的作用，"把为民用权、为民履职、为民服务落到实处"③。2022年，人大常委会同人大代表、人大代表同人民群众的联系更加密切，代表议案、建议的办理与落实高质量推进，人大代表工作能力建设进一步强化，人大代表更好地依法履职得到更有力的保障，人大代表工作取得新成效。

一是顺利完成各级人大代表选举。"代表选举是人民代表大会制度的基础"，④ 是全过程人民民主的生动实践。2022年，各级人大继续贯彻全过程人民民主，坚持在法治轨道上推进代表选举工作。根据宪法和法律规定，全国县乡两级人大换届选举从2021年上半年起陆续展开，至2022年6月底全面完成。31个省、自治区、直辖市直接选举产生2629447名县乡两级人大代表，比上届增加151459名，增长5.76%。这次全国县乡两级人大换届选举依法、安全、平稳、有序，广大选民热情高涨，选举环境风清气正，选举结果令人民满意，彰显了中国特色社会主义民主政治的特点和优势。⑤

二是人大常委会同代表的联系、代表同人民群众的联系更加紧密。"'两个密切联系'体现的是人民当家作主的国家性质和全过程人民民主的制度优势，深刻揭示了代表工作的根本目的、内在要求和

---

① 杨正午：《民本·民生·民主》，人民出版社2007年版，第450页。
② 陈斯喜、李伯钧：《人大代表履职问答及指南》，人民出版社2011年版，第25页。
③ 汪铁民：《人民代表大会制度更加成熟更加定型》，《中国人大》2022年第13期。
④ 全国人民代表大会常务委员会办公厅：《中华人民共和国第十二届全国人民代表大会第二次会议文件汇编》，人民出版社2014年版，第123页。
⑤ 《全国县乡两级人大换届选举工作全面完成》，中国人大网，http://www.npc.gov.cn/npc/c2/c30834/202210/t20221010_319542.html。

工作规律"。① 一方面，不断加强人大常委会同人大代表的经常性联系。2022 年，全国人大常委会共召开 3 次列席代表座谈会，62 人次代表参加座谈，提出关于人大工作、民主法治建设、经济社会发展等方面的意见、建议 41 条；作为全国人大常委会密切联系代表、更好地发挥代表作用的一项重大创新举措，常委会会议期间列席代表座谈会机制已经形成制度化的安排。② 人大常委会组成人员还通过走访、电话、邮件、微信、邀请参加调研等多种方式加强同代表的经常性联系。其中，人大常委会组织、邀请人大代表开展视察、调研工作，是人大常委会联系代表的重要方式，也是闭会期间代表履职的重要活动。如江苏省人大常委会组织部分全国人大代表赴泰州、扬州两市，围绕构建新型产业体系、创新发展先进制造业开展会前集中视察调研活动等；新疆维吾尔自治区人大常委会组织部分新疆维吾尔自治区十三届全国人大代表、驻疆解放军全国人大代表，到阿克苏地区和塔城地区开展集中视察；全国人大常委会委员、全国人大宪法和法律委员会委员郑淑娜带领驻山东全国人大代表调研组到洛阳，围绕黄河流域生态保护和高质量发展开展专题调研等。③ 按照全国人大常委会的统一部署，地方人大常委会还组织代表参与研读讨论活动，听取代表建议。如贵州省人大常委会组织贵州省全国人大代表，集中研读讨论地方组织法修正草案；重庆市人大常委会组织部分在渝全国人大代表，集中研读讨论《中华人民共和国地方各级人民代表大会和地方各级人民政府组织法（修正草案）》（以下简称"地方组织法修正草案"）；湖南省人大常委会组织部分在湘全国人大代表集中研读讨论地方组织法修正草案等。④ 另一方面，密切人大代表与人民群众的联系。2022年，全国各级人大坚持贯彻落实中央人大工作会议精神，丰富联系人民群众的内容、形式和渠道，致力于"更好接地气、察民情、聚民

---

① 栗战书：《全国人民代表大会常务委员会工作报告》，《人民日报》2023 年 3 月 17 日第 1 版。

② 《2022 年全国人大代表工作取得新进展新成效——落实落细 高质高效 有声有色 出新出彩》，中国人大网，http://www.npc.gov.cn/npc/c2/c30834/202302/t20230207_423436.html。

③ 根据中国人大网相关数据总结。

④ 根据中国人大网相关数据总结。

智、惠民生"①。在各级人大常委会的积极推动下，各地不断建立"人大代表之家"和"人大代表联络站"等代表履职平台，更好地保障人大代表就近参加联系群众的活动。一年来，全国人大常委会"组织1300余人次代表开展专题调研，形成120余篇调研报告"②，密切了代表与群众之间的联系，充分发挥代表倾听民众呼声、表达民众诉求的作用。人大代表还以宣讲的方式走近人民群众，传达两会精神和国家的最新政策。

三是不断提高代表议案、建议的办理实效，推动代表议案、建议落地落实。2022年2月正式启用全国人大代表工作信息化平台，代表们通过这个平台提交议案、建议，实现代表议案、建议提出、交办、办理、沟通、查询在线运行。2022年，第十三届全国人大第五次会议9203件代表建议办理工作顺利推进。第十三届全国人大第五次会议期间，有2200多位全国人大代表提出对各方面工作的建议、批评和意见9203件，数量创历史新高。按照全国人大组织法和代表法的有关规定，9203件建议统一交由208家承办单位研究办理。在闭会期间，代表们通过代表工作信息化平台，依法提出代表建议146件，已按规定交由83家承办单位研究办理。代表们应邀列席常委会会议、参加列席代表座谈会、参与执法检查等活动提出的建议，以及人大常委会组成人员联系代表转交的代表建议，也及时交由相关单位研究办理。代表建议的交办、办理情况均逐一向代表通报。③第十三届全国人大第五次会议后，"全国人大常委会办公厅继续优化按照'一建议一群组'原则为代表搭建政务微信群组的做法，分别搭建了9000多个代表建议办理政务微信群组，将主办单位、协办单位等各相关承办单位的综合协调部门和承办司局工作人员全部纳入，实现了各方即时沟通交流的功能。同时，新增了工作人员

---

① 习近平：《在中央人大工作会议上的讲话》，《求是》2022年第5期。
② 栗战书：《在十三届全国人大常委会第三十三次会议上的讲话》，《中国人大》2022年第5期。
③ 《十三届全国人大五次会议9203件代表建议办理工作顺利推进》，中国人大网，http://www.npc.gov.cn/npc/c2/c30834/202212/t20221228_320922.html。

联络群组，以便更好协调工作。"① 2022 年，地方人大代表建议的办理情况成效显著。以湖北省秭归县为例。2022 年度，秭归县人大及其常委会坚持以提升群众满意度、获得感、幸福感为首要，审议并通过了《秭归县人民代表大会代表建议、批评和意见办理工作办法》《秭归县人大代表建议、批评和意见办理工作评价办法》，做到有章可循，压实代表建议办理工作责任、强化督办落实，让代表建议"不白提"，最大限度地提高代表建议的办理质效，让群众得到实惠。②

四是提高代表履职能力，扎实推进代表履职效能提升。2022 年，各级人大及其常委会继续聚焦代表履职能力提升，人大代表工作信息化平台以代表履职为信息化设计和功能实现的中心、各种信息和服务向代表集中、使用终端向移动端倾斜、紧扣代表履职需求与代表工作实际的服务保障系统，以信息化为代表依法履职赋能增效。例如，国务院办公厅就依托全国人大代表工作信息化平台开通了"2022·代表/委员对政府工作留言"小程序，助力全国人大代表直接通过网络渠道对政府工作报告和政府工作提出意见、建议，在第十三届全国人大第五次会议期间，9000 余件建议均通过平台提交、分办。③ 全国人大及其常委会通过聚焦新任基层代表实现履职学习全覆盖、瞄准代表履职需求实现专题学习"四个精准"、创新"云上办学"实现培训"不断档"等有力举措，不断提升全国人大代表学习培训工作质效。如通过全国人大网络学院、以线上学习的形式组织开展的第十三届全国人大第 24 期代表学习班，专门设置"学习交流"栏目，上传代表学习中央人大工作会议精神心得体会和履职材料，进一步加强"云上交流"，充分发挥了网络学习的特点和优势。④ 第十三届全国人大及其常委会始终紧密结合时代发展和代表履职需要，委员长会议审议通过

---

① 《2022 年全国人大代表工作取得新进展新成效——落实落细 高质高效 有声有色出新出彩》，中国人大网，http://www.npc.gov.cn/npc/c2/c30834/202302/t20230207_423436.html。

② 郝光益、秦移山：《为了 96 件代表建议"不白提"》，《人民代表报》2022 年 11 月 29 日第 2 版。

③ 宫宜希、韩焕雨：《信息化为代表依法履职赋能增效——全国人大代表工作信息化平台建设综述》，《中国人大》2022 年第 22 期。

④ 根据中国人大网相关数据总结得出。

《关于加强和改进全国人大代表学习培训工作的若干意见》，从六个方面构建起系统规范专业的代表学习培训体系，助力代表更好地为民履职。

2022年，各级人大代表选举工作顺利开展。人大常委会同代表的联系、代表同人民群众的联系更加紧密。代表议案、建议办理平台应用工作的进一步优化创新，增加了代表建议办理工作中的沟通联系层次，提高了承办部门之间的沟通和协调效率，为高质量办理代表建议提供了有力支撑。人大代表工作信息化建设跃升，使得人大代表依法履职和作用发挥得更加科学高效。这一系列创新举措的落实使得人民当家作主得以充分实现，人大工作践行全过程人民民主的脚步愈发稳健有力。今后，各级人大要进一步深化和拓展代表工作，通过加强与人大代表、人民群众的联系，丰富联系内容和形式，积极回应社会关切，切实做到民有所呼、我有所应，自觉接受人民监督，不断提高人大代表的工作水平。

（四）关于对外交往工作

人大对外交往是国家总体外交的重要组成部分，第十三届全国人大及其常委会紧紧围绕国家外交大局，全面贯彻习近平外交思想，坚持把推动落实习近平主席重大外交行动成果作为首要任务，充分发挥人大在对外交往中的优势和效能，不断丰富对外交往的内涵，着力拓展对外交往的深度，取得了一系列新成就新进展，为维护和用好中国发展的重要战略机遇期，维护国家主权、安全、发展利益作出了新的贡献。

2022年，全国人大及其常委会全面推进对外交流合作，全国人大常委会委员长、副委员长同外国元首、政府首脑、议会领导人进行了会见、会谈，充分发挥了高层交往引领作用。第十三届全国人大常委会委员长栗战书不仅先后对俄罗斯、蒙古国、尼泊尔、韩国进行了正式友好访问，还分别同俄罗斯、韩国、希腊等多国议会议长举行会谈，会见了俄罗斯驻华大使杰尼索夫，越共中央总书记阮富仲，巴基斯坦总理夏巴兹，坦桑尼亚总统哈桑，古共中央第一书记、古巴国家主席迪亚斯—卡内尔，蒙古国总统呼日勒苏赫，老挝人革党中央总书记、国家主席通伦，欧洲理事会主席米歇尔。此外，中共中央政治局委员、全国人大常委会副委员长王晨与尼日尔国民议会第一副议长卡拉等举行视频会晤；全国人大常委会副委员长白玛赤林、武维华也分别与老挝国会副主席宋玛·奔舍那、巴哈马众议院副议长佩蒂举行视频会晤。①

2022年，第十三届全国人大及其常委会"深入参与议会多边交往合作"②，广泛参与国际会议。全国人大常委会委员长栗战书出席第七届东方经济论坛全会并作了题为"推动世界多极化进程 开启区域合作新篇章"的致辞；全国人大常委会副委员长陈竺率团出席在印度尼西亚雅加达举行的第八届二十国集团议长会议并作主旨发言。2022年，全国人大常委会委员长栗战书分别在集体安全条约组织议会大会全体会议上、东盟各国议会间大会第43届年会闭幕式上发表视频致辞，并以视频方式主持第八届金砖国家议会论坛并作主旨发言；全国人大常委会副委员长陈竺、蔡达峰分别以视频方式出席各国议会联盟第144届、145届大会；全国人大常委会副委员长丁仲礼出席全国人大与非洲法语国家议会线上研讨会开幕式并致辞；全国人大常委会副委员长、上海合作组织睦邻友好合作委员会主席沈跃跃以视频方式出席上合组织民间友好论坛开幕式并致辞；中共中央政治局委员、全国人大常委会副委员长、中国法学会会长王晨在白俄罗斯法律家联盟第十届大会开幕式上发表视频致辞。③

第十三届全国人大及其常委会围绕国家发展战略，服务总体外交需要，发挥人大对外交往的特点和优势，通过发挥定期交流机制，多层次多渠道地开展对外交往、深入参与议会多边交往合作、积极运用"云外交"等多元形式，全面推进与外国议会的友好交流合作，扩大了中国国际话语权和影响力。人大对外交往工作的实践表明，今后人大对外交往工作要继续服务于国家外交总体布局，推动落实国家元首之间达成的重要共识；要找准人大在国家对外工作中的定位、任务、特点、优势，为国家发展争取良好的国际环境；要积极做好对外宣传，坚决维护国家主权、安全和发展利益。

---

① 根据中国人大网相关数据总结得出。
② 栗战书：《全国人民代表大会常务委员会工作报告》，《人民日报》2023年3月17日第1版。
③ 根据中国人大网相关数据总结得出。

二　人大立法工作研究的新进展

2022年，全国人大及其常委会着力"完善中国特色社会主义法律体系，以良法促进发展、保障善治"①。怎样有效推进人大高质量立法、怎么加强重点领域和新兴领域以及涉外领域立法、如何改进地方人大立法工作以及更好地发挥基层立法联系点作用，成为专家学者研究的焦点。

（一）关于人大高质量立法

党的二十大报告提出，"高质量发展是全面建设社会主义现代化国家的首要任务"②。法治是治国理政的基本方式，是高质量发展的重要保障和支撑。这就表明在新时代新征程上必须继续提升人大立法质量，以人大高质量立法推动高质量发展，"更好发挥法治固根本、稳预期、利长远的保障作用，在法治轨道上全面建设社会主义现代化国家"③。

推动人大高质量立法必须坚持党对立法工作的领导。钟丽娟对党领导立法在中国革命、建设、改革和新时代各个阶段进行分析后指出，党领导立法是中国革命、建设、改革事业不断取得成功的有力保障。④ 苏波、李启祥认为，加强党对立法工作的领导，就要加强党对立法规划编制工作的领导，就省级人大来说，向省委常委会报告立法规划是党领导立法工作的重要步骤，是保持立法正确方向、提高立法质量的重要保证。⑤ 对党领导立法进行学理分析，即从理论上论证党对立法工作的领导能够使我们更好地把握党领导立法与提高人大立法

---

① 栗战书：《全国人民代表大会常务委员会工作报告》，《人民日报》2023年3月17日第1版。
② 习近平：《高举中国特色社会主义伟大旗帜　为全面建设社会主义现代化国家而团结奋斗——在中国共产党第二十次全国代表大会上的报告》，人民出版社2022年版，第28页。
③ 习近平：《高举中国特色社会主义伟大旗帜　为全面建设社会主义现代化国家而团结奋斗——在中国共产党第二十次全国代表大会上的报告》，人民出版社2022年版，第40页。
④ 钟丽娟：《党领导立法的历史逻辑与启示》，《沂蒙干部学院学报》2022年第3期。
⑤ 苏波、李启祥：《立法规划编制工作的探究与强化》，《人大研究》2022年第9期。

质量之间的内在机理。耿姗姗认为，要完善党领导立法的体制机制，一是必须坚持民主集中制，二是要严格执行请示汇报制度。此外还应积极推进立法协商建设。① 其研究主要从健全体制机制的角度对党领导立法工作的完善路径进行了说明。

李波、王丁以地方立法工作实践为切入点，认为人大主导立法尚有薄弱环节，如法规立项过于依赖政府部门，人大代表、社会团体和其他组织机构提出的立法建议项目很少，质量也不高，科学立法、民主立法不够深入，法规立项论证、草案表决前的评估等机制不健全、不科学等；而要发挥人大在立法中的主导作用，就需要保证人大正确有效地主导立法，即要坚持党的全面领导，人大常委会党组必须发挥好管方向把大局保落实作用。② 张升忠、黄兰松探讨了设区的市人大主导立法问题，他们认为，设区的市人大主导立法要充分发挥六个作用、增强六种能力、把好六关，即充分发挥人大常委会的把关定向作用、人大专门委员会和人大常委会组成人员及人大代表的立法主体作用、立法研究基地的智力支撑作用、公众的参与作用；增强人大立法人员的工作能力和确定立法选题、组织起草法规草案、法规草案修改、法规审议通过、立法评估六个环节的主导能力；把好队伍关、立项关、基础关、特色关、决定关、评议关。③ 其研究强调了人大主导立法对于推动人大高质量立法的重要性，同时还对如何充分发挥人大主导立法作用的实现路径进行了探讨。有关人大主导立法和推动高质量立法之间的内在逻辑的探索有待进一步深化。

在立法工作中坚持和践行全过程人民民主理念，保障人民当家作主的权利，扩大人民在国家公共事务中的有序参与，是推进人大高质量立法的题中之义。王腊生、刘世峰认为，全过程人民民主的主体是人民，人民性是中国社会主义民主之"根"和"魂"，也是中国立法

---

① 耿姗姗：《坚持和完善党领导立法的体制机制》，《山东人大工作》2022年第9期。
② 李波、王丁：《新时代贯彻全过程人民民主的济南立法实践》，《人大研究》2022年第7期。
③ 张升忠、黄兰松：《关于设区市人大立法主导能力的思考与研究》，《人大研究》2022年第5期。

的最大本色，立法工作必须遵循"以人民为中心"的价值追求。[1] 翟峰则研究了"人大立法协商"与"全过程人民民主"的内在联系。他认为，中国应在完善"全过程人民民主"相关制度机制的基础上，真正把全过程人民民主原则落实到立法工作的各领域、各环节；为此，立法工作要坚持和践行全过程人民民主重大理念，要在"充分发挥人大代表作用、坚持立法全过程贯彻人民民主、注重拓宽基层群众直接参与立法途径"等方面切实下足功夫。[2] 作为立法程序性规范，立法听证制度是全过程人民民主的重要表现。程杨梅、陈太勇认为，当前立法听证属于立法程序制度的薄弱环节，其原因有三：一是立法法未明确"座谈会、论证会、听证会"三种形式在选择上的区别，立法机关在实践中更倾向于前两种；二是权力机关制定了各地的地方立法条例，以明确立法程序，却未明确具体听证规则，使得地方性法规草案的起草者无从入手；三是缺乏立法听证的利益对立方等。对此，他们指出，应当有意识地扩大立法民主，遵循全过程人民民主、程序正当、"不抵触""可操作"、禁止权力滥用等原则，从完善协商民主法律制度、增强地方治理决策科学性的角度出发完善立法听证。[3] 这些研究表明了全过程人民民主与人大立法之间的内在联系，全过程人民民主是人大立法的价值遵循，人大立法制度的完善及其立法质量的提升要充分践行全过程人民民主。

深入推进科学立法、民主立法和依法立法是推进人大高质量立法的重要途径。专家学者依据科学立法、民主立法和依法立法，探讨了提升立法质量的有效途径。张维炜认为，坚持科学立法、民主立法、依法立法是实现高质量立法的关键所在。这一立法的基本原则不仅是全国人大及其常委会应当遵守的，而且对于行政法规、地方性法规、自治条例和单行条例、规章等的制定，都具有约束力和指导力。[4] 从

---

[1] 王腊生、刘世峰：《立法工作践行全过程人民民主的四维之要》，《法治现代化研究》2023 年第 7 期。

[2] 翟峰：《推进人大立法协商 体现全过程人民民主》，《人大研究》2022 年第 6 期。

[3] 程杨梅、陈太勇：《全过程人民民主下设区的市地方立法听证研究》，《人大研究》2022 年第 12 期。

[4] 张维炜：《进一步健全立法制度提高立法质效》，《中国人大》2023 年第 1 期。

法律修改的研究视角出发，孙晋坤认为，要提升立法质量，就要科学立法，确保法律修改后"立得住、行得通、真管用"，必须改变目前法律修改论证实践中强必要性论证而弱可行性论证的现状，将具体规范的可行性作为法律修改论证的核心内容。具体而言，就是需要更加关注制度设计的科学性和合理性，关注法律实施后的实际效果，实现立法决策与改革决策相衔接，为全面深化改革提供法律依据和可操作的指引。① 白牧蓉、李其贺则是以依法立法为研究重点，以地方数据立法为研究对象，认为中国的立法体制为"一元两级多层次"，指出提升地方数据立法质量需要严格遵循立法法与上位法，即要遵循立法法对地方立法规定的实体和程序性要求以及上位法的相关规定。②

要推进人大高质量立法，就要做好立法评估工作。秦灿、韩宏伟认为，要解决立法质量提升中存在的一些问题，就需要重视立法风险评估。具体来说，一是开展立法前评估工作，预估法律实施的效果，不断完善立法内容；二是严格遵守立法程序，克制激情立法，防止立法过于仓促；三是优化立法职权配置，采取权责一致的原则监督立法权的行使，确保立法者审慎地使用立法权。③ 姜磊对中国的立法评估制度进行了研究。他认为，在立法前需要对立法的必要性、重要性、立法时机等进行评估，还应当结合国家的总体政策，在必要时需进行深入调研；立法中的评估制度应由第三方推进，可以将第三方立法评估制度与专家咨询制度相结合，以确保评估的中立和客观；立法之后要进行定期评估，其内容包括立法的实际效果与预期效果是否一致、人民群众和司法机关对于该法律分别持何种态度，法律实施中是否存在困难等，同时建议立法后评估在必要时可以由科研机构、专业社会调查机构进行评估。④ 林秋萍、许可宁则主要探讨了中国的立法后评估制度，他们深入分析了289个设区的市立法后评估文本，发现立法后评估办法的出台在一定程度上能够细化和规范立法后评估制度，提

---

① 孙晋坤：《法律修改论证的结构、要素与路径优化》，《人大研究》2022年第5期。
② 白牧蓉、李其贺：《地方数据立法的现状与进路》，《人大研究》2022年第4期。
③ 秦灿、韩宏伟：《国家治理现代化视域下审慎立法的困境与路径》，《伊犁师范大学学报》2022年第3期。
④ 姜磊：《关于提升设区的市立法质量的思考》，《内蒙古人大》2022年第8期。

升立法质量，但是目前该做法在全国仍属于少数，并且存在着规范不足、标准不细化、文本实施不足、制度虚置等问题。对此，他们认为，首先应当加强对立法后评估制度的认识；其次应完善地方立法后评估制度的方式和途径；最后可从五方面着手完善立法后评估制度的具体内容，即健全立法后评估启动条件、引入多元化立法后评估主体、细化立法后评估方式、构建立法后评估指标体系、强化立法后评估结果的转化。① 这些研究说明了做好立法前、立法中、立法后的评估工作对人大立法质量的提升具有积极作用。加强立法评估工作，要重视对立法评估制度的完善、对立法程序与立法权的监督以及借助专家、人民群众、社会机构等力量。

人大高质量立法与立法公开密切关联。基于对全国人大常委会和31个省级人大常委会门户网站立法透明度情况的评估，刘雁鹏认为，全国人大常委会立法透明度表现亮眼，总体成绩远超地方人大常委会，位列第一，最高分数超过90分；同时，无论是中央还是地方，都在极力推动立法基本信息公开。不过，人大立法公开也存在六方面的问题，即公开平台建设有待加强，法规征求意见有待完善，法规数据建设有待巩固，部分法规公开存在延迟，宣传有余而报告不足，规划计划公开仍然薄弱；可以通过进一步打造好公开平台、进一步明确人大立法公开目的、进一步确立立法公开考核标准、推进门户网站内外分离以及提升门户网站用户思维等加以改善。② 王雨亭研究了地方立法参与制度。她认为，只有公开立法过程，公民才能够监督代表是否准确反映民意，并且公开应是全过程的，即在征求人大代表重点参与意愿时，让具有相关专业特长的代表充分参与进来；在确定重点参与代表后，需要通过人大代表联络站等线上线下平台予以公开；代表重点参与后，对于其在法律草案起草、调研、论证工作中形成的代表

---

① 林秋萍、许可宁：《考察、反刍与回应：地方立法后评估制度的研究——从289个设区的市立法后评估的法律文本分析切入》，《人大研究》2022年第11期。

② 刘雁鹏：《中国立法透明度指数报告（2022年）——基于人大常委会网站的考察》，《人大研究》2023年第1期。

意见，也应及时通过多元渠道予以发布。① 这些研究表明立法透明度对立法质量具有重大影响，并基于人大立法公开存在的问题给出了解决方案。这些研究还将立法公开与全过程人民民主相结合，指出立法公开是践行全过程人民民主的生动实践。

随着中国科学技术的进一步发展，大数据和人工智能技术的应用同样能够助力人大高质量立法。李弭表示，大数据及人工智能在立法领域的应用，为立法提供了全新的思路，对于更好地实现以良法促进发展、保障善治的意义重大而深远。将人工智能应用于地方立法的实践探索在规范性文件备案审查、法规清理和法规文件制定三个领域都有可圈可点之处。大数据在中国立法领域的应用尚处于起步阶段，将人工智能应用于地方立法虽不可避免地会存在一定的现实困境，但在立法意见收集智能整理、立法决策量化论证、立法资料收集等方面大有用武之地。当前，为应对国家治理能力和治理水平现代化的现实需求，地方人大应积极搭乘科技快车，通过充实立法数据库、构建立法领域法律知识图谱、完善人才融合与培养战略，推动地方立法更加科学、民主、精细化。② 这一研究详细论证了大数据与人工智能对于人大立法的重要意义，以及如何利用大数据与人工智能提高地方人大立法质量，对于推进地方立法高质量发展具有重要的参考意义。

（二）关于重点领域、新兴领域、涉外领域立法

习近平总书记指出："要加强国家安全、科技创新、公共卫生、生物安全、生态文明、防范风险等重要领域立法，加快数字经济、互联网金融、人工智能、大数据、云计算等领域立法步伐，努力健全国家治理急需、满足人民日益增长的美好生活需要必备的法律制度。"③ 党的二十大报告提出，要"加强重点领域、新兴领域、涉外领域立

---

① 王雨亭：《以人大代表专业背景为考量的地方立法参与制度研究》，《中国政法大学学报》2022年第1期。

② 李弭：《人工智能应用于地方立法的现实困境与应然路径》，《人大研究》2022年第3期。

③ 习近平：《坚持走中国特色社会主义法治道路 更好推进中国特色社会主义法治体系建设》，《中国人大》2022年第4期。

法，统筹推进国内法治和涉外法治，以良法促进发展、保障善治。"①

对于重点领域立法，2022年，专家学者主要关注的是反垄断立法以及生态环保领域立法问题。宫宜希认为，2021年，中国反垄断法修改进一步完善了反垄断相关制度，为强化反垄断和防止资本无序扩张提供了更加明确的法律依据和更加有力的制度保障，对于中国建立统一开放、竞争有序的全国大市场的意义重大，有利于中国各行各业包括互联网行业在内享受到全面深化改革开放所带来的发展红利。② 于浩认为，以习近平生态文明思想和习近平法治思想作为根本遵循，覆盖全面、务实管用、严格严密的中国特色社会主义生态环保法律体系初步形成，生态环保领域法治建设取得全方位、开创性、历史性成就，这也是全国人大常委会立法工作的一个鲜明特征。③ 以《贵州省乌江保护条例》为研究对象，田胜平认为，该条例共11章85条，每条都力求真管用、可执行，针对的是乌江生态环境保护中存在的磷矿、磷化工企业、磷石膏库"三磷"污染依然突出、部分支流水质超标等问题，从规定各部门、企业和地方政府在乌江保护中的职责到明确建立生态保护补偿机制，从依法加强乌江流域生态环境风险管理到明确采取有效措施实施应急处置，切实为推进乌江流域生态保护提供法治保障。④ 重点领域立法体现了新时代人大立法工作对改革发展的重要意义，对于引领改革、破解发展难题具有重要作用。重点领域立法也是服务于民生问题的，为人民群众的最直接最现实利益的实现提供坚实的法治保障。对《贵州省乌江保护条例》的深刻剖析与详细研究可为其他条例的制定与修订提供参考与借鉴。

对于新兴领域立法，2022年，专家学者主要着眼于数据立法和互联网领域立法问题。姜昀宜等指出，大数据时代敏感个人信息具

---

① 习近平：《高举中国特色社会主义伟大旗帜　为全面建设社会主义现代化国家而团结奋斗——在中国共产党第二十次全国代表大会上的报告》，人民出版社2022年版，第41页。
② 宫宜希：《反垄断法修改：以公平竞争促进高质量发展》，《中国人大》2022年第2期。
③ 于浩：《绿水青山的法治守望——中国特色社会主义生态环保法律体系初步形成》，《中国人大》2022年第12期。
④ 田胜平：《法治护航，为了乌江碧水长清》，《人民代表报》2022年12月20日第5版。

有私密性、主体确定性、易传播性和可获利性等特点，但敏感个人信息的法律保护还存在四大弊端，即敏感个人信息的范围界定存在空白、敏感个人信息保护的滞后性、敏感个人信息举证的困难性、敏感个人信息侵害因果关系的复杂性；对此，要具体化和细化公民享有的敏感个人信息方面的权利，数据主体应当享有敏感信息的访问许可权和处理同意权，数据处理者应当提高数据透明度，禁止盲目自动化处理和适用无过错责任原则。① 白牧蓉、李其贺认为，推进数据要素市场的发展已成为未来地方数据立法的重点任务，但地方数据立法首先要面对数字经济特殊性的挑战，即数据权属仍不明晰、数据具有共享和流通的特性、数据处理各节点均在不断创新，具有保守性特点的地方立法应当找准它自己的定位，提高立法技术以加强对创新的应变力。② 以反电信网络诈骗法为基础，张维炜认为，立法正视问题、补齐漏洞、规范管理，明确了电信业务经营者、银行业金融机构以及互联网服务提供者的责任，完善违规失责惩处措施，加大惩处力度，将有效震慑、有力打击电信网络诈骗犯罪。③ 新兴领域立法的不断完善体现了中国人大立法对信息化时代以及新兴产业发展的科学把握。新兴领域的发展在为人们生活带来便利之处的同时也带来了严峻的挑战，因而不断完善新兴领域立法就成为人大工作的一项重要任务。

对于涉外领域立法，2022 年，中国涉外立法工作的广度和深度大幅拓展，专家学者也就如何加强中国涉外领域立法展开了深度探讨。加强涉外领域立法对于维护中国主权、安全、发展利益以及推动构建人类命运共同体具有重要意义。刘仁山强调，"对外关系法"应作为我国法律体系的组成部分和涉外法治建设的着力点之一。④ 黄惠康指出，要抓紧建立阻断立法，加快中国法的域外适用法律体系建

---

① 姜昀宜、苏嘉懿、张尤佳：《大数据时代敏感个人信息的立法保护》，《法制博览》2022 年第 36 期。
② 白牧蓉、李其贺：《地方数据立法的现状与进路》，《人大研究》2022 年第 4 期。
③ 张维炜：《密织反诈"防护网"压实"守门人"责任——反电信网络诈骗法正式实施》，《中国人大》2022 年第 23 期。
④ 刘仁山：《我国涉外法治研究的主要进展、突出问题与对策建议》，《国际法学刊》2022 年第 1 期。

设，完善对外关系法律体系。① 张可认为，应重点完善中国民商事涉外立法，积极推动自贸区、自贸港相关立法，探索推进共建"一带一路"制度保障体系建设，注意加强有关国家安全方面的涉外法律。② 还有学者基于新时代中国涉外立法建设面临的转型需要从理念和制度两方面提出了一般性的对策与建议。韩永红从宏观层面研究了中国涉外立法建设历程，指出中国涉外立法建设历经初创、拓展、升级、转型四个阶段，新时代中国涉外立法建设面临转型需要。一是在理念层面，应以坚持统筹推进国内法治和涉外法治为指引，突破纯粹的国内法思维，增强立法的国际法思维；二是在制度层面，应将涉外立法的重点从应急性立法转向规划性立法，从宣示性立法转向实施性立法，从专门性立法转向集群性立法。③ 也有学者对于如何加强涉外立法提出了针对性建议。李锐则是从如何强化国内立法以应对出口管制与制裁措施、绿色壁垒、国企条款这三类新贸易限制工具出发，有针对性地指出，"出口管制与制裁领域"需要全方位开展国际合作，研究国家之间联合实施的出口管制、制裁方面法律规则，通过国家间联合加大法律执行力度，针对跨国主体采取更有针对性的法律措施，获取在出口管制与制裁领域更强的国际谈判话语权，同时强化金融领域立法和企业合规立法；在绿色壁垒方面，需要组织好多边谈判，争取对中国最为有利的碳边境调节税规则；在国企条款方面，需要进一步推动反垄断法、公司法、证券法、企业国有资产法等市场化相关各类法律的立法、修订和执行，强化数字化、信息化立法，健全完善平等主体市场竞争法律环境，增加法律实施透明度，改善国内营商环境，提升企业治理问题的可诉性，提高公司治理效能与规范化水平，消除对企业治理规范性的质疑，防止数据、信息泄露导致他国在多边合作中对中国采取"针对性立法措施"④。

---

① 黄惠康：《准确把握"涉外法治"概念内涵 统筹推进国内法治和涉外法治》，《武大国际法评论》2022年第1期。
② 张可：《新发展阶段如何加强涉外领域立法》，《中国党政干部论坛》2020年第12期。
③ 韩永红：《论我国涉外立法的转型》，《东方法学》2023年第2期。
④ 李锐：《浅论近年来贸易限制工具的发展与立法完善建议》，《人大研究》2022年第4期。

（三）关于地方人大立法与区域协同立法

党的二十大报告明确指出，要"统筹立改废释纂，增强立法系统性、整体性、协同性、时效性"①。2022年，地方人大积极发挥地方立法的实施性、补充性、探索性功能，全国31个省（区、市）人大及其常委会共召开233次人大常委会会议，共制定地方性法规386件，修改396件，废止72件（不含文中废止），批准设区的市、自治州、自治县的地方性法规、自治条例和单行条例的决定700余件（含制定、修改、废止），其中设区的市新制定地方性法规521件。各省（区、市）年度平均制定地方性法规12.2件，修改12.5件，废止2.3件；28个省、自治区平均年度批准设区的市地方性法规18.6件。②作为中国特色社会主义法律体系的重要组成部分，地方性法规在中国立法体制中具有实施性、补充性和探索性的重要特征，在全面依法治国中发挥着重要作用。2022年，学界就地方立法工作的功能与价值、主动性与实效性、区域协同立法的规范机制与优化路径等方面展开了具有一定深度的创新性研究。

如何充分发挥地方立法的功能和价值，进一步加强和改进地方立法工作、提高地方立法质量，成为当前学者关注的重点。田成有不仅对地方立法的主要功能和价值进行了分析，而且指出了当前地方立法中存在立法数量骤增与重复多、一些立法缺乏必要性与可行性、立法质量不高、"地方性"的特色不足等问题。他提出要强调立法的"地方性"，将地方立法的定位放在针对性、具体性和精细化上，以实现立法法所要求的"根据本地方的具体情况和实际需要，有针对性的立法"这一目标。③马新茗同样认为，当前地方立法中主要存在着数量偏多与法规质量不高、主动废止与依法废止做得不够、过于主观与切口过大等问题；他强调辩证思维在立法原则、立法指导、立法技术中的运用，即在现阶段地方立法的数量上不能盲目求

---

① 《高举中国特色社会主义伟大旗帜 为全面建设社会主义现代化国家而团结奋斗——在中国共产党第二十次全国代表大会上的报告》，人民出版社2022年版，第41页。
② 闫然：《地方立法统计分析报告：2022年度》，《地方立法研究》2023年第1期。
③ 田成有：《激发地方立法的"地方性""原创性"活力》，《人大研究》2022年第3期。

多，要保持一定的克制和理性，积极顺应由"数量型"向"质量型"转变的发展趋势，与时代发展要求、地方改革需要、人民内在需求同频共振，以地方立法的超前性、规范性、权威性来引领和推动地方经济发展，充分发挥"小切口"立法聚焦大民生的功能作用，真正把发展全过程人民民主的要求落到实处。① 陈亚强更为具体地提出了分类推进的观点，即将地方立法体系按照怎么治理、谁来治理、治理哪里、治理内容为核心分为促进型、主体型、对象型、专题型四个类别，分类施策。②

地方立法的主动性与实效性同样是专家学者关注的重点议题。张升忠、黄兰松深入剖析了当前设区的市人大立法中存在的问题，发现问题成因主要是人大立法队伍的力量与担负的立法重任未相互匹配、人大专门委员会和常委会组成人员在立法中的作用未得到充分释放、人大代表在立法中的地位与作用未得到有效挖掘、公众在立法中的地位未得到应有重视。③ 白牧蓉、李其贺亦对地方立法缺乏主动性的问题进行了剖析，认为中国现行立法体制采取中央为主、地方为辅的模式，但由于先行先试的立法可能会存在与后来制定的法律或行政法规抵触的风险，地方往往倾向于保守；它们以地方数据立法为例，指出地方数据立法存在地方政府规章明显多于地方性法规、公共数据和政务数据之间存在立法竞合、地方数据立法领域过于集中三方面的不足。对此，地方数据立法应当秉持严格遵循立法法与上位法、兼顾安全价值与地方经济发展、凸显地方特色和地方需求等原则，在立法机制改良、合法创新突破、完善配套举措等维度寻求现实进路。④ 从地方立法的实效性出发，李宝军提出，一是地方性立法要突出"小、快、灵"的特点，紧跟时代和社会发展步伐；二是地方立法要发挥创制性、试验性功能，可以先行立法进行试点，为国家立法提供基础和经验；三是地方立法要更多地贴近群众生活，解决好群众生活中遇到

---

① 马新茗：《关于地方立法中的辩证思维运用》，《人大研究》2022 年第 6 期。
② 陈亚强：《市域社会治理地方立法的体系比较》，《人大研究》2022 年第 8 期。
③ 张升忠、黄兰松：《关于设区市人大立法主导能力的思考与研究》，《人大研究》2022 年第 5 期。
④ 白牧蓉、李其贺：《地方数据立法的现状与进路》，《人大研究》2022 年第 4 期。

的难心事、烦心事，维护好群众合法权益。① 2022 年的立法工作以贯彻落实党的二十大精神，增强立法工作的"系统性、整体性、协同性、实效性"为主线，已成为发展全过程人民民主的代表性和基础性实践。学界也通过各方面的研究，归纳了当前地方立法工作的重点领域是在高质量发展、民生保障、基层社会治理和生态环境保护等方面，总结了当前地方立法工作的重点难点是如何探索地方立法的制度创新方式，以及如何在不同领域尤其是新兴领域充分发挥地方立法的功能作用。结合学界所提出的关于加强和改进地方立法工作的种种对策，可以发现，提高地方立法工作质量的关键在于把握好地方立法的问题导向、实践导向和目标导向，明确推动地方经济社会发展、解决人民群众急难愁盼问题是开展地方立法工作的出发点和落脚点，真正做到"因需、应时、有序、有效"。

区域协同立法，旨在解决因行政区划而使政策执行和制度合力无法有效推进和形成的问题，是适应区域经济一体化发展应运而生的一种新的立法形式。它也是立法领域的创新，是深化全面依法治国实践、推进法治中国建设的重要举措。区域协同立法的合宪性与合法性问题始终是学界的研究重点。张锡汪认为，当前区域协同立法主要面临三个挑战：一是作为一种立法形式，未规定在宪法这一根本法与立法法这一基本法中，面临着合宪性与合法性的挑战；二是区域协同立法主体的类型设置过于单一化，以地方立法机关为主导的区域协同立法，排除了地方行政机关的区域协同立法权，不利于区域协同立法工作的高质量发展；三是区域协同立法中缺乏有效的主体协调机制。对此，他建议，一是坚持区域协同立法以区域协调发展为宗旨；二是明确政府和跨行政区域共设机关的区域协同立法主体地位；三是建立健全区域协同立法主体之间的有效协调机制。② 为落实好区域协调发展战略，当前地方人大正加快推进区域协同立法制度化、科学化和规范化。在这一现状下，学界对区域协同立法的现存困境、规范建构和优

---

① 李宝军：《地方立法要融入群众生活——写在〈甘肃省单用途预付消费卡管理条例〉实施之际》，《人大研究》2022 年第 11 期。

② 张锡汪：《区域协同立法主体的类型与协调机制研究》，《人大研究》2022 年第 11 期。

化机制进行了深入探讨。金梦强调并分析了空间正义价值观念在当前区域协同立法机制建构中的缺失及其重要性。① 程庆栋分析了区域协同立法在层级关系方面存在的"事项范围缺乏明确界定;趋同程度没有客观标准;选择协同立法抑或统一立法欠缺理性规则;上级立法机关工作指导的强度难以把握"的困境,并认为需要明确协同立法的事项范围、确立选择协同立法抑或统一立法的理性规则、理顺单独立法和协同立法、统一立法之间的动态关系。②

通过对区域协同立法工作的梳理和对已有研究的总结,可以发现,区域协同立法在国家法治体系中的地位得以进一步明确,相应工作也进入了深入发展阶段。目前,区域协同立法已在大气污染防治、跨区域生态环保、疫情联防联控、交通一体化等方面发挥了显著作用,如在京津冀、长三角等地区形成了较为固定的协同工作机制。就发展趋势而言,区域协同立法正朝着区域共同立法、协同共治的方向发展,不同层级主体责任的明确和立法之后治理效能的发挥则成为衡量今后区域协同立法工作质量的标准,也是今后开展相关研究的着力点。

(四) 关于基层立法联系点

根据2022年最新修正的《中华人民共和国地方各级人民代表大会和地方各级人民政府组织法》,"县级以上的地方各级人民代表大会常务委员会通过建立基层联系点、代表联络站等方式,密切同人民群众的联系,听取对立法、监督等工作的意见和建议。"③ 作为社情民意反映和表达的重要平台和载体,基层立法联系点在全面推进依法治国、发展全过程人民民主上承担着重要任务。由此,专家学者就如何更好地发挥基层立法联系点作用进行了多层次多方面的探讨。

冯雷首先梳理了基层立法联系点的发展历史,认为其始于2002年甘肃省人大常委会在临洮县探索设立地方立法联系点的实践,经历

---

① 金梦:《社会空间视角下区域协同立法机制的构建》,《中共中央党校(国家行政学院)学报》2022年第6期。
② 程庆栋:《区域协同立法层级关系困境的疏解》,《法学》2022年第10期。
③ 《中华人民共和国地方各级人民代表大会和地方各级人民政府组织法》,中国政府网,https://www.gov.cn/xinwen/2022-03/12/content_ 5678642.htm。

了地方探索、国家设点和深化拓展三个阶段。目前还有四个方面需进一步完善，即制度文本质量参差不齐，重复性明显，创新性有待提高；设点范围有限，代表性不足，运行机制有待完善；信息员和联络员的专业化水平有待提高，保障机制有待加强；对基层立法联系点的宣传还需加强。对此，他从全过程人民民主理念的视角出发，提出应主要从明确基层立法联系点的价值定位、扩展基层立法联系点的职责功能、完善基层立法联系点的工作机制等方面进行完善。① 王朝阳同样从全过程人民民主视角出发，但他主要探讨的是基层立法联系点建设的现实意义，即通过基层立法联系点，老百姓能够直接参与到立法过程中，立法机关则能直接了解立法信息并及时掌握基层民众的立法需求，从而真正实现立法机关与人民群众之间的密切联系与沟通互动。②

姚聪聪对"国字号"基层立法联系点内部运行结构类型化加以分析后指出，现有的基层立法联系点都具有一些共同特征，即组合层级复合性、构成主体多元化、职能建设全方位以及同人大代表制度有机结合。这些特征也使得基层立法联系点存在着层级性多元化主体定位不明、工作保障机制有待进一步完善、工作数量与工作质量难以平衡等问题。他认为，这需要通过明晰主体地位的作用，设立内部运行程序，对运行过程进行监督、评价和考核，融入和使用互联网等方式加以完善。③ 江门市司法局也对当前立法基层联系点建设和运行中存在的问题进行了研究并提出了解决方案，即针对社会公众对联系点的认识不足、联系点内部责任制度不够明确、政府立法基层联系点队伍的素质参差不齐、立法意见建议反馈机制不到位、政府立法基层联系点的经费保障不足五大问题，提出应当在切实增强基层属性、立法属性、联通属性上下功夫，围绕联系点功能定位、队伍建设和运作保障等方面，强化工作措施，补齐工作短板，不断提升政府立法基层联系

---

① 冯雷：《全过程人民民主理念下基层立法联系点的实践探索与制度完善》，《中国司法》2022 年第 9 期。
② 王朝阳：《法治中国建设——以全过程人民民主视角》，《国际公关》2022 年第 23 期。
③ 姚聪聪：《基层立法联系点运行制度的完善——基于 22 个"国字号"基层立法联系点运行现状分析》，《人大研究》2022 年第 12 期。

点工作水平。①

关于如何进一步发挥基层立法联系点在公众参与立法中的作用，王伊瑶认为可从四个方面着手：一是建立健全基层立法联系点工作制度，以充分发挥作为人民全过程参与立法实践不可替代的优势；二是不断探索创新立法意见征集形式并及时反馈，使之规范化、制度化，以提高基层群众参与的积极性和创造性；三是注重基层立法联系点的能力建设，加强阵地建设，强化人才支撑；四是科学选点布局，注重"面"的全覆盖，突出"点"的代表性，充分发挥地域优势，延伸联系网络等。②

2022年，第四批基层立法联系点的确定，标志着中国实现了全国31个省（区、市）基层立法联系点的全覆盖。关于基层立法联系点的地位作用，学界基本达成共识，认为基层立法联系点及其相关工作，是立法工作中生动彰显全过程人民民主重要价值的代表性实践。基层立法联系点制度的有效运行，为广大人民群众有序参与国家立法提供了有效途径，是扩大公众参与立法的"直通车"。结合相关研究可以看出，基层立法联系点的作用主要表现为"健全吸纳民意、促进科学民主决策、助力国家和社会治理"等方面。学界关于这一主题的研究多从微观视角切入，从"功能、空间、过程"等各方面进行了探讨，但缺乏系统性的思考。更好地推动基层立法联系点工作，需要统筹"主体、环节、客体"等诸要素的结构关系和作用发挥，坚持党的领导，更加完善保障机制和队伍建设、多途径激发公众参与的积极性，最终实现以基层立法联系点制度推进基层民主治理新发展。

综而论之，2022年度，学者对于人大立法工作的研究虽各有侧重，但研究议题主要集中在人大高质量立法的推进，重点领域、新兴领域和涉外领域立法的加强，地方人大立法与区域协同立法改进，基层立法联系点效用发挥四个方面。专家学者从不同视角切入、采取不同研究方式深入探讨了这四个方面并有针对性地提出了解决措施。

---

① 广东省江门市司法局：《政府立法基层联系点建设的实践与探索——以广东省江门市为例》，《中国司法》2022年第11期。
② 王伊瑶：《充分发挥基层立法联系点在公众参与立法中的作用》，《人大研究》2022年第7期。

三 人大监督工作研究的新进展

习近平总书记指出:"人民代表大会制度的重要原则和制度设计的基本要求,就是任何国家机关及其工作人员的权力都要受到制约和监督。"① 人大监督作为国家权力机关的监督,是党和国家监督体系中的重要组成部分,如何用足用好人大监督权,高质量做好人大监督工作,是做好新时代人大工作的一个重大问题。在此背景之下,学界围绕人大监督的各个方面进行了深度研究。

(一) 关于人大监督对象

习近平总书记在人大工作会议上明确指出:"在我国政治体制中,人大对于'一府一委两院'具有监督作用,推动各国家机关形成工作合力。"② 由此,2022 年,人大如何更好地监督"一府一委两院""确保行政权、监察权、审判权、检察权依法正确行使"③,成了专家学者关注的焦点。

1. 对政府的监督

作为国家行政机关的政府是由人民代表大会产生的,对它负责,受它监督。秦前红认为,当前人大对重大行政决策的监督比较薄弱,其监督措施缺乏约束、监督程序存在漏洞,因此,强化人大监督,需要在尊重行政权力的前提下行使监督权,要从重置决策事项确定权的归属等多个方面优化制度安排。④ 优化监督的制度安排,应明确其权威性。

王春英则是从地方人大监督政府切入,指出地方人大运用审议工作报告、审查预决算、质询、特定问题调查等方式对政府工作进行全

---

① 全国人大常委会办公厅、中共中央文献研究室:《人民代表大会制度重要文献选编》(四),中国民主法制出版社 2015 年版,第 1768 页。
② 习近平:《在中央人大工作会议上的讲话》,《求是》2022 年第 5 期。
③ 栗战书:《全国人民代表大会常务委员会工作报告》,《人民日报》2023 年 3 月 17 日第 1 版。
④ 秦前红:《论人大监督重大行政决策的强化》,《东方法学》2022 年第 4 期。

方位监督，在规范政府职能范围和权力行使、纠正政府失职失范行为方面发挥着重要作用，为政府依法履行职责，对人大负责进而对人民负责提供了制度保障。① 钱建中、邵建以杭州市无障碍环境建设为例，对社会建设领域地方人大监督的实效性进行了研究，提出应当从增强监督选题的针对性、增强监督调研的全面性、增强监督过程的有效性、增强监督意见的科学性、增强监督导向的法治性五个方面提升社会建设领域监督的实效性。②

2. 对监察委员会的监督

要实现人大对监察委员会的有效监督，首先必须明确人大监督监察委员会的内在逻辑。孟宪红认为，近两年来，全国人大先后修改了全国人大组织法、地方组织法，从各级人大组织和运行层面为人大对同级监察委员会开展监督工作提供了法律依据。③ 杨恩泰进一步论述了监察委员会报告专项工作的监督定位和实践样态，指出各级监委首次报告的实践进展、重要节点、分布样态及程序与内容的强实践性特征，为理解监委接受人大常委会监督提供了现实逻辑。④

人大如何监督监察委员会与人大监督的有效性密切关联。江国华、郝国敬认为，各级人大在对本级监察机关行使监察权的活动进行监督时，应当严格遵守宪法和法律，避免监督的人为性、随意性和无效性；需要遵循依法监督原则、全面监督原则、人大监督与监察机关依法独立行使监察权相统一原则；需要进一步明确人大监督的范围和程序，强化人大监督的问责机制。⑤ 秦小建认为，在监察体制框架基本建立之后，如何通过监察法实施过程中的体制机制创新，消除监督体系中各种监督机制之间的配合协调障碍，促进监督体系的贯通，是深化和推进监察体制改革的新目标；而要达成这一目标，就要探索人

---

① 王春英：《人大监督与责任政府构建的地方实践》，《社会科学战线》2022年第2期。

② 钱建中、邵建：《社会建设领域地方人大监督实效性研究——以杭州市无障碍环境建设为例》，《人大研究》2022年第5期。

③ 孟宪红：《人民代表大会监督监察委员会的原理及路径》，《人大研究》2022年第6期。

④ 杨恩泰：《监察委员会报告专项工作的监督定位与实践样态》，《政治学研究》2022年第5期。

⑤ 江国华、郝国敬：《论监察权运行的人大监督》，《湖北警官学院学报》2022年第4期。

员监察与行为监督的联动，形成监察监督与公民监督和人大监督的对接。① 各个方面的监督力量得以汇聚，并在此基础上协同共向，才能使监督的实效性达到最大。监察监督与公民监督和人大监督在紧密联系的基础上共同发挥作用，就是"让人民监督政府"的时代化具体化。

3. 对"两院"的监督

人大对"两院"的监督是宪法和法律赋予的权力，也被简称为人大的司法监督。2022年，专家学者对人大司法监督的研究主要围绕司法监督工作的实践经验、数字化、具体路径、人大司法监督与其他监督的关系等多个方面展开。

祝晓光、杨留强总结了中国各地人大对司法监督工作的探索实践，发现存在监督司法专项工作的作用尚待充分发挥、监督法官检察官的有效手段需要加强、监督司法案件的力度需要强化三大问题；还应当着力改进对司法专项工作的监督，即人大司法监督工作需要跳出旧的思维模式、要加强对司法案件的监督、要强化对司法人员和司法文件的监督。② 这既需要增强人大代表自身的法律修养，又需要依托对法律智库的运用，更好地履行司法监督职责。

人大对"两院"监督的数字化是目前学界研究的一个重要方面。郑军、李延吉提出要把人大工作数字化改革的理念融入人大监察司法工作当中，深化数字化理念、数字化认知，综合梳理各项政策依据，研究掌握执法司法机关的量化评估指标，学习运用数据化工具方法研究分析监督工作中的新情况。③ 项国生、周世煊、高振班认为，通过推进"智慧法院""智慧检察"信息化系统，可以为人大司法监督数字化改革提供数据支撑和路径选择。所以应不断深化人大司法监督数字化改革，一是把上层设计与基层探索相结合，提升改革整体效能；

---

① 秦小建：《监察体制改革促进监督体系贯通的逻辑与路径》，《法商研究》2022年第2期。

② 祝晓光、杨留强：《人大司法监督的实践与创新》，《河北经贸大学学报》（综合版）2022年第1期。

③ 郑军、李延吉：《人大工作数字化改革的逻辑思维与系统完善——以人大监察司法工作为例》，《人大研究》2022年第1期。

二是注重短期突破与长期规划相结合，形成改革规范体系；三是将数字赋能与制度重塑相结合，发挥改革牵引作用；四是通过信息共享与数据安全相结合，保障改革的稳健深化。①

对于创新人大司法监督的具体路径，张书航建议开展法官履职评议。② 吴海燕、葛微以深圳市罗湖区为例，提出改进人大监督助力公益诉讼的行动路径。③ 金石、张源则是更加注重人大对检察机关的监督问题，他们指出，目前人大监督检察机关存在对待案件办理的监督力度不足、对检察专项工作监督的功效未能充分彰显、对检察人员未能实现全方位监督三方面的问题，认为应当加强对具体案件、特定时期频发类案、检察专项工作、检察规范性文件、检察人员的监督。④

金石更深入地剖析了人大监督与检察机关诉讼监督的区别与关系，指出人大监督与诉讼监督不是相互排斥的关系，人大监督能够保障诉讼监督取得实效，诉讼监督则是人大监督优势发挥的重要途径，诉讼监督应受人大监督的制约和影响。⑤

（二）关于人大监督方式

完善人大监督方式是实现国家治理体系和治理能力现代化的重要方面，是保障人大监督有效性的关键环节。中国宪法分别对全国人民代表大会、全国人民代表大会常务委员会、地方各级人民代表大会以及地方各级人民代表大会常务委员会的监督方式作出了明确规定。《中华人民共和国各级人民代表大会常务委员会监督法》更是明确规定了各级人大常委会监督的七种基本形式。⑥ 2022 年，学界就如何更好地运用执法检查、专题询问、预算决算审查监督、规范性文件备案

---

① 项国生等：《以数字化改革赋能人大司法监督工作——温州市人大司法监督应用场景建设思路探究》，《人大研究》2022 年第 5 期。
② 张书航：《开展法官履职评议 探索人大司法监督新路径》，《内蒙古人大》2022 年第 9 期。
③ 吴海燕、葛微：《人大监督助力公益诉讼的行动路径探讨——以深圳市罗湖区为例》，《人大研究》2022 年第 10 期。
④ 金石、张源：《人大监督检察机关的路径》，《人大研究》2022 年第 9 期。
⑤ 金石：《诉讼监督与人大监督关系辨析》，《人大研究》2022 年第 1 期。
⑥ 《中华人民共和国各级人民代表大会常务委员会监督法》，中国民主法制出版社 2006 年版，第二章至第八章。

审查等法定监督方式，怎样与时俱进地创新人大监督方式进行了深度研究。有学者指出，人大监督方式还面临着诸多现实挑战，比如，对政府重大决策的事项范围，尽管现行立法已设定了宏观标准，却较为笼统，在实际界定中可能存在困难。尤其是不同层级、不同地区的政府重大决策存在着较大差异，且随着情势的发展而不断变迁，亦无法适用统一、固化的尺度。①

1. 执法检查

开展执法检查是各级人大常委会的一项常规性工作，旨在通过检查发现法律在实施过程中存在的问题与不足，督促"一府一委两院"改进工作，维护宪法法律权威，推进依法治国实践。执法检查制度对人大监督实践，尤其是法律监督实践具有重要意义。张升忠研究指出，执法检查具有法定性、强制性、全面性、协调性、群众性的特点。发挥"法律巡视"的利剑作用，需要遵守实行正确监督、依照法律法规、坚持问题导向、突出有效监督的原则。②

只有精准识别人大执法检查工作中存在的问题，才能更有效地改进执法检查工作。刘新基、王征、刘相甫反思了人大执法检查工作，认为目前人大执法检查工作还存在选题不够精准、监督检查不够深入、报告质量不高、审议不够严实、督办不够较真、公开不够到位六个问题；因而要实现高质量的执法检查，就必须高质量地拟定专题、高质量地组织检查、高质量地审议报告、高质量地督办问效。③ 金石则是更为具体，他以检察机关为切入点，指出目前人大对检察机关的执法检查工作还存在检查方式陈旧、调研不够深入、跟踪问效力度不够、法律完善功能虚置四大问题，并建议要完善人大支持检察监督机制，人大在执法检查中要掌握主动权。④ 张升忠、黄兰松则是更加关注制度层面。他们认为，全国人大常委会应当专门制定执法检查"选

---

① 阿计：《人大监督政府重大决策的价值和路径》，《浙江人大》2022年第12期。
② 张升忠：《"法律巡视"：对人大执法检查的再认识》，《山东人大工作》2022年第12期。
③ 刘新基等：《高质量开展执法检查工作的思考》，《人大建设》2022年第8期。
④ 金石：《对完善人大执法检查工作的思考——以检察机关为视角》，《人大研究》2022年第5期。

题、组织、报告、审议、整改、反馈"六个环节的具体规定、实施细则等,形成以宪法和法律为根本、以配套制度为支撑,内容全面、程序严密、配套完备、有效管用的制度体系,确保"法律巡视"更加科学、更加规范、更加严密、更加高效。①

要改进人大执法检查工作,就需要坚持原则性和灵活性相结合。陈接平、黎淑琴研究指出,人大在进行执法检查时应当坚持党的领导、坚持紧扣法律法规、坚持问题导向、坚持"主体责任""责任主体"一起抓、坚持践行全过程人民民主。②钱振华认为,执法检查不同于视察调研等,必须聚焦相应的法律条文,围绕有法不依、执法不严等情况有针对性地提出意见、建议。进而他认为,人大执法检查应当实行"问题清单制",根据执法检查中发现的问题,对照法律法规条款一条一条列出来,形成具体的问题整改清单,交"一府一委两院"和相关部门办理,并以此为依据开展跟踪问效,确保相关问题逐项整改到位。③

2. 专题询问

询问,是人大监督的法定形式。专题询问丰富了人大监督工作的方式方法,使人大的监督工作大大强化了针对性和实效性,是人大监督工作与时俱进、不断完善方式和增强实效的一个重要探索与创新。

魏吉昌提出,目前人大专题询问呈现出法定性、公开性、互动性、针对性的特点,存在思想认识与专题询问的根本目的尚未完全吻合、询问质量与专题询问的根本目的尚未完全吻合、跟踪问效与专题询问的根本目的尚未完全吻合的问题,并提出应当抓好专题询问的环节与细节,真正做到选题精准、调研深入、协调到位、回答真实、测评公正、跟踪督办、尽心承办。④金果林则认为,人大专题询问具有法定性、监督性、庄严性、支持性四个特性,而要真正彰显这四个特

---

① 张升忠、黄兰松:《"法律巡视"要义与深化之探究》,《人大研究》2022年第10期。
② 陈接平、黎淑琴:《遵循"五个原则"用好"法律巡视"利剑》,《时代主人》2022年第10期。
③ 钱振华:《问题清单制:让执法检查这把利剑更准更锋利》,《人大研究》2022年第5期。
④ 魏吉昌:《做好人大专题询问的思考与对策》,《人大建设》2022年第9期。

性，各地应当防止专题询问流于形式、浮于程式，特别是防止出现彩排、预演、对口型、念台词等形式主义现象，人大的询问者要把功夫下在"问"前，做到真问、敢问、会问。①黄明涛、张梦奇指出，历年来，全国人大常委会法工委发布的法律询问答复经常作为地方人大立法工作的重要依据，发挥了先例功能，法律询问答复与法规制定后的备案审查处理的法律问题具有重合性，这一实践经验也为全国人大常委会法工委主导运作的备案审查先例制度提供了参照。②

席盘林的研究则更为具体微观，他认为，地方人大常委会可把联组会议与分组会议并重并用，进一步使专题询问落地落细、落到实处。③王鸿任指出，要发挥专题询问效用，必须做到事前准备、全程有机互动、体现公开监督、追求整改实效四个方面。④

3. 预算决算审查监督

2022年3月，地方组织法经过第六次修正后，将监督预算执行、审查监督政府债务、监督审计查处问题整改情况等明确列入地方各级人大常委会职权范畴。

预算决算审查数字化信息化是预算决算审查监督的大势所趋。杨翟婷、王金秀对现有联网监督系统各模块的问题进行了探讨，并对联网监督下人大预算整体监督指标的构建提出了他们的意见和建议。⑤徐浩璐以浙江人大为例，提出要打造预算国资监督综合应用系统，运用信息化手段开展预决算监督，数字化赋能预算审查的应用实践，与时俱进地依托和运用信息化、数字化手段，为扩大群众参与和代表履职提供高效便捷服务。⑥

完善立法是加强人大预算决算审查监督的重要途径。朱蓉蓉、滕

---

① 金果林：《让人大专题询问"常问常新"》，《吉林人大》2022年第5期。
② 黄明涛、张梦奇：《全国人大常委会备案审查决定的先例约束力》，《苏州大学学报》（法学版）2022年第4期。
③ 席盘林：《推动专题询问向分组会议延伸》，《人大研究》2022年第11期。
④ 王鸿任：《专题询问更需做实"四个必须"》，《人大建设》2022年第9期。
⑤ 杨翟婷、王金秀：《联网监督下人大预算整体监督指标的构建》，《财会研究》2022年第5期。
⑥ 徐浩璐：《全过程人民民主在预决算监督中的实践——基于浙江的观察和思考》，《人大研究》2022年第6期。

修福认为，在行使预算审查监督权的时候应当与时俱进，完善人大预算审查监督的立法，避免地方各级人大及其常委会的预算审查监督走过场。① 杨进、化汝婷、龚小芸以 1999—2017 年各地区省级预算审查监督条例立法作为准自然实验，检验通过立法强化地方人大预算监督能力能否对地方政府支出规模形成有效制约及其作用机制，发现省级预算审查监督条例立法能够显著抑制地方政府预算支出和决算支出规模。因此，他们提出，为了更好地发挥人大预算审查监督条例立法对政府支出规模的抑制作用，应当扩大地方人大预算监督权力的监督范围，加强对重点财政支出的监督力度，不断推进地方人大预算监督法制化建设。② 马蔡琛、桂梓椋则是从国际比较的视角探索预算绩效监督的中国模式，指出立法机构对于预算绩效监督的作用直接关乎预算绩效管理改革的成败。③

明确预算决算审查监督的重点有助于更好地提升人大监督实效。樊丽明、史晓琴、石绍宾借鉴投入产出理论，从预算监督能力（投入）、预算监督行为（过程）和预算监督效能（产出）三个方面构建"能力—行为—效能"分析框架，由此实现了在同一逻辑框架下分析人大预算监督的全周期发展状况，并构建了具有一定的科学性、时代性和可行性的我国地方人大预算监督评价指标体系。④ 王凌智通过比较 1999 年与 2021 年"中央预算审查监督决定"，提出 2021 年"中央预算审查监督决定"的新特点之一是预算审查监督内容更具有重点性。⑤ 潘国红以江苏省启东市人大开展的部门预算初步审查实践为基础，指出部门预算审查是深化和细化人大预算审查监督的必然要求。根据现存问题，他提出提升部门预算初步审查实效的方法和路径包括

---

① 朱蓉蓉、滕修福：《如何与时俱进行使预算审查监督权——浅谈人大预算审查监督的立法完善及实践思考》，《人大研究》2022 年第 11 期。

② 杨进、化汝婷、龚小芸：《地方人大预算监督立法能抑制政府支出规模吗——来自省级预算审查监督条例立法的证据》，《当代财经》2022 年第 4 期。

③ 马蔡琛、桂梓椋：《探索预算绩效监督的中国模式：基于国际比较视角》，《经济纵横》2022 年第 1 期。

④ 樊丽明等：《我国地方人大预算监督评价：理论、指标及应用》，《管理世界》2022 年第 2 期。

⑤ 王凌智：《新时代强化全国人大中央预算审查监督的思考》，《预算管理与会计》2022 年第 3 期。

增进思想共识，切实履行审查监督职能；突出审查重点，促进提高预算编制质量和执行效益；严格程序落实，推进审查监督有序有效运行；整合多方资源，提升审查监督专业化精细化水平四个方面。[1]

人大预算决算审查监督始终坚持贯彻落实全过程人民民主理念。王淑杰指出，预算监督是人大具体地、现实地推进全过程人民民主的必然要求；但是，就目前来说，要更好地发挥人大应有的制度优势，实现全过程人民民主，还应当提高监督预算透明度、拓展绩效监督范围、加大推进绩效监督的力度、提高监督预算的规范性。[2]

4. 规范性文件备案审查

2021年1月，《法治中国建设规划（2020—2025年）》规定"全面推行行政规范性文件合法性审核机制，凡涉及公民、法人或其他组织权利和义务的行政规范性文件均应经过合法性审核"。2022年，专家学者进一步研究如何高质量推进人大规范性文件备案审查工作。

总结人大规范性文件备案审查工作的历史经验，能够在一定程度上完善新时代人大规范性文件备案审查工作。张勇从人大监督宪法实施的角度对党的十八大以来全国人大常委会工作进行了梳理和解读，认为全国人大常委会在备案审查工作的制度建设和能力建设方面取得了很大的成就，但从总体上看，人大的备案审查制度和能力建设尚处在初创期、起步期，同时也是方兴未艾、大有可为的历史时期。[3] 郑磊以行宪40年为基础时间轴，围绕全国人大常委会的备案审查工作，将备案审查发展轨迹梳理为四个阶段，即植根于1982年宪法、建制在新世纪、激活在新时代、提质在新阶段；并沿着这四个阶段分期展开连续性、结构性梳理，呈现出备案审查制度建设和提质同中国特色社会主义法治体系建设展开和提速同向同行、互促互进的复调篇章。[4]

高质量推进人大规范性文件备案审查工作需要有效解决现存问题

---

[1] 潘国红：《预算编制阶段人大监督权的强化——江苏省启东市人大开展部门预算初步审查的探索与思考》，《人大研究》2022年第5期。

[2] 王淑杰：《全过程人民民主视域下的人大预算监督探究》，《人大研究》2022年第10期。

[3] 张勇：《加强宪法实施监督 推进备案审查工作》，《中国人大》2022年第16期。

[4] 郑磊：《备案审查与法治体系的复调变迁》，《中国政法大学学报》2022年第6期。

和可能出现的新问题。贾来庆对县级人大常委的规范性文件备案审查工作进行了探讨，认为旗县级人大规范性文件备案审查工作还处于起步阶段，应当从认识上重视规范性文件备案审查工作；同时统一机构，配齐配强规范性文件备案审查工作的力量；工作人员要加强理论学习，提高政治素养，提高备案审查工作的效率和质量；各报备机关与审查机关之间要加强协调配合。① 胡龙华认为，做好人大规范性文件备案审查工作，应当提高对备案审查工作的认识，健全和完善备案审查工作机制，加强与各部门密切衔接联系，提升备案审查工作专业化水平。② 黄明涛、张梦奇引入了"备案审查决定的先例约束力"概念，指出为了维护法制统一、提高审查结果的确定性和强化人大对备案审查制度体系的主导，确立全国人大常委会备案审查决定的先例约束力具有必要性；至于备案审查先例制度的构建，可从案例发布、意见公开、事前推动和事后纠错四方面着手。③

5. 国有资产管理监督

2022年，人大及其常委会"不断加强对国有资产管理情况的监督"④，确保全体人民的共同财富始终用来为人民谋利益。围绕国有资产管理监督问题，专家学者从国有资产管理监督的主体、薄弱环节、立法轨道等多个方面进行了研究。

只有明确国有资产管理监督主体才能实现更有效的监督。郑方辉、刘璐认为，国有资产治理绩效评价涉及人大、政府、国企、人民群众等主体，以及管理、监督、治理之间的矩阵结构关系，要求明确评价导向，界定主体责任，明晰功能定位，应构建以人大为评价主体、以群众满意度为导向、委托第三方实施的评价模式。人大主导政府国有资产治理绩效评价凸显了全过程人民民主的制度底色和效能优势，而要推行人大主导政府国有资产治理绩效评价，则应从四方面入手，即

---

① 贾来庆：《做好新时代县级人大常委会规范性文件备案审查工作的几点思考》，《内蒙古人大》2022年第1期。
② 胡龙华：《做好人大规范性文件备案审查工作的思考》，《江淮法治》2022年第12期。
③ 黄明涛、张梦奇：《全国人大常委会备案审查决定的先例约束力》，《苏州大学学报》（法学版）2022年第4期。
④ 栗战书：《全国人民代表大会常务委员会工作报告》，《人民日报》2023年3月17日第1版。

提高政治站位，深化体制改革；建立评价体系，推动评价实践；培育实施主体，创新评价模式；强化结果应用，加强理论研究。① 尹中卿明确指出，人大作为国家权力机关，对国有资产负有不容推卸的监督责任。②

强化人大国有资产监督需要对症下药、加强制度建设。周长鲜认为，由于我国至今还没有制定专门的国有资产监督法，人大对国有资产还难以实施有效监督，需通过监督体制与机制的完善，实现从"人为控制"向"制度控制"的模式转型；如针对人大国有资产监督中所存在的信息不对称和制度供给不足等问题，有必要全面完善由相关利益主体"全参与"、监督范围"全口径"覆盖和监督程序"全过程"贯通的有效机制，积极建构起人大及其常委会对国有资产进行"全生命周期"监督的制度体系，进而全面推进国有资产治理体系和治理能力的现代化。③ 张彰、张登、杜娟以企业国有资产监督为例，结合公共权力授权视角、委托代理理论和我国国情提出了人大监督企业国有资产的功能定位和职能职责，并根据国有企业和政府管理的特征，构建宏微观结合框架下人大监督企业国有资产指标体系，同时设计可应用于实践的评价和监测机制。④ 黄胜平以江浙部分地方人大对开发区国有资产监督为例，指出许多地区人大对开发区的巨量国有资产的监督工作尚难以正常开展，甚至不少开发区对国有资产的人大监督是一片空白；提出要切实提高地方人大对开发区国有资产管理监督的认识，加强人大对开发区国有资产管理监督相关法律的具体立法，建立开发区政府向其派出机关同级别的人大报告开发区国有资产管理情况制度，从建立健全开发区人大工作体制机制入手开展开发区国有资产管理监督，运用新一代信息技术、实现对开发区国有资产管理监督手段的现代高效，积极回应社会关切、坚持人大对开发区国有资产

---

① 郑方辉、刘璐：《政府国有资产治理绩效评价：以人大为评价主体》，《理论探讨》2022年第5期。
② 尹中卿：《聚焦重点任务 强化监督重点 增强新时代人大财经监督工作实效》，《人大研究》2022年第9期。
③ 周长鲜：《人大国有资产监督机制研究》，《地方财政研究》2022年第9期。
④ 张彰等：《人大监督企业国有资产管理评价指标体系的设计和应用》，《财政科学》2022年第6期。

管理监督的公开透明，对开发区国有资产管理监督须结合开发区人大工作的体制机制的特点进行七条具体建议。①

6. 地方人大评议

由于理论界、实务界对地方人大评议的必要性、有效性等存在不同理解，它们成为学界研究的焦点。② 如黎堂斌通过研究我国人大评议兴起、发展的历史以及具体操作现况，探讨了人大评议的法理基础、评议主体、评议对象等基本问题，提出要不断推进人大评议向前发展，就必须在工作中规范评议程序、提高评议质量、强化跟踪督办、用好评议结果。③

宪法赋予人大的监督权，是确保人民赋予的权力始终用来为人民谋幸福的保障。2022年度，十三届全国人大及其常委会始终将用好人大监督权，坚持将对"一府一委两院"的正确监督、有效监督、依法监督，综合运用各种监督方式，切实提升监督实效作为工作重点。反映到学术界，专家学者对人大监督工作重点从人大监督对象、人大监督方式等方面进行了深入研究。总体而言，学界的研究焦点与人大监督工作重点是基本一致的，但学界更多的是以"问题—成因—解决路径"等模式进行分析，研究目标基本集中于"增强人大监督实效、高质量推进人大监督工作"上，因而学界研究所取得的诸多成果，在一定程度上能够为在新时代新征程上继续高质量推进人大监督工作提供有益参考。

四　人大代表工作研究的新进展

2022年，关于人大代表工作研究主要聚焦于全国人大议事规则修改所带来的影响上，着重就把好人大代表入口关、密切人大代表与群众的联系、加强人大代表监督、创新代表履职形式和提升人大代表工作能力方面展开了多维度的研究。

---

① 黄胜平：《重视地方人大对我国开发区国有资产管理的监督——以江浙部分地方人大对开发区国有资产监督为例》，《人大研究》2022年第3期。
② 庄泽林：《地方人大述职评议监督的思考探讨和展望》，《人大研究》2022年第7期。
③ 黎堂斌：《关于完善人大评议制度的认识与思考》，《人大研究》2022年第1期。

（一）关于全国人大议事规则修改为代表工作带来的新变化

2021年修改的《中华人民共和国全国人民代表大会议事规则》给2022年的代表工作带来了一系列新变化。这也成了学界研究的一个切入点。

杨维汉、陈菲、王琦指出，全国人大议事规则修改后将给2022年即将召开的第十三届全国人大第五次会议带来一系列新变化。一是法律草案审议环节优化了，效率提高但质量不降；二是统一规定表决议案方式，大会程序进一步规范；三是启用工作信息化平台，代表履职更加便利；四是大会召开更加开放透明，是全过程人民民主制度优势的具体体现，展现出中国的开放与自信。[①] 可见，人大议事规则的修改，能够从多方面推动人大代表工作的开展，其影响不仅在于会议期间，而且能够推动闭会期间人大代表工作的开展。后续研究可对这些新发展进行持续关注。

（二）关于人大代表选举

选举过程中代表名额的确定与能否把好代表入口关密切相关。崔厚元深入探讨了"确定人大代表名额到底是按户籍人口数还是按常住人口数"这一问题。他认为，结合立法背景和工作实践，可以探究出法律条文所表现出的立法本意：一是从选举法立法原意来看，确定代表名额按照户籍人口数于法有据；二是从人口普查统计口径来看，确定代表名额按户籍人口数比按常住人口数显得更为稳妥；三是从法的安定性来看，确定代表名额按户籍人口数比按常住人口数的做法，更加符合法的安定性原则。[②] 这为人大代表名额问题的研究提供了新角度、新思路。

2022年3月11日，第十三届全国人大第五次会议通过了《全国人民代表大会关于修改〈中华人民共和国地方各级人民代表大会和地

[①] 杨维汉等：《全国人大议事规则修改后首次大会，这些细节有深意》，《新华每日电讯》2022年3月5日第6版。

[②] 崔厚元：《确定代表名额按户籍人口数还是常住人口数》，《人大研究》2022年第3期。

方各级人民政府组织法〉的决定》，将该法的第二十二条改为第二十七条，将其第一款修改为："人民代表大会常务委员会主任、秘书长，乡、民族乡、镇的人民代表大会主席，人民政府正职领导人员，监察委员会主任，人民法院院长，人民检察院检察长的候选人数可以多一人，进行差额选举；如果提名的候选人只有一人，也可以等额选举……"对此，王晓、滕修福研究指出，这一修改是"根据有关部门的意见和多年来的实际做法"作出的，而且这样修改有助于强化政治纪律和组织纪律。[1]崔厚元则更多地从"应"到"可以"的语词变化进行研究，他认为，"应当"是命令性的指引要求，属于强制性规范；"可以"是授权性规定，属于选择性或授权性规范，即修改后的法律对正职候选人数作出了选择性规定；但这并不意味着在制定选举办法时就可以直接规定实行正职等额选举。[2]

近一年来，专家学者对于人大代表选举工作的研究，集中于代表选举过程中的基本问题探讨上，具体来说，主要是对代表名额确定依据、正职的候选人数等问题进行了诠释与解答，对于厘清代表选举工作、顺利推进代表选举工作具有一定的借鉴意义。后续可就选举法的修改及其对于人大代表选举工作的实践要求，开展进一步的探讨。

（三）关于人大代表联系群众

密切人大代表与人民群众的联系需要充分发挥人大代表的主动性。于玉宏认为，地方各级人大在发挥代表主体作用上，主要体现在健全人大代表履职制度和履职机制方面，在人大代表履职制度方面的重要体现是完善"两联系制度"。于玉宏强调要切实发挥人大代表的主体作用，地方各级人大还要把好人大代表选举关，即选出真正具有履职能力的人大代表，做好人大代表的履职培训，做好人大代表履职服务工作。[3]

提升人大代表回应性同样是推动人大代表更加密切联系群众的重

---

[1] 王晓、滕修福：《选举办法不宜直接规定正职等额选举——准确理解"可以多一人"与"一般应多一人"之语意语境》，《人大研究》2022年第6期。
[2] 崔厚元：《准确理解"一般应"和"可以"法律含义》，《人大研究》2022年第10期。
[3] 于玉宏：《完善地方人大联系人民群众的关键路径》，《人大研究》2022年第6期。

要方面。程林研究发现，建立人大代表反映人民群众意见的处理反馈机制，是人大代表联系人民群众成效的重要体现，是人大发展全过程人民民主工作链条上的关键一环，也是联系活动可持续的基础；但这恰恰是目前联系工作中的短板和弱项。由此，要实现三个层面机制健全，即进一步畅通人大代表收集社情民意的渠道、提高代表履职素质能力以妥善处理群众反映的意见和建议、各级人大工作机构应为加强代表工作能力建设提供更好的服务保障。① 郝诗楠、徐子涵则是基于上海市第十五届人大代表信息和代表在 2018—2019 年所提出的建议，通过卡方检验和 Logistic 回归分析考察了省级地方人大的回应性，认为上海市人大代表总体上具备较高的回应性，同时更多地以"独立判断"的姿态履职，且代表特征的差异会显著影响代表的回应性。他们得出了几点启示：女性代表更加关注民生类议题；政治面貌和职业类别会影响人大代表在"多重代理人角色"中的抉择。②

要真正发挥人大代表密切联系群众的作用，就需要推动人民群众信任的构建。隋斌斌表示，人大代表是中国政治信任构建的重要制度性资源，并探讨了如何通过人大代表的身份建构来实现积极政治信任机制的达成。这就要求人大代表成为建设性的政治沟通者、基于公共责任意识的进谏者、建设性的政府监督者、建设性的立法参与者、立法民主的积极体现者、建设性的利益协调者、不同利益群体间的正向利益协调者。③

丰富人大代表联系人民群众的内容、形式和渠道，促使人大代表更加密切联系群众，是当前人大代表工作发展的重要方面。2022 年，专家学者对人大代表在联系群众中的主动性发挥、代表的回应性、人民群众的信任构建等问题进行了相应的探讨，对人大代表密切联系群众工作的推进具有一定的现实借鉴意义。从现有研究来看，有的研究从人大代表联系人民群众的现实情况出发，致力于使实践中存在的不

---

① 程林：《建立健全人大代表反映人民群众意见要求处理反馈机制的一点思考》，《人大研究》2022 年第 2 期。
② 郝诗楠、徐子涵：《省级人大代表回应民意的逻辑与动力》，《学习与探索》2022 年第 8 期。
③ 隋斌斌：《积极政治信任视域下人大代表身份建构》，《人大研究》2022 年第 7 期。

足得到针对性的改进；有的研究从理论建构出发，旨在为人大代表联系人民群众作用的更好发挥提供理论指导，增强了人大代表联系人民群众研究的理论深度。尽管在研究视角和方法上有所不同，但2022年关于人大代表联系群众的研究普遍将制度机制的建立健全作为重要方向。鉴于此，后续进一步拓展和深化相关研究，仍需要抓住制度机制建立健全这一重点。

（四）关于人大代表监督

如何更好地发挥人大代表监督作用一直是学界关注的重点议题。王维国、陈雯雯基于发展全过程人民民主的视角进行分析，认为发挥好人大代表监督作用是发展全过程人民民主的内在要求；而人大代表监督作用发挥机制只有包含人民群众监督环节，才能真正形成体现全过程人民民主各项要求的闭环。由此他们提出，要将"向人民承诺"嵌入人大代表监督机制之中，形成"承诺同向协同机制""践诺监督内外合力机制""加强管理督促整改机制"和"人大常委会代表工作提升机制"之间的内在关联，进而形成有效衔接的人大代表监督作用发挥机制系统，从理论层面构建发展全过程人民民主的可行方式。[①] 这一研究通过构建人大代表监督作用发挥机制，为发挥好人大代表监督作用提供了理论支撑。

要更好地发挥人大代表监督作用需要主动接受人民群众的监督。胡凤玲认为，人大代表主动接受人民群众监督是全过程人民民主的必然要求。一方面，人民代表大会和人大代表要主动接受人民群众的监督，包括人大代表通过参加各项活动听取群众意见和要求，接受群众监督；人大代表向选民或原选举单位报告履职情况，接受评议监督；人大代表通过网络平台加强联系，接受群众监督；人大代表通过接受群众批评和控告，接受群众监督；罢免人大代表，人大代表接受最严厉的监督；就提请大会审议通过的内容征求意见，接受群众监督；会后公布大会通过事项，接受群众监督。另一方面，人大常委会要主动接受人

---

① 王维国、陈雯雯：《"向人民承诺"嵌入人大代表监督机制的理论构建——基于发展全过程人民民主的分析》，《北京行政学院学报》2022年第2期。

大代表和人民群众的监督，包括通过联系走访代表加强监督；通过邀请代表参与常委会工作加强监督；通过建立基层联系点加强监督；通过报告工作加强监督；通过征求意见加强监督；通过公布事项加强监督。① 这一研究对人大代表接受监督的具体内容和工作进行了阐释。

2022年，关于人大代表监督的研究，普遍将发挥人大代表监督作用作为发展全过程人民民主的应有之义，并以推动全过程人民民主的发展为目标导向，探讨如何更好地发挥人大代表的监督作用；强调要发挥好人大代表的监督作用，需要确保人民群众对人大代表的监督。这些对于推进现实工作以及深化后续研究，都具有重要的指导意义。

（五）关于人大代表履职形式创新

如何推进人大代表履职形式创新，不仅是各级人大探索的重点，亦是专家学者研究的重要方面。钱振华认为，在推动长三角一体化发展进程中，示范区三地五级人大代表积极推行以"调研联合、民情联通、活动联抓、发展联推"为主要内容的代表工作"四联"法，促进代表履职"转型升级""提质增效"，打造了跨区域代表联动履职样板；但在实践中还存在不少问题和薄弱环节，如联动幅度还不够广、联动形式较为单一、联动机制不够顺畅、常态化联系不够紧密；所以联动履职尚须在形成指导性意见、加强联动组织力、形成长效性机制、做好落实的文章、形成特色化品牌等方面进行完善。②

李鹏博则认为，代表专业小组以其生动的实践丰富了代表履职的新时代内涵，彰显出多重制度效能，即作为"编组形式"，有效拓展、深化了代表履职平台；作为"专家智库"，有益补充了专委会的工作力量；作为"联系纽带"，密切了常委会和代表的直接联系；作为"运行机制"，提升了地方人大及其常委会行权履职的整体实效。③

---

① 胡凤玲：《人大主动接受人民群众监督是全过程人民民主的必然要求》，《人大研究》2022年第11期。
② 钱振华：《创新四联工作法 助推共建示范区——长三角一体化示范区人大代表联动履职的探索与思考》，《人大研究》2022年第9期。
③ 李鹏博：《地方人大代表专业小组的制度效能初探》，《人大研究》2022年第10期。

这类研究对实践中人大代表履职新形式进行了经验总结与反思，为各地创新更多具有特色的、富有成效的代表履职形式提供了参考。通过进一步分析 2022 年关于人大代表履职形式创新的研究，可以看到这些创新形式都与组织人大代表联动协同开展活动有关。后续研究既需要继续在这一方面进行探索，也应该挖掘其他方面的代表履职创新形式。

（六）关于代表工作能力提升

代表工作能力直接关乎人大代表工作质量和效率，但要提升代表工作能力首先必须明确与人大代表工作相适配的能力。对此，金果林从代表法在代表履职中的独特作用与优势出发，明确了代表职责定位，强调代表要依法履职尽责，真正起到党和政府与人民群众之间的桥梁和纽带作用，同时应该在社会上、工作中起到模范带头作用，成为群众中的表率和榜样。[1] 李伯钧则明确指出，需要提升的人大代表工作能力主要是代表统筹谋划能力、组织实施能力和服务保障能力；而人大代表工作能力建设的着力点主要表现为坚定政治定力、增强法律功力、把握政策动力、强化调研能力、拓展沟通能力、历练表达能力；同时，加强人大代表工作能力建设要坚持一定的原则和要求，即要按照人大"四个机关"定位和要求，在坚持三者有机统一中加强其自身建设，还要坚持正确导向推动人大代表工作提质增效。[2] 这一研究对人大代表工作能力的内容、人大代表工作能力建设的着力点以及建设过程中坚持原则进行了详细阐释，对于代表能力的提升具有一定的针对性和有效性。

代表工作能力提升的一个重要方面就是代表建议质量的提升。郭正阳等人基于 S 省 100 份人大代表建议文本和 S 省 C 市的 881 份人大代表问卷调查，采取质性与量化相结合的研究方法探讨如何提高人大代表建议质量；通过对研究结果进行分析，他们表示，代表建议中存在的具体问题主要体现在内容上，表现为涉多个议题而非一事一议、

---

[1] 金果林：《代表履职：如何更加精准到位》，《中国人大》2022 年第 4 期。
[2] 李伯钧：《浅析加强人大代表工作能力建设》，《人大研究》2022 年第 10 期。

属私域范畴而非公共问题、过于宽泛而难以有效落实、未经调研而缺乏内容支撑,另外还涉及题目、结构、篇幅等形式方面的问题。针对以上问题,他们认为,建议文本本身的内容是改进的核心,代表亟须克服的困难是解决的重点,而要想从根本上提高人大代表建议的质量,还需要从制度层面入手。由此,通过对现行涉及人民代表大会制度的相关法律法规进行梳理,他们发现有五个方面尤其值得关注。一是议案和建议、批评、意见相关法律法规要求不够细化;二是议案和建议、批评、意见的具体界限和区别不够细致;三是对议案和建议、批评、意见的公文格式要求不够详尽;四是对人大代表调研与撰写能力方面的培训内容不够全面;五是对人大代表前期撰写保障后续跟进落实工作不够有力。[1] 这一研究通过对人大代表建议中呈现的具体问题和困难进行剖析,进而为推进代表建议质量的提升提供了借鉴。

各地提升代表工作能力的探索实践是探寻代表工作能力提升路径的重要支撑。肖永明、杨佩欣等人以平凉市及7县(市、区)人大代表工作为例,对如何以全过程人民民主提升新时代人大代表工作进行了综合探讨,发现平凉市各级人大及其常委会推动人大工作高质量发展的经验主要有四:一是围绕"民有所呼、我有所应",把加强人大代表同人民群众的密切联系作为践行全过程人民民主的重要路径选择;二是围绕"人民选我当代表、我当代表为人民",把激发代表履职活力、增进人民福祉作为践行全过程人民民主的价值追求;三是围绕"解决人民需要解决的问题",把增强代表履职实效作为践行全过程人民民主的重要工作导向;四是围绕"有权必有责,用权受监督",把强化代表监督管理作为践行全过程人民民主的有力保障。当然,他们也发现,要在代表工作中进一步深入贯彻全过程人民民主仍需把准定位谋新篇、守正创新促发展、聚焦弱项抓突破、强化宣传促提升。[2] 薛庆以张掖市甘州区人大常委会积极探索新时代人大代表队伍建设的新途径新方法为例,提出要坚持"六措并举":一是走访联

---

[1] 郭正阳等:《提高人大代表建议质量研究——以S省100份人大代表建议文本为研究对象》,《人大研究》2022年第8期。

[2] 肖永明等:《加强和改进新时代人大代表工作的研究与思考——以平凉市及7县(市、区)人大代表工作为例》,《人大研究》2022年第2期。

系代表；二是督办代表建议；三是开展代表培训；四是交流履职经验；五是宣传"代表风采"；六是严格考评考核。同时，还谈到要建立完善代表履职激励约束机制，一是加强联系走访；二是加强服务管理；三是加强责任落实；四是加强组织领导。[①] 这一研究虽是基于地方人大代表履职展开的，但是其成功经验与创新举措对于提升代表工作和履职能力具有整体意义。

如何有效利用信息技术、人工智能提升代表工作能力也是2022年度专家学者的研究重点。陈波以"浙江之窗"为研究对象，探讨浙江数智赋能代表联络站建设、打造践行全过程人民民主基层单元的实践经验；他从五个方面就促进提升基层单元建设水平、持续放大人大制度功效提出了对策建议。一是聚焦"用户怎么进"，做好激活扩面文章；二是聚焦"数据怎么转"，做好贯通利用文章；三是聚焦"业务怎么沉"，做好履职联动文章；四是聚焦"后端怎么管"，做好分类归集文章；五是聚焦"工作怎么评"，做好晾晒激励文章。[②] 董政丰则对浙江省温州市N街道数字赋能基层单元的主要措施及价值进行了研究，并总结为四个方面。一是"多点"融合"一屏"联动，优化街道人大履职体系；二是内部流转和智慧闭环，推动人大助力基层治理创新；三是"议事员"全程参与和在线督事，夯实全过程人民民主基础；四是"扫码找代表"密切联系群众，完善民情收集和矛盾化解机制。他也发现N街道在全新的数字化改革工作中，在推进基层单元迭代升级时还存在不少问题，如缺乏制度依托导致功能单一、缺乏要素支撑导致成效单薄、缺乏高效应用导致认识不足，需要从宏观层面完善制度设计与规则建设、从中观层面强化技术支撑与能力提升、从微观层面做好高效应用与数据保护。[③]

---

① 薛庆：《创新方法强化保障 促进新时代人大代表履职行权》，《人大研究》2022年第6期。

② 陈波：《数智赋能全过程人民民主基层单元建设的思考》，《人大研究》2022年第12期。

③ 董政丰：《数字赋能基层单元建设的实践和路径探索——以浙江省温州市N街道为例》，《人大研究》2022年第11期。

中国新型政党制度的新发展

张献生　刘海峰　伊青学[*]

2022年是党和国家历史上极为重要的一年，也是中国新型政党制度发展史上浓墨重彩的一年。中国共产党胜利召开党的二十大，描绘了全面建设社会主义现代化国家的宏伟蓝图，为新时代多党合作事业发展指明了前进方向，为各民主党派发挥参政党作用提供了更加广阔的舞台。中国共产党关于政治协商的第一部党内法规《中国共产党政治协商工作条例》印发实施，为开展政党协商、政协协商提供了基本遵循。各民主党派顺利召开全国代表大会，圆满完成换届工作，实现了新时代组织上新老交替和政治交接。结合全面学习贯彻党的二十大精神，"矢志不渝跟党走、携手奋进新时代"政治交接主题教育深入开展，团结奋斗的共同思想政治基础更加牢固。围绕强国建设、民族复兴的中心任务，中国特色社会主义参政党进一步展现出优势，中国新型政党制度效能进一步发挥。

一　各民主党派认真学习贯彻党的二十大精神

中国共产党第二十次全国代表大会是在全党全国各族人民迈上全面建设社会主义现代化国家新征程、向第二个百年奋斗目标进军的关键时刻召开的一次十分重要的会议，此次大会全面总结了新时代十年的伟大变革，深入分析国内国际形势，系统阐述开辟马克思主义中国

---

[*] 作者工作单位：张献生、刘海峰、伊青学，中共中央统战部。

化新境界、新时代新征程中国共产党的使命任务等重大理论和实践问题，擘画了全面建设社会主义现代化国家、以中国式现代化全面推进中华民族伟大复兴的宏伟蓝图，吹响了奋进新征程的时代号角。各民主党派把迎接党的二十大、学习贯彻党的二十大精神作为贯穿全年的首要政治任务，加强政治学习，深化理论研究，广泛凝聚共识，多党合作共同思想政治基础进一步夯实，团结奋斗的政治信念更加坚定。

（一）各民主党派中央盛赞新时代中国共产党取得的历史成就

在中国共产党第二十次全国代表大会开幕之际，各民主党派中央向中共中央发来贺信，热烈祝贺党的二十大胜利召开，衷心祝愿大会取得圆满成功，坚定表示为夺取全面建设社会主义现代化国家新胜利、实现中华民族伟大复兴的中国梦共同奋斗。[①]

贺信充分肯定进入中国特色社会主义新时代十年来所取得的历史性成就，认为这是党和国家事业发展进程中极不寻常、极不平凡、具有里程碑意义的十年。贺信指出，以习近平同志为核心的党中央统筹中华民族伟大复兴战略全局和世界百年未有之大变局，以伟大的历史主动精神、巨大的政治勇气、强烈的责任担当，统揽伟大斗争、伟大工程、伟大事业、伟大梦想，推动中国特色社会主义进入新时代，党和国家事业取得历史性成就、发生历史性变革。特别是中共十九大以来，中共中央团结带领全党全军全国各族人民有效应对严峻复杂的国际形势和接踵而至的巨大风险挑战，统筹疫情防控和经济发展取得世界上最好的成果，全面建成小康社会，全方位推动高质量发展，坚决捍卫国家主权、安全、发展利益，积极推动构建新型国际关系和人类命运共同体，实现中华民族伟大复兴进入不可逆转的历史进程。

贺信对中国共产党的领导作用作了高度评价。贺信强调，十年来历史成就的取得，根本在于习近平总书记掌舵领航，根本在于以习近平同志为核心的党中央的坚强领导，根本在于习近平新时代中国特色社会主义思想科学的指引。中国共产党不愧为伟大、光荣、正确

[①] 《各民主党派中央、全国工商联分别发来贺信 热烈祝贺中共二十大胜利召开》，《人民日报》2022年10月18日第5版。

的马克思主义政党，不愧为领导全国各族人民坚持和发展中国特色社会主义的核心力量，不愧为实现中华民族伟大复兴的中流砥柱。

贺信表达了各民主党派在新征程上充分发挥中国特色社会主义参政党职责，与中国共产党共同推进中国特色社会主义，为夺取全面建设社会主义现代化国家新胜利、实现中华民族伟大复兴的中国梦作出新的更大贡献的坚定决心。民革中央表示，继续坚守合作初心，传承优良传统，深刻领悟"两个确立"的决定性意义，坚决做到"两个维护"，在中国共产党领导下沿着中国特色社会主义道路阔步前进。民盟中央表示，深入学习贯彻党的二十大所确定的各项战略方针政策，认真履行参政议政、民主监督、参加中国共产党领导的政治协商基本职能，做中国共产党的好参谋、好帮手、好同事。民建中央表示，坚持以习近平新时代中国特色社会主义思想为指导，深入学习贯彻党的二十大精神，为国履职、为民尽责，做中国新型政党制度的实践者、推动者、维护者。民进中央表示，坚决拥护党的二十大所作的重大决议决定，牢记"只有跟着共产党走，才是在正道上行"的政治信念，团结带领全会各级组织和广大会员，切实担负起中国特色社会主义事业的亲历者、实践者、维护者、捍卫者的使命。农工党中央表示，紧密围绕党的二十大确定的奋斗目标任务，聚焦"国之大者""民之关切"，同心同德、踔厉奋发，为全面建设社会主义现代化国家、全面推进中华民族伟大复兴作出新的更大贡献。致公党中央表示，紧紧围绕党的二十大提出的奋斗目标和主要任务，继承"致力为公"光荣传统，勇担"侨海报国"时代使命，做好"侨海"大文章，广泛汇聚起海内外中华儿女同圆共享中国梦的磅礴力量。九三学社中央表示，切实把思想和认识统一到党的二十大精神上来，把智慧和力量凝聚到实现党的二十大确定的目标任务上来，大力弘扬爱国民主科学的优良传统，积极推动各项工作高质量发展。台盟中央表示，坚持以习近平新时代中国特色社会主义思想为指导，为全面建设社会主义现代化国家、实现祖国统一和中华民族伟大复兴的中国梦作出新的更大贡献。

（二）各民主党派积极履行中国特色社会主义参政党的责任使命

习近平总书记在党的二十大报告中指出，高举中国特色社会主义伟大旗帜，站在中国共产党百年奋斗和新时代十年伟大变革新的历史起点上，宣示了新时代新征程中国共产党的使命任务，开辟了马克思主义中国化时代化新境界，是以中国式现代化全面推进中华民族伟大复兴的政治宣言和行动纲领，也是中国共产党与各民主党派在新时代团结奋斗的目标任务。

各民主党派中央对习近平总书记的报告表示衷心拥护、完全赞成。民革中央副主席兼秘书长李惠东表示，报告总揽全局，高屋建瓴，立意高远，求真务实，是开启新征程的纲领性文献，是引领中华民族走向伟大复兴的旗帜。民盟中央副主席、民盟北京市委会主委程红表示，报告高举中国特色社会主义伟大旗帜，全面贯彻习近平新时代中国特色社会主义思想，是一个指引全党全国各族人民迈上全面建设社会主义现代化国家新征程、向第二个百年奋斗目标进军的政治宣言和行动纲领。致公党中央副主席曹鸿鸣表示，报告充分体现了百年大党对共产党执政规律、社会主义建设规律、人类社会发展规律认识的新飞跃，必将永载史册。农工党中央副主席杨震表示，建成现代化国家是每个中国人的中国梦，千百年来的梦想将在我们这一代人手中实现，令人备受鼓舞。民建中央副主席孙东生表示，中国式现代化的开创，植根于中华文明的沃土，是中国共产党100多年风雨历程的艰辛探索，反映着全体中国人民的美好意愿和精神追求；中国式现代化的实践，体现了中国特色社会主义的特色、风骨、气派，彰显了全面建设社会主义现代化国家的自立、自信、自强，构筑了中国对当今世界尤其是发展中国家走向现代化的独特创造和独特贡献；中国式现代化的拓展，铺展了一条符合中国基本国情、时代潮流的现代化发展之路，创造了科学发展、和谐发展、和平发展的人类文明新形态。

党的二十大闭幕前后，各民主党派中央都下发通知，要求把学习宣传贯彻党的二十大精神作为当前和今后一个时期的首要政治任务，迅速掀起学习宣传和贯彻落实的高潮，着重领会把握习近平新时代中国特色社会主义思想，学思结合、知行统一，把思想和行动统一到党的二十大的决策部署上来、把智慧和力量凝聚到党的二十大提出的目标任务上来。民革中央原主席万鄂湘提出，要全面贯彻习近平新时代中国特色社会主义思想，紧紧围绕党的二十大绘制的宏伟蓝图、确立的奋斗目标和作出的战略部署，切实履行好参政党职能，主动参与全过程人民民主实践，在以中国式现代化全面推进中华民族伟大复兴的新征程上作出新贡献。民盟中央主席丁仲礼提出，要把学习贯彻党的二十大精神与提升民盟履职能力紧密结合起来，做习近平新时代中国特色社会主义思想的忠诚信奉者和坚定实践者，传承"奔走国是，关注民生"的优良传统，发挥其自身优势，提高履职水平，为全面建设社会主义现代化国家，以中国式现代化全面推进中华民族伟大复兴作出新的贡献。民建中央主席郝明金提出，应着重把握习近平新时代中国特色社会主义思想的世界观和方法论，按照"讲政治、识大局、严要求、善履职"的工作要求，发挥密切联系经济界的特色优势，深入调查研究，积极建言献策，使广大会员切实承担起中国特色社会主义亲历者、实践者、维护者和捍卫者的政治责任和时代使命。民进中央主席蔡达峰提出，深刻领会新时代伟大成就和马克思主义中国化时代化的新境界，围绕新时代新征程的目标任务，坚持立会为公、参政为民，以服务高质量发展作为履职尽责的第一要务，在中国式现代化建设中更好地担负起中国共产党好参谋、好帮手、好同事的光荣责任。农工党中央原主席陈竺提出，要召开理论学习中心组学习会、中央常委会、省级领导班子和农工党十七大代表培训班，学思用贯通、知信行统一，深入践行新型政党制度，紧扣助推健康中国、美丽中国建设和促进人口长期均衡发展积极建言献策。致公党中央原主席万钢提出，砥砺致力为公、侨海报国的时代担当，用好海外侨胞融通中外的独特优势和海外华侨华人社团组织的宝贵资源，更加注重涵养和保护侨界有生力量，更加注重服务国家外交大局，扩大对未建交和新建交国家侨胞的交流与合作，以高质量参政履职为全面建设社会主义现代化国家贡献力量。九三学社中央主席武维华提出，准确把握新时代新征程赋予参政党的新使命，围绕党的二十大确立的目标任务，找准参政履职的方向和重点，聚焦推动高质量发展、科教兴国战略实施、绿色发展等重大问题积极建言献策，密切与科技界党外知识分子的联系，支持鼓励他们为科技创新作出更大贡献。台盟中央主席苏辉提出，学深悟透党的二十大精神并贯穿台盟工作始终，教育引领全体盟员始终同中国共产党想在一起、站在一起、干在一起。对标对表党的二十大决策部署，为助力中国式现代化、助推祖国统一进程履职尽责。

（三）发表针对佩洛西窜访中国台湾地区的《中国各民主党派联合声明》

对重大政治事件发表联合声明，表明政治态度和主张，既是民主党派作为现代政党功能作用的重要体现，也彰显了民主党派始终与中国共产党风雨同舟、荣辱与共的政治立场。2022年8月，时任美国国会众议长佩洛西不顾中方严正交涉和坚决反对，执意窜访中国台湾地区，严重违反一个中国原则和中美三个联合公报规定，严重冲击中美关系的政治基础，严重侵犯中国主权和领土完整，向"台独"分裂势力发出严重错误信号。对此，中华人民共和国外交部、全国人大常委会发言人、中共中央台湾工作办公室、全国政协外事委员会等先后发表严正声明和谈话，表示坚决反对，予以严厉谴责。8月4日，八个民主党派中央发表《中国各民主党派联合声明》，对美国国会众议长佩洛西不顾中方严正交涉和坚决反对，执意窜访中国台湾地区，表示强烈愤慨和严厉谴责。它们坚定地表示：世界上只有一个中国，台湾是中国领土不可分割的一部分，中华人民共和国政府是代表全中国的唯一合法政府。台湾问题是中国内政，不容任何外来干涉。它们严肃地指出：美国政府在台湾问题上屡屡发布错误言行，不断提升美台官方往来层级，纵容支持"台独"分裂势力，搞"以台制华"，严重损害台海和平稳定。佩洛西窜访中国台湾地区，是升级美台官方交往的重大政治挑衅。台湾民进党当局顽固坚持"台独"错误立场，与外部势力沆瀣一气、勾连作乱，妄图"倚美谋独"、拒不承认"九二共识"，只会将台湾推向灾难深渊，给广大台湾同胞带来深重祸害。它们严正地声明：中国各民主党派作为中国特色社会主义参政党，有着热爱祖国和爱好和平的光荣传统，一直努力推动两岸关系和平发展，是国家主权安全发展利益的坚定捍卫者。各民主党派坚决反对一切分裂中国的图谋和行径，坚决反对任何外部势力干涉中国和平统一进程，坚决反对任何国家以任何方式插手台湾问题。坚决支持中国政府为捍卫国家主权和领土完整所采取的一切必要措施。①

这是八个民主党派中央继1952年12月16日发表反对联合国大会关于朝鲜非法决议联合声明、2012年9月发表抗议日本政府对中国领土钓鱼岛及其附属岛屿实施所谓的"国有化"联合声明、2016年7月发表抗议菲律宾政府单方面提起的南海仲裁案裁决联合声明以来，发布的第四个各民主党派中央的联合声明。它充分体现了各民主党派始终与中国共产党风雨同舟、荣辱与共，一道携手前进、一道经受考验的光荣传统，也体现了各民主党派在关键时刻坚决与中国共产党想在一起、站在一起、干在一起的责任担当。

二　各民主党派顺利实现政治交接，薪火相传展现新面貌

换届是民主党派组织上新老交替、政治上实现交接的重要契机。在全党全国各族人民迈上全面建设社会主义现代化国家新征程，向第二个百年奋斗目标进军的关键时刻，党的二十大充分彰显"两个确立"的决定性意义，取得一系列具有长期指导意义的重大理论和实践创新成果，科学地回答了中国共产党"以党的自我革命引领社会革命"这一重大历史命题，对坚持发展完善中国新型政党制度提出新的更高的要求之际，各民主党派的这次换届更加具有不同寻常的意义。

（一）开展主题教育，打牢政治交接的基础

政治交接是民主党派老一辈领导人于1997年换届时提出的，是民主党派新老交替的重要任务，也是民主党派自身建设的永恒课题。2022年1月29日，习近平总书记在同党外人士共迎新春时指出：今年各民主党派和工商联要完成中央和省级组织的换届。要深化政治交接，巩固政治共识，把与党同心、爱国为民、精诚合作、敬业奉献的多党合作优良传统赓续下来，把老一辈的政治信念、高尚风范和同中国共产党的深厚感情传承下去，确保中国共产党领导的多党合作薪火

---

① 《中国各民主党派联合声明》，《人民日报》2022年8月5日第3版。

相传。① 为此，从 3 月起，各民主党派部署开展了"矢志不渝跟党走、携手奋进新时代"政治交接主题教育。

各民主党派中央高站位谋划、高质量推进，不断提升主题教育的政治性、传承性、针对性和实效性。通过召开主席会、主席办公会等形式，深化对开展政治交接主题教育重要意义、丰富内涵等的认识。成立由主要负责同志担任组长的领导小组，制定印发具体工作方案，召开会议全面部署安排，营造开展政治交接主题教育的浓厚氛围。各级组织领导班子成员以身作则，带头加强学习、带头调研指导、带头辅导宣讲、带头撰写文章、带头深入成员，以上率下、以点带面，发挥"关键少数"的示范引领作用。着眼时代发展要求、成员特点需求，各民主党派注重创新驱动、突出特色，克服疫情影响，拓展线上渠道，创新渠道载体、方式方法，做到规范有序与生动活泼、理论学习与实际体验、线上引导与线下引导有机结合，提升了主题教育的吸引力、参与度和覆盖面。把握政治交接主题教育动态，通过自有刊物、网站、微信公众号等渠道平台，编发工作简报、开展典型宣讲等多种形式，宣传交流本党派各级组织主题教育开展情况、特色做法、先进典型等，营造了互学互鉴、共同提高的浓厚氛围。各民主党派统筹把握学习与实践两个基本环节，将开展政治交接主题教育同履行参政党职能、加强自身建设、做好换届工作等紧密结合，将政治交接主题教育激发出的正能量转化为推进工作、履职尽责的自觉行动，深刻认识把握在中国共产党领导下共同团结奋斗、攻坚克难的政治优势和责任担当。

通过开展政治交接主题教育，各民主党派持续深入学习贯彻习近平新时代中国特色社会主义思想，深刻领悟"两个确立"的决定性意义，增强"四个意识"、坚定"四个自信"、做到"两个维护"，不断提高政治判断力、政治领悟力、政治执行力，不断增进对中国共产党领导和中国特色社会主义的政治认同、思想认同、理论认同、情感认同，达到了"坚定历史自信、不忘合作初心、弘扬优良传统、加强形势教育、推进自身建设"的预期目标，为各民主党派顺利

---

① 《习近平同党外人士共迎新春》，《人民日报》2022 年 1 月 30 日第 1 版。

完成换届营造了坚实的思想政治基础。

（二）把标准、纪律和规矩挺在最前面，确保政治交接高质量实现

这次换届对各民主党派自身建设的要求更严，对领导班子素质的要求更高。党的十八大以来，中共中央高度重视多党合作事业，把坚持和完善中国共产党领导的多党合作和政治协商制度纳入党的基本方略，大力推进多党合作制度创新，先后出台《中国共产党统一战线工作条例》《中国共产党政治协商工作条例》和加强中国特色社会主义参政党建设等一系列重要法规和文件，对参政党建设提出了新的更高的要求。习近平总书记对坚持发展完善我国新型政党制度提出了一系列新思想新论述，提出中国共产党领导的多党合作和政治协商制度是从中国土壤中生长出来的新型政党制度，明确民主党派是中国特色社会主义参政党，强调新时代多党合作要有新气象、思想共识要有新提高、履职尽责要有新作为、参政党要有新面貌，民主党派要做中国共产党的好参谋、好帮手、好同事，坚定不移走中国特色社会主义政治发展道路，把我国社会主义政党制度坚持好、发展好、完善好。各民主党派全国代表大会开幕时，中共中央政治局常委李强、王沪宁、赵乐际、蔡奇、丁薛祥、李希分别出席开幕会，并代表中共中央致贺辞，对民主党派作出的卓越贡献给予充分肯定，希望新一届民主党派中央领导机构高举中国特色社会主义伟大旗帜，全面贯彻习近平新时代中国特色社会主义思想，全面学习把握落实党的二十大精神，坚定信心、同心同德、踔厉奋发、勇毅前行，共同开创多党合作事业新局面，为全面建设社会主义现代化国家、全面推进中华民族伟大复兴而团结奋斗。各民主党派坚持中国共产党的领导，充分准备、精心组织，把标准、纪律和规矩挺在最前面，严把政治关廉洁关，严肃换届纪律，严格规范程序，顺利完成组织上新老交替中的政治交接。

坚持将学习宣传贯彻党的二十大精神作为各民主党派全国代表大会的首要政治任务，明确以习近平新时代中国特色社会主义思想为指导，引导全体与会代表以及广大成员进一步深刻理解党的二十大精神的丰富内涵和实践要求，深刻认识新时代新征程的使命任务，合作初心更加坚定，道路目标更加明确。各民主党派全面总结过去成绩和经验，紧扣党的二十大决策部署，研究明确未来五年的工作思路、目标任务和具体举措，绘就新时代新征程的发展蓝图。把党的二十大精神作为修改各党派章程的根本遵循，将一些重大论断、重大原则写入各自章程，对组织发展等有关内容在章程中作出明确规定，为加强参政党自身建设、在新时代新征程更好地发挥职能作用提供了重要制度保障。

坚持把中国特色社会主义参政党建设有关文件和贺信精神贯穿换届始终，准确把握中国特色社会主义参政党的性质定位，统筹考虑建设政治坚定、组织坚实、履职有力、作风优良、制度健全的参政党目标，着力打造一支政治坚定、代表性强、结构合理的干部队伍。在全国代表大会召开期间，各民主党派中央领导班子成员，讲政治、顾大局、做表率，充分发扬民主，深入做好思想引导，密切关注成员思想动态、网络舆情，做好分析研判，及时发现和处理苗头性、预警性问题，为换届营造了团结和谐氛围。

坚持德才兼备、以德为先的选人用人标准，严把政治关、廉洁关。各民主党派中央认真贯彻落实换届有关规定，严格工作纪律。与会代表以高度政治责任感履行职责，正确行使民主权利。新一届中央领导机构顺利产生，并呈现出以下特点：一是知识层次高。在由85人组成的各民主党派中央新一届领导班子中，有两院院士15人，拥有博士学位的有54人；365名中央常务委员会委员主要由中央领导班子成员、各省级组织主委、部分高层次代表性人士组成，具有高级职称的有288人，占总数的78.9%；在1531名中央委员中，具有高级职称的有1078人，占总数的70.4%。二是组织领导经验丰富。一批有着行政领导经历或党务工作经历的高层次专家学者，作为复合型人才被充实到新一届领导班子中，党派特色凸显、实干经验丰富。在新一届民主党派中央领导班子中，有18人在国务院有关部门、司法机关担任实职领导和在省级人民政府担任副省长、副市长、副主席。三是年龄结构、年龄梯次比较合理。领导班子平均年龄为59.9岁，中央常委平均年龄约为57.6岁，中央委员平均年龄约为54.5岁。

（三）薪火相传展现新面貌，团结奋斗迈上新征程

12月23日，随着中国民主同盟第十三次全国代表大会闭幕，我国八个民主党派的全国代表大会全部圆满结束，各民主党派新一届领导人顺利产生：郑建邦当选民革中央主席，丁仲礼连任民盟中央主席，郝明金连任民建中央主席，蔡达峰连任民进中央主席，何维当选农工党中央主席，蒋作君当选致公党中央主席，武维华连任九三学社中央主席，苏辉连任台盟中央主席。①

换届后，新一届中央领导班子及时召开主席会、理论中心组学习会、中央常委会等，深入学习党的二十大精神，进一步凝聚政治共识，传承优良传统，始终保持同中国共产党同心同德的政治本色，在习近平新时代中国特色社会主义思想的指引下，做中国共产党的好参谋、好帮手、好同事，让中国新型政党制度在实现中华民族伟大复兴的新征程中焕发出更加旺盛的生机活力。民革中央主席郑建邦表示："民革始终把促进祖国和平统一作为工作重点，团结港澳台同胞和海外侨胞，积极推进祖国统一进程。一方面，聚焦两岸关系发展过程中的难点、痛点、关键点，推出高质量参政议政成果。另一方面，深化两岸融合发展、凝聚两岸同胞共识，始终把争取台湾民心和发展壮大台湾爱国统一力量放在重要位置。"民盟中央主席丁仲礼表示："过去五年，我们深入开展'不忘合作初心，继续携手前进'主题教育活动、中共党史学习教育和'矢志不渝跟党走、携手奋进新时代'政治交接主题教育等活动，在中共建党百年、民盟成立80周年等重要时间节点开展系列庆祝、纪念活动，将之作为赓续优良传统、凝聚广泛共识的良好契机，确保中国共产党领导的多党合作事业薪火相传、根基永固。"民建中央主席郝明金表示："今后五年，民建将围绕推动经济高质量发展、实施科教兴国战略和创新驱动战略、促进民营经济健康发展、做好长江生态环境保护、积极稳妥推进碳达峰碳中和、扎实推进共同富裕、助力构建新发展格局等重大议题，深入开展调查研究，扎实履行参政议政、民主监督、参加中国共产党领导的政

---

① 《携手新时代 奋进新征程》，《人民日报》2022年12月24日第4版。

治协商基本职能，为中共中央科学决策、有效施策提供参考。"民进中央主席蔡达峰表示："在新的征程上，我们必须理解自身建设面临的更高要求和更重任务，提高政治站位，增强建设能力，以政治交接的新成绩，为多党合作事业发展作出新贡献。"农工党中央主席何维表示："唯有恪尽职守、竭智尽力，才能承载起新时代党和国家赋予的光荣任务，不辱使命、不负重托。"致公党中央主席蒋作君表示："我将不辱使命，以章治党、以公凝心、以质为重、以侨彰特、以中国共产党为师，牢记'国之大者'，做中国共产党的好参谋、好帮手、好同事，为以中国式现代化全面推进中华民族伟大复兴而团结奋斗。"九三学社中央主席武维华表示："要充分发挥科技界人才比较集中的优势，持续聚焦推动高质量发展，科教兴国战略、人才强国战略、绿色发展、乡村振兴和共同富裕等重大问题，坚持问题导向、系统观念，深入调查研究，积极建言献策，为加快建设科技强国，实现高水平科技自立自强出谋划策，更有针对性地做好议政建言等相关工作。"台盟中央主席苏辉表示："我们始终与中国共产党同心同行，努力交出一份无愧于祖国、无愧于时代、无愧于盟员的合格答卷！"

2023年3月5日下午，全国政协十四届一次会议在人民大会堂召开首场记者会，各民主党派中央主席集体亮相，与中外记者见面，主席们意气风发，回答相关提问，充分展现了各民主党派新一届领导班子的精神风貌和政治担当。

对如何理解"多党合作所长"与"中心大局所需"的问题，民革中央主席郑建邦说，我们有一句很形象的话，叫作"上接天线，下接地气"。"上接天线"指的是我们履职要锚定党和国家的重大战略决策，这个不能偏移；"下接地气"就是要深入实践、调查研究，了解地方的经济发展需求和广大人民群众的诉求，在这个基础上把通过调查研究形成的一些成果进一步归纳、总结、提炼，形成一个比较好的参政议政材料，供中共中央和国务院决策参考。

对如何提高调研广度、深度和精度，全面提升建言资政的能力和质量问题，民建中央主席郝明金说，要着重发挥民建界别优势，组织集体优势、成员专业优势，坚持心系"国之大者"，坚持"无调研，不建言"的原则，采取中央与地方结合、线上与线下结合、会内与会外结合、座谈考察与问卷结合等多种多样的方式，不断拓宽调研的范围，延伸调研的触角，在深入调查研究和征求意见的基础上，形成高质量的参政议政成果。

对民主党派的民主监督是不是切实有效的问题，民盟中央主席丁仲礼说，民主监督要切实有效取决于两个方面。首先是民主监督的主体能不能真正深入实际工作当中去，工作能不能做到位。其次就是民主监督客体对民主党派提出的意见是不是足够重视，提出问题后是不是进行了改进。中共各级地方党委政府对民主党派的民主监督工作非常重视，只要民主党派工作做到位，这个监督就一定会切实有效。

对如何助力加快建设科技强国问题，九三学社中央主席武维华说，早在20世纪50年代，就有66位社员参加了当时的"12年科技发展规划"的编制。1986年，九三学社成员王淦昌、陈芳允等提出要跟踪世界先进水平，发展中国的高技术，推动了"863"计划的出台。在新时代新征程上，九三学社将进一步增强责任感、使命感，大力弘扬九三学社爱国、民主、科学的优良传统，支持和鼓励广大九三学社成员和所联系的科技工作者，将科技创新发展与中国式现代化的特征和需求结合起来，瞄准重大前沿科学问题的关键核心技术，执着追求、攻坚克难，为实现科技自立自强建功立业。

对如何服务健康中国建设问题，农工党中央主席何维说，作为以医药卫生为主要界别的参政党，党和政府关注什么问题我们就将其作为参政议政的重点。过去我们主要关注的是医疗卫生体制机制、卫生公平可及、卫生事业的高质量发展问题。在未来五年里，一是要关注"一老一小"的问题，二是要关注威胁中国人民健康的重大传染病、重大慢性疾病问题，三是要关注中国人民的健康问题，进行健康促进，建立良好的生活方式。

对如何凝聚侨胞力量，为国家发展以及促进中外民间友好交流做贡献的问题，致公党中央主席蒋作君说，一方面汇聚侨智侨力，服务国家大局。以侨为桥，传递讲好中国故事；搭建多种平台，为留学生归国服务创造条件；围绕"一带一路"建设，反映中企和华商"走出去"遇到的困难和问题。另一方面，鼓励和支持海外侨胞为其住在国做贡献。目前致公党与世界上近70个国家、400多个华侨华人社团建立了友好往来关系。我们将一如既往地发挥侨海特色，做实现中华民族伟大复兴中国梦的见证者、亲历者和参与者。

对如何突出"台"字特色和乡情亲情优势问题，台盟中央主席苏辉说，着力突出"台"字特色，发挥台盟乡情亲情优势，探索两岸融合发展新路，探索以历史引领、文化融合、政治引导等多种形式，增进台湾同胞的国家认同。深入贯彻落实新时代中国共产党解决台湾问题的总体方略，深化与台湾各领域的交流合作，团结最广大的台湾同胞，继续坚决反对"台独"分裂行径，推进祖国统一进程，凝聚两岸同胞力量共圆中国梦。

对参政党如何坚持"在正道上行"的问题，民进中央主席蔡达峰说，"只有跟着中国共产党走，才是在正道上行"是民进老一辈领导人践行一生的政治信念，也是对我们民进人的政治嘱托。新一届民进中央要以思想政治建设为引领，以习近平新时代中国特色社会主义思想为指导，把与党同心、爱国为民、精诚合作、敬业奉献的多党合作优良传统赓续下去，把老一辈政治信念、高尚风范和同中国共产党的深厚感情传承下去，确保中国共产党领导的多党合作事业薪火相传。[1]

三 积极提升多党合作和政治协商制度化、规范化水平

政治协商是中国共产党与民主党派多党合作的基本方式，参与政治协商是民主党派和无党派人士的重要职能。从 20 世纪 40 年代各民主党派与中国共产党共同反对国民党一党专政，1949 年召开中国人民政治协商会议协商建国，50 年代协力进行社会主义革命和建设，到改革开放新时期共同致力于中国特色社会主义，新时代为实现中华民族伟大复兴团结奋斗，政治协商贯穿了多党合作的全过程，在凝聚政治共识、促进科学民主决策中发挥了重要作用。2022 年 6 月 13 日，中共中央印发《中国共产党政治协商工作条例》。[2] 这是中国共产党

---

[1] 《全国政协十四届一次会议举行记者会》，中国政府网，https://www.gov.cn/xinwen/2023-03/05/content_ 5744807. htm#1。

[2] 《中共中央印发〈中国共产党政治协商工作条例〉》，《光明日报》2022 年 6 月 21 日第 1 版。

专门规范政治协商工作的第一部党内法规，为新时代中国共产党与各民主党派、各人民团体、各族各界人士进行政治协商，提供了基本遵循和坚实保障。

制定出台政治协商工作条例具有重大意义。党的十八大以来，以习近平同志为核心的党中央把政治协商工作摆在治国理政的重要位置，谋划部署政治协商工作大政方针。习近平总书记就政治协商一系列重大问题作出重要指示批示，并在中央统战工作会议、中央政协工作会议、党外人士座谈会等多个场合发表重要讲话，对政治协商进行深刻阐述。为了更好地贯彻落实党中央关于政治协商工作的新部署新要求，加强党对政治协商工作的全面领导，提高政治协商工作的科学化制度化规范化水平，中共中央制定了首部关于政治协商工作的条例。

这是坚持依规治党、推进协商的重要举措。进入新时代以来，习近平总书记着眼党长期执政和国家长治久安，提出党既要依据宪法法律治国理政，也要依据党内法规管党治党。政治协商作为党中央和地方各级党委的一项重要职能，作为涉及中国共产党和各党派团体、各族各界人士的一项重要工作，具有很强的政治性、政策性，既关系到实现党的领导，凝聚各界共识，把党的路线方针政策转化为共同的自觉行动，也关系到党的科学民主决策、党的执政能力建设。针对过去政治协商工作中央层面开展得好、地方层面相对弱一些，柔性要求比较多、权责规范相对少的状况，政治协商工作条例对政治协商工作作出全面规范，明确了政治协商的内涵外延，对各级党委以及统战部、政协党组的职责分别作出具体规定；针对协商前、协商中、协商后的全流程各环节，明确谁来做、做什么、怎么做，把政治协商工作的规范要求系统地立起来，既保证全党在政治协商工作中统一思想、统一意志、统一行动，又为提高政治协商工作质量提供了法规制度保障。

这是提升中国新型政党制度效能的必然要求。充分发挥中国新型政党制度效能，是新时代中国多党合作必须解决的基本问题，也是中国新型政党制度优越性的重要体现。政治协商是中国共产党领导的多党合作和政治协商制度的重要组成部分，加强和改进政治协商工作是新时代提升中国新型政党制度效能的重要着力点。近年来，中央和地方在多党合作中，结合其自身的实际情况，不断完善政治协商制度规定，探索创新各种政治协商形式，取得了重大进展，积累了许多经验。同时，一些地方在知情明政、协商反馈、成果运用等方面仍然存在薄弱环节。政治协商工作条例坚持守正创新，重申长期有效的原则要求，把实践中的成功经验提炼上升为带有普遍性的制度规定，并提出了补短板、强弱项的具体举措，对于坚持和完善政治协商工作的制度体系和工作机制，提升政治协商效能，激发多党合作制度的活力具有重要意义。

这是发展全过程人民民主的题中应有之义。全过程人民民主是党的十八大以来，以习近平同志为核心的党中央着眼坚持和拓展中国式现代化道路，不断深化对民主政治发展规律的认识，创造性地提出的重大理念，并就坚持和完善人民当家作主的制度体系作出重大战略部署。政治协商包括政党协商和政协协商，是社会主义协商民主的重要形式，是国家治理体系的重要组成部分，是中国共产党领导中国人民发展社会主义民主、开辟"中国之治"的重要制度设计，具有内容科学、覆盖广泛、程序合理等一系列独特优势，在推进全过程人民民主实践中发挥着重要作用。政治协商工作条例对政治协商工作的一系列规范，体现了人民当家作主的理念和要求，体现了社会主义协商民主的丰富性、多样性，体现了中国共产党对社会主义民主政治建设规律的深刻把握，不仅对于提升党员领导干部的民主意识、规范其协商行为具有重要意义，而且可以成为各方面了解中国共产党民主理念、民主作风、民主实践的窗口；有利于推动各民主党派和各界代表人士更好地代表所联系群众表达利益诉求和意见、建议，在全党全社会培育协商文化，为坚持和发展全过程人民民主营造良好环境。

政治协商工作条例对多党合作的理论政策创新。政治协商工作条例在继承的基础上充分体现了党的十八大以来习近平总书记关于政治协商工作的新论述新要求，系统总结了各地和有关部门单位的成功经验和做法，针对政治协商工作出现的新情况新问题，从理论观点和政策举措上完善创新发展。

其一，科学规范政治协商的定义、地位和对象。对政治协商作出准确定义是制定政治协商工作条例的基础。以往的中央文件、白皮书等，虽然从不同角度对政治协商的重要性和必要性进行了揭示和强调，但没有进行完整而明确的定义。政治协商工作条例首次对政治协商作出定义："是在中国共产党领导下，中国共产党同各民主党派和各界代表人士围绕党和国家大政方针、经济社会发展重要问题以及其他重要事项开展的协商"。该条例主要包含五个要素：前提是"在中国共产党领导下"，主体是"中国共产党"，对象是"各民主党派和各界代表人士"，内容是"围绕党和国家大政方针、经济社会发展重要问题以及其他重要事项"，方式是"协商"。结合新时代新形势新任务新要求，政治协商工作条例对政治协商的地位、作用作了阐述：是"中国共产党领导的多党合作和政治协商制度的重要组成部分""社会主义协商民主的重要形式""凝聚智慧、增进共识、促进科学民主决策的重要途径"。根据《中国共产党统一战线工作条例》《中国新型政党制度》白皮书的规定和内容，结合历史传统和实践做法，明确无党派人士参照民主党派履行职能，工商联应邀参加政党协商。

其二，明确政治协商的重要原则。一是坚持中国共产党的全面领导。这是政治协商最坚实的基础、最鲜明的标志、最根本的保证。不断加强和改善中国共产党对政治协商的领导，是政治协商规范有序、充满活力开展的重要前提和基础。政治协商从老一辈共产党人和民主党派人士的政治交往发展成为国家的基本政治制度，其内容、形式、程序经历了一个不断发展、深化、成熟的过程。这个过程是在中国共产党的坚强领导下实现的，也必须在中国共产党的领导下有计划、有步骤、有秩序地推进。二是坚持围绕中心、服务大局。围绕中心才能找准方向，服务大局才能彰显价值。从1948年中国共产党发布"五一口号"邀请各民主党派和各界人士协商讨论成立民主联合政府，到新中国成立之初与各民主党派和各界人士就土地改革、抗美援朝、对资本主义工商业进行社会主义改造等大事要事进行协商，再到党的十八大以来，就推进全面深化改革、实施创新驱动发展战略、共建"一带一路"、实施脱贫攻坚战略、统筹推进绿色低碳和高质量发展、实施新时代人才强国战略等，中国共产党同各民主党派和各界人士座谈交流、听取意见和建议，政治协商始终围绕党和国家的中心任务和工作大局展开，从而在推进党和国家事业中发挥了重要作用。三是坚持发扬民主、坦诚协商。政治协商是全过程人民民主的重要组成部分，也是党际民主的重要体现。中共各级党委坚持有事多商量、遇事多商量、做事多商量，既在原则问题上立场坚定、旗帜鲜明，又坚持真诚协商、务实协商，以开阔的胸襟、平等的心态、民主的作风，鼓励和支持党外人士讲真话、建诤言，营造肝胆相照、民主和谐的协商氛围。各民主党派坚持实事求是、敢于直言，不断增强议政建言的科学性、针对性、有效性，使政治协商成为凝聚政治共识、科学民主决策的重要环节。四是坚持政治引领、凝聚共识。政治协商是中国共产党把马克思主义统一战线理论、政党理论、民主政治理论同中国实际相结合的伟大政治创造，也是党始终秉持和而不同、求同存异理念，真诚听取各民主党派和各界人士的意见、建议，团结引导他们为实现党在不同时期的重要目标凝聚智慧和力量的重要途径。各民主党派和各界人士通过参与政治协商，更加全面准确地了解中国共产党的主张和政策，进而接受党的主张，坚定不移地与中国共产党团结奋斗。

其三，完善政治协商的工作程序。在政党协商实践中，有的地方一度存在随意性、表面化的问题，"想到了""有空了"才协商，有的还流于形式，以通报情况、部署工作代替协商，缺乏沟通、交流和互动。为此政治协商工作条例对政党协商、政协协商的内容、形式、程序作出具体规范，进一步细化了各种形式政治协商的实施步骤和工作流程，使政治协商有制可依、有规可守、有章可循、有序可遵。比如，明确政党协商的形式是会议协商、书面协商、约谈协商。在会议协商方面，明确每年年初都要研究提出全年协商计划，与民主党派商定议题、时间、形式、参加范围等；在每次会议协商前，要给民主党派提供充足的时间阅读材料、集体研究问题，用制度化、规范化的程序确保协商发挥效用。

其四，建立政治协商的保障和成果运用、反馈机制。把政治协商中民主党派意见、建议的合理成分充分吸纳到党和政府的重要决策和政策之中，是政治协商效能的集中体现，也是体现和实现协商价值的关键。在政治协商实践中，有的地方对民主党派的意见、建议重视吸纳不够、及时反馈不够，特别是对不同意见虚心接受不够，导致"说了也白说"现象的发生。政治协商工作条例按照科学合理、规范有序、简便易行、民主集中的要求，规定各级党委应当结合实际完善政治协商工作机制，支持和推动有关单位和部门参与政治协商有关工作；完善党委、政府、监察委员会、法院、检察院与各民主党派、各界代表人士的工作联系机制，为各民主党派和各界代表人士知情明政创造条件；党委有关部门，有关政府部门、人民团体、企事业单位的党组（党委）为本单位本部门的民主党派成员、无党派人士和政协委员参加政治协商创造有利条件，提供必要保障；党委负责同志开展考察调研，根据工作需要，可以邀请同级民主党派组织负责同志、无党派代表人士参加；监察委员会、法院、检察院和有关政府部门党组（党委）可以根据工作需要向同级民主党派组织、无党派人士介绍有关情况，视情况邀请同级民主党派组织、无党派人士列席有关工作会议、参加专项调研和检查督导等；要支持各民主党派、无党派人士在政协参与国家方针政策和地方重要举措的讨论协商，对各民主党派以本党派名义在政协发表意见、提出建议等作出机制性安排。特别是对政治协商成果运用和反馈作出规范，要求各级党委重视协商意见的研究办理，建立健全协商成果运用和反馈制度，明确重要协商成果可以作为决策参考。政协协商意见，可视情况交付有关部门研究办理，办理情况按规定反馈同级民主党派组织和无党派代表人士。

中国共产党与民主党派的政治协商呈现出新气象。政治协商工作条例颁布后，各级党委（党组）把学习贯彻该条例作为一项重要的政治任务，纳入各级党委理论学习中心组学习内容，纳入党校（行政学院）教学内容，通过座谈交流、专题研讨等形式，深刻领会政治协商工作条例的精髓要义和精神实质，完整、准确、全面理解把握政治协商的性质定位、原则底线、工作要求，结合实际提出本地开展政党协商的具体措施，推进政治协商实践的深入开展。各民主党派、无党派人士集中开展了对政治协商工作条例的学习贯彻工作，努力提高协商能力，积极践行参政党职责使命，共同推动政治协商形成新气象。

中国共产党对政治协商工作的全面领导得到加强。各级党委（党组）将党的全面领导贯穿于政治协商工作全过程各方面，完整、准确、全面理解、把握党关于政治协商的理论政策思想、性质定位、重要原则，从政治和大局高度统筹谋划政治协商工作，落实地方党委职责、党委统战部和政协党组职责，确保政治协商工作始终沿着正确的政治方向发展。

凝聚和增进共识的理念更加明确。各级党委（党组）按照政治协商工作条例要求，不断完善政治协商的内容形式程序，最大限度地求同存异、聚同化异，在尊重多样性中寻求一致性，在根本问题、重大问题上统一认识，在润物无声中做好沟通思想、解疑释惑工作，巩固共同思想政治基础，不断把党的主张和路线方针政策转化为社会各界的共同意志和自觉行动，为全面建设社会主义现代化国家、实现中华民族伟大复兴提供广泛、强大、持久的力量支撑。

围绕中心、服务大局的目标更加清晰。按照政治协商工作条例的规定和要求，各级党委（党组）同各民主党派和各界人士聚焦党和国家中心任务，瞄准抓重点、补短板、强弱项的重要问题，找准服务经济社会发展和维护社会和谐稳定的切入点、结合点、着力点，完善考察调研、知情明政等制度机制，优化调研选题，找准存在问题，开展战略性宏观性调查研究和建言献策，着力为推进改革发展、实现人民对美好生活的新期待打下坚实基础。

政治协商科学化、制度化、规范化水平进一步提升。各级党委（党组）进一步完善有关制度规定，细化政策举措，健全工作机制，加强能力建设，政党协商和政协协商更加规范。同时帮助和支持各民主党派、工商联和无党派人士认真学习贯彻政治协商工作条例，提高协商建言的能力和水平。并以贯彻落实条例为契机，推动解决制约本地区本部门政治协商工作开展的重点难点问题，使政治协商取得实实在在的效果。

四　着力提高履职尽责质量，充分发挥新型政党制度效能

中国新型政党制度效能的提高，最基本的就在于各民主党派中国特色社会主义参政党职能作用的充分发挥。习近平总书记在二十大报

告中强调,"支持民主党派加强自身建设,更好履行职能"①。中国共产党发挥执政党作用,积极协助民主党派加强中国特色社会主义参政党建设,全面提高履职能力和水平。各民主党派把其自身所长与中心大局所需结合起来,在参政议政中聚众智,在民主监督中建诤言,在政党协商中献良策,努力成为中国共产党的好参谋、好帮手、好同事。执政党和参政党共同努力、同向发力,形成推进中国式现代化建设的强大合力。

民主党派履职尽责呈现出新特点。一是明确思路方向,履职尽责重点更加清晰。当好中国共产党的好参谋、好帮手、好同事,是参政党建设的重要目标,也是民主党派履行职能的重要指向。各民主党派中央自觉把履职思路和工作重点聚焦到中共中央重大决策部署上来,围绕供给侧结构性改革、推动高质量发展、"一带一路"建设等重大问题,接续调研、接力建言,通过"直通车"等形式,提出有价值、有分量的意见、建议,充分展现了参政党的责任与担当。

二是深入调研论证,履职尽责质量不断提升。调查研究是谋事之基、成事之道。民主党派领导人强调"不调研、不发言",提出参政议政要"多些泥土厚重之味"。"选题要有政治家的眼光、做题要有科学家的素质、写题要有文学家的才华、用题要有经济学家的头脑。"要在深入上下功夫,多深入基层寻计问策,多解剖麻雀小中见大,多组织集体研究论证,真正察实情、出实招。要树立精品、品牌意识,不能一般性地提意见和提一般性的意见,"不打游击战,多打阵地战",抓住一个问题做深做透,所提意见、建议能真正为党政决策提供参考和帮助。

三是完善制度机制,履职尽责保障更加有力。履职工作制度化、规范化、程序化,民主党派发挥作用才有可靠保障。各民主党派中央在这方面进行了有益探索:民革中央修订完善《反映社情民意信息工作评选表彰办法》;民盟中央完善领导班子成员率队重点调研机制,

---

① 习近平:《高举中国特色社会主义伟大旗帜 为全面建设社会主义现代化国家而团结奋斗——在中国共产党第二十次全国代表大会上的报告》,人民出版社2022年版,第39页。

大幅增加主席、副主席率队调研的频率和力度；民建中央制定加强和改进重点专题调研实施办法、提案工作流程优化办法，成立专门委员会建设领导小组；民进中央将履职能力建设作为年度工作主题，制定参政议政条例等制度；农工党中央出台履职工作规则、联系基层工作制度等制度性文件；致公党中央制定反映社情民意、做好协商议政准备工作等文件，并构建"横向协作到边、纵向联动到底"的专委会工作新格局；九三学社中央与京东、华为等建立信息沟通交流机制；台盟中央打造"协商议政论坛+重点课题研讨"工作机制，制定第三个参政议政工作五年规划（2018—2022年）。此外，各民主党派中央坚持把健全调查研究机制作为提升履职水平的切入点，统筹部署全年考察调研工作，推进调研、协商、监督相互贯通，努力提高建言质量和实效。

四是丰富方式载体，履职尽责成效更加显著。平台载体是民主党派履职的"桥"与"船"。各民主党派中央注重搭建履职平台，拓宽渠道途径，将其自身特色优势与履职实践相融合。民革中央创立的"中山议政会"，不定期邀请各方面专家和有关部委领导参与讨论交流，已开展26场活动；民进中央加强网上参政议政平台建设，通过视频会议、"云征集建议"等新形式开展工作；致公党中央在全国部分地区建立了参政议政工作联系点，及时了解各方面情况。各民主党派中央还注重打造参政议政精品活动，如民革中央的"博爱·牵手"活动，民盟中央的教育、民生、经济、法治四大品牌论坛，民建中央的非公经济论坛和风险投资论坛，农工党中央的"同心全科医生特岗人才计划"和"贫困人口精准医疗爱心行动"，九三学社中央的"九三论坛"和科学座谈会，台盟中央的"协商议政论坛"等，已经成为民主党派履职的特色品牌和重要抓手，既体现了其自身特色、发挥了各自优势，又扩大了社会影响、提升了履职质量。

五是强化队伍建设，履职能力更加突出。人才队伍是干事创业的基石和根本。各民主党派中央高度重视人才队伍建设，不断夯实履职人才队伍之基、筑牢履职能力建设之根。民革中央研究制定《2021—2025年人才规划》和《2021—2025年民革党员干部教育培训工作规划》，着力打造一支综合素质高、履职能力强、数量充足的人才干部队伍；民盟中央、九三学社中央注重加强与国家相关部委、高校和研究机构合作，充分利用"外脑"促进调研质量提高和成果转化；民建中央加强新时代青年工作，成立青年工作委员会，为青年骨干会员健康成长、发挥作用搭建平台；民进中央成立民主监督工作处，设立3个监测点和26个观察窗口，聘任专家担任顾问；农工党中央实施中央常委每年发展一名高层次人才计划，以骨干发展骨干，提升参政议政人才质量；致公党中央加强与海外专业人士和归国留学人员的联系，广泛汇聚海外留学人员的智慧和力量；九三学社中央以青年论坛为抓手，积极开展青年培训工作；台盟中央建立全盟参政议政人才信息数据库，为做好参政议政工作奠定坚实的人才基础。

执政党协助民主党派提高履职能力。一是坚持正确的政治方向。新时代民主党派成员整体思想态势平稳健康、积极向上，在事关旗帜、方向、道路、制度等关键问题上认识清醒，多党合作共同思想政治基础稳固坚实，为民主党派履行职能、发挥作用提供了坚实的思想政治保障，但也存在着一些情况和问题。中国共产党协助民主党派充分认识民主党派履行职能、发挥作用的政治性、严肃性和高层次性，着力提高政治判断力、政治领悟力、政治执行力，努力彰显政治功能和制度价值。着力提高政治把握能力，把坚持以习近平新时代中国特色社会主义思想为指导、坚持中国共产党领导切实体现在政治站位上、落实到履职尽责中，贯穿于发挥参政党作用的全过程、各环节。

二是紧扣中心大局履职。民主党派履行职能、发挥作用，是一种政治行为、政党行为，要在围绕中心中定位、服务大局中尽责。各级党委统战部门及时向各民主党派传达中共中央大政方针、决策部署，鼓励支持各民主党派系统了解把握世情、国情、社情、统情等形势任务和发展要求，经常与中共中央决策部署、当地中心任务"对标对表"。支持各民主党派胸怀"国之大者"，聚焦全局性、战略性、前瞻性重大问题，找准结合点、切入点和着力点，从"大处着眼、小处切入"，参大政、议大事。既在服务经济社会发展中发挥独特优势，也在意识形态领域发挥重要作用，为弘扬社会主义核心价值观作出贡献。

三是彰显党派界别特色。中国八个民主党派各具特色，在履职尽责中也应"八仙过海，各显神通"。各民主党派形成组织发展纪要、对各自重点分工领域进一步调整明确的基础上，强调同质化不利于参政议政的特色和质量，进一步把本党派界别作为发挥职能作用的传统阵地、优势领域，做到"有积累、有声音、有作为"，充分发挥特色优势。

四是完善集智聚力机制。在过去相当长的时间里，各民主党派都拥有一批旗帜性人物，如张澜、黄炎培、马叙伦、许德珩，以及费孝通、雷洁琼、周培源、孙起孟等，他们在各自的专业领域有着一呼百应的影响，他们个人的参政议政水平代表着其所在党派的最高水平。随着多党合作事业的发展，民主党派履职领域更广、任务更重、要求更高，老一辈退出历史舞台，职能作用发挥逐步由主要靠领导个人影响作用向发挥整体优势转变。党委统战部门协助支持民主党派依靠团队力量，集中集体智慧，加强专门委员会建设，与高校、社科院等研究机构建立联系机制、建立智库等，构建纵向互动、横向联合、内外贯通的集智聚力机制，把本党派整体人才和智力优势充分发挥出来。

五是加强支持保障。进一步推进政策落实，建立健全相关配套制度和机制，为民主党派和无党派人士更好地发挥作用创造有利条件。重点健全四个机制：一是知情明政机制，让民主党派、无党派人士及时了解中共党委决策精神，掌握了解社会信息动态，确保协商有的放矢。二是考察调研工作机制，协助民主党派、无党派人士在优化调研选题、开展联合调研、专题调研等方面，探索建立科学的制度规范，提供人力物力财力支持，协调有关部门参与调研，确保考察调研工作深入扎实。三是工作联系机制，协调政府有关部门和司法机关、人民团体加强同民主党派、无党派人士的联系，建立定期走访、座谈交流、列席有关工作会议、参加相关专项调研和检查督导工作等制度，帮助民主党派在实际参与中了解社情政情，提升协商建言的可行性。四是协商反馈机制，规范协商反馈程序、明确相关部门责任，对贯彻落实情况进行督查，做到协商反馈程序规范化、内容具体化、工作制度化。

民主党派履职尽责取得新成效。高层协商成果丰硕。2022年，各民主党派中央参加党中央、国务院主要负责同志召开的五次党外人士座谈会，分别围绕《政府工作报告》、半年经济形势、党的二十大报告、中央经济工作会议等主题建言资政，在"统筹经济增长与风险防控，加大重点领域金融支持力度""加大助企纾困力度""促进机会均等，夯实共同富裕基础""推动长江、黄河两大流域纵向协同发展"等多个方面提出具有战略性、前瞻性、可操作性的意见、建议。各民主党派中央结合重点调研，围绕提升中国铁矿资源保障能力、加快形成绿色低碳生产生活方式、完善制造业政策环境等问题，以"直通车"形式向中共中央、国务院及国家部委报送61篇政策建议，获中央领导同志重要批示和有关部委积极反馈，部分建议被采纳落实，为国家科学决策、有效施策提供了重要参考。

重点考察调研深入扎实。在征求民主党派中央及各方面意见基础上，提出将"扎实推动共同富裕"和"统筹推进碳达峰碳中和"作为2022年度党外人士重点考察调研主题，列入中央层面《2022年政党协商（会议协商）计划》。协助各民主党派中央通过线上线下相结合方式开展考察调研工作，在召开的两场调研协商座谈会上进行协商交流，并以"直通车"形式报送党中央、国务院，为党和政府科学决策、民主决策提供参考。在调研考察中，民主党派主要领导牵头，发动多方参与，压实责任分工。重点考察调研由主席亲自牵头，各重点调研专题由副主席牵头，统筹把握、部署安排。调研组充分调动和发挥部委、专家、地方组织、相关企业等多方力量参加和支持调研。探索多元化调研方式方法，进一步拓展调研灵活度、广度和深度。在时间紧、任务重、疫情形势严峻的情况下，充分准备多种调研方案，及早安排、加快部署，根据疫情形势变化及时调整、把握节奏，采取实地调研、线上调研、委托调研、企业问卷等多种方式开展调研，形成央地联动、部委联合、专家联席的大调研格局。

专项民主监督工作深入展开。经中共中央批准，从2021年6月起，由中央统战部和国家发展改革委、生态环境部共同牵头，各民主党派中央、无党派人士聚焦长江干流流经的11个省区市（西藏、青海、四川、云南、重庆、湖北、湖南、江西、安徽、江苏、上海），重点围绕农业面源污染防治、城镇污水垃圾处置、工业污染治理、船舶和港口污染防控、水生态保护和修复、塑料垃圾污染治理、水资源节约集约利用与调度、突发环境事件风险防控和应急处置情况八个方面内容，开展为期5年的长江生态环境保护民主监督工作。各民主党派中央成立工作领导小组，围绕监督重点制订年度工作计划。中央主席、副主席等带队开展调研，及时发现问题，提出对策建议。一年来，先后就落实长江流域协调机制、保护长江渔业资源和珍稀物种、提升微小河道水质、实施洞庭湖生态疏浚系统治理、加强城市水体污染防控等问题，深入开展实地调研和线上调研共149次，通过"直通车"形式向党中央、国务院报送监督报告7份，向地方各级党委、政府反馈意见、建议620余条。其中，关于进一步提升长江保护法实施效能的建议、关于在成渝地区建设国家生态保护和绿色发展技术创新中心的建议等，被转化为党和政府决策，有的直接向当地党委政府反馈监督意见并提出对策措施，有力地促进了长江生态环境保护各项决策部署的落地生效。

中国民族区域自治制度理论研究与实践的新拓展

郭雷庆　王嘉雯[*]

民族区域自治制度是推进中国式现代化的重要制度保障。2022年10月，习近平总书记在党的二十大报告中强调："以铸牢中华民族共同体意识为主线，坚定不移走中国特色解决民族问题的正确道路，坚持和完善民族区域自治制度，加强和改进党的民族工作，全面推进民族团结进步事业。"[①] 2022年是中国共产党和中华人民共和国历史发展上具有里程碑意义的一年，中国共产党第二十次全国代表大会的胜利召开为全党全国各族人民迈上全面建设社会主义现代化国家新征程、向第二个百年奋斗目标进军指明了前进方向。回顾2022年，中国民族区域自治制度理论研究取得多维度拓展，民族区域自治工作取得多方面成果。

一　民族区域自治制度研究的理论动态

2022年，国内学术界对民族区域自治制度的研究呈现出新的动态与局面。一方面，在重要的历史节点上，总结回顾中国共产党探索与发展民族区域自治制度的历程，更加准确认识民族区域自治制度的

---

[*] 作者工作单位：郭雷庆、王嘉雯，中国矿业大学马克思主义学院。
[①] 习近平：《高举中国特色社会主义伟大旗帜　为全面建设社会主义现代化国家而团结奋斗——在中国共产党第二十次全国代表大会上的报告》，人民出版社2022年版，第39—40页。

理论内涵；另一方面，在崭新的历史起点上，探索了如何更好地完善民族区域自治法治建设、更优地落实民族区域自治制度的政策实践。

（一）民族区域自治制度的历史研究

学者们从宏观的历史视野对民族区域自治制度的演进历程进行了研究与分析。刘玲回溯了中华民族共同体建设百年进程中民族区域自治制度探索、确立与发展的过程，并关注其在新的历史条件下需要不断完善的问题。第一阶段，面对近代以来的存亡危机，中国共产党立足于统一多民族国家的基本国情和各民族共同实现民族独立与解放的历史事实，明确在统一的多民族国家内少数民族聚居地区实行民族区域自治。第二阶段，新中国的成立实现了中华民族"对帝国主义的民族自决"，中华民族共同体建设进入新的历史纪元，法律法规的颁布出台确立了新中国解决民族问题的基本政策和制度、指向民族区域自治的实施问题。第三阶段，在新时代以增进共同性为方向完善民族区域自治政策，以"坚持正确、调整过时"为导向推动民族区域自治法治建设。[①] 魏莉和李少霞回顾中华民族共同体的百年实践探索，认为在新民主主义革命时期的借鉴与萌芽时期，"民族区域自治"的提出能够对中华民族共同体的构建提供凝聚机制，为中华民族共同体的建设提供载体；在社会主义革命和建设时期的探索与创新时期，民族区域自治制度的推行保障了各族人民的平等权益，推动了中华民族共同体的构建。[②]

还有学者研究具体某一历史时期的民族区域自治发展演进历程。王金玲研究了民主主义革命语境下中国共产党民族区域自治的历史演变，将其划分成三个部分：一是1921年至1936年早期的摸索与初步尝试，中国共产党1921年成立时就明确其自身是各族人民利益的代表，是主张民族平等的马克思主义政党；在国共合作背景下，党在民族自决的表述上呈微妙委婉之势；大革命失败后，党为争取各族人民

---

① 刘玲：《民族区域自治制度发展完善与中华民族共同体建设百年回溯》，《西南民族大学学报》（人文社会科学版）2022年第7期。
② 魏莉、李少霞：《中国共产党构建中华民族共同体的百年实践探索》，《新疆大学学报》（哲学社会科学版）2022年第4期。

加入革命阵营，在文件和会议中宣传并赋予少数民族自决权；长征时期，建立了两个藏族革命政权、成立豫海县回民自治政府。二是1937年至1945年的全面抗战时期进一步尝试与深化阶段，提出各个民族团结御敌以保证抗日胜利，在陕甘宁边区建立基层民族自治政权，实现自治地区民族群众当家作主的愿望。三是1946年至1949年的解放战争时期民族区域自治的确立阶段，提出解决蒙古问题两步走的方案，明确党在民族解放运动中的领导地位；在全面内战期间，成立了内蒙古自治政府，并在中国人民政治协商第一次会议上确立民族区域自治作为党解决民族问题的基本政策。① 马青莲、周忠瑜研究了长征时期在涉藏地区驻留时间最长的红四方面军在民族自治方面的探索，作者认为，这一时期为从民族自决的民族理论与政策到民族自治理论与政策的转变做了准备，这主要体现在以下几个方面：一是红四方面军的民族自主权实质上是中国共产党领导之下的自决权；二是在涉藏地区组建的政府是中国共产党领导下的非完全独立的政府；三是红四方面军在实践上进行了民族自治的探索，创建了藏族自治政权，丰富发展了民族自治理论。②

陈建樾聚焦于建国最初十年民族区域自治制度建设的"黄金十年"，包括其指导原则与工作重点在内。第一，作者通过分析毛泽东对民族问题调研报告、中央民委报告中的批示，李维汉在第一次统战会议上的讲话、给毛泽东及中共中央书记处的报告，周恩来对实施民族区域自治的要求，以及1951年底召开的中央民委会议等，研究了建国初期党和国家领导人对以民族区域自治为核心的民族工作的高度重视、亲力规划，和具体指导；第二，作者整理了民族区域自治初步法制化的过程，具体分析了《中央人民政府政务院关于保障一切散居的少数民族成分享有民族平等权利的决定》《关于地方民族联合政府实施办法的决定》《各级人民政府民族事务委员会试行组织原则》《民族区域自治实施纲要》及1954年宪法，认为建国初期的民族法制建

---

① 王金玲：《革命语境下中国共产党民族区域自治的历史演变》，《贵州民族研究》2022年第3期。

② 马青莲、周忠瑜：《长征中红四方面军在涉藏地区实施民族宗教政策的经验与教训》，《青海民族大学学报》（社会科学版）2022年第3期。

设是一个从政策到制度的层层递进、环环相扣的转型过程和持续性历程，党和国家领导人对民族政策的制度化、法制化以及民族区域自治建政进程都进行了通盘规划；第三，作者通过分析内蒙古自治区建立十周年之际的《人民日报》"社论"、国务院副总理李先念在内蒙古自治区成立十周年庆祝大会上的讲话，以及从毛泽东在1951年庆祝签订和平解放西藏办法协议的讲话到毛泽东把"汉族与少数民族的关系"列为"十大关系"之一，再到《关于正确处理人民内部矛盾的问题》中要求"汉族和少数民族的关系一定要搞好"，研究了党和国家领导人在民族区域自治工作中搞好汉族与少数民族关系的指导原则；第四，作者整理了在新疆、广西、宁夏、甘肃、西藏等省级自治区建政过程中处理民族关系的工作。作者认为，"汉族和少数民族的关系一定要搞好"这一原则的提出和实践，是党和国家领导人基于广泛调研、深入思考而提出的，因而全域性、贯穿性、统御性地抓住了建国初期我国民族工作的核心问题和工作的龙头。[1]

还有学者对党的领导人或党的民族工作者在民族区域自治制度发展演变过程中的贡献进行研究。李桃君研究了毛泽东关于探索中国特色解决民族问题正确道路的历史贡献，指出毛泽东为解决中国民族问题奠定了制度基础。这具体表现在以下几个方面。一是民族区域自治是社会主义性质的基本政治制度，毛泽东领导建立的新中国是社会主义国家，社会主义道路是民族区域自治的前提；二是培养少数民族干部是民族区域自治的一项中心工作，毛泽东将重视培养少数民族干部问题的重要性与民族区域自治并列，认为培养少数民族干部架起了少数民族与党之间沟通的桥梁；三是民族区域自治得到了宪法的确认，毛泽东在中华人民共和国宪法起草委员会第一次会议和中央人民政府委员会第三十次会议上都对宪法草案中自治机关建设等条款提出了建议，民族区域自治以民族平等和祖国统一为前提被纳入新中国第一部宪法中；四是毛泽东主张民族区域自治应服从中央政令，认为民族区域自治不仅仅是一个民族、一个地区的事情，更牵涉着全国所有民族

---

[1] 陈建樾：《"汉族和少数民族的关系一定要搞好"——建国最初十年民族区域自治制度建设的指导原则与工作重点》，《中华民族共同体研究》2022年第2期。

自治区的动向，是国家授权之下符合中央政令规定的自治；五是毛泽东极为重视民族关系，将"汉族和少数民族的关系"视为社会主义建设的十大重要关系之一。[1] 张红和郑信哲研究了李维汉对中国共产党民族工作的重要贡献，论述了李维汉在主张实施民族区域自治、积极推进民族区域自治等方面的贡献。一是倡导实施民族区域自治制度，在中国人民政治协商会议筹备期间进行深入研究并建议在统一的国家内实行自治地方制度；二是推动民族区域自治立法，系统阐述民族区域自治的内涵及民族自治地方的三种地方类型，并主持起草《中华人民共和国民族区域自治实施纲要》；三是推进民族自治地方的建立，深入广西进行调研从而确定自治区建立的最佳建设方案，且对其他地方的民族工作也作出指导与贡献；四是主张大力培养民族干部，强调民族干部可在各个方面发挥积极作用，并在诸多培养民族工作干部的机构中都曾担任要职，起草了关于少数民族干部培养的试行方案。[2]

（二）关于民族区域自治制度的理论研究

民族区域自治制度的理论内涵研究。周平回顾了新中国成立以来民族区域自治理论的论述，尤其强调了在改革开放以来民族区域自治恢复和全面发展的背景下，时代赋予民族区域自治理论论述的鲜明特征与突出问题。他认为，这个时期，为了全面实施民族区域自治法、促进民族区域自治的实践与发展，自治权成为民族区域自治实施程度的标准以及核心问题，学界关于民族区域自治理论的论述大都自觉或不自觉地突出了少数民族的特殊性，或朝着特殊化方向展开论证。他总结了这一时期学界对于民族区域自治理论的论述（特别是援引西方的观点所作的论述）所存在的值得反思且比较突出的五个问题：一是混淆了民族区域自治的属性定位，将民族区域自治当作目标而不是手段；二是忽略了民族关系已经发生重大而根本性变化的事实，片面强调实行自治的民族和民族自治地方的特殊性；三是忽略了民族区域自

---

[1] 李桃君：《毛泽东对探索中国特色解决民族问题正确道路的历史贡献》，《湘潭大学学报》（哲学社会科学版）2023年第1期。

[2] 张红、郑信哲：《李维汉对中国共产党民族工作的重要贡献及其启示》，《贵州民族研究》2022年第2期。

治中的区域因素，突出了民族因素，打破了民族因素与区域因素之间的协调；四是忽略了民族区域自治的民族平等问题，片面强调和追求自治民族的利益，甚至把民族区域自治利益化、待遇化；五是忽略了自治权的制约条件，片面解读和论述自治权，甚至一味地强调扩大自治权，促使其朝着绝对化的方向演变，进而导致了民族区域自治地方权利与义务失衡。对此，须赋予民族区域自治新的理论内涵。第一，要有效阐明实行民族区域自治的必要性，必须根据新的形势和要求赋予其新的功能，使其继续发挥在国家整合中的作用。第二，要准确说明民族区域自治追求的目标，民族区域自治本身是达成目的的手段，而不是目的本身，它是针对中国既定的民族关系状况而采取的一种治理策略或方式，目的在于实现民族平等、加强民族团结、实现共同繁荣，从而维护和巩固国家的统一、稳定和发展。第三，要全面厘清民族区域自治的制度规定，实施民族区域自治的核心问题或根本要求在于赋予实施自治的各民族"管理自己内部事务的权利"，民族区域自治是在国家的统一领导下实施的，必须承担起维护国家统一的责任和义务。第四，要准确说明自治权的本质和实现方式，民族区域自治要通过自治权才能实现，但这样的自治权及其行使又具有明确的体制性规定，自治权既不是独立的权利，更不是绝对的权利，而是一种在体制中行使从而受到制约的相对权利。第五，要阐明民族区域自治对维持民族平等的责任，民族自治必须将在区域范围内维护民族平等作为的重要责任，遵循民族区域自治的制度伦理。第六，要明确说明时代赋予民族区域自治的功能，在新型民族关系已经巩固并在此基础上实现中华民族伟大复兴的过程中，要加强民族区域自治促进自治地方经济社会发展，为自治地方的各个民族带来福祉功能的论述。[①] 熊文钊从民族法学的视角，根据1954年《中华人民共和国宪法》与2001年修改颁布的《中华人民共和国民族区域自治法》中关于民族区域自治的定义，总结民族区域自治这一概念所包含的六个因素，即实施前提是国家统一领导，自治主体是各少数民族，实施载体是聚居区域，

---

① 周平：《中华民族复兴与民族理论创新》，《四川大学学报》（哲学社会科学版）2022年第5期。

核心要素是"自治权",是民族自治与区域自治的结合,是民族内部事务与地方性事务的统一。①

民族区域自治制度的特征属性研究。余志坤与普布次仁研究了民族区域自治制度的"共同性"属性、趋势与进路。他们认为,第一,民族区域自治制度的确立基于"和合"的共同性理念,"和合"是我国民族区域自治制度的基本属性和主要标志,"合而为一"是中国历史文化传统和民族分布状况的客观要求,"和衷共济"是各民族多样性、互补性、发展不平衡性的现实要求;第二,民族区域自治制度的实践过程展现了差异中共同性因素不断增多,具体体现在如下方面:各民族共同维护国家主权、安全和发展利益更加坚定,各民族共同走向社会主义现代化的基础日趋巩固,各民族人民的主人翁意识显著增强,各民族共有精神家园不断培植,各民族共建共治共享的社会治理格局得以构筑;第三,按照增进共同性的方向坚持和完善民族区域自治制度,需要从增进各民族发展的协同性、各民族政治生活的民主性、各民族文化的同根性、各民族社会的互嵌性、各民族政策扶持的整体性、各民族干部履职的同责性等方面着手。② 王成和林凡彬从传统中国的民族制度及民族政策中的羁縻制度视角出发,通过比较研究阐述了民族区域自治制度与历史上民族制度的共性和时代特性,即共性在于它们都是一种尊重或调整"差分性"、追求"合一性"的制度安排;时代性在于民族区域自治制度是一种民族国家结构下的制度安排,它更强调民族平等、民族团结与各民族共同繁荣。③

民族区域自治制度的作用优势研究。首先,有学者从制度的功能角度研究民族区域自治制度如何发挥作用。刘毅和詹小美研究了民族区域自治制度安排下的"治理"是如何被组织成为"善治"的,从而透视制度与治理的关系,阐明民族区域自治制度的显著优势。作者认为,民族区域自治的制度设计理念脱离了纯粹的民族社会组织自治

---

① 熊文钊主编:《民族法学(第三版)》,北京大学出版社2022年版,第157—159页。
② 余志坤、普布次仁:《我国民族区域自治制度的"共同性"属性、趋势与进路探析》,《西藏研究》2022年第5期。
③ 王成、林凡彬:《中华民族共同体形塑的历史制度机制及其启示》,《中国人民大学学报》2022年第3期。

和纯粹的民族领土单位自治,表征着自治与公治相得益彰的制度安排意旨。作为民族因素与区域因素、民族自治与区域自治的结合体,民族区域自治将少数民族的自治权落实在国家统一领导的地方管理体系中,自治地方的制度安排强调民族的共同参与和民主协商的原则,内含保证国家统一、保障各民族共同管理国家权利的双重制度设计思想。在现实性上,坚持和完善民族区域自治制度具有保障各民族一律平等,铸牢中华民族共同体意识,实现中华民族共同团结奋斗、共同繁荣发展的显著优势。[1] 其次,学者们重点关注了民族区域自治制度对于中华民族共同体建设的作用。张时空、李丽萍、金浩从中华民族共同体建设的视角出发,认为民族区域自治制度为其提供了坚实的制度保障,显示出了巨大的优越性和强大的生命力,具体表现是:维护国家统一、巩固中华民族共同体;促进民族地区发展、全面建成社会主义现代化强国;加强民族平等团结、增强中华民族凝聚力。他们还阐述了中华民族共同体建设坚持和完善民族区域自治制度的三个基本点,即必须坚持党的全面领导、引领中华民族共同体建设的政治方向;必须支持各民族发展经济、改善民生,夯实中华民族共同体建设的物质基础;必须坚持统一和自治相结合、民族因素和区域因素相结合从而形成建设中华民族共同体的强大合力。[2] 李乐和杨显东以"两个结合"的学理阐释为切入点,即坚持"两个结合"是民族区域自治制度的根本遵循,将实行民族区域自治制度对于铸牢中华民族共同体意识的重大价值集中概括为四个方面,即有助于增进各族群众对中华民族历史命运共同体的认同,以"统一"为先决条件、以"合"为其内在精神,通过"差别化政策"促成"一体化";对中华民族国家政治共同体的认同,以各民族一律平等为价值理念从国家和自治地方两个层面切实保障了少数民族的政治参与权,制度中蕴含的民族协商的政治伦理精神能够促进族际和谐与实现国家政治整合;对中华民族经济利益共同体的认同,以法律形式规定"国家帮助"的义务为

---

[1] 刘税、詹小美:《制度化表达与治理效能转化:中国特色解决民族问题的制度逻辑》,《民族学刊》2022年第8期。
[2] 张时空、李丽萍、金浩:《坚持和完善民族区域自治制度,推进中华民族共同体建设》,《北方民族大学学报》2023年第1期。

民族区域自治地方的社会经济发展提供了有力支持，赋予自治机关广泛的经济发展自主权有利于激发民族地区经济的内生动力；对中华民族精神文明共同体的认同，保障区域内广大少数民族群众基本文化权益，包括充分尊重各族群众的语言文字、宗教信仰和风俗习惯等，且重视对少数民族文化遗产的传承和保护。[1]

（三）关于民族区域自治制度的法制研究

国内学界关于民族区域自治制度的法制主要从如下视角进行了研究：民族区域自治法制的基础理论、民族区域自治法制与中华民族共同体建设的关系、民族区域自治制度与现行宪法的关系、民族区域自治法"序言"与民族事务治理现代化、民族区域自治法制与民族事务治理法治化、民族自治地方立法、民族自治地方自治条例、民族区域自治法制在中西视角下的比较等。

民族区域自治法制的基础理论研究。熊文钊从民族自治地方自治机关的性质、民族自治地方的自治权、上级国家机关的职责三个方面系统研究了民族区域自治制度法制的基础理论。第一，民族自治地方自治机关，是在民族自治地方设立的能够行使法律所赋予的自治权的一级地方政权机关，实行民主集中制原则，具有国家一级地方政权机关与民族区域自治地方自治机关的双重性质。第二，民族自治地方的自治权行使主体是"民族自治地方的自治机关"；自治权内容是"在宪法、民族区域自治法和其他法律内"依法管理本地方、本民族内部事务，自治权的行使绝不能超越上述法律规定的权限范围；自治权施行客体是民族自治地方的"本地方、本民族的内部事务"。第三，上级国家机关的职责原则是坚持从民族自治地方的实际情况和特点出发，坚持上级国家机关的帮助与少数民族自力更生相结合，履行"上级国家机关职责"应立足全局和统筹兼顾、民族事务治理法治化；职责方式包括政策优惠、经济扶持、对口支援和经济技术协作、人才培

---

[1] 李乐、杨显东：《新时代坚持和完善民族区域自治制度之"纲"》，《中南民族大学学报》（人文社会科学版）2022年第5期。

养。① 赵东海和张玉娥基于中国知网收录的学术期刊论文，系统梳理了1947年至2022年75年间的民族区域自治法治学术史，将其分为初创、发展、繁荣、纠偏以及聚焦与创新四个时期。在这四个时期里，民族区域自治法治实践与法治研究，依次经历了"实践引导研究""研究推动实践""研究与实践的匡扶互促交互提升"三个阶段的不断磨合。未来，二者只有以宪法目标"中华民族"为耦合点协同联动，朝着"相互指引、协同共长"的互动模式发展，才会对民族区域自治制度优势效能的转化和发挥有所助益。②

民族区域自治法制与中华民族共同体的关系研究。熊文钊与王楚克研究了中华民族共同体建设的法治基础，强调需要推进重点领域立法，即根据党的民族工作要求，完善以民族区域自治法为核心的民族法律法规体系，为铸牢中华民族共同体意识夯实法律制度基础。从具体的立法技术层面而言，提出要以最小动作保证民族区域自治法的稳定性，从民族区域自治法的"序言"和"正文"两部分入手。在"序言"部分，要载入"习近平新时代中国特色社会主义思想"等马克思主义理论中国化的最新成果，确立民族区域自治法的指导思想，凸显其时代特征；要补强有关"中华民族"范畴的规定与"中华民族伟大复兴"的国家任务，使其与宪法中的国家任务保持目的上的融贯性；要载入"生态文明建设"以强化生态环境作为民族自治地方的重要目标和职责担当；要载入"倡导社会主义核心价值观"以巩固各族人民团结奋斗的共同思想道德基础。在"正文部分"，要增加有关"监察委员会"的规定，明确监察委员会的法律地位；要回应立法法等上位法的修改，可就民族区域自治地方的自治权限作出重新规定。③ 乔良和朴宗根研究了铸牢中华民族共同体意识入法的必要性、问题及路径。在现存问题方面，存在铸牢中华民族共同体意识立法层级较低、处于规范民族关系统领地位的民族区域自治法中未明确规定

---

① 熊文钊：《民族法学（第三版）》，北京大学出版社2022年版，第160—247页。
② 赵东海、张玉娥：《民族区域自治法治实践与法治研究互动发展七十五年》，《内蒙古民族大学学报》（社会科学版）2022年第2期。
③ 熊文钊、王楚克：《论铸牢中华民族共同体意识的法治基础》，《北京行政学院学报》2022年第3期。

"铸牢中华民族共同体意识"的相关条款，且与已立的民族团结进步地方性立法存在不相协调性等问题。在入法路径方面，提出在该法序言第三自然段增加"铸牢中华民族共同体意识"；在总则中增加"铸牢中华民族共同体意识是民族工作的纲，民族自治机关应当履行宪法赋予的职责，全方位铸牢中华民族共同体意识"，同时在附则中要明确中华民族共同体意识的法规性概念；在具体规则的建构上参考地方实践经验，具体到各级自治机关及其工作人员的权利义务及相应的法律责任上。① 边巴拉姆、嘎松泽珍研究了西藏铸牢中华民族共同体意识法治保障问题，分析了西藏由于多元文化的特性及发展中面临的特殊矛盾，在坚持"依法治藏"铸牢中华民族共同体意识、践行多元一体法治保障的地方实践中存在着诸多现实困境，困境之一则是多地的地方立法在民族团结立法文件等现行立法中，将政策原则照搬到法律条文当中，从而具有宣示性、概括性和抽象性，存在民族区域自治法未能明显发挥作用的问题，应当将其细化成为能够遵守执行的具体法律规则。同时他们提出了站在"协同治理"的人民立场上铸牢中华民族共同体意识法治保障的完善路径，要完善立法体系、提升专门立法层级，实现习惯法与国家法的良性互动。②

民族区域自治制度与现行宪法的关系研究。常安尝试建构了国家建设、社会主义、历史视野这三重视角来理解现行宪法的一种方法论。在社会主义视角下，作者认为，理解民族区域自治制度等基本政治制度的制度属性，需要从社会主义制度这一中华人民共和国根本制度的制度属性背景加以理解。"以社会主义方法"理解中华人民共和国如何以社会主义的方式"组织起来"并实现国家建设质的飞跃，理解民族区域自治制度等具体规定所蕴含的社会主义制度伦理追求。民族区域自治制度在中国既不同于中国古代的羁縻治理制度，也不同于西方国家的多元主义权利保护制度，而是始终把社会主义作为其根本制度属性，以巩固平等团结互助和谐的中华民族大家庭为其制度目

---

① 乔良、朴宗根:《铸牢中华民族共同体意识入法问题探讨》,《湘潭大学学报》(哲学社会科学版) 2022 年第 3 期。

② 边巴拉姆、嘎松泽珍:《铸牢中华民族共同体意识法治保障的西藏实践与完善路径》,《中国藏学》2022 年第 3 期。

标。现行宪法文本对于民族平等原则的反复强调，对于"保障各少数民族的合法权利和利益"（现行宪法第4条）的国家立场宣示，以及将"帮助各少数民族地区加速经济和文化的发展"（现行宪法第4条）视为国家义务，同样是民族区域自治制度之社会主义制度属性的鲜明体现。正是基于社会制度的国家根本制度立场，宪法才强调通过各族人民共同迈向社会主义现代化来提升权利保护的实效。[1]

民族区域自治法的序言与民族事务治理现代化研究。钱锦宇以民族区域自治法序言为中心阐发、论述了民族事务治理现代化的内在逻辑，进而为中华民族伟大复兴和社会主义现代化强国建设奠定坚实的民族团结基础。民族区域自治法序言为民族事务治理现代化奠定了作为历史逻辑的"统一的多民族国家"、作为政治逻辑的党的全面领导、作为实践逻辑的"坚持和完善民族区域自治"、作为法律逻辑的法律治理的四重逻辑基础。此外，民族事务治理现代化的时代逻辑是习近平新时代中国特色社会主义思想及他关于民族事务的相关表述，他强调要以依法治理民族事务为基本路径，修改完善民族区域自治法。例如，将民族区域自治法的修改和完善提到国家最高权力机关的工作议程上，并从法律的统一性和延续性、立改废过程成本、法律实施、国际舆论敏感程度方面论证应修改完善民族区域自治法，而无须另起炉灶制定民族团结促进法。[2]

民族区域自治法制与民族治理法治化研究。雷振扬和张顺林结合民族工作实际，就习近平法治思想中关于如何依法治理民族事务的若干重要观点作了简要阐释，其中重要一点就是坚持和完善民族区域自治。民族区域自治法是实施宪法关于民族区域自治有关规定的基本法律，是中国坚持和完善民族区域自治制度的重要法制保障。党的十八大以来，习近平阐述了一系列关于坚持和完善民族区域自治的重要思想，2014年中央民族工作会议特别强调，所有民族自治地方都是党领导下的地方，都是中华人民共和国的地方，都是全国各族人民共同

---

[1] 常安：《国家建设、社会主义与历史视野——理解现行宪法文本的三重视角》，《社会科学》2022年第9期。

[2] 钱锦宇：《论民族事务治理现代化的逻辑——以〈民族区域自治法〉序言为中心的阐发》，《云南社会科学》2022年第2期。

拥有的地方，在自治地方，各民族享有平等的法律地位。在2021年中央民族工作会议上，他指出，"必须坚持和完善民族区域自治制度，确保党中央政令畅通，确保国家法律法规实施"；在此基础上依法保障民族自治地方行使自治权，这些重要观点为新时代坚持和完善民族区域自治制度指明了方向。[①]

民族自治地方立法研究。赵雯在其博士学位论文中重点研究了民族区域自治地方立法变通权，认为立法变通权是联结法律普遍性与民族区域自治地方特殊实际的桥梁，目的在于满足本地区法治诉求，保障法律法规在当地的深入贯彻实施，促进民族区域自治地方更好更快地发展。从立法变通权的概念上看，立法变通权是立法机关根据民族自治地方的民族和地方特点对法律法规进行适应性调整的立法权，具有权利性与权力性、统一性与自治性、民族性与区域性有机结合的基本属性；从其深层设立原因上看，法律多元理论、权利平等理论、共治与自治理论是立法变通权的理论依据，民族地区的历史治理政策与现实发展状况是立法变通权的客观背景，民族区域自治制度是立法变通权的制度根源。从法律规范的角度，作者提出针对立法主体、立法程序、监督机制的完善思路。在立法主体方面，在切实体现人大的立法地位的同时，作者提出考虑将民族自治地方的人大及其常委会确定为单行条例的立法主体。在立法程序方面，完善立法准备程序，明确自治立法准备程序，要对立法规划、调研、论证、决策等环节进行细化研究；完善立法形成程序，要确定将议案交付代表的合理时间从而保证代表对法案的熟悉程度，以及优化代表意见的综合处理机制。在监督机制方面，监督对象的完善，即立法监督的对象应当包括所有的自治立法形式；监督内容的完善，即立法监督要审查变通内容的合法性、变通是否违反法律规定、是否超过法定的权限设定；监督方式的完善，即在批准程序方面要完善其规定内容与协商机制，在备案程序方面不是简单的存档程序而是进行立法的事后监督。[②]

[①] 雷振扬、张顺林：《习近平关于依法治理民族事务重要论述的时代价值》，《中南民族大学学报》（人文社会科学版）2022年第2期。

[②] 赵雯：《民族区域自治地方立法变通权研究》，博士学位论文，内蒙古大学，2022年。

民族自治地方自治条例研究。雷振扬就民族区域自治法中有关民族自治地方的人民代表大会有权制定自治条例的规定，尤其针对自治区自治条例的立法困局作了初步探讨。作者系统梳理了国内学界认为自治区自治条例立法困局的五点主要原因：一是出台的时机不成熟。二是中央与自治地方的权限划分不明确。三是自治条例（草案）本身存在问题。四是审批程序过严。五是自治区的情况比自治州、自治县的情况更复杂。雷振扬认为，自治区自治条例"出台难"，根本原因在于此项自治权设定本身不具可操作性。他建议将民族自治地方的人民代表大会制定自治条例的自治权设定，修改为依照当地民族的政治、经济和文化特点，依法制定本行政区域实施民族区域自治法的办法，并继续保留其依法制定单行条例的自治权。通过协调行使地方立法权和自治立法权，破解自治区自治条例立法的困局。[1]

民族区域自治法制在中西视角下的比较研究。沈桂萍从中西比较的视角对民族国家视域下中华民族共同体建设进行了研究，发现当代中西方民族国家内部"民族关系"法律保障不同，具体体现在以下方面：与西方国家法律保障各族群的个体公民权利从而建设公民国家不同，中国法律既保障各族人民的公民权，也保障各民族权利，建设"中华民族大家庭"；与西方基于族群因素进行地域自治不同，中国实行民族区域自治是"两个结合"，即国家集中统一与民族区域自治相结合、民族因素和区域因素相结合；与资本力量在国家资源整合中发挥绝对主要作用的资本主义西方民族国家政府动员国家资源缺乏法律手段和行政能力，从而导致少数民族语言文化在现代化历程中走向"自生自灭"不同，中国通过采取财政补贴、对口援助、精准扶贫等多种政策手段，扶持发展民族地区经济，从而推进各地区联动发展进步；与西方国家的"多元文化自治"不同，中国通过国家文化战略建设各民族文化"多元一体"的中华文化，一方面建设马克思主义意识形态指导的中国特色社会主义文化，另一方面通过立法和政策保护少数民族语言文化。中华民族共同体建设注重把握"统"与

---

[1] 雷振扬：《论自治区自治条例立法困局之破解》，《广西民族研究》2022年第3期。

"分"、"同"与"异"、"多元"与"一体"的关系。①

(四) 关于民族区域自治制度的实践研究

关于民族区域自治的政治实践研究。熊芸萱认为,就少数民族权利保障的发展成就而言,我国少数民族权利保障进一步具体化、规范化、有实化,少数民族的政治参与权是广泛、多层面、多渠道、交融式的;少数民族的生存权和发展权获得巨大改善,不仅解决了"有没有"的问题,而且朝着"好不好"的共同富裕目标迈进;少数民族的教育权实现了从"公平"到"优质"再到"公平与优质"并重的升级保障;少数民族的文化权得到尊重和保障。就少数民族权利保障的实践特征而言,即是以"自治"为核心推行民族区域自治,以"法治"助推少数民族权利保障体系化,以"发展"促人权从而加强少数民族群众的可行能力和实质性自由。②

关于民族区域自治的经济实践研究。李辰、吴钧、钟和强调支持各民族发展经济、改善民生,实现民族自治地方各民族共同富裕。发展经济、改善民生是相得益彰的一对共生关系,一方面,国家要下大力气帮助民族自治地方的各民族发展经济,夯实民生建设的物质基础;另一方面,要持续不断改善民族地区的社会保障等民生领域重点工作,为地区经济发展创造更多有效需求。这具体表现为:第一,支持各民族自治地方发展经济,各民族自治地方有权采取各项措施发展生产,而上级机关负有帮助和指导民族地区加快发展的责任和义务;完善差别化区域支持政策,注重发挥民族地区的资源优势,不断激发出民族地区的内生动力。第二,支持民族区域自治地方各民族改善民生,发挥民族地区资源禀赋,把握帮助和支持各民族发展经济、改善民生这一根本性、基础性任务,设计更为具体的支持政策,不断增强民族地区自我发展能力,真正实现全民共享、全面共享和共建共享。第三,实现民族自治地方各民族共同

---

① 沈桂萍:《民族国家建设视域下的中华民族共同体建设——以中西比较的视角》,《西南民族大学学报》(人文社会学科版) 2022 年第 10 期。
② 熊芸萱:《我国少数民族权利的保障成就、实践特征与时代意义——基于历年人权白皮书的解读》,《广西民族研究》2022 年第 2 期。

富裕，一方面，国家要帮助欠发达地区加快现代化进程，推进民族地区基础设施建设和就业、医疗等民生领域的发展，努力缩小各民族、各地区的发展差距；另一方面，要充分发挥民族自治地方各民族作为建设者、参与者和共享者的作用，积极投入经济社会建设中，通过共享所获得的劳动成果，满足对美好生活的需要，进而提升各民族群众的幸福感和获得感，继续投入新的建设中，形成良性的循环。[①]

关于民族区域自治的文化与社会实践研究。汪洋以《人民日报》关于民族区域自治区成立"逢十"周年纪念报道为中心，研究了中国共产党铸牢中华民族共同体意识的成功实践。他分析了民族自治区成立"逢十"周年纪念活动的特征，一是纪念活动逐步走向稳定和丰富；二是从空间安排和人群构成来看，纪念活动均具有广泛性和多样性的特征；三是自治区成立"逢十"周年纪念活动具有强烈的连贯性和重复性，总结了民族自治区成立"逢十"周年纪念活动的方式包括文本纪念、会议纪念、文艺活动纪念、中央访问团纪念活动，阐述了在自治区成立纪念活动中增加各族群众对伟大祖国、中华民族、中华文化、中国共产党、中国特色社会主义的"五个认同"，成为铸牢中华民族共同体意识的加速器。[②] 黄林和侯明研究了西藏地区基层社会矛盾化解问题的法治机理分析、总体情况、机制与不足、完善与创新。他们认为，第一，要健全西藏基层社会矛盾化解的协同调解机制；第二，要适当发挥地方民族习惯在西藏基层社会矛盾化解中的作用；第三，要优化全方位的西藏基层社会预防、排查与利益诉求表达机制；第四，要重视民族区域自治立法对西藏基层社会矛盾化解的保障作用，可考虑制定"西藏自治区基层社会矛盾化解机制促进条例"，以满足西藏基层社会矛盾化解的需要，完善西藏地方民族立法。[③]

[①] 李辰等：《坚持和完善民族区域自治制度实现各民族共同发展富裕》，《黑龙江民族丛刊》2022年第1期。

[②] 汪洋：《中国共产党铸牢中华民族共同体意识的成功实践——以〈人民日报〉关于民族自治区成立"逢十"周年纪念报道为中心》，《中南民族大学学报》（人文社会科学版）2022年第10期。

[③] 黄林、侯明：《依法治藏视域下西藏基层社会矛盾化解机制研究》，《西藏民族大学学报》（哲学社会科学版）2022年第1期。

(五) 理论评析

2022年，国内学术界结合党的二十大报告，在民族区域自治的历史研究、理论研究、法制研究、实践研究四个方面取得了一系列新成果。在历史研究方面，除历史宏观及微观视角之外，学者还关注到了党的领导人及民族工作者对于民族区域自治制度的贡献；在理论研究方面，学者重点关注民族区域自治在中华民族共同体建设、推进全过程人民民主中的作用；在法制研究方面，学者将研究焦点集中在铸牢中华民族共同体意识入法问题上；在实践研究方面，学者在民族区域自治的政治、经济、文化等实践研究上均有所突破。这些研究成果为新时代坚持和完善民族区域自治制度提供了重要的理论支撑。但同时，在研究视角、研究内容、研究方法等方面仍存在拓展空间。

首先，重视战略目标、提升研究视角，让民族区域自治制度研究紧跟时代步伐。党的二十大报告明确提出："从现在起，中国共产党的中心任务就是团结带领全国各族人民全面建成社会主义现代化强国、实现第二个百年奋斗目标，以中国式现代化全面推进中华民族伟大复兴。"[①] 中国式现代化、中华民族伟大复兴作为国家战略目标的明确提出，呼唤民族区域自治制度及相关民族理论研究的发展与创新。2022年，国内学者多围绕中华民族共同体建设展开民族区域自治制度的理论研究，但民族区域自治制度与中华民族伟大复兴关系的研究议题未产生更多的讨论，尤其是仍未从中国式现代化的视角对民族区域自治制度进行研究，进而发展成为较为深入研究的议题。因此，期待国内学者基于中国式现代化与中华民族伟大复兴的视角研究民族区域自治制度的完善与发展路径，让民族区域自治制度在新时代焕发出更大的生机与活力。

其次，增强系统思维、拓宽研究内容，推动民族区域自治制度理论研究的交叉性和系统化。国内学者对于民族区域自治制度研究存在系统性、整体性不强的问题。尽管学者围绕民族区域自治制度与中华

[①] 习近平：《高举中国特色社会主义伟大旗帜 为全面建设社会主义现代化国家而团结奋斗——在中国共产党第二十次全国代表大会上的报告》，人民出版社2022年版，第21页。

民族共同体建设这一主要议题进行了诸多研究，但仍存在碎片化的倾向。一方面，学者多从各自的学科视角出发研究民族区域自治制度，但基于民族问题的特殊性复杂性，需要不同学科背景的研究机构和学者加强合作与交流、推进交叉学科研究。另一方面，学者在研究时更多地将民族区域自治制度与另一概念间的逻辑关系作为研究对象，而在具体的研究论证时多机械性地使用其他概念作为论据，这造成民族区域自治制度与民族理论中诸多概念间关系含混的问题。因此，这需要学者厘清民族区域自治制度、铸牢中华民族共同体意识、中华民族共同体建设、民族事务治理现代化、依法治理民族事务、民族事务治理法治化等民族理论概念之间的逻辑关系，建立包括以"民族区域自治"为核心概念在内的一系列核心概念集及子概念集，进而在此基础上构建一个系统性的民族理论体系。

最后，注重实证研究、融合研究方法，为民族区域自治制度研究注入新鲜活力。2023年3月，中共中央办公厅印发了《关于在全党大兴调查研究的工作方案》，强调了"调查研究是我们党的传家宝"。国内学者对于民族区域自治制度的理论研究仍存在重理论研究、轻实证研究的特点，在实证研究方面较为薄弱，这就需要学者融合理论研究与实证研究。第一，深化理论研究，进一步挖掘民族区域自治制度的价值和意义，特别是民族区域自治制度在维护国家统一、实现民族平等、加强民族团结、铸牢中华民族共同体意识等方面的重大价值。第二，加强实证研究，调查新时代以来各民族地区实际的发展状况及存在的问题，进一步研究把民族区域自治制度的优势转化为治理效能的实践路径，同时，从中国式现代化视角探寻实现各民族共同富裕的逻辑理路和有效实践。第三，进一步推进理论研究与实证研究相融合，形成良性的科研互动，增强理论研究的"现实感"。

二　民族区域自治制度的实践发展

实行民族区域自治，是中国共产党根据中国的历史发展、文化特点、民族关系和民族分布等具体情况作出的制度安排，符合各民族人民的共同利益和发展要求。2022年，在中国共产党第二十次全国代表大会胜利召开的重要年头，国家民族事务委员会与各民族区域自治地方在学习贯彻党的二十大精神实践中推动民族区域自治工作取得了新进展。

（一）认真学习贯彻党的二十大精神

2022年10月22日，在京胜利闭幕的中国共产党第二十次全国代表大会，是一次高举旗帜、凝聚力量、团结奋进的大会，在党和国家发展进程中具有极其重大的历史意义。国家民族事务委员会与各民族区域自治地方在认真学习贯彻党的二十大精神中，明确民族区域自治制度发展完善的指导思想，为全面推进中华民族伟大复兴而团结奋斗，做到习近平总书记所强调的在全面学习、全面把握、全面落实上下功夫，坚定不移地把党的二十大提出的目标任务落到实处。

第一，首要任务——全面学习党的二十大精神。国家民族事务委员会召开了党的二十大报告学习讨论会、党的二十大精神传达学习会议，首都各民族人士学习党的二十大精神座谈会也陆续召开。中国民族语文翻译局将习近平总书记在中国共产党第二十次全国代表大会上所作的报告《高举中国特色社会主义伟大旗帜 为全面建设社会主义现代化国家而团结奋斗——在中国共产党第二十次全国代表大会上的报告》和中国共产党第二十次全国代表大会审议通过的《中国共产党章程》翻译为蒙古文、藏文、维吾尔文、哈萨克文、朝鲜文、彝文、壮文共7种民族文字版，由民族出版社将其单行本出版发行。党的二十大报告也在民族地区干部群众、民族高校、产业工人等各群体中持续引起强烈反响。其一，党政领导干部研究、学习、部署党的二十大精神宣讲工作。比如，广西壮族自治区党委书记、自治区人大常委会主任刘宁主持召开了专题会议，研究落实自治区学习宣传贯彻党的二十大精神工作方案、学习贯彻党的二十大精神宣讲工作方案。宁夏回族自治区把学习贯彻党的二十大精神作为首要政治任务，认真开展"大学习、大讨论、大宣传、大实践"活动，组织开展政府党组会、党组中心组学习会等15次集体学习，特别是改进了学习方式，实行专题式、研讨式学习。其二，民族地区基层干部全面学习党的二十大精神。如内蒙古自治区组织各单位抽调骨干力量，组建由7名宣讲专家组成的自治区直属机关宣讲团深入各单位宣讲，组织动员5081个基层党组织书记上讲台、谈感受，紧密联系广大干部群众思想和工作实际进行宣讲阐释。弘扬"蒙古马精神"，敢于担当作为、真抓实干，进一步推动习近平总书记交给内蒙古的五大任务见行见效。① 其三，深入企业，向产业工人宣讲学习党的二十大精神。在广西南宁，"百名广西产业工人'二十大精神'百场宣讲"仪式启动，凝聚工人队伍磅礴力量，引导和激励广大工人群众把思想和行动统一到党的二十大精神上来。② 新疆出入境边防检查总站昌吉边境管理支队老君庙边境派出所民警深入辖区风电能源企业，通过发放宣传单、展板讲解等方式，向企业员工宣传党的二十大精神。③ 其四，民族高校学生学习党的二十大精神。国家民委直属高校广大党员干部和师生员工通过多种方式收听收看开幕会盛况，认真学习党的二十大报告，表示将以党的二十大精神为引领，以中华民族共同体意识为主线，加强和改进党的民族工作。④

第二，多种形式——全面把握党的二十大精神。其一，系统开展活动，组建专家宣讲。内蒙古自治区在举办学习贯彻党的二十大精神专题示范培训班的基础上，系统开展网上知识竞赛、系列研讨论坛、分众化宣讲培训、读书学史分享、先进典型学习宣传、八进社区等活动。其二，提高宣讲水平，创新宣讲模式。西藏自治区拉萨市堆龙德庆区宣传部从前期举办的"党的二十大精神·我来讲我来拍"暨第三届金牌宣讲员比赛中，遴选出12名金牌基层宣讲员深入堆龙德庆区138个自然组，结合其自身实际，通过文艺表演形式，深入田间地头宣讲，穿插采用党的二十大精神知识问答等多种行之有效的宣讲形式。宣讲员们现场耐心解答群众关心关注的民族团结、家庭美德等热

---

① 戴宏、宋爽：《推动党的二十大精神付诸行动见于成效》，《内蒙古日报》2022年11月21日第1版。
② 蓝锋：《刘小明与"百名广西产业工人'二十大精神'百场宣讲"活动宣导团成员座谈时强调 当好"宣传员"和"践行者"推动党的二十大精神在工人队伍中走深走实》，《广西日报》2022年12月3日第6版。
③ 周游：《宣传党的二十大精神》，《新疆日报》2022年11月4日第2版。
④ 周宛霖：《坚定必胜信念 同心共圆中国梦——一组来自国家民委直属高校师生学习党的二十大报告的体会》，《中国民族报》2022年10月18日第3版。

点问题及相关政策，特别是对党的二十大报告中提出的全面推进乡村振兴、坚持农业农村优先发展等与农民群众生产生活息息相关的政策进行了详细讲解。① 其三，注重部门联合，善用媒体宣传。吉隆县联合吉隆县融媒体中心用好主要媒体及各类新媒体平台，广泛刊载刊播学习贯彻党的二十大精神原创新闻780余条，转载转发相关稿件265份，在服务群众微信群中推送宣教产品325条，受众达21万人次，为农牧民党员群众学习党的二十大精神提供了平台与便利。② 广西壮族自治区桂林市永福县融媒体中心紧紧围绕迎接学习宣传贯彻党的二十大这条主线，开设"喜迎二十大 奋进新征程"等专题专栏，推出"永远跟党走""我想对党说"等系列短视频。③

第三，具体结合——全面落实党的二十大精神。宁夏回族自治区创建落实习近平总书记重要讲话重要指示批示专项工作机制，以及党的二十大报告任务和自治区第十三次党代会精神目标化、项目化、清单化、责任化制度，制定贯彻落实党的二十大和自治区第十三次党代会精神任务分工方案。自治区围绕西部地区现代化建设、民族地区共同富裕、内陆地区扩大开放等重点专题，形成了建设现代化产业体系、"七大产业基地"等多项工作思路和对策。④ 西藏自治区日喀则吉隆县始终将文明实践志愿服务活动贯穿于乡村振兴、基层治理、安全生产、道路交通安全等与群众息息相关的大事要事中，创新服务模式，通过"理论宣讲+文艺文化+志愿服务"的方式将党的创新理论及时传递到群众中。⑤ 内蒙古自治区发挥乌兰牧骑扎根基层、服务群众的作用，组织全区乌兰牧骑和院团在全区范围集中开展"传递党的声音和关怀"主题活动，自治区组织14组优秀文艺工作者作为艺

---

① 拉巴桑姆：《堆龙德庆区委宣传部开展党的二十大精神交叉巡回宣讲》，《西藏日报》2023年3月24日第6版。

② 陈林：《吉隆县推动党的二十大精神落地生根》，《西藏日报》2023年3月21日第5版。

③ 陈贻泽：《刘宁深入桂林市永福县融媒体中心宣讲党的二十大精神强调 充分发挥融媒体矩阵传播优势 把党的二十大精神讲到老百姓心里》，《广西日报》2022年11月18日第1版。

④ 《2023年宁夏回族自治区政府工作报告》，《宁夏日报》2023年1月19日第4版。

⑤ 陈林：《吉隆县推动党的二十大精神落地生根》，《西藏日报》2023年3月21日第5版。

术指导员，带着宣传党的二十大精神的小戏小品、情景短剧、曲艺等作品，深入各乌兰牧骑、院团指导新作品排演；组成近 300 支乌兰牧骑服务小分队深入农牧区、偏远地区、公共文化服务薄弱地区，开展文艺演出、文化辅导和电影放映等活动。①

（二）巩固脱贫攻坚成果同乡村振兴有效衔接

在打赢脱贫攻坚战、全面建成小康社会、巩固拓展脱贫攻坚成果的基础上，做好乡村振兴这篇大文章，接续推进脱贫地区发展和群众生活改善。脱贫摘帽不是终点，而是新生活、新奋斗的起点。民族自治地方积极构建返贫动态监测网络，稳定脱贫人口务工规模与收入，推动产业升级与人才振兴，建设宜居的美丽乡村，努力巩固脱贫攻坚成果同乡村振兴有效衔接。

第一，防止返贫，实施动态监测。新疆维吾尔自治区落实防止返贫动态监测和帮扶机制，强化收入检测分析，"三类户"风险消除率达到 90.45%，守住了不发生规模性返贫的底线。② 在西藏自治区，消除返贫风险 5105 户，计 21739 人。③ 在内蒙古自治区，就业、医疗、社保等支出保持两位数增长，超额完成城镇新就业年度任务，动态消除防止返贫致贫监测对象风险。④ 广西壮族自治区率先实施"防返贫守底线"专项行动，着力构建"线上网络化、线下网络化"防止返贫监测帮扶工作机制。⑤

第二，稳定务工，增长收入。在新疆维吾尔自治区，脱贫户人均增收 2400 元左右，坚持就近就业和跨区域外出务工有机结合，着力稳定脱贫人口务工规模，实现脱贫人口外出务工 108.7 万人，超额完成年度目标任务。⑥ 在西藏自治区，农牧民转移就业 63.1 万人、实现

---

① 冯雪玉：《全区乌兰牧骑开展"传递党的声音和关怀"主题活动》，《内蒙古日报》2022 年 11 月 17 日第 1 版。
② 《2023 年新疆维吾尔自治区政府工作报告》，《新疆日报》2023 年 1 月 23 日第 2 版。
③ 《2023 年西藏自治区政府工作报告》，《西藏日报》2023 年 1 月 22 日第 1 版。
④ 《2023 年内蒙古自治区政府工作报告》，《内蒙古日报》2023 年 1 月 18 日第 3 版。
⑤ 《2023 年广西壮族自治区政府工作报告》，《广西日报》2023 年 1 月 19 日第 4 版。
⑥ 《2023 年新疆维吾尔自治区政府工作报告》，《新疆日报》2023 年 1 月 23 日第 2 版。

劳务收入55.6亿元,双双超额完成目标任务。① 在宁夏回族自治区,脱贫人口人均纯收入增长16.3%,脱贫县农村居民人均可支配收入增长8.5%,实现了"两个高于"目标,进入全国前列。出台困难群众基本生活保障"20条"政策,城乡低保标准每人每年分别提高600元、960元,累计发放困难群众资助资金近30亿元。② 在广西壮族自治区,脱贫人口务工规模达289.1万人,脱贫人口人均纯收入增长12.6%。安排各级财政衔接资金227.23亿元,新增脱贫人口小额信贷51.7亿元、惠及10.9万户脱贫群众。③

第三,产业升级,人才引进。在产业方面,吉林省延边朝鲜族自治州和龙市八家子镇的桑黄产业实行八家子镇出"土地+劳力"、东西部扶贫协作出资金、当地科技公司出技术的开发模式,实现了一条龙产业链条。在西藏自治区,青稞良种推广突破200万亩,高标准农田达390万亩。探索"飞地种粮、严格管粮、充足储粮、科学换粮"储备新路子,新增储备粮3.57万吨。④ 广西壮族自治区实施乡村建设和产业发展项目超2.6万个,粤桂东西部协作引进企业投产321家。⑤ 在人才方面,广西壮族自治区在全国率先推行乡村振兴村级协理员专项计划,共招聘近5000名大学毕业生。⑥ 大连民族大学为内蒙古自治区右旗提供定点帮扶,举办电商培训班,以向基层相关学员普及电子商务知识、提高其操作技能。北方民族大学则举办内蒙古巴林右旗乡村振兴特色产业发展专题培训班,并举行了"巴林右旗人才引进工作站"授牌仪式。

第四,乡村振兴,生态宜居。在西藏自治区,200个美丽宜居村、巩固提升村加快建设。树立农牧民新风貌行动启动实施。⑦ 在内蒙古自治区,改造城镇老旧小区1517个、老旧管网2170公里,建成农村牧区公路6261公里、改造户厕10万多个,城乡人居环境适宜性

---

① 《2023年西藏自治区政府工作报告》,《西藏日报》2023年1月22日第1版。
② 《2023年宁夏回族自治区政府工作报告》,《宁夏日报》2023年1月19日第4版。
③ 《2023年广西壮族自治区政府工作报告》,《广西日报》2023年1月19日第4版。
④ 《2023年西藏自治区政府工作报告》,《西藏日报》2023年1月22日第1版。
⑤ 《2023年广西壮族自治区政府工作报告》,《广西日报》2023年1月19日第4版。
⑥ 《2023年广西壮族自治区政府工作报告》,《广西日报》2023年1月19日第4版。
⑦ 《2023年西藏自治区政府工作报告》,《西藏日报》2023年1月22日第1版。

和安全性得到提升。① 广西百色市发挥文化引领作用构建中华民族精神家园，探索农家书屋服务新模式，创建数字农家书屋、流动农家书屋、农家读书角等助力乡村振兴。广西壮族自治区所有行政村均建立村规民约，342 个村落被列入中国传统村落名录、总量排全国第十位。乡村环境和谐美丽、农民生活不断改善。②

（三）积极推进铸牢中华民族共同体意识工作

党的二十大报告强调要"以铸牢中华民族共同体意识为主线"③，"团结奋斗是中国人民创造历史伟业的必由之路"④。习近平总书记在参加党的二十大广西代表团讨论时指出，学习贯彻党的二十大精神，要牢牢把握团结奋斗的时代要求，"全党全国各族人民要在党的旗帜下团结成'一块坚硬的钢铁'，心往一处想、劲往一处使，推动中华民族伟大复兴号巨轮乘风破浪、扬帆远航。"⑤ 民族团结是中国各族人民的生命线，中华民族共同体意识是民族团结之本。中华民族共同体意识是维护国家统一的思想基础，是促进民族团结的必要条件，是实现中华民族伟大复兴的必然要求。铸牢中华民族共同体意识的相关工作在 2022 年加速推进。

第一，注重铸牢中华民族共同体意识相关的科学研究及教学工作。其一，设立中华民族共同体学院、研究院、科研中心。中央民族大学受中央统战部、国家民委委托成立《中华民族交往交流交融史》编纂工作办公室、中华民族交往交流交融史研究中心。西南民族大学成立中华民族共同体学院和中华民族共同体研究院；西北民族大学制定《中华民族共同体学院建设方案》；中南民族大学召开中华民族共同体研究工作推进专题会。西藏自治区铸牢中华民族共同体意识研究中心在西藏自治区社会科学院成立。这些机构的成立为铸牢中华民族

---

① 《2023 年内蒙古自治区政府工作报告》，《内蒙古日报》2023 年 1 月 18 日第 3 版。
② 《2023 年广西壮族自治区政府工作报告》，《广西日报》2023 年 1 月 19 日第 4 版。
③ 习近平：《高举中国特色社会主义伟大旗帜 为全面建设社会主义现代化国家而团结奋斗——在中国共产党第二十次全国代表大会上的报告》，人民出版社 2022 年版，第 39 页。
④ 习近平：《高举中国特色社会主义伟大旗帜 为全面建设社会主义现代化国家而团结奋斗——在中国共产党第二十次全国代表大会上的报告》，人民出版社 2022 年版，第 70 页。
⑤ 《牢牢把握团结奋斗的时代要求》，《中国民族报》2022 年 10 月 18 日第 1 版。

共同体意识科研工作的推进与创新提供了优质的平台与有力的支撑。其二，开展铸牢中华民族共同体意识教材及专著编纂工作。为了《中华民族交往交流交融史》编纂工作的开展，中华民族交往交流交融史研究中心采购"书同文古籍数据库"中与各民族交往交流交融相关的四个史学专题数据库在中央民族大学图书馆"数字资源"正式上线，为专家学者提供系统、完备的史料支撑。《中华民族交往交流交融史》编纂工作部署会在北京召开，强调编纂"三交"史的重要意义，并指出要确保"三交"史编纂的正确方向、合力推进"三交"史编纂工作。北京、河北、湖北等省市也开始开展中华民族交往交流交融史各卷编纂工作部署会。《中华民族共同体概论》教材编写工作也在稳步开展，国家民委召开《中华民族共同体概论》教材编写专题会，集中部署概论教材编写工作。专题会强调，要按照高质量思政课教材标准做好编写工作，体现政治性、学理性、历史感、针对性、可读性。其三，创建《中华民族共同体研究》期刊。《中华民族共同体研究》由国家民委主管、中央民族大学主办，是首个面向国内外公开发行的以中华民族共同体为研究对象的期刊，将引领中华民族共同体研究，讲好中华民族团结进步故事，提升国际话语影响力。其四，举办铸牢中华民族共同体意识课程教学大赛、学术座谈会。为充分发挥思政课铸魂育人的主渠道作用，内蒙古自治区举办铸牢中华民族共同体意识课程教学大赛，本次大赛分小学组、初中组、高中组和高校组，展示铸牢中华民族共同体意识课程的教学成效。由广西铸牢中华民族共同体意识广西民族研究中心研究基地、广西社会主义学院研究基地联合举办的"促进各民族交往交流交融与铸牢中华民族共同体意识"学术座谈会在南宁举办。

第二，推动铸牢中华民族共同体意识常态化宣传与实践工作，打造优质基地与示范区。其一，扩展基地主体，包括党校、电视台、纪念馆、红色文化基地、学校等。在广西桂林市，铸牢中华民族共同体意识基地揭牌。桂林市委党校（社会主义学院）、桂林广播电视台挂牌为"宣讲传播基地"，桂林八路军办事处纪念馆、桂林红军长征湘江战役文化保护传承中心挂牌为"教育实践基地"，崇善小学、回民小学、桥头小学挂牌为"实践创新基地"。银川市铸牢中华民族共同体意识实践研究中心在北方民族大学成立，这是宁夏首个校地合作共建的铸牢中华民族共同体意识实践研究机构。其二，融入人民群众生活。铸牢中华民族共同体意识的场所除上述特定区域外，还从社区扩展到了公园、公交等生活区域。拉萨市鲁固社区作为全区唯一一个全国"双语"学习特色社区，紧紧围绕"共同团结奋斗、共同繁荣发展"这一主题，扎实开展"双语"特色社区创建工作。社区创建了民族团结大院，开展"爱心影院""爱心助残""爱心书屋""爱心助学"等工作，推动构建中华民族共有精神家园。[①] 哈尔滨市"红石榴"主题公园建成并投入使用，推动铸牢中华民族共同体意识工作向大众化、实体化、生活化转变。内蒙古鄂尔多斯市开通"红色石榴"号主题公交，为各族群众交往交流交融提供了"流动窗口"。其三，创新基地服务模式。黑龙江黑河市、内蒙古自治区等地设立民族政策宣传月、民族法治宣传周、民族团结进步宣传月等。赤峰市巴林右旗以"1+9+N"的模式，即1个中心馆、9个重点体验馆和N个辐射点为支撑，深入持久开展宣传教育实践活动。

第三，重视铸牢中华民族共同体意识的舆论引导工作，创建媒体宣传矩阵。各地方实施全平台媒体战略，打造铸牢中华民族共同体意识的文化阵地、文艺作品与文化符号。北京将"铸牢中华民族共同体意识"融入社会教育体系，落实"新媒体+"行动。北京艺术博物馆依托"北岸讲堂"学术论坛平台举办"铸牢中华民族共同体意识"讲座，利用博物馆微信公众号、抖音、快手等新媒体平台持续宣传"铸牢中华民族共同体意识"，宣传教育已覆盖12万余名各族观众。广西玉林市发布创建全国民族团结进步示范市形象标识，通过符号铸牢中华民族共同体意识。青海省海西蒙古族藏族自治州首个"石榴籽"影视文化传媒工作室在海西州融媒体中心揭牌成立，以铸牢中华民族共同体意识为主线，摄制一批具有海西特色的影视作品，进一步做实做细民族团结工作，使工作室成为党的政策的"宣讲站"、讲好民族团结故事的"驿站"、民族团结进步知识的"充电站"、民族团

---

① 刘倩茹：《团结让生活更美好——拉萨鲁固社区铸牢中华民族共同体意识实践》，《西藏日报》2022年2月14日第1版。

结融合的"交流站"。

（四）持续促进边疆民族地区稳定发展

国家统一是民族区域自治制度的基本前提与根本目的。"国家安全是民族复兴的根基，社会稳定是国家强盛的前提。必须坚定不移贯彻总体国家安全观，把维护国家安全贯穿党和国家工作各方面全过程，确保国家安全和社会稳定。"① 边疆地区在国家安全和经济布局中具有特殊而重要的地位。2022 年 1 月，国务委员、国家反恐怖工作领导小组组长赵克志在国家反恐怖工作领导小组会议暨全国反恐怖工作电视电话会议上要求，要严打严防境内暴恐活动，坚决把暴恐威胁制止在萌芽状态、消灭在未发阶段。要加大对暴恐音视频等突出问题的专项整治力度，持续夯实"去极端化"的治本基础。要加强国际反恐怖合作，坚决反制"以疆制华""以恐遏华"的图谋。要严格落实反恐怖工作责任，确保党中央确定的方针政策不偏离、明确的重点任务不落空。②

2022 年 7 月 12 日至 15 日，中共中央总书记、国家主席、中央军委主席习近平在新疆维吾尔自治区考察时强调，要坚决贯彻党中央决策部署，完整准确贯彻新时代党的治疆方略，牢牢扭住社会稳定和长治久安总目标，坚持稳中求进的工作总基调。他强调，兵团的战略作用不可替代，要加快推进兵团改革，深化兵地融合，打造城乡和谐的田园式家园，充分发挥兵团作为安边固疆稳定器、凝聚各族群众大熔炉、发展先进生产力和先进文化示范区的功能和作用，努力形成新时代兵团维稳戍边新优势。③ 2022 年 9 月 9 日，中国共产党新疆维吾尔自治区第十届委员会第五次全体会议，强调坚持因地制宜、分类施策，有序优化工作措施，推进"智慧边防"建设，加大抵边新村建

---

① 习近平：《高举中国特色社会主义伟大旗帜 为全面建设社会主义现代化国家而团结奋斗——在中国共产党第二十次全国代表大会上的报告》，人民出版社 2022 年版，第 52 页。

② 张天培：《赵克志在国家反恐怖工作领导小组会议暨全国反恐怖工作电视电话会议上强调 扎实抓好反恐怖工作任务措施的落实 为党的二十大胜利召开创造安全稳定环境》，《人民日报》2022 年 1 月 28 日第 4 版。

③ 《习近平在新疆考察时强调 完整准确贯彻新时代党的治疆方略 建设团结和谐繁荣富裕文明进步安居乐业生态良好的美好新疆》，《新疆日报》2022 年 7 月 16 日第 2 版。

设力度，确保新疆社会大局稳定、边防安全稳固。严格落实意识形态工作责任制，深入开展意识形态领域反分裂斗争。① 边疆民族地区在中国共产党的领导下保持社会持续稳定发展，并取得以下几个方面的成效：

第一，将为了迎接党的二十大召开创造安全稳定的政治社会环境作为核心工作任务。赵克志在国家反恐怖工作领导小组会议上强调，要深入学习贯彻习近平总书记关于反恐怖工作的重要指示精神和党中央决策部署，扎实抓好反恐怖工作任务措施的落实，不断巩固拓展我国反恐怖斗争良好态势，为党的二十大胜利召开创造安全稳定的政治社会环境。② 西藏自治区山南市以迎接保障党的二十大胜利召开为主线，深入推进反分裂斗争，有效防范各类政治安全风险，深入排查各种风险隐患，坚决消除不稳定因素，严密防范各类重大涉稳政治事件的发生，确保国家安全、社会稳定、人民幸福。③ 西藏琼结县认真总结提炼运用维护社会安全稳定工作好方法、好机制、好经验，不断提高政法干警能力素质，确保关键时刻拉得出、顶得上、打得赢，以优异成绩迎接党的二十大的胜利召开。④

第二，将运用法治思维等法治力量作为重要工作手段。赵克志在国家反恐怖工作领导小组会议上要求，要完善反恐怖法律法规体系，积极推动反恐维稳法治化常态化。⑤ 中国共产党新疆维吾尔自治区第十届委员会第五次全体会议强调，要坚持以习近平法治思想为引领，

---

① 《中国共产党新疆维吾尔自治区第十届委员会第五次全体会议关于深入贯彻落实习近平总书记视察新疆重要讲话重要指示精神在新时代新征程上奋力建设美好新疆的决议（2022年9月9日中国共产党新疆维吾尔自治区第十届委员会第五次全体会议通过）》，《新疆日报》2022年9月13日第1版。

② 张天培：《赵克志在国家反恐怖工作领导小组会议暨全国反恐怖工作电视电话会议上强调 扎实抓好反恐怖工作任务措施的落实 为党的二十大胜利召开创造安全稳定环境》，《人民日报》2022年1月28日第4版。

③ 段敏：《加强隐患排查整治 守牢安全稳定底线 山南市全力确保社会大局和谐稳定》，《西藏日报》2022年6月14日第8版。

④ 段敏：《琼结县全力推动政法工作 营造和谐稳定社会环境》，《西藏日报》2022年2月15日第8版。

⑤ 张天培：《赵克志在国家反恐怖工作领导小组会议暨全国反恐怖工作电视电话会议上强调 扎实抓好反恐怖工作任务措施的落实 为党的二十大胜利召开创造安全稳定环境》，《人民日报》2022年1月28日第4版。

全面推进依法治疆，推进维稳工作法治化常态化。健全完善反恐维稳领域法规制度体系，保持对"三股势力"依法严打高压态势不动摇，优化完善风险管控工作机制，统筹防范化解各领域风险隐患。① 2022年，新疆维吾尔自治区毫不松懈，抓好社会稳定工作。坚持依法严打工作方针，扎实推进反恐维稳法治化常态化，有效强化社会面防控，深入排查化解矛盾纠纷。②

第三，将夯实基层治理作为重要工作基础。新疆维吾尔自治区深化社会治安和公共安全管理，依法打击盗抢骗、食药环、黄赌毒、电信诈骗等突出违法犯罪；贯彻落实安全生产"十五条硬措施"，紧盯重点行业领域精准防控风险，持续加大安全生产严管力度，开展自建房安全专项整治和城镇燃气安全排查整治，全区生产安全事故起数、死亡人数分别下降33.4%、11.8%，有力地保障了人民群众生命财产安全，确保了社会大局持续和谐稳定。③ 西藏自治区山南市切实加强基层社会治理，全面排查枪支、弹药、刀具等，严格检查汽油、酒精、民爆等易燃易爆物品存储、使用情况，坚决防止极端事件发生。④ 2022年，从整体上看，西藏自治区社会大局持续和谐稳定，反分裂斗争持续深入，治安整治"百日行动"卓有成效。全区未发生重特大事故。群众安全感满意度保持在98%以上。⑤

第四，将寺庙、宗教作为重点关注对象。在新疆维吾尔自治区，习近平总书记在2022年7月考察时强调，要聚焦新疆工作总目标，推动事关长治久安的根本性、基础性、长远性工作，要提升宗教事务治理能力，实现宗教健康发展。⑥ 西藏自治区山南市藏传佛教界坚定

---

① 《中国共产党新疆维吾尔自治区第十届委员会第五次全体会议关于深入贯彻落实习近平总书记视察新疆重要讲话重要指示精神在新时代新征程上奋力建设美好新疆的决议（2022年9月9日中国共产党新疆维吾尔自治区第十届委员会第五次全体会议通过）》，《新疆日报》2022年9月13日第1版。

② 《2023年新疆维吾尔自治区政府工作报告》，《新疆日报》2023年1月23日第2版。

③ 《2023年新疆维吾尔自治区政府工作报告》，《新疆日报》2023年1月23日第2版。

④ 段敏：《加强隐患排查整治 守牢安全稳定底线 山南市全力确保社会大局和谐稳定》，《西藏日报》2022年6月14日第8版。

⑤ 《2023年西藏自治区政府工作报告》，《西藏日报》2023年1月22日第1版。

⑥ 《习近平在新疆考察时强调 完整准确贯彻新时代党的治疆方略 建设团结和谐繁荣富裕文明进步安居乐业生态良好的美好新疆》，《新疆日报》2022年7月16日第2版。

坚决地与党和政府同心同德、同心同向、同心同行，共同维护宗教领域和谐稳定，积极开展"三个意识"宣传教育，把爱国爱教、济世利民思想落实到日常言行中，真正让每一名僧尼都在国法教规范围内修行。① 山南市牢牢抓住维护稳定的"牛鼻子"，切实加强和创新寺庙管理，确保宗教领域和谐稳定，加强人员管理，逐一排查不安定因素，落实好管控措施，严防个人极端事件发生。②

（五）维护少数民族地区生态环境优势

党的十八大以来，生态文明建设得到前所未有的重视，生态环境保护政策得到全面系统的建构。③ 党的二十大报告明确指出，"中国式现代化是人与自然和谐共生的现代化""像保护眼睛一样保护自然和生态环境，坚定不移走生产发展、生活富裕、生态良好的文明发展道路，实现中华民族永续发展。"④ 党和政府积极维护少数民族地区生态环境优势。民族自治地方地域辽阔、资源丰富，民族地区生态环境的保护对全国生态环境的保护而言极为重要。

第一，坚持和完善新时代中国特色社会主义生态文明制度体系。新时代中国特色社会主义生态文明的四梁八柱涵盖了生态文明从源头、过程到后果的全过程，包括环境治理、空间管制、资源节约等多个方面。2022年，民族区域自治地方坚持和完善生态文明制度，在以下几个方面做出卓越成效。其一，建立国土空间开发保护制度，具体包括健全国土空间用途管制制度、建立国家公园体制等。在国土空间规划方面，新疆维吾尔自治区和内蒙古自治区编制完成自治区国土空间规划；在"三区三线"划定方面，新疆维吾尔自治区协同推进，西藏自治区、内蒙古自治区与广西壮族自治区均完成划定工作；在国

---

① 袁海霞等：《全力推进民族团结 确保社会和谐稳定》，《西藏日报》2023年3月5日第5版。

② 段敏：《加强隐患排查整治 守牢安全稳定底线 山南市全力确保社会大局和谐稳定》，《西藏日报》2022年6月14日第8版。

③ 杨春蓉：《建国70年来我国民族地区生态环境保护政策分析》，《西南民族大学学报》（人文社科版）2019年第9期。

④ 习近平：《高举中国特色社会主义伟大旗帜 为全面建设社会主义现代化国家而团结奋斗——在中国共产党第二十次全国代表大会上的报告》，人民出版社2022年版，第23页。

家公园创建方面，新疆维吾尔自治区的卡拉麦里和昆仑山国家公园创建工作取得重大进展，宁夏回族自治区启动贺兰山、六盘山创建国家公园工作，广西壮族自治区争创西南岩溶国家公园。在三江源国家公园内，政府聘用生态管护员超过2万名。其二，建立健全环境治理体系，包括健全环境信息公开制度，完善环境保护管理制度等。新疆维吾尔自治区建立完善水资源统一管理体制机制，加强水环境质量目标管理和城镇、工业污染源监管。① 其三，完善生态文明绩效评价考核和责任追究制度，着力解决发展绩效评价不全面、责任落实不到位、损害责任追究缺失等问题。各自治区扎实做好第二轮中央生态环境保护督察反馈问题整改工作，取得显著成效。新疆维吾尔自治区的博湖县、温宿县被命名为国家生态文明建设示范区，布尔津县被命名为"两山"实践创新基地。② 广西壮族自治区新增国家生态文明建设示范区3个、"绿水青山就是金山银山"实践创新基地1个。③

第二，推进绿色发展，建立健全绿色低碳循环发展的经济体系。内蒙古自治区完善"双碳体系"，推进煤电"三改联动"和"公转铁""散改集"，创园区55个、低碳园区4个、零碳园区2个；扎实开展"五个起底"行动，激活项目近万个、投入资金64亿多元、土地13万多亩。④ 广西壮族自治区贯彻中央"双碳"战略部署，落实能耗双控优化政策。清洁能源装机占比提高到61%，森林植被总碳储量约为5.3亿吨；累计创建国家级绿色园区8个、绿色工厂67个，建成自治区级绿色矿山31座，低碳产品认证获证企业和证书数量居全国第一。⑤

第三，着力解决突出环境问题，打好污染防治攻坚战。坚持打赢蓝天保卫战、着力打好碧水保卫战、扎实推进净土保卫战。新疆维吾尔自治区深入打好污染防治攻坚战，强化"乌—昌—石""奎—独—乌"区域大气污染协同治理，空气质量优良天数比例达74.6%；纳

---

① 《2023年新疆维吾尔自治区政府工作报告》，《新疆日报》2023年1月23日第2版。
② 《2023年新疆维吾尔自治区政府工作报告》，《新疆日报》2023年1月23日第2版。
③ 《2023年广西壮族自治区政府工作报告》，《广西日报》2023年1月19日第4版。
④ 《2023年内蒙古自治区政府工作报告》，《内蒙古日报》2023年1月18日第3版。
⑤ 《2023年广西壮族自治区政府工作报告》，《广西日报》2023年1月19日第4版。

入国家考核的地表水水质优良率为94.5%，国家下达的主要污染物总量减排和大气、水环境质量年度指标全面完成。①西藏自治区全区7个地市空气质量优良天数达到99%以上，主要江河湖泊水质均达到或者优于Ⅲ类标准。②宁夏回族自治区全区地级市空气优良天数比例和$PM_{2.5}$浓度均超额完成国家考核目标，公众气象总体满意度居全国第二位，为历年最好。③广西壮族自治区加强环境保护和治理，强化落实河湖长制、林长制，推行湾长制，打好蓝天、碧水、净土保卫战。对水质不稳定河流开展精准治污，抓好重污染天气消除和臭氧污染、柴油货车污染等治理。④

第四，加强生态系统保护修复，保护山水林田湖草沙。新疆维吾尔自治区推进重点区域生态保护和修复工作，完成造林150.36万亩、改良治理草原433万亩。⑤西藏自治区拉萨南北绿化首年完成营造林14万亩，全区完成营造林117.9万亩，修复退化草原437.5万亩。⑥宁夏回族自治区围绕生态安全，完成黄河流域生态环境警示片披露问题，平罗园区煤企偷排废水等问题整改。⑦广西壮族自治区紧抓绿色转型，持续巩固生态环境优势，推进漓江生态保护和修复提升工程。生态环境质量保持全国前列，生态质量指数居全国第二位，生物多样性得到有效保护、丰富度居全国第三位。⑧

三 结语

2022年是中国共产党第二十次全国代表大会胜利召开、中国共产党明确提出统一战线政策100周年，贯彻落实第五次中央民族工作会议精神起步之年，是中国共产党和中华人民共和国历史上都极其重

---

① 《2023年新疆维吾尔自治区政府工作报告》，《新疆日报》2023年1月23日第2版。
② 《2023年西藏自治区政府工作报告》，《西藏日报》2023年1月22日第3版。
③ 《2023年宁夏回族自治区政府工作报告》，《宁夏日报》2023年1月19日第4版。
④ 《2023年广西壮族自治区政府工作报告》，《广西日报》2023年1月19日第4版。
⑤ 《2023年新疆维吾尔自治区政府工作报告》，《新疆日报》2023年1月23日第2版。
⑥ 《2023年西藏自治区政府工作报告》，《西藏日报》2023年1月22日第3版。
⑦ 《2023年宁夏回族自治区政府工作报告》，《宁夏日报》2023年1月19日第4版。
⑧ 《2023年广西壮族自治区政府工作报告》，《广西日报》2023年1月19日第4版。

要的一年。在民族区域自治制度学术研究的理论层面，国内学术界紧紧围绕铸牢中华民族共同体意识的核心议题，总结回顾民族区域自治制度的发展历程及重要人物的突出贡献，深入研究民族区域自治制度内涵、特征、作用等多方面的理论问题，进一步探讨民族区域自治法制修改完善的适宜路径。在民族区域自治制度现实推进的实践层面，在党和政府的带领下，民族区域自治地方认真学习贯彻党的二十大精神，巩固脱贫攻坚成果同乡村振兴有效衔接，积极开展铸牢中华民族共同体意识工作，持续促进边疆民族地区稳定发展，维护少数民族地区生态环境优势，积极推动民族区域自治制度健康发展。

第一，要进一步促进民族地区社会经济发展，厚实铸牢中华民族共同体意识的物质基石。"中国式现代化是全体人民共同富裕的现代化。共同富裕是中国特色社会主义的本质要求，也是一个长期的历史过程。"[1] "加强边疆地区建设，推进兴边富民、稳边固边。"[2] 自1978年改革开放以来，民族区域自治地方逐步加紧面对内地、面对国际市场的开放。1992年开始实行沿边开发战略，13个对外开放城市、241个一类开放口岸以及14个边境经济技术合作区，绝大多数在我国民族自治地方。自1999年中央民族工作会议之后，党和国家颁布并实施《中国农村扶贫开发纲要》，把民族地区作为重点扶持对象，将西藏自治区整体列入国家扶贫开发重点扶持范围，鼓励发达地区进行精准扶贫，对自治区卫生专项投入资金累计达13.7亿元。[3] 在党的百年华诞之际，中国脱贫攻坚取得全面胜利；在党的二十大胜利召开之时，民族自治地方积极巩固脱贫攻坚成果同乡村振兴有效衔接。在全党全国各族人民迈向第二个百年奋斗目标的征程中，坚持和完善民族区域自治制度，充分发挥其经济建设的功能，为铸牢中华民族共同体意识夯实物质基础。边疆民族地区要全面贯彻新发展理念，

---

[1] 习近平：《高举中国特色社会主义伟大旗帜 为全面建设社会主义现代化国家而团结奋斗——在中国共产党第二十次全国代表大会上的报告》，人民出版社2022年版，第22页。

[2] 习近平：《高举中国特色社会主义伟大旗帜 为全面建设社会主义现代化国家而团结奋斗——在中国共产党第二十次全国代表大会上的报告》，人民出版社2022年版，第32页。

[3] 乔智敏等：《中央民族工作会议与民族区域自治理论、政策、制度发展》，《中南民族大学学报》（人文社会科学版）2018年第1期。

牢牢把握高质量发展主题；加快建设现代化产业体系，实现产业提质增效转型升级；切实落实"两个毫不动摇"，发挥市场主体作用；统筹城乡发展，推动区域协调发展。

第二，要坚决打击民族地区分裂势力，为铸牢中华民族共同体意识提供有力的安全保障。"国家安全是民族复兴的根基，社会稳定是国家强盛的前提。"[①] 坚决清除民族分离主义是铸牢中华民族共同体意识的内在要求，铸牢中华民族共同体意识是坚决打击民族分离主义的有效路径，两者相互依存、相互贯通。边疆民族地区要牢牢树立总体国家安全观，承担起国家安全屏障的重大责任；要严密防范严厉打击分裂破坏活动，推进社会治理体系和治理能力现代化；要依法管理宗教事务，防止民族分离主义利用宗教外衣渗透侵害；要推进扫黑除恶工作，深化矛盾纠纷排查化解机制；要持续加强民族团结，齐心共建各民族共有家园；要搞好汉族同少数民族的关系，促进各民族交往交流交融；要注重意识形态舆论引导，提升主流媒体的国际影响力。

第三，要完善民族区域自治制度法制，夯实铸牢中华民族共同体意识的法制基础。"全面依法治国是国家治理的一场深刻革命，关系党执政兴国，关系人民幸福安康，关系党和国家长治久安。"[②] 目前，民族区域自治制度法制已经基本建立起了以宪法为根基，以民族区域自治法为主干，以民族自治地方自治条例、单行条例以及行政法规、部门规章、地方性法规和规章在内的较为完备的民族法律法规体系，这切实保障了包括民族区域自治在内的一系列民族政策的实施与执行。民族区域自治法是宪法的原则规定和精神实质在处理民族问题上的运用和体现。它通过法律的形式，把党的政策主张、各族人民的共同意愿固定下来，实现了制度的法律化。实践证明，实施民族区域自治制度，必须加强法制建设，充分保证国家统一与民族自治地方依法行使自治权。[③] 新时代要深入贯彻落实民族区域自治法、不断修订完

[①] 习近平：《高举中国特色社会主义伟大旗帜 为全面建设社会主义现代化国家而团结奋斗——在中国共产党第二十次全国代表大会上的报告》，人民出版社2022年版，第52页。

[②] 习近平：《高举中国特色社会主义伟大旗帜 为全面建设社会主义现代化国家而团结奋斗——在中国共产党第二十次全国代表大会上的报告》，人民出版社2022年版，第40页。

[③] 金炳镐等：《中国共产党民族政策90年》，辽宁民族出版社2014年版，第365—366页。

善民族区域自治法，稳固民族区域自治制度发展完善的法制基础。

民族区域自治制度，是中国共产党团结带领全党全国各族人民迈上全面建设社会主义现代化国家、以中国式现代化全面推进中华民族伟大复兴新征程的基本政治制度保障。在新时代、新征程、新伟业的历史进程中，56个民族要像石榴籽一样紧紧抱在一起，团结奋斗，"以铸牢中华民族共同体意识为主线，坚定不移走中国特色解决民族问题的正确道路，坚持和完善民族区域自治制度，加快和改进党的民族工作，全面推进民族团结进步事业。"[1]

---

[1] 习近平：《高举中国特色社会主义伟大旗帜 为全面建设社会主义现代化国家而团结奋斗——在中国共产党第二十次全国代表大会上的报告》，人民出版社2022年版，第39—40页。

中国基层群众自治制度的新进展

吴易哲　路永豪　杨弘*

2022年是中国基层社会群众自治实践发展的关键之年，也是党和国家发展史上极为重要的一年。这一年，中国正式出台实施的第一个全面推进乡村振兴战略的五年规划——《乡村振兴战略规划（2018—2022年）》进入收官之年。同时，中国共产党第二十次全国代表大会顺利召开，确定了党和国家的中心任务是以中国式现代化全面推进中华民族伟大复兴，并对基层治理发展进行了战略部署。因此，如何基于党和国家的战略部署，梳理所取得的成就，总结经验和分析问题，并进而确定发展方向和目标，既是基层群众自治发展和治理现代化发展的内在要求，也是国家治理现代化发展的战略需求。

一　中国基层社会群众自治和基层治理现代化取得的成就

中国基层群众自治实践具体体现为中国基层群众民主治理的各项活动和过程，也是中国基层治理现代化的"最后一公里"。2022年，在中央和地方各项政策的积极推动下，中国基层群众自治实践以农村基层政权建设、农村基层治理和农村社会变革为核心，更多地聚焦于国家社会与农业农村农民的实践问题。中国基层社会群众自治和基层治理现代化实践的发展呈现出崭新的面貌，同时也积累了一些具有代表性的丰富实践经验，涌现出诸多突出的实践新亮点。

---

* 作者工作单位：吴易哲、路永豪、杨弘，东北师范大学政法学院。

(一) 中国基层社会群众自治和基层治理现代化实践的崭新面貌

伴随着全过程人民民主理念贯穿到基层群众自治实践中，基层民主焕发出旺盛活力，持续激发了人民群众参与基层社会治理的内生动力，切实推动了基层治理体系和治理能力现代化水平的显著提升，进一步推进基层群众性自治组织运行制度化、规范化、科学化，多方主体力量参与基层社会共建共治共享的治理格局基本形成。

1. 全过程人民民主贯穿基层群众自治实践的全领域

党的二十大报告明确指出，"全过程人民民主是社会主义民主政治的本质属性，是最广泛、最真实、最管用的民主"，这就一语中的地道出了全过程人民民主的深刻特点，即全过程人民民主强调的是民主的人民性、全面性、广泛性、过程性、有序性、有效性。这种民主特征也在中国基层民主治理实践各领域、各方面、各环节活动中得到了充分印证。

从理论上看，基层民主是全过程人民民主的基础部分，在发展全过程人民民主的过程中具有基础性作用；基层民主的发展过程，也就是全过程人民民主在基层各方面各领域的实现过程。[1] 作为全过程人民民主的重要制度载体，基层民主制度既包括在城乡基层社区广泛推行的民主选举、民主协商、民主决策、民主管理、民主监督的制度，也包括企事业单位的民主管理和职工参与的有关制度。其主要实践形式是城乡基层群众自治（农村的村民自治、城市社区的居民自治）和企事业单位的民主管理，其具体形式体现为人民群众在基层党组织领导和支持下在基层经济、政治、文化和社会生活领域依法直接行使民主权利，实现自我管理、自我服务、自我教育、自我监督的一项民主政治实践活动。

从实践层面上看，基层民主治理是参与民主实践人数最多、参与形式最为丰富的场域。习近平总书记明确提出："保证和支持人民当家作主不是一句口号、不是一句空话，必须落实到国家政治生活和社

---

[1] 中共中央党校（国家行政学院）政治和法律教研部、中共中央党校（国家行政学院）人民民主研究中心编著：《全过程人民民主的理论与实践》，人民出版社2022年版，第125页。

会生活之中，保证人民依法有效行使管理国家事务、管理经济和文化事业、管理社会事务的权力。"[1] 由此可见，全过程人民民主作为民主政治的新形态，必然贯穿于基层治理的所有环节、所有要素、所有政策和事务中。而且，基层治理作为国家治理的"神经末梢"，扮演着落实全过程人民民主"最后一公里"的角色。因此，优化基层治理体系，充分调动基层各方力量参与基层社会治理的积极性，带领人民群众主动登上基层社会高速发展的"列车"，最大限度地集群力汇群策，激发人民群众的自治活力不仅是国家治理现代化的有效实现途径，也是其落脚点和归宿。在现阶段，全过程人民民主已经融入基层治理的方方面面，涌现出越来越多具有代表性的基层治理模式。从三治（自治、法治、德治）融合发展演变为五治（政治、自治、法治、德治、智治）融合，从"三社联动"（社区、社会组织、社会工作专业人才）发展演变为"五社联动"（社区、社会组织、社会工作者、社区志愿者、社会慈善资源）[2]，总体上反映出中国共产党在尊重基层治理主体性的基础上，通过整合基层资源、吸纳社会组织协同合作治理的方式，确保基层治理的活力，[3] 即全面推进基层民主的"全过程"发展。

2. 基层政权与基层群众性自治组织之间的关系日渐协调

作为国家治理的基础，基层政权是党和国家连接社会的重要桥梁与联系群众的关键节点。不可否认，随着国家力量深入延伸到乡村社会，在以政府为主体的行政力量推动下，基层社会治理衍生出了多种形式的基层治理模式。而各种基层治理形式产生显著成效的关键，是基层群众的积极性是否能够被充分调动起来，基层群众自治的实践是否能得到广泛覆盖，进一步来说，基层治理效能的进一步提升取决于能否理顺基层政权与基层群众性自治组织的关系，实现行政力量和自

---

[1] 《党的二十大报告辅导读本》编写组编著：《党的二十大报告辅导读本》，人民出版社2022年版，第451页。

[2] 中共中央党校（国家行政学院）政治和法律教研部、中共中央党校（国家行政学院）人民民主研究中心编著：《全过程人民民主的理论与实践》，人民出版社2022年版，第140页。

[3] 颜德如：《中国共产党百年来对基层治理的探索：基于组织化的视角》，《理论探讨》2022年第4期。

治力量的有机融合，真正使政府治理、群众自治和社会调节形成良性互动。这一过程体现为通过权力下沉到基层，适时适度作为外在驱动力和坚强保障介入基层自治实践，同时基层自治也因权力下沉而获得了更大的自主权，进一步激活了基层自治实践的内在活力，而其中如何促进政府介入行为与基层自治形成良性互动关系是实现基层治理有效的重中之重。

为此，2022 年，党和国家发布了《关于〈"十四五"城乡社区服务体系建设规划〉的通知》和《关于规范村级组织工作事务、机制牌子和证明事项的意见》，积极推动公共服务资源向社区下沉，聚焦国家重大战略部署，着力补齐农村地区服务短板，将加强城乡社区服务摆在更加突出的位置。该通知和意见一方面就加强党对城乡社区服务的全面领导进行部署：一是压实乡镇（街道）党（工）委责任，建立健全街道党工委牵头、驻区单位党组织负责人参加的社区党建工作联席会议制度。二是全面健全村（社区）党组织引领，基层群众性自治组织主导，村（社区）居民为主体，群团组织、社区社会组织、社会工作者和驻区单位共同参与、协同开展社区服务的体制机制。三是全面落实党组织领导的城乡社区协商制度，加强党建引领社区服务体系建设。四是全面落实在职党员到社区报到为群众服务制度机制，推动党政机关、企事业单位到村（社区）开展服务。五是推动有物业服务的社区建立健全党建引领下的社区居民委员会、业主委员会、物业服务企业协调运行机制。六是健全党建引领社区社会组织工作机制，乡镇（街道）党（工）委和村（社区）党组织加强对社区社会组织参与社区服务的领导。①另一方面，针对解决村级组织行政事务多、机制牌子多、不合理证明事项多等问题，提出八项主要工作任务和三项组织实施方面的具体措施等等。在党和国家的努力和推动下，基层政权建设与基层群众自治的关系逐步理顺，为基层治理的有效推进提供了支撑和制度保障。

3. 多元化共建共治共享的基层治理新格局不断完善成熟

党的二十大报告明确指出："完善社会治理体系，健全共建共治

---

① 《"十四五"时期城乡社区服务体系建设 新部署 新蓝图——民政部负责人就印发〈"十四五"城乡社区服务体系建设规划〉答记者问》，《社会与公益》2022 年第 2 期。

共享的社会治理制度……建设人人有责、人人尽责、人人享有的社会治理共同体。"[1] 党组织领导的自治、法治、德治相结合的乡村治理体系被同时写入2022年中央"一号文件"、《乡村建设行动实施方案》《乡村振兴责任制实施办法》等。这就为多元化融合构建共建共治共享的基层治理新格局提供了蓝图。

基层是推动社会发展的基础，治国安邦重在基层。基层社会治理是国家治理的根基所在。在现代基层治理体系中，基层党组织、企业、社会组织与公众等多元主体共同参与是构建共建共治共享社会治理格局的必然要求。

融合构建共建共治共享的基层治理新格局具有明确内涵：共建是打造多元融合基层社会治理新格局的基础，需要积极发挥基层党组织的引领作用，强化组织动员，充分调动人民群众共同参与基层社会治理的积极性和主动性，让人民群众从思想上深刻认识到共同参与基层社会治理的重要性和必要性。共治是打造多元融合基层社会治理新格局的关键，最根本的办法就是要紧紧依靠人民的智慧和力量。共享是打造多元融合基层社会治理新格局的目标，必须以满足人民日益增长的美好生活需要为出发点和落脚点，把基层治理成果不断转化为便民生活品质，不断增强人民群众的获得感、幸福感、安全感。为此，党和国家颁布实施了多项政策和战略规划，积极推进各级党委农村工作领导小组议事协调规范化制度化建设，健全党委统一领导、政府负责、党委农村工作部门统筹协调的农村工作领导体制，完善党组织领导的乡村治理体系，推行网格化管理和服务，做到精准化、精细化，推动建设充满活力、和谐有序的善治乡村，打通基层治理"最后一公里"拓宽人民群众共享基层社会治理成果的渠道，让治理成果向基层延伸、向农村覆盖、向生活困难的群众倾斜，真正实现发展和治理为了人民、依靠人民，成果由人民共享，基层社会多元化共建共治共享的治理格局日益完善成熟。

---

[1] 习近平：《高举中国特色社会主义伟大旗帜 为全面建设社会主义现代化国家而团结奋斗——在中国共产党第二十次全国代表大会上的报告》，《人民日报》2022年10月26日第1版。

（二）中国基层社会群众自治和基层治理现代化建设的实践经验

这一年，全国各地在各级地方民政部门的指导下，深入学习贯彻习近平总书记关于基层治理的重要指示和精神，积极推进基层社会群众自治实践重大政策的制定和实施工作，不断提升基层治理的效能。在此过程中，积累了许多推进基层社会群众自治实践发展和基层治理现代化的优秀经验。

1. 坚持党的领导：基层治理现代化的关键核心

中国特色社会主义最本质的特征是中国共产党领导，中国特色社会主义制度的最大优势是中国共产党领导。党政军民学，东西南北中，党是最高的政治领导力量。坚持党的领导，是确保国家治理体系和治理能力现代化正确方向的根本保证，是推进基层社会群众自治和基层治理现代化建设的"主心骨"。全国各地不断探索将党的领导贯穿到基层治理全过程的实践中，积累了丰富生动的现实经验。

第一，选派机关干部到农村基层担任"第一书记"，强化农村基层党组织建设。据统计，截至2022年底，全国在岗驻村第一书记为21.09万人、工作队员为56.3万人。大批有知识、有能力、有志向的干部下沉一线，这对村级干部队伍建设既是有力补充，也有助于推动党的组织体系延伸覆盖。除了选派"第一书记"下到基层外，有些地区还通过坚持党建引领、机制牵引，以"全链条"治理体系夯实基层治理之基，以强化农村基层党组织建设。例如，山西阳泉市在横向上通过打造"四联四共"党建联盟，形成同级党组织间合作的组织形式；在纵向上以"网格规划"搭建不同层级党的组织链条，并通过自上而下的联系与指导和自下而上的问题反馈与信息传递机制，形成了基层党建场域内过程导向与结果导向的统一体。①

第二，创新基层党建形式，促进党建与基层治理深度融合。国家治理的根基在基层，国家治理的任务通过基层落实。习近平总书记曾强调：要把加强基层党的建设、巩固党的执政基础作为贯穿社会治理

---

① 人民智库专题课题组：《红色领航 治理赋能——抓党建促基层治理能力提升的山西阳泉实践》，《国家治理》2022年第19期。

和基层建设的一条红线，要推动党组织向最基层延伸，健全基层党组织工作体系，为城乡社区治理提供坚强保证。为此，全国各省市积极探索党建与基层治理深度融合模式。例如，福建省锚定党建与基层治理深度融合，推行"近邻党建"工作，努力形成基层党组织之间近邻共建、基层党组织为居民近邻服务、带动居民与居民近邻互助的局面，提升城市基层治理水平，让城市生活更美好。[1] 甘肃省定西市创新实施以"构建特色产业发展体系、构建农村治理体系，提高农村居民工资收入、提高村级集体经济积累"为内容的"双构建双提高"工程，着力打造区域党建集群，构建协同发展体系，提升乡村治理效能，推动基层党建与乡村振兴一体推进、深度融合。[2]

第三，实行"区域化大党建"，探索跨区域"联合党建"模式。基层党建突破传统"单位党建"和"社区党建"思路，在城乡广泛开展"区域化大党建"，即以街道党工委为核心、社区党组织为基础，联合驻地机构、企业等党组织形成整体"大党建"组织体系。[3] 近来，有些地区积极探索跨区域"联合党建"，致力于通过党建引领实现跨界治理，并取得了斐然效果，例如，上海市金山区与浙江省嘉兴市的"毗邻党建"，在党建引领下，开放共融、凝聚合力，通过地方党组织到基层党组织的密切互动，构建一系列党建联建新机制，携手打造跨界治理新格局。[4] 再如，福建省龙岩市永定区聚焦农村基层党组织建设不平衡、带动发展力度不够等问题，打破就村抓村、就支部抓支部的惯性思维和路径依赖，积极探索"跨村联建"机制，推动党建工作由单打独斗向抱团发展转变，形成"以点带面、一线串珠、全域推进"的党建引领乡村全面振兴新格局。这种"跨村联建"党建模式，有效提升了基层党组织谋发展、抓发展的能力，有力推进产业、基础设施、人才、乡村治理等事关乡村振兴的重要领域和关键环节工作提质增效，

---

[1] 赵兵：《福建"近邻党建"破解城市基层治理难题——党建聚人心 敲开幸福门（深度关注·党旗在基层一线高高飘扬）》，《人民日报》2022年10月15日第14版。

[2] 鲁明：《甘肃定西推动基层党建与乡村振兴深度融合》，《农民日报》2022年11月16日第2版。

[3] 赵秀玲：《新时代十年基层治理创新的理论遵循与宝贵经验》，《国家治理》2022年第22期。

[4] 程艳：《"毗邻党建"引领跨界治理"共同体"》，《金山报》2022年7月1日第3版。

为党建引领乡村振兴提供了有益借鉴和重要启示。①

2. 勇于改革创新：基层治理现代化的根本动力

改革创新是推动基层治理持续深入，提质增效的根本动力。从小岗村按下的红手印到家庭联产承包责任制在全国的推行，从南方小渔村的先行先试到日新月异的"深圳速度"，历史证明，每一次的进步都离不开基层大胆的改革创新与顶层设计的良性互动，唯有勇于改革创新，才能突出基层治理的发展桎梏，真正推动基层治理现代化建设。2022年，全国各地高度重视基层治理改革创新工作，多项举措接续推出。

第一，促进"试点"和"推广"的良性互动，探索基层治理新模式。在推进基层治理现代化进程中，有一个行之有效的经验和方法，那就是先进行局部试点探索，待取得经验和达成共识后，再把试点的做法加以推广，这得益于"试点"和"推广"的良性互动。例如，山东省潍坊市潍城区南关街道面临着村改居的现实发展状况，为了更好地为进城的农民服务，提升居民的幸福感和获得感，提出"要在南关街道开展试点，组织10个城市社区党组织与12个村改居社区党组织结成'红色合伙人'，帮助村改居社区强班子、顺机制，打造区域化党建联建共同体。"明确党建工作联创、党员队伍联建、重点工作联促、思想工作联做、社区服务联办、社会治安联防、环境卫生联抓、文体活动联谊"八联建"目标，运用城市社区在党建品牌培育、小区支部实体化、党群志愿队伍组建等方面的成熟经验，有效解决城市社区与村改居社区发展不同向、步调不一致、资源不均衡等问题。② 再如，在成都市温江区的基层治理探索过程中，温江区作为成都的改革试点着力探索构建总网格、一般网格、微网格和专属网格的治理架构体系——总网格按照当前村（社区）范围划分，村（社区）党组织书记兼任总网格长；一般网格按照300—500户的标准划分，按照"一格一员"选优配强专职网格员；微网格按照30—100户的标

---

① 李强：《福建龙岩永定区："跨村联建"推动党建工作提质增效》，《党建》2022年第7期。

② 王桦纲等：《村改居后，如何更好为进城农民服务？——山东潍坊市潍城区南关街道完善基层治理体系观察》，《农民日报》2022年12月12日第3版。

准划分，从党员、楼栋长、单元长、自组织骨干等群体中选用兼职微网格长（员）。而商务楼宇、各类园区、企事业单位等有管理责任主体的，则划分为专属网格，由管理主体自主推进网格细化工作等等，有力地提升了群众幸福感、获得感，社会治理成效显著。①

第二，构建多元主体参与，完善共建共治共享的社会治理新模式。共建共治共享的社会治理新格局离不开多元主体的共同参与。共建共治共享格局下的多元主体，主要包括党委、政府、社会组织及公众等。2022年，多元主体共同推进的社会治理创新，在实践中涌现出了大量丰富多彩的案例、经验及模式。例如，安徽省合肥市瑶海区在基层社会治理实践中催生了组织引领、党群共治、居民受益的小区治理共同体。搭建党群服务队伍55支，共计1000余人，覆盖全区13个镇街开发区、500余个小区，上报协调解决事项逾万件。②再如，福建省霞浦县不断推进街道"大工委"机制，跨行业、跨层级吸收辖区有影响力的单位党组织，壮大基层党建"朋友圈"以面对日趋繁重的基层治理任务。据介绍，作为统筹推进街道辖区内基层党建、社会治理、城市发展的议事协调机构，街道"大工委"采用"召集人+现有专职委员+兼职委员"模式，设召集人1名，由县党政党员领导班子成员兼任，现有专职委员即街道党工委班子成员、兼职委员一般由辖区或周边区域有代表性和影响力的机关事业单位党员领导干部，国有企业单位、非公企业和社会组织党组织负责人担任，实现优势互补。③

第三，大力推行平台治理，开创数字赋能基层治理新格局。随着信息化社会的发展，2022年，数字化改革的势头如火如荼，大数据、云计算和人工智能等数字技术为基层社会治理装上了"智慧大脑"，弥补了传统治理中存在的不足，使基层治理逐渐走向智能化、精细化、人性化。例如，河南省济源市承留镇花石村利用数字化助力村级事务管理流程再造，在线上平台整合各类信息，使村务管理监督、评

---

① 李晓东、周洪双：《成都温江：织密网格 幸福满格》，《光明日报》2022年12月11日第3版。
② 韩俊杰、解琛：《党群携手，激活基层善治（基层治理新实践）》，《人民日报》2022年6月23日第15版。
③ 单志强、刘乃金：《奏好基层治理"大合唱"》，《福建日报》2022年6月13日第5版。

价考核都有迹可循。① 重庆市巴南区为实现信息化管理，开发建设了"巴小智"乡村治理数字化平台，通过政务聚合功能，将综治信息平台、重庆群工、电子书屋、社会保障等平台的相关数据进行整合，建立乡村治理综合服务指挥调度中心，统一纳入"巴小智"，一体展示，一站响应，形成一个平台统一受理，各种手段综合治理的多元共治模式，平台反映事项受理率和群众满意率均达100%。②

3. 优化治理环境：基层治理现代化的重要保障

2022年，中国基层群众自治发展在优化社会治理环境方面，为提高基层社会治理现代化水平提供了重要保障。

第一，深化"三治"融合发展，夯实基层社会治理根基。自治、法治、德治是基层治理体系中的三要素。2022年，中国各基层自治领域充分挖掘各自特点，有效推进"三治"融合，不断加强自治管理、法治约束、德治引领的作用，以最大限度地发挥自治、法治、德治的功能效能。例如，山东省平邑县通过促进自治、法治、德治相结合，推进城市基层治理创新发展，全面提升县域城市基层治理现代化水平，并形成可推广的创新模式。他们的具体做法，一是在完善自治方面，深入推进"红色业委会"集中组建行动，累计组建业主委员会168个，组建率达到86%。同时，在已成立的红色业委会中选择基础设施好、群众自觉性高的20个小区，试点运行"红色业委会+党支部+物业企业"的内部自治管理模式，实现试点小区诉求化解率和投诉率"一升一降"目标。另外，他们还建立了"百事无忧"服务制度，将非公企业、个体经营户优质服务引入小区，丰富社区服务功能，满足群众需求。二是在加强法治建设方面，将社区治理办公室与法律服务站交互运行，推进社区法律"一站式"服务，实行"统一培训、统一管理、统一考核、统一装备"，根据多于3000人的社区设调解员不少于5人、不足3000人的村居不少于3人的标准建立了志愿服务队。三是在推进德治治理方面，注重挖掘孝善文化传统和孝德典型事迹，推动"孝善

---

① 郁静娴等：《数字化赋能，乡村治理更有效（深度观察·数字化为乡村带来什么③）》，《人民日报》2022年5月13日第18版。

② 田荣盛、邓俐：《"四联共治"走出乡村治理新路子》，《农民日报》2022年12月22日第3版。

文化社区培育""孝德文化进校园"等一系列特色项目，并涌现出"中国好人"包秀成等一大批"孝善平邑"的代表群体，并通过建立全覆盖的"孝老家庭""孝老个人"等评选表彰机制，积极营造"崇德向善、诚信友爱"的社区文明新风尚。①

第二，化解基层治理的"痛点""难点"，推进基层精细化治理发展"最后一公里"。例如，山东省广饶县月河社区深入开展县城城市基层党建试点工作，规划建设村居融合、产城融合、迭代焕新、公园沉浸、智慧便捷"五大生活场景"，蹚出一条党建引领县城精细化治理的新路径。同时，紧盯城市基层治理的难点堵点，不断丰富完善"五大生活场景"，系统构建以居民需求为导向、以城乡融合为目标、以多元供给为路径的服务体系，满足居民日益多样化、多层次、品质化的服务需求。②

第三，以优秀传统文化赋能基层社会治理，优化基层治理环境。优秀传统文化是中国共产党人强大精神力量的"根"和"魂"，是凝聚人心、凝聚共识的重要精神源泉。中华优秀传统文化中所蕴含的社会治理理念，为推动优秀传统文化融入基层党建、赋能乡村治理提供了有效支撑。例如，作为"孔孟之乡"、儒家文化发祥地的山东省济宁市，积极推动优秀传统文化赋能乡村治理，探索出一条"党建引领、文化融入、治理有效"的乡村治理新路子。济宁市以"五个融入"为抓手，以"五个跃升"为目标，深入挖掘和弘扬优秀传统文化的时代价值，推动优秀传统文化融入基层党建、赋能乡村治理，全面提升乡村治理水平。具体做法，一是将优秀传统文化融入基层组织建设，创建过硬基层组织；二是将优秀传统文化融入村（社区）干部队伍建设，创德治样板；三是把优秀传统文化融入为民服务，创服务联动模式；四是把优秀传统文化融入家风村风民风，创孝和村居；五是把优秀传统文化融入群众生活，创"三治融合"路径。③

---

① 《山东平邑县：三化融合 多元共治 构筑党建统领县域城市治理新路径》，人民网—中国共产党新闻网，http://dangjian.people.com.cn/n1/2022/0928/c441888-32535947.html。
② 李蕊：《"小场景"释放治理"大能量"》，《人民日报》2022年12月6日第4版。
③ 邹谨：《山东济宁 弘扬优秀传统文化 以"五融五创"机制赋能基层治理》，《中国民政》2022年第21期。

(三) 中国基层社会群众自治和基层治理现代化建设的突出亮点

经过长期坚持和不断发展，基层群众自治制度作为中国的一项基本政治制度，已然成为中国基层社会治理方式中体现人民当家作主的重要制度。2022年，伴随着基层治理现代化建设的稳步推进，中国基层社会群众自治实践在农村、城市与企事业单位中涌现出许多新的突出亮点。

1. 以"党建引领"打造基层治理的新模式

在农村基层领域，2022年，中国各级党组织、地方政府以党建引领乡村基层治理，助力打造基层治理新模式，为推动农业农村现代化发挥了重要的作用。例如，重庆市铜梁区为破解农村自治单元过大、服务管理难、村民自治欠缺引导等问题，当地以"铜心小院"为基础，将党组织的"扎桩"工作逐步推进到院落和村民身边，引领村民自我管理，从而更好地组织、宣传、凝聚和服务群众，探索出党建统领乡村"院落微治理"的新模式。铜梁区以三种形式推动党建引领农村治理工作：一是以院落为基本单元展开基层治理。它们改革了以行政村为主的治理方式，在村党组织的领导下，村民自主选举、自主推荐有一定能力且被村民认可的党员作为院落"召集人"，以各个院落为基础，展开管理、调解纠纷，以精准服务群众、解决群众问题，有效改变了农村村民参与治理程度不高的问题。二是以"五进五心"为党建引领服务原则，即推进党的理论政策进院落、推进工作力量进院落、推进公益服务进院落、推进文体活动进院落、推进自我管理进院落，做到思想同心、队伍齐心、服务贴心、活动凝心、发展连心。三是以积分制推动群众共同参与。以由党员组成的院落召集人和村民代表共同制定了以人居环境、乡风文明、乡村事务、示范带动的四类43项正向积分和11项负向积分为评价内容，由评分小组进行评审，以微信公众号实现电子计分，在网络平台上进行公示，并设立奖品对优秀院落予以奖励。① 宁夏中卫市沙坡头区坚持以党建引领为核心，以乡村振兴

---

① 陈维灯：《铜心小院：管的是小事 聚的是民心》，《重庆日报》2022年12月21日第6版。

为战略支撑，以合作社为实现路径，创建治理平台，注重打造强大的党支部，巩固乡村治理基础。2022年，沙坡头区通过多种形式实现以党建发展促进乡村茶业兴旺、乡民生活富裕。它们按照"支部建在产业链上、党员聚在产业带上、群众富在大棚园区"的总思路，积极探索"四联四带"党支部领办合作社发展模式，创建了一条有声有色的党建引领产业发展、促进乡村振兴的新路径；建立起"县区统筹、乡镇推动、村级落实"的三级联动体系，制定出台《沙坡头区关于推行村党支部领办合作社的实施方案》，为当地党支部建立发展合作社，挖掘村级优势资源、立足实际选择产业类型、实现差异化发展提供方向引领；以"一册一牌一次一评"的工作机制，对在乡村基层治理中发挥积极性与主动性的优秀共产党员进行表彰，在其家门口悬挂"共产党员家庭户""共产党员示范户"等标牌从而进一步完善"支部—小组—党员"三级引领乡村基层治理格局。[1]

在城市社区领域，2022年，全国各地积极探索社区管理体制改革，致力于打造党建引领基层治理的新格局。例如，湖北省武汉市江汉区积极贯彻落实中央和省委、市委关于深化街道管理体制改革各项部署要求，着力深化社区街道管理体制改革，坚持党建引领、统筹力量、优化流程、下沉资源、创新机制，破解一系列治理难题。江汉区街道党组织以党建引领基层，缔造强大合力；对各级部门机构进行"瘦身"与改变，构建起高效的管理服务体系；以放权赋权的方式提升综合行政执法质效，破解街道综合执法体制运行问题；由党组织统筹各类资源，积极创新便民服务，破解街道社区服务资源不足问题。在党委领导下，江汉区街道统筹协调各方的能力不断提升，街道职责分工更加明确，区街衔接关系进一步梳理清晰，履职更加顺畅，街道各内设机构、事业单位职责明晰，居民自治能力得到了显著提高。[2] 在福建省厦门市湖里区，由于社区内党组织以传统的城市化管理、组织架构与人力配置模式，面对城市居民小区普遍存在业委会、物业服务公司、业

---

[1] 张洋：《党建引领风帆劲 乡村治理阔步行》，《中卫日报》2023年4月20日第4版。
[2] 《湖北武汉市江汉区：深化街道管理体制改革 打造党建引领基层治理新格局》，人民网—中国共产党新闻网，http://dangjian.people.com.cn/GB/n1/2022/0826/c441888-32512618.html。

主之间的矛盾纠纷，以及部分业委会与物业公司的不作为与乱作为情况，社区居民对精细化管理、精准化服务提出了更高的要求。近年来，湖里区在辖区内选定 5 个街道 14 个住宅小区进行"业委会＋党建"试点，并在对试点经验进行总结的基础上，出台了一系列文件，包括《湖里区推进城市居民小区治理工作的指导意见》《湖里区关于加强城市居民小区党支部建设的指导意见（试行）》《湖里区加强小区业主委员会建设暂行办法》等。湖里区通过全面推行"党支部建在小区"，推动小区党支部与业委会的深度融合，积极打造党建引领小区治理的红色业委会，初步形成湖里区小区治理的制度框架，经过几年的发展，取得了较好的基层治理效果。①

在企事业单位方面，2022 年，全国各地企事业单位工会在党建引领下，立足其自身定位，积极履行职责，做出了表率。上海市静安区白领驿家在党委领导、政府支持下，以铸牢中华民族共同体意识为主线，充分发挥枢纽型社会组织桥梁纽带作用，始终将企业社会责任、青年志愿服务精神与党的新时代民族工作关联在一起，细分、精准地落实到社会多元主体心向往之、力所能及、脚踏实地的主观行动中，走出一条全社会铸牢中华民族共同体意识的新路子。它们通过开展项目化运作、社会化动员和公益型服务，在业已形成的"关注需求、完善服务、组织凝聚、政治引航"的《白领驿家工作法》基础上，运用良好基础和工作优势，进一步探索在社会领域广泛凝聚青年群体、引领治理新创新，强化职业青年的思想政治引领，将青年群体动员起来。② 兰州市总工会持续完善和改进党组织体系，健全工作制度，规范党建工作。总工会致力于从规范党支部设置开始，持续加强党支部建设，确保党支部的领导班子配备齐全、能力强。同时，为夯实党建工作基础，由机关部室负责人担任机关四个党支部书记，而直属单位则配备专职党支部书记。市总工会还先后修订完善了多项工作制度，如《中共兰州市总工会直属机关党委党建工作责任制度》和《兰州市总工

---

① 艾明江：《一体两翼："支部建在小区"中的政党行动框架——基于福建省厦门市湖里区的实践探索》，《公共治理研究》2022 年第 3 期。
② 《上海市静安区白领驿家：凝聚青年群体 引领治理新发展》，人民网—中国共产党新闻网，http://dangjian.people.com.cn/n1/2022/0929/c441888－32537206.html。

会党支部"三会一课"制度》等，逐步将党建工作制度化、规范化。此外，它们还以构建和谐劳动关系建设为核心，加大源头参与维护力度，深化工资集体协商，畅通职工维权热线，积极探索劳动争议调解"工会+法院"新模式，加大普法宣传力度，引导职工依法维权。①

2. 以"协同共治"开创基层治理的新局面

随着国家治理体系和治理能力现代化的全面推进，在基层治理中，多元主体协同共治不仅是实现基层治理现代化道路进程中的必然要求，也是实现共建共治共享社会治理格局的必由之路。

在农村，2022 年，中国各地因地制宜地创新探索出多种形式的协同共治模式，开创了农村基层治理新的局面。例如，内蒙古自治区巴彦淖尔市杭锦后旗为加快推进基层治理动能转换、格局转变，推出了"一村八化"社会治理模式，共建共治共享基层治理新格局得到不断巩固和完善。"一村八化"即议事民主化、主体多元化、规定标准化、责任网格化、服务订单化、诚信契约化、手段智慧化、评定星级化，充分发挥农村基层党组织的领导核心与战斗堡垒作用，完善群众的意见反映、利益协调和权益保障机制，引导农村基层组织、社会组织以及广大村民积极参与农村社会发展工作，通过村民大会、村民代表议事会等多种访谈形式征求群众对村内工作的意见、激发村民参与村中事务的积极性。此外，杭锦后旗还实现了村委干部、驻村第一书记等网格化责任落实，延伸管理触角，带动党员干部、村民群众共同参与乡村自治，形成了强大的基层社会治理合作力量，有效提升了人民群众自我管理、自我监督、自我服务水平。② 再如，在甘肃省康县迷坝乡，各村通过开展"微心愿"征集办理工作来解决村民的各种急事难事，实现乡亲问题村内解决。在各村党支部的带领和引导下，由各村干部按照六个步骤做好"微心愿"征集办理工作：征集心愿、建立台账、认领心愿、解决问题、公示结果、评议成效。由此形成了全方位、全过程、全覆盖的村民自治模式，取得了显著成效，

---

① 赵万山：《推动党建与工会业务工作融合发展》，《兰州日报》2022 年 9 月 28 日第 3 版。

② 辛齐全、王学铁：《完善体系 创新方式 努力提升农村社会治理现代化水平》，《巴彦淖尔日报》（汉）2022 年 10 月 11 日第 7 版。

走出了一条村民自治新路子。①

在城市社区，社会治理以协商型和服务型双重治理渠道推动社会治理重心下移，社区治理资源下沉，通过更有效地践行社区基层治理社会化、法治化，不断提高城市自治的专业化水平。例如，2022年，浙江省拱墅区以"县乡一体、条抓块统"改革为牵引，以"红色三方办"为抓手，不断扎实推进城市治理重心向基层下移，提升基层社区治理神经灵敏度。"红色三方（力）"是一种以小区党组织统一领导、小区专员常驻统筹、多元主体协商共治为主要特征的新兴三方协同小区微治理模式，这种模式实现了政府（社区）监管端、业委会自治端、物业企业管理端和小区服务端的"3+1"多方协同，并以数字系统为整合，对于大幅提高基层的治理效率和能力具有显见的优势。拱墅区全域探索推进"上统下分、强街优社"改革，推动议事协商、盘活资源力量，努力让小区事在小区里解决。目前，小区专员机制几乎实现拱墅区所有居民小区全覆盖。在楼宇、商圈、市场、商贸综合体和两新组织相对集聚区域创新建立了16个商务社区，构建起"党组织—楼委会—物业公司"新三方协同治理机制。拱墅区各方力量在党支部和党员的牵头下，拧成一根绳、形成一股战斗力，汇聚起基层社会治理的强大动能。②

江苏省无锡市滨湖区全力打造小区治理共同体，在全省率先提出和探索了"六建五协同"小区治理模式。所谓"六建"，即建小区党总支（联合支部）、金乡邻理事会（志愿者协会）、友邻客厅（乐龄驿站）、友邻基金、居民自组织、信息平台；所谓"五协同"，即社区党建协同推进、公共事务协同落实、小区议题协同解决、居民服务协同供给、睦邻文化协同营造。"六建五协同"小区治理模式不仅有助于实现社区治理单元的再优化、社区治理功能的再分解、社区治理资源的再分配，而且有效破解了"社区大、网格小、自治难"的治理问题，从而提升了滨湖社区治理水平。据统计，截至2022年底，

---

① 《甘肃省康县迷坝乡：办理群众"微心愿"构建社会"大和谐"》，《农村经营管理》2023年第5期。

② 《浙江拱墅：三方协同做优共同富裕现代化基本单元》，《人民日报》2022年11月23日第13版。

无锡市滨湖区已建成32个试点小区，整合成立党支部90个，党小组162个；建成32个友邻客厅，与30家专业社会组织签约托管运营；成立了32个乡邻理事会，有理事会成员近1000人，累计开展志愿服务1.4万余次；成功培育小区居民自组织230个，有成员3500余人，开展活动和服务近2300场次；建立公众号32个，微信群328个，实现了试点小区信息平台的全覆盖。①

在企事业单位方面，各地方基层工会通过加强工会组织建设，不断增强工会组织的创造力、凝聚力，为更好地发挥工会桥梁纽带的作用，一些企事业单位推进并鼓励把基层工会建成职工群众信赖的"职工之家"，以此推动基层工会与基层自治实践协同发展。例如，江西省总工会连续发布《关于对全省基层工会组织"六有六规范"建设工作实行奖励补助的通知》《关于对企业全国模范职工之家活动阵地建设进行经费补助的方案》《打造乡镇（街道）、社区、省级工业园区职工活动场所的实施意见（试行）》，着力夯实工会基层基础，增强基层工会组织的凝聚力和影响力。此外，省总工会还计划在全省试点打造集文化教育、文体活动、暖心服务于一体的乡镇（街道）、社区、省级及以上工业园区职工活动场所，争取用3—5年的时间，逐步实现乡镇（街道）及省级工业园区职工活动场所基本覆盖。② 内蒙古自治区赤峰市松山区大庙镇小庙子村宏都种植专业合作社工会委员会以党建带工建，加强工会组织建设，专门成立了"党建带工建领导小组"，由村党总支书记任组长，筹建合作社工会，通过会员大会民主选举出第一届工会委员会，有70名农民工入会。经过四年多的实践，广大村民把工会当成了"家"，把合作社当成自家的事业，提出合理化建议80余条。村党总支在助推合作社发展的同时，与合作社工会共同维护职工权益。它们定期和工会组织员工开展技能培训、野外拓展、广场舞比赛等活动；定期召开职工大会，听取员工的意见和建议，根据员工诉求，调整岗位工资、工作时间。上述举动让员工感

---

① 《无锡市滨湖区基层社会治理项目再度获评省级奖项》，江苏省人民政府网，https://www.jiangsu.gov.cn/art/2023/7/12/art_88959_10964577.html。

② 《江西省总工会：着力加强基层工会组织建设》，中工网，https://www.workercn.cn/c/2022-09-07/7158221.shtml。

受到了党的关怀和工会组织的温暖，觉得在企业务工既有动力又有尊严。①漯河市总工会不断探索新形势下做好工会工作的方式方法，采取了"党建＋工建"模式，在凡有3名以上正式党员、集中工作时间1个月以上的在建重点项目，建立功能型党组织；在凡有25名以上职工、集中工作时间1个月以上的在建重点项目，建立基层工会组织，确保"一工程一支部""一项目一支部"。据统计，截至8月底前，符合条件的在建重点项目实现了党组织和工会组织的全覆盖。同时，它们还每年定期开展排查，对符合条件的在建重点项目实行动态管理，做到"成熟一个、组建一个、入职一个、入会一个"，做好工会组织建设的每一步②，从而有效发挥了工会组织的桥梁纽带和服务职能。

3. 以"数智建设"推动基层治理转型升级

数字化是治理现代化的重要途径和标志。数字赋能基层社会治理，是促进基层社会治理成熟化、专业化、精细化与服务智慧化的重要措施，对构建社会治理新格局，推进治理体系和治理能力现代化发挥着关键作用。2022年，在国家相关部门部署和推动下，中国各领域基层自治实践都把数字化治理作为推进治理现代化的重要内容加以实践。

在农村基层领域，中央网信办等十部门印发的《数字乡村发展行动计划（2022—2025年）》③明确指出，到2025年要实现乡村4G深化普及、5G创新应用；加快农业生产经营数字化转型，智慧农业建设取得初步成效，培育形成一批叫得响、质量优、特色显的农村电商产品品牌；要推进乡村网络文化繁荣发展，使乡村数字化治理体系得到不断完善。党的二十大报告也提出，要加快建设数字中国，加快发展数字经济。④ 在此推动下，互联网与数字化普及千家万户的实践加

---

① 张钧保：《党建引领把方向 工会聚力促发展》，《赤峰日报》2022年5月10日第6版。
② 《漯河市总工会打造新时代基层工会组织建设新样本》，中工网，https://www.workercn.cn/c/2022-10-09/7187998.shtml。
③ 《数字乡村发展行动计划（2022—2025年）》，中国网信网，http://www.cac.gov.cn/2022-01/25/c_1644713315749608.htm。
④ 习近平：《高举中国特色社会主义伟大旗帜 为全面建设社会主义现代化国家而团结奋斗——在中国共产党第二十次全国代表大会上的报告》，《人民日报》2022年10月26日第1版。

快，为乡村数字经济新业态、建设美丽宜居乡村提供了源源不断的动力和新的发展动能，也使全国各地乡村基层治理现代化获得新升级，乡村振兴新产品、新产业与新的营销模式不断涌现。例如，江苏泗阳县在2021年底被确定为江苏省第四轮农村改革试验区"探索新型农村社区数字乡村治理机制"试点区域后，2022年，泗阳县逐步形成了以治理为核心、以数字为手段，以应用为目标的数字乡村治理模式。它将数字化融入基层党建领域，打造了党建微网格化模式，并以此为基础，形成了"网格化积分管理、治安警情监控网、物业管理红网、24小时志愿服务网"的"五网融合"新机制。在"我的泗阳"App中，足不出户便能知晓泗阳县各个村的最新动态、参与村里的网上投票和村务决议、查阅村民表现的积分情况。①既方便了本地村民了解村内发展情况，也为所有村民参与村内议事提供了线上渠道，村民自治意识、参与意识和责任感显著提升。又如，上海市浦东新区航头镇通过"科技+积分"提升乡村治理数字化水平。它在乡村治理中推广积分制应用，建立智慧化积分平台，持续推动乡村治理提质增效。在它搭建的积分体系中，包括航头镇全镇15个部门、42项涉及乡村治理的具体事项，并设立底线约束，以简明易懂的正负指标的积分方式作为评价标准，以此激励和引导村民积极参与维护乡村环境和乡村管理的各项活动。特别值得一提的是，航头镇搭建的数字智慧平台，专门设立了面向村民的积分制小程序，在这个小程序中，各村所有家庭以手机为客户端，通过"公约制、承诺制、审核制"三种方式申报积分后，就可直接参与乡村治理各项活动，这种方式不仅调动了村民参与乡村治理的主观能动性，也提升了村民遵守村规民约的自觉意识，乡村自我管理、自我治理效能和水平显著提高。②再如，重庆市酉阳土家族苗族自治县花田乡以科技赋能乡村治理，将数字化技术全面融入乡村治理实践各领域，构建起村民互动、老有所养、数字管理、村民自治的良好局面，充分激发群众内生动力，真正让群众成

---

① 吕珂昕、赵宇恒：《数字探索多一点 乡村治理再升级》，《农民日报》2022年11月1日第5版。

② 《上海市浦东新区航头镇：以"科技+积分"提升乡村治理水平》，国家乡村振兴局网站，https://new.nrra.gov.cn/2022/12/29/ARTIILRwZcXCjwyJUOopLAAG221229.shtml。

为乡村治理的主体①：它们构建了"沟通机制""关爱机制""管理机制""服务机制"，组建乡村文明宣讲队，以微信、抖音、快手等多平台开展和谐家庭、新乡贤等评选活动；为全乡220余位老人建立全方位数字健康管理体系；建立和完善政务公开线上平台；建设群众信息反馈系统，让村民生活事线上办；建设积分兑换机制，用积分超市提升村民自我管理热情等。通过上述举措，花田乡村级综合服务信息化水平明显提升。

在城市社区方面，数字化治理理念和技术被全面引入城市基层治理实践中，城市基层治理手段基本上实现由"管控"到"智控"的转变，"城市大脑"和"智慧城市"建设得到普遍推广，"数字化+网格化"治理速度和水平不断提升。例如，2021年底，温州市瓯海区被确立为城市治理"一网统管"综合性试点后，通过整合全瓯海区社会治理资源，从整体上提升城市治理水平：通过融合15个省区市系统平台、45个专题应用场景，打造了集运行监测、矛盾调处、分析研判、协同流转、应急指挥、督查考核等功能于一体的现代化社会治理和城市运行中心。瓯海区城市治理运行中心通过连接数字城管、基础治理四平台以及其他15个系统事件数据，可以实时展示549项城市运行和社会治理指标；同时，科学地划分了942个全科网格和5173个微网格，形成了网格图与高德地图综合集的"作战一张图"，这张图可以显示68类城市资源的22793个点位。此外，它们还将经济运行、安全生产等16类100多个维度的指标纳入算法模型，以立体方式描绘各个镇街的特征和运行状态，形成了全面的"镇街画像"。通过以上方式，瓯海区中心能够全程管理并监控"瓯海的一天"所发生的各种事件。截至2022年10月9日，该中心已经累计归集各类数据信息236305条。② 又如，内蒙古自治区鄂尔多斯市在创建国家首批"智能社会治理实验综合基地"、以康巴什区为"试验田"规划的推动下，市政府以提升市域社会治理水平为目标，借助于数字

---

① 《重庆市酉阳土家族苗族自治县花田乡 构建四种机制走好乡村治理"数字路"》，《农村经营管理》2022年第3期。

② 杜一川：《描绘市域社会治理幸福蓝图》，《温州日报》2022年10月19日第1版。

和智能手段，自主研发了名为"多多评·码上生活"的社区智能综合服务平台，并采用了"二维码+"智慧治理模式。此外，市政府还建立了"物质+品德"积分体系，通过数字化手段将城市治理重点转移到早期的风险防范和解决上，构建了横向联合、纵向赋权和数字赋能的智能社会治理体系，使数字平台成为解决矛盾和风险的前沿。截至2022年8月，该模式已在全市9个旗（区）全面推广。数字平台在解决城市全域内社区治理问题上发挥了积极的作用。[1] 再如，四川省眉山市彭山区依托社会治理指挥调度中心平台，将基层社会治理难题化解成为快速处理的典型案例。近年来，彭山区按照"大数据+网格化+微治理"思路，集中资金投入建设社会治理指挥调度中心，实行"集约化"建设、"智能化"集成、"精细化"服务、"一体化"指挥，为基层社会治理提供有力的智慧支撑。[2]

在企事业单位自治领域，数字化建设主要体现在工会系统建设方面。工会工作系统建设和完善是企事业单位基层自治的重要和关键领域。党的十八大以来，在习近平总书记关于网络强国的重要思想的引领下，全国工会利用数字文明带来的强大应用效能、差异化体验以及实时连接等功能，全面加快工会平台建设。2022年，全国各地工会在数字化建设上取得了新的进展。浙江平湖市工会以"云履职"应用场景为会员代表充分履行职能提供了一个新平台，不仅推动了工会系统和职能部门的多跨协同，也使得提案建议的办理情况通过在线平台实现进度观测。工会线上平台为解决难题、办实事提供了有效模式。例如，2022年5月18日，平湖市抖音电商直播基地成立联合工会，平湖街道工会会员代表朱根华在基地走访时了解到一个新情况，即基地很多电商直播从业人员摄影等基本技能普遍缺乏，影响了他们的职业发展。这一诉求被带到了"云履职"应用平台，通过"职工事大家议"场景邀请大家集思广益，经几轮头脑风暴后，共识渐渐达成：职业技能提升要致力于形成长效机制。在各方努力下，平湖德耀

---

[1] 史万森：《"码上"智慧治理 积分全面赋能》，《法治日报》2022年8月27日第1版。
[2] 熊勇：《智慧治理出实招 "四化联动"见实效》，《四川法治报》2023年5月12日第3版。

文化传媒有限公司工会与平湖抖音电商直播基地联合工会结对共建，常态化开展专业技能辅导培训。① 中铁四局一公司积极探索"互联网+"工会服务职工体系建设，探索"云端"职代会，3 年间已有 300 多名职工代表实现"云参会"。"云参会"不仅对工作处理的时效性有很大的提升，工会确立的"程序不减、环节不少、标准不降"的线上职代会召开原则也为各项会议程序的规范运作奠定了基础。到 2022 年，经过 3 年的发展、完善，中铁四公司的线上职代会逐步程序化、规范化，实现按职权落实、按程序开会、按规则议事、按意愿表决，实现了程序更加完善、职权更加分明、规则更加清晰、效率更加强大。② 江苏省数字工会建设在 2022 年以打通服务群众"最后一公里"为目标展开。为深入推进全省工会治理数字化、服务智能化协同发展，打通联系服务职工群众"最后一公里"，颁布实施了《江苏省"十四五"数字工会建设规划》。2022 年是该建设规划全面实施的第一年，目前，已经开通了手机 APP、微信公众号、小程序等多个服务终端，并与各设区市、县（市、区）实现了互联互通，开发的功能模块实现了分级管理，全省工会近 120 个项目功能实现了网上办理，社会组织服务供给与职工需求实现了精准有效对接，③ 初步形成了"江苏工会服务一张网"格局，惠及职工 400 多万人。

二 基层社会群众自治和基层治理现代化发展的总体方向和具体目标

2022 年是"十四五"规划实施的第二个年头，是党和国家迈向第二个百年奋斗目标新征程的第一年，是实现"2035 远景目标"的重要一年，也是党的二十大召开之年。在党和国家建设事业发展的

---

① 邹偑然、阮向民：《浙江平湖市工会会员代表"云履职"，打造竭诚服务职工新场景——线上连得更紧 脚下跑得更勤》，《工人日报》2022 年 12 月 28 日第 2 版。

② 陈华、施院生：《会议上"云端" 权利不"掉线"》，《工人日报》2022 年 8 月 10 日第 2 版。

③ 吉强：《"数字工会"：打通服务群众"最后一公里"》，《新华日报》2022 年 8 月 22 日第 10 版。

这一重要时段，在习近平新时代中国特色社会主义思想的指引下，在中央政府的总体规划下，全国各地深入贯彻落实"十四五"规划纲要精神和党的二十大精神，继续推进各领域改革和发展，并取得显著成效。特别是在基层自治领域，各地各级政府基于党和国家确定的中国式现代化发展方向和目标，抓住社会发展重要战略机遇期，不断推进党领导下的基层治理发展和基层群众自治实践，以"基层善治"开辟"中国之治"新征途，书写中国式基层治理现代化新篇章。

（一）基层社会群众自治和基层治理现代化发展的新方向和新定位

水之不涸，以其有源；木之不拔，以其有本。基层社会群众自治和基层治理现代化的发展离不开党和国家的全局性谋划和整体性推进。2022年，伴随着党的二十大的胜利召开，党和国家突出政策性导向，围绕统筹推进乡村振兴、基层政权组织建设、全面从严治党和基层治理能力现代化发展，牵头制定了多项战略规划，颁布实施了多项重大政策，擘画了新的发展蓝图，为基层社会群众自治和基层治理现代化发展指明了新的方向，进一步明确了新的定位。

1. 党和国家持续推进基层社会群众自治和基层治理现代化发展的政策安排

（1）继续深入推进乡村振兴战略

2022年，党和国家继续把"三农"问题作为全党工作的重中之重，举全党全社会之力全面推进乡村振兴，加快农业农村现代化。为全面调动基层领域各方力量，汇聚起基层群众自治实践合力，集中统一领导和推进"三农"工作，党和国家采取了多项举措，对乡村振兴进行规划和指导。

2月22日，《中共中央 国务院关于做好2022全面推进乡村振兴重点工作的意见》正式发布，这是21世纪以来第19个指导"三农"工作的中央"一号文件"。该意见指出，2022年做好"三农"工作，要坚持和加强党对"三农"工作的全面领导。该意见强调，要制定乡村振兴责任制实施办法，明确中央和国家机关各部门推进乡村振兴责任，强化五级书记抓乡村振兴责任；要建强党的农村工作机构，发挥各级党委农村工作领导小组在"三农"工作中的牵头、统筹协调等作用，一体承担巩固拓展脱贫攻坚成果、全面推进乡村振兴议事协调职责；同时，推进农业现代化示范区创建，分级创建一批乡村振兴示范县、示范乡镇、示范村，广泛动员社会力量参与乡村振兴，深入推进"万企兴万村"行动，以点带面推进乡村振兴全面展开。①

3月22日，民政部、国家乡村振兴局又发布了《关于动员引导社会组织参与乡村振兴工作的通知》，助推巩固拓展脱贫攻坚成果常态化发展。该通知强调，要按照"四个不摘"要求，实现巩固拓展脱贫攻坚成果同乡村振兴有效衔接；要在中央设立的5年过渡期内，保持社会组织参与帮扶政策总体稳定，精准对接脱贫地区人民群众帮扶需求，推动社会组织工作重心从解决"两不愁三保障"逐步向助力乡村产业兴旺、生态宜居、乡风文明、治理有效、生活富裕转变，接续引导社会组织从集中资源支持脱贫攻坚转向巩固拓展脱贫攻坚成果和全面推进乡村振兴。与此同时，要协同推进组织专项行动，搭建服务平台，做好项目库建设，培育重点社会组织，完善长效合作机制和优化支持体系。②

5月27日，国家乡村振兴局、民政部发布了《关于印发〈社会组织助力乡村振兴专项行动方案〉的通知》，同时要求贯彻落实《民政部 国家乡村振兴局关于动员引导社会组织参与乡村振兴工作的通知》，明确提出乡村振兴专项行动的重点任务：组织动员部分重点社会组织对160个乡村振兴重点帮扶县进行对接帮扶，做好巩固拓展脱贫攻坚成果同乡村振兴有效衔接工作；动员社会组织积极参与乡村振兴，围绕乡村发展、乡村建设、乡村治理等重点工作，打造社会组织助力乡村振兴公益品牌；针对乡村振兴重点区域和重点领域，开展社会组织乡村行活动，搭建项目对接平台，促进帮扶项目落地实施；选

---

① 《中共中央 国务院关于做好二〇二二年全面推进乡村振兴重点工作的意见》，《人民日报》2022年2月23日第1版。
② 《关于〈民政部 国家乡村振兴局关于动员引导社会组织参与乡村振兴工作的通知〉的解读》，《中国社会报》2022年3月9日第1版。

树一批社会组织参与乡村振兴的先进典型，强化示范带动，推动形成社会组织助力乡村全面振兴良好局面。①

5月23日，中共中央办公厅、国务院办公厅联合印发《乡村建设行动实施方案》。该方案强调要把乡村建设摆在社会主义现代化建设的重要位置，顺应农民群众对美好生活的向往，以普惠性、基础性、兜底性民生建设为重点，强化规划引领，统筹资源要素，动员各方力量，加强农村基础设施和公共服务体系建设，建立自下而上、村民自治、农民参与的实施机制。② 该方案坚持以问题为导向，从十二个方面明确制定了下一阶段的重点任务：一是加强乡村规划建设管理。建立政府组织领导、村民发挥主体作用、专业人员开展技术指导的村庄规划编制机制，共建共治共享美好家园。二是实施农村道路畅通工程。继续开展"四好农村路"示范创建工作，推动农村公路建设项目更多向进村入户倾斜。三是强化农村防汛抗旱和供水保障。四是实施乡村清洁能源建设工程。五是实施农产品仓储保鲜冷链物流设施建设工程。六是实施数字乡村建设发展工程。推进数字技术与农村生产生活深度融合，持续开展数字乡村试点。七是实施村级综合服务设施提升工程。八是实施农房质量安全提升工程。九是实施农村人居环境整治提升五年行动。十是实施农村基本公共服务提升行动。十一是加强农村基层组织建设。深入抓党建促乡村振兴，充分发挥农村基层党组织领导作用和党员先锋模范作用。十二是深入推进农村精神文明建设。③

为了确保全面推进乡村振兴各项重点任务落到实处，进一步强化党政领导班子责任落实，促进乡村振兴，党中央、国务院根据《中国共产党农村工作条例》《中华人民共和国乡村振兴促进法》制定了《乡村振兴责任制实施办法》，并于2022年12月13日由中共中央办公厅、国务院办公厅正式印发。该办法旨在构建职责清晰、各负其责、合力推进的"五级书记抓乡村振兴"责任体系和任务分工落实机制，健全党委统一领导、政府负责、党委农村工作部门统筹协调的

---

① 《社会组织助力乡村振兴专项行动方案出台》，《中国县域经济报》2022年6月2日第6版。
② 《中办国办印发〈乡村建设行动实施方案〉》，《人民日报》2022年5月24日第1版。
③ 《中办国办印发〈乡村建设行动实施方案〉》，《人民日报》2022年5月24日第1版。

农村工作领导体制，并为此提出了明确的要求：一是深化推进定点帮扶工作，健全长效机制；二是强化东西部协作，协作双方各级党委和政府应当坚持双向协作；三是积极动员其他力量，鼓励工会、共青团、妇联、科协、残联等群团组织发挥优势力量参与乡村振兴。① 在随后召开的中央农村工作会议上（2022年12月23日至24日），习近平总书记进一步对"五级书记抓乡村振兴"提出明确要求：市县两级把"三农"工作作为重头戏、县委书记要当好"一线总指挥"；同时要完善考核督查机制，以责任落实推动工作落实、政策落实。②

上述举措在完成全面脱贫攻坚步入乡村振兴的新发展阶段，为毫不动摇地坚持和加强党对"三农"工作的全面领导，确保党在全面推进乡村振兴的工作中能够始终发挥"定海神针"的作用，扎实推进乡村振兴提供了坚强有力的政治保障。

（2）持续加强基层政权组织建设

党的力量来自组织。党的十八大以来，以习近平同志为核心的党中央提出要贯彻新时代党的组织路线，大力推进党的组织体系建设，构建起一套上下严密贯通、执行有力的组织体系。这是中国共产党从成立时只有50多名党员发展为拥有9600多万名党员并领导中国革命、建设和改革开放事业不断走向成功的一条重要经验。正是充分认识到基层党组织在中国各项事业中的基础作用，认识到只有把基层党组织建设强，把基层政权巩固好，把基层党组织建设成为有效实现党的领导的坚强战斗堡垒，才能团结带领基层人民群众深化自治实践，提升基层群众自治能力，从而为基层社会群众自治实践提供坚强保证，才能切实推动基层社会治理现代化发展，党和国家始终把推进基层政权组织作为建设农村工作的关键点。为此，2022年，党和国家出台或修订《中国共产党中央委员会工作条例》《中国共产党地方委员会工作条例》《中国共产党农村基层组织工作条例》等一系列党内

---

① 《中办国办印发〈乡村振兴责任制实施办法〉》，《人民日报》2022年12月14日第1版。

② 《锚定建设农业强国目标 切实抓好农业农村工作》，《人民日报》2022年12月25日第1版。

法规，为各级党组织建设和运转立规定矩。

5月15日，中共中央办公厅印发《关于加强新时代离退休干部党的建设工作的意见》。从该意见的出台可以看出，党和国家把离退休党员干部和离退休干部党组织也作为全国党员队伍和基层党组织的重要组成部分，这不仅有利于进一步把广大离退休党员干部组织凝聚起来，继续为党和国家事业发展贡献智慧和力量，也有助于推进新时代党的建设新的伟大工程。[①] 为了建设德才兼备、忠诚干净担当的高素质专业化干部队伍，健全能上能下的选人用人机制，中共中央办公厅于2022年9月19日印发了《推进领导干部能上能下规定》。该规定一方面加大推进力度，重点解决干部能下问题，明确规定要对不适宜担任现职领导职务的干部进行组织调整；另一方面强化责任担当，健全和落实推进领导干部能上能下工作责任制，并明确指出，党委（党组）应当坚决扛起主体责任，党委（党组）书记应当切实履行第一责任人的责任，组织（人事）部门应当自觉承担具体工作责任，推进能上能下常态化。[②]

8月22日，中共中央办公厅印发了《关于规范村级组织工作事务、机制牌子和证明事项的意见》。该意见共分三个部分。第一部分主要阐述规范村级组织工作事务、机制牌子和证明事项的指导思想、工作目标和推进路径。第二部分进一步明确了村级组织工作事务和重点任务，指出了减轻村级组织工作事务工作的方向和具体方面。第三部分主要阐述压实各地党委和政府、党政群机构的工作责任，建立健全村级组织负担常态化监管机制，增强村级组织能动性等组织实施方面的要求。该意见以增强村党组织领导的村级组织体系整体效能为主线，以为村级组织和村干部松绑减负为目标，以推动党政机构、群团组织工作思路和作风务实转变为保障，深化拓展基层减负工作成果，加强源头治理和制度建设，力争用两年左右时间，基本实现村级组织承担的工作事务权责明晰、设立的工作机制

[①] 《中央组织部负责人就〈关于加强新时代离退休干部党的建设工作的意见〉答记者问》，《人民日报》2022年5月16日第4版。

[②] 《中办印发〈推进领导干部能上能下规定〉》，《人民日报》2022年9月20日第1版。

精简高效、加挂的牌子简约明了、出具的证明依规便民,这一方面把村级组织和村干部从形式主义的束缚中解脱出来,另一方面也提高了农村基层事务治理效率和水平,从而为全面推进乡村振兴提供了更加坚实的组织保证。[1]

9月9日,中共中央政治局召开会议,审议通过了《十九届中央政治局贯彻执行中央八项规定情况报告》《关于党的十九大以来整治形式主义为基层减负工作情况的报告》,把解决形式主义突出问题和为基层减负结合起来,作为党的作风建设重要内容统筹谋划、一体推进,推动了各地区各部门采取有力措施督促纠治形式主义、官僚主义突出问题。此次会议强调,要发扬钉钉子精神,始终保持对突出问题的整治力度,督促落实好基层减负各项措施,不断健全基层减负的长效机制,强化并充分发挥常态化整治工作合力,让减负成果更好地惠及广大基层干部和人民群众。[2] 整治形式主义为基层减负已成为各地区各部门抓作风建设的常态化工作。基层党员干部有了更多的时间和精力抓落实。在党中央集中统一领导下,在各地区各部门的共同努力下,党内存在的形式主义、官僚主义问题得到一定程度的遏制和治理,党风政风和社会风气为之一新。2022年国家统计局社情民意电话调查结果显示,83.8%的社会公众对所在地方和单位克服形式主义、官僚主义的情况表示满意,75.6%的社会公众认为基层减负政策取得较好成效。[3] 可以说,基层反映强烈的形式主义突出问题得到了有效治理。

(3) 进一步加强全面从严治党

坚持自我革命是中国共产党在百年奋斗实践中积累的历史经验。习近平总书记指出,勇于自我革命是中国共产党区别于其他政党的显著标志。站在新的历史起点上,中国共产党要带领全国各族人民在全

---

[1] 《中共中央办公厅 国务院办公厅印发〈关于规范村级组织工作事务、机制牌子和证明事项的意见〉》,《中华人民共和国国务院公报》2022年第25期。

[2] 《中共中央政治局召开会议 研究拟提请党的十九届七中全会讨论的文件 审议〈十九届中央政治局贯彻执行中央八项规定情况报告〉〈关于党的十九大以来整治形式主义为基层减负工作情况的报告〉 中共中央总书记习近平主持会议》,《中国纪检监察》2022年第18期。

[3] 王琦等:《减负增效重实干 担当尽责开新篇——党的十九大以来以习近平同志为核心的党中央整治形式主义为基层减负综述》,《人民日报》2022年10月11日第1版。

面建设社会主义现代化国家、向第二个百年奋斗目标进军的新征程上阔步前进，必须保持党的自我革命永远在路上的清醒，持之以恒推进全面从严治党，以党的自我革命引领社会革命，以社会革命促进自我革命，确保党在新时代坚持和发展中国特色社会主义的历史进程中始终成为坚强领导核心。2022年，中国共产党坚持"全面从严"主基调不变，一方面，发扬彻底的自我革命精神，坚定不移地纵深式推进全面从严治党向基层延伸，贯通基层社会的"神经末梢"；另一方面，突出基层监督，将监督下沉融入基层群众自治实践中去，嵌入式推进基层监督与基层自治互动，促进基层治理提质增效。

1月4日，新年伊始，中共中央就印发了《中国共产党纪律检查委员会工作条例》。该条例从带头加强党的建设、完善内部监督制约机制、强化对纪检干部的管理约束等方面，对纪委自身建设提出严格具体的措施要求。特别是在加强监督机制方面做出了全面部署：不仅强调要积极发挥党的纪律检查工作在党和国家监督体系中的重要作用，提升监督全覆盖，增强监督的政治性、严肃性、协同性、有效性，而且指明要重点加强对领导干部特别是主要领导干部的监督；不仅指出要深化纪检监察体制改革，推进纪律监督、监察监督、派驻监督、巡视监督统筹衔接，整合运用监督力量，构建系统集成、协同高效的监督机制，而且在监督方式上提出了坚持以党内监督为主导，促进人大监督、民主监督、行政监督、司法监督、审计监督、财会监督、统计监督、群众监督、舆论监督等各类监督有机贯通、相互协调，健全信息沟通、线索移交、措施配合、成果共享等机制，形成常态长效的监督合力，坚持把监督作为基本职责的具体要求；同时对加强基层监督作出了具体部署，强调要通过基层监督资源和力量的整合，发挥纪检监察、巡察的作用，实现村（居）务监督的有效衔接，建立监督信息网络平台，扩大群众参与，及时发现、处理群众身边的腐败问题和不正之风。[①]

《中国共产党纪律检查委员会工作条例》以党章为根本遵循，充分运用党的十八大以来全面从严治党、推进党风廉政建设和反腐败斗

---

① 《中国共产党纪律检查委员会工作条例》，《人民日报》2022年1月5日第5版。

争，深化纪检监察体制改革的理论成果、实践成果、制度成果，对党的纪律检查委员会的领导体制、产生运行、任务职责、自身建设等作出全面规范，对于坚持和加强党的全面领导、坚持党中央集中统一领导，推进新时代纪检监察工作高质量发展，充分发挥监督保障执行、促进完善发展作用，具有重要意义。①

2月24日，《中共中央办公厅印发〈关于加强新时代廉洁文化建设的意见〉》指出，党中央高度重视廉洁文化建设，强调反对腐败、建设廉洁政治，是我们党一贯坚持的鲜明政治立场，是党自我革命必须长期抓好的重大政治任务。在新时代，必须站在勇于自我革命、保持党的先进性和纯洁性的高度，把加强廉洁文化建设作为一体推进不敢腐、不能腐、不想腐的基础性工程抓紧抓实抓好，为推进全面从严治党向纵深发展提供重要支撑。②

6月28日，《中共中央办公厅印发〈纪检监察机关派驻机构工作规则〉》着眼于健全系统集成、协同高效的派驻监督体制机制，对各级纪检监察机关派驻机构的组织设置、领导体制、工作职责、履职程序、管理监督作出全面规范，旨在推进派驻机构工作规范化、法治化、正规化，推动新时代派驻监督工作高质量发展。该工作规则明确指出，派驻机构是派出机关的组成部分，与驻在单位是监督和被监督的关系；强调派驻机构应当强化政治监督，把坚持和加强党的领导贯穿工作全过程各方面，进一步明确要着力推动派驻监督"有形覆盖"与"有效覆盖"相统一，推动派驻监督的制度优势转化为治理效能；派驻机构应当坚持打铁必须自身硬，坚持严的标准，勇于刀刃向内，牢固树立监督者更要自觉接受监督的意识，不断提高免疫力，切实防治"灯下黑"③等。

10月16日至22日，中国共产党第二十次全国代表大会于北京召

---

① 《中共中央印发〈中国共产党纪律检查委员会工作条例〉》，《人民日报》2022年1月5日第1版。
② 新华社：《中共中央办公厅印发〈关于加强新时代廉洁文化建设的意见〉》，《支部建设》2022年第9期。
③ 《中共中央办公厅印发〈纪检监察机关派驻机构工作规则〉》，《新华每日电讯》2022年6月28日第1版。

开。党的二十大报告明确指出："经过不懈努力，党找到了自我革命这一跳出治乱兴衰历史周期率的第二个答案，确保党永远不变质、不变色、不变味。"并告诫全党："全面从严治党永远在路上，党的自我革命永远在路上，决不能有松劲歇脚、疲劳厌战的情绪，必须持之以恒推进全面从严治党，深入推进新时代党的建设新的伟大工程，以党的自我革命引领社会革命。"[1]为推动全党永葆自我革命精神，贯彻全面从严治党战略方针，深入推进新时代党的建设新的伟大工程，确保党在革命性锻造中更加坚强有力，始终成为中国特色社会主义事业的坚强领导核心，[2]党的二十大通过的《中国共产党章程（修正案）》的决议[3]进一步明确指出党的自我革命永远在路上，并提出要不断健全党内法规体系，强化全面从严治党主体责任和监督责任，一体推进不敢腐、不能腐、不想腐。党的二十大批准的十九届中央纪律检查委员会向中国共产党第二十次全国代表大会所作的工作报告，根据新时期党风廉政建设和反腐败斗争面临的依然严峻复杂形势及其呈现出的新的阶段性特征，进一步强调必须始终保持勇于自我革命的政治品格和顽强意志，以党性立身做事，秉持"越是艰险越向前"的斗争意志，练就"魔高一尺，道高一丈"的斗争本领，不断清除损害党的先进性和纯洁性的因素，不断清除侵蚀党的健康肌体的病毒，确保党永远不变质、不变色、不变味。[4]

（4）全面聚焦基层治理现代化

新时代以来，基层群众自治实践在中国基层治理现代化建设进程中始终发挥着基础性、独特性作用。2022年作为全面落实"十四五"规划的关键之年和第二个百年奋斗目标的开局之年，党和国家将顶层

---

[1] 习近平：《高举中国特色社会主义伟大旗帜 为全面建设社会主义现代化国家而团结奋斗——在中国共产党第二十次全国代表大会上的报告》，《人民日报》2022年10月26日第1版。

[2]《就党的二十大通过的〈中国共产党章程（修正案）〉答记者问》，《人民日报》2022年10月27日第6版。

[3]《中国共产党第二十次全国代表大会关于〈中国共产党章程（修正案）〉的决议》，《人民日报》2022年10月23日第2版。

[4]《十九届中央纪律检查委员会向中国共产党第二十次全国代表大会的工作报告》，《人民日报》2022年10月28日第1版。

设计和基层群众自治实践创新牢牢结合在一起，以不断提高基层群众自治社会化、法治化、智能化、专业化水平，厚植基层治理的底蕴，挖掘基层治理的发展潜力，为基层治理顺利驶入现代化发展的"快车道"保驾护航。

2月11日，国务院印发《"十四五"推进农业农村现代化规划》，对新时期推进农业农村现代化的战略导向、主要目标、重点任务等作出全面安排。该规划指出，在未来五年里，要以有序推进乡村建设，加强和创新乡村治理，促进农业农村可持续发展，促进农民农村共同富裕，推动城乡融合发展为战略导向；以全面实施乡村振兴战略，农业支持保护持续加力，多元投入格局加快形成，更多资源要素向乡村集聚，为推进农业农村现代化提供有力保障为政策导向；以促进农业基础更加稳固，乡村振兴战略全面推进，农业农村现代化取得重要进展，梯次推进有条件的地区率先基本实现农业农村现代化，脱贫地区实现巩固拓展脱贫攻坚成果同乡村振兴有效衔接，乡村全面振兴取得决定性进展，农业农村现代化基本实现为目标；以农村基础设施建设取得新进展、农村生态环境明显改善、乡村治理能力进一步增强、农村居民收入稳步增长、脱贫攻坚成果巩固拓展、脱贫攻坚政策体系和工作机制同乡村振兴有效衔接、防止返贫动态监测和帮扶机制健全完善并有效运转，确保不发生规模性返贫为具体要求；以有效保障粮食等重要农产品供给、稳步提高农业质量效益和竞争力、优化农业生产结构和区域布局、持续改善物质技术装备条件，进一步提高规模化、集约化、标准化、数字化水平，增强绿色优质农产品供给能力、优化升级产业链供应链、基本形成现代乡村产业体系等为主要任务。

为实现上述目标和任务，该规划还进一步提出了农村基层社会治理的指导思想和工作原则，即以习近平新时代中国特色社会主义思想为指导，坚持加强党对"三农"工作的全面领导，健全党领导农村工作的组织体系、制度体系和工作机制，确保农业农村现代化沿着正确方向前进；坚持把新发展理念完整、准确、全面贯穿于农业农村现代化全过程和各领域，主动服务和积极融入以国内大循环为主体、国内国际双循环相互促进的新发展格局；强化政策供给，坚持在资金投入、要素配置、基本公共服务、人才配备等方面优先保障农业农村发展，加快补上农业农村短板；树立人民至上理念，在经济上维护农民利益，在政治上保障农民权利，激发农民积极性、主动性、创造性，不断满足农民对美好生活的向往；坚持总体国家安全观，树立底线思维，充分发挥农业农村"压舱石"作用，防范和化解影响农业农村现代化进程的各种风险；加快推进农业农村重点领域和关键环节改革，破除制约城乡融合发展的体制机制障碍，推动农业科技成果转化为现实生产力，增强农业农村发展后劲；坚持系统观念，统筹国内国际两个大局，整体谋划农村经济建设、政治建设、文化建设、社会建设、生态文明建设和党的建设，全面协调推进农业农村现代化；坚持因地制宜和分类推进，科学把握农业农村发展的差异性，保持历史耐心，分类指导、分区施策，稳扎稳打、久久为功，推进不同地区、不同发展阶段的乡村实现现代化，为全面建设社会主义现代化国家提供有力支撑。①

提高城市治理科学化精细化智能化水平是本年度基层治理现代化关注的焦点问题。为此，6月21日，国家发展和改革委员会发布了《"十四五"新型城镇化实施方案》。该方案对未来新型城市建设、城乡融合发展新格局、城市治理水平提升等内容提出了整体规划，即要树立全周期管理理念，聚焦空间治理、社会治理、行政管理、投融资等领域，推动城市治理科学化精细化智能化，并作出具体部署。一是通过划定落实耕地和永久基本农田、生态保护红线和城镇开发边界，根据水资源承载能力优化城市空间布局、产业结构和人口规模，优化居住、工业、商业、交通、生态等功能空间布局，加强城市风貌塑造和管控等优化城市空间格局和建筑风貌。二是通过实行增量安排与消化存量挂钩、推进"标准地"出让改革、推动不同产业用地类型合理转换、推广以公共交通为导向的开发（TOD）模式等打造站城融合综合体，提高建设用地利用效率。三是通过完善党的全面领导下的基层治理的网格化管理服务、推进社区服务标准化、加强社会工作专业人才队伍建设等提高街道社区治理服务水平。四是通过健全社会矛盾

---

① 《"十四五"推进农业农村现代化规划》，《人民日报》2022年2月12日第1版。

综合治理机制，畅通和规范群众诉求表达、利益协调、权益保障通道，推进社会治安防控体系建设。五是通过完善镇和街道设置标准，优化行政资源配置和区划设置，实现人员编制的科学配备、动态调整，优先满足社会管理、公共服务等领域用编需求。六是健全投融资机制，夯实企业投资主体地位，放宽放活社会投资，优化财政资金支出结构，推动政府投资支持、引导市场不能有效配置资源的公共领域、公益性项目，引导社会资金参与城市开发建设运营，并防范化解城市债务风险。①

基层群众自治实践，关键在人。基层治理的主体是人，治理的对象也是人，基层治理质量提升更在人。本年度，党和国家把选优配强基层治理的队伍，构建党委领导、政府主导、政策支持、企业主体、社会参与的高技能人才工作体系，打造一支爱党报国、敬业奉献、技艺精湛、素质优良、规模宏大、结构合理的高技能人才队伍作为推进基层群众自治和基层治理现代化工作的重要面向。为此，10月7日，中共中央办公厅、国务院办公厅印发的《加强新时代高技能人才队伍建设的意见》提出，要围绕国家重大战略、重大工程、重大项目、重点产业对高技能人才的需求，实施高技能领军人才培育计划；要支持制造业企业围绕转型升级和产业基础再造工程项目，实施制造业技能根基工程；要围绕建设网络强国、数字中国，实施提升全民数字素养与技能行动，建立一批数字技能人才培养试验区，打造一批数字素养与技能提升培训基地，举办全民数字素养与技能提升活动，实施数字教育培训资源开放共享行动；要围绕乡村振兴战略，实施乡村工匠培育计划，挖掘、保护和传承民间传统技艺，打造一批"工匠园区"等。②

通过上述举措，党和国家从顶层加以规划，为推进基层治理体系和基层治理现代化深入发展作出了战略部署和政策安排，这一方面彰显出党和国家全面推进中国式现代化坚强的政治决心和巨大的政治勇

---

① 《国家发展改革委关于印发"十四五"新型城镇化实施方案的通知》，中国政府网，https://www.gov.cn/zhengce/zhengceku/2022-07/12/content_ 5700632.htm。

② 《加强新时代高技能人才队伍建设的意见》，《人民日报》2022年10月8日第1版。

气，另一方面为拓展基层群众自治的实践空间提供了坚实的基础和保障，同时，也为推进中国式现代化提供了强大动力。

2. 基层社会群众自治和基层治理现代化发展的新方向、新定位

2022年是极不平凡的一年，是党的二十大召开之年。党的二十大作为中国在迈上全面建设社会主义现代化国家新征程、向第二个百年奋斗目标进军的关键时刻召开的一次继往开来的大会，不仅为未来5年乃至更长时期党和国家以及民族事业的发展确定了新方向，也划定了新定位，更为基层群众自治和基层治理发展确定了具体工作目标。因此，对于统一全党思想，团结人民奋斗，在中国特色社会主义道路上，夺取全面建设社会主义现代化事业成功具有深远的历史意义。

党的二十大不仅为推进基层社会群众和基层治理现代化发展指明了方向，同时也明确了加强基层治理的重要抓手，对于坚持和加强党的领导、夯实党长期执政的组织基础、推进基层治理体系和治理能力现代化具有重要意义。

党的二十大确定的基层自治和基层治理现代化发展方向，即"完善社会治理体系，健全共建共治共享的社会治理制度"，并将基层群众自治发展定位在"建设人人有责、人人尽责、人人享有的基层治理共同体"上。同时，还对基层群众自治发展和基层治理现代化实践推进作出了工作指导，即"坚持大抓基层的鲜明导向，抓党建促乡村振兴，加强城市社区党建工作，推进以党建引领基层治理，持续整顿软弱涣散基层党组织，把基层党组织建设成为有效实现党的领导的坚强战斗堡垒。"为此，未来工作需要注意以下几个方面：

第一，牢牢夯实党组织在基层的根基。推进基层社会群众自治和基层治理现代化发展的关键，是坚持和加强党对基层治理的全面领导。具体而言，一方面，抓紧补齐基层党组织领导基层治理的短板。要适应社会结构、社会关系、社会行为方式、社会心理的深刻变化，紧紧抓住党建引领这个关键，坚持大抓基层的鲜明导向，抓紧补齐基层党组织领导基层治理的各种短板，不断夯实社会治理基层基础，坚持共建共治共享，建设人人有责、人人尽责、人人享有的基层治理共同体，使每个社会细胞都健康活跃，使基层群众自治既充满活力又和

谐有序。① 另一方面，切实提高基层党组织领导基层治理的能力。要以建设政治功能强、支部班子强、党员队伍强、作用发挥强的"四强"党支部为目标，在严密组织体系、严肃党的组织生活、严格党员教育管理、严明党建责任上持续用力，不断提高基层党的建设质量，进一步把党的全面领导落到基层。② 特别是要不断健全完善基层群众性自治组织制度，把党的领导贯彻落实到基层社会领域的各方面各环节。

第二，始终坚持以人民为中心的发展思想。党的二十大报告指出，江山就是人民，人民就是江山。中国共产党领导人民打江山、守江山，守的是人民的心。基层治理是社会治理的"最后一公里"，必须把人民拥护不拥护、赞成不赞成、高兴不高兴、答应不答应作为衡量基层工作成效的根本标准。

> 坚持把群众满意作为衡量工作的根本标准，想问题、作决策、办事情自觉站稳人民立场，自觉接受群众监督评判，确保取得人民满意的实效。③

> 要和群众站在一起、与群众做好沟通。既要坚持政策的原则不能破，又要站在群众的角度以心交心，用真情实意换取理解和支持……把老百姓的急难愁盼问题理顺了，把实事办到群众心坎上……面对群众的现实需求，既要拿出雷厉风行的行动力，也要细心耐心倾听诉求、化解矛盾……扎扎实实走好群众路线，把群众当亲人，就能找到破解基层治理难题的答案。④

---

① 《二十大报告辅导百问 | 如何理解推进以党建引领基层治理？》，共产党员网，https://www.12371.cn/2022/11/16/ARTI1668582794862801.shtml。
② 中央和国家机关工委理论学习中心组：《以永远在路上的清醒和坚定推动中央和国家机关党的建设走在前作表率》，《人民日报》2022年12月26日第10版。
③ 邢善萍：《深刻把握"六个坚持"推动组织工作高质量发展》，《学习日报》2022年12月12日第1版。
④ 任伟、黄晓慧：《把实事办到群众心坎上（中国道路中国梦·强国复兴有我）》，《人民日报》2022年11月23日第5版。

第三，推动制度优势更好地转化为治理效能。作为整个社会治理重心的基层治理，其效能的最终实现必须依靠制度保障。党的十八大以来，以习近平同志为核心的党中央以巨大的政治勇气全面深化改革，加强对全面深化改革的顶层设计和整体谋划，"先后出台2000多个改革方案"，在"许多领域实现历史性变革、系统性重塑、整体性重构，支撑中国特色社会主义制度的根本制度不断筑牢、基本制度更加完善、重要制度不断创新，各领域基础性制度框架基本确立，国家治理体系和治理能力现代化水平明显提高"。① 而如何使制度优越性转化为治理效能，则是中国各层次国家治理现代化需要解决的重大问题。就推进基层社会群众自治和基层治理现代化发展来说，要进一步发挥制度优势，一方面，要健全共建共治共享的社会治理制度。这就需要不断健全和完善党组织领导的自治、法治、德治相结合的城乡基层治理体系，拓宽基层各类群体有序参与基层治理的渠道。另一方面，要保障基层群众全面参与基层社区治理全过程，增强城乡社区群众自我管理、自我服务、自我教育、自我监督的实效，提升基层治理中全员有序参与的能力，不断优化共建共治共享的社会治理新格局。同时，还要强化矛盾风险源头防范化解机制，"完善正确处理新形势下人民内部矛盾机制，加强和改进人民信访工作，畅通和规范群众诉求表达、利益协调、权益保障通道，完善网格化管理、精细化服务、信息化支撑的基层治理平台，健全城乡社区治理体系，及时把矛盾纠纷化解在基层、化解在萌芽状态。"②

（二）基层社会群众自治和基层治理现代化发展的地方政策跟进和具体目标

在党和国家的战略规划和具体部署下，全国各级地方党委和政府以习近平新时代中国特色社会主义思想为指导，接续出台并发布了相关政策文件和方案举措。

---

① 邓纯东：《深刻理解前进道路上必须牢牢把握的重大原则（深入学习贯彻习近平新时代中国特色社会主义思想）》，《人民日报》2022年11月9日第9版。
② 郭声琨：《推进国家安全体系和能力现代化（认真学习宣传贯彻党的二十大精神）》，《人民日报》2022年11月24日第6版。

1. 地方政府贯彻落实基层群众自治和基层治理现代化发展的政策跟进

一是为贯彻落实党中央、国务院关于做好2022年全面推进乡村振兴重点工作的部署要求，全国各省、市、自治区陆续制定并发布了结合本地方实际情况的关于做好2022年全面推进乡村振兴重点工作的意见，致力于推动乡村振兴取得新进展、大踏步推进农业农村现代化建设进程。例如，3月7日，中共黑龙江省委、黑龙江省人民政府发布了《关于做好2022年全面推进乡村振兴重点工作的实施意见》。该意见立足新发展阶段、贯彻新发展理念、服务和融入新发展格局、推动高质量发展，促进共同富裕，聚焦争当农业现代化建设排头兵的战略要求，从粮食生产和重要农产品供给、落实"长牙齿"的耕地保护硬措施、加快推进现代农业高质量发展、坚决守住不发生规模性返贫底线、聚焦富民产业促进乡村发展、扎实稳妥推进乡村建设、加大政策保障和体制机制创新力度以及坚持和加强党对"三农"工作的全面领导方面，确定了坚持以科技农业、绿色农业、质量农业、品牌农业为农业强省建设方向，推动乡村振兴取得新进展、农业农村现代化迈出新步伐[1]的发展规划。

安徽省委省政府于4月16日发布了《关于做好2022年全面推进乡村振兴重点工作的实施意见》，对安徽省乡村振兴重点工作作出了全面部署，包括实施"两强一增"的行动计划以及2022年目标任务和具体措施。具体而言，该意见在推进科技强农和机械强农方面，分别部署实施了如下行动，即农业"四新"科技成果转化行动、种业强省建设行动、种养业提质增效行动、全产业链建设行动、农业绿色循环发展行动、数字赋农行动等科技强农措施和优势产业集群壮大行动、特色农机研制补短板行动、全程机械化推进行动、农机社会化服务提升行动、农业"标准地"改革行动、农产品仓储冷链设施建设行动等机械强农措施；在促进农民增收方面部署了工资性收入倍增行动、财产性收入扩量行动、经营性收入壮大行动、转移性收入提升行动四项措施。上述共同行动对于确保农业稳产增产、农民稳步增收、

---

[1] 《中共黑龙江省委 黑龙江省人民政府关于做好2022年全面推进乡村振兴重点工作的实施意见》，《黑龙江日报》2022年3月27日第7版。

农村稳定安宁,加快安徽从农业大省向农业强省转变具有巨大的推动作用。①

中共浙江省委、浙江省人民政府也在 5 月 17 日印发了《关于 2022 年高质量推进乡村全面振兴的实施意见》。该意见坚持和加强党对"三农"工作的全面领导,坚持稳中求进工作总基调,牢牢守住保障国家粮食安全和不发生规模性返贫两条底线,按照数字赋能、变革重塑要求,围绕农业、农村、农民三条主线,提出了农业"双强"、乡村建设、农民共富三条主跑道,致力于打造有浙江辨识度的标志性成果,持续擦亮浙江"三农"金名片,加快建设农业农村现代化先行省,为高质量发展建设共同富裕示范区夯实基础②等。

二是根据中央部署,全国各地各部门多措并举,开展以整治形式主义、官僚主义的作风革命,狠抓落实为基层减负,持续深化拓展整治形式主义为基层减负成果。例如,中共贵州省委办公厅、贵州省人民政府办公厅在 2022 年 5 月 11 日印发了《2022 年贵州省改进作风狠抓落实工作要点》,着力提效能抓落实,通过信息化应用,打造协同办公"一平台",提高公文运转效率,加快公文运转速度,提升政务服务效率,贯彻落实了中央为基层减负精神,不断拓展巩固了基层减负成果。该工作要点在整治文山会海方面提出压减省级发文、各类简报专报数量,压减会议数量的总体要求和具体工作方案;在减轻基层工作负担方面,聚焦整治指尖上的形式主义,建设统一数据库,一次录入、多方共享,实现村级基础数据"一张表"全覆盖,开展村级统计报表清理。③

陕西省委在 8 月 2 日至 3 日召开的十四届全会上审议通过了《中共陕西省委关于开展作风建设专项行动的实施方案》,对全省进一步加强作风建设特别是开展基层减负作出了具体的工作安排,特别是在

---

① 《〈中共安徽省委安徽省人民政府关于做好 2022 年全面推进乡村振兴重点工作的实施意见〉政策解读》,安徽省人民政府网,https://www.ah.gov.cn/public/1681/554119771.html。
② 《中共浙江省委 浙江省人民政府关于 2022 年高质量推进乡村全面振兴的实施意见》,《浙江日报》2022 年 5 月 17 日第 5 版。
③ 《中共贵州省委办公厅、贵州省人民政府办公厅印发〈2022 年贵州省改进作风狠抓落实工作要点〉》,《贵州日报》2022 年 5 月 11 日第 1 版。

全省实施了作风建设专项行动。陕西省各级政府积极参与作风建设专项行动。例如，渭南市印发《解决形式主义突出问题为基层减负的具体措施》，建立四大班子联合办公室工作联席会议制度，统筹基层减负工作，实行"计划管理+严格审核"，明确未经市委、市政府批准不得要求县（市、区）以党委、政府名义上报文件，征求意见类文件报送时限一般不少于5个工作日等。① 安康市制定《安康市"四大班子"改进工作作风六条措施》，从市级"四大班子"做起，带头精简会议活动、压缩文件简报、改进调查研究、优化检查指导、规范公务接待、强化工作落实，为基层"松绑"减负。② 汉中市则围绕形式主义新阶段新特点新表现，结合基层负担隐性矛盾问题，瞄准调研督查中发现的难点症结，开展专项整治活动，展开"三不一慢一乱"整治，完善"靠作风吃饭、凭实绩说话"工作机制，创新开展"进万家门、知万家情、解万家难"活动等，努力为村级组织"松绑"减负。③

三是根据中央规划，全国各地各部门坚持"严"字当头，从"实"处着力，坚持不懈把全面从严治党向纵深推进。例如，中共广西壮族自治区委员会1月25日发布了《关于大力推进清廉广西建设的意见》，持续推动政治清明、政府清廉、干部清正、社会清朗，推进全面从严治党不断向纵深发展、向基层延伸、向全社会拓展。该意见一方面确定了坚持全面从严治党的战略方针，即把清廉建设融入全面建设社会主义现代化广西全过程各方面，一体推进不敢腐、不能腐、不想腐，惩治震慑、制度约束、提高觉悟协同发力，坚定不移将党风廉政建设和反腐败斗争进行到底；另一方面提出了具体工作内容和方式，即要加强重点领域监督，准确把握新时期腐败和作风问题的阶段性特征，提高及时发现新问题新动向的能力；要以党内监督为主导，探索深化贯通协同的有效路径，形成全面覆盖、常态长效的监督合力，完善权力监督制度和执纪执法体系；要深化体制机制改革，推

---

① 王佳伟、刘枫：《改文风中见作风》，《陕西日报》2022年11月7日第1版。
② 王佳伟、刘枫：《改文风中见作风》，《陕西日报》2022年11月7日第1版。
③ 汉中市减负办：《我市整治形式主义为基层减负工作出实招见实效》，《汉中日报》2022年12月21日第1版。

进政府职能转变,创新行政管理和服务方式,破除对市场主体投资兴业的障碍;要明确公私界限,做细落实政商交往的正面清单、负面清单,健全公职人员利益回避制度,从而构建新型政商关系;要持续深化"放管服"改革,广泛推行"网上办""一次办""跨省通办""不见面"审批,推动政府服务数字化转型,打造一流营商环境。①

山东省为进一步贯彻落实党中央《关于加强新时代廉洁文化建设的意见》,于2022年4月印发了《贯彻落实〈关于加强新时代廉洁文化建设的意见〉的若干措施》,明确要求各级各部门各单位党委(党组)自觉担负起廉洁文化建设的政治责任,把廉洁文化建设纳入党风廉政建设和反腐败工作总体布局,并将廉洁文化建设纳入党风廉政建设责任制考核、精神文明创建考评等中。在该文件指导下,山东省各地各部门在实践中积极从制度层面探索建立健全廉洁文化建设的组织领导、工作推进、激励评估和保障等机制;各级纪检监察机关还督促领导干部把抓好廉洁文化建设作为履行管党治党责任的重要内容,推动所管理地区部门单位领域的廉洁文化建设工作落细落实。②

四川省委、省政府于6月14日印发了《关于推进2022年全面从严治党、党风廉政建设和反腐败工作的意见》。该意见一方面提出要坚定不移推进党的自我革命,坚决打好党风廉政建设和反腐败斗争攻坚战、持久战,持续深化不敢腐、不能腐、不想腐一体推进,惩治震慑、制度约束、提高觉悟一体发力,努力取得更多的制度性成果和更大的治理成效,并始终保持惩贪治腐政治定力,巩固拓展反腐败斗争压倒性胜利成果的工作目标;另一方面确定了具体工作内容和任务,即匡正风气,以更大力度整治群众身边腐败和不正之风;重视解决腐败低龄化问题,加强对年轻干部的教育管理监督;完善权力监督制度和执纪执法体系,使各项监督更加规范、更加有力、更加有效;强化责任担当落实,一刻不停把全面从严治党引向深入。③

---

① 《中共广西壮族自治区委员会关于大力推进清廉广西建设的意见》,《广西日报》2022年1月25日第3版。
② 侯颗:《山东合力推进廉洁文化建设》,《中国纪检监察报》2022年5月7日第1版。
③ 《〈关于推进二〇二二年全面从严治党、党风廉政建设和反腐败工作的意见〉》,《四川日报》2022年6月14日第1版。

四是根据党的二十大报告提出的"完善社会治理体系""及时把矛盾纠纷化解在基层、化解在萌芽状态"的总体要求，全国各级地方政府因地制宜、大胆探索和创新基层治理模式，以唤醒基层群众自治的内在活力。例如，山东省昌邑市坚持党建领航，积极探索新时代基层社会治理新模式，凝聚合力、精准发力，以"绣花功夫"织密基层"小格子"、做好治理"大文章"，引领打造共建共治共享的基层社会治理格局。昌邑市通过赋能网格治理，从"单兵作战"向"多元共治"转变：将全市19个城市社区、85个农村社区划分为902个一级网格、3247个二级网格，在城市构建起"社区党委—网格党支部—楼栋党小组—党员中心户"组织架构，建立起"网格长（社区党委书记）—网格监督员（社区专职工作者）—专职网格员—楼长/网格协管员"四级社会治理体系，把组织建到群众"家门口"，同时在农村延续"社区党委—村党支部—网格党小组—党员联系户"组织架构，让党建根系深植网格土壤。同时，昌邑市还探索推行"支部建在网格、干部下沉一线"机制，打造"网格+志愿服务"模式，积极开展"我的网格我报到、争当红色楼道长"等活动，全面推行居民急难事项代办，打造"昌邑义工"名片，发动4万名义工参加社会治理"志愿服务"，激发自治活力。①

作为"枫桥经验"的发源地，浙江省不断坚持和发展"枫桥经验"，推进"枫桥经验"逐步转型。在2022年一年时间里，浙江已建成县级社会治理中心90个，为打造集运行监测、矛盾调处、分析研判、协同流转、应急指挥、督查考核于一体的综合性平台持续发力。这些治理中心立足实际，有效实现矛盾纠纷就地化解，从完善政策、健全体系、落实责任、创新机制等方面入手，做到发现在早、防范在先、处置在小。② 与此同时，杭州市萧山区在全省范围内率先实现实体化运作"城市智治中心"，构建起集约高效的城市治理"一网统管数字化监管平台"，融合"一网统管"和"大综合一体化"行政

---

① 牟希同等：《以党建引领推动多元共治》，《民主与法制时报》2022年11月11日第2版。

② 江南：《基层治理多下"化解"功夫（现场评论·一起来想一起来干④）》，《人民日报》2022年12月5日第5版。

执法改革，有效提升了精细化服务水平。①

广东省深圳区光明区以党建引领基层治理创新，积极探索打造以社区为基本单元的"社区＋片区网格"两级管理架构，深度融合党建引领网格化治理工作，陆续增设了片区网格，并进一步优化领导机制，配套建立区、街道、社区和片区"1＋6＋31＋N"四级组织领导架构。目前，全区已成立了103个网格党支部，打造了86个网格党群工作阵地，为片区网格提供优质党群服务。值得一提的是，按照网格化治理"一张网"要求，光明区升级"治理通"信息化平台，整合事项主管部门相关数据信息，建立"统一申报、统一分拨、统一处置、统一反馈、统一考核"的事项受理分拨运行闭环机制，使办理过程可量化、可追溯、可考核、可追责。2022年，全区网格员共报送各类综合巡查安全隐患事件40.2万件，整治率达99.6%，将系列安全隐患消灭在萌芽状态，成为激活社区网格化治理的新引擎。②

2. 地方政府贯彻落实基层群众自治和基层治理现代化发展的具体目标

全国各地方政府坚持和加强党的全面领导，坚持以人民为中心，以增进人民福祉为出发点和落脚点，以加强基层党组织建设、增强基层党组织政治功能和组织力为关键，以改革创新和制度建设、能力建设为抓手，不断完善和健全基层治理体制机制，深入推进基层群众自治实践向纵深发展，提出了诸多促进基层治理现代化发展的具体目标。

一是实现基层治理模式创新和突破。例如，大连市坚持以人民为中心，把尊重民意、汇集民智、凝聚民力、改善民生贯穿于社会治理全部工作中，着力解决好老百姓最关切的实际问题，让人民群众成为社会治理现代化的最大受益者。为此，市委、市政府出台了《大连市加快推进基层社会治理现代化建设实施方案》。该实施方案提出了"十个推进"重点任务和143项务实举措，推动基层社会治理模式创新、治理方式重塑、治理体系重构。该实施方案为重塑网格化治理体系，加强网格化管

---

① 《数据赋能破解基层治理痛点》，《人民日报》2022年12月21日第10版。
② 李锐忠等：《以党建为引领构建基层网格化治理新格局》，《民主与法制时报》2022年12月14日第4版。

理服务，制定了城乡不同的网格标准及其工作机制：城市社区按照 200—300 户的标准、农村原则上按照一个村民组或自然屯划分为一个网格的标准，让社区工作者、村民小组长等担任网格员，每 50—100 户设立 1 名网格信息员，织密服务管理"一张网"，通过网格员、网格信息员深入楼院、深入群众，做到矛盾纠纷和社会风险早发现、早报告、早处置。[1] 南宁市在 2022 年 8 月出台了《关于加强新时代党建引领基层治理的实施方案》，提出了五个方面的重点任务：全面优化"乡镇（街道）党（工）委—行政村党组织—自然村（网格）党组织—党员中心户"组织链条，强化堡垒作用；加强村（居）民委员会标准化规范化建设，推动村（社区）按标准划分网格，强化自治根基；推广西乡塘区"统一战线＋人民调解"等模式，构建多元化矛盾纠纷化解机制，强化法治保障；加强新时代文明实践中心（所、站）标准化、规范化建设，强化德治润心；推进各县（市、区）每年择优选取 1—2 个村（社区）探索开展智慧村（社区）建设，强化智治支撑。[2]

二是全方位畅通基层群众自治渠道。例如，贵州省关岭布依族苗族自治县新铺镇卧龙村通过"村党支部引领＋党员带领＋群众参与"的形式，在新铺镇和普利乡率先成立"议事小组"工作机制。"议事小组"以村民小组、自然寨为单位，由 3—7 人为一组，推选出威望高、责任心强、热心公益事业的村民进入"议事小组"，同时确保每个"议事小组"中至少有 1 名党员；实行"一正二副"组长负责制，优先提名"党小组组长""网格长""村民小组长""乡村振兴顾问团成员"等为组长、副组长推荐人选。目前，该县 17 个村成立"议事小组" 41 个，选出正、副组长 81 名，其中党员 71 名。"议事小组"的成立，畅通了基层群众自治渠道，有效激发了群众参与基层治理和村级发展的内生动力。[3] 重庆着力优化完善信、访、网、电、视频诉求平台，完善信访网上投、事项网上办、结果网上评、问题网上

---

[1] 侯国政、吕丽：《全力打赢事关大连振兴发展全局的关键之战——解码基层社会治理的"大连方案"》，《辽宁日报》2022 年 5 月 30 日第 4 版。

[2] 《市委组织部负责人就〈关于加强新时代党建引领基层治理的实施方案〉答记者问》，《南宁日报》2022 年 8 月 2 日第 1 版。

[3] 叶炜等：《"议事小组"激发乡村治理新动能》，《农民日报》2022 年 8 月 15 日第 3 版。

督、形势网上判的服务管理模式。重庆市信访办还将服务群众的政务平台从"网上"向"掌上"延伸，加强与网络问政平台、"渝快办"APP投诉窗口等的协作和融合，畅通群众网上信访渠道。据统计，该市网上信访占比超过70%，已经成为群众反映问题的主要渠道。[①]

三是全领域拓展基层社会治理空间。伴随着人们对美好生活的需要，基层社会治理普遍提出了"打通最后一米"的新要求。例如，上海市在深化市、区、街镇、居村"四级联动"中实现同频共振，把基层党建做到实处。上海市在商务楼宇、滨江滨河等城市新空间，建立"楼委会"等新型治理平台；面向新业态、新就业群体，坚持党建跟人走，在经济社会发展最活跃的领域植入党建基因；把资源、服务、管理下沉基层、做实基层，在全市布局开放1.2万个党群服务中心站点，让群众感受到党组织就在身边。[②] 山西省着力构建布局合理、覆盖市县乡村的党群服务中心体系。截至2022年8月底，山西省基层微网格数量达39.98万个，建立网格党支部33311个、微网格党小组142637个，并已实现乡镇层面全覆盖，在全省城市小区内新设党群服务站点4382个，形成"15分钟党建服务圈"[③]。

四是逐步实现基本公共服务全覆盖。公共服务是政府为满足城乡居民生存和发展需要，运用法定权力和公共资源，面向全体居民或特定群体，组织协调或直接提供的产品和服务。例如，2022年1月21日，江苏省人民政府办公厅发布《江苏省"十四五"公共服务规划》，制定了到2025年基本建成优质均衡的公共服务体系，率先实现基本公共服务均等化，基本形成政府保障、社会多元参与、全民共建共享的公共服务供给格局，扎实推动共同富裕，在幼有所育、学有所教、劳有所得、病有所医、老有所养、逝有所安、住有所居、弱有所扶等方面取得明显成效，更好地满足了人民群众对高品质生活需求的具体目标。该服务规划还提出了在幼有所育、学有所教、劳有所得、

---

① 王欣悦：《重庆畅通群众网上信访渠道》，《人民日报》2022年6月14日第12版。
② 刘士安、曹玲娟：《上海探索超大城市基层治理现代化新路（喜迎二十大）》，《人民日报》2022年9月9日第2版。
③ 胡健、乔栋：《山西积极探索基层治理新路径新举措（喜迎二十大）》，《人民日报》2022年10月22日第1版。

病有所医、老有所养、逝有所安、住有所居、弱有所扶、行有所畅、环境有改善、优军服务保障、文体服务保障、公共安全保障 13 个领域强化政府对基本公共服务供给的主体责任，采取针对性更强、覆盖面更广、作用更直接、效果更明显的举措，全面提升供给保障水平，加快实现全体城乡居民公平可及地获得更高质量的基本公共服务的总体要求，并强调要坚持以标准化建设为主线，以农村、欠发达地区和基层为重点，以常住人口为基础，加快推进基本公共服务补短板、促均衡、提质量，在全国率先实现基本公共服务均等化。① 西安市依据《陕西省"十四五"公共服务规划》及《西安市国民经济和社会发展第十四个五年规划和二〇三五年远景目标纲要》于 9 月 21 日制定发布《西安市"十四五"公共服务体系建设规划》，该规划聚焦公共服务存在的优质资源比较短缺、供需结构依然失衡、管理服务相对粗放，总体发展仍不平衡不充分，专业化水平、便利化程度有待提升，智能化应用有待普及，服务供给仍有待提质增效，财权事权不够匹配，市场发育不够成熟，治理体系有待完善，体制机制改革仍需攻坚等问题，制定了涉及人口均衡发展体系、国民教育学习体系、全民就业创业体系、医疗卫生服务体系、社会服务福利体系、文化权益保障体系、居民休闲服务体系、全民健身服务体系、城乡住房保障体系、社区综合服务体系十个主要指标及其发展和建设要求。②

三 新时代基层社会群众自治和基层治理现代化建设的主要途径

新时代以来，中国基层社会群众自治实践和基层治理现代化的发展趋势总体向好，但距离党的二十大对基层治理现代化发展提出的新部署和新要求，还有很大差距，要实现基层治理现代化还面临着严峻的挑战和无法回避的现实问题。因此，基于时代变迁、社会的发展以

---

① 《江苏省人民政府办公厅关于印发江苏省"十四五"公共服务规划的通知》，《江苏省人民政府公报》2022 年第 1 期。
② 《西安市人民政府关于印发"十四五"公共服务体系建设规划的通知》，《西安市人民政府公报》2022 年第 10 期。

及面临的现实任务分析困境、探求对策，进而确定主要途径，对于深入推进基层社会群众自治和基层治理现代化稳定有序发展，具有重要意义。

（一）基层社会群众自治和基层治理现代化发展面临的困境

如前所述，新时代以来，中国基层群众自治和基层治理发展取得了显著成就，并不断呈现出新亮点，人民群众切身感受到了社会主义民主制度的优越性，获得感不断增强。但是，要打通基层治理现代化"最后一公里"仍然面临着难以克服的困境和问题。这些困境和问题集中体现在以下几个方面。

一是基层政府与自治组织权责不清。在中国，社会治理的主体主要有三类，即政府主体，主要是基层行政部门与基层政府（包括基层党组织）；社会主体，主要是社会组织与社会力量；居民自治组织、居民自身。就目前而言，中国虽然基本上建构起党委领导、政府负责、社会协同和公众参与的社会治理格局，但在基层治理实践中，确保党的路线方针政策在基层全面贯彻落实、实现基层各类机构资源共享的各负其责、协调运转并切实有效的组织体系、制度体系和良性工作机制并没有普遍形成，"家长式"的体制性障碍仍然普遍存在，基层治理仍然是国家治理体系中既担负重要职责却又薄弱无力的一环。尽管基层社会治理领域中形成了许多经验，但有些经验名为治理创新，实质上是换汤不换药、新瓶装旧酒，走的依然是行政管理的道路。"许多基层干部形成了思维定势与行为习惯。误以为党的领导、政府负责就是党政包揽一切社会事务；对行政管理路径的深度依赖，对治理中的各种事务，都是政府亲力亲为，惯用的就是行政管理手段。"[1] 所以一些基层党组织和党员对于基层治理的问题"亲自动手，全包全揽"，把党建在思想、作风、素质、目标、方法、典型上的引领泛化成了"全面替代"。这就使得原有的行政治理体系"退出一线"，让党建工作陷入琐碎事务的泥潭中分身乏术。虽然切实回应了

---

[1] 朱力：《着力解决基层社会治理不平衡不充分发展问题》，《国家治理》2023年第6期。

民众呼声，但弱化了党建的引领作用，还在一定程度上干扰了行政资源的合理配置。①

二是社会组织力量薄弱。社会组织，包括社会团体、基金会和民办非企业单位，是指为了实现特定的管理目标，按照一定的宗旨和系统建立、组合起来，依照各自的章程开展活动的组织。在基层治理领域，社会组织的协同参与是实现基层有效治理的重要力量。但就目前来看，中国基层社会组织自身力量还很薄弱，并且"在发展趋势上出现地区不平衡不协调现象；在具体运行过程中公信力不强，制度建设不健全，缺乏有效监管，尤其未能适应大数据时代发展的需要，这在不同程度上影响了社会组织实现社会治理效能的发挥"②。从社会组织内部来看，其自身的体制机制不够完善，"缺乏一套完善的内部管理运行机制，包括社会组织的组织领导架构、责任和义务的划定、服务目标内容和对象的确认、服务效能评估、资金管理制度以及政府和社会监督制度的完善、参与社会治理的边界、参与社会治理的形式等"③，同时，由于社会组织从业人员工资待遇普遍不高，缺乏社保、医保、住房、职称等方面的政策保障，没有吸引力，难以觅到高层次人才，导致其治理理念滞后，治理人才储备不够，发展后劲不足。

三是群众参与基层社会自治的积极性普遍不高，参与度较低。这一方面是由于一些群众对自治的理解不够深入，相当一部分群众受传统观念和知识文化水平等因素的制约，对政策的把握和接受能力有一定的局限，导致其在自治实践中主体意识非常淡薄，参与基层治理的意识不强、能力不足，从而缺乏对公共事务的关注度和热情。另一方面是由于一些地方基层政府和自治组织宣传和动员工作不够充分，导致群众参与渠道不畅，参与难度较大。加之一些基层社会自治机制不够完善，基层群众在自治实践中缺乏明确的指导和

---

① 张文君、汪泽：《正确处理党建引领与政府治理的关系》，《前线》2019年第8期。
② 胡江华、曹胜亮：《新时代社会组织参与社会治理创新的现实困境与纾解路径》，《理论月刊》2022年第5期。
③ 胡江华、曹胜亮：《新时代社会组织参与社会治理创新的现实困境与纾解路径》，《理论月刊》2022年第5期。

约束，一些制度规定未能得到有效落实，直接影响了基层群众参与基层社会自治实践的信心。总的来说，上述问题就是"作为核心要义的制度本身尚不具备标准的体系化规约；作为制度执行的讯息传递渠道不够畅通；群众参与基层治理的法治化程度较低；群众参与基层治理的能效较低。"[1]

四是基层社会治理单向度化。单向治理"说到底就是一种官僚政治，基本的游戏规则是对上而不对下负责。官僚政治的最大特点就是政治系统内的信息单向流动，缺乏及时准确的信息反馈，致使决策中心无法进行有效的调控来改变信息的再输出，从而使该系统与环境之间的交流出现障碍，最终会影响到系统自身的生存"[2]，导致各方资源不能形成"良性互动"，"政策下沉"自然也就"营养不良"，基层社会治理共同体就难以形成。就目前而言，单向治理是当前基层治理发展创新普遍存在的瓶颈约束，例如，在社区微更新领域，普遍存在的"社区微更新的单向度治理模式"就是"因缺乏多元主体的参与，导致社区治理低效甚至失败"[3]。因此，单向度的治理模式，无论是以市场为主导，还是以政府为主导，都有悖于多元共治共赢共享的社区治理导向，不仅难以将治理资源整合到基层社会治理中，也难以真正整合起基层社会治理多元主体的积极性和主动性，从而直接影响基层社会治理的质量和效能。

五是基层社会群众利益多元化诉求与治理整体目标存在张力。随着市场化改革的深入，在基层社会领域，各种利益主体权力和权利意识越来越强，这一方面能够刺激其积极参与基层治理实践活动，但由于其公共意识不足，往往会各执己利，不相退让，从而导致利益纷争和矛盾难以调和，甚至呈现出对抗性、群体性态势，导致基层治理失效，公共目标难以达成。而如何整合各利益方意见，达成共识，既需

---

[1] 孙晓黎：《完善群众参与基层社会治理的制度化渠道》，《学术交流》2020年第10期。

[2] 任中平：《重构双轨：我国乡村治理中单向治理的生成逻辑与困境破解》，《党政研究》2023年第2期。

[3] 吴丹：《从空间微更新到社区营造：社区微更新的模式选择》，《公共治理研究》2022年第3期。

要基层治理主导力量本身工作的权威性、技术性，也需要公众自身具有适应社会公共生活的基本价值取向和意识。因为尽管基层治理的出发点和落脚点是人民利益，基层老百姓最有发言权，但它不是某个人、某部分人的利益，甚至不是所有人的眼前利益，而是公共利益、整体利益、长远利益。这不仅需要基层社会治理主导、领导主体有清醒的、正确的权力、权利、利益意识，也需要所有主体具有清醒的、正确的权力、权利、利益意识，还需要基层治理的领导、主导主体具有高超的工作艺术。因为基层治理工作的关键是，不仅需要基层领导自身处理好局部利益与长远利益、个体利益与整体利益、个体利益与个体利益的关系，还需要获得基层群众的普遍认同和接受。当前一些基层治理领域存在困境的根源就在于一些基层政府（包括党委）虽然付出了很大的努力，但由于没有抓到基层治理的关键处、要害处，没有把治理工作做到老百姓的心坎上、需求处，到头来老百姓却不买账。总的来说，就是基层群众表达利益诉求的渠道不畅通，利益诉求没有得到有效及时解决，缺乏协商解决利益争端的实践机制。

（二）推进基层社会群众自治和基层治理现代化发展的基本要求

基层社会是连接上级党委政府和基层群众的桥梁和中间环节，必须坚持发展以群众需求为导向，补齐基层社会治理短板，推动基层治理能力提升；以改革创新为动力，深入推进自治、法治、德治深度融合，打造共建、共治、共享的社会综合治理大格局，集中解决基层基础工作薄弱、治理体系不健全的问题。基于2022年基层群众自治和基层治理发展所取得的成就、存在的问题，以及党的二十大的战略部署和要求，在当前和今后一个时期里，推进基层群众自治发展应着重处理好以下几方面问题。

一是要处理好基层参与主体的权责关系。权利和责任关系是群体生活展开的条件。在基层社会治理中，权利主体及其利益诉求是多元的，相应地，不同主体的责任也是不同的。在基层社会治理格局中，各主体只有各司其职、各负其责才能使社会体系有效运转起来。因此，首先"需要明确的是虽然参与主体多元，各主体的地位平等，但是各主体的角色定位和职能职责是不同的。党委要坚持集中统一领导,更好地发挥党领导全局、协调各方的核心作用,为加强和创新社会治理提供政治和组织保证""政府还应引导和培育企业、社会组织,使其不断发展壮大,更有意愿和能力参与社会建设,达到政府与社会在各自擅长的领域为公共利益服务的局面。"[①] 社会组织基于其行动具有弹性和灵活性,对社会问题的敏感度较高,在积极承接政府购买服务、开展公益慈善活动等方面,为公众提供多样化、个性化的公共服务的同时,还要通过参与政策制定、监督和评估,促进社会参与以及协调利益关系等方式,为社会的和谐、稳定和繁荣作出贡献;同时,应积极尝试具有实验性的新任务,扮演先导或创新的角色。公众在社会治理中,应具有社会责任意识、自我约束和自我管理意识,在承担维护社会秩序和公共安全责任的同时,应通过表达他们的观点、提出他们的建议和意见,参与公共决策的制定和实施,对社会治理的过程和结果进行监督,为增强决策的民主性和科学性,推动社会治理的改进和优化,形成更加和谐、稳定和繁荣的社会作出应有的贡献。

二是要转变基层治理思维,将满足人民群众多元利益诉求作为治理的基点。基层是社会治理的"前哨",基层社会治理不仅需要立足基层社会"地方性"特征,还要探索因地制宜的治理方式,把满足群众多元利益诉求作为治理的基点,持续提升治理效能。同时,丰富基层社会治理内容和形式,深入开展以居民会议、议事协商、民主听证等为主要形式的民主决策实践,以自我管理、自我服务、自我教育、自我监督等为主要目的的民主治理实践,以村务公开、居务公开、民主评议等为主要内容的民主监督实践,让群众成为基层社会治理的参与者、受益者,全面推进基层群众自治制度化、规范化、程序化,引导人民群众依法行使民主权利。通过健全社区管理和服务机制,推行网格化管理和服务,发挥群团组织、社会组织作用,实现政府治理和社会调节、居民自治的良性互动,夯实基层社会治理基础。

三是要由单向度治理向双向互动式治理转变。要坚持健全完善多元主体协同共治的主体协同机制,通过政府负责,引导引领社会协同

[①] 王晶冉:《基层治理现代化的理论来源、治理思路和实践路径》,《陕西行政学院学报》2022 年第 3 期。

和公众参与，推动形成多元主体协同治理、互相合作、相互协调、动态平衡的良好态势，形成治理合力；要通过赋权达到增能，建立健全公众需求表达机制和平台，形成健全完善的合作、协同、互动的治理动力机制；要从制度设计上健全政府治理主体与其他治理主体的互动机制，完善丰富议事协商格局，强化公众参与能力；加强文化和情感建设，积极探索推进基层自治实践的创新方式，充分结合和谐示范社区试点等活动，切实发挥先进典型的示范带动作用，推动基层党组织领导下的群众自治机制进一步健全和完善。

四是要深化"三治"融合，提升基层治理现代化水平。本强则茂，基壮则安。中国特色社会主义最本质的特征是中国共产党的领导，根本在党，关键在党。要有效推进"三治融合"，必须做到以下"三个强化"：首先要强化党建引领，这是有效推进"三治融合"的政治保证。把突出党建引领，加强党的基层组织建设、巩固党的执政基础作为主线贯穿始终，明确以政治强引领、以法治强保障、以自治强活力、以德治强教化，加快推进社会治理现代化，探索形成"一核三治"治理体系。其次要强化协同运作。协同运作是有效推进"三治融合"的目标指向。只有实现协同运作，才能真正发挥"三治融合"的最大治理效能。最后要强化方式创新。方式创新是有效推进"三治融合"的生命力所在。只有实现方式创新，才能确保"三治融合"的持续活力。[①]

（三）基层社会群众自治和基层治理现代化发展的主要途径

党的二十大作为事关党和国家事业继往开来，事关中国特色社会主义前途命运，事关中华民族伟大复兴的一次重要会议，科学地谋划了未来5年乃至更长时期党和国家事业发展的目标任务和大政方针，不仅总结了新时代10年特别是过去5年党和国家事业发展的伟大成就，开辟了马克思主义中国化时代化新境界，而且提出了中国共产党在新时代新征程上的使命任务，并为中国社会主义建设各项事业发展提出了总体规划，同时也对各层次、各领域工作作出了具体指导和要

---

① 陈成文：《乡村治理推进"三治融合"的内在逻辑与实践路向》，《光明日报》2022年9月22日第6版。

求。根据党的二十大报告的部署和要求，以及基层社会治理发展的现实基础，在未来 5 年乃至更长时期里，中国基层群众自治和基层治理发展应着重从以下几方面展开。

一是坚持系统思维，把党的领导贯穿到基层群众自治实践的全过程。

党的领导是中国各项事业发展和成功的政治保障。中国革命、建设、改革发展的实践对此一再加以印证。因此，继续推进基层群众自治发展和基层治理现代化发展，不仅要更加重视党的领导，而且要坚持系统思维，把党的领导贯穿到基层群众自治实践的全过程。系统性思维作为科学的思想方法，体现出马克思主义方法论要求，是保证决策具有前瞻性、全局性、整体性的基本要求。在新时代，一方面，党和国家事业发展本身进入关键期，同时面临着更加艰巨、复杂的国际国内局势，必须坚持系统性思维，才能为推进党和国家各项事业提供科学思想方法；另一方面，"党的领导是全面的、系统的、整体的，必须全面、系统、整体加以落实。"[①] 同时，作为"按照马克思主义建党原则建立起来的，形成了包括党的中央组织、地方组织、基层组织在内的严密组织体系"[②] 的大党，只有形成系统的上下贯通、执行有力的严密组织体系，党的领导才能"如身使臂，如臂使指"。多年来，中国基层群众自治实践和基层治理发展水平不断提高，基层治理能力普遍提升，促进了基层社会的和谐稳定。实践证明，党的领导的正确性、科学性是党和国家事业发展，特别是基层群众自治和基层治理发展的关键。坚持党对基层群众自治和基层治理现代化的领导，是以中国式现代化全面推进中华民族伟大复兴的本质要求，而不断提高党的领导的科学化水平是进一步强化党建引领作用，提高党领导的基层治理效能的现实要求。根据党的二十大精神，秉持系统思维，把党的领导贯穿到基层群众自治实践的全过程，就是要"坚持大抓基层的

---

① 习近平：《高举中国特色社会主义伟大旗帜 为全面建设社会主义现代化国家而团结奋斗——在中国共产党第二十次全国代表大会上的报告》，《人民日报》2022 年 10 月 26 日第 1 版。

② 中共中央党史和文献研究院编：《十九大以来重要文献选编》（上），中央文献出版社 2019 年版，第 560 页。

鲜明导向，抓党建促乡村振兴，加强城市社区党建工作，推进以党建引领基层治理，持续整顿软弱涣散的基层党组织，并把党组织建设成为有效实现党的领导的坚强战斗堡垒。"①

"坚持大抓基层的鲜明导向"，既是我们党重视基层工作的延续，也是在新时代新征程中坚持系统性思维对基层党建工作提出的更高要求。习近平指出："党的基层组织是党的肌体的'神经末梢'，要发挥好战斗堡垒作用。落地才能生根，根深才能叶茂。"②随着基层党组织和基层党员数量的增加，要促进基层党组织建设提质增效，组织设置更加科学规范，必须将基层党建作为引领基层治理体制机制不断完善的抓手，而基层党建要将进一步"增强党组织政治功能和组织功能"③，提升组织力作为今后一段时期里加强基层党组织建设的重要面向。④中共中央组织部、中共中央政法委员会、民政部、住房城乡建设部为此于2022年6月印发了《关于深化城市基层党建引领基层治理的若干措施（试行）》，就深化城市基层党建引领基层治理作出全面部署，提出了"加强党建引领网格管理，提升社区精细化治理、精准化服务水平""加强社区工作者职业体系建设，壮大城市基层党建和基层治理骨干力量""加强党群服务中心建设，夯实城市基层党建和基层治理实体支撑""强化社区物业党建联建，以高质量物业服务推进美好家园建设""压实街道社区（园区）属地管理责任，把新就业群体纳入城市基层党建格局""广泛开展干部下派，到社区报到工作，推动机关和企事业单位在职党员参与社区治理常态化""健全城市基层党建引领基层治理领导体制机制，构建统一领导、各方协同、有序推进的工作格局"等八条措施。这八条措施为基层党建全方位引领基层群众自治和基层治理现代化发展提供了着力方向和工作内容。

---

① 习近平：《高举中国特色社会主义伟大旗帜 为全面建设社会主义现代化国家而团结奋斗——在中国共产党第二十次全国代表大会上的报告》，《人民日报》2022年10月26日第1版。

② 中共中央党史和文献研究院编：《十九大以来重要文献选编》（上），中央文献出版社2019年版，第561页。

③ 《中国共产党第二十次全国代表大会文件汇编》，人民出版社2022年版，第56页。

④ 王同昌：《新时代基层党组织政治功能：内涵、挑战及实践路径》，《科学社会主义》2023年第3期。

二是完善基层社会治理体制机制，构筑基层群众自治实践和治理发展的新格局。

随着改革的推进，经济社会的持续发展，中国社会结构发生了深刻变化，利益格局发生了深刻调整，社会需求日益广泛多元，社会价值观念日益多元复杂，社会矛盾和社会风险交织叠加等等，这对基层社会群众自治和治理发展提出了新的更高的要求。基层治理发展所面临的困境与挑战表明，单靠某一主体力量是不能实现基层治理整体水平提升的，只有从制度上进一步完善社会治理体制机制，构筑基层群众自治实践和治理发展的新格局，构筑基层社会共建、共治、共享新格局，才能提升社会治理效能，担当起人民群众的美好期待，从而实现党和国家赋予基层治理发展的任务和要求。为此，《中华人民共和国国民经济和社会发展第十四个五年规划和2035年远景目标纲要》明确作出了构建社会治理新格局的战略部署。"要健全党组织领导的自治、法治、德治相结合的城乡基层社会治理体系，完善基层民主协商制度，建设人人有责、人人尽责、人人享有的社会治理共同体。"[1] 这是构建基层社会治理新格局、基层群众自治实践新格局的内在要求；党的二十大报告对此作出了"健全共建共治共享的社会治理制度，提升社会治理效能""建设人人有责、人人尽责、人人享有的社会治理共同体"[2] 等重要部署。

完善基层社会治理体制机制，构筑基层群众自治实践的新格局是涉及多个领域、多个方面和多个层次的系统工程。首先就是要整合社会治理资源，建立基层社会治理共建体制。"共建"指"社会治理体制由社会成员群策构建"[3]，强调"改变以往控制、参与逻辑下的主体性价值不彰，实现社会治理的全过程、全体系的'共建'"[4]，"共治"侧重治

---

[1] 《中华人民共和国国民经济和社会发展第十四个五年规划和2035年远景目标纲要》，《人民日报》2021年3月13日第1版。
[2] 习近平：《高举中国特色社会主义伟大旗帜　为全面建设社会主义现代化国家而团结奋斗——在中国共产党第二十次全国代表大会上的讲话》，《人民日报》2022年10月26日第1版。
[3] 江必新、王红霞：《论现代社会治理格局：共建共治共享的意蕴、基础与关键》，《法学杂志》2019年第2期。
[4] 侯恩宾：《从社会管理到共建共治共享社会治理：内涵、逻辑及其方式的转换》，《理论导刊》2018年第7期。

理方式由参与型向合作型治理转变，有效整合各种力量和资源，推动各方共同参与基层治理，形成自治共治"同心圆"。实现"共建""共治"，需要明确党委、政府、市场、社会、公众的角色定位，正确处理政府、市场、社会和公众之间的关系，充分发挥政府、市场、社会和公众在社会治理中的独特优势和特殊作用，实现社会治理主体多元化，促进社会治理结构合理化，形成权责明晰、奖惩分明、分工负责、齐抓共管的社会治理责任链条；需要进一步打破部门界限、体制壁垒和条块分割，稳步推进多领域、多系统社会治理网络或平台的兼容与合并，统筹开展各类社会治理资源的集约化再配置、系统化再整合。

"积极发展基层民主"是实现完善基层社会治理体制机制、构筑基层群众自治实践新格局的关键。党的二十大报告明确指出：

> 健全基层党组织领导的基层群众自治机制，加强基层组织建设，完善基层直接民主制度体系和工作体系，增强城乡社区群众自我管理、自我服务、自我教育、自我监督的实效。完善办事公开制度，拓宽基层各类群体有序参与基层治理渠道，保障人民依法管理基层公共事务和公益事业。全心全意依靠工人阶级，健全以职工代表大会为基本形式的企事业单位民主管理制度，维护职工合法权益。[①]

具体做法应包括：健全群众组织和动员机制，广泛吸纳群众自组织带头人、社工专业人才参与基层社会治理，积极培育自治组织，提高民众的组织化程度，构建社会治理共同体；积极借鉴"新枫桥经验"，进一步完善"四议两公开"工作法，健全基层党组织领导下的民主协商机制，鼓励各地探索创新民主协商治理模式等。

完善基层社会治理体制机制，构筑基层群众自治实践新格局的目标在于共享，归根到底是为了满足人民对美好生活的需要，让人民群众共同享有基层社会治理成果。因此，需要进一步完善保障人民共享

---

① 习近平：《高举中国特色社会主义伟大旗帜 为全面建设社会主义现代化国家而团结奋斗——在中国共产党第二十次全国代表大会上的讲话》，《人民日报》2022年10月26日第1版。

的制度基础,在制度安排和政策导向上要坚持"共享"的价值取向,充分考虑社会整体结构中的绝大多数人的利益,重点加大对社会弱势群体、困难群体生存状态和权益的保护;进一步健全保障人民共享的服务体系,不断加强社会调查研究,尊重基层群众实践,了解群众生产生活中面临的突出问题,使改革的思路、决策、措施都能更好地满足群众诉求,增强社会政策的科学化、合理化,统筹有效配置资源,完善公共服务供给,满足群众的多元社会需求;还要进一步强化"全周期管理"意识,构建权责清晰、系统有序、协同配合、运转高效的治理机制,不断提升对各类基层风险预警防范、源头化解的能力,完善事前事中事后全程治理机制,把更多资源、管理和服务下沉到基层。进一步推进多层次多领域依法治理,提升社会治理法治化水平,以完备的政策法律体系作为加强和创新社会治理的制度支撑,更好地保障人民群众有序参与基层治理。

三是推进网格化、精细化和信息化建设,夯实基层群众自治的实践基础。

基层治理千头万绪,管好"小事"就是治理"大事",因此,"完善社会治理体系"的目的就是要"完善网格化管理、精细化服务、信息化支撑的基层治理平台"[1]。随着国家治理现代化走向深入,国家越来越重视精细化治理,而精细化治理的技术支撑是信息化、数字化。为此,党和国家提出了加快建设数字中国、网络强国、智慧社会等战略并作出了一系列部署安排,自上而下地出台了一系列政策文件,大力推动基层治理数字化转型。《中华人民共和国国民经济和社会发展第十四个五年规划和2035年远景目标纲要》专门设置"加快数字化发展 建设数字中国"章节,对加快建设数字经济、数字社会、数字政府,营造良好数字生态等作出部署;并明确提出"加快数字社会建设步伐""构建基层社会治理新格局"等要求。[2] 以信息赋能走

---

[1] 习近平:《高举中国特色社会主义伟大旗帜 为全面建设社会主义现代化国家而团结奋斗——在中国共产党第二十次全国代表大会上的讲话》,《人民日报》2022年10月26日第1版。

[2] 《中华人民共和国国民经济和社会发展第十四个五年规划和2035年远景目标纲要》,《人民日报》2021年3月13日第1版。

"数治"之路，完善网格化管理、精细化服务、数字化支撑的基层治理平台建设是未来5年乃至更长时段推进基层治理创新、夯实基层群众自治实践基础的重要内容，是提升基层治理效能的大势所趋。

网格是基层治理的基本单元，目的是推动社会治理重心、资源下沉到基层一线，实现源头治理，能够及时反映、回应基层群众和组织的关切、诉求，解决基层面临的矛盾、纠纷和问题，把风险隐患化解在萌芽状态，实现社会治理的精细化和精准化。网格化治理"就是依托统一的数字化管理平台，按照一定的地理空间和人口分布，把全域行政管理区域划分成若干网格，将辖区内人、地、物、情、事、组织全部纳入网格进行管理，实行分片包干、责任到人、设岗定责，实现力量下沉、无缝对接、服务到户的一种社会治理新模式"[1]，因此，网格划得越精细，基层治理工作就做得越彻底。作为一种基层社会治理创新实践，网格化管理在权力下沉、资源整合、清晰化治理、精准化服务等方面具有明显优势。自2013年党的十八届三中全会明确提出"以网格化管理、社会化服务为方向，健全基层综合服务管理平台"[2]以来，"网格化管理"已经成为我国社会治理的一项重大制度措施，并已在全国广泛施行，各地在网格化管理创新实践中形成了诸多特色模式，在应急管理、提供公共服务等具体应用中发挥了重要作用。[3]但是，网格化治理仍在不断发展完善之中，需要通过加强制度建设，进一步细化基层网格及网格员的管理和服务职能，做到责权一致。夯实网格值班机制、交接班机制、网情报送机制、分级处置机制、问责机制、保密机制、激励和考核机制等制度体系，切实打牢制度基础，保证网格化管理良性运转。

基层治理平台精细化发展还要以主动服务为手段，以改善社区状况、提升基层治理效果为最终目标。为此，一方面要充分利用网格化管理制度和信息化基础设施，深入基层一线，全面了解群众需求，为

---

[1] 王雪竹:《基层社会治理：从网格化管理到网络化治理》，《理论探索》2020年第2期。
[2] 中共中央文献研究室编:《十八大以来重要文献选编》（上），中央文献出版社2014年版，第539页。
[3] 刘伟、王柏:《国内学界的网格化管理研究：回顾、反思与展望》，《公共管理与政策评论》2022年第1期。

精细化的服务供给提供目标和靶向；另一方面要着力推动行政化的服务机制向社会化和专业化转变，以群众需求为导向，建成"群众点菜，政府买单，社会运作，专业服务"的精细化服务机制；还要推动服务体系向多样化转变，针对群众个性化的服务需求，开展和提供政务服务、代办服务、便民服务、志愿服务等专业化服务，满足多样化需求；同时要强化资源链接，促进资源整合，促进不同资源跨界整合，通过与社会组织、单位、企业等开展共筑共建，为基层群众提供多样化、个性化和高质量服务。

强化信息化支撑，是加强和创新基层社会治理、推动基层群众自治实践发展的重要举措。因此，党和国家一再强调"要运用大数据提升国家治理现代化水平。要建立健全大数据辅助科学决策和社会治理的机制，推进政府管理和社会治理模式创新""加强信息化建设，提高应急反应能力和管理服务水平，夯实城市治理基层基础"。例如，2022年中央"一号文件"提出要大力推进数字乡村建设，以数字技术赋能乡村公共服务，持续开展数字乡村试点。[①] 当前，各地运用数字技术加强和创新社会治理的探索蓬勃兴起，有效实现了社会治理理念和社会治理模式的更新，为加强基层治理、推进基层群众自治实践发展提供了便捷高效的平台和渠道。在未来5年乃至更长时段里，以数字化助推城乡发展和治理模式创新，全面提高治理效率和城市宜居度；以信息化建设为支撑，全面提升城市监测预警、应急指挥、智能决策、事件管理、协同联动能力；充分利用信息技术的扁平化、交互式、快捷性优势，推进政府决策科学化、社会治理精准化、公共服务高效化，是基层群众自治和基层治理现代化建设的面向。因此，要始终牢固树立"一体化"意识和"一盘棋"思想，通过信息化手段，打破行政壁垒，运用大数据技术提升基层治理水平，在确保个人信息安全的前提下，让数据多跑路、让群众少跑腿，提升智慧决策、智慧治理、智慧服务的水平。

四是锚定基层减负增效久久为功，进一步释放基层群众自治的实

[①] 《中共中央 国务院关于做好二〇二二年全面推进乡村振兴重点工作的意见》，《人民日报》2022年2月23日第1版。

践效能。

　　为了有效推进基层减负工作，党和国家自2019年起开始着力解决国家治理中的形式主义问题。中共中央办公厅先后印发了《关于解决形式主义突出问题为基层减负的通知》《关于持续解决困扰基层的形式主义问题 为决胜全面建成小康社会提供坚强作风保证的通知》《关于进一步解决形式主义问题 做好2021年为基层减负工作主要措施及分工方案》等重要文件，全面展开解决形式主义问题，推进基层减负落到实处。2022年是党中央集中整治形式主义为基层减负的第四个年头，经过三年多整治形式主义实践，基层减负取得显著成果。正如2022年9月通过的《关于党的十九大以来整治形式主义为基层减负工作情况的报告》所指出的："整治形式主义为基层减负已成为各地区各部门抓作风建设的常态化工作，成为推动全面从严治党向纵深发展的有力抓手。"该报告还对未来整治形式主义为基层减负工作提出了新的要求：把解决形式主义突出问题和为基层减负结合起来，作为党的作风建设重要内容统筹谋划、一体推进。中央层面还带头整治形式主义以督促推动各地区各部门持续开展纠治形式主义、官僚主义突出问题行动。党的二十大则明确提出，要持续深化纠治"四风"，重点纠治形式主义、官僚主义；要通过深化拓展整治形式主义为基层减负，不断激励广大党员、干部积极担当作为、敢于善于斗争，进一步密切党同人民群众的血肉联系，为推进强国建设、民族复兴的历史伟业提供坚强的作风保障。为了推进基层减负工作具体展开，中共中央办公厅、国务院办公厅2022年还印发了《关于规范村级组织工作事务、机制牌子和证明事项的意见》。该意见作出精准施策，明确提出"加强源头治理和制度建设，力争用两年左右时间，基本实现村级组织承担的工作事务权责明晰、设立的工作机制精简高效、加挂的牌子简约明了、出具的证明依规便民，进一步把村级组织和村干部从形式主义的束缚中解脱出来"[1]的目标要求。这一文件的出台，必将深化整治形式主义、官僚主义顽瘴痼疾，推进建立基层减

---

[1] 《中共中央办公厅 国务院办公厅印发〈关于规范村级组织工作事务、机制牌子和证明事项的意见〉》，《人民日报》2022年8月22日第1版。

负常态化机制，不断健全基层减负的长效机制，强化并充分发挥常态化整治工作合力，从而不断推进基层群众自治和基层治理现代化高质量快速发展。

综上所述，2022年，中国基层社会群众自治实践发展取得了重大成就，并积累了宝贵经验，为以中国式现代化全面推进中华民族伟大复兴，在新时代进一步推进基层治理现代化奠定了坚实基础。可以预期，未来在党的二十大精神和战略部署指引下，中国基层群众自治制度和治理实践必将展现出新的功能和态势，为中国式现代化高质量发展发挥更加有力、有效的基础性和支撑性作用。

中国行政体制改革的新探索

王亚茹　许开轶[*]

自 1978 年改革开放以来，中国经济基础和上层建筑发生了深刻变革，为适应计划经济体制向社会主义市场经济体制转变，中国以机构改革和体制变革为抓手实施了多轮行政体制改革。总的来看，行政体制改革至今，中国不仅在政府行政理念、行政方式、行政能力、行政效率等方面取得巨大成就，而且理顺了"政—市—社"三者关系，推动中国特色社会主义市场经济体制的建立、"强政府—强社会"政社关系模式的形成。2019 年，党的十九届四中全会正式提出：坚持和完善中国特色社会主义行政体制，推进国家治理体系和治理能力现代化。自此，行政体制改革融入现代化建设新征程，成为国家治理体系和治理能力现代化的首要任务和重点工程。2022 年，党的二十大报告更是明确指出："以中国式现代化全面推进中华民族伟大复兴。"[①] 因此，作为中华民族伟大复兴的关键环节，必须将行政体制改革置于中国现代化的总范式下进行新一轮的变轨与重塑。鉴于此，本文以中国式现代化为逻辑范式和总导向，探究中国 2022 年行政体制改革的实践逻辑。对这个问题的回答既可以深入推进党和国家机构改革，促使有为政府、有效市场和有力社会的更好结合，形成高质量的新发展格局；又可以展望新时代中国行政体制改革的发展趋向，实现行政资源的最佳配置。

---

[*] 作者工作单位：王亚茹、许开轶，南京师范大学公共管理学院。
[①] 习近平：《高举中国特色社会主义伟大旗帜　为全面建设社会主义现代化国家而团结奋斗——在中国共产党第二十次全国代表大会上的讲话》，人民出版社 2022 年版，第 21 页。

一　中国式现代化：行政体制改革的总范式

现代化是中国乃至世界共同的价值追求和实践旨归。长久以来，西方国家依托先发优势，将现代化模式定论成"西方化"，好似"现代化是一个朝欧美型的社会、经济和政治系统演变的过程"[①]。但事实上呢？西方国家乱象频仍：金融危机、政治极化、社会撕裂、选举丑闻等等频发。而那些照抄西方现代化模式的国家，或陷入"中等收入陷阱"，或爆发"颜色革命""周期性经济危机"。这一系列现象或已昭示西方现代化模式并不具备"普适性"且逐渐暴露出"误导性"[②]。因此，后发国家在推进现代化进程时，既要避免陷入"亨廷顿困境"[③]，又要破除"现代化=西方化"的迷思。我国在现代化发展的全球场域中，摒弃了先发现代化国家"见物不见人"的异化现象，[④] 创造了人类文明新形态——中国式现代化。在马克思主义国家治理理论视阈中，现代化既是改革总目标，又是改革方法论，还蕴含着改革辩证法，因而具有统领新时代全面深化改革的全局性范式意义。[⑤] 循此，中国行政体制改革作为全面深化改革的重要一环，自然需要服从并服务于中国式现代化的总范式，这是中国行政体制改革适应时代发展、顺应公共行政改革潮流的关键举措。

本文所讲的范式主要指中国行政体制改革应有的价值内核和实践规则，即理念范式和实践范式。从党的二十大报告所擘画的中国式现

[①] 王义祥编著：《发展社会学概论》，华东师范大学出版社1995年版，第41页。

[②] 韩保江、李志斌：《中国式现代化：特征、挑战与路径》，《管理世界》2022年第11期。

[③] "亨廷顿困境"亦称"秩序困境"，是亨廷顿通过对转型国家政治演变的观察归纳提出的，他认为，这些处于现代化进程中的国家，由于社会动员扩张、政治参与剧增，但缺失高度制度化组织化的政治体系，导致高度分化和低度整合结构性矛盾，产生国家政治暴乱和动荡现象。

[④] 唐亚林：《政治、行政与民政：当代中国国家治理现代化的"三政"框架建构》，《治理研究》2021年第3期。

[⑤] 吴欢：《中国式行政法治现代化与国家治理现代化的内在逻辑》，《哈尔滨工业大学学报》（社会科学版）2021年第1期。

代化的"五是"① 内涵来看,"人"是现代化的主体动力和根本复归。因此,2022 年,行政体制改革的理念范式是以人民为中心,将人自由全面发展贯穿改革发展的全过程,有效解决"为了谁、依靠谁、成就谁"的现实之问,超越西方将人由主体颠倒为客体的现代化。从党的二十大报告所凝练的中国式现代化的本质要求②来看,中国式现代化超越了资本逻辑,实现权力本位向权利本位的转换。从这个角度而言,协调"权"与"权"的边界,实现公共权力界限廓清、运行高效,公民权利得到普遍保障、确凿落实,是 2022 年中国行政体制改革的实践范式。具体而言,其一,将"权力监督权力"融进我国权力机关运行的全过程,形成双向性的程序约束,既可以发挥不同国家机关行使职能的优势,又可以形成国家机关权力行使的约束机制。③其二,将"权利监督权力"贯穿到中国政府行政的各环节,防止出现越轨和失范行为,贯彻和维护公共意识和公共利益。例如,在行政理念层面,将中国现代化的路径扎根在现代法治上,加强"自制",减少寻租行为;在制度建设层面,加强权力清单制度、行政问责制度、政务公开制度、行政审批制度等,建立强大的政治权威,跳出"政府权力扩张产生的人治怪圈";在行政管理层面,依托数智技术使社会团体和个人实现自我"增权",重置政府、个人、团体间的话语权和影响力,实现民众监督和民意吸纳的扁平化。其三,将"保障人民权利"统一于政府决策和治理中。例如,各级政府通过创新恳谈会、议事会、听证会等多种民主形式,实现民意"输入—输出—反馈"的完整链条,激发民主活力,实现国家、政府、社会、人民等多元主体的协同配合。概言之,在中国式现代化的导向和框架下,新一轮行政体制改革的践行理路就是将来自社会的各种偏好、愿望、意向

---

① "五是":中国式现代化是人口规模巨大的现代化,是全体人民共同富裕的现代化,是物质文明和精神文明相协调的现代化,是人与自然和谐共生的现代化,是走和平发展道路的现代化。
② 中国式现代化的本质要求是坚持中国共产党领导,坚持中国特色社会主义,实现高质量发展,发展全过程人民民主,丰富人民精神世界,实现全体人民共同富裕,促进人与自然和谐共生,推动构建人类命运共同体,创造人类文明新形态。
③ 朱福惠:《国家权力分工与制约的宪法实践及其当代意涵》,《四川师范大学学报》(社会科学版)2022 年第 6 期。

能够有效地输入政治系统中,而政治系统对这种输入能够及时地作出回应、决策和行动。①

二　面向中国式现代化：行政体制改革的实践进路

在过去几十年里,中国行政体制改革以法治化、科学化、高效化和人本化为方向,不断向纵深推进,逐步打造"增协同、促联合"的整体政府,"善履职、履善职"的服务政府,"有规矩、讲法律"的法治政府和"更理念、塑流程"的数字政府。推及未来,面向中国式现代化道路的新要求,2022年,中国行政体制改革的实践进路包括自觉践行"两个维护";深化党和国家机构改革;优化政府职责体系;建立全国统一大市场;增强社会治理创新。

(一) 自觉践行"两个维护"

中国共产党的领导是中国特色社会主义最本质的特征……必须坚持党总揽全局,协调各方的领导核心作用。② 作为党百年奋斗伟业的重要组成部分,中国行政体制改革业已取得了重要成果。比如,建立了"人民满意"的服务政府;形成了符合中国国情、适应国家发展的行政区划和行政层级,以及与社会主义市场经济体制相适应的政府职能体系;塑造了政府部门互联互通的组织结构。因此,面对当前复杂的国内外环境,2022年,中国行政体制改革必须深刻把握"两个确立"的决定性意义,自觉践行"两个维护"。

坚决维护习近平总书记党中央的核心、全党的核心地位,坚决维护党中央权威和集中统一领导既是优化政府职能结构的压舱石,又是提升政府治理能力的基本原则。最理想化的政府职能结构不是一潭死水,它必须因时因势调整职能重心,重置与市场、社会间的关系,从而在公共利益、市场需求和社会公平之间达到平衡。比如,在新中国成立之初,

---

① [美] 戴维·伊斯顿：《政治生活的系统分析》,王浦劬译,华夏出版社1999年版,第31—36页。
② 《习近平谈治国理政》(第二卷),外文出版社2017年版,第18页。

为巩固政权，中国共产党突出强调政府的政治职能。而在新时代下，党中央根据中国式现代化的新要求，一方面适时地弱化政府的政治职能，增强社会、经济和文化发展职能，满足人民日益增长的美好生活需要，促进社会公平正义，形成有效的社会治理和良好的社会秩序，从而使人民的获得感、幸福感和安全感更加充实、更有保障、更可持续。另一方面，政府治理能力是指在党的领导下中国政府机构综合运用制度和法律管理社会的能力，其水平在很大程度上由党的执政水平决定，其治理过程在本质上就是在社会动员中表达和贯彻党的意志。

目前，中国经济发展转型加快，社会结构分化加剧，利益格局复杂多变，为保证政府行政的合法性，提升政府治理效能，必须发挥党的吸纳力、整合力和执行力，以及利用具有内在规约性和外在监督性的党的领导制度来规范政府行为，建立"有为政府"。此外，聚焦推进国家治理体系和治理能力现代化，还须将"两个维护"内化为政府行动自觉，落实和改善民生问题。一是完善基层群众自治制度，更好地发挥社会组织、社会工作者、志愿者参与社会治理的作用，推动建设人人有责、人人尽责、人人享有的社会治理共同体；二是着力提升基本社会服务水平，落实积极应对人口老龄化国家战略，建立健全基本养老服务制度，满足多样化、多层次养老服务需求；三是健全未成年人保护体系，加强困境儿童保障和留守儿童、留守妇女关爱服务，发展公共服务，提升婚姻登记服务和殡葬服务水平，持续增强人民群众的获得感幸福感安全感。[①]

（二）深化党和国家机构改革

机构改革是行政体制改革的重要部分，是国家治理体系有效运转的重要动力，为国家治理现代化提供了组织保障。在40多年的改革进程中，中国已先后进行过八次政府机构改革，呈现出以下特点。一是政府机构改革自上而下展开；二是机构改革紧密围绕政府职能转变；三是机构改革服从和有利于经济体制与其他领域的改革；四是政

[①] 李纪恒：《深刻把握"两个确立"自觉践行"两个维护"》，《人民日报》2022年1月25日第9版。

府机构改革遵循依法推进路径,按照程序依法决策、依法进行。① 但总体而言,过往历次党和国家机构改革大多是针对现实问题的任务性改革,更多地局限于具体领域中,② 同统筹推进"五位一体"总体布局、协调推进"四个全面"战略布局的要求不完全适应,更是同实现国家治理体系和治理能力现代化的要求不完全适应。③ 因此,着眼于"中国式现代化"的奋斗目标,2022 年,党和国家机构改革主要包括以下层面。

第一,加强国务院机构改革。国务院机构改革作为党和国家机构改革的一项重要任务,重点是加强科学技术、金融管理、数据管理、乡村振兴、知识产权、老龄工作等重点领域的机构职能优化。第二,统筹推进党政军群改革,致力于形成总揽全局、协调各方的党的领导体系和统一高效的领导体制;致力于形成职责明确、依法行政的政府治理体系,坚持优化协同高效的原则转变政府职能,提高政府执行力;致力于形成中国特色、世界一流的武装力量体系,深化国防、军队和跨军地改革,增强人民军队的战斗力;致力于形成联系广泛、服务群众的群团工作体系,深化群团组织、社会组织、事业单位等组织的改革,全面激发组织活力。④ 第三,合理设置地方机构。赋予地方更大自主权,支持地方创造性开展工作是发挥中央和地方两个积极性的关键。因此,必须在党中央集中统一领导下,立足地方特色,合理设置地方机构来发挥地方特别优势或回应地方特殊问题,体现中国机构改革的灵活性。如贵州和浙江因大数据处理和互联网发达而提出建设"省级大数据发展管理局";山东和海南为发挥区位优势,支持特色产业而设置了"海洋局"和"旅游和文化广电体育厅"等特色

---

① 许耀桐:《行政体制的演进与当代中国的改革发展》,《上海行政学院学报》2020 年第 3 期。

② 王婷、双传学:《党和国家机构改革的制度溯源及其运行逻辑》,《中国行政管理》2021 年第 9 期。

③ 本书编写组:《中共中央关于深化党和国家机构改革的决定》,人民出版社 2018 年版,第 3 页。

④ 黄科、王婷:《新时代党和国家机构改革的行动体系与效能转化》,《南京社会科学》2022 年第 3 期。

部门。①

（三）优化政府职责体系

改革开放以来的行政体制改革以政府职能转变为核心，旨在优化政府与市场、社会的关系，打造"共建共治共享"的发展格局。在政府职能转变取得一定成果的基础上，党的十九届四中全会指出："坚持和完善中国特色社会主义行政体制的必然要求是优化政府职责体系。"② 自此，中国行政体制改革的重点从"转变政府职能"过渡到"优化政府职责体系"。政府职责体系是指在一个国家范围内，政府及政府部门所承载的所有职责都按照服务于一定的政治、经济和社会关系的原则，遵照宪法和法律的规定，按照国家总体与部分之间的内在逻辑关系，为实现国家机构重大要素间的相互制约关系和便利政府运行而组成的有机整体。职责体系是否已形成，是否能适应国家发展的需要，是检验行政体制改革是否成功和政府职能转变是否到位的基本标志。在这方面，中国已有所成，但如何真正做到位，还有许多工作要完成。比如，我国基本实现了部门间的职责调整和机构数量相当程度的减少，较好地明确了履职的主体、程序，循序渐进地推动了横向政府间的职责梳理。但是，在纵向上，政府职责配置结构的完善还处于初级阶段。③ 基于这种现实境况，2022 年，中国行政体制改革的重要举措是明确政府系统内部各层级和部门的权责分配，包括以打破职责同构为重心的纵向政府间关系改革、以加强部门协作为重心的政府职能部门关系改革、以促进府际协同为重心的横向政府间关系改革。

指向纵向政府间关系的行政体制改革针对有行政隶属关系的上下级政府，其核心思想是：既不笼统地"放"，也不简单地强调"集"，而

---

① 姜晓萍、吴宝家：《国家治理中的地方机构改革——新时代地方机构改革的趋势、差异与逻辑归因》，《社会科学研究》2020 年第 2 期。
② 包国宪、周豪：《从转变政府职能到优化政府职责体系：中国行政体制改革的视角转换与分析框架》，《理论探讨》2022 年第 2 期。
③ 朱光磊：《职责序构：中国政府职责体系的一种演进形态》，《学术界》2020 年第 5 期。

要"充分发挥两个积极性"。因此,在未来一段时间里,中国行政体制改革应重点推进"放管服"改革,处理好"内放"和"外放"之间的关系,强化对"加强监管力度"的重视程度,进而用好"放管服"改革所提供的实践平台,细化对各层级政府职责的定位,实现政府间事权、职责和利益的科学、合理归位。比如,2022 年《国务院办公厅关于印发第十次全国深化"放管服"改革电视电话会议重点任务分工方案的通知》就直接指出:"继续行简政之道,放出活力、放出创造力。落实和完善行政许可事项清单制度,坚决防止清单之外违法实施行政许可,2022 年底前省、市、县级要编制完成本级行政许可事项清单和办事指南,加快实现同一事项在不同地区和不同层级同标准、无差别办理。"[1] 同时,"放管服"是一项复杂的综合性工程,还需要相关配套性改革同步跟进,如进一步完善分税制,理顺省以下财政体制;构建多元参与治理机制等,从而为政府纵向间关系调整工作创造条件、提供保障。在此基础上,从树立"政府间伙伴关系"理念着手,全面调整政府纵向间关系,以推动政府发展进入新的阶段。[2]

指向政府职能部门关系的行政体制改革针对同一层级政府内的职能部门,其要解决的核心问题是部门间职责错位、交叉和政出多门等,实现部门间的权责分配与协同。当前,随着互联网、大数据、人工智能、区块链等技术嵌入政府治理过程,数字化政府运行模式成为厘清部门职责和促进部门间政务协作的重要突破口。另外,数字政府建设亦是适应新一轮科技革命和产业变革趋势、引领驱动数字经济发展和数字社会建设、营造良好数字生态、加快数字化发展的必然要求,是建设网络强国、数字中国的基础性和先导性工程,是创新政府治理理念和方式、形成数字治理新格局、推进国家治理体系和治理能力现代化的重要举措。[3] 一方面,数字政府通过信息化手段整合部门

---

[1] 《国务院办公厅关于印发第十次全国深化"放管服"改革电视电话会议重点任务分工方案的通知》,《中华人民共和国国务院公报》2022 年第 31 期。

[2] 朱光磊、黄雅卓:《"放管服"改革背景下政府纵向间关系调整逻辑》,《行政论坛》2022 年第 5 期。

[3] 《国务院关于加强数字政府建设的指导意见》,《中华人民共和国国务院公报》2022 年第 19 期。

职能，打碎信息壁垒，既实现资源共享，又提高行政效率。另一方面，数字政府通过建设一体化平台实现简政放权，改变传统科层制政府自上而下的单向度管理模式，缩小权力寻租空间，推动政府"放管服"改革。由此可见，数字政府具有整体化、扁平化、多元化的特征，有效改变了原有政府组织碎片化、层级多、回应慢的问题，为构建共享、透明、高效的智慧型政府提供了可行的思路。比如，浙江省的"最多跑一次"改革以及行政服务中心"一站式服务"的背后就是以"数字"倒逼部门间以服务为导向的协作。所以，各级政府应以"数字化"为契机，大力推动数字政府建设，在政务服务协作和配合的基础上逐渐健全部门协同的制度安排。

指向横向政府间关系的行政体制改革针对无行政隶属关系的同级或不同级政府及其部门，其核心关注点是规范地方政府竞争和促进地方政府合作。① 由于国情和历史原因，中国地方政府既要承担管辖区域发展与稳定的行政整体责任，又要接受中央政府各职能部门的专业化和职能化监管。而在"政治锦标赛""行政发包制""卸责论"等逻辑之下，地方政府通常会弱化或逃避与其自身利益冲突的改革行动。因此，为激发地方政府的活力，一方面，要借助中央的政治权威强化改革要求和行动力度。正如有学者所称：

> 当特定的政治位阶、政治信号或政治表征进入公共政策时，能够很快为浸淫其中的地方官员所察觉和识别，能动性强的地方政府可以如法炮制，施以各种造势以让下级感受到一种动而不可止的势能，对在场的或即将在场的地方官员产生影响力，对"逆势而行者"起着阻遏、阻止或改变行进方向的作用。②

比如，党中央通过对 2021 年落实打好三大攻坚战、改善营商环境、推动创新驱动发展、扩大内需、实施乡村振兴战略、保障和改善

---

① 张紧跟:《当代中国地方政府间关系：研究与反思》，《武汉大学学报》（哲学社会科学版）2009 年第 4 期。

② 贺东航、孔繁斌:《中国公共政策执行中的政治势能——基于近 20 年农村林改政策的分析》，《中国社会科学》2019 年第 4 期。

民生等有关重大政策措施真抓实干、取得明显成效的199个地方予以督查激励，促使其主动优化改革。① 另一方面，加强权责清单制度，突破以往对行政体制机制的单向度变革，弥合治理缝隙，避免以往"划界分治"可能产生的"新碎片化"问题，实现部门之间从局部参与到全程协同的转变。比如，2021年，河北省井陉县财政局在权力清单中就"税收管理"事项明确了其与县税务局的责任分工，其中财政局负责"提出税收地方性法规立法建议，与县税务局等部门提出上级授权税目税率调整、减免税等建议"，而税务局负责"具体起草税收地方性法规、政府规章草案及实施细则并提出税收政策建议，由县财政局组织审议后与县税务局共同上报和下发"。这种以特定事项为中心进行的责任划分方式能够有效避免治理缺位和责任推诿，进而增强部门协同，实现公共事务的整体治理。②

（四）建立全国统一大市场

高水平建设社会主义市场经济体制是全面开启社会主义现代化建设新征程、以中国式现代化全面推进中华民族伟大复兴的体制保障。2022年3月25日，《中共中央 国务院关于加快建设全国统一大市场的意见》发布，明确了加快推进全国统一大市场建设的总体要求、主要目标和重点任务。③ 2022年10月，习近平总书记在党的二十大报告中进一步指出："构建全国统一大市场，深化要素市场化改革，建设高标准市场体系"④。而从体制机制上看，构建全国统一大市场主要是打破地方市场分割，这归根结底落在行政体制改革上。⑤ 在现阶段，我国已经形成了门类齐全、独立完整的工业体系，这是建立国

---

① 《国务院办公厅关于对2021年落实有关重大政策措施真抓实干成效明显地方予以督查激励的通报》，《中华人民共和国国务院公报》2022年第18期。
② 王杰、张宇：《制度势能：政府权力清单制度的实施逻辑和效果差异考察》，《探索》2021年第2期。
③ 《中共中央 国务院关于加快建设全国统一大市场的意见》，《中华人民共和国国务院公报》2022年第12期。
④ 习近平：《高举中国特色社会主义伟大旗帜 为全面建设社会主义现代化国家而团结奋斗——在中国共产党第二十次全国代表大会上的报告》，人民出版社2022年版，第35页。
⑤ 刘志彪、孔令池：《从分割走向整合：推进国内统一大市场建设的阻力与对策》，《中国工业经济》2021年第8期。

内统一大市场的基础优势。然而，政府与市场界限不清致使市场无法完全在资源配置中起决定性作用、地方部门主导的产业政策加剧了市场分割以及与国际市场生态治理规则差异显著等问题，仍是制约我国国内市场由大变强、重塑产业竞争新优势的关键堵点。因此，2022年，中国行政体制改革重点以规范化的市场主体为前提，以打破行政区壁垒加快建设高标准市场体系为基础、以构建国内国际联动发展的产业链条盘活全球市场和资源为抓手，全面推进全国统一大市场建设。①

首先，应根据市场主体角色定位的不同，有针对性地进行改革。就农村市场主体而言，中国继续实行土地所有权与使用经营权分离、鼓励发展自营经济，在使农户成为农村经济的基本单位和市场经营主体的同时，培育农村社会化服务体系，沟通农业生产与市场的联系。就城镇私营企业市场主体而言，坚持公有制和非公有制经济财产权"两个不可侵犯"，全面贯彻以公平为核心原则的产权保护制度，出台激发企业家精神、鼓励支持民营经济发展的各类政策。就国有企业市场主体而言，创新国家所有制企业代理人制度、国有资产公司自主投资体制和现代企业制度，使其从行政附属物的地位中逐渐解放出来，成为市场上真正的经济人，即具有法人资格的市场主体。其次，以体制改革、文化交流和经济合作融合行政差异，建立高标准的市场体系。京津冀、长三角、粤港澳等区域内部省市间边界地区经济合作和文化交流密切，但行政壁垒明显。因此，一是用好行政区划手段推动城际合作联系。可通过"撤市并区""撤县设区"等措施对这些边界县、市进行行政区划调整，既可为所隶属城市市域扩容，又可实现相邻省份间市辖区直接连接；按照减少执法层级、推动执法力量下沉的要求，严禁以属地管理为名将执法责任转嫁给基层。对不按要求履职尽责的单位和个人，依纪依法追究责任。②二是通过文化交流和经济合作建设一批"产业协同一体化发展示范

---

① 徐兰：《新发展格局下全国统一大市场建设：困境与突围路径》，《企业经济》2023年第2期。
② 《国务院办公厅关于市场监督管理综合行政执法有关事项的通知》，《中华人民共和国国务院公报》2022年第33期。

区""科技创新一体化发展示范区"等主题示范区,逐步放松行政边界对城际要素流动的束缚。① 最后,加快建设内陆开放新高地,增强中西部地区产业承接能力,引导制造业由东部向中西部地区有序转移,实现东中西部合理分工、协同联动发展,优化国内东、中、西区域产业链供应链布局,盘活全国资源要素与市场。

(五)加强社会治理创新

"十四五"规划和2035年远景目标纲领提出要构建基层社会治理新格局,健全党组织领导的自治、法治、德治相结合的城乡基层社会治理体系,完善基层民主协商制度,建设人人有责、人人尽责、人人享有的社会治理共同体。2022年《政府工作报告》再次强调,切实保障和改善民生,加强和创新社会治理,不断提升公共服务水平,着力解决人民群众普遍关心关注的民生问题。这折射出加强和创新社会治理已是发展新阶段推进国家治理体系和治理能力现代化的重要内容。从国家组织结构和职能逻辑来看,行政管理在党的全面领导下,承担着推动经济社会发展,管理社会事务,服务人民大众的重要职责。因此,新时代中国行政体制改革,既要继续回应社会差异性,又要回应社会多元性,助推社会治理创新发展。

第一,划清政府与社会权责边界,促进多元协同共治。70多年来的改革实践已证明,行政体制改革有助于破除阻碍社会多元协同共治的体制机制弊端,充分调动起社会参与的积极性和主动性。因此,2022年新一轮行政体制改革应大力推进权力清单制度、负面清单制度、责任清单制度等,廓清政府权力及其边界,解决长期困扰基层"过度行政化"的难题,又能充分调动一切积极力量推动社会多元协同共治,为社会组织发展、群众自治等创造更大的空间,提高社会治理的效率和活力。第二,加快完善公共服务供给体系,增加公共服务有效供给,积极赋能社会治理。李克强总理在2022年《政府工作报告》中指出:坚持尽力而为、量力而行,不断提升公共服务水平,着力解决人民群

---

① 夏杰长、刘诚:《行政体制改革、要素市场化与建设全国统一大市场》,《经济与管理研究》2022年第11期。

众普遍关心关注的民生问题。如促进教育公平与质量提升；提高医疗卫生服务能力；加强社会保障和服务；保障群众住房需求；丰富人民群众精神文化生活。第三，探索社区治理新模式。面对"十四五"时期经济社会发展新形势、人民群众新期待、基层治理新任务，我国城乡社区发展不平衡不充分问题仍然突出，党建引领社区服务体系建设还不健全，政府、市场、社会多方参与格局还不完善，信息化基础设施和技术应用还比较薄弱，社区工作者就业吸引力、岗位认同感、队伍稳定性有待提升。① 面对此情，可充分发挥全国一体化政务服务平台作用，推动"互联网＋政务服务"向乡镇（街道）、村（社区）延伸覆盖，集约建设智慧社区平台、拓展智慧社区治理场景、构筑社区数字生活新图景、推动大数据在社区应用、精简归并社区数据录入、加强智慧社区基础设施建设改造。② 第四，培育发展社会组织。一方面，既要坚持系统观念统揽全国 90 万家社会组织、2299 家全国性社会组织、142 家部管社会组织，又要健全协调机制、监管机制、风险防范机制，从而实现"条块联动""上下贯通""左右协同"。另一方面，结合深化巡视整改，有序规范登管分离，持续打击非法社会组织、清理"僵尸型"社会组织，营造风清气正的环境。③ 此外，还可以规范社会组织评估等级牌匾证书管理，解决牌匾证书内容样式不统一、责任主体不一致等问题，提升评估等级的社会公信力。④

三 深入推进中国行政体制改革的内在逻辑

行政体制改革是对构成行政体制的要素以及它们之间的关系进行

---

① 《国务院办公厅关于印发"十四五"城乡社区服务体系建设规划的通知》，《中华人民共和国国务院公报》2022 年第 5 期。
② 《民政部 中央政法委 中央网信办 发展改革委 工业和信息化部 公安部 财政部 住房城乡建设部 农业农村部印发〈关于深入推进智慧社区建设的意见〉的通知》，《中华人民共和国国务院公报》2022 年第 22 期。
③ 《聚焦党的二十大精神学习贯彻 奋力谱写社会组织发展新篇章》，《中国社会报》2023 年 1 月 10 日第 1 版。
④ 《民政部办公厅关于规范社会组织评估等级牌匾证书管理、做好社会组织评估等级报备工作的通知》，中华人民共和国民政部官网，https://www.mca.gov.cn/n152/n165/c39538/content.html。

革新，由一个多维度与多要素构成系统性、整体性和协同性工程。结合中国在改革开放时期、社会主义建设新时期、中国特色社会主义新时代推进行政体制改革的动机和举措，可以发现中国行政体制改革是在社会主义市场经济转型和国家治理体系与治理能力现代化两大政策目标的指引下，通过调整职能结构、权责结构、组织结构和人事结构，实现政府职能转变、行政权力变革、行政管理制度及行政手段方式创新。这表明中国行政体制改革遵循"目标—结构—功能"的内在逻辑。因此，结合党的二十大报告所系统阐释的中国式现代化的科学内涵、本质要求、战略安排以及首要任务，中国在2022年开启的新一轮行政体制改革的内在逻辑是：在追寻政府治理现代化目标的过程中实现结构变革和功能整合。

（一）目标逻辑：政府治理体系和治理能力现代化

坚持和完善中国特色社会主义行政体制是中国式现代化的重大问题，集中表现为如何推进政府治理现代化。因此，作为中国式现代化的基础工程，政府治理现代化是中国行政体制改革的目标之一。从狭义上看，政府治理现代化是政府治理体系适应社会环境变迁，有意识地推进系统变革，不断提升政府治理能力与效能的过程，① 即政府治理现代化包括体系现代化和能力现代化。那么，中国行政体制改革的目标逻辑亦相应地包含体系和能力两个维度。

党的十九届四中全会指出："坚持和完善中国特色社会主义行政体制，构建职责明确、依法行政的政府治理体系目标，推进国家治理体系和治理能力现代化。"此论断强调了中国行政体制改革的重点任务是建构现代化的政府治理体系，且其建构要求是职责明确、依法行政。职责明确是指政府"应当做什么""必须做什么""不得做什么"，重在解决政府职能交叉、职责同构、权责不清等"病灶"，实现政府与社会、市场协同共治；依法行政意味着"推进机构、职能、权限、程序、责任法定化"，使包括政府在内的参与公共事务管理的主体在法律框架内活动。因此，政府治理体系现代

---

① 张成福：《论政府治理现代化》，《公共管理与政策评论》2023年第1期。

化导向下的新一轮行政体制改革的目标逻辑是：落实机构编制改革，实现行政组织体系科学化；简政放权、协同市场和社会主体，实现行政职能体系现代化；全流程、全方位地贯彻依法行政，实现行政法治体系规范化；全覆盖、全天候地加强监督，实现行政监督体系常态化。换言之，搭建中国特色的行政管理体系、职能体系、权责体系和组织体系，厘清政府与市场、社会的关系，实现整个政府治理体系各主体间职责关系的协调，①将是2022年后中国行政体制改革的基本趋向。

政府治理能力现代化是国家治理能力现代化的重要组成部分，推进国家治理能力现代化，必然要求建立现代化的政府治理能力。西里尔·E.布莱克认为，现代化是历史形成的各种体制对迅速变化的各种功能的一个适应过程，这些功能因科学革命以来人类控制环境的知识空前激增而处于迅速变化之中。②那么，面向中国式现代化，如何把中国特色社会主义制度优势转化为政府治理效能，何以在各种不同的制度关系中运用权力去引导、控制和规范公民的各种活动，最大限度地增进公共利益，③是政府治理能力现代化的关键。因此，政府治理能力现代化导向下的新一轮行政体制改革的目标逻辑是：以服务、法治和数字等现代理念为遵循，将提供高质量的公共产品和公共服务纳入政府工作，满足公民多样化的需求和市场发展需要；将行政体制改革的方向定位在建设"法治政府"的目标中；将数字技术嵌入政府发展，再造治理结构、重塑业务流程、变革服务方式，构建一种新型的政—社关系、政—市关系，从而加快智能政府、市场经济及社会共同体的发展。

（二）结构逻辑：多元共治和扁平交互

结构是行政体制改革的组织基础，包括主体结构、组织结构以及

---

① 殷旺来、李荣娟：《新时代政府职责体系的研究进展、逻辑转换与展望》，《理论月刊》2023年第2期。

② Black, C. E, *The Dynamics of Modernization: A Study in Comparative History*, New York: Harper & Row. Dowse, R. E. 1967, p. 3.

③ 俞可平：《论国家治理现代化》，社会科学文献出版社2014年版，第21页。

权责结构。但受现代官僚制的影响，中国政府的组织结构存在条块分割、碎片化、体制僵化、部门壁垒以及职责不清等现象，无法真正适应中国式现代化的要求。从这一视角出发，打碎科层壁垒，构建多跨协同和扁平交互的政府治理结构[1]是现代化视阈下中国行政体制改革的现实起点。

首先，整合政府治理主体结构。一方面要消散传统的"中心—边缘"结构，另一方面要重构"党委领导、政府负责、社会协同、公众参与、法治保障、科技支撑"的"一轴多元"结构，从而在党"总揽全局、协调各方"的领导下，在政府、社会、公众的协同互动中建立多中心共同治理格局，解决目前政府发展碎片化、层级化和"条块分割"的困境。其次，优化政府组织结构。具体而言，根据职能有机统一的大部门体制要求，一是矫正不合理的部门结构和层次机构，整合组织结构横向部门之间的关系，促使中国政府向"扁平化"的结构形态发展，实现部门间信息与资源的共享，提高政府组织的工作效率；二是建立开放化的政府组织，形塑政府工作流程。"十四五"规划明确提出要"将数字技术广泛应用于政府管理服务，推动政府治理流程再造和模式优化，不断提高决策科学性和服务效率"[2]。因此，可以依托数字化技术搭建多样化平台，打破传统科层化的信息传播机制，规避因条块分割、部门壁垒而形成的信息壁垒，缩小权力寻租空间，推动政府"放管服"改革，建立人民满意的现代化政府。最后，重塑政府权责结构。一方面利用法律机制对不同主体进行责任划分、明确权责界限、调整利益分配格局。另一方面探索自治机制，赋权社会和民众，通过政府治理与社会自治的有机结合，实现社会的共享性、公平性和公正性增长。

（三）功能逻辑：职责优化和效能提升

结构功能主义一般认为，结构决定功能。在中国式现代化总范式

---

① 范瑞光、赵军峰：《赋能共同富裕的数字政府治理——结构、过程与功能——基于浙江的考察》，《电子政务》2023年第1期。

② 《中华人民共和国国民经济和社会发展第十四个五年规划和2035年远景目标纲要》，《人民日报》2021年3月13日第1版。

的引领下，新一轮行政体制改革对政府组织结构形态的形塑，决定了政府治理的功能也必然随之跃迁。另外，在复杂的系统中，功能指的是系统中各要素所发挥的有利作用，也是各要素交流过程的结果。[①] 所以，在中国行政体制改革的复杂工程中，其功能逻辑直接体现为优化政府职责体系，提升政府治理效能。

中国特色社会主义行政体制的优越性在于超脱了传统"权力本位"的行政思路，形成了"责任本位"的政府理念。因此，中国行政体制改革可以从职责界定、履责能力、问责与容错机制三个维度入手，优化政府职责运行体系，推进责任政府建设，回应全球公共行政改革浪潮。首先，中国的行政体制是自上而下的金字塔结构，不同层级与不同部门的行政机构各有分工。因此，就职责界定而言，在纵向上要坚持宏观层面中央把握、中观层面地方落实、微观层面基层执行的原则，理顺中央与地方的权责关系、政府—市场—社会的良性关系；在横向上要厘清不同部门的具体功能，避免自由裁量权的扩张化。另外，加强政务信息公开的法治化和透明度，在回应公众利益诉求和制度创新中不断强化职能重构，使职责界定更加科学化、明晰化。其次，关于履责能力，它是组织的执行力和生命力。中国特色社会主义行政体制的改革历程就是一个不断简化行政流程、创新行政方式以提升行政能力的过程。因此，随着数字化时代的来临，应将数字化手段融入政务流程再造中，跨越组织边界、突破等级秩序、打破行政壁垒，推动政府决策科学化、政务服务一体化、公共服务高效化及社会治理协同化，实现从"碎片治理"向"系统治理""智能服务"转变。最后，关于问责与容错机制，其实质是通过特定形式实施事后惩戒性的制裁，保证责任追究的公正性和实效性。[②] 可见，"建立广泛的问责机制，实现民主监督"是当代中国行政体制改革的重点任务。具体而言，一是中央层面出台相对明确的容错标准；二是切实保障责任主体的解释与申辩权利，同时鼓励公众参与，听取社会公众特

---

① 范瑞光、赵军峰：《赋能共同富裕的数字政府治理：结构、过程与功能——基于浙江经验的考察》，《电子政务》2023 年第 1 期。

② 马雪松、王慧：《现代国家治理视域下压力型体制的责任政治逻辑》，《云南社会科学》2019 年第 3 期。

别是利益相关者的意见；三是公开容错免责的案例，提升公众对容错机制的了解与支持，为地方容错免责实践提供参照。[①]

效能是国家治理现代化的实践遵循。因此，以效能治理为旨归推进行政体制改革的基本思路如下：一是设计"调研—制定—调整—执行—反馈"的政府行政程序，通过实现民主权利、满足利益需求和广泛政治参与、民主协商共识、民主监督实践等全链条、全方位、全覆盖的上下一致、内外联动的民主环节，贯通人民需求和人民监督，既保证了中国共产党有效"输入"人民需求和有效"输出"政策措施，又保证了人民意愿的有序化表达和民主治理成效的有效转化。[②] 二是构建全方位、全链条、全覆盖的国家制度执行监督体系，杜绝对制度执行做选择、搞变通、打折扣的现象，促使党政干部坚定不移地贯彻执行各项制度，让制度和政策真正落地而不虚化空转。三是创新政府治理业态。一方面，以需求为导向探索与数字化相适应的政务模式，即保证人民在数字化转型中的"获得感"，提升政府效能；另一方面以整体协同为目的优化政府信息化平台和信息化机制建设，打碎"孤岛悖论"，释放政府治理绩效。

四　结语

中国行政体制改革发轫于改革初期，1992年社会主义市场经济体制正式确立后成为改革实践的重点，并作为国家治理体系的重要部分成为"全党的一项重大战略任务"。可以说，中国行政体制改革进程基本与市场化进程吻合，并在不同阶段先后呈现出适应市场（高效政府）、稳定社会（服务政府）与人民满意（现代政府）的基本逻辑和价值取向。全球化、信息化与市场化进程的高度交织，特别是互联网社会对社会结构的影响日益深化，塑造了社会多元性并对行政体制

[①] 张贤明、张力伟：《国家治理现代化的责任政治逻辑》，《社会科学战线》2020年第4期。

[②] 董树彬：《全过程人民民主赋能国家治理：现实可能、作用机理与实践路径》，《学习与实践》2022年第2期。

改革带来了新挑战。① 党的二十大报告指出："在新中国成立特别是改革开放以来长期探索和实践基础上，经过十八大以来在理论和实践上的创新突破，我们党成功推进和拓展了中国式现代化。"那么，在21世纪中叶基本实现国家治理体系和治理能力现代化目标的宏观背景下，在中国式现代化道路的范式要求下，2022年及未来中国行政体制改革应何去何从？一是要自觉践行"两个维护"，这是中国行政体制改革的基点；二是要推进党和国家机构改革，这是中国行政体制改革的主旨；三是要优化政府职责体系，这是中国行政体制改革的核心任务；四是要建立全国统一大市场，这是中国行政体制改革的总体要求；五是要增强社会治理创新，这是中国行政体制改革的重要内容。但鉴于现代社会的复杂性，任何一项改革都应是从不同角度协同推进的过程，行政体制改革亦复如是。因此，结合中国式现代化道路的总体要求，国家治理的战略布局以及行政体制改革的实践进路，本文提出，2022年，中国行政体制改革遵循着"目标—结构—功能"的内在逻辑，即实现政府治理体系和治理能力现代化，构建多跨协同和扁平交互的政府治理结构，优化政府职责体系，提升政府治理效能。

---

① 何艳玲：《中国行政体制改革的价值显现》，《中国社会科学》2020年第2期。

中国反腐败理论研究与实践的新成就

樊倩倩　肖鸿　张等文[*]

2022年，关于反腐败斗争的理论研究成果丰富，实践成效显著。"打虎""治蚁腐、查蝇贪""猎狐""行贿人黑名单""主动投案"等成为中国共产党领导反腐败斗争的热词。中央和各省市巡视巡察利剑再出鞘，聚焦重点领域强化监督，着力打造忠诚、干净、担当的纪检监察队伍，不断深入推进纪检监察工作高质量发展，巡视巡察的统筹力、震慑力、推动力不断提升，全面从严治党向纵深发展。

一　反对腐败的理论研究

2022年是党和国家发展历史上极为重要的一年，也是党风廉政建设和反腐败斗争的关键一年，国内学界针对反腐败问题展开了广泛而深入的研究，取得了丰硕的研究成果。2022年，国内学者关于反腐败的研究成果主要集中在五个方面：一是回顾党的十八大以来反腐败取得的成就，二是分析和总结重点领域反腐败治理的经验和路径，三是探讨大数据等数字技术赋能反腐败治理的内在机理，四是对海外反腐败治理的经验以及国际合作反腐败进行研究，五是聚焦于反腐败研究的新方法和新动向。

（一）关于党的十八大以来反腐败的成就和经验研究

党的十八大以来，党中央以"不得罪成百上千的腐败分子，就要

---

[*] 作者工作单位：樊倩倩、肖鸿、张等文，东北师范大学政法学院。

得罪十四亿人民"的豪迈气概，坚定不移地反对腐败，"赢得了保持同人民群众的血肉联系、人民衷心拥护的历史主动，赢得了全党高度团结统一、走在时代前列、带领人民实现中华民族伟大复兴的历史主动"①。学界围绕党的十八大以来反腐败取得的成就和经验展开深入研究，涌现出大量的学术成果。从整体上看，学界的研究主要聚焦在一体推进"三不腐"、廉洁文化建设、制度反腐的成效与举措等方面。正确认识反腐斗争形势是党和国家巩固发展反腐败斗争压倒性胜利的重要前提。王冠和李雪勤以改革开放以来中国共产党反腐败斗争的形势和方针任务的演进为主线，对反腐败斗争的形势、战略方针以及工作任务进行系统梳理，认为反腐败斗争的形势决定任务，只有准确客观地判断反腐败斗争的形势，才能制定切合实际的战略方针，才能对症下药地进行工作部署。② 在把握反腐败斗争形势的基础上，不少学者分析了中国共产党反腐倡廉取得巨大成就的原因以及新时代反腐败的路径。李永胜和罗蓓深入分析了新时代党廉政建设的经验和规律，指出"坚持政治在先、权力进笼、数字赋能党性教育"是党内廉政工作取得巨大成功的主要原因，揭示出新时代党的廉政建设以"科学性"为内核、以"时代性"为导向、以"人民性"为指归、以"党的领导"为根本的基本规律。③ 蒋来用以一体推进"三不腐"的目标为研究视角，指出未来中国要想实现更高质量的廉洁目标，必须积极全面防治腐败，坚持一体推进"三不腐"，让反腐败目标从廉洁政治建设向清廉中国建设扩展，保障新征程上党的使命任务胜利完成。④ 一体推进"三不腐"是新时代全面从严治党的重要方略，同时也是学界关注的重要议题。王云骏将"一体推进三不"腐败治理整合到"一体化"的框架下，指出"一体推进三不"必须从治标入手，

---

① 《提高一体推进"三不腐"能力和水平 全面打赢反腐败斗争攻坚战持久战》，《人民日报》2022年6月19日第1版。
② 王冠、李雪勤：《改革开放以来反腐败斗争形势和方针任务的演进》，《毛泽东邓小平理论研究》2022年第5期。
③ 李永胜、罗蓓：《新时代党的廉政建设的经验、规律及启示》，《中州学刊》2022年第10期。
④ 蒋来用：《高质量一体推进"三不腐"的目标与策略研究》，《中共中央党校（国家行政学院）学报》2022年第6期。

把治本寓于治标之中，让党员干部因敬畏而"不敢腐"、因制度而"不能腐"、因觉悟而"不想腐"，从而推动腐败治理从惩治的威慑走向日常的规范。①赵大伟和郭松论述了一体推进"三不腐"的质效提升路径，指出全面提升"不敢腐、不能腐、不想腐"机制的质效，应准确把握三者之间的辩证关系，批判性地吸收和借鉴国内外反腐经验。具体而言，应从提升腐败发现概率、增加腐败的经济和社会成本等方面提升"不敢腐"质效，从减少权力供给、压缩权力行使空间、规范公职人员利益行为冲突等方面提升"不能腐"的质效，从吸收借鉴优秀传统廉洁文化、厚植廉洁教育社会基础、推陈出新廉洁教育载体等方面提升"不想腐"的质效，进而达到遏制腐败行为的目的。②此外，徐黎和蔡志强以马克思主义反腐败理论的创新实践为切入点，提出新时代进一步提升反腐败治理质效，必须始终践行习近平总书记关于党的自我革命的战略思想，持续完善反腐败斗争的运行机制，扎实推进政治监督具体化常态化，坚持严管厚爱，强化干部教育管理，在全面从严治党和国家治理全局中一体推进"三不腐"③。

2022年初，中共中央印发《关于加强新时代廉洁文化建设的意见》，明确强调要加强"廉洁文化建设"。党的二十大报告进一步提出，要"加强新时代廉洁文化建设，教育引导广大党员、干部增强不想腐的自觉"④。学界围绕廉洁文化展开了一系列研究。齐卫平对廉洁文化建设的三重意义进行了深刻论述，指出廉洁文化建设对建设廉洁政府、廉洁社会、廉洁政党具有重要意义，既能为廉洁政府建设立根铸魂，又有利于民族品性的塑造、健康社会氛围的营造以及社会主义核心价值观的践行，还有利于深入推进全面从严治党，确保党不变

---

① 王云骏：《"一体推进三不"腐败治理的整体性构想与协同化路径》，《学术界》2022年第6期。
② 赵大伟、郭松：《新时代"三不腐"机制质效提升路径研究》，《长白学刊》2022年第4期。
③ 徐黎、蔡志强：《一体推进不敢腐不能腐不想腐：马克思主义反腐败理论的创新实践》，《新视野》2022年第5期。
④ 习近平：《高举中国特色社会主义伟大旗帜 为全面建设社会主义现代化国家而团结奋斗——在中国共产党第二十次全国代表大会上的报告》，人民出版社2022年版，第69页。

质、不变色、不变味，塑造廉洁型政党形象。① 史逸君从伦理视角对高校廉洁文化建设进行深入剖析，指出廉洁文化的价值在于内心的坚守，本质是教会人如何看待其自身行为，如何更好地修身，并以此作为日常实践的衡量标准，而开展廉洁文化建设是高校文化建设和培养人才的必然要求。②

重视制度反腐是党的十八大以来反腐败斗争取得巨大成效的重要经验。习近平总书记强调，要建设内容科学、程序严密、配套完备、有效管用的反腐败制度体系。③ 学界围绕习近平总书记关于制度反腐的论述进行广泛、深入的探讨。乔贵平等深入分析党的十八大以来党领导推进党和国家监督体系建设的实践成效，指出监督是治理腐败的内在要素，必须坚持"有形"与"有效"相统一、纪法衔接贯通、自我监督与外部监督相结合，不断增强监督合力，提高监督质量。④ 徐行基于党内法规制度建设的视角，提出反腐倡廉党内法规制度建设必须以增强反腐倡廉党内法规制度的系统性、规范性和可操作性为着力点，通过建立完善的反腐败法规制度体系规范权力运行，根除党内腐败现象。⑤ 陈朋指出了制度反腐的重要性和迫切性，提出未来廉政制度建设亟须重点关注制度的创新性、可操作性和执行性等问题。⑥ 纪检监察制度是党和国家对党员干部进行监督的重要制度，新时代党将改革精神贯穿到纪检监察制度实践中，以推进双重领导体制程序化、制度化为核心，推进监督检查和审查调查部门分设，强化内部监督，切实推动纪检监察制度优势有效转化为治理效能。⑦ 卫跃宁和赵伟中认为，监察法治建设从传承到革新的过程也是从成熟到深化的过程，未来，必须优化监察权的合理配置，精准有效运用监督执纪"四

---

① 齐卫平：《论廉洁文化建设的三重意义》，《江西社会科学》2022 年第 4 期。
② 史逸君：《伦理视角下高校廉洁文化建设》，《中国教育学刊》2022 年第 9 期。
③ 《习近平关于全面依法治国论述摘编》，中央文献出版社 2015 年版，第 45 页。
④ 乔贵平、吕建明：《新时代推进党和国家监督体系建设的实践及经验》，《党的文献》2022 年第 5 期。
⑤ 徐行：《党的十八大以来反腐倡廉党内法规制度建设述论》，《党的文献》2022 年第 1 期。
⑥ 陈朋：《新时代廉政制度建设新格局新使命》，《江苏行政学院学报》2022 年第 5 期。
⑦ 冯新舟：《新时代纪检监察制度建设路径探析》，《理论视野》2022 年第 3 期。

种形态",净化产生腐败问题的土壤,做好反腐败治理的"后半篇文章"①。

尽管新时代以来中国反腐败取得了瞩目的成就,但是反腐败斗争形势依然严峻复杂,任务仍然繁重,腐败和反腐败较量还在激烈进行中。②进入新发展阶段,党和国家反对腐败的决心不会变,"反腐败斗争全面从严的主基调不能变也不会变"③,反腐斗争永远在路上。

(二) 重点领域腐败治理成效和路径研究

党的十八大以来,中国共产党领导的反腐败斗争取得压倒性胜利,但反腐败斗争还远未到大功告成之时,各行各业依然存在严峻的腐败问题亟须治理。中国共产党十九届中央纪委六次全会指出,重点领域应该重点整治,针对比较突出的腐败问题,必须集中力量开展专项整治。④ 2022年,学界围绕重点领域腐败治理问题以更宽广的视野展开深入研究。在党风廉政建设领域,吴海红等回顾了中国共产党探索廉洁政治的历程,指出中国共产党始终将建设廉洁政治作为其自身发展目标,以维护人民群众的根本利益为价值遵循,将加强权力的制约监督作为核心内容,以运用法治思维反腐败作为基本方式,展开了一系列自我革命的政治实践活动,促进了廉政实践和廉政理论的长足发展。⑤ 中国共产党在反腐倡廉的百年奋斗中,坚持战略定力与政治定力的固本强基,坚持党的领导与群众路线的合趋并行,坚持讲政治与讲法治的有机统一,坚持治标与治本的同步推进,坚持思想引导与制度约束的并向发力,坚持狠抓重点与稳抓常态的两手并重,坚持铁腕反腐与教育挽救的宽严相济,坚持党委主体责任与纪委监督责任的

---

① 卫跃宁、赵伟中:《新时代十年监察法治建设的回顾与展望》,《贵州师范大学学报》(社会科学版) 2022年第6期。

② 党评文:《坚定新时代反腐败斗争的战略自信》,《学校党建与思想教育》2022年第8期。

③ 田坤:《党的十八大以来我国反腐败政策和措施调整及动因》,《学校党建与思想教育》2022年第8期。

④ 《中国共产党第十九届中央纪律检查委员会第六次全体会议公报》,《人民日报》2022年1月21日第1版。

⑤ 吴海红等:《建设廉洁政治:中国共产党的探索及其启示》,《治理研究》2022年第2期。

贯通协同，坚持严管干部与厚爱干部的紧密结合，坚持党性作风与廉政文化的一体建设，走出了一条具有鲜明中国特色的反腐倡廉道路。①丁新改在总结新时代中国共产党反腐败斗争经验和成效的基础上，指出现有关于反腐败斗争的研究为马克思主义反腐败斗争理论和党的建设研究注入了活力。②

随着高压反腐的纵向延伸与国家治理重心的下移，基层"微腐败"成为腐败治理中不得不面对的棘手难题。为了破解这一难题，一些学者围绕基层"微腐败"问题展开广泛探讨。有学者指出，基层"微腐败"的主要表现是打着"正常办事"的名义，为他人"行方便"，为自己捞"油水"，以及在岗不作为、为官不自尊，见缝插针居多；优亲厚友，人情世故往来不断。③有学者对基层"微腐败"的成因等进行了深刻阐释，金太军和金祖睿认为，基层政府"微腐败"是内部权力主体行为的整体效能不足、外部政社互动羸弱等因素共同作用所致。④曾明以基层政府"微腐败"为切入点，认为国家资源下沉增加了基层干部在资源分配中的权力垄断，在政绩考核压力下基层政府可能会默契性地容忍村干部违纪违法行为，低薪以及乡村人情与传统伦理等减少了基层腐败的机会成本，这些内外因素的共同作用增加了基层腐败的风险。⑤如何防治基层"微腐败"问题成为学界关注的重点，金太军和金祖睿构想了一套主体协同、权责匹配、政社互动的整体性治理方案。⑥肖泽磊和高源从行为主体、行为动机、行为方式、所处情境四个维度进一步细化乡村振兴领域微腐败的治理策略，以期

---

① 江必新、孙珺涛：《中国共产党百年反腐倡廉的实践经验》，《中南大学学报》（社会科学版）2022 年第 2 期。
② 丁新改：《中国共产党反腐败斗争研究的分析与展望》，《中共福建省委党校（福建行政学院）学报》2022 年第 3 期。
③ 朱晓东：《基层"微腐败"问题的表现、成因及防治》，《领导科学》2022 年第 4 期。
④ 金太军、金祖睿：《基层政府"微腐败"及其整体性治理》，《江汉论坛》2022 年第 12 期。
⑤ 曾明：《低腐败成本与道德失灵：资源反哺时代农村基层腐败的内生逻辑》，《上海行政学院学报》2022 年第 3 期。
⑥ 金太军、金祖睿：《基层政府"微腐败"及其整体性治理》，《江汉论坛》2022 年第 12 期。

对基层政府防范微腐败的发生提供参考。① 也有不少学者从不同角度提出治理基层腐败的方法路径，付宇程提出发展全过程人民民主是破解基层腐败防治难题的有效路径。② 李志和余雅洁从公众参与视角出发，阐释了公众参与基层腐败治理意向的驱动因素，主张从加强宣传引导、完善参与激励、开展廉洁教育三个方面提升公众参与基层腐败治理的积极性，进而提高基层反腐实效。③

腐败作为一种社会问题，不仅严重损害社会公平与正义，而且对经济发展产生了巨大的负面影响。长期以来经济领域腐败易发多发，成为反腐败斗争的重点领域之一。自市场化改革以来，因市场扭曲所导致的寻租型腐败屡见不鲜。④ 周义程通过梳理近年来中央纪委国家监委和地方各级纪委监委查处的金融腐败案件，总结出金融腐败具有隐蔽性增强、专业性提升、涉及面变广、潜伏期延长等新特点。⑤ 池国华等以内部控制和业绩考核两项制度为研究视角，发现这两项制度对高管隐性腐败的防治具有双向补充效应，二者构成的制度系统对高管隐性腐败能够发挥综合治理效应。⑥ 此外，互联网平台企业日益成为数字经济时代推动经济发展的新引擎，互联网平台企业反腐败、反洗钱对维护市场经济秩序、消费者合法权益、金融安全等至关重要。王文华和魏祎远以G20为视角，分析互联网平台企业反腐败、反洗钱问题，主张G20互联网平台企业须与监管部门、司法机关协同共治，建构以预防为先、结构合规的体系，将平台反腐败、反洗钱刑事合规机制与刑事激励制度有机结合起来，推动政府监管、司法活动、企业

---

① 肖泽磊、高源：《乡村振兴领域微腐败的行为逻辑和治理策略——基于典型案例的分析》，《湖北民族大学学报》（哲学社会科学版）2022年第6期。
② 付宇程：《发展全过程人民民主：破解基层腐败防治难题的有效路径》，《探索》2022年第4期。
③ 李志、余雅洁：《公众参与基层腐败治理意向驱动因素研究——基于拓展的计划行为理论》，《广州大学学报》（社会科学版）2022年第6期。
④ 陈硕：《市场化改革与腐败治理：基于微观案件数据的实证分析》，《社会》2022年第4期。
⑤ 周义程：《金融腐败新动向及其治理》，《人民论坛》2022年第16期。
⑥ 池国华等：《高管隐性腐败联防联控综合治理研究——基于内部控制与业绩考核制度关系的实证检验》，《管理学刊》2022年第3期。

合规建设的有机统一。①

(三) 大数据赋能反腐败斗争研究

2022年，大数据赋能反腐败斗争已经成为学界关注的热点议题之一。陈静和赵旖对运用大数据一体推进"三不"机制建设进行了深入研究，指出运用大数据进行反腐面临着机遇与挑战并存的复杂形势：一方面，大数据能够为一体推进"三不"机制建设提供全面的反腐资源、科学的反腐平台和有效的反腐举措；另一方面，一体推进"三不"机制建设面临着数据断层、数据失真、法律缺失等多重困难。② 鉴于此，有学者认为，党和政府要进一步完善大数据反腐相关法律制度，运用大数据构建"三不"线上机制，健全"三不"宣传机制，让大数据成为新发展阶段一体推进"三不"机制建设的探照灯和加速器。③ 推进纪检监察工作的数字化转型是数字时代提高腐败治理效能的有效路径，曾智洪等基于技术执行框架的纪检监察机关数字化转型研究，指出纪检监察机关在遵循《中央纪委国家监委信息化工作规划 (2018—2022年)》部署的基础上，创造性地将高科技手段与纪检监察业务融合，在数字化反腐领域取得了积极进展。但由于纪检监察工作内容的敏感性和信息数据的安全性等因素，各地对数字技术嵌入纪检监察业务的探索都很谨慎，因此，在客观的数字技术、组织和制度等方面仍然存在显著的融合性问题。④

皇甫鑫和杨亚星以一个地方项目的运作过程为分析对象，从数字技术赋能基层监督的机制与效能、双维控权进路以及要素联动效应等方面出发，阐释数字技术形塑基层监督体系的深层逻辑，指出数字技术应用于基层监督可通过权力运行的在线化，以用权公开的方式实现

---

① 王文华、魏祎远：《互联网平台企业反腐败、反洗钱合规机制构建初探——以G20为视角》，《中国应用法学》2022年第1期。
② 陈静、赵旖：《运用大数据一体推进"三不"机制建设论析》，《廉政学研究》2022年第1期。
③ 陈静、赵旖：《运用大数据一体推进"三不"机制建设论析》，《廉政学研究》2022年第1期。
④ 曾智洪等：《基于技术执行框架的纪检监察机关数字化转型研究》，《廉政学研究》2022年第1期。

全过程监督,通过权力运行的标准化,以阈值管理的方式实现实时监督,通过整合多重监督力量,以监督合力提升监督效能。他们还认为,以数字技术实现监督主体与监督对象的双维控权,是数字技术形塑基层监督体系的基本进路,纪检监察机关不仅要利用数字技术使权力受技术规则的约束,也要注重对数据变化趋势的分析,及时纠正权力运行失范的现象。[1]虽然大数据技术能够提升反腐败斗争的质量与效能,但随之而来的是大数据监督手段与公职人员隐私权之间的张力问题。徐明慧和陈思同聚焦大数据手段的边界,提出大数据监督手段的具体标准,即个人行为是否具有公共属性或向公共行为转换之可能。[2]

值得注意的是,大数据一体推进"三不"建设依然面临着困境。郑挺认为,目前的大数据应用水平低下,数据库安全管理意识淡薄,加之对大数据的价值认识不足,中国运用大数据反腐的理念更新缓慢。[3] 陈静和赵旖从"数字腐败"的成因入手,指出大数据反腐领域的"数据鸿沟"现象普遍存在,数据安全有待保障,政府部门由于缺少满足大数据应用与反腐工作双重需求的专业人才和管理人才,难以定期开展大数据应用技能培训,导致人才队伍建设与更新困难,在职人员技能革新能动性差。[4] 这些研究揭示了大数据赋能反腐败斗争的困境与难点。

(四) 海外反腐败经验及国际合作研究

反腐败是国际社会普遍关注的问题,大多数国家都意识到治理腐败不仅取决于一个国家内部的工作成效,同时还需要高效的国际合作。随着反腐败斗争的进一步发展,在中国反腐败领域的国际话语权不断提升,不少学者围绕海外反腐败经验及国际合作展开了深入研

---

[1] 皇甫鑫、杨亚星:《数字技术何以形塑基层监督体系?——一个地方项目运作过程的分析》,《廉政学研究》2022年第1期。
[2] 徐明慧、陈思同:《大数据监督手段的边界分析》,《廉政学研究》2022年第1期。
[3] 郑挺:《大数据背景下"数字腐败"的成因及防治之策》,《领导科学》2022年第4期。
[4] 陈静、赵旖:《运用大数据一体推进"三不"机制建设论析》,《廉政学研究》2022年第1期。

究。唐睿基于《美国反腐败战略》讨论美国反腐新趋势，总结出美国反腐措施的五项战略，即反腐败的现代化、协调和资源配置、遏制非法金融、追究腐败者的责任、维护和加强多边反腐败架构。① 还有一些学者关注越南的反腐败情况，王贤和范文德基于比较研究视角，通过对越南最新版《反腐败法》的分析，指出越南腐败治理经过长期发展，表现出更加注重"治法""治财""治人""治防"和"治责"的新特点。② 徐秦法和张睿回顾了越南网络反腐模式的兴起与发展，从法律法规、舆情处理、网民素质等方面提炼出越共十三大以来，越南提高网络反腐机制的路径。③ 此外，还有一些研究者关注新加坡、老挝、缅甸、印度尼西亚、马来西亚等国的反腐败情况，总结出外国反腐败斗争的经验与教训，以期为中国反腐败斗争提供一定的策略借鉴。

如果将国内视为反腐败斗争的"第一战场"，那么国外就是反腐败斗争的"第二战场"。习近平总书记指出："不能让国外成为一些腐败分子的'避罪天堂'"④。2022年，不少学者将研究目光聚焦于中国推动的反腐败国际合作工作上。田坤认为，跨境追逃追赃工作成效直接关系着我国反腐败斗争的绩效和国际形象，是决定反腐败斗争能否取得最终胜利的关键一环，近年来，中国以国际追逃追赃工作办公室为中心强化多部门协同作战能力，加大追逃追赃力度，塑造了中国反腐败的国际形象，提升了中国反腐败的国际话语权。⑤《联合国反腐败公约》鼓励缔约国开展反腐败国际合作，并就引渡、被判刑人员移管、司法协助、执法合作、联合侦查等作出了指引性规定。⑥ 王

---

① 唐睿：《美国海外反腐新趋向及其霸权逻辑》，《人民论坛》2022年第5期。
② 王贤、范文德：《从〈反腐败法〉看越南腐败治理的最新发展及特点——基于比较研究的视角》，《科学社会主义》2022年第3期。
③ 徐秦法、张睿：《网络反腐：越南共产党腐败治理的新动向》，《理论视野》2022年第7期。
④ 本书编写组：《党员必须牢记的100条党规党纪——〈中国共产党纪律处分条例〉解读（修订版）》，人民出版社2018年版，第67页。
⑤ 田坤：《党的十八大以来我国反腐败政策和措施调整及动因》，《马克思主义研究》2022年第6期。
⑥ United Nations, *United Nations Convention against Corruption*, Mérida: United Nations, 2003.

晓东和庄慧娟聚焦引渡在反腐败国际追逃追赃中的作用，指出引渡是反腐败国际追逃追赃的重要抓手，与其他反腐败国际追逃追赃手段互相促进，"我国向外国请求引渡过程中的量刑承诺的适用有其成因及遵循的原则和程序要求"①。李迪认为，我国反腐败斗争形势依然严峻复杂，我国现阶段在适用劝返和域外追诉的方式进行追逃追赃工作时，缺乏强力的法律支撑和顺畅的国际合作，必须健全相关法律法规，增进其他国家对我国反腐败法律的了解，减少域外追诉的负担。②莫洪宪立足于互联网背景下中国反腐败追赃的国际合作实践，认为传统反腐败追赃国际合作机制面临着障碍，在国际层面表现为网络信息平台尚未构建、洗钱防控机制不够完善以及缺少涉网资产分享规则，在国内层面表现为缺少专门追赃机制、信息管理体系以及专门人才队伍。为清除传统反腐败追赃国际合作机制的障碍，中国应加强反腐败追赃国际合作，一方面，要通过打造网络信息平台、推动国际立法出台和协调资产分享，推进国际合作的兼容化；另一方面，要通过建设专门合作机制、信息管理体系和追赃人才队伍，推进国内实践的专门化。③

作为《联合国反腐败公约》的缔约国，中国认真负责履行公约义务，预防和打击各种跨国犯罪，合作实践成效显著。学界从理论层面对跨境腐败治理问题进行深入分析，刘琳和宋伟通过解码推进反腐败国际合作的中国经验，指出中国以区域性合作组织为纽带建立反腐败合作新框架，以"一带一路"倡议为平台构建反腐败合作新机制，以全球反腐败执法合作网络为桥梁提供反腐败合作新载体，在全球腐败治理中发挥了重要作用。④ 国际透明组织是国际行为体之间形成反腐败合作共识的主要推动者，是国际反腐败工具的主要开发者。张丽华和高晗以透明国际为例，研究中国参与国际反腐败合作的问题及发展路径，提出中国应重视并夯实国际反腐败合作的基础与动力、鼓励

---

① 王晓东、庄慧娟：《反腐败国际追逃追赃中的引渡》，《法律适用》2022年第4期。
② 李迪：《恢复性司法视域中的反腐败追逃追赃国际合作》，《法学杂志》2022年第3期。
③ 莫洪宪：《互联网背景下中国反腐败追赃的国际合作》，《吉林大学社会科学学报》2022年第3期。
④ 刘琳、宋伟：《引领反腐败国际合作的中国实践》，《人民论坛》2022年第14期。

国内专家和企业家参与清廉指数的调查取样、优化透明国际中国分会资源归类和系统配置的能力、提升中国媒体构建战略性对外反腐传播体系的意识，从而推进中国深度参与国际反腐合作。①

（五）腐败治理研究方法和解释框架的新发展

学界不仅在反腐败理论研究层面取得了颇丰的成果，而且在研究方法和解释框架层面进行了积极探索。牛朝辉和黄慧腾用定量研究的方法，对党的十八大以来中国腐败与反腐败研究进行综述，发现学者们研究腐败与反腐败的议题主要集中在腐败的特征、不同主体的腐败问题、腐败对经济社会发展的影响以及党的十八大以来实施的反腐败措施的效果等方面，对腐败程度测量的指标正在从宏观向微观发展。②案例与实证分析深受广大学者的青睐，它可以深刻反映特定情境下的腐败和反腐败问题。杨帆基于对 1071 个腐败案例的考察，从基层专项治理与腐败行为、共谋式腐败与涉案金额的关系出发，运用多项式逻辑回归讨论基层公职人员共谋式腐败的成因与特征。③王立峰和孙文飞运用模糊集定性比较分析方法，对农村"微腐败"治理进行深入分析，以"主体—制度环境—文化环境"的三维分析框架，分析影响农村"微腐败"发生的关键因子、农村"微腐败"的核心组合条件等，并提出强化农村"微腐败"治理的策略。④毛昭晖和朱星宇运用类型学方法，根据新型腐败的主体逻辑关联、收益因果关系、利益属性和腐败工具，将新型腐败分为"隧道挖掘"利益输送型腐败、"俄罗斯套娃"隐匿型腐败、"未公开信息"套利型腐败和"软权力"影响力型腐败四种类型。⑤

---

① 张丽华、高晗：《中国参与国际反腐合作的问题及发展路径——以透明国际为例》，《理论探讨》2022 年第 6 期。

② 牛朝辉、黄慧腾：《党的十八大以来中国腐败与反腐败定量研究综述》，《北京航空航天大学学报》（社会科学版）2022 年第 3 期。

③ 杨帆：《基层公职人员共谋式腐败的特征研究——基于 1071 个腐败案例的考察》，《廉政学研究》2022 年第 2 期。

④ 王立峰、孙文飞：《农村"微腐败"发生的诱因及治理对策——基于全国 38 个案例的定性比较分析》，《社会科学战线》2022 年第 4 期。

⑤ 毛昭晖、朱星宇：《新型腐败的特征与类型——警惕传统型腐败向新型腐败的嬗变》，《理论与改革》2022 年第 4 期。

杨丽天晴等通过对当前腐败研究主流研究方法的反思，发现实验研究在反腐败研究中逐渐兴起，涵盖了腐败动机、腐败行为、腐败后果、腐败感知、腐败容忍度、反腐败策略等主题，较之于主流的传统研究方法，通过采用自然实验、田野实验、问卷实验、实验室实验等方法可以直接获得可观察的数据，利用干预变量的调节，可以提升腐败测量准确度。[1]

对研究方法的多样化运用、反思与创新促进了学界对实验研究模式的运用与解释模型的再思考。在现有的以制度、权利、道德为核心的廉政解释模式的基础上，彭斌和朱亚娇从反支配性权力的角度阐释了腐败与反腐败的行动逻辑和动力机制。[2] 学者们热衷于运用李克特五级量表收集数据并进行研究假设，经由验证性因子分析变量，以共同方法偏差检验、信度效度聚敛检验、描述性统计、多元线性回归检验等方法检验研究假设。徐法寅根据调查数据设置了民众腐败感知的结构方程模型，其核心变量及结构关系和标准化系数表明，民众的腐败感知是外在信息和阐释框架共同作用的结果，腐败界定的宽泛程度和对腐败的政策性归因及倾向等，对腐败感知都有显著影响。[3] 王刚和刘瑶通过构建一个有调节的中介模型来探究公众腐败感知的影响因素，在运用多元线性回归检验八个模型后，提出社会资本对公众腐败感知具有显著的负向影响，公共服务满意度在社会资本与公众腐败感知关系中起着中介作用，法治水平在公共服务满意度与公众腐败感知关系中起着负向调节作用。[4]

此外，一些学者从文化学、心理学角度观测腐败问题，比如，洪汛从"甘于被围猎"的腐败心理中探寻腐败产生的解释路径，[5] 岳磊

---

[1] 杨丽天晴等：《腐败治理研究中的前沿问题与研究方法反思》，《上海行政学院学报》2022年第5期。

[2] 彭斌、朱亚娇：《当代中国廉政理论解释模式的再思考》，《学习与探索》2022年第2期。

[3] 徐法寅：《民众"心中"和"眼中"的腐败——框架阐释理论视角下民众腐败感知的结构方程模型分析》，《政治学研究》2022年第3期。

[4] 王刚、刘瑶：《公众腐败感知的影响因素研究——基于一个有调节的中介模型》，《东北大学学报》（社会科学版）2022年第1期。

[5] 洪汛：《甘于被围猎：一种新型腐败心理及其成因分析》，《广州大学学报》（社会科学版）2022年第2期。

等从腐败程度感知与腐败容忍度视角出发分析腐败治理影响公众的反腐败参与意愿的机制，运用结构方程模型设置标准化路径系数图，检验腐败程度感知与腐败容忍度的链式中介效应，得出反腐败绩效会直接影响公众的反腐败参与意愿的结论。① 杨开峰和杜亚斌采用类似的方法，关注信任与腐败治理的关系，得出公众主观的政府绩效感知虽然正向影响政府信任，但是对腐败立案率与政府信任之间的关系不存在调节作用的结论，他们指出，对于地方政府而言，必须保持腐败治理的高压态势，满足人民群众对廉洁政府的期待。②

二　反对腐败的实践成效

2022年是贯彻党的二十大精神的开局之年，各级纪检监察机关始终坚守政治底色，认真落实新时代党的自我革命要求，不断谱写全面从严治党新篇章。同时，各级党组和政府通过加强廉政文化建设，推动社会形成崇廉拒腐的良好风尚，不断筑牢反腐败的精神堤坝。

（一）高压惩贪治腐，巩固拓展反腐败斗争压倒性胜利

十九届中央纪委六次全会指出，2022年必须"坚定不移将党风廉政建设和反腐败斗争进行到底，持续深化不敢腐、不能腐、不想腐一体推进，惩治震慑、制度约束、提高觉悟一体发力，努力取得更多制度性成果和更大治理成效"③。2022年，中国共产党巩固拓展反腐败斗争压倒性胜利，"打虎""拍蝇""猎狐""受贿行贿一起查""主动投案"等取得显著成效。

1. 以彻底自我革命精神，推进全面从严治党向纵深发展

治国必先治党，党兴才能国强。习近平总书记在二十届中央纪委

---

① 岳磊、刘乾：《腐败治理如何影响公众的反腐败参与意愿——腐败程度感知与腐败容忍度的链式中介效应》，《广州大学学报》（社会科学版）2022年第6期。
② 杨开峰、杜亚斌：《腐败如何影响政府信任：客观与主观治理绩效的调节作用》，《上海行政学院学报》2022年第2期。
③ 《中国共产党第十九届中央纪律检查委员会第六次全体会议公报》，《人民日报》2022年1月21日第1版。

二次全会上指出："把全面从严治党作为党的长期战略、永恒课题，始终坚持问题导向，保持战略定力，发扬彻底的自我革命精神，永远吹冲锋号，把严的基调、严的措施、严的氛围长期坚持下去，把党的伟大自我革命进行到底。"① 全面从严治党事关党长期执政、国家长治久安、人民幸福安康，是党的长期战略、永恒课题。

党的十九大以来，党中央深刻把握反腐败斗争依然严峻复杂的形势，保持永远在路上的政治定力，敢于斗争、善于斗争，不断巩固拓展全面从严治党成果，开辟了百年大党自我革命新境界。五年来，中央纪委召开七次全会，习近平总书记发表五次重要讲话，提出一系列重要思想、重大要求，为深入推进全面从严治党、党风廉政建设和反腐败斗争指明前进方向、提供根本遵循。中央纪委以精准规范问责促进担当作为，五年来，全国共问责党组织 3.9 万个，问责党员领导干部、监察对象 29.9 万人；全国纪检监察机关共查处形式主义、官僚主义问题 28.2 万个，批评教育帮助和处理 42.5 万人，其中给予党纪政务处分 25.3 万人；中央巡视组共巡视 282 个中央单位和地方党组织，各省区市党委完成对 8194 个党组织的巡视，实现一届任期内中央巡视、省区市党委巡视全覆盖；全国纪检监察机关共查处扶贫领域腐败和作风问题 29.9 万个，给予党纪政务处分 20.2 万人，查处乡村振兴领域腐败和作风问题 4.8 万个，给予党纪政务处分 4.6 万人，②等等。这些数据释放了党中央坚定不移推进全面从严治党，始终保持最彻底的自我革命精神的强烈信号。

自我革命是中国共产党经过百年奋斗给出的跳出治乱兴衰"历史周期率"的第二个答案，是保证百年大党不会变得老态龙钟、疾病缠身的重要法宝。实践证明，只有纵深推进全面从严治党，加强对权力运行的制约和监督，才能确保党的领导始终坚强有力。

---

① 《习近平在二十届中央纪委二次全会上发表重要讲话强调 一刻不停推进全面从严治党 保障党的二十大决策部署贯彻落实 李强赵乐际王沪宁蔡奇丁薛祥出席会议 李希主持会议》，《中国纪检监察》2023 年第 2 期。

② 《十九届中央纪律检查委员会向中国共产党第二十次全国代表大会的工作报告（2022 年 10 月 22 日中国共产党第二十次全国代表大会通过）》，《中国纪检监察》2022 年第 21 期。

2. "打虎"无禁区、全覆盖、零容忍

2022年"打虎"不停歇，中纪委"打虎"再创新纪录，彰显了党和国家对待"虎患"不护短、不手软的态度和决心。根据中央纪委国家监委网站公布的数据，2022年共有32名中管干部接受审查调查，37名中管干部受到党纪政务处分，其中有25名中管干部在被查当年就受到党纪政务处分。①党的二十大召开之后，共有7只"老虎"被打掉，其中，11月6"虎"被打掉，12月有1"虎"被打，打破了部分干部抱有的反腐败斗争会松劲歇脚的侥幸心理。

2022年，党中央以零容忍的态度反腐败，治理"虎患"成绩斐然。2022年1月8日，时任西藏自治区政府副主席张永泽和中国人寿保险（集团）公司党委书记、董事长王滨涉嫌严重违纪违法，接受中央纪委国家监委纪律审查和监察调查，由此拉开了2022年反腐败斗争的序幕。7月7日，中央纪委国家监委网站发布西藏自治区政府原党组成员、副主席张永泽严重违纪违法被开除党籍和公职的通报。②9月1日，中央纪委国家监委网站发布中国人寿保险（集团）公司原党委书记、董事长王滨严重违纪违法被开除党籍和公职的通报。③张永泽、王滨是2022年落马的"首虎"，他们严重违反党的政治纪律、组织纪律、廉洁纪律、工作纪律和生活纪律，构成严重职务违法并涉嫌受贿等犯罪，且在党的十八大后不收敛、不收手，性质严重，影响恶劣。张永泽是政治问题和经济问题相互交织的典型，对其的处理显示出党和国家坚决防止领导干部成为利益集团和权势团体的代言人、代理人以及坚决治理政商勾连破坏政治生态和经济发展环境问题的决心。④3月29日，时任辽宁省副省长郝春荣涉嫌严重违纪违法，接受中央纪委国家监委纪律审查和监

---

① 《审查调查》，中央纪委国家监委网站，https://www.ccdi.gov.cn/scdcn/。
② 《党纪政务处分》，中央纪委国家监委网站，https://www.ccdi.gov.cn/scdcn/zggb/djcf/202207/t20220707_203600.html。
③ 《党纪政务处分》，中央纪委国家监委网站，https://www.ccdi.gov.cn/yaowenn/202209/t20220901_215125.html。
④ 《党纪政务处分》，中央纪委国家监委网站，https://www.ccdi.gov.cn/scdcn/zggb/djcf/index_1.html。

察调查。① 这是2022年被查的首个女性"大虎",9月1日,中央纪委国家监委网站发布了郝春荣严重违纪违法被开除党籍和公职的通告。②

在反腐败高压震慑和政策感召下,两个"老虎"主动投案。11月25日,吉林省政协原副主席张晓霈涉嫌严重违纪违法,主动投案,接受中央纪委国家监委纪律审查和监察调查。③ 张晓霈退休近五年后主动投案,成为党的二十大后首个被通报主动投案的中管干部,充分彰显了中国共产党持续保持反腐败高压态势所带来的强大震慑力,以及"惩前毖后、治病救人"方针和相关政策所带来的强大感召力。④ 12月8日,时任广东省人大常委会副主任、党组副书记李春生涉嫌严重违纪违法,主动投案,接受中央纪委国家监委纪律审查和监察调查。⑤ 李春生是党的二十大后第二个被通报的主动投案的中管干部。在党的二十大闭幕后的一个多月里,中央纪委国家监委网站就先后发布了11名涉嫌严重违纪违法党员干部主动投案的消息。"问题干部"主动投案,反映出党的十八大以来反腐败斗争已深入人心,一体推进不敢腐、不能腐、不想腐形成叠加效应,反腐败标本兼治综合效能不断提升。⑥

对腐败"零容忍"绝不是一句空话。2022年"打虎"力度不减,打击节奏不变,是过去五年"打虎"数量最多的一年,这昭示着反腐从严的主基调没有变,必将始终如一、长期坚持。开弓没有回头箭,反腐败斗争永远在路上,保持严的基调、严的措施和严的氛围,

---

① 《执纪审查》,中央纪委国家监委网站,https://www.ccdi.gov.cn/scdcn/zggb/zjsc/202203/t20220329_180932.html。

② 《党纪政务处分》,中央纪委国家监委网站,https://www.ccdi.gov.cn/yaowenn/202209/t20220901_215121.html。

③ 《执纪审查》,中央纪委国家监委网站,https://www.ccdi.gov.cn/scdcn/zggb/zjsc/202211/t20221125_233141.html。

④ 《主动投案才是唯一正确出路》,中央纪委国家监委网站,https://www.ccdi.gov.cn/toutiaon/202211/t20221125_233220.html。

⑤ 《执纪审查》,中央纪委国家监委网站,https://www.ccdi.gov.cn/toutiaon/202212/t20221208_235518.html。

⑥ 《近一个月以来多人主动投案 彰显反腐败标本兼治综合效应》,中央纪委国家监委网站,https://www.ccdi.gov.cn/yaowenn/202212/t20221209_235800.html。

仍是今后"打虎"和反腐败的基本遵循。

3. 从严惩治"蝇贪蚁腐"，全面净化基层政治生态

人民群众痛恨什么，党和国家就打击什么。"蝇贪蚁腐"是损害人民群众切身利益、破坏群众获得感幸福感安全感、影响基层政治生态的毒瘤，必须"坚决惩治群众身边的'蝇贪'"，继续"持之以恒正风肃纪，以钉钉子精神纠治'四风'，反对特权思想和特权现象，坚决整治群众身边的不正之风和腐败问题"①。

2022 年，全国共查处违反中央八项规定精神问题 95376 起，其中，查处县处级领导干部问题 6849 起，查处乡科级及以下干部问题 88014 起，乡科级及以下干部问题占查处问题总数的 92.3%。这当中，查处的违规收送名贵特产和礼品礼金、违规吃喝、违规发放津补贴或福利问题，分别占享乐主义、奢靡之风问题的 38.6%、21%、18.5%。② 中央纪委国家监委通报的 2022 年对纪检监察干部监督检查审查调查情况显示，全国纪检监察机关共接收涉及纪检监察干部问题线索或反映 2.21 万件次，处置涉及纪检监察干部问题线索 1.72 万件，谈话函询纪检监察干部 7000 余件次，对纪检监察干部立案 2200 余件，处分 2300 余人，移送司法机关 110 人。其中，处分厅局级及以上干部 77 人、县处级干部 460 余人。③ 从官方公布的数据来看，县处级及以下干部查处问题数量多、占比大，享乐主义和奢靡之风问题严重，这损害了党和政府在人民群众心中的形象，必须露头就打、从严查处。

2022 年，全国各地严查损害群众利益的微腐败，持续正风肃纪，净化政治生态。据统计，北京市查处形式主义、官僚主义问题 131 个，给予党纪政务处分 114 人；查处享乐主义、奢靡之风问题 373 人，给予党纪政务处分 306 人，通报曝光 64 起。同时，北京市持续整治群众身边的腐败和作风问题，推进"打伞破网"常态化，加大

---

① 习近平：《高举中国特色社会主义伟大旗帜 为全面建设社会主义现代化国家而团结奋斗——在中国共产党第二十次全国代表大会上的报告》，人民出版社 2022 年版，第 13 页。

② 《2022 年全国查处违反中央八项规定精神问题 95376 起》，中央纪委国家监委网站，https://www.ccdi.gov.cn/toutiaon/202301/t20230116_242165.html。

③ 《中央纪委国家监委通报 2022 年对纪检监察干部监督检查审查调查情况》，中央纪委国家监委网站，https://www.ccdi.gov.cn/toutiaon/202302/t20230207_245038.html。

对中央和市级重点挂牌案件督办力度，严肃查处涉黑涉恶案件背后的腐败和"保护伞"问题。① 内蒙古自治区查处享乐主义、奢靡之风问题486个，处分420人，查处形式主义、官僚主义问题1218个，处分1297人。全区坚持人民至上，持续整治群众身边的不正之风和腐败问题，坚持一月一调度，推动群众举报"存量清零、增量随清"，全区共接收检举控告19290件，同比下降57.3%。② 辽宁省为清扫基层"微腐败"，确保案结事了，起底排查，分三批交办10975件基层"微腐败"信访举报。全省交办的信访举报全部办结，立案3503起，处理处分8775人，为1668名干部澄清正名，实名举报100%答复，群众满意率达82.5%。为强化正向激励，辽宁省面向镇街、村社干部群体选树"清风干部"1746名。③

2022年，全国各地坚持以人民利益为根本，坚决整治人民群众身边的腐败和作风问题，"组合拳"连环出击，推动基层政治生态持续净化。各省市对人民群众身边腐败和不正之风问题进行通报，涉及工程建设、粮食购销、营商环境、养老社保、扫黑除恶以及"打伞破网"等各个方面。1月13日，四川通报4起重点行业领域突出问题典型案例；4月24日，云南通报5起粮食购销领域腐败问题典型案例；5月12日，黑龙江通报5起破坏营商环境典型案例；5月27日，湖南通报8起乡村振兴领域腐败和作风问题典型案件；8月1日，四川通报4起养老社保领域突出问题系统治理案例；9月13日，甘肃通报5起农村集体"三资"领域腐败和作风问题典型案例。④ 党和国家对人民群众身边的腐败和不正之风坚决不容忍、不包庇，狠治啃食老百姓利益的"蝇贪蚁腐"，在反腐倡廉中增强了人民群众的获得感。

---

① 陈健：《在市纪委十三届二次全会上的工作报告》，《北京日报》2023年2月27日第3版。
② 刘爽：《深入学习贯彻党的二十大精神 在新征程上坚定不移推进全面从严治党 服务保障内蒙古高质量发展》，《内蒙古日报》（汉）2023年3月24日第4版。
③ 《在中国共产党辽宁省第十三届纪律检查委员会第三次全体会议上的工作报告》，辽宁省纪检监察网，http://www.lnsjjjc.gov.cn/hyzl/1246921.jhtml。
④ 《群众身边腐败和不正之风问题》，中央纪委国家监委网站，http://www.lnsjjjc.gov.cn/hyzl/1246921.jhtml。

4. "猎狐"不止步，追赃追逃长震慑

中国共产党坚持重遏制、强高压、长震慑的反腐立场，"打虎"零容忍，"拍蝇"不手软，"猎狐"不止步，确保消除党、国家、军队内部存在的严重隐患，为党和国家事业发展提供坚强保证。2022年3月20日，中央反腐败协调小组国际追逃追赃和跨境腐败治理工作办公室召开会议，决定启动"天网2022"行动，打好追逃追赃攻坚战、持久战。国家监委牵头开展职务犯罪国际追逃追赃专项行动，公安部开展"猎狐"专项行动，中国人民银行会同公安部开展预防、打击利用离岸公司和地下钱庄向境外转移赃款专项行动，最高人民法院会同最高人民检察院开展犯罪嫌疑人、被告人逃匿、死亡案件追赃专项行动，中央组织部会同公安部等开展违规办理和持有证件专项治理等工作。①

"天网"行动让腐败无处遁形，党和国家布下的天罗地网，决不会也不能让腐败分子躲进"避罪天堂"，逍遥法外。党的十九大以来，"天网行动"追回外逃人员7089人，其中党员和国家工作人员1992人，追回赃款352.4亿元，"百名红通人员"已有61人归案。②其中，2022年1月至11月，"天网2022"行动共追回外逃人员840人，包括党员和国家工作人员132人、"红通人员"21人，"百名红通人员"1人，追回赃款65.5亿元，追逃追赃继续保持高压态势。③"天网2022"行动成果显著，潜逃多年的"红通人员"被缉捕遣返回国，彰显了党和国家有逃必追、一追到底的坚定决心。5月19日，外逃十年的"红通人员"孙锋在境外落网并被遣返回国；7月4日，中央纪检监察网站公布"红通人员"、职务犯罪嫌疑人卢光远、卢光亮先后回国投案；7月22日，潜逃境外23年的职务犯罪嫌疑人张某主动投案；10月29日，外逃27年的"红通人员"屈健玲在境外落网并被遣返回国……这是党和国家运用法治思维和法治方式开展追逃

---

① 王卓：《"天网2022"行动正式启动》，《中国纪检监察报》2022年3月4日第1版。
② 《十九届中央纪律检查委员会向中国共产党第二十次全国代表大会的工作报告》，《人民日报》2022年10月28日第1版。
③ 《深入学习贯彻党的二十大精神 推进新时代新征程纪检监察工作高质量发展（六）》，中央纪委国家监委网站，https://www.ccdi.gov.cn/toutiaon/202301/t20230105_239795.html。

追赃的生动实践。①"天网2022"行动充分表明,任何困难都无法阻挡中国反腐败追逃追赃工作步伐,不管腐败分子逃到哪里、逃匿多久,都难逃法律的制裁。

各地方积极配合中央反腐败协调小组布下反腐败追逃追赃天罗地网,织密追逃协作网,打好追赃组合拳,筑牢防逃"安全坝"。2022年,吉林省制定出台纪检监察机关办理追逃追赃案件工作规程、"追防一体化"指导意见,追回外逃职务犯罪人员18人;②辽宁省完善追逃防逃追赃机制,追回外逃人员12人;③山东省统筹推进追逃防逃追赃工作,"天网2022"行动追回外逃人员56人;④河南省统筹开展"天网2022"专项行动,追回外逃人员21人;⑤海南省一体推进追逃防逃追赃工作,"天网行动"追回外逃人员8人,⑥等等。这当中包括潜逃29年之后投案自首的国企出纳肖秀娣,这是党的二十大后上海追回的第一个职务犯罪嫌疑人。肖秀娣回沪投案自首是党的二十大以来上海纪委监委坚持有逃必追、一追到底的重要战果,同时也说明天网恢恢、疏而不漏,逃匿是条不归路,在逃人员唯有放弃幻想、投案自首才是正道。⑦

5. 建立行贿人"黑名单",坚持受贿行贿一起查

行贿不查,受贿不止。受贿和行贿相伴而生,是一根藤上的两个

---

① 《国际合作》,中央纪委国家监委网站,https://www.ccdi.gov.cn/gzdtn/gjhz/。

② 《在新征程上深入推进党风廉政建设和反腐败斗争 为吉林全面振兴取得新突破提供坚强保障》,吉林省纪委监委网站,http://ccdijl.gov.cn/xw/yw/202302/t20230228_8673438.html。

③ 《在中国共产党辽宁省第十三届纪律检查委员会第三次全体会议上的工作报告》,辽宁省纪检监察网,http://www.lnsjjjc.gov.cn/hyzl/1246921.jhtml。

④ 《深入学习贯彻党的二十大精神 坚定不移推进全面从严治党 为建设新时代社会主义现代化强省提供坚强保障》,山东省纪委监委网站,http://www.sdjj.gov.cn/jggk/gzbg/202303/t20230303_11680831.htm。

⑤ 《深入贯彻党的二十大全面从严治党战略部署 为全面建设社会主义现代化河南提供坚强保障》,《河南日报》2023年2月8日第4版。

⑥ 《坚定不移落实全面从严治党战略部署 努力开创清廉自贸港建设新局面》,清廉海南网,https://www.hncdi.gov.cn/web/hnlzw/article.jsp?articleId=b0d25de3-75b0-4d5d-b314-b84d4985a18f&channelCode=lzw_navs_xxgk_gzbg。

⑦ 《党的二十大后上海追回首个职务犯罪嫌疑人 潜逃29年 国企出纳投案自首》,中央纪委国家监委网站,https://www.ccdi.gov.cn/yaowenn/202211/t20221125_233067.html。

"毒瓜"，必须坚持受贿行贿一起查，让"围猎者"付出代价。[①] 2022年，中央和各地方继续出台一系列制度文件，探索实施行贿人"黑名单"制度，推进受贿行贿一起查规范化法治化，对行贿受贿行为严惩不贷。12月9日，最高检印发《关于加强行贿犯罪案件办理工作的指导意见》，为各级检察机关从严惩治行贿、提升办案质效提供规范指引。该意见要求，要加强与监察机关、审判机关的沟通，落实好办案衔接规定，确保配合有力、制约有效，促进凝聚共识、协同发力；要加强对行贿犯罪案件的审判监督，综合运用多种方式，强化监督效果。[②] 各地纪委监委也陆续出台相关文件，进一步规范行贿受贿一起查，比如，甘肃省纪委监委出台《关于贯彻落实〈关于进一步推进受贿行贿一起查的意见〉的若干措施》，辽宁省大连市纪委监委印发《关于进一步推进受贿行贿一起查的工作办法》等。

2022年，各省市根据中央纪委部署坚持受贿行贿一起查，不断探索完善行贿人"黑名单"制度，将有行贿行为的单位和个人录入全国行贿人信息库，通过统筹运用纪律、法律、行政、经济等手段，对行贿人实行联合惩戒措施，让行贿人付出应有代价。[③] 吉林省注重腐败源头治理，健全行贿人信息库和"黑名单"制度，建立行贿行为联合惩戒机制，查处行贿案件291件，给予党纪政务处分120人，移送检察机关62人。[④] 广东省坚持受贿行贿一起查，严肃查处多次行贿、巨额行贿、向多人行贿等行为，全省移送检察机关审查起诉涉嫌行贿犯罪人员304人，同时完善行贿人联合惩戒机制，向党委组织、统战部门和人大常委会党组、政协党组通报行贿的企业人员名单，推动依法依规罢免行贿人担任的各级人大代表职务、撤销政协

[①] 《二十大词典 受贿行贿一起查》，中央纪委国家监委网站，https://www.ccdi.gov.cn/specialn/xxcd/202302/t20230222_248306.html。

[②] 《加强与监察机关衔接 依法从严惩治行贿》，中央纪委国家监委网站，https://www.ccdi.gov.cn/yaowenn/202212/t20221209_235770.html。

[③] 《不断探索完善行贿人"黑名单"制度》，中央纪委国家监委网站，https://www.ccdi.gov.cn/yaowenn/202302/t20230216_246986.html。

[④] 《在新征程上深入推进党风廉政建设和反腐败斗争 为吉林全面振兴取得新突破提供坚强保障》，吉林省纪委监委网站，http://ccdijl.gov.cn/xw/yw/202302/t20230228_8673438.html。

委员资格。① 广西壮族自治区坚持受贿行贿一起查，立案行贿人员424人，追缴行贿违法所得 5.09 亿元。② 坚持受贿行贿一起查，是斩断"围猎"与甘于被"围猎"利益链、破除权钱交易关系网的有效途径。

6. 主动投案成为常态，标本兼治彰显治腐效能

党和国家一体推进不敢腐、不能腐、不想腐，在高压震慑和政策感召下，越来越多的违纪违法党员干部抛弃侥幸心理，放下思想包袱，主动投案，向组织交代问题。③ 在党的十九大以来的五年时间里，有8.1 万人向纪检监察机关主动投案，2020 年以来，有 21.6 万人主动交代问题，主动投案人数的增加，彰显了反腐败标本兼治的综合效应。④

制度的笼子越扎越紧，惩贪的力度毫不松懈，腐败无处可逃，唯有主动投案才是正道。2022 年，越来越多犯错误的党员干部选择了主动投案。内蒙古自治区有 341 人向纪检监察机关主动投案，有 1296 人主动说明问题；⑤ 辽宁省有 2728 人向纪检监察机关主动投案和交代问题；⑥ 吉林省有 212 人向纪检监察机关主动投案，有 591 人主动交代问题；⑦ 河南省有 340 人主动投案，有 1149 人主动交代问题。⑧ 可见，

---

① 《坚定不移深入推进全面从严治党 为广东在全面建设社会主义现代化国家新征程中走在全国前列创造新的辉煌提供政治保障》，南粤清风网，http://www.gdjct.gd.gov.cn/gzbgsecond/content/post_180368.html。

② 《深入学习贯彻党的二十大精神 推进全面从严治党取得更大成效 服务保障新时代壮美广西建设开创新局面》，广西纪检监察网，https://www.gxjjw.gov.cn/staticpages/20230301/gxjjw63fef999-179499.shtml。

③ 《主动投案才是唯一正确出路》，中央纪委国家监委网站，https://www.ccdi.gov.cn/toutiaon/202211/t20221125_233220.html。

④ 《十九届中央纪律检查委员会向中国共产党第二十次全国代表大会的工作报告》，《人民日报》2022 年 10 月 28 日第 1 版。

⑤ 刘爽：《深入学习贯彻党的二十大精神 在新征程上坚定不移推进全面从严治党 服务保障内蒙古高质量发展》，《内蒙古日报》（汉）2023 年 3 月 24 日第 4 版。

⑥ 《在中国共产党辽宁省第十三届纪律检查委员会第三次全体会议上的工作报告》，辽宁省纪委监委，http://www.lnsjjjc.gov.cn/hyzl/1246921.jhtml。

⑦ 《在新征程上深入推进党风廉政建设和反腐败斗争 为吉林全面振兴取得新突破提供坚强保障》，吉林省纪委监委网站，http://ccdijl.gov.cn/xw/yw/202302/t20230228_8673438.html。

⑧ 《深入贯彻党的二十大全面从严治党战略部署 为全面建设社会主义现代化河南提供坚强保障》，《河南日报》2023 年 2 月 8 日第 4 版。

"主动投案"已经不是个别现象,而是一体推进不敢腐、不能腐、不想腐综合效应的显现,高压震慑和政策感召让"主动投案"从"现象"变为"常态"。"惩前毖后、治病救人"是中国共产党的一贯方针,对于误入歧途的违纪违法干部而言,心存侥幸无出路,直面问题是正道。犯错误的党员干部只有认清形势、迷途知返、尽早回头,相信组织、依靠组织,怀着对党的忠诚、对党纪国法的敬畏之心,主动投案,如实向组织说明问题,才是唯一正确的出路。①

(二) 深化巡视巡察,利剑高悬长震慑

赵乐际在十九届中央纪委六次全会上对 2022 年巡视巡察工作做了重要部署,他强调要"健全巡视巡察上下联动格局,实现高质量全覆盖目标任务"②。2022 年,各级巡视巡察工作高质量完成。

1. 持续深化政治巡视

赵乐际在全国巡视工作会议暨十九届中央第九轮巡视动员部署会上强调深化政治巡视,强化政治监督,指出"要坚持政治巡视定位,着力加强对'两个维护'的政治监督,围绕'国之大者'发挥监督保障执行、促进完善发展作用""巡视组要突出政治建设,强化能力建设,教育引导巡视干部以党性立身做事,做到实事求是、'三严三实'、可亲可信可敬。"③

2022 年,中央纪委全面贯彻中央巡视决策部署,突出政治站位,十九届中央第九轮巡视工作完美收官。根据党中央关于巡视工作的统一部署,截至 4 月 9 日,十九届中央第九轮巡视的 15 个巡视组完成巡视进驻工作,对中央和国家机关把握"两个确立"决定性意义,增强"四个意识"、坚定"四个自信"、做到"两个维护"情况进行

---

① 《主动投案才是唯一正确出路》,中央纪委国家监委网站,https://www.ccdi.gov.cn/toutiaon/202211/t20221125_233220.html。

② 赵乐际:《运用党的百年奋斗历史经验 推动纪检监察工作高质量发展 迎接党的二十大胜利召开》,《人民日报》2022 年 2 月 25 日第 2 版。

③ 《赵乐际在全国巡视工作会议暨十九届中央第九轮巡视动员部署会上强调 深化新时代巡视工作规律性认识 高质量完成巡视全覆盖任务》,新华网,http://www.news.cn/politics/leaders/2022-03/23/c_1128497290.htm。

全面检验。① 根据十九届中央第九轮巡视的反馈，"有的加强政治建设有不足，对党的创新理论深入学习研究不够，结合实际贯彻落实党中央决策部署不够到位，履行职能责任与新时代新要求还不适应"，反馈要求"进一步加强政治建设，自觉用党的创新理论武装头脑、指导实践、推动工作，不折不扣贯彻落实党中央决策部署，带头做到'两个维护'"②。同时，各省市坚守巡视政治定位，着力纠正政治偏差。比如，内蒙古自治区贯彻落实中央巡视工作方针，持续深化政治巡视，牢牢把握"两个维护"根本任务，紧紧围绕习近平总书记对内蒙古的重要指示精神贯彻落实情况，聚焦党的领导职能责任，对24个区直机关单位开展常规巡视。③

2. 实现巡视巡察高质量全覆盖

党的十九大以来，"中央巡视组共巡视282个中央单位和地方党组织，各省区市党委完成对8194个党组织巡视，实现一届任期内中央巡视、省区市党委巡视全覆盖。中央巡视组与干部群众谈话5.8万人次，发现问题1.6万个，移交一批问题线索"④。巡视组突出问题导向，聚焦"关键少数"，紧盯权力责任，实现有形覆盖与有效覆盖相统一，凸显了中国共产党人敢于刀刃向内进行刮骨疗毒和勇于自我革命的鲜明品格。

各地方凝心聚力贯彻落实党的巡视巡察工作部署，稳步推进巡视巡察工作全覆盖，取得显著成效。宁夏回族自治区全面总结十二届自治区党委巡视工作做法成效，实现十二届自治区党委巡视整改督查全覆盖，反馈问题整改率达97.3%。⑤重庆市开展六届市委第一轮巡视，对10个区县和10个市级部门（单位）党组织开

---

① 《十九届中央第九轮巡视完成进驻》，中央纪委国家监委网站，https://www.ccdi.gov.cn/toutiaon/202204/t20220408_184982.html。
② 《十九届中央第九轮巡视完成反馈》，中央纪委国家监委网站，https://www.ccdi.gov.cn/toutiaon/202207/t20220723_206909.html。
③ 刘爽：《深入学习贯彻党的二十大精神 在新征程上坚定不移推进全面从严治党 服务保障内蒙古高质量发展》，《内蒙古日报》（汉）2023年3月24日第4版。
④ 《十九届中央纪律检查委员会向中国共产党第二十次全国代表大会的工作报告》，《人民日报》2022年10月28日第1期。
⑤ 艾俊涛：《凝心聚力贯彻落实党的二十大战略部署 坚持不懈推动全面从严治党向纵深发展》，《宁夏日报》2023年4月25日第3期。

展常规巡视,探索对10个区县纪委监委机关、组织部门开展提级交叉巡察,新一届区县党委已巡察区县管党组织827个、村(社区)党组织2149个。① 吉林省统筹推进十一届省委巡视收官和十二届省委巡视开局,顺利实现十一届省委巡视全覆盖目标,制定《省委巡视工作规划(2022—2027年)》,组织召开全省巡视工作会议,组织开展十二届省委首轮巡视,对26个省直部门、群团组织进行常规巡视,嵌入式地开展选人用人、落实意识形态责任制专项检查,发现问题937个,移交问题线索86条。② 巡视巡察全覆盖就是要做到党组建立到哪里,巡视巡察就跟进到哪里,让利剑高悬、震慑常在。③

3. 推进巡视巡察上下联动

加强巡视巡察上下联动是系统推进巡视巡察工作高质量发展的重要方式,是中国共产党全面从严治党、加强党的建设的利器。赵乐际在十九届中央纪委六次全会上对2022年健全巡视巡察上下联动工作作出安排部署,指出要"完善巡视巡察上下联动机制,层层压实责任,发挥巡视巡察系统优势和综合监督作用"④。根据中央纪委的统一部署,各省市科学谋划,压实责任,多措并举推动巡视巡察上下联动。吉林省强化巡视巡察上下联动,围绕省委"基层建设年"部署,组织开展基层治理专项巡视巡察,完成中央巡视工作领导小组确定的巡察试点任务,总结推广试点经验;搭建完成全省巡视巡察工作网络平台,全面应用巡视巡察单机系统,强化上下联动信息化支撑。⑤ 山东省推动巡视巡察上下联动工作格局持续完善,出台《关于推进市县

---

① 《宋依佳在六届市纪委二次全会上的工作报告》,风正巴渝,https://jjc.cq.gov.cn/html/2023-05/06/content_ 52007407. htm。

② 《在新征程上深入推进党风廉政建设和反腐败斗争 为吉林全面振兴取得新突破提供坚强保障》,吉林省纪委监委,http://ccdijl.gov.cn/xw/yw/202302/t20230228_ 8673438. html。

③ 付耀、施纯鑫:《高质量推进巡视巡察全覆盖——大山深处迎来公交车》,《中国纪检监察》2022年第17期。

④ 赵乐际:《运用党的百年奋斗历史经验 推动纪检监察工作高质量发展 迎接党的二十大胜利召开》,《人民日报》2022年2月25日第2期。

⑤ 《在新征程上深入推进党风廉政建设和反腐败斗争 为吉林全面振兴取得新突破提供坚强保障》,吉林省纪委监委,http://ccdijl.gov.cn/xw/yw/202302/t20230228_ 8673438. html。

巡察工作高质量发展的意见》。① 河南省加强巡视巡察上下联动，联动开展涉粮等领域专项巡视巡察，纵深推进巡察村（社区）工作，全年完成市县巡察任务 2956 项、村（社区）巡察任务 8847 项。②

4. 巡视巡察和其他各类监督协同运行

巡视巡察是中国共产党"政治体检"的利器，是一项系统性工作，做好做实巡视巡察工作必须联动其他监督手段，强化监督综合协调作用。这就要求坚持系统谋划、系统推进的思维，综合运用巡视巡察和各类监督手段，构建整体、系统、高效的监督网络，更好地发挥巡视巡察作用。

根据中央纪委的统一部署，各省市系统谋划巡视巡察与其他监督手段贯通融合，切实发挥监督合力。北京市制定纪检监察监督、巡视巡察监督与审计监督、财会监督、统计监督贯通协同工作办法，与市委政法委建立政法干警违纪违法情况定期通报机制。③ 山东省推动巡视巡察与其他监督贯通融合，创新"纪巡"联动形式，完善省纪委监委监督检查室负责同志兼任省委巡视组驻组副组长的工作机制，深化巡审联动，同步开展经济责任审计。④ 河南省在促进各类监督贯通协同上迈出新步伐，制定加强"四项监督"统筹衔接的实施方案，出台纪检监察监督、巡视巡察监督与审计监督贯通协同高效的实施意见，加强与审判、检察、公安、审计、统计、法治督察等单位的协作配合，推动形成"一盘棋"监督工作格局。⑤

推进巡视巡察和其他各类监督的协作配合是健全党和国家监督体

---

① 《深入学习贯彻党的二十大精神 坚定不移推进全面从严治党 为建设新时代社会主义现代化强省提供坚强保障》，山东省纪委监委网站，http://www.sdjj.gov.cn/jggk/gzbg/202303/t20230303_11680831.htm。
② 《深入贯彻党的二十大全面从严治党战略部署 为全面建设社会主义现代化河南提供坚强保障》，《河南日报》2023 年 2 月 8 日第 4 版。
③ 陈健：《在市纪委十三届二次全会上的工作报告》，《北京日报》2023 年 2 月 27 日第 3 版。
④ 《深入学习贯彻党的二十大精神 坚定不移推进全面从严治党 为建设新时代社会主义现代化强省提供坚强保障》，山东省纪委监委网站，http://www.sdjj.gov.cn/jggk/gzbg/202303/t20230303_11680831.htm。
⑤ 《深入贯彻党的二十大全面从严治党战略部署 为全面建设社会主义现代化河南提供坚强保障》，《河南日报》2023 年 2 月 8 日第 4 版。

系的必然要求，但协同运行不是简单相加，必须统筹考量，系统发力。此外，高质量巡视巡察工作，还要压实责任，贯通各方力量做好整改的"后半篇文章"。

（三）深入推进纪检监察工作再创佳绩

党的十八大以来，中国共产党开展了史无前例的反腐败斗争，管党治党宽松软状况得到根本扭转，风清气正的党内政治生态逐步形成和发展。①纪检监察机关作为党和国家自我监督的专责机关，必须肩负起全面从严治党、推进党的建设的重要职责，奋力推动纪检监察工作高质量发展，为党和国家反腐败事业作出更大贡献。

1. 建立纪检监察学科，培养纪检监察专业人才

加强纪检监察学科建设是新时代中国共产党坚持自我革命、健全党和国家监督体系、实现纪检监察工作高质量发展的重大要求。②建设好纪检监察一级学科是当前纪检监察学科建设最为迫切和重要的任务，有助于为纪检监察事业培养更多忠诚、干净、高素质的专业人才。根据国务院学位委员会印发的《研究生教育学科专业目录（2022年）》，纪检监察学成为法学门类下的一级学科。③

建立纪检监察学科是加快培养纪检监察人才、推动纪检监察工作高质量发展的应有之义。党的十八大以来，全面从严治党深入推进，纪检监察体制改革不断深化，急需高校和研究机构为党和国家培养一批德才兼备的高素质专业化纪检监察理论研究人才和实务人才。④2022年，清华大学、中国人民大学、江苏大学、内蒙古大学、海南大学等多所高校相继成立了纪检监察研究院或纪检监察学院，为纪检

---

① 习近平：《高举中国特色社会主义伟大旗帜 为全面建设社会主义现代化国家而团结奋斗——在中国共产党第二十次全国代表大会上的报告》，人民出版社2022年版，第14页。
② 王希鹏、蔡志强：《新时代纪检监察一级学科理论体系的科学构建》，《中国纪检监察》2022年第10期。
③ 《国务院学位委员会 教育部关于印发〈研究生教育学科专业目录（2022年）〉〈研究生教育学科专业目录管理办法〉的通知》，中华人民共和国教育部网站，http://www.moe.gov.cn/srcsite/A22/moe_833/202209/t20220914_660828.html。
④ 李云舒、韩亚栋：《建设新时代的纪检监察学科》，《中国纪检监察报》2022年9月23日第4版。

监察学科建设和发展提供了平台。内蒙古大学申报的纪检监察（专业代码030108TK，法学）专业获批新增本科专业，成为全国首个设置纪检监察本科专业的高等学校。①值得一提的是，2021年，内蒙古自治区纪委监委和内蒙古大学共同筹建了内蒙古大学监察官培训学院。监察官培训学院的建立是认真学习贯彻党中央建设一支政治素质高、忠诚干净担当、专业化能力强、敢于善于斗争的纪检监察铁军的重要举措。②2022年8月17日，清华大学校务会议决定成立"清华大学纪检监察研究院"，在全国高校率先启动纪检监察一级学科建设，并以推动纪检监察理论创新、加强纪检监察人才培养、服务中央战略决策咨询为目标，聚焦党和国家廉政建设重大问题，努力建设成为国内顶尖的纪检监察学术机构和高端智库。③

2. 擦亮政治底色，淬炼纪检监察铁军

习近平总书记在十九届中央纪委六次全会上强调"纪检监察机关和纪检监察干部要始终忠诚于党、忠诚于人民、忠诚于纪检监察事业""纪检监察队伍必须以更高的标准、更严的纪律要求自己，锤炼过硬的思想作风、能力素质，以党性立身做事，刚正不阿、秉公执纪、谨慎用权，不断提高自身免疫力，主动接受党内和社会各方面的监督，始终做党和人民的忠诚卫士。"④只有打造纪检监察铁军，才能坚定有力地推进党和国家反腐倡廉目标的落实。

2022年，中央纪委国家监委和各级纪检监察机关积极建设政治过硬、本领高强的纪检监察队伍，确保纪检监察队伍将政治建设摆在首位，当好党和人民的忠诚卫士。9月22日，中共中央发布《中国共产党处分违纪党员批准权限和程序规定》，该规定规范和明确了党

---

① 《内蒙古大学新增纪检监察本科专业，成首个设置该本科专业高校》，内蒙古自治区人民政府网站，https://www.nmg.gov.cn/zwyw/gzdt/bmdt/202203/t20220301_2011415.html。
② 《内蒙古大学监察官培训学院简介》，内蒙古监察官培训学院网站，https://jcgpxxy.imu.edu.cn/xygk/xyjj.htm。
③ 《清华大学成立纪检监察研究院》，清华大学网站，https://www.tsinghua.edu.cn/info/1182/97468.htm。
④ 《习近平在十九届中央纪委六次全会上发表重要讲话强调 坚持严的主基调不动摇 坚持不懈把全面从严治党向纵深推进 李克强栗战书汪洋王沪宁韩正出席会议 赵乐际主持会议》，《中国纪检监察》2022年第3期。

员受留党察看处分期满后恢复党员权利等工作程序。① 各省市坚持刀刃向内，严查害群之马，时刻保持队伍的纯洁性。辽宁省纪委监委创新培养模式，省市两级组建110支精兵强将集训队；成立辽宁省监察官学院，强化开案培训、案中带训、案后讲训，定期举办"精兵强将大讲堂""学思讲堂"；坚持刀刃向内，严肃查处李鑫龙、安海棠、邵庆科等纪检监察干部严重违纪违法案件。②

3. 聚焦重点领域强化监督，坚决铲除腐败毒瘤

2022年，中央纪委国家监委对教育、卫生、金融、营商环境、乡村振兴、粮食购销等重点领域开展腐败专项整治，各省市积极配合中央纪委国家监委开展专项治理，聚焦重点领域开展监督，取得显著成绩。

赵乐际在十九届中央纪委六次全会上提出，2022年要"持续推进金融领域腐败治理、促进金融风险的防控化解，持续深化国企反腐败工作，深化粮食购销等领域腐败专项整治"③。各级纪检监察机关针对粮食购销、营商环境等重点领域腐败问题加大监督力度，推动解决重点领域系统性腐败问题。湖北利川开展学校食堂服务保障专项整治，坚决杜绝学校食堂"微腐败"④。大连市中山区开展教育领域微腐败专项整治，建立412名教育领域监察对象廉政档案，开展校长、园长任前廉政谈话。⑤ 杭州推进医疗领域腐败问题专项整治，靶向治理建设清廉医院，纠治群众反映强烈的医疗领域突出问题。⑥ 中国建设银行在全系统开展公务用车专项整治行动，要求各单位高度重视公

---

① 《中国共产党处分违纪党员批准权限和程序规定》，中央纪委国家监委网站，https://www.ccdi.gov.cn/fgk/law_display/71033。
② 王坤：《为打好打赢新时代"辽沈战役"保驾护航》，《辽宁日报》2023年1月29日第1版。
③ 赵乐际：《运用党的百年奋斗历史经验 推动纪检监察工作高质量发展 迎接党的二十大胜利召开》，《人民日报》2022年2月25日第2版。
④ 《湖北利川：开展学校食堂服务保障专项整治》，中央纪委国家监委网站，https://www.ccdi.gov.cn/gzdtn/jdjc/202206/t20220616_199644.html。
⑤ 《大连中山：开展教育领域微腐败专项整治》，中央纪委国家监委网站，https://www.ccdi.gov.cn/gzdtn/jcfc/202206/t20220607_197548.html。
⑥ 《杭州推进医疗领域腐败问题专项整治 靶向治理建设清廉医院》，中央纪委国家监委网站，https://www.ccdi.gov.cn/yaowenn/202208/t20220815_211247.html。

车管理，聚焦重点做好自查自纠，边查边改，完善长效机制。① 黑龙江开展"三资"管理突出问题专项整治，守好村集体"钱袋子"，加强新时代廉洁文化建设融入乡村振兴建设，积极创建"清廉农村"软环境。② 山东枣庄持续巩固粮食购销领域腐败问题专项整治成效，做深做实问题整改和以案促改"后半篇"文章。③

教育、卫生、粮食等重点领域的廉政文化建设牵连国家发展全局，关乎人民群众的福祉。贯彻落实党中央全面从严治党要求，对重点领域开展专项整治，有利于以政治监督推动各级党组织增强政治意识和政治自觉，坚定不移地践行"两个维护"。

（四）聚焦"国之大者"，政治监督再谱新篇

2022年，全国各级纪检监察机关把握时代命题，压紧压实全面从严治党政治责任，紧紧围绕服务保障新时代新征程党的使命任务推进政治监督。强化政治监督就是要坚定地做到"两个维护"，做到党中央重大决策部署到哪里、政治监督就跟进到哪里，切实确保党中央重大决策部署不折不扣地落到实处。

1. 以政治监督为统领，贯通融合"四项监督"

习近平总书记在十九届中央纪委六次全会上强调："纪检监察机关要发挥监督专责机关作用，协助党委全面从严治党，推动党内监督和其他各类监督贯通协同，探索深化贯通协同的有效路径。"④ 2022年，中央纪委国家监委和各级纪检监察机关提高政治站位，强化监督职责，不断推动"四项监督"统筹衔接，进一步促进党和国家监督体系的完善与监督能力的提高。

---

① 《中国建设银行专项整治公车私用 批评教育帮助114人》，中央纪委国家监委网站，https://www.ccdi.gov.cn/yaowenn/202209/t20220924_220079.html。
② 《黑龙江开展"三资"管理突出问题专项整治 守好村集体"钱袋子"》，中央纪委国家监委网站，https://www.ccdi.gov.cn/yaowenn/202211/t20221129_233695.html。
③ 《山东枣庄：持续巩固粮食购销领域腐败问题专项整治成效》，中央纪委国家监委网站，https://www.ccdi.gov.cn/gzdtn/jcfc/202212/t20221223_237806.html。
④ 《习近平在十九届中央纪委六次全会上发表重要讲话强调 坚持严的主基调不动摇 坚持不懈把全面从严治党向纵深推进 李克强栗战书汪洋王沪宁韩正出席会议 赵乐际主持会议》，《中国纪检监察》2022年第3期。

2022 年，各省纪检监察机关突出迎接党的二十大召开、学习贯彻党的二十大精神主题主线，坚持以政治监督为导向，不断提高监督能力和完善监督体系，发挥监督合力取得重大成就。山东省做实政治监督，进一步加强"四项监督"统筹衔接，以实际行动坚定拥护"两个确立"、坚决做到"两个维护"，制定出台《山东省纪委监委派驻机构监督检查审查调查措施使用办法》《山东省纪委监委关于进一步加强"四项监督"统筹衔接的实施方案》等，实现派驻监督更加有力，监督体系更加完善。① 吉林省忠实履行"两个维护"重大政治责任，建立健全检察监督工作机制，推动省直 11 家监督主体和 9 家驻省中直监管单位协作配合，协助省委构建以党内监督为主导、各类监督贯通协调的监督体系，深化落实"四项监督"统筹衔接办法，完善"1＋1""1＋N""1＋X"工作机制和"4＋2＋Z"联动模式架构流程，推动专责监督体系清晰化、可视化。②

"政治监督是'四项监督'的共同属性与统筹衔接的前提基础"③。纪律监督、监察监督、派驻监督、巡视巡察监督"本质上都是政治监督，共同担负'两个维护'重大政治任务，并合力确保党的路线方针政策得到落实"④。

2. 聚焦关键少数，强化"一把手"和领导班子监督

只有加强对"一把手"和领导班子的监督，才能抓住监督工作的"牛鼻子"，强化对"一把手"和领导班子的监督已经成为新时代加强党的建设的必然要求。2022 年，各地区和各部门认真贯彻落实《中共中央关于加强对"一把手"和领导班子监督的意见》，盯紧关键少数拧紧责任弦，增强对"一把手"和领导班子的监督实效。

---

① 《深入学习贯彻党的二十大精神 坚定不移推进全面从严治党 为建设新时代社会主义现代化强省提供坚强保障》，山东省纪委监委网站，http://www.sdjj.gov.cn/jggk/gzbg/202303/t20230303_11680831.htm。
② 《在新征程上深入推进党风廉政建设和反腐败斗争 为吉林全面振兴取得新突破提供坚强保障》，吉林省纪委监委，http://ccdijl.gov.cn/xw/yw/202302/t20230228_8673438.html。
③ 马雪松、冯源：《纪检监察"四项监督"统筹衔接：制度体系、监督能力与治理效能》，《中共福建省委党校（福建行政学院）学报》2022 年第 4 期。
④ 马雪松、冯源：《纪检监察"四项监督"统筹衔接：制度体系、监督能力与治理效能》，《中共福建省委党校（福建行政学院）学报》2022 年第 4 期。

2022年，北京市强化不敢腐的震慑氛围，着力查处破坏首都政治生态的腐败案件，对李万钧、周立云等13名市管正局职"一把手"采取留置措施；坚持失责必问，实施精准问责，共问责党组织26个、领导干部259人，其中"一把手"105人。① 内蒙古自治区紧盯"关键少数"，强化对"一把手"和领导班子的日常监督，协助自治区党委制定《关于加强对"一把手"和领导班子监督的实施意见》，全区共约谈领导班子成员、重点岗位人员1822人次，处分县处级以上"一把手"276人。② 吉林省聚焦"一把手"和重点岗位，严肃查处李宇忠、杨玉宝、赵文等典型案件；组织召开全省"一把手"以案为鉴警示教育会议，制作警示教育专题片《折翼的头雁》，全省近500名党政主要领导干部集体接受教育。③ 对"一把手"和领导班子的监督是落实管党治党政治责任的关键性举措，目的是督促领导干部严于律己、严负其责、严管所辖，只有紧盯关键少数，才能发挥其"在增强'四个意识'、坚定'四个自信'、做到'两个维护'上"④ 的表率作用。

3. 推进政治监督具体化、精准化、常态化

习近平总书记在十九届中央纪委六次全会上强调："要强化政治监督，确保完整、准确、全面贯彻新发展理念"⑤。各级纪检监察机关贯彻落实十九届中央纪委六次全会部署要求，坚守职责定位，紧扣中心、聚焦靶心，推动政治监督常态化。党的二十大报告对进一步做深做实政治监督作出明确要求，提出"推进政治监督具体化、精准化、常态化"⑥，

---

① 陈健：《在市纪委十三届二次全会上的工作报告》，《北京日报》2023年2月27日第3版。

② 刘爽：《深入学习贯彻党的二十大精神 在新征程上坚定不移推进全面从严治党 服务保障内蒙古高质量发展》，《内蒙古日报》（汉）2023年3月24日第4版。

③ 《在新征程上深入推进党风廉政建设和反腐败斗争 为吉林全面振兴取得新突破提供坚强保障》，吉林省纪委监委，http://ccdijl.gov.cn/xw/yw/202302/t20230228_8673438.html。

④ 《中共中央关于加强对"一把手"和领导班子监督的意见》，《人民日报》2021年6月2日第1版。

⑤ 《习近平在十九届中央纪委六次全会上发表重要讲话强调 坚持严的主基调不动摇 坚持不懈把全面从严治党向纵深推进 李克强栗战书汪洋王沪宁韩正出席会议 赵乐际主持会议》，《中国纪检监察》2022年第3期。

⑥ 习近平：《高举中国特色社会主义伟大旗帜 为全面建设社会主义现代化国家而团结奋斗——在中国共产党第二十次全国代表大会上的报告》，人民出版社2022年版，第66页。

为全党上下深入推进政治监督提供根本遵循。

推进政治监督具体化、精准化、常态化，就是要求各级纪检监察机关做到以"两个维护"统揽政治监督，以具体求深入、以精准求实效、以常态求长效。① 2022 年，北京市明确政治监督的任务和内容，围绕冬（残）奥会筹办举办开展全流程监督、全力抓好疫情防控监督、围绕社会经济发展重点任务展开监督、以市委"每月一题"治理为重点深化接诉即办专项监督等，取得显著成效。② 贵州省对中央环保督察、审计监督等渠道反馈以及拖欠农民工工资等突出问题加强监督检查，开展统计造假不收手不收敛问题专项监督，持续推进粮食购销领域腐败问题专项整治。③ 辽宁省把政治监督融入过程、融入日常、做在经常，紧扣贯彻执行"三新一高"、促进共同富裕、统筹疫情防控和经济社会发展等党中央重大决策部署，建立政治监督台账，强化对账、督账、销账工作。④

4. 不断创新监督方式，打造智慧监督平台

随着大数据、算法、人工智能等数字技术的不断发展和应用，纪检监察机关不断探索和创新监督方式，运用数字化技术对各类公权力主体行使权力的行为进行监督。借助数字化技术打造智慧监督平台，不仅能实现跟踪权力运行、发现案件线索、调查取证、查办案件的全过程，而且能在发现问题时及时作出监督决策，不断推动纪检监察工作创新和升级。⑤

2022 年，各地积极探索引领时代发展的智慧纪检监察，不断开创纪检监察工作新局面。2022 年，辽宁省构建智慧反腐工作格局，深入推进智慧案管平台建设，以信息化覆盖业务全流程，统筹问题线索受

---

① 陈健等：《在政治监督具体化精准化常态化上下更大功夫》，《中国纪检监察》2023 年第 7 期。
② 陈健：《在市纪委十三届二次全会上的工作报告》，《北京日报》2023 年 2 月 27 日第 3 版。
③ 《李元平在十三届省纪委二次全会上的工作报告》，贵州省纪委监委网站，http://www.gzdis.gov.cn/xxgk/gzbg/202304/t20230412_79001240.html。
④ 《在中国共产党辽宁省第十三届纪律检查委员会第三次全体会议上的工作报告》，辽宁省纪检监察网，http://www.lnsjjjc.gov.cn/hyzl/1246921.jhtml。
⑤ 杨建军：《纪检监察机关大数据监督的规范化与制度构建》，《法学研究》2022 年第 2 期。

理、处置、督办,拓展要素模块,深化统计分析,在全国率先实现省市县三级数据线上实时报送;建设推广智慧审理系统,融入人工智能技术,实现电子卷宗线上审理、类案推送、各类文书一键生成,累计线上移送审理案件 5957 件,审理时长平均压缩 50%。① 山东省平原县开发基层治理智慧监督平台,该智慧平台覆盖全县 101 个派驻监督联系部门和国有企业,将各单位财务事项、"三重一大""三公"经费、固定资产管理等 9 项内容列为监督清单。纳入系统平台管理的部门单位,按照监督清单每周填报数据,平台系统会自动进行数据比对,及时甄别筛选出异常数据,发出预警信息,提醒派驻机构予以重点关注,形成数据采集、发现问题、调查处置、反馈整改的日常监督链条。② 数字化信息为各级纪检监察机关高质量开展纪检监察工作提供了有力支撑。

(五) 加强廉政文化建设,推动崇廉拒腐蔚然成风

加强廉洁文化建设是一体推进不敢腐、不能腐、不想腐的一项基础性工程,有利于在全社会营造崇廉尚廉、踔厉奋发的浓厚氛围。2022 年,全国各地充分发挥廉洁文化教育引导、激励浸润作用,不断筑牢反腐败的思想堤坝。

1. 持续推进不正之风与腐败同查,筑牢中央八项规定堤坝

不正之风与腐败互为表里、同根同源,正风肃纪与反腐不可分割。③ 党的二十大报告指出,在过去五年里我们"持之以恒正风肃纪,以钉钉子精神纠治'四风',反对特权思想和特权现象,坚决整治群众身边的不正之风和腐败问题,刹住了一些长期没有刹住的歪风,纠治了一些多年未除的顽瘴痼疾。"未来,我们要继续"锲而不舍落实中央八项规定精神,抓住'关键少数'以上率下,持续深化纠治'四风',重点纠治形式主义、官僚主义,坚决破除特权思想和

---

① 《在中国共产党辽宁省第十三届纪律检查委员会第三次全体会议上的工作报告》,辽宁省纪检监察网,http://www.lnsjjjc.gov.cn/hyzl/1246921.jhtml。
② 《山东平原:开发基层治理智慧监督平台》,中央纪委国家监委网站,https://www.ccdi.gov.cn/gzdtn/jcfc/202211/t20221118_231812.html。
③ 《2022 年度十大反腐热词》,《支部建设》2023 年第 3 期。

特权行为。"① 随后，中央纪委办公厅印发《关于贯彻党的二十大部署要求 锲而不舍落实中央八项规定精神 深化纠治"四风"工作的意见》，要求各级纪检监察机关始终牢记"三个务必"，不断增强以自我革命精神推进作风建设的政治自觉，把监督执行中央八项规定精神作为改进党风政风的一项经常性工作来抓。②

2022年，各级纪检监察机关坚持不正之风与腐败同查同治，推动作风建设走深走实，党风廉政建设成效显著。2022年，全国查处违反中央八项规定精神问题95376起，批评教育帮助和处理141348人，其中给予党纪政务处分96756人。③ 北京市深挖彻查不正之风与腐败问题，查处享乐主义、奢靡之风问题373人，给予党纪政务处分306人，通报曝光64起，涉及74人；④ 海南省坚持不懈纠"四风"，树新风，查处形式主义、官僚主义问题740个，处理1151人，其中处分594人，查处享乐主义、奢靡之风问题576个，处理704人，其中处分536人。⑤ 不正之风与腐败问题交织交错，只有坚持不正之风与腐败同查，严厉铲除腐败滋长的"温床"，才能形成严肃党纪的良好风气。

2. 推动廉洁文化进校园，培育崇清尚廉新风尚

教育系统的党风廉政建设是全国反腐倡廉建设的重要组成部分。2022年，河南省纪委监委驻省教育厅纪检监察组下发《河南省第二届清廉学校建设论坛征文通知》，在各高校、省辖市教体局开展征集稿件活动，以优化全省教育高质量发展的政治生态和学校育人环境。此次论坛的主题是"以党的二十大精神引领清廉学校创建行动"，共设置包括"学习贯彻党的二十大精神，全面推进清廉学校创建行动"

---

① 习近平：《高举中国特色社会主义伟大旗帜 为全面建设社会主义现代化国家而团结奋斗——在中国共产党第二十次全国代表大会上的报告》，人民出版社2022年版，第68页。

② 《中央纪委办公厅印发意见 坚持以严的基调强化正风肃纪 锲而不舍落实中央八项规定精神》，《中国纪检监察》2022年第22期。

③ 《2022年全国查处违反中央八项规定精神问题95376起》，中央纪委国家监委网站，https://www.ccdi.gov.cn/toutiaon/202301/t20230116_242165.html。

④ 陈健：《在市纪委十三届二次全会上的工作报告》，《北京日报》2023年2月27日第3版。

⑤ 《坚定不移落实全面从严治党战略部署 努力开创清廉自贸港建设新局面》，清廉海南网，https://www.hncdi.gov.cn/web/hnlzw/article.jsp?articleId=b0d25de3-75b0-4d5d-b314-b84d4985a18f&channelCode=lzw_navs_xxgk_gzbg。

"推进清廉学校建设机制研究""清廉学校建设工作重点、难点和着力点"等在内的20多个研讨题目，全面落实河南省第十一次党代会作出的"推进清廉河南建设"部署。① 12月8日，河南省第二届清廉学校建设论坛暨高校廉政研究机构负责人联席会议以"线上+线下"的方式在郑州召开，此次论坛收到投稿论文172篇，评选出优秀论文60篇，其中一等奖10篇，二等奖20篇，三等奖30篇，10所高校获优秀组织奖。② 四川省成都市锦江区纪委监委立足区域优势，在教育系统深化廉洁文化建设，区纪委监委指导驻区教育局纪检监察组，统筹纪委、教育、校园三级力量，创新建立"纪委监委机关—纪检监察组—纪工办—6片区—76小组—280名组员"的"金字塔"式管理模式，推动全区中小幼及职业学校共同开展廉洁文化进校园，形成上下协作、共同推动的立体工作格局，目前已在各个学校形成富有校园廉洁文化特色的"一校一韵"；联合区教育局，选择有廉育课程研究基础的20余所学校，组建最强编撰团队，编撰《"童心向廉"系列绘本读本》，包含《家风拂廉》（家长篇）、《师行筑廉》（教师篇）、《童心向廉》（学生篇）共计10册绘本读本，成为师生家长喜爱的廉育课程读物。③ 7月21日至7月25日，东北师范大学政法学院承办2022年大学生廉洁领袖夏令营，该夏令营由中国管理现代化研究会廉政建设与治理研究专业委员会、全国大学生廉洁社团主办，来自全国20个省（自治区、直辖市）的45所大学的150名大学生营员参与了本届夏令营活动。④ 在大学开展廉洁教育，是腐败治理的源头工程之一，对帮助大学生形成廉洁价值理念，激发广大学生对公共事务的参与热情，具有十分重要的意义。简言之，推动廉洁文化进校园，涵养风清气正的政治生态和廉荣贪耻的校园氛围，有助于为立德树人营造风清

---

① 《关于征集河南省第二届清廉学校建设论坛征文的通知》，郑州大学纪检监察网站，http://www5.zzu.edu.cn/jw/info/1023/3623.htm。

② 《河南省第二届清廉学校建设论坛暨高校廉政研究机构负责人联席会议在郑召开》，河南省教育厅新闻办，http://jyt.henan.gov.cn/2022/12-29/2663833.html。

③ 《成都锦江：开展廉洁文化进校园活动》，中央纪委国家监委网站，https://www.ccdi.gov.cn/gzdtn/dfzf/202210/t20221027_227216.html。

④ 《我校承办2022年大学生廉洁领袖夏令营》，东北师范大学网站，https://www.nenu.edu.cn/info/1055/14667.htm。

气正的良好环境,让"清廉"成为全社会的习惯。

3. 做实以案促改,强化警示震慑

以违法违纪典型案例为镜鉴,是增强广大党员干部拒腐防变的自觉性和坚定性的重要手段。做实以案促改"后半篇文章",使广大党员干部受警醒、明底线、知敬畏、存戒惧,是全面深化全面从严治党的重要抓手。加强典型案例的警示教育是一体推进"三不腐"的重要环节,释放了反腐败无禁区、全覆盖、零容忍的强烈信号,强化了"手莫伸,伸手必被捉"的震慑效应。[①]

2022年,各地切实提升以案促改工作质效,做深做细案件查办"通篇文章",深化系统施治,促进办案、整改、治理贯通融合,实现政治、纪法、社会效果相统一。内蒙古自治区聚焦不能腐,深化以案促改、以案促治,坚持案件查办和整改整治统筹推进,推动完善权力运行监督制约机制,扎紧防治腐败的制度笼子;聚焦不想腐,协助自治区党委召开全区金融领域警示教育大会,制作《割除毒瘤、清除毒源、肃清流毒——宋亮严重违纪违法案以案促改警示教育专题片》,汇编党的十九大以来查处的区管干部和公安、法院、金融、电力、地质矿产等重点行业领域干部忏悔录,用身边事教育身边人,努力营造崇尚廉洁、抵制腐败的良好风尚。[②] 吉林省制作警示教育专题片《折翼的头雁》,全省近500名党政主要领导干部集体接受教育,推动政法、国企、高校等领域分级分类开展警示教育,在省委党校主体班次中开设"廉政一日"课程,办好"全面从严治党永远在路上"廉政教育展,开展弘扬清廉家风主题宣传教育活动。[③] 郑州市印发典型案例通报474期,全市各级党组织召开专题民主生活会1072次、专题组织生活会

---

① 《贵州:做实以案促改 坚持类案共性分析个案深度剖析》,中央纪委国家监委网站,https://www.ccdi.gov.cn/yaowenn/202301/t20230104_239700.html。

② 刘爽:《深入学习贯彻党的二十大精神 在新征程上坚定不移推进全面从严治党 服务保障内蒙古高质量发展》,《内蒙古日报》(汉) 2023年3月24日第4版。

③ 《在新征程上深入推进党风廉政建设和反腐败斗争 为吉林全面振兴取得新突破提供坚强保障》,吉林省纪委监委网站,http://ccdijl.gov.cn/xw/yw/202302/t20230228_8673438.html。

4220次，开展警示教育6150次，累计47万余人次接受警示教育。①

只有把"羊厩"补牢，才能更好地避免重蹈"亡羊"的覆辙。提高警示教育针对性和实效性，督促党员干部入脑入心、引以为鉴，把落马者违纪违法的教训转化为知敬畏、存戒惧、守底线的行动自觉，是做实做细以案促改、以案促治文章的现实意义所在。②

4. 因地制宜整合廉洁资源，加强反腐文化宣传

深挖激活本地廉洁资源，加强反腐倡廉文化宣传，讲好廉洁故事，是促进干部清正、政府清廉、政治清明、社会清朗的重要抓手。2022年，全国各地立足本地实际，激活当地廉洁资源，着力营造以清为美、以廉为荣的政治生态和社会风尚，推动崇廉尚洁的时代新风不断充盈。2022年，安徽潜山市纪委监委与黄梅戏剧团联袂创作的古装黄梅小戏《清泉》于潜山市职业教育中心演播厅精彩上演。"四知箴言传千年，汩汩流淌如清泉。万古不朽驻心田，清白流芳在人间……"《清泉》全本唱词优美，曲调悠扬，以戏唱廉，让廉洁文化更接地气，获得广大干群的一致好评。近年来，依托黄梅戏本土特色文化，潜山市积极组织戏剧创作人员，深入挖掘、整理当地古今廉吏轶事、廉洁事迹、英雄模范故事等，已创作廉政主题的黄梅戏、地方戏作品100余部，演出千余场，其中大型原创黄梅戏《包公治水》《县令陈廉》、黄梅小戏《家风》《送礼》、弹腔《铡美案》等精品力作广受好评、广为传唱，如春风化雨，"廉"润人心。③ 宁夏回族自治区充分挖掘本地历史资源和红色资源，一地一特色打造廉洁文化矩阵，推出一批深受党员干部群众欢迎的廉洁文化作品。银川市兴庆区文化街打造廉洁文化主题广场，设计独特的宣传牌、展示栏和廉洁文化景观小品，让群众在潜移默化中接受廉洁教育；同心县纪委监委联合该县石狮开发区党工委以王荷波同志为原型排演《铁肩担当，大爱

---

① 《郑州市纪检监察机关深化以案促改促治新时代新征程》，中央纪委国家监委网站，https://www.ccdi.gov.cn/yaowenn/202212/t20221206_235087.html。

② 《安徽阜南：做实做细以案促改、以案促治文章》，中央纪委国家监委网站，https://www.ccdi.gov.cn/gzdtn/jcfc/202210/t20221027_227227.html。

③ 《安徽潜山：廉洁文化浸润人心》，中央纪委国家监委网站，https://www.ccdi.gov.cn/gzdtn/jcfc/202212/t20221223_237811.html。

无疆》情景剧；盐池县纪委监委精心创作《麻黄山道情》《莫让小行为变成大代价》《一个年轻干部的沉沦》等文化产品；中卫市编排情景音乐快板《廉洁清风扬正气》、拍摄廉政微电影《变脸》等，受到广大群众的一致好评，提升了廉洁文化的引领力、传播力和感染力。[①]

[①] 《宁夏用好用活本地历史资源和红色资源 一地一特色打造廉洁文化矩阵》，中央纪委国家监委网站，https://www.ccdi.gov.cn/yaowenn/202212/t20221219_237125.html。

中国政治学研究方法本土化探索与创新的新势头

黄鑫淼 李猛[*]

中国共产党第二十次全国代表大会的胜利召开，标志着中国特色社会主义政治建设在经历深刻变革的基础上取得了辉煌成就。对于政治学这样一门既基于实践又高度理论化的学科而言，政治实践的发展为理论研究带来了巨大的机遇与挑战，促使中国政治学研究方法在更加成熟和规范的同时不断开拓创新，并服务于中国政治实践中面临的新情况与新问题。中国政治学自恢复以来，已经走过了40余年的历程，面对中国政治学起步晚、积累不足的劣势，中国政治学界以清醒的认识和不懈的努力实现了政治学研究方法的追赶：重塑并发展了学科语言、界定并规范了基本概念，为中国政治学方法的理论化和规范化奠定了基础；大规模引进、学习西方政治学的经典著作与文献，并以批判性的方式进行扬弃，为中国政治学研究方法提供了可供学习的路径和汲取养分的土壤；以高校和研究机构为主要载体广泛开设政治学方法相关课程和学术交流、研讨活动，为政治学方法论的发展提供了人才保障和交流平台。可以说，中国政治学走向繁荣，是在学科建制和积极学习补课中实现的。当前，中国政治学已经充分利用后发优势，跨过了方法研究的"卡夫丁大峡谷"，基本完成了对西方政治学战后长期积累所取得的方法论优势的追赶，做到了宏观研究与微观研究、动态研究与静态研究、规范研究和经验研究、显性分析与隐性分析的融

---

[*] 作者工作单位：黄鑫淼、李猛，北京外国语大学国际关系学院。

合。此外，在反思西方极端定量研究的基础上，充分认识了定量与定性研究的辩证关系，将二者有机融合，综合运用社会调查、统计分析、案例分析、模型分析等方法透视中国的政治现象，实现了方法的创新。当代中国政治学实证研究甚至进一步跨越了方法论层次，进入路径研究层次，并且越来越成为中国政治学研究的重要路径。[1]

作为一门以"问题"界定范围的学科，政治学的根本任务在于研究现实政治问题并实现国家的善治，这也是中国政治学界在学习研究方法过程中一贯秉持的理念。进入新时代，不确定性的增加使得政治的弥散性和重要性进一步凸显、来自其他社会科学方法和话语的竞争、学科目录调整后部分学科的分离等为政治学发展带来了新的变化和挑战。[2]然而，随着中国政治学界将西方研究方法引入、理解并应用于分析中国政治现象这一过程的不断深入，西方政治学的本体论和方法论对中国经验的解释力，以及指导中国实践的实用性问题逐渐暴露出来，而大量中国政治问题缺乏系统、成熟的研究方法和研究规范的问题也日益突出。政治学界意识到"用西方政治学概念、范畴、体系裁剪中国现实，无法真实反映中国改革开放以来工业化、城市化和现代化进程中的'中国故事'，更无法探究中国政治发展实践的内在逻辑和基本规律。"[3]并将目光转向中华文明基因、中国制度的成熟稳定与绩效、中国共产党的成功经验等领域，尝试推进自主的学科体系、学术体系、知识体系构建和创新，将习近平新时代中国特色社会主义思想融入政治学本体论、认识论和方法论，建设有中国特色的政治学研究方法。

一　在本土化的政治议题研究中追求政治学方法创新

政治学的方法创新是由研究问题驱动的。相比于经济学、社会学等其他社会科学，方法在学科中并不居于核心地位。一方面，政治学

---

[1]　刘金海：《中国政治学实证研究的反思与探索》，《政治学研究》2022年第4期。
[2]　杨雪冬：《新时代中国政治学的学科气质》，《中国社会科学报》2022年12月28日第8版。
[3]　王炳权：《自主、创新与包容：新时代中国政治学发展的特征与动力》，《新视野》2022年第3期。

研究方法的创新往往从其他学科的进步中获得灵感，在发展的过程中，政治学大量借鉴了来自自然科学与其他社会科学的方法。更重要的是，方法上的创新是由研究问题的新需求而推动的。作为一门与哲学、伦理学同根同源且高度交叉的学科，政治学的一个鲜明特征是价值导向，即关注公平、正义、民主等人类基本价值追求，以及如何解决现实政治问题。西方的政治学研究方法在第二次世界大战后取得了爆炸式的进步，经历了"芝加哥高峰""行为主义革命"以及"理性选择革命"等发展阶段，其背后是西方核心政治议题持续转化所带来的研究需求。以行为主义为例，其兴起即是"在家庭之外形成的企业、工会等中间组织，逐渐进入政治舞台，对政府行为产生重要影响"的结果①，也是携带着第二次世界大战的"红利"——核战争遗留下来的大量研究资源，为满足论证选举、民主、政治现代化等西方制度和价值观的优越性和可行性的需求而不断发展的，其核心方法来自心理学的发展成果。而理性选择革命的爆发，则受到国内石油危机与经济滞胀，以及国际格局巨变所造成的自由主义意识形态占据优势双重驱动力的影响，其"理性经济人"假设则"借用"了自由主义经济学的核心概念。建构主义则是对"东欧剧变"谜题的直接反映和对西方意识形态的自信与推崇，其基本概念则来自涂尔干、韦伯等人的社会学研究。当代，大数据、人工智能等领域的兴起以及整个世界的不断全球化、多元化、信息化，也促使西方政治学研究方法不断与新兴学科相互融合并创新，带来了大数据、政治系统仿真等方法的兴盛。可见，政治学研究方法是随着政治问题的变迁而逐步演进的。战后西方政治学在世界范围内始终掌握着话语体系，这与西方在世界政治议题领域长期把持的绝对话语权是分不开的。对中国政治学而言，这意味着在恢复学科之初，只能沿着西方走过的道路，利用后发优势完成研究方法的快速积累。随着中国政治学研究的规范化、科学化，对于既有方法的使用已经臻于成熟。但与此同时，研究问题与研究方法之间缺乏有机链接的问题也暴露出来。因为缺乏连续的历史演变导致研究方法和研究议题之间缺乏有机的连接，存在研究方法滥用

---

① 高春芽：《理性选择制度主义：历史、方法与逻辑》，《比较政治研究》2012年第1期。

和研究议题迁移的问题。其中最大的问题是很多学者在应用研究方法的时候无意识地将西方政治学设置的议题移植到中国政治学的研究之中，这就导致大量与中国共产党百年治国理政经验和中华文明五千年政治发展智慧的"真"议题没有得到充分的研究。

习近平总书记指出：

> 哲学社会科学的特色、风格、气派，是发展到一定阶段的产物，是成熟的标志，是实力的象征，也是自信的体现。我国是哲学社会科学大国，研究队伍、论文数量、政府投入等在世界上都是排在前面的，但目前在学术命题、学术思想、学术观点、学术标准、学术话语上的能力和水平同我国综合国力和国际地位还不太相称。①

要想政治学及其方法真正走在世界前列，就需要建设有中国特色的学术体系和规范，而这要求政治学研究围绕着当代中国国家建设和治理的核心议题展开。对于这个问题，中国学者产生了充分的认识和深刻的反思，并提出要建设"以中国为方法的政治学"："政治学是时代的产物，不同时代有不同的政治学，而政治学的知识产品往往来自各个时期的一流国家。中国政治学经历了百年发展，也应当根据地方知识和历史经验来创造新的概念、方法和理论体系。"② 近些年来，围绕着本土化政治议题，中国政治学对研究方法进行甄别和适应性改进取得了突出的成果，逐渐形成了以中国政治问题为核心的政治的学术体系和主要议题群。

在党政议题群方面，围绕以中国共产党为内核的政治体系和党领导的重大战略议题展开了研究，包括党的建设与社会主义现代化研究；③ 使命型政党与党的自我革命研究；④ 中国共产党党内民主制度建

---

① 习近平：《在哲学社会科学工作座谈会上的讲话》，人民出版社2016年版，第15页。
② 杨光斌：《历史政治学与中国政治学原理重构》，《公共管理与政策评论》2022年第6期。
③ 刘宗洪：《全面现代化的使命任务与党的建设新的伟大工程的内在逻辑》，《中共中央党校（国家行政学院）学报》2022年第6期。
④ 赵大朋：《使命型政党与中国共产党的自我革命：基本逻辑、动力机制与风险应对》，《治理研究》2022年第3期。

设研究；① 中国式现代化研究；② 全过程人民民主理念研究；③ 人类命运共同体理念研究；④ 总体国家安全观与国家安全学研究；⑤ 中华民族共同体意识研究；⑥ "一带一路"与高质量发展问题研究，⑦ 等等。

在治理议题群方面，加强了对中国语境下国家治理与公共政策的研究，包括市域社会治理现代化研究；⑧ 基层党组织与社会治理共同体研究；⑨ "超行政治理"研究；⑩ 民族地区治理问题研究；⑪ 社区治理的技术研究；⑫ 数字政府建设研究；⑬ 区域协调发展与共同富裕研究；⑭ 政府职能转变研究；⑮ 区域生态治理研究，⑯ 等等。

---

① 钟德涛、杨玉萍：《党内民主制度建设：生成逻辑、价值意蕴与实践路径》，《思想理论战线》2022 年第 5 期。
② 韩保江、李志斌：《中国式现代化：特征、挑战与路径》，《管理世界》2022 年第 11 期。
③ 林毅：《重塑民主：全过程人民民主对西方民主的超越》，《探索》2022 年第 2 期。
④ 林小婷：《从全球化转换看人类命运共同体的构建》，《思想理论教育》2022 年第 12 期。
⑤ 余潇枫、章雅荻：《广义安全论视域下国家安全学"再定位"》，《国际安全研究》2022 年第 4 期。
⑥ 孙学玉：《担负起铸牢中华民族共同体意识的时代使命》，《政治学研究》2022 年第 2 期。
⑦ 任保平：《共同现代化：推进共建"一带一路"高质量发展的核心逻辑》，《山东大学学报》（哲学社会科学版）2022 年第 4 期。
⑧ 陶希东：《市域社会治理现代化：理论内涵、现实困境与优化路径》，《治理现代化研究》2022 年第 1 期。
⑨ 刘培功：《社会治理共同体视域下基层党组织推进全过程人民民主的逻辑理路与完善路径》，《理论探索》2022 年第 2 期。
⑩ 彭勃、杜力：《"超行政治理"：党建引领的基层治理逻辑与工作路径》，《理论与改革》2022 年第 1 期。
⑪ 蒋慧、孙有略：《铸牢中华民族共同体意识与民族地区基层治理现代化》，《湖北大学学报》（哲学社会科学版）2022 年第 1 期。
⑫ 吴旭红等：《技术治理的技术：实践、类型及其适配逻辑——基于南京市社区治理的多案例研究》，《公共管理学报》2022 年第 1 期。
⑬ 祁志伟：《中国数字政府建设历程、实践逻辑与历史经验》，《深圳大学学报》（人文社会科学版）2022 年第 2 期。
⑭ 李猛、杨海蛟：《以区域协调发展扎实推动共同富裕的政治学分析》，《社会科学战线》2022 年第 10 期。
⑮ 何颖、李思然：《"放管服"改革：政府职能转变的创新》，《中国行政管理》2022 年第 2 期。
⑯ 赵美欣：《整体性治理理论下跨区域生态治理研究》，《云南农业大学学报》（社会科学）2022 年第 2 期。

在民主议题群方面，围绕对全过程人民民主的研究破除了对西式民主的迷思，主要包括全过程人民民主要素与结构研究；① 人大代表监督机制研究；② 民主集中制的分析框架研究；③ 统一战线的民主功能研究；④ 中国民主国际话语权研究；⑤ 国家监察体制与人民监督权力研究；⑥ 数字协商民主研究，⑦ 等等。

二 对马克思主义方法论的继承、发展与中国化

马克思主义政治学方法论批判性地继承并发展了人类认识文明史上的优秀成果，为人们科学地认识并改造现实世界提供了有力的武器。马克思主义的政治方法论主要包括立足实践的研究方法、社会系统研究方法、利益分析和阶级分析方法、历史主义方法、社会主体研究方法、世界历史理论等，为解释中国政治现象，指导政治建设提供了基本的方法，也为借鉴和批判西方的政治学研究方法提供了基本的工具。然而，马克思主义的研究方法在中国政治学应用中还存在一些问题。一方面，马克思主义方法论面对着学术研究上的批评：本体论和方法论的高度重合，可能导致循环论证的问题；宏大理论与现实经历的脱节，意味着对于结构和能动问题处理可能存在改进空间；透过现象看本质的诉求使得马克思主义研究虽然基于实证材料但又脱离实证材料，陷入无法证伪的困境。另一方面，在中国的政治实践中，马克思主义作为一种指导性意识形态，被广

---

① 佟德志、王旭：《全过程人民民主的要素与结构》，《探索》2022 年第 3 期。
② 王维国、陈雯雯：《"向人民承诺"嵌入人大代表监督机制的理论构建——基于发展全过程人民民主的分析》，《北京行政学院学报》2022 年第 2 期。
③ 宋雄伟、刘娜：《论集中力量办大事显著优势的形成机制——基于"组织领导—吸纳整合—监督保障"的分析框架》，《当代世界与社会主义》2022 年第 3 期。
④ 王平等：《统一战线的民主功能分析：以全过程人民民主为视角》，《统一战线学研究》2022 年第 1 期。
⑤ 赵春丽：《全过程人民民主与提升中国民主国际话语权》，《马克思主义研究》2022 年第 5 期。
⑥ 王阳亮：《人民监督权力：全过程人民民主的内在价值与保障机制》，《探索》2022 年第 3 期。
⑦ 陈家刚：《数字协商民主：可能性、风险及其规制》，《教学与研究》2022 年第 7 期。

泛地学习并应用于分析、解决社会中方方面面的现象和问题，"虽然社会历史实践本身是一种敞开的可能性，但是经典的马克思主义理论则呈现为一种现成的现实性，所以有一些人就希望通过直接套用经典的马克思主义为中国历史实践指明道路。"① 这导致在一些情况下，马克思主义的政治研究方法存在教条化、空洞化的倾向，没有发挥其科学地分析社会现象的真正价值。但是，实践证明马克思主义研究方法仍然是科学的、革命的、实践的，并因此具有强大的生命力。随着中国共产党领导的中国特色社会主义事业取得巨大的成就，而西方社会面临政治极化、民主运转失灵、群体性政治事件频发等问题，马克思主义对资本主义的批判和预言在世界范围内再度得到重视和研究。中国政治学界也在坚持马克思主义基本理论和方法的基础上，尝试将最新的政治学研究成果纳入马克思主义研究方法体系，构成推动马克思主义方法论不断前进的动力。

（一）坚持并发展马克思主义基本方法论和研究方法

辩证唯物主义和历史唯物主义的核心地位确立了中国政治学研究的主流研究范式和方法，也适应了中国政治学多层次、多方面、多渠道研究的需要，为中国政治学研究的发展作出了有效贡献。更重要的是，它经历着实践中的检验而不断发展。中国政治学者从人类发展的大势和中国国情考虑政治问题，立足国情、政情、社情，坚持理论与实践相结合，避免脱离实际的概念解释和文字游戏，同时又回避简单的价值判断，避免缺乏深入的理论分析和口号式的实践，不断提高解释力和政治学理论的说服力。② 围绕改革开放和社会主义现代化建设过程中的重大理论和实践问题，建设具有中国特色的政治学学科体系、学术体系、话语体系和知识体系，促进了社会繁荣和政治发展。③

---

① 蔡文成、李珊杉:《马克思主义中国化历程中的教条主义批判及其时代价值》,《青海社会科学》2022年第5期。
② 杨海蛟:《坚持与发展：中国共产党对马克思主义政治学的贡献》,《社会科学战线》2021年第2期。
③ 杨海蛟:《构建中国特色社会主义政治学学科体系、学术体系和话语体系》,《探索》2017年第4期。

制度分析是马克思主义方法论的重要核心。作为政治学中最古老、最经典的研究方法，在相当长的一段时间内，"制度主义就是政治科学"①。20 世纪 50 年代，制度主义受到来自行为研究的批评，被认为脱离个体的现实行为而转向政治中的形式主义虚构。在吸收行为研究个体主义方法论的基础上，以理性选择为代表的新制度主义出现了，相比于传统制度主义，其关注个体对制度形成和变迁的影响。马克思主义制度分析方法"以历史唯物主义为理论基础，研究制度变迁的动力、制度结构的内在联系和制度创新的实质，以及制度变迁主体、制度发展过程和制度价值评价等一系列问题"②，超越了西方建立在整体主义基础之上的旧制度主义和建立在个人主义基础上的新制度主义的二元对立，从本质层次探究制度及其变迁的实质，为人类社会的发展趋势和根本原因提供了基本的分析范式。近几年来，我国政治学界运用马克思制度分析框架对我国政治制度变迁进行分析，并形成了一些具有价值的学术成果。有学者研究了影响基层民主制度的政治社会变迁、民主理念转变、多元主体助推等结构性逻辑；创新扩散与绩效驱动是制度形成路径依赖与自我强化的主要原因；虽然制度在关键节点上存在创新的可能性，但这些可能性不仅取决于路径依赖，还受到"历史否决点"，即阻碍制度变迁的集合体大小的影响。③ 有学者基于理性选择和制度变迁的视角，并将其与组织场域理论相结合，考察了社会环境、组织场域和行动者三个层次的影响因素，并在结构和行为互动的过程维度上，建立了分析中国制度改革的整合性分析框架。④

（二）坚持将科学的研究方法与马克思主义相结合

马克思主义之所以在不同时代都能展现出强大的生命力和解释力，很重要的是因为马克思主义政治学方法体系是一个与时俱进的

---

① ［英］大卫·马什、格里·斯托克主编：《政治科学的理论与方法（第三版）》，景跃进等译，中国人民大学出版社 2013 年版，第 49 页。
② 霍炜等：《论马克思主义的制度分析方法》，《中共中央党校学报》2006 年第 5 期。
③ 黄敏璇：《渐进性调适：中国基层协商民主制度的演进逻辑——基于历史制度主义的分析》，《社会主义研究》2022 年第 2 期。
④ 陈世香、邹胜男：《制度变迁视角下中国制度改革研究：一个整合性分析框架》，《求实》2022 年第 6 期。

体系，它在坚持基本理论的基础上，不断地学习、融合其他流派、其他学科的方法。这不仅有助于加强马克思主义基本理论的基础，而且拓展了马克思主义政治学研究的工具。传统上，应用最新研究技术来研究马克思主义基本理论的文献大多集中在经济学领域。比如，有学者"立足于马克思主义政治经济学视角，使用空间计量回归方法剖析中国区域经济增长的动态关联与时空分异特征"，发现了区域经济增长在时间与空间维度上的自我强化态势，及其与资本有机构成、交通便利程度、劳动复杂程度和外贸进口规模等变量之间的复杂关系。① 近些年来，前沿的研究方法和工具也开始逐步深入马克思主义政治学的研究之中。围绕基层村民自治问题，有学者在基于对多个地方的问卷调研结果，通过建构结构方程模型，分析了村民自治方式对村委会民主绩效的影响；并发现村民自治方式的制度化、公开化、有效性、参与性是影响村委会民主制度的重要因素，其中制度化程度影响最为显著。② 在辩证吸收其他学科、流派方法的同时，中国学界也对西方马克思主义的研究方法保持开放的态度和积极的关注，主动从中吸取有益的成分。有学者基于从马克思到卢卡奇的物化理论视角，考察了"现代城市空间形态的物化困境"，并从"社会生产及社会生产方式等现实维度去寻求消除路径"③。有学者运用场域理论考察了社区场域中交互逻辑的转变所带来的"适应性与协同性整合风险"，从感知系统、处理系统和修复系统的角度对基层社区风险治理提出了建议。④

（三）坚持马克思主义方法论与本土文化和本土议题的融合

马克思主义正是在与中国革命和建设的具体实践相结合中，通过对革命和建设经验的总结实现了理论创新，又投入指导实践的过

---

① 徐春华、龚维进：《中国区域经济增长的动态关联与时空分异——马克思主义政治经济学视角》，《经济问题探索》2022 年第 6 期。
② 张扬金等：《村委会民主绩效的关键要素研究——全过程人民民主视阈下的实证检验》，《管理学刊》2022 年第 4 期。
③ 刘灵、黄杜：《物化理论视域下现代城市空间形态的哲学审视》，《湘潭大学学报》（哲学社会科学版）2022 年第 5 期。
④ 王倩：《场域理论视角下韧性社区治理逻辑与风险解构策略》，《求索》2022 年第 6 期。

程中，不断证明其革命性与科学性。当代，要发挥马克思主义对于中国改革与发展的指导作用，必须进一步推动马克思主义方法论的中国化。一方面，中国政治学界不断从本土文化与方法中汲取科学的内容，辩证地发展马克思主义。党的二十大报告提出："坚持和发展马克思主义，必须同中华优秀传统文化相结合。"① 有学者在考察中国传统哲学思想的基础上，提出历史方法论是中华文明众多哲学思想中的本原方法论，在马克思主义中国化的过程中，中华民族深沉的历史意识与唯物辩证法相结合，形成了独特的总结"历史经验"的方法论体系，是"马克思主义基本原理与中华优秀传统文化相结合的经典范例"②。有学者研究了冯友兰在以马克思主义立场考察中国传统哲学时所采用的抽象继承法，在肯定其实现了"马克思主义与中国传统哲学的有机对接"的同时，认为其忽略了"历史与逻辑相统一的原则"并存在滑向历史虚无主义的风险。并有针对性地提出，应当从交往唯物主义视域下的"主客"关系和"主体际"交往关系出发，梳理中国传统哲学，使之能够整体性地继承其总的问题、追求与价值，并"重构于中国话语的马克思主义哲学理论形态中"，从而实现"接着讲"③。另一方面，中国政治学开始以科学的方法拓展马克思主义基本议题，马克思主义研究方法被愈发广泛地应用到研究中国本土政治议题中，包括城市规划中的空间正义问题；④ 中国特色协商民主问题；⑤ 收入分配与共同富裕问题；⑥ 全

---

① 习近平：《高举中国特色社会主义伟大旗帜 为全面建设社会主义现代化国家而团结奋斗——在中国共产党第二十次全国代表大会上的报告》，人民出版社2022年版，第18页。

② 林国标：《从"历史意识"到"历史经验"——马克思主义中国化视域下的历史方法论》，《海南大学学报》（人文社会科学版）2022年第6期。

③ 苏培君：《从抽象继承到历史性梳理——中国话语的马克思主义哲学方法论重构》，《江苏社会科学》2022年第3期。

④ 袁堂卫、张志泉：《马克思恩格斯空间正义思想的批判逻辑、革命逻辑与实践逻辑》，《思想教育研究》2022年第8期。

⑤ 王泽宇、张忠祥：《统一战线在社会主义协商民主建设中的实现路径研究》，《黑龙江省社会主义学院学报》2022年第4期。

⑥ 权衡：《共同富裕：收入分配研究范式演进及其理论创新》，《上海交通大学学报》（哲学社会科学版）2022年第6期。

国统一大市场建设问题;① 社会主义市场经济问题中的资本问题,②等等。

三　政治学研究方法的融合创新与中国学派的建设

方法在政治学中具有一定的相对依赖性与客观独立性。任何的政治学研究方法的创新都是对时代政治议题的反映,议题的持续转化推动着研究方法的进步。同时,方法又因通常不具有浓厚的意识形态色彩,可以在一定程度上独立于理论之外,而在政治议题迭代的过程中始终保持着较强的生命力。大多数传统的、经典的研究方法在当代政治学研究中仍然能够作为工具分析相当一部分政治现象与问题。当前,中国政治学已经基本完成了对传统研究方法的积累,在各种方法的融合与创新中取得了一定的成就,并开始探索具有本土色彩的政治学研究方法。

(一) 综合运用各种经典政治学方法,并促进方法间的相互融合

定量与定性之争是政治学界的传统争论之一。尽管经历了行为主义革命对定性研究的批判,然而,在当今政治学界,定性研究仍然是美国以外大部分国家政治学研究的主流。相比于定量研究,定性研究具有无可替代的优势:它更加符合现实,可以深入现实本身并挖掘其背后的实质性的逻辑与因果关系;更加接近理论,定量研究虽然以模型的建立与拟合见长,但在实际研究过程中,定性研究"通常处于理论推进的前沿"③,可以为理论发展和定量研究积累条件;更加接近前沿,定量研究通常难以避免理论与素材的滞后性,而定性研究则与实际问题有着更加紧密的互动。但是,政治学科学化和定量化也逐步

---

① 卢江、许凌云:《中国共产党建设全国统一大市场的历史主线与理论依据》,《财经科学》2022 年第 11 期。
② 刘凤义:《论社会主义市场经济中资本的特性和行为规律》,《马克思主义研究》2022 年第 9 期。
③ [美] 罗伯特·古丁、汉斯—迪特尔·克林格曼主编:《政治科学新手册》,钟开斌等译,生活·读书·新知三联书店 2006 年版,第 1066 页。

成为政治学发展的重要趋势：其一，可以对大量的经验资料进行精确的处理；① 其二，在一定程度上可以提升政治学研究的客观性，避免过度的价值判断影响规范性的论证；其三，提升研究的通则性，即帮助政治学者适应跨越民族国家、文化以及时间的限制，研究人类政治活动呈现的规律；其四，可以帮助学者判断政治行为或活动发生和变化的条件，提升政治学研究的预测水平。国内政治学在学习西方的过程中逐渐实现了研究方法的多元化，"出现了对定量和定性方法的反思"②，并有推动二者融合发展的趋势。比如，有学者基于对来自全国各地的200余次访谈和2500份问卷分析，构建了民众对于腐败感知的结构方程模型，在验证现有理论对于民众腐败感知因素影响的基础上，更加具体地分析了信息渠道影响腐败感知的逻辑机制。③ 有学者基于2005—2015年全国省、市政府网站绩效评估面板数据，检验并比较了历史绩效差距、纵向和横向社会绩效差距等因素对政府注意力的影响，得出了"地方政府的注意力分配具有内部和外部多重压力，政府注意力分配应该适度根据绩效差距进行调整"的结论。④

对于比较研究与案例研究方法的认识和运用也进一步深化。比较研究是政治学的核心方法之一，涂尔干甚至认为，它是"唯一的研究方法"⑤。从政治学创立以来，比较研究就成为其发展过程中最重要的推动力，从传统政治研究中亚里士多德对于不同城邦的比较，到现代国际政治中温特对于不同无政府文化的比较，政治学每一次重大的发展都与比较的方法有着密切的联系。从理论上看，政治学的核心任务是发现政治现象发生、演变和发挥影响的规律，也就是要找到包含某种因果关系的论断，而这种因果关系的提出、检验与修正都需要对

---

① 游腾飞：《论比较政治学的定量研究方法》，《探索》2018年第4期。
② 王炳权：《政治学研究方法的演进逻辑与趋势——基于中外政治学期刊的文献计量分析》，《华中师范大学学报》（人文社会科学版）2020年第3期。
③ 徐法寅：《民众"心中"和"眼中"的腐败——框架阐释理论视角下民众腐败感知的结构方程模型分析》，《政治学研究》2022年第3期。
④ 张楠等：《数字政府建设情境下的绩效差距影响——基于政府网站绩效评估面板数据的研究》，《中国行政管理》2022年第12期。
⑤ [美]罗伯特·古丁、汉斯—迪特尔·克林格曼主编：《政治科学新手册》，钟开斌等译，生活·读书·新知三联书店2006年版，第1065页。

大量政治现象进行甄别，在差异中寻找共同的规律。从实践上看，"对在不同背景中政治问题得到处理的方式进行观察，为政策学习展现新的思想和新的视角提供了重要机会"[1]。相比于比较研究，在很长时期里，案例研究方法都被诟病为缺乏理论色彩，很多研究只是将其作为收集资料的技术或者正式研究前的准备阶段。对于理论创设和验证而言，很多人质疑其缺乏"科学归纳的基础"。相对于大样本的统计和调查，案例研究往往依据单个案例或小样本得出结论，在技术上限制了其说服力。但是，随着案例研究技术的演进，以及学术界对不同方法论更加客观的认识，案例研究也开始成为推动政治理论发展的重要力量。从总体上看，案例研究为政治学研究提供了丰富的资料和理论的启发，而比较研究则为政治学提供了理论验证和理论发展的工具。因此，融合案例研究和比较研究成为中国政治学者重要的探索方向。有学者比较考察了31个省（市、区）人民陪审员制度的运行情况，系统识别了影响和制约陪审活跃度的体制性因素，并发现相比于司法公信力、陪审人力资源等民主性资源，法治水平、办案压力、财政资源供给等专业性资源更有利于激发陪审活跃度，揭示了民主化与专业化的交织关系对陪审活跃度的影响逻辑。[2] 有学者基于对京津冀地区环境协作治理案例的比较，分析了问题属性和权威介入对地方政府协作行为的影响，发现"在不同问题属性领域，协作治理网络结构特征确有不同；权威介入可以通过调节权责明晰性和利益分配均等性促进协作达成"，为推动地方政府协作带来了新的思路。[3] 有学者根据东南亚主要国家的安全战略比较了各国对国家安全的认知，并将其归纳为内外兼顾型的国家安全思想、以内部安全为主的国家安全思想和特殊类型的国家安全思想三种不同类型，分析了东南亚各国对国

---

[1] ［英］大卫·马什、格里·斯托克编：《政治科学的理论与方法（第三版）》，景跃进等译，中国人民大学出版社2013年版，第228页。

[2] 王翔、于晓虹：《人民陪审活跃度的差异：比较与解释》，《经济社会体制比较》2022年第3期。

[3] 李宇环等：《问题属性、权威介入与跨域环境协作治理——基于京津冀地区的案例比较分析》，《中央财经大学学报》2022年第10期。

家安全认知的多样性与差异性。①

（二）积极关注并跟进前沿研究，推动政治学研究方法与时俱进

政治学在长期的发展过程中，始终融合其他学科的研究方法。每一次其他学科方法的革新与新型学科的出现，都可能为政治学研究方法带来活力并诱发新的革命。比如，相对于第二次世界大战之前的政治学以规范研究为核心的主流方法，以芝加哥学派为代表的社会调查方法以及以行为主义为代表的统计计量方法代表着研究的前沿。西方学者甚至总结道："在过去25年中，政治学方法论的主要内容就是对计量经济学方法加以应用和完善"②，其中以统计学为基础的回归模型成为政治学定量研究入门的重要方法。随着行为主义政治学研究方法的拓展，理性选择方法因为更加坚定地拥抱形式推理和数学演绎，因而建立了极高的方法门槛。以博弈论为核心的理性选择理论具有高度的抽象性和简洁性，在很多具体的问题上它具有相当强的解释力，对政治学很多重要议题的研究都有重要的推动作用。正如有学者所指出的，博弈论在"在策略投票、政治联盟、国际关系、宪政与法治、政治发展与民主转型、公共物品供应、公共池塘资源治理、群体合作、自由平等、公平正义以及道德习俗演化等一系列理论议题上取得了大量有价值的研究成果，推动了政治学研究的范式转变与理论创新"③。因而理性选择也就成为新的前沿性研究方法。随着计算机科学的发展以及社交网络的崛起，大量数据被制造出来。围绕大数据的挖掘和分析成为包括政治学在内的社会科学的重要生长点。有学者认为，中国政治学"研究方法的变化主要是指大数据技术的引入及其广泛运用的前景，使得这门学科产生某种程度的基因突变，在研究风格、论文样式、从业人员、实践性等方面形成了与既有研究不同的品

---

① 赵毅：《差异性与多样性：东南亚国家对国家安全的认知》，《国际政治研究》2022年第5期。
② [美]罗伯特·古丁、汉斯—迪特尔·克林格曼主编：《政治科学新手册》，钟开斌等译，生活·读书·新知三联书店2006年版，第1026页。
③ 严俊：《博弈分析政治学研究探要》，《社会科学研究》2013年第4期。

性"①。针对大数据研究方法，有学者按照大数据预测的工作流程，归纳并分析了国际政治事件中各个环节所面临的约束条件，较为深入地探讨了因果关系在大数据预测中的作用。② 在大数据之后，信息革命对人类社会造成巨大冲击的新成果之一是人工智能。人工智能对社会的改变不仅在于其为人类提供更加强有力的工具上，而且在于其深刻地改变了人类社会的基本结构。因此，人工智能既与大数据等科技成果一道，为政治研究方法的革新注入了新的动能，也成为政治学，尤其是管理、治理与社会风险等领域的重要议题。有学者关注人工智能国际关系研究，认为人工智能作为系统性要素，已经对国际体系运行和国际行为体的互动方式产生了影响，从而推动新议题、新模式与新理论的诞生与发展。中国的人工智能国际关系研究面临着外部竞争、内部泡沫化和内卷化等多重风险，需要做到与国际问题研究新的学科矩阵建立有效链接、对研究议题进行合理规划、积极构建人类学术共同体，有效应对挑战。③ 有学者考察了人工智能对权力分配的影响机制，认为由于发展人工智能会成为许多国家的重点工作，加之人工智能部门掌握着独特的数据与算法资源优势，因此人工智能部门在同级组织体系中会因为长期保持强势部门的地位而拥有更高的权力位势，形成"平级不平权"现象与伞面状的部门权力格局。④

（三）探索适合本土的政治学研究方法，建立有中国特色的学科体系

政治学的研究方法不仅要契合本土的政治议题，保持开放包容的心态与其他国家、其他学科交流借鉴，还要从本土的哲学思想与历史文化中吸取营养，形成有本民族特色的政治学理论与方法体系。以西方自由主义民主理论为例，其关键要素来自基督教文明，包括基督教促成的个

---

① 景跃进：《中国政治学理论建构的若干议题——田野基础、历史脉络与创新维度》，《华中师范大学学报》（人文社会科学版）2021 年第 6 期。
② 卢凌宇、张传基：《浅析国际政治大数据预测的限度》，《欧洲研究》2021 年第 4 期。
③ 封帅：《人工智能国际关系研究的中国进程及其挑战》，《中国社会科学评价》2022 年第 3 期。
④ 梅立润：《"平级不平权"：人工智能时代国家部门的权力格局变化》，《湖北社会科学》2022 年第 5 期。

人主义、古希腊哲学遗产、古罗马法治遗产、天主教和新教、二元化的宗教与政权关系等等，这些与自由民主主义民主的诸多要素，比如个人主义、保护财产权的宪政、多元主义以及源自多元势力的党政民主具有高度重合性。因此可以说，基督教文明就是自由主义民主的文化基础，自由主义民主就是基督教文明的现代政治表达。① 中国政治学界为了摆脱西方中心主义的政治学话语体系的束缚、建立独立自主的学科体系和研究方法，试图从中国的经验出发，并结合中国政治哲学与方法的文化根基作出努力。围绕中国特色的政治学方法，学者进行了各种有益的探索，并取得了一定的成果。有学者提出建立历史政治学：

即从历史出发去研究问题，或者说把问题置于历史之中，以证明或者证伪既有的理论命题，或者发现新理论。在方法论意义上，借鉴历史制度主义方法论中的一些关键词，诸如路径依赖、时间进程、时间性、关键节点、报酬递增等分析性概念，使得从历史出发的历史政治学研究更加科学化，即更有针对性地回答因果机制，而不再是传统意义上模糊的因果关系。②

这一探索得到了很多学者的响应和实践，对中国共产党"人民"概念③、中华民族共同体建设④、公家秩序与家国关系⑤等主题进行了历史政治学研究。也有学者主张围绕以实地调查为特点的田野政治学，实现中国政治学的本土化发展。⑥ 以"深度调查中国"的经验为例，有学者叙述了传统小农的脆弱性概念在田野调查中所受到的冲击，并在结合历史、理论和调查三个维度依据的基础上提出了"韧性小农"的概念，即"以家户为组织形态的小农，具有以内在责任应对外在压力、克服困境

---

① 杨光斌：《世界政治理论》，中国社会科学出版社2021年版，第104页。
② 杨光斌：《以中国为方法的政治学》，《中国社会科学》2019年第10期。
③ 张飞岸、李海林：《中国共产党"人民"概念的历史政治学考察》，《教学与研究》2022年第11期。
④ 严庆、王跃：《历史政治学视域下的中华民族共同体建设》，《探索》2022年第5期。
⑤ 任锋：《论公家秩序：家国关系的历史政治学阐释》，《北京行政学院学报》2022年第2期。
⑥ 黄振华：《田野政治学：构建中国特色政治学的重要路径》，《探索》2021年第6期。

并延续生存的特性"①。有学者梳理了田野政治学建构"国家化"概念的主要脉络，说明了如何基于田野调查，摒弃了西方国家理论中这一概念的意识形态色彩，扩展了传统"国家化"概念的内涵，并提炼出了"国家整合社会，社会回应国家"的研究框架，实现了体现中国经验的"国家化"概念建构。②此外，祖赋人权、家户制、韧性国家、关系叠加、农民理性的扩张等独创性概念也为理解中国政治提供了新的视角。这不仅有助于促进本土政治学概念体系的构建，增强中国政治学的自主性，而且有助于国际社会更好地理解中国。③ 除了历史政治学和田野政治学外，还有很多政治学者在试图建立有中国特色的政治学派的过程中推动了方法论的创新，如关系学派、道义现实主义学派和共生学派等"提供了关系性、中庸辩证法、'二元一体'、共生性、和合性等方法资源，为推进理论发展开拓了方向"；共生学派与和合主义"贡献了一种颇有潜力的和合方法论"，其具有尊重国家主体性、强调过程本位而非先验的支配价值、互动结果的开放性和包容性等优点。④

四 政治学研究方法发展的主要亮点

概括来看，2022 年，中国政治学研究方法的发展有以下突出亮点。

（一）交叉学科研究方法不断成熟

中国政治学与历史学、经济学、社会学等交叉融合，形成了历史政治学、政治经济学、政治社会学、政治传播学、政治心理学等新的交叉学科。这些新兴学科为政治学增加了多样性和互动性，提供了新

---

① 陈军亚：《从感觉到自觉：田野政治学的概念建构路径——以"韧性小农"概念建构为例》，《天津社会科学》2022 年第 1 期。
② 吴春宝：《田野政治学的"国家化"概念：建构脉络及其基本策略》，《中国农业大学学报》（社会科学版）2022 年第 4 期。
③ 郭忠华：《本土政治概念建构的三种进路——基于"概念之树"的视角》，《探索与争鸣》2022 年第 6 期。
④ 张旗、白云真：《中国学派的新探索与中国国际关系知识体系构建》，《国际观察》2022 年第 4 期。

的理论和研究方法。通过引入其他学科路径和多学科视角，政治学研究提出了新方案，解决了新问题。政治学与生命科学、心理学、传播学等跨学科研究，以及与民族学、历史学以及经济学的结合，都促进了政治学的创新发展。这种学科交叉实验与创新形成了新的研究视角和方法，更好地应对了新时代中国政治学的重大理论和实践问题。一些新的概念和理论被提出或被赋予创造性的视角，如生命政治①、政治信任与感知②、政治符号学③等，为政治学研究方法的创新注入了新的动力。

（二）大数据和人工智能方法逐渐增多

随着中国大数据发展水平的提升，政治学领域的大数据算法分析和计算成果运用呈现出爆发式增长。大数据方法在描述性和相关性研究中具有不可替代的优势，可以更全面、精准和实时地了解社会现象。同时，与统计方法、实验研究和定性方法等其他方法结合，大数据方法在因果推论领域具有独特的贡献。运用规范的研究设计与科学的数据分析，将政治现象背后的逻辑展示清楚，进而带来政治知识的创新。④ 大数据方法和人工智能的发展为社会科学研究提供了新的条件，不仅可以利用数据量大、时效性强和类型多元等优势，还能丰富研究工具箱，提升研究的规范化和科学化。大数据和人工智能推动了在线实验的兴起，在节约成本的同时保证实验的可靠性和现实性。智能科技的快速发展是时代发展的鲜明特征，国家加大了新科技研发和运用的投入。政治学借助大数据和人工智能，在政务大数据运用⑤、互联网＋政务服务⑥、智慧城市⑦、

---

① 蓝江：《什么是生命政治》，《武汉大学学报》（哲学社会科学版）2022 年第 1 期。
② 曾润喜、陈创：《媒体信任如何增进政府信任——政治心理认知因素的中介作用》，《新闻大学》2022 年第 10 期。
③ 伍庆祥、范宏伟：《缅甸民族和谈事件的政治符号学分析：表示、表现与表征》，《民族研究》2022 年第 5 期。
④ 郑立：《大数据分析对中国政治学研究的意义》，《中国社会科学报》2022 年 9 月 28 日第 7 版。
⑤ 冯锋：《大数据时代我国数字政府建设的路径探析》，《山东社会科学》2022 年第 5 期。
⑥ 王法硕、张桓朋：《"互联网＋政务服务"优化地方营商环境了吗？——基于我国地级市面板数据的实证研究》，《电子政务》2022 年第 1 期。
⑦ 魏华：《人工智能赋能超大城市治理现代化》，《理论视野》2022 年第 10 期。

舆情分析①等方面取得成果，拓宽了研究领域。

（三）实验性研究方法不断丰富

近年来，实验法成为政治科学研究的新工具。实验方法在探究政治现象的因果关系方面备受认可，反映了政治科学对因果关系探究和理论创新的重视。实验方法的应用可以控制数据采集和生成过程的偏差，避免主观因素带来的失真问题。它还帮助改善理论、假设和研究结论之间的匹配程度，使因果推断更加严谨、透明和可复制，有助于构建政治现象之间的因果关系。以网络为核心的技术革命扩大了实验方法在政治学中的应用范围，目前，自然实验、准自然实验、田野实验等方法被广泛运用于乡村治理现代化②、城市环境治理③、户籍身份与公平分配④等领域的研究。在当前社会网络化和信息化发展过程中，政治学研究运用实验方法等为新兴科学方法注入了生机。同时，要反思研究议题选择和方法的适用性和局限性等问题，为中国政治学研究的方法论提供借鉴。

（四）规范的质性研究方法成为主流

中国政治学领域的质性研究方法出现了一些新的发展。首先，研究者开始更加重视质性研究方法的运用，以补充传统的定量研究方法的不足。质性研究方法可以帮助深入理解和解释政治现象，探究其背后的动因和机制。研究者通过深度访谈、参与观察、文本分析等方法收集和分析数据，从而获取更丰富的研究结果。其次，研究者开始将质性研究方法与定量研究方法相结合，采用混合研究方法。这种方法可以对定量数据进行深度解读和分析，从而更好地理解政治现象的复

---

① 张磊、王建新：《化智为治：人工智能驱动网络意识形态治理现代化的逻辑进路》，2022年第6期。

② 耿鹏鹏、罗必良：《农地确权是否推进了乡村治理的现代化？》，《管理世界》2022年第12期。

③ 胡冲等：《国家卫生城市品牌对地方政府环境治理的影响———一项准自然实验研究》，《浙江大学学报》（人文社会科学版）2022年第11期。

④ 罗俊、王鑫鑫：《户籍身份、社会融合与公平分配——来自小学生田野实验的证据》，《世界经济文汇》2022年第4期。

杂性。另外，社交媒体分析成为质性研究方法的新领域。随着社交媒体的普及和发展，研究者开始利用社交媒体平台上的数据来研究政治行为和态度。最后，研究者开始注重研究方法的透明度和可复制性，以提高研究的可信度。他们更加注重详细记录研究过程，明确方法的选择和操作，并积极分享研究数据和结果，以便其他研究者进行验证和复制。在具体研究中，有学者以整群抽样与配额抽样相结合的方式调查了全国超过 1000 位青年，通过构建结构方程模型，研究了青少年社交媒体偶遇式新闻接触对网络政治效能感、政治讨论及潜在政治参与的影响机制，构建了理解青少年政治参与的"使用—效能—讨论—行为"理论链条。[①] 总之，中国政治学领域的质性研究方法在应用、方法论和数据来源等方面都出现了新的发展，丰富了政治学研究的工具箱。

[①] 黄欣欣：《社交媒体偶遇式新闻接触与青少年潜在政治参与：网络政治效能感和政治讨论的远程中介作用》，《国际新闻界》2022 年第 11 期。

西方政治思想研究的新动态

漆程成　佟德志[*]

2022年，中国西方政治思想研究取得一系列新成果，不仅研究成果的数量稳步增加，而且研究成果的质量不断提高，夯实了西方政治思想学科的学科基础。在科研项目方面，不仅原有的科研项目取得重大进展，而且各级各类项目中又有一批西方政治思想研究的项目获批立项。在学术成果方面，无论是西方政治思想史中重要思想家的政治观念、重要的政治议题，还是西方政治思潮中的主流政治思潮、新兴政治思潮，都成为西方政治思想研究的内容，并产生了诸多有价值的研究成果。回顾2022年中国西方政治思想研究的状况，我们既要看到西方政治思想研究所取得的新进展，也要看到西方政治思想研究所存在的不足。

一　西方政治思想史研究进展

西方政治思想学科要不断发展壮大，最关键的是要有高质量的研究成果。西方政治思想研究高质量的研究成果不仅能够提升学科的话语水平，也能够扩大学科的社会影响。在此基础上，才可能有更多的社会资源投入西方政治思想学科发展中。在这个过程中，西方政治思想学科发展就形成一种正向循环。因此，不断提升西方政治思想研究的层次和水平显得尤为重要。2022年，中国西方政治思想研究也取

---

[*] 作者工作单位：漆程成、佟德志，天津师范大学政治与行政学院。

得了一系列新的进展，进一步夯实了西方政治思想学科的基础。

（一）通史研究

西方政治思想的通史研究既是开展专题研究的基础，也是对专题研究成果的吸收和总结，因此通史研究在西方政治思想研究中发挥着基础性作用。同时，通史研究并不是简单地对西方政治思想的历史梳理，而是对西方政治思想发展规律的系统总结。近年来，西方政治思想的通史研究又出现和专题研究相结合的趋势。2022年，西方政治思想通史研究有了很多重要的新成果。

一是西方政治思想研究中有了高质量的通史研究成果。贺文发著述的《美德即知识：西方思想史引论》一书，以古希腊政治思想家苏格拉底的名言"美德即知识"为线索，系统梳理了西方政治思想脉络中各种具有代表性的观念，如人是万物的尺度、美德即知识、法律即善良与公平之艺术等，用平实的语言为我们呈现了西方政治文明发展脉络中政治观念演变的历史。① 彭刚的《西方思想史十二讲》重点梳理了自古希腊哲学以降，经中世纪神学、文艺复兴、宗教改革、科学革命、启蒙运动，及至近代思想兴起的西方思想史基本脉络，探讨了柏拉图、卢梭、康德等西方思想史上的关键人物及其精神要旨。②

二是西方政治思想通史研究更加注重从国别的视野来展开。2022年11月，天津师范大学高建主持的国家社会科学基金重大项目"西方国别政治思想史"（项目号：13 & ZD149）顺利结项，该项目对西方文化范畴内的主要民族国家（英国、美国、法国、德国、意大利、加拿大）的政治思想作了深入研究，形成了近300万字的书稿，极大地推动了西方国别政治思想史的研究。韩伟华则在《比较视野下的法国政治思想史特性》一文中重点探讨了法国政治思想史的特点，他指出，自中世纪晚期起，法国政治思想围绕如何中止连绵不断的政治与宗教纷争、建立稳固的君主国而展开研究。现代国家学说、主权理论、君权神授论、社会契约论和人民权利论，是近代初期法国政治思

---

① 贺文发：《美德即知识：西方思想史引论》，线装书局2022年版。
② 彭刚：《西方思想史十二讲》，人民文学出版社2022年版。

想的几大议题。法国在克服了封建分裂的绝对主义国家理念后，又激发出一种对立的启蒙思潮和分权制衡理论。经过大革命的洗礼，协调自由与民主的兼容问题成为后革命时代法国政治思想史的关键性议题。要理解法国政治思想史的独特性，还应有长时段和跨国史的视角。将其置于与英美政治思想史比较的宏观视野下，法国政治思想史的特点就能得到更充分的理解。梳理法国政治思想史的主线与特性，有助于定位关键性思想家及其代表作，把握贯穿始终的主要问题意识。①

三是西方政治思想通史研究更加注重专题研究与通史研究的结合。阳晓伟在《公地悲剧的思想史研究》一书中认为，学术界对于"公地悲剧"思想的认识大都锁定在哈丁（1968）及其以后，对哈丁以前，关于"公地悲剧"思想的认识则很少有人提及，即使偶尔提到，也是零散而非系统性的，这段漫长的"公地悲剧"思想史被人们有意或无意地忽视掉了。为了正本溯源，该书系统梳理了公地悲剧理论的思想史，并提出了物品使用的"负竞争性""生产型消费""政府引导下的多中心协同治理"等若干创新性思想观点，从而促进了人们对"公地悲剧"思想史的完整认识。②谈火生在《文明互鉴与民主想象的更新：中西协商思想探源》一书中主要探讨了西方文明中协商民主的思想源头，中国儒家思想中的协商传统，还将民主和协商民主观念置于中西方对话的背景中加以考察；通过通史研究与专题研究相结合，横向比较与纵向比较相结合，试图从文明互鉴中寻找民主进一步深化的思想资源。该书不仅有助于破除民主问题上的西方中心论，而且可以为中国协商民主的发展奠定更为坚实的基础。③

（二）专题研究

西方政治思想的专题研究主要是对特定的政治观念和政治思想主题进行的深入挖掘。相较于通史研究来说，西方政治思想的专题研究有利

---

① 韩伟华：《比较视野下的法国政治思想史特性》，《贵州社会科学》2022年第9期。
② 阳晓伟：《公地悲剧的思想史研究》，上海三联书店2022年版。
③ 谈火生：《文明互鉴与民主想象的更新：中西协商思想探源》，清华大学出版社2022年版。

于更好地剖析特定主题政治观念的发展规律、重要政治思想家丰富的思想内涵以及某些具有超越时空的价值理念对人类社会发展的重要意义。为此，开展西方政治思想的专题研究是西方政治思想不断走向深入的关键。2022年，中国西方政治思想专题研究方面也有诸多新进展。

首先，围绕特定思想主题进行的专题研究。比如就德性问题形成了一批高质量的研究成果。李猛指出，柏拉图《法律篇》中的"分裂之家"建立了一种与《理想国》中"神子"的哲学友谊不同的政治友谊，从而展现了这一共同体聚合的机制和潜在的张力。共同体的相互关系并非自发形成的生活秩序，因此，需要借助统治和服从来实现法律秩序对私人生活的监控；法律秩序背后的统治关系，要求城邦在考虑德性差异的前提下混合不同形式的平等，促进共同体的友谊，避免发生内战的危险；共同体的法律秩序与政治关系建立在通过持续不断的教育在城邦公民的灵魂层面造就对法律的自愿服从上，这一服从的德性，作为公众德性体现在一种与理性相和谐的情感感受和秩序意识中，从而使这个基于划分与分配的城邦能实现"自由、友谊和理智"的立法目标。[1] 王江涛则认为，在《法义》中，柏拉图首先以克里特法律为例，分析了法治的结构性难题，进而得出结论，着眼于战争的立功不应成为立法的目标，立功立法观克服不了法治的结构性难题。要解决这一难题，须从立功转向立德。立法者教育须以立德为价值取向，使立法者认识德性的自然秩序，形成对立德立法观的主观认同，愿意以完整德性为依据，建立法律统治的秩序。[2] 此外，还有学者围绕德性观的比较分析、德性的专题研究等方面作了深入探讨，从而深化了学界对德性问题的认识。

其次，对西方政治思想中代表性思想家的专题研究。一是对古代西方政治思想家的政治思想研究视角更加多元化。以亚里士多德政治思想研究为例，无论是研究视角还是研究主题都更加多元。比如《灵魂作为内在形式：亚里士多德对灵魂与身体的质形论理解》《亚里士多德论完美的友爱》《"神明"与"完满德性"——荀子与亚里士多

---

[1] 李猛：《分裂之家的友谊：柏拉图〈法律篇〉中的共同体》，《中国社会科学院大学学报》2022年第6期。

[2] 王江涛：《从立功到立德：柏拉图论立法者教育》，《浙江学刊》2022年第2期。

德论道德动机》《"政治动物"与"似神之人"——亚里士多德政治哲学的起点与终点》《试析亚里士多德〈修辞术〉Ⅱ.7 的感激哲学：从 kharis 一词的误译谈起》，等等。① 二是现代政治思想家的政治观念仍然是西方政治思想研究的重点。围绕马基雅维利、霍布斯、洛克、孟德斯鸠、卢梭、康德、黑格尔、密尔等思想家产生了大量的学术成果。以关于西方政治思想家孟德斯鸠的研究为例，相关研究越来越精细化。如《民主共和政制的爱国动力——孟德斯鸠与托克维尔的"结构"之谬》《孟德斯鸠的自然法疑难》《从抽象演绎到经验归纳：霍布斯、孟德斯鸠与现代政治学的转向》《自由的量度与统治的系谱——孟德斯鸠在政制学说上的创见》，等等。② 三是对当代政治思想家政治思想的研究更加深入。围绕哈耶克、伯林、罗尔斯、奥克肖特、沃格林、哈贝马斯、阿伦特、施特劳斯等思想家产生了大量的学术成果。以阿伦特研究为例，张念的《阿伦特：政治的本原》一书认为，阿伦特不仅扩展了作为概念的政治，而且重要的是她的思想总是在"生活世界"之中，陪伴着生命感受力的真切与确凿。该书正是以这个显而易见的矛盾现象为出发点，试图在错综复杂的思想基座上，描画出阿伦特所强调的"政治感"的轮廓线。③ 此外，学者还从多种角度对阿伦特的政治思想作了深入分析。④

---

① 参见田书峰《灵魂作为内在形式：亚里士多德对灵魂与身体的质形论理解》，《哲学研究》2022 年第 7 期；刘玮《亚里士多德论完美的友爱》，《道德与文明》2022 年第 4 期；孙伟《"神明"与"完满德性"——荀子与亚里士多德论道德动机》，《道德与文明》2022 年第 6 期；赵灿《"政治动物"与"似神之人"——亚里士多德政治哲学的起点与终点》，《政治思想史》2022 年第 4 期；何博超《试析亚里士多德〈修辞术〉Ⅱ.7 的感激哲学：从 kharis 一词的误译谈起》，《中国社会科学院大学学报》2022 年第 5 期，等等。

② 参见黄璇《民主共和政制的爱国动力——孟德斯鸠与托克维尔的"结构"之谬》，《天津社会科学》2022 年第 5 期；费明松、韩潮《孟德斯鸠的自然法疑难》，《政治思想史》2022 年第 1 期；罗轶轩《从抽象演绎到经验归纳：霍布斯、孟德斯鸠与现代政治学的转向》，《华中科技大学学报》（社会科学版）2022 年第 5 期；张辰龙《自由的量度与统治的系谱——孟德斯鸠在政制学说上的创见》，《政治思想史》2022 年第 2 期，等等。

③ 张念：《阿伦特：政治的本原》，南京大学出版社 2022 年版。

④ 参见刘剑涛《阿伦特的良心观——良心与自身关系》，《现代哲学》2022 年第 2 期；李婷婷《阿伦特的自我观：消极自我和积极自我的合奏》，《道德与文明》2022 年第 2 期；谭锐捷《阿伦特人权思想的根基》，《政治思想史》2022 年第 2 期；杨九诠《詹妮弗之问：阿伦特劳动概念的窘困及其解围》，《探索与争鸣》2022 年第 11 期，等等。

最后，围绕当代主流政治思潮进行的专题研究。一是对自由主义的研究进一步深入。韩喜平、刘岩指出，自由主义是西方近现代哲学社会科学体系的思想基础，自由主义的基本观念是西方主流的理论前提和价值原则。自由主义正是通过在理论前提和价值原则层面的基础地位对西方哲学社会科学的生成、发展和对外扩张持续施以强大的影响力。① 陈祥勤进一步认为，自由主义世界观是一种以权利为基石，以个人主义和多元主义为实证基础的法学世界观，其中，法学世界观、个人本位论、社会多元论是自由主义思想的三条基本信纲。② 曹钦、刘训练着重分析了自由至上主义的自由观，其中约束因素在自由的定义中具有重要地位，自由至上主义者之所以能够宣称维护私有财产的自由市场制度会使自由最大化，只不过是因为他们在对自由下定义的过程中，已经预先把一切用来维护私有财产权的措施都排除出了"对自由的约束"这一范畴，所以自由至上主义所推崇的自由市场制度并不具备"使自由最大化"的优势。③ 李石则批评了自由至上主义的所有权理论。④

二是对保守主义有了更多的关注。冯克利试图廓清人们对保守主义的鼻祖柏克的误解："柏克最为讲究的，是各种理念和利益之间的平衡，是原则、观察、经验的变通运用，它最恰当的称呼，大概是'保守的技艺'，或如后来奥克肖特所说的，是政治家的'气质'或'修养'。"⑤ 学界对于欧美国家的保守主义思潮给予了重点关注，形成了比较多的成果。比如林德山认为，近年来，在美国以及欧洲，保守主义政治都受到重创，日益失去其"保守"的意义。保守主义政治上的失利刺激了其本已存在且日趋严重的政治极化现象。⑥ 赵可金、

---

① 韩喜平、刘岩：《自由主义的无奈与思想的变革》，《求索》2022年第2期。
② 陈祥勤：《自由主义的三重信纲及其疑难——兼论西方古典政治哲学的相关观点》，《哲学分析》2022年第2期。
③ 曹钦、刘训练：《自由至上主义自由观的批判性研究——从自由与约束的分析说起》，《马克思主义与现实》2022年第3期。
④ 李石：《自由至上主义的所有权理论：分析与批评》，《马克思主义与现实》2022年第3期。
⑤ 冯克利：《保守的技艺》，《读书》2022年第10期。
⑥ 林德山：《美欧保守主义政治发展趋向》，《人民论坛》2022年第23期。

史艳认为，迄今为止，关于美国政治变化的主流看法是美国日益陷入政治极化，呈现出否决政治的特征。事实上，美国政治的发展趋势是走向保守化而非极化，大多数美国人在不同程度上已经是不同派别的保守主义信徒。① 与此同时，囿于主要派别在价值取向、政治立场、经济主张、文化议题以及政策风格上的诸多分歧，美国保守主义始终未能建构起统一的思想体系和稳固的政治阵营。保守主义的多元构成与复杂流变使其在不断壮大政治联盟的同时，也埋下了其自身认同的重大隐患，在与自由主义的世纪对抗中渐显乏力。②

三是对社会民主主义思潮的研究。王昭认为，在70余年的发展历程中，伴随着社会民主主义理论的转型，社会党国际的民主观也发生了变化，经历了从重建时"民主社会主义民主观"到冷战结束以来"社会民主主义民主观"再到金融危机以来"进步主义民主观"的转变。金融危机以来，社会党国际成员党民主价值观的分歧成为组织分裂的意识形态原因，以西欧社会党为主体的成员党另立"进步联盟"。分裂以来，社会党国际推动民主观向"进步主义"转变，以实现社会民主主义的复兴。③ 涂用凯指出，进步联盟成立的直接原因是社会党国际内部存在着严重分歧和发展出现了众多问题，深层次原因是社会民主主义第三次转型出现了危机。此次转型无论是在思想主张上还是在现实实践中都存在着明显的不足，面临着新的困境。④

（三）比较研究

比较研究是深入把握西方政治思想规律的重要手段。政治思想的比较研究，主要分为纵向比较和横向比较。所谓纵向的比较，是指一个民族的政治思想本身的比较。所谓横向的比较是指各民族的政治思想之间的比较。通过比较研究能更好地揭示不同政治思想之间的共性

---

① 赵可金、史艳：《极化还是保守化——冷战后美国政治保守化运动及其根源》，《探索与争鸣》2022年第10期。
② 庞金友、吕玉红：《当代美国保守主义的内部张力与认同危机》，《当代世界与社会主义》2022年第2期。
③ 王昭：《社会党国际民主观的演进研究》，《社会主义研究》2022年第5期。
④ 涂用凯：《进步联盟与社会民主主义的再次转型研究》，《社会主义研究》2022年第2期。

与差异，深化我们对政治思想内在规律的认识。

一方面，对中西政治思想的比较研究。陈军对柏拉图与王符洞穴喻的比较分析指出，《理想国》与《潜夫论》双方都以正义论为核心，以认识活动及其结果——真知的获取为路径，以主体后天美德的养成为目标，终而以美德规范和保障正义为践行。在此共同范式框架之下，光（日/烛）喻其明、洞穴/夜喻其黑，或指认识活动之背景，或言认识活动之前提，或表认识活动本身之性质。正义如同譬喻之出发点、关捩点，指引着双方殊途同归而又异彩纷呈。① 谢清果、王皓然的研究提取了"内圣外王"与"哲人王"两种在中西政治文明中特点鲜明的政治思想，再根据其产生条件、逻辑基础和关联历史现象对两者中所包含的传播观念加以比较。具体来说，"哲人王"作为希腊古典政治实践中自然产生的对于应然性的探讨，是基于功能主义想象而设计出的一元化传播结构。"内圣外王"则是对中国原始氏族社会传统权威模式的创造性转化，它不仅将政治寓于个体化的道德行动中，也通过道德知识的间性传播建构其理想化的政治场域。②

另一方面，对西方政治思想家思想观念的比较研究。杨玉昌对柏拉图和康德理性观的比较分析指出，在理性的发展史上，康德和柏拉图分别在近代和古代扮演着关键的角色。康德通过对柏拉图的理性的批判开启了理性启蒙，这一启蒙表现为从盲目到自觉，从禁锢到自由，从理想国到目的国。康德与柏拉图的理性观之间存在着关于人的理性平等与天性差异，普遍法治与等级秩序的对立。康德的理性启蒙既有不容否认的历史进步意义，同时又有其难以解决的问题。对理性启蒙的反思要求我们超越柏拉图的理性与康德的理性的对立以及理性与意志的对立，借鉴东方哲学，将理性启蒙发展为一种全新的智慧启蒙。③ 徐广垠对卢曼与黑格尔政治哲学本体论基础的比较分析指出，

---

① 陈军：《理想国叠影之魅——柏拉图〈理想国〉与王符〈潜夫论〉洞穴喻比较》，《社会科学研究》2022年第4期。
② 谢清果、王皓然：《"内圣外王"与"哲人王"：中西政治传播观念比较分析》，《新闻大学》2022年第7期。
③ 杨玉昌：《理性启蒙的历史命运与未来走向——从康德与柏拉图理性观的比较看》，《云南大学学报》（社会科学版）2022年第4期。

在哲学层面，卢曼与黑格尔的哲学一样，核心问题都是"自身"与"他者"的"反身性"关系。两者的关键区别在于，卢曼的解释基点是"同一和差异的差异"，而黑格尔的则是"同一和差异的同一"。具体到政治哲学领域，黑格尔将普遍性和特殊性扬弃到个体中，构成其政治哲学的本体论基础，而卢曼则将个体"消解"进了社会的诸功能系统中。① 魏德伟、郭台辉对霍布斯与洛克社会契约论的分析认为，霍布斯与洛克的政治理论兼具神圣与世俗双重基础，这主要体现在霍布斯对"基督教的犹太化"处理与对上帝"创世"技艺的模仿，以及洛克借用"造物模型"与"超验自然法"的政治论证方面。质言之，社会契约论是一种集神义与人义或神圣与世俗于一体的政治理论。②

（四）方法创新

从政治学研究的角度来看，方法论的重要性再怎么强调也不为过，只有运用科学的研究方法，才能提升我们对政治生活和政治观念的准确认识。西方政治思想在研究过程中也愈加注重研究方法，研究方法创新进一步深化了西方政治思想研究的深度和广度。2022年，西方政治思想研究对新的研究方法有了更多的关注。

一是运用施特劳斯学派方法涌现出大量新品。谢惠媛在《如何理解"像作者一样理解作者"？》一文中指出，"像作者一样理解作者"是施特劳斯在阐释问题时提出的核心主张，在可行性和必要性方面受到以伽达默尔为代表的本体论阐释学的质疑。实质上，该主张突破了主客二分的框架，内在地蕴含着多重张力。它在以方法论的形式强化客观性标准的同时，只要求有限度地复原作者的言说和思想，其正当合理性需要建立在一系列本体论承诺的基础上。超越传统的分析框架，在融合方法论和本体论阐释学的视域中，我们能更全面地理解与评价"像作者一样理解作者"论断，把握施特劳斯思想的原创性，

---

① 徐广垠：《"中心"的与"去中心"的反身性——卢曼与黑格尔的政治哲学本体论基础比较分析》，《学习与探索》2022年第10期。
② 魏德伟、郭台辉：《神圣与世俗——霍布斯与洛克社会契约论的双重基础》，《政治思想史》2022年第3期。

进而把脉当代阐释学的发展走向。① 许超对培根国家理性论的研究指出，培根虽然多次提及统治技艺和政治知识的隐秘性，实际上，这与施特劳斯话语中的"隐微写作"毫不相干，"培根强调统治技艺的隐秘性并非出于古典哲人隐微写作目的，而是基于对国家理性传统的继承"②。因此，在西方政治思想研究中运用施特劳斯学派的方法要恰当，对文本的解释要适当，不可解释过度并产生误读。

二是对剑桥学派的方法有了更多关注。姜静指出，以巴特菲尔德、波考克、斯金纳和邓恩为代表的"剑桥学派"及其追随者，用语境主义方法研究政治史，通过把历史人物、历史事件或关键概念还原到历史语境中，揭示了辉格史观所宣称的"历史发展是直线进步通向现代的过程"这一观点的错误之处，力求用语境主义方法实现对过去历史的客观准确的理解。③ 朱新对马基雅维利的研究认为，马基雅维利的"公民生活"（vivere civile）是他政治思想的核心概念，它不仅继承了"civilis"一词自古罗马以来一直保留的主要含义之一——对法律的尊重和对僭政的敌视，而且蕴含着新的内涵。不同于当时人文主义者所倡导的守成型共和国，马基雅维利"公民生活"的主要形态之一是一个对内实行法治而对外致力于扩张的帝国型共和国。对"civile"一词的追本溯源工作有助于我们更准确地理解"civile"和"公民生活"的含义，有助于纠正当代剑桥学派对"公民生活"概念的误读，同时促进我们对马基雅维利政治思想的深入理解。④ 冯飞、张凤阳的研究指出，在古典语境中，尊严被表征为一种政治价值，致敬的是公共事业中的卓越者。作为对政治功勋的奖赏与回报，尊严的配享者有权要求得到国家的承认，并给予恰当的礼遇和敬重。获取尊严有"先赋"与"后致"两种方式，前者依据高贵的血统，后者凭借显赫的军功，以及在常态国家治理中的出色表现。但无论如何，尊严都是在一种差序格局中被定义的。这跟现代社会所强调的尊严面前人人平等的价值取向不同。在古罗马，作为对道德至善的礼赞，尊严

---

① 谢惠媛：《如何理解"像作者一样理解作者"？》，《江苏行政学院学报》2022年第2期。
② 许超：《弗朗西斯·培根的国家理性论》，《政治思想史》2022年第2期。
③ 姜静：《辉格式历史解释的形成、特点及困境根源》，《史学月刊》2022年第1期。
④ 朱新：《从古典的 civilitas 到马基雅维利的 vivere civile》，《政治思想史》2022年第1期。

也要求驯服和控制肉体欲望，因而其价值立场并非弘扬属于每一个人的自然权利，而是凸显那些卓越者的高位阶与强义务。①

三是概念史研究方法也越来越受到重视。在彭青龙对方维规所作的访谈中，方维规指出，概念史研究通过查考特定概念的历史语境和语义可以更好地体认历史，亦可透过概念演变的历史，考察各有来历的概念同"当今"的可能联系。概念史在中国正在成为一门显学，我们的固有文化中有许多值得查考和阐释的概念。②黄艳红对"革命"概念的考察就很有代表性，在西方语言中，"革命"直到十七八世纪之交才开始成为常用的政治概念。在启蒙时期的法语中，"革命"在政治上主要是指政府事务发生了突然的变化和动荡的意思。不过，在传统的消极被动意义之外，当时产生了有关革命的进步主义、意志主义和危机论的话语。在法国革命初期，革命者综合这些既有的话语和意义，创造出现代"革命"概念，并以单数的"法国革命"来称呼当时经历的事件、赋予这些事件以世界历史意义。法国革命之后，对于这场革命的反思产生出有关未来社会的宏大且明确的蓝图，并产生了关于未来社会的新概念，"革命"也因而成为一种集体单数式的世界历史概念。在现代"革命"概念的产生和发展过程中，"革命"从被动的经历转变为人为的主动创造，从瞬时和突然的事变转化为关于未来进程的信念和行动。③在认识到概念史研究重要性的同时，叶隽提醒道："概念史研究作为一种方法论自有其传统和价值，但若以此代替思想史研究的主流，也是过犹不及。"④

二 西方政治思想史研究热点议题

西方政治思想研究的宗旨就是"为了中国而研究西方"，通过研

---

① 冯飞、张凤阳：《谁之尊严？何以配享？——一项基于古罗马语境的概念考释》，《人权》2022 年第 2 期。
② 彭青龙：《概念史与比较文学中的思想和方法——访谈欧洲科学院院士方维规》，《上海交通大学学报》（哲学社会科学版）2022 年第 12 期。
③ 黄艳红：《试论现代"革命"概念的创生与发展》，《史学月刊》2022 年第 6 期。
④ 叶隽：《概念史的意义和观念侨易——从〈什么是概念史〉〈概念的历史分量〉看概念史的学域空间与理论阐发》，《社会科学论坛》2022 年第 4 期。

究西方政治思想的发展规律，总结其经验教训，以提高我们认识国家、组织国家、治理国家的水平。在近年来的西方政治思想研究过程中，越来越重要的一个转变就是更加注重回应时代命题。

（一）国家议题

一是关于古代政体问题的研究。陈超在对古希腊政体问题进行分析后指出，一般认为，贯穿古典时代雅典政治史的主要矛盾是民主制和寡头制的对立。然而，对雅典人政体思想的考察却表明，民主制和寡头制对立的政体光谱是古典时代后期的产物。直到前5世纪末，三十寡头的残暴统治才彻底重塑了雅典人的政体思想，使寡头制在雅典人的政治观念中迅速僭主化。前4世纪，寡头政体在雅典人的政治话语中进一步僭主化，最终超过僭主制，成为民主制最主要的对立面。至此，民主制和寡头制的对立结构成为雅典人中最普遍流行的政体光谱。[①] 陈浩宇在对古罗马混合政体加以研究后指出，思考古罗马共和国的混合政体是西方政治思想史中的重要课题，波里比阿和马基雅维利均认为，混合政体中的权力制衡使得罗马政治体系保持着稳健并富于活力，但在分析混合政体的运作机制及覆灭原因时，两者却表现出很大的差异。波里比阿看重混合政体中贵族的角色和功能，马基雅维利则更关注平民和贵族的对抗性互动，并表现出更多的平民主义色彩。[②]

二是关于国家理念或国家观的研究。詹世友、方之美在对黑格尔国家观进行研究后认为，在黑格尔的国家理论中，单是保护国民的生命和财产权利，或任凭国家的组成部分独立，行使任性自由，国家也就不能真正成其为国家。个人的特殊性和国家的普遍性是最大的伦理关系，现代国家要达到这两者的有中介的间接同一，达到内部的有机团结和获得公民的忠诚。[③] 包大为、陈珂则指出，面对现代社会的自

[①] 陈超：《从并肩到对立：公元前5世纪雅典政体光谱中的民主制与寡头制》，《世界历史》2022年第5期。

[②] 陈浩宇：《反思罗马混合政体的兴衰——波里比阿与马基雅维利的对照》，《中南大学学报》（社会科学版）2022年第4期。

[③] 詹世友、方之美：《有国可依与国之大伦——黑格尔现代国家观的政治伦理考量》，《华中科技大学学报》（社会科学版）2022年第2期。

由困境，黑格尔为国家理念的融合本质提供的解决方案处于激进与止步之间。由于具有自我意识的历史主体的缺位，黑格尔并没有将激进的市民社会批判转化为开创新秩序的革命行动。① 谭安奎的研究则是从家—国关系的角度切入，他认为，现代国家需要家庭发挥教化之功，乃是以家庭的中心从纵向的世代关系转向横向的夫妻关系为前提的，此时，以人为产物的家庭为我们提供了把国家理解为建构性政治共同体的伦理范式。但以横向关系为中心的家庭观，恰恰又意味着现代政治在本体论上的无根性。家—国关系在功能、本体、伦理维度间的复杂纠缠，预示了家哲学在现代社会中的黯淡前景。②

三是关于国家认同问题的研究。殷冬水、张婷指出，国家认同是现代国家建设的一个重要维度，共和主义是国家认同建构的一种重要思想资源。在共和主义语境中，国家是追求共同善的政治共同体，捍卫公共性是国家认同建构的核心。国家认同具有丰富的内涵，其中的关键是认同国家的共同善、公共政治价值以及国家的政治制度。从政治实践的角度来看，国家认同建构的共和主义构想具有诸多价值。③ 在国家认同构建的过程中，爱国主义也是一种重要的思想资源。高景柱认为，虽然在全球化时代民族国家通常被认为受到了极大的挑战，但是在全球化时代民族国家仍然是人们认同和归属的主要共同体，爱国主义依然有着存在的合法性。在全球化时代，爱国主义需要解决的核心议题是国家认同如何强化的问题。④ 在具体的情境中，国家认同问题也是学界研究的重要内容。孔祥永对美国国家认同问题的研究表明，在"公民"概念的构建过程中，由"专制的理性"所统摄的同一性悖论始终困扰着公民政治的演进；同一性悖论不仅诱发了美国公民政治的衰微，还导致了左翼身份政治和逆向身份政治的勃兴。当下，在日益衰微的公民政治和狂飙突起的身份政治的交互影响下，美

---

① 包大为、陈珂：《从合理走向危机：黑格尔现代国家理论的自由限度》，《福建论坛》（人文社会科学版）2022年第3期。

② 谭安奎：《家—国之结与家哲学的黯淡前景》，《探索与争鸣》2022年第5期。

③ 殷冬水、张婷：《公共性：国家认同建构的核心——共和主义国家认同观及其当代中国意义》，《山西大学学报》（哲学社会科学版）2022年第6期。

④ 高景柱：《全球化时代爱国主义的重塑》，《理论月刊》2022年第2期。

国的国家认同陷入了一场前所未有的危机之中。[①]

(二) 民主议题

首先，对代议民主理论的研究。朱欣从政治思想比较的角度分析了卢梭与柏克的代表制之争，该研究认为，卢梭与柏克围绕代表制与民主之间的关系问题发生过一场"指令与独立之争"。重新审视柏克和卢梭的代表制之争，有助于反思当代西方民主的困境所在。[②] 丁辉从弱竞争民主的角度分析了代议制民主理论，他认为，随着政党政治和国家治理的交互性塑造不断加深，弱竞争民主日益走向去政治化、去民主化和去正式化。在民粹主义、党内民主和全民公决的多重挑战面前，弱竞争民主来到瓦解和革新的岔路口。[③] 朱佳峰、许楠则从民粹主义的视角分析了代议民主理论，他们研究认为，当前国外学术界普遍认为民粹主义必然反对现代代议政治或代议民主。事实上，与其说民粹主义反对代议民主，不如说它试图修正后者，虽然其实践往往会误入歧途。[④]

其次，对重要民主理论家民主观的深入研究。以马基雅维利式民主的论题为例。刘训练、王巍在对马基雅维利民主观进行分析后指出，在现有的各种关于马基雅维利政治思想的诠释进路中，麦考米克的"马基雅维利式民主"是颇具争议的一种进路。与此同时，通过延续和扩展麦考米克的"民主主义"诠释进路，从"武装人民"和"赋权人民"两个方面重述马基雅维利的政治思想，进而明确回答了"马基雅维利在何种意义上是一位民主主义者"这个问题。[⑤] 段德敏的研究则对此持保留态度，很多论者指出，马基雅维利对"人民"有着非常正面的评价与期待，从而将马基雅维利与某种民主政治理论

[①] 孔祥永：《"公民"的定义与美国国家认同危机》，《政治学研究》2022 年第 6 期。
[②] 朱欣：《论卢梭与柏克的代表制之争》，《湖南科技大学学报》（社会科学版）2022 年第 4 期。
[③] 丁辉：《走向"弱竞争民主"：当代西方政党政治嬗变与代议制民主的危机》，《国际政治研究》2022 年第 4 期。
[④] 朱佳峰、许楠：《重估民粹主义对现代代议政治的挑战》，《国外理论动态》2022 年第 5 期。
[⑤] 刘训练、王巍：《马基雅维利在何种意义上是一位民主主义者?》，《浙江学刊》2022 年第 2 期。

关联在一起，提出一种所谓"马基雅维利式民主"的结论。得出这一结论的依据主要是马基雅维利关于共和政治的论述，特别是在《李维史论》一书中马基雅维利从平民立场对贵族政治的批评。然而，如果我们综合判断马基雅维利的著述，这一"平民化"的立场与马基雅维利本人对平民统治能力的一贯怀疑并不符合，且现有的关于"民主化马基雅维利"的研究对其《佛罗伦萨史》中的分析未给予太多严肃的关注。①

最后，对西方民主的理论反思。邓佳认为，右翼激进主义的反复上演印证了西方民主政治的结构性危机：人们诉诸极端的意识形态来表达民主诉求，反智主义在西方国家的政治行动和社会生活中不断渗透，"新形式法西斯主义"悄然崛起。对于西方民主政治激进化趋势的再度出现，有必要批判性地吸收法兰克福学派理论家的相关分析，以此透视西方民主的根本限度。② 林毅认为，西方民主与非西方民主的道统与治绩之争，构成了当代世界民主发展的重要议题。要实现民主回归其多样性发展正轨的目标，必须在深刻系统地反思"民主发展＝西方化"命题的基础上，将民主从其西方单一形态的束缚中解放出来。③ 此外，佟德志等学者还反思了西方民主治理的危机，并探讨了民主治理何以可能的问题。④

（三）平等议题

一是对政治思想家平等观的研究。段忠桥认为，洛克对现代平等观念作出了奠基性的贡献，这集中体现在他在其代表作《政府论》中对现代平等观念的三重论证上。一是基于《圣经》的论证，二是

---

① 段德敏：《〈佛罗伦萨史〉与"马基雅维利式民主"的再考察》，《浙江学刊》2022年第2期。
② 邓佳：《"病态的常态"：西方民主政治的结构性危机——法兰克福学派对右翼激进主义的批判》，《哲学动态》2022年第2期。
③ 林毅：《对"民主失效"与"反对民主"问题的辨析——针对"民主发展＝西方化"命题的两个反思维度》，《政治学研究》2022年第2期。
④ 参见佟德志、林锦涛《当代西方民主治理研究的前沿与热点——基于SSCI文献的可视化分析》，《国外社会科学》2022年第3期；佟德志、王毅刚《民主治理何以可能——民主与治理融合的理论分析与实践趋势》，《吉林大学社会科学学报》2022年第4期。

基于"自然状态"的论证,三是基于"自然权利"的论证。① 郭东勤在对科恩平等观作出分析后指出,科恩的平等分配观集中体现于他的两个分配原则之中,即平等原则与共享原则。在科恩的平等分配观中,平等原则属于正义原则,而共享原则属于仁爱原则。从分配的对等性视角来看,它可能会因过多地强调仁爱而显得不够完美;但从解决现实问题的视角来看,它却会因分配价值的多样化而促进社会资源的适宜性分配,最终实现人类的和谐共生。② 刘畅、贾中海则分析了柯亨对诺奇克自由权理论的批判,诺奇克的自由权理论实质上是以"自我所有权命题"为基础,为世界资源的不平等占有提供理论依据。柯亨基于平等主义的立场,分两个阶段对诺奇克展开了批判。但是,由于柯亨对诺奇克的批判具有明显的分析色彩,因而仍有必要从马克思的经典论述出发对诺奇克自由权理论的本质作进一步的批判。③

二是对平等主义的研究。唐英英认为,平等主义是当代政治哲学中一个极具影响且富有争议的理论。根据平等主义的观点,某些益品的平等分配具有内在价值。著名的"向下拉平反驳"被视为对平等主义最大的挑战:如果平等有内在价值,那么向下拉平的平等状态也将有其内在价值,但这似乎是荒谬的。他另辟蹊径,提出一种关于平等的特殊主义进路。根据这一进路,分配平等的内在价值并不蕴含其价值在一切情境中都可实现;只要平等在某些情境中有内在价值(不论这些情境是否涉及向下拉平),平等主义就足以得到证成。④ 俞丽霞关于运气平等主义的分析认为,通常的运气平等主义基本原则的两部分之间存在着紧张关系,"支持责任"的主张不能与另一半"反对运气"的主张完全相容,并使运气平等主义受到了遗弃批评。一些理论家提出的两层平等主义可以原则性地回应遗弃批评,它不再依赖选择和运气的区分,而是以一种合理的多元平等观为基础,从而在两个

---

① 段忠桥:《约翰·洛克对现代平等观念的三重论证》,《山西大学学报》(哲学社会科学版)2022年第6期。
② 郭东勤:《论科恩的平等分配观》,《伦理学研究》2022年第2期。
③ 刘畅、贾中海:《从"自由至上"到"自由平等"——G.A.柯亨对诺奇克自由权理论的批判》,《学习与探索》2022年第2期。
④ 唐英英:《平等主义与特殊主义》,《哲学研究》2022年第8期。

层次上体现出平等。① 高全喜基于法兰克福的《论不平等》一书认为，尊重具有内在的价值属性。一个现代社会的公民权利资格的尊重问题，远比经济平等与否更为重要和根本。因此就需要超越平等主义，把平等与尊重联系起来，通过追求平等实现人的相互尊重的权利自主性。②

三是对西方国家不平等问题的研究。林德山认为，20世纪80年代以后，资本主义的不平等问题日益加剧，主要表现为各国普遍的收入和财富分配日趋严重的两极分化，以及严重的贫困问题。不平等问题直接冲击了西方主流价值观，对社会经济的发展产生了消极影响，它尤其侵蚀了既有的民主秩序，助推了政治极化现象。③ 严宇、孟天广构建的分析框架认为，在西方民主国家，经济不平等被政治因素所强化，而不是被修正。经济不平等的政治强化框架有利于我们理解欧美国家中经济不平等为何日益加剧，乃至形成合法化不平等的意识形态。④ 马峰的研究认为，20世纪70年代末以来，随着社会不平等的扩大，美国社会陷入一种分裂性、对抗化的社会发展危机之中。新冠疫情放大了美国社会潜藏已久的社会不平等危机。在美国社会两极对立格局下，不管拜登政府推出何种试图破解两极分化、解决社会不平等问题的政策，都难以撼动美国已固化的不平等制度体系。⑤ 任剑涛则强调，美国今天的政治极化，是现代国家运行的政治周期性表现，而不是美国政治的终结性标志。⑥

（四）正义议题

首先，对罗尔斯正义论的深入研究。罗尔斯政治哲学中稳定性的

---

① 俞丽霞:《运气平等主义与平等的基础》，《哲学动态》2022年第8期。
② 高全喜:《超越平等主义》，《读书》2022年第11期。
③ 林德山:《当代资本主义不平等问题的根源及其影响》，《人民论坛·学术前沿》2022年第9期。
④ 严宇、孟天广:《修正还是强化：重访西方民主与经济不平等的关系》，《国外社会科学》2022年第1期。
⑤ 马峰:《美国社会不平等现状分析与发展趋势探究》，《马克思主义研究》2022年第9期。
⑥ 任剑涛:《周期性与终结性：美国政治极化的两种论断》，《人民论坛·学术前沿》2022年第6期。

思想受到了学界的极大关注，比较有代表性的著作有闫笑的《罗尔斯稳定性问题研究》①和宋伟冰的《公平正义与良序社会：罗尔斯的稳定性思想研究》，这两本专著对罗尔斯正义理论中的稳定性思想作了深入的分析，有助于深化对公平正义与良序社会关系的认识。除此之外，学界还围绕罗尔斯政治哲学中正义论的其他维度展开了深入论证。陈德中着重分析了罗尔斯正义理论的性质问题，他认为，罗尔斯的正义理论聚焦于未来，而非拘泥于当下。他的理论首先（并且最终依然）是乌托邦的。②陈肖生基于这样的认识进一步指出，罗尔斯认为政治哲学是一种现实主义的乌托邦，在构造正义原则时必须考虑人的动机可能性问题，因此人性学说会影响正义原则的内容本身而不仅仅是原则的应用。③正因如此，张国清等认为，罗尔斯正义理论中的休谟因素是非常重要的，通过评估罗尔斯正义理论的休谟因素，有助于我们更好地把握他的理论。④还有学者则探讨了罗尔斯理论中正义与民主的关系、罗尔斯的"相互冷淡"概念以及西方马克思主义对罗尔斯正义理论的批评等。⑤

其次，对分配正义的多角度分析。王鑫主要分析了"分配正义"概念的历史脉络并指出，"分配正义"的古今概念有一个分水岭。在欧洲中世纪及以前，对穷人的救济仅仅被认为是慈善，属于个人美德的范畴。现代"分配正义"概念，即政府有责任实现财富的重新分配以帮助弱势群体，产生于18世纪。马克思则对"分配正义"进行了唯物史观重构。⑥姚大志则从正义的不平等角度探讨了罗尔斯的分配正义理论，他认为，在论证正义的不平等时，罗尔斯提出了两个核

---

① 闫笑：《罗尔斯稳定性问题研究》，中国社会科学出版社2022年版。
② 陈德中：《罗尔斯的正义理论：现实的还是乌托邦的》，《哲学动态》2022年第3期。
③ 陈肖生：《人性与社会正义原则的构造——以罗尔斯〈正义论〉为中心的争论》，《道德与文明》2022年第6期。
④ 张国清、高礼杰：《互利、对等与公平——罗尔斯正义理论的休谟因素》，《学术界》2022年第4期。
⑤ 参见高景柱《民主与正义的良性互动？——以罗尔斯为中心的分析》，《天津社会科学》2022年第5期；徐康宁《罗尔斯的"相互冷淡"概念——兼论作为公平的正义和利己主义》，《道德与文明》2022年第3期；姚大志《西方马克思主义对罗尔斯正义理论的批评》，《马克思主义与现实》2022年第4期，等等。
⑥ 王鑫：《"分配正义"概念的历史追溯与唯物主义重构》，《求是学刊》2022年第3期。

心观念,即"合法期望"和"资格"。"合法期望"基于制度规则,而"资格"基于个人行为,两者共同解释了一种不平等的分配如何能够是正义的和可辩护的。① 朱慧玲则探讨了优绩主义的倡导者所提出的分配正义理论存在的问题,并认为优绩主义不仅仅在现实中被称为陷阱或神话,在理论上也面临重重困难。② 李石强调,中国学者应在批评西方分配公正学说的基础上,建构具有中国特色、适合中国文化传统的分配公正理论。③

最后,对全球正义问题的研究。文兵指出,西方政治哲学家提出的全球正义理论将国际正义的主体局限于个人主体,忽视了主体的多层性和多元性。中国提出的"构建人类命运共同体"的理念,基于主体的多层性和多元性的客观现实及其哲学理念,无疑为建构平等和谐的新型国际关系开辟了更加广阔的前景。④ 作为全球制度伦理的世界主义全球正义包含三个核心理念——规范个体主义、伦理普遍主义、平等主义的全球分配正义,为评估和评判全球制度提供了重要的价值准则。倡导世界主义全球正义有助于人类命运共同体的构建,有助于缩小各国在价值观层面的分歧,也有助于塑造"可信、可爱、可敬"的中国形象。⑤ 阚道远则认为,传统全球正义伦理在资本主义崛起和西方发达国家全球扩张中的历史生成,打上了西方话语霸权的烙印,具有无法回避的基因缺陷和时代局限。全人类共同价值契合全球正义伦理原则,基于人类共同利益立场,代表了人类社会发展的道义方向和价值追求。⑥

(五)政治思潮

在当今这样一个大变局的时代,在自由主义、保守主义、社会民

---

① 姚大志:《正义的不平等——论罗尔斯分配正义理论的另外一个部分》,《中国人民大学学报》2022 年第 5 期。
② 朱慧玲:《作为分配正义的优绩主义》,《伦理学研究》2022 年第 3 期。
③ 李石:《分配公正研究的知识谱系》,《中国人民大学学报》2022 年第 2 期。
④ 文兵:《"全球正义理论"之于"人类命运共同体"构建的限度——基于主体性理论的考察》,《江海学刊》2022 年第 6 期。
⑤ 杨通进、宋文静:《人类命运共同体视域下的世界主义全球正义及其核心理念》,《湖北大学学报》(哲学社会科学版)2022 年第 3 期。
⑥ 阚道远:《国际秩序变革视阈下的全球正义伦理转型——兼论全人类共同价值的时代意蕴》,《新疆社会科学》2022 年第 3 期。

主主义西方三大主流政治思潮之外，近年来，学界对民粹主义、多元文化主义、女性主义等也有了较多关注。目前全球已进入一个"大变局"的时代，社会主义与资本主义、民族主义与世界主义、科技发展及其社会影响、民粹主义与人民主权、全球普遍性与地方性，这些现象和思潮都重塑着当下的全球社会。① 在2022年西方政治思想研究中也有诸多关于西方政治思潮的深入研究。

一是对民粹主义的研究。就民粹主义的概念而言，林冈等人认为，民粹主义的概念内涵应包括经济平等主义、政治平等和直接参与、文化通俗化、反精英主义和反自由多元主义。作为面向社会底层的独特意识形态体系，民粹主义具有左派倾向。② 就民粹主义与自由民主的关系而言，柳亦博认为，民粹主义不是民族主义或民族国家的副产品，而是现代自由民主的"影子"。为了兼顾平等和自由，现代自由民主在公共决策中采用了"多数原则"和"代议制"，这种现代间接民主所内含的隐性结构令其逐渐异化为民粹，进而成为一种新的专制。③ 韩升进一步认为，西方民粹主义以一种非理性的社会排斥方式引发了社会民众之间的对立情绪，加剧了社会的碎片化，影响了有效动员和社会团契的形成，造成了社会积极整合的失落，制约了民主治理效能的发挥和释放。④ 在此背景下，西方国家的政党动员模式也发生了变化，选民与政党之间的联盟沿着自由与保守的价值分界出现了重组，各种文化议题成为政党竞争的焦点。反建制领导人如何采取理性的动员策略回应社会需求，将直接影响激进右翼政党的政治命运。⑤

二是对民族主义的研究。马德普、龙涛的研究认为，在宣扬自

---

① 李宏图：《全球社会重建的思想资源何在——由"大变局"展望未来的思想史研究》，《探索与争鸣》2021年第4期。
② 林冈等：《民粹主义研究的概念泛化问题及其辨正》，《厦门大学学报》（哲学社会科学版）2022年第3期。
③ 柳亦博：《自由民主与民粹主义的共生、异变及民主改良》，《天津社会科学》2022年第3期。
④ 韩升：《西方民粹主义悖离民主本质的政治哲学呈现》，《贵州社会科学》2022年第7期。
⑤ 高春芽：《价值观政治与民粹主义激进右翼政党崛起的文化逻辑——文化反弹理论的分析路径及其限度》，《当代世界与社会主义》2022年第2期。

由、民主、人权的西方社会，种族主义盛行不衰的重要根源之一是西方文明，尤其是英美文明中的个人主义。现代西方种族主义的嬗变大致经历了三个历史阶段，个人主义则是种族主义的重要思想根源之一。这一认识对于认清西方文明的内在困境，消除种族主义，构建真正的人类命运共同体有着重要意义。① 段德敏、邢昌新的研究指出，主流观念认为强调多元、开放的市民社会与主张集体认同的民族主义之间是一种相互排斥的关系。然而，盖尔纳通过对市民社会理论、"模件化的人""高级文化"等的讨论指出，市民社会与民族主义存在内在关联。盖尔纳的洞见为我们从更深刻的层面认识现代社会中的个人与集体认同、国家与社会的关系提供了新的视角。② 张米兰在比较结构主义的民族理论和个体主义的民族理论差异的基础上认为，日常民族主义的实践哲学旨在整合个体话语和官方叙事之间的张力，以此来弥合结构主义和个体主义各自的缺陷。③ 沈辛成则分析了技术民族主义及其对西方国家和非西方国家的双重意涵。④

三是对女性主义的研究。戴雪红在《性别、正义与解放：弗雷泽女性主义批判理论研究》一书中认为，弗雷泽以主体、权力、正义和解放等关键概念为核心，围绕资本主义批判的逻辑主线，诊断与解析性别不平等问题，对女性的未来发展图景进行了极有意义的探索。其思想既拓展了批判理论的新领域，也开创了女性主义研究的新视野。⑤ 申森主编的《马克思主义与女性主义》一书着力展现国外马克思主义女性主义、社会主义女性主义等思潮对于当代资本主义社会性别不平等、性别剥削等问题的考察与批判，力图彰显马克思主义理论在性别平等、女性压迫、阶级关系等议题上的强大生命力与阐释力。⑥ 石

---

① 马德普、龙涛：《现代种族主义的嬗变及其个人主义根源》，《民族研究》2022年第1期。
② 段德敏、邢昌新：《个体自由与民族认同的融合——盖尔纳自由民族主义理论再审视》，《天津社会科学》2022年第1期。
③ 张米兰：《结构与个体之间：日常民族主义的实践哲学》，《中央民族大学学报》（哲学社会科学版）2022年第2期。
④ 沈辛成：《技术民族主义：源流、局限与前景》，《探索与争鸣》2022年第2期。
⑤ 戴雪红：《性别、正义与解放：弗雷泽女性主义批判理论研究》，江苏人民出版社2022年版。
⑥ 申森主编：《马克思主义与女性主义》，中国人民大学出版社2022年版。

烁的研究认为，自从20世纪80年代以来，女性主义的学术抱负挑战了西方传统的政治正典秩序，进而影响了西方政治思想史研究。女性主义的影响将有助于西方政治思想史研究向历史上的女作家及其关心的话题开放。① 比如吴家丞、戴雪红关于生命政治的女性主义解读就展现了这一研究进路。②

三　问题与建议

新中国成立以来尤其是改革开放以来，西方政治思想研究为政治学研究注入了新的元素。一方面，西方政治思想教学与研究的师资水平和人才培养质量不断提高，科学研究成果蔚为大观；另一方面，从政治思想研究的结构与要素来看，政治思想在话语体系、学术体系、学科体系等各个方面都取得了长足进步。③ 当前，我们正处在新的历史起点上，对西方政治思想学科发展来说，既是机遇又是挑战。2022年，虽然中国西方政治思想研究取得了一系列重要成果，但是我们更要居安思危并正视西方政治思想研究中所存在的问题。

（一）主要问题

2022年，中国西方政治思想研究在已有研究的基础上产生了一批高质量的研究成果，研究方法更加科学，更加注重研究的规范性，为中国政治学自主知识体系建设作出了重要贡献。与此同时，我们也发现目前西方政治思想研究还存在一些不足和问题，并在某种程度上制约了西方政治思想学科的发展。总的来看，西方政治思想研究中主要存在三个方面的问题。

首先，学术研究的创新性和延展性不足。一是对西方政治思想这样的基础学科来说，学术创新在很大程度上应当从研究方法上着眼。2022年，中国西方政治思想研究虽然对诸如施特劳斯学派的方法、

---

① 石烁：《西方政治思想史研究的女性主义进路》，《史学月刊》2022年第10期。
② 吴家丞、戴雪红：《生命政治论的女性主义解读——以权力的三重向度为视角》，《国外社会科学》2022年第4期。
③ 佟德志、漆程成：《新中国西方政治思想研究70年》，《政治学研究》2019年第6期。

剑桥学派的方法以及概念史的方法有所关注，但总体上仍然没有成为一种学术自觉。二是西方政治思想研究缺乏健康的学术争鸣，同时学术规范方面还需要加强。一方面，西方政治思想研究大多是从原典到原典，学者之间很少有相互批评和学术争鸣，这非常不利于学术共同体和学术流派的形成；另一方面，西方政治思想研究的成果缺少对同行已有成果的综述和分析，从而出现了大量重复研究的情况。三是研究的视野比较有局限性，相关研究有待深入。目前西方政治思想研究主要是西方政治思想史和当代西方政治思潮两部分，且主要围绕主流政治思想家和主流政治思潮展开研究。西方政治思想研究无论是在深度上还是广度上都有待进一步拓展。徐大同先生曾指出，关于西方政治思想史研究进一步"深入"的问题，包括的内容很多：

> 除了进一步挖掘、研究历史和现实的具体材料，扩展各时代重要思想派别、人物的研究，包括翻译其著作，整理其思想（这方面还是大有可为的，不论历史人物或当代的派别、人物有许多我们还知之不详，甚至不知）等方面外，更要突出对国别、时代、流派、人物的专题研究，以期对西方政治思想发展的规律、特点、内容和价值有更深刻的认识和理解。①

徐大同先生于20多年前提出的这些观点现在看来仍很有价值。

其次，学科队伍建设有待加强。一是西方政治思想学科越来越多地受到马克思主义理论相关学科的冲击。一方面，一些从事西方政治思想研究的专家学者迫于生存压力或者更好的发展平台，进入马克思主义学院并转向马克思主义理论相关学科的研究工作。另一方面，部分接受过西方政治思想学科训练的博士生在毕业后，很难找到政治学专业的教职而被迫进入马克思主义学院并从事相关研究。当然，这些情况产生的原因是多方面的，恐怕最关键的是与西方政治思想研究的项目难申请、论文难发表、职称难晋升等有关。二是2022年西方政

---

① 徐大同：《深入、比较、借鉴——21世纪西方政治思想史研究发展之我见》，《政治学研究》2001年第1期。

治思想研究项目获批国家社会科学基金立项总体偏少，不利于相关研究的深入开展，也不利于壮大学科队伍。三是一些高校对西方政治思想学科队伍建设不够重视，随着老一代学者的退休，出现后继无人的发展困境，这样的情况甚至发生在一些政治学"一流学科"建设高校。四是在具有政治学博士学位授权点的高校中，以西方政治思想作为研究方向的博士生越来越少，严重制约了西方政治思想后备人才队伍建设。五是伴随着一些高校政治学学科点被撤销，西方政治思想学科的师资队伍进一步萎缩。

最后，学科话语有待加强。目前西方政治思想学科的学科基础不够稳固，学科话语有进一步弱化的风险。具体反映在以下方面：一是包括西方政治思想史在内的政治思想史学科面临着巨大的学科危机，不仅影响了政治学的知识积累，也制约了政治思想史的学术价值[①]；二是20世纪90年代学科调整之后，西方政治思想学科由一个二级学科变为三级学科，进一步弱化了西方政治思想学科的学科归属感和凝聚力；三是受西方政治思想研究对象所限，在回应国家发展提出的重大理论和现实问题方面不足，从而难以得到各方面经费的支持；四是西方政治思想研究的专业刊物较少，受现行刊物评价机制的影响，综合性刊物也不太愿意发表西方政治思想研究的相关论文，从而制约了学科的社会影响。

（二）发展建议

西方政治思想学科发展到今天确属不容易，既有党和国家改革开放以来的政策支持，也有无数西方政治思想学科的前辈们接续传承，最终使得西方政治思想学科初具规模。但实事求是地讲，无论是与政治学相关学科比较，还是与其他人文类学科比较，西方政治思想学科基础仍然比较薄弱，存在被再次边缘化的风险。为了有效应对目前西方政治思想学科存在的问题，提出如下建议。

首先，要加强学术研究的创新性，以学术创新促进学科发展壮

[①] 黄晨：《经验的归经验，规范的归规范——如何走出政治思想史的学科危机》，《政治学研究》2022年第3期。

大。一是要在坚持马克思主义基本原理和方法的基础上广泛借鉴西方学者西方政治思想研究中成熟的方法,"要敢于引进西方政治学的新理论、新方法,进行研究、验证"[1],通过方法创新促进学术研究不断深化,逐渐形成具有影响力的学术流派。二是要在方法论创新的基础上,加强学术争鸣,形成健康的学术讨论氛围。通过学术讨论和学术争鸣,不断增强西方政治思想研究的话语影响力。三是要扩展西方政治思想研究的范围,使西方政治思想研究成为政治学重要的学科支撑,防止出现进一步边缘化的风险。四是在创新研究方法、加强学术争鸣、拓展研究范围的基础上增强西方政治思想研究的原创性,提升西方政治思想研究成果与国际同行对话的可能性,这方面仍有很长的路要走。总的来说,"打铁还需自身硬",西方政治思想学科的发展壮大有赖于高水平的学术研究,以及在此基础上回应时代命题的能力。

其次,要加强学科人才培养,夯实西方政治思想史学科的后备力量。对西方政治思想史学科队伍建设再怎么强调也不为过,要是没有一定的人才队伍规模作为支撑,那么壮大西方政治思想史学科就是一句空话。西方政治思想研究的老前辈徐大同先生曾提到在西方政治思想学科建设中要开展"接气工程"[2],目前来看这一主张是颇有远见的。为了夯实西方政治思想史学科的后备力量,需要做下面一些工作。一是国家要在政治学学科建设中更加重视像西方政治思想史等基础学科的发展,通过人、财、物的硬件投入加强学科基础建设,重视后备人才队伍的培养,不断夯实学科发展的基础。二是在各类社科基金项目的设置中对西方政治思想学科这样的基础学科给予单独资助,进而增强其为国家建言献策的能力。三是在人才队伍建设过程中,不能单纯依靠重金挖人实现"弯道超车",人才队伍建设中与硬件投入同样重要的是学科文化培育,因为建设一支理想的学科团队,"充裕的物质投入固然重要,但源于情感的学科认同、自由开放的学术环

---

[1] 赵宝煦:《开拓政治学研究的新局面》,《政治学研究》1987年第1期。
[2] 田改伟、刘训练:《研究政治思想史要洋为中用、古为今用——徐大同先生访谈》,《政治学研究》2014年第4期。

境、和谐多元的学术氛围、志同道合的同仁情结，更能够涵养政治学人对学科的认同感和对团队的忠诚度。"[1] 四是要加强各高校在人才培养、师资培训、学术交流、团队合作等多领域的交流与合作，增强西方政治思想学科的学术共同体意识。目前由中国政法大学和天津师范大学合作主办的"西方政治思想史暑期高级研讨班"已举办12届，对于扩大影响、增进交流、增强凝聚力发挥了积极作用。同时，2022年由北京大学和天津师范大学发起的"政治思想史论坛"成为西方政治思想学术交流的另一重要平台。在此基础上可以探索其他更加多样化的合作形式。五是重视西方政治思想学科研究生的培养，尤其是提高西方政治思想方向博士生的招生规模和培养质量，持续投入、久久为功逐步壮大西方政治思想学科的后备力量。

最后，加强西方政治思想学科话语体系建设，提升学科社会影响力。一是西方政治思想史学科的学术同仁要增强对学科的归属感，更要在学术研究中确立经验导向和规范导向两种不同的价值标准，从而避免陷入学科身份的尴尬处境。二是在现有的政治学学科布局中，可以考虑重新设置中外政治思想史二级学科，从而有效化解西方政治思想学科被再次边缘化的风险。三是为了更好地增强西方政治思想学科的话语体系建设，更要加强学科体系和学术体系建设，通过推出一批能够真正服务社会的高水平研究成果，提升西方政治思想学科的学术影响力和话语力。四是要加强学术期刊建设，创办新的西方政治思想方面的专业刊物。目前西方政治思想研究的专业刊物只有《政治思想史》，尽管部分学术期刊和辑刊也会发表一些西方政治思想研究的学术论文，但相较于马克思主义理论、公共管理等学科来说，西方政治思想学科的期刊发表平台过少。因此，要创办更多高质量的西方政治思想研究方面的专业刊物。

---

[1] 张桂林：《中国政治学走向世界一流的若干思考》，《政治学研究》2018年第4期。

中国政治思想史研究的新进展

张师伟[*]

中国政治学界在政治学自主知识体系的建构上表现出了明确而强烈的自觉性，包含政治思想史在内的政治史研究受到了学术界的高度关注。中国政治思想史研究立足于什么样的面向、承担什么样的理论使命、该采取什么样的研究方法等的讨论，在2022年的中国政治思想史研究中较为令人瞩目。一方面，有的学者对中国政治思想史研究的主要面向在于政治理论的历史呈现，尽管强调了与古人展开关于理想政治生活对话的重要性，但也认为中国政治学的发展不能回归历史；另一方面，有的学者则认为中国政治思想史研究的主要面向应该是中国政治学自主知识体系建构的理论功能，强调中国政治思想史研究要为中国政治学自主知识体系建构提供理论资源，古为今用，指出中国政治学知识体系自主建构的方向就在于从政治思想史中发现概念和建构理论。

学者对国内外政治学知识体系的反省，一方面促使人们认识到了西方政治学知识体系的特定经验基础，理解了它不能很好地解释中国现状与发展的知识论原因，从而希望能够立足中国实践来建构他们自己的政治学知识体系；另一方面也让中国学者意识到了西方政治学知识体系在主流上缺乏历史维度的不足，从而试图依托中国擅长的历史思维及丰富的历史文献，突出历史维度的政治学知识体系。[①] 在这个

---

[*] 作者工作单位：张师伟，西北政法大学政治与公共管理学院。
① 杨光斌：《历史政治学的知识论原理》，《探索与争鸣》2022年第8期。

学术背景下，中国政治思想史研究的视角面向与研究方法问题受到了广泛关注，引发了一定的学术讨论。学者给中国政治思想史研究设定的不同视角面向，反映了各自不同的学术期许，并因学术期许的不同而在研究方法上表现出不同的主张。许多研究成果虽然未明确讨论中国政治思想史研究的视角面向与研究方法，但也并非在视角面向和研究方法上没有选择，只不过许多研究者的选择方式是研究实践，坚持以他们自己的视角面向和研究方法研究具体问题，而非在理论上自觉探讨和反思他们自己研究活动的视角面向与研究方法。

一 中国政治思想史研究的现状估计与方法反思

中国政治思想史研究已经存在了一百余年，自从现代政治学教学与研究出现在中国，它就成了中国政治学知识体系的重要组成部分，历来受到研究者的高度重视，产生了许多有重要影响的理论成果。即使在政治学作为一个学科被取消的特殊时期，中国政治思想史研究也维持住了它的存在。为什么要研究中国政治思想史？中国政治思想史研究的理论意义和学术价值何在？中国政治思想史该怎样研究？关于如此等等的问题，中国政治思想史研究者尽管见仁见智，给出了多样化的回答，但在总体上并没有产生具有理论意义和学术价值的疑问。有的学者倾向于强调研究中国政治思想史的启蒙意义，即中国政治思想史不仅存在于几千年的历史上，而且存在于当代社会实践中，中国从过去走出来，不能不清理现实世界中仍然存在的旧政治意识残余。[1] 有的学者倾向于强调中国政治思想史研究的实践价值，突出古为今用，向古代学习治国理政的经验、理论与智慧等。[2] 有的学者则倾向于以确立中国政治理论主体性为目的，进行中国政治思想史研究，强调现代中国政治理论与传统政治理论的历史连续性和理论继承性，注重发掘中国传统政治理论的现代特质、属性与内容等，彰显中国政治

---

[1] 刘泽华：《中国政治思想史集》，人民出版社2008年版，总序。
[2] 田改伟、刘训练：《研究政治思想史要洋为中用、古为今用——徐大同先生访谈》，《政治学研究》2014年第4期。

学的历史之维。① 虽然改革开放以来，西方政治学知识输入对中国政治学知识体系的恢复和发展，产生了重大影响，中国政治思想史研究也在某种程度上得益于西方政治学知识体系的有关概念及理论，但中国政治实践反证了西方政治知识体系在中国的局限性，并在客观上激发了中国政治学自主知识体系建构的理论需求后，中国政治思想史研究的学术评价却成了一个颇具争议的问题。

（一）中国政治思想史研究的所谓"困境"②

有的学者从理论如何有效服务现实的角度考虑知识的价值。政治学知识体系的创新原本具有多样化的价值，即使完全不能用以进行实践的解释或表现不出其他的实践应用价值，也不能认为它就没有理论意义或学术价值。实际上，即使仅仅能够提供知识积累，也是有其理论意义和学术价值的，而且从学术发展的角度来看，越是现实应用性不明显的知识内容，才越有可能具有重大的理论意义和学术价值，最具有理论意义和学术价值的知识应该就是完全没有实用性功能的知识。但中国政治学知识体系的建构在一些学者视域中却是一个实用性极为突出的工作，知识体系的理论意义和学术价值也需要以它在实践中的效益为标准进行测度。在他们看来，政治学研究或者是运用既定理论来分析和解决实践问题，或者是创造可以用来分析和解决实践问题的理论工具，然而政治思想史在他们视域中并不被认为是理论研究。不论是西方政治思想史研究，还是中国政治思想史研究，只要不能在概念提炼和理论发现上产生新东西，就不具有理论意义和学术价值。有的学者出于概念创新和理论优化的政治学研究动机，虽然强调了中国政治思想史研究作为一种历史研究，既不提供新的概念，也不能提出新的理论，更不能为分析和解决实践问题提供直接的理论工具，但他又确实不能否认中国政治思想史研究能够提供思想事实材料的功能，③ 于是就在客观上贬低其理论价值和学术意义，而仅以历史

---

① 徐勇：《政治学的历史之维》，《云南社会科学》2019 年第 4 期。
② 黄晨：《经验的归经验，规范的归规范——如何走出政治思想史的学科危机》，《政治学研究》2022 年第 3 期。
③ 杨光斌：《历史政治学的知识论原理》，《探索与争鸣》2022 年第 8 期。

研究来定位中国政治思想史研究的理论意义和学术价值，所谓历史研究的理论意义和学术价值无非就是提供真的事实。中国政治思想史研究当然不只提供思想事实，它具有独立丰富的理论使命和学术价值，但它被一些学者看作一种仅仅提供思想事实的历史研究，确实体现了某些政治学者给中国政治思想史研究设定的视角面向，即呈现思想事实的视角面向，而相应的研究方法也就只有史料分析下思想事实的描述法了。中国政治思想史研究的政治学视角面向与研究方法，在这里几乎被完全排除了，其实际结果就是削弱了中国政治思想史研究的理论意义和学术价值，而只是把它放在了提供思想材料的搬运工位置上。中国政治思想史研究如果缺失了理论分析和辩证认识，那才是真正陷入了"困境"中。

一些学者视域中的中国政治思想史研究的"困境"[1]，首先表现在发表的困难上。一方面，现有学术期刊学科结构很不平衡，政治学专业期刊相对偏少，综合性期刊发表的政治学论文数量也偏少，政治思想史研究的学术论文在发表上确实比其他分支学科的研究成果要难一些，数量也要少很多。另一方面，学术期刊发表的理论成果偏向于实践应用，运用既定理论观点分析和解决现实问题的经验研究成果较容易发表，为了有效分析和解决中国实践问题而着力于发现和创造解释力更强的概念的文章也相对容易发表。中国政治思想史研究的学术成果，既不能创新和创造分析与解决实践问题的新概念、新理论，也不能运用新概念和新理论来分析和解决中国实践问题，与学术期刊发表的实践面向及问题导向存在较大的距离，相对于创造新概念、提出新理论的理论研究和分析与解决实践问题的经验研究而言，中国政治思想史研究的学术成果发表确实存在着明显的困难。[2] 但中国政治思想史研究的学术成果在理论意义和学术价值上，也得到了一些学术刊物的认同，政治学专业的权威期刊、社科综合期刊、学报等每年都发表一定数量的中国政治思想史研究成果。一些学者虽然拿文章发表难

---

[1] 黄晨：《经验的归经验，规范的归规范——如何走出政治思想史的学科危机》，《政治学研究》2022年第3期。
[2] 黄晨：《经验的归经验，规范的归规范——如何走出政治思想史的学科危机》，《政治学研究》2022年第3期。

和发表少说事，但并没有止于此，而是以发表难和发表少，引出了他们所谓的"困境"之所在。中国政治思想史研究的"困境"，恰恰来自它没有直接服务于中国政治实践的理论解释。在以西方政治学概念和理论解释中国实践的学术氛围中，中国政治思想史研究的学术成果，与分析、解释和解决中国实践问题的理论需求关联度不大。当西方政治学概念和理论不能再有效分析、解释和解决中国实践问题时，中国政治思想史研究的学术成果依然不能独自承担起分析、解释和解决中国问题的重任。虽然处在"困境"中，却也并非没有出路，因为中国政治实践解释和问题解决的学术需求已经提出了建构政治学知识自主体系的要求，而从历史中汲取概念和提炼理论也逐渐在一些学者间取得了共识。① 中国政治学自主知识体系建构的概念提炼和理论发现，虽然要通过回归历史事实来进行，但却不是由中国政治思想史研究来进行的，而是由所谓的历史政治学来进行的，中国政治思想史研究脱离"困境"的路径，只在于给历史政治学提供历史上政治概念等的真实事实。②

如果理论研究的目的，就是创新和优化实践问题的解释和解决的概念体系与理论学说，那么中国政治思想史研究恰恰就是梳理了中国几千年来创新和优化实践问题解释和解决的概念体系与理论学。中国政治思想史发展演变的历程，就其本质而言，是一个概念体系和理论学说的不断优化，并渐趋于定型、成熟乃至于烂熟的过程。它在传统时代具有完全的解释力和彻底的说服力。这样一套发展到烂熟的概念体系和理论学说，包含着一系列的规范性认识和规律性认识，而中国政治思想史研究也就由此而对研究者的知识结构提出了要求。中国政治思想史研究如果说存在"困境"，那么就在于研究者知识结构存在明显瑕疵，不能以完整的知识结构和严谨的理论逻辑为依托，全面完整地呈现中国政治思想史的内容体系。有些学者站在历史政治学的视角给中国政治思想史研究提供的脱困建议，是所谓"规范的归规范，

---

① 杨光斌：《历史政治理论序论》，《社会科学》2022 年第 10 期。
② 杨光斌：《历史政治学的知识论原理》，《探索与争鸣》2022 年第 8 期。

经验的归经验"①，其实质无非让历史政治学矗立在政治思想史研究的基础上，以中国政治思想史研究供给所谓真实的历史事实，而由历史政治学进行概念提炼和理论发现，以提供一套能够合理解释中国的政治学规范性知识体系。历史政治学和政治思想史之间的这种分工，貌似是为中国政治思想史研究提供了脱困的路径，但其实却是降低了政治思想史研究的理论意义和学术价值，而真正把内容丰富和理论严谨的中国政治思想内容看作一堆散乱的思想事实，形同于博物馆博物架上可以随意拿取的展览品，概念之间的联系完全被忽略，理论学说也完全失去了原有的价值。中国政治思想史上诸多概念及理论的价值与意义要完全以它们是否能被用来解释当下的中国政治实践加以判断，如果它们能够被有效、合理地解释当下中国政治实践的理论体系所吸纳，因而被吸纳进了最优概念的行列，也就被纳入了合理解释当下中国政治实践的理论体系中，它们就是有价值的，否则就是无价值的。就此而言，"规范的归规范，经验的归经验"，不仅不是中国政治思想史研究的脱困路径，反而可能是使中国政治思想史研究陷入深度困境的路径。政治思想史研究的对象都曾经是理论结构完整的内容体系，认识这样的内容体系显然需要基本的理论分析，否则就不能准确解读其中的概念，清楚地呈现理论的结构逻辑。

（二）中国政治思想史研究的观念史架构

韩国龙仁大学张铉根长期从事中国古代政治思想史研究，曾积二十年精力将刘泽华主编的《中国政治思想史》（三卷本）译成韩文，在学术研究上可谓匠心独具，卓然有成。他的新著《观念的变迁：中国古代政治思想的演变》由叶梦怡女士译成中文，于2022年由浙江人民出版社出版。该书以精心选择的十二对概念为研究对象，梳理了各个概念含义的历史变迁，以概念研究方式呈现了中国古代政治思想的发展长卷，葛荃和孙晓春在该书中文版序言中对其给出很高评价，

---

① 黄晨：《经验的归经验，规范的归规范——如何走出政治思想史的学科危机》，《政治学研究》2022年第3期。

葛荃誉之为"一部'迈向观念史'的扛鼎之作"①,孙晓春则许之为"在观念的层面理解中国传统政治思想"②。"迈向观念史""在观念层面上理解中国传统政治思想",既在一定程度上反映了国内学者对中国政治思想史研究的反省和意向,也在很大程度上反映了中国传统政治思想的概念理解和解释成了学术界关注的焦点领域。中国传统政治概念是否已成了理论博物架上的摆件,任人择取,随意解释,以为己用?在努力建构政治学自主知识体系的历史政治学研究中,学者应该有一个对待中国传统政治概念的正确态度及恰当方式。观念史研究作为思想史研究方法,在中国政治思想史研究中早已受到关注和应用,观念史和概念史两者都以概念的内涵为分析对象,在国内学术研究中常常没有明确的区别,两者皆以概念为基本分析对象,旨在揭示概念之名下的含义变迁,但概念史还比较关注概念之名的时代性更迭,而观念史则始终关注概念之名的含义分析。张铉根的著作虽然名之为观念史研究,但其直接的研究对象其实是概念,它基本的研究方法就是概念分析,也可名之为概念研究,而概念研究却是中国政治思想史研究的基本方法。因为政治"概念和范畴虽然不是独立的存在,但一经出现,又有相对的独立性,并在认识中作为纽带把前代和后代联系起来。由于时代的变化以及每个人认识上的差别,所用的概念字面上虽然无别,但所表达的客观含义常常有很大的差异,在各自思想体系中的地位也很不同。因此对概念与范畴作综合的研究是剖析普遍的思想形式所不可缺少的"③,观念史研究的价值和意义不言而喻。

中国政治思想史研究中的概念研究并不少见,不论是以学术著作形式,还是以学术论文形式,都有大量的作品进行专题性概念研究。张铉根的研究成果之所以与众不同,就是因为他提供了一个观念史框架的中国政治思想史演进体系。作者立足于现代政治学理论,强调要

---

① 葛荃:《一部"迈向观念史"的扛鼎之作》,载〔韩〕张铉根《观念的变迁:中国古代政治思想的演变》,叶梦怡译,浙江人民出版社2022年版,序一。

② 孙晓春:《在观念的层面理解中国传统政治思想》,载〔韩〕张铉根《观念的变迁:中国古代政治思想的演变》,叶梦怡译,浙江人民出版社2022年版,序二。

③ 刘泽华:《中国政治思想史研究对象和方法问题初探》,《天津社会科学》1985年第2期。

"在传统中发掘现代价值"①，精心从中国政治思想史上选择了政治、天命、心性、国家、君王、臣民、道德、仁义、礼法、忠孝、公私及华夷等至关重要的十二对二十四个观念作为分析的对象，研究了它们被赋予的基础性含义，并分析说明了这些观念的变迁。② 一方面，作者的研究在概念分析上追根溯源，注意发掘现代政治概念西学含义背后的中国传统意义，既提醒人们所接受的现代政治概念在含义解释上具有明显的西学倾向，其在政治根本性问题上的看法并不能较好地反映中国传统的思想事实，比如中国传统"政治"概念就远比现代"政治"概念在含义上更为丰富，现代政治概念的含义远比中国传统狭隘很多。"中国传统政治观念象征着端正自身，实现社会道德秩序，以及共同体良善秩序有关的所有事物""人们一辈子的生活样式""一切都被包含在了道德秩序的范围内，一举一动皆是政治"，然而"随着近代西方政治观念的输入，作为综合体的传统政治观念的内涵变得狭隘起来"，"政治"或者是被解释为"对社会稀有价值的专制分配"，或是被解释为"权力统治与服从的相互关系"③。另一方面，作者的研究也试图在结构上呈现中国传统政治理论的完整性和在内容含义上的丰富性，其所选择的政治观念密切地结合了中国政治思想史的实际，而不拘泥于现代政治理论的命题结构，更不以现代政治理论的逻辑架构来裁剪切割中国传统政治思想史，甚至也没有在概念含义的解释上"以西释中"或"以今释古"。作者试图以观念史框架完整叙述和整体分析中国政治思想史内容的初衷，在客观上得到了一定程度的实现。当然，作者的学术诉求并未止于完整叙述和整体分析中国政治思想史的演变，而有更进一步的理论追求，"接近融合了东西方思想的共同真理"④，这在一定程度上强调了中国政治思想史研究在人

---

① ［韩］张铉根：《观念的变迁：中国古代政治思想的演变》，叶梦怡译，浙江人民出版社2022年版，第386页。
② ［韩］张铉根：《观念的变迁：中国古代政治思想的演变》，叶梦怡译，浙江人民出版社2022年版，第12页。
③ ［韩］张铉根：《观念的变迁：中国古代政治思想的演变》，叶梦怡译，浙江人民出版社2022年版，第8—9页。
④ ［韩］张铉根：《观念的变迁：中国古代政治思想的演变》，叶梦怡译，浙江人民出版社2022年版，第2页。

类政治知识体系完善方面的重要价值，也表示了政治学知识领域是存在着普遍性的共同知识内容的，此即张钹根所说的"共同真理"。

葛荃认为，"观念史的研究具有一定程度的跨学科性质，可以视为思想与社会互动的产物"，它在论域上超越了"政治思想史的藩篱"①，涉及了政治文化，从政治文化的视角研究某一政治观念，在学术界已经有了先例，产生了一些关于帝王思想、民本思想、统治思想研究的作品。但观念史的研究在国内也确实还没有全面展开，张钹根的观念史研究，"总体上吸纳了沃格林《政治观念史稿》的思路，走出政治思想史研究思路，将政治观念与社会政治史结合起来""具有了不同于传统政治思想史研究的致思逻辑，以及独到的学术视野和研究论域"，其《观念的变迁：中国古代政治思想的演变》因此而被誉为"一部'迈向观念史'的扛鼎之作"②。葛荃在评述张钹根著作的同时，也表达了他对中国政治思想史研究走向观念史研究的特定期许。观念史的肇始者虽然是沃格林，但他的《政治观念史稿》在2009年才在华东师范大学出版社刊行了中文本，而中国政治思想史领域的观念史研究则早在此前就已经展开了，虽然还只是零星地展开的研究，也还没有走出政治思想史的致思逻辑，但中国学术界展开的观念史研究却有着重要的价值，体现了特定时期中国相关研究的学术积累和学术旨趣。葛荃梳理了中国政治思想史研究中已有的观念史研究，特别提到了刘泽华先生中国政治思想史研究中的观念史研究内容。他认为，刘泽华先生的政治观念研究，并不是政治思想史研究体系内的政治观念解读，而是融于社会生活层面的政治观念的解读，还特别举证了刘泽华先生所强调的"观念的制度化和制度的观念化"，以此为例，他进一步表明刘泽华先生的政治观念"是社会政治层面上的基于相应的制度、社会政治组织和运作而形成的政治观念"③。虽

---

① 葛荃：《一部"迈向观念史"的扛鼎之作》，载［韩］张钹根《观念的变迁：中国古代政治思想的演变》，叶梦怡译，浙江人民出版社2022年版，序一。
② 葛荃：《一部"迈向观念史"的扛鼎之作》，载［韩］张钹根《观念的变迁：中国古代政治思想的演变》，叶梦怡译，浙江人民出版社2022年版，序一。
③ 葛荃：《一部"迈向观念史"的扛鼎之作》，载［韩］张钹根《观念的变迁：中国古代政治思想的演变》，叶梦怡译，浙江人民出版社2022年版，序一。

然葛荃高度肯定了张铉根的作品，但两者对政治观念史研究对象的把握还是有一定差距的。张铉根关注的观念仍然是政治思想史框架内的观念，并以观念变迁为线索梳理中国古代政治思想史的演变；葛荃关注的观念则更强调了它的"跨学科"和"融于社会政治生活层面的政治观念"①，在一定意义上可以说，此类观念在政治思想史的框架之外，却又表现出政治思想对实践的明显影响。

孙晓春对张铉根"在观念层面上理解中国传统政治思想"给予了高度评价，认为"在以往的中国政治思想史研究中，很少有人注意到政治观念的重要性"，同时强调张铉根的"这本书"使"我们不再有"忽视政治观念重要性的缺憾。政治观念史研究为什么重要？孙晓春提出了值得注意的几个观点：第一，政治思想史的本质就是"政治观念发展、演变、传承的历史"，而传统政治思想"不过是中国传统价值观念的载体"②，传统社会生活的方向往往由政治观念所决定，其重要性不言而喻。从政治观念史研究者沃格林的角度来看，政治观念在实践中的功能主要不在于引导人们的认知，而在于决定社会生活的方向。"每一历史时代社会生活中发生的事情，其深层原因都在于特定的历史时期流行的政治观念。"③ 第二，政治观念是政治思想的基本要素，一方面，"对于每一个历史时代的人们来说，它们如何理解社会政治生活，其思想主张的意义如何，在根本上取决于它们如何定义它们所使用的概念"。如果不对政治思想家的概念进行含义分析，就不太可能理解它们以何种价值引导和规范社会政治生活。另一方面，政治观念也是思想家向社会大众输出的主要思想产品，比如，"在传统中国，儒家思想之于国家治理过程的作用，就是在观念的层面上赋予国家治理过程以目的和意义，为基本的社会安排提供理论的

---

① 葛荃：《一部"迈向观念史"的扛鼎之作》，载［韩］张铉根《观念的变迁：中国古代政治思想的演变》，叶梦怡译，浙江人民出版社2022年版，序一。
② 孙晓春：《在观念的层面理解中国传统政治思想》，载［韩］张铉根《观念的变迁：中国古代政治思想的演变》，叶梦怡译，浙江人民出版社2022年版，序二。
③ 孙晓春：《在观念的层面理解中国传统政治思想》，载［韩］张铉根《观念的变迁：中国古代政治思想的演变》，叶梦怡译，浙江人民出版社2022年版，序二。

支持"。① 孙晓春对张铉根在其作品中依托古文字学研究成果对政治观念进行的追根溯源及依托政治生活解释政治观念的含义给予了高度认可，并以"政治"概念的解释为例进行了说明。中国古代"政治"概念解释不能滞留在春秋战国语境中，满足于孔子的"政者，正也，子帅以正，孰敢不正"，而必须以文字学的方法探寻其源头处的含义。张铉根对"政治"概念的研究，解释了上古政治生活实践对"政治"概念的特定含义赋予。孙晓春由此强调"古代中国人在进入文明之初的经历，不仅决定了他们的生活样式，也在长远的意义上决定了人们关于政治的观念"②。但对其在观念层面上所呈现出的中国传统政治思想，孙晓春也提出了观念史研究需要继续解决的问题，即如何理解和把握中国传统政治观念的逻辑体系，如何在观念史研究中准确解读文献，以及如何发现传统政治观念对于传统社会政治生活和现代社会政治生活的意义等。

（三）中国政治思想研究方法反思

研究方法的反思在学术研究中具有基础性的地位，中国政治思想史研究的发展总是伴随着研究方法的反思。中国政治思想史研究不同于历史时期的研究方法反思，既是对已有研究成果的系统总结和深度平息，也是学术研究继续发展的总体规划和蓝图布局。在中国政治学界进入建构自主政治知识体系的历史新阶段，回顾和回归政治思想史题材，以恰当的研究方法实现学术研究为建构自主政治知识体系服务的目的，在中国政治思想史研究领域具有十分重要的意义，也广受研究者的关注。任何研究方法的反思都有预定的价值立场，而研究方法反思也总是站在特定的价值立场上对已有研究方法进行优劣得失的判断，并作出基于判断的研究方法选择。有的学者站在赓续中国传统政治理性的价值立场上进行研究方法反思，认为中国"现代思想学术在很大程度上偏离了历史政治理性传统"

---

① 孙晓春：《在观念的层面理解中国传统政治思想》，载〔韩〕张铉根《观念的变迁：中国古代政治思想的演变》，叶梦怡译，浙江人民出版社2022年版，序二。
② 孙晓春：《在观念的层面理解中国传统政治思想》，载〔韩〕张铉根《观念的变迁：中国古代政治思想的演变》，叶梦怡译，浙江人民出版社2022年版，序二。

"从西方引进包括政治学在内的社会科学体系，则有明显的非历史、去历史、反历史倾向"，强调"这种局面必须改变，也有改变的可能""历史政治学呼吁政治学转向历史、历史学转向政治，激活历史政治理性传统""以历史发展政治学理论""构建中国式普遍的政治学理论体系"①。作者在这里虽然并没有提出具体的研究方法，但明确对社会科学方法中的"非历史、去历史、反历史倾向"表示了反对，其实质是通过研究方法的历史转向，把中国政治思想史研究转换成所谓的历史政治学研究。

有的学者结合典型政治思想家研究的学术史梳理，分析和讨论了中国政治思想史研究方法问题。顾家宁在《古今内外之间：黄宗羲与明清之际思想研究的方法与视角》一文中，结合侯外庐、岛田虔次、沟口雄三对黄宗羲政治思想的研究进行了政治思想史研究方法的检讨和反思。作者认为，在中国政治思想史研究中"思想家个案研究与思想史脉络研究""相辅相成"，主张研究者"除了需要对个体思想文本有完整把握，也离不开一种中长距离的视角，在古今（近世近代转型）、内外（文本与理论、思想与社会）的问题结构中做一立体理解"②。在这一研究方法主张之下，作者对侯外庐、岛田虔次、沟口雄三的黄宗羲研究进行了研究方法的平移。他认为，侯外庐的"早期启蒙说"把近代转型视角系统引入明清思想研究领域，在马克思主义理论框架下，"对中国思想的古今之变进行了完整勾勒"，宏观理论脉络的勾勒是其强项，而"对于个体思想人物的把握""点到为止"及在文本解读上的"过度诠释"和"误解错读"，就是其弱项。③ 岛田虔次的中国思想史研究仍然依托于近代理论，在宏观脉络的梳理上"更加聚焦于精神思想层面的探讨"，通过对明清思想与西方近代思想进行模式比较，得出了"明代儒学与近代思维终有一间之隔，强调

---

① 姚中秋：《历史政治理性的成熟：作为中国思想之基本取向和方法》，《天府新论》2022年第1期。
② 顾家宁：《古今内外之间：黄宗羲与明清之际思想研究的方法与视角》，《复旦政治哲学评论》2022年第14辑。
③ 顾家宁：《古今内外之间：黄宗羲与明清之际思想研究的方法与视角》，《复旦政治哲学评论》2022年第14辑。

儒家传统与彻底的近代精神之间横亘着一条难以逾越的鸿沟。①沟口雄三则对欧洲近代理论模型抱着彻底的相对主义态度,"尝试从自身视角来考察中国的近代",在研究方法上以思想史和社会史的贴合为原则,"刻画出中国近代历史与思想演进线索",发现中国自身的近代原理。在这个理论模型中,黄宗羲从侯外庐、岛田虔次理论视域中的"早期启蒙者""近代萌芽",而呈现为"中国前近代思想曲折演进中承前启后的一个标志性节点"②。在结论上,作者强调中国政治思想史研究要处理好两对基本关系,其一是文本与理论的关系,思想家个体文本解读是基础,文本解读又必须与理论脉络相结合,以使文本解读得到提炼和深化;其二是思想与社会存在的关系,思想发展虽有其内在逻辑,但又明显受到了社会条件的塑造。③

有的学者从中国政治思想史研究的本质属性上高度反思了研究方法问题,尽管这个问题有些老生常谈,但学者对中国政治思想史研究本质属性的不同认识仍然会带来研究方法及观点的明显创新,并由此而确立其研究成果的学术个性。孙晓春在《政治学研究》2022年第3期发表了《关于中国政治思想史研究的几个问题》,即表达了作者关于中国政治思想史研究的一系列独特性看法,具有重要的理论意义和启发借鉴价值。作者把政治思想史研究看作今人和古人在共同关心的思想主题上展开的对话,思想史研究既不能割断古今,也不能抱定宗旨,而是要回归历史。作者强调在中国政治思想史研究中,"准确理解历代思想家的思想学说,是中国政治思想史研究的基础性工作",而"对传统政治思想的准确理解首先应该从解读历史文献做起,应该完整地把握思想家的理论体系,切忌穿凿附会,望文生义",在此基础上,中国政治思想史研究也有其在当代应该承担的历史责任,"在价值层面上深入挖掘历代思想家共同关注的思想主题,为社会主义核心价值观的建

---

① 顾家宁:《古今内外之间:黄宗羲与明清之际思想研究的方法与视角》,《复旦政治哲学评论》2022年第14辑。
② 顾家宁:《古今内外之间:黄宗羲与明清之际思想研究的方法与视角》,《复旦政治哲学评论》2022年第14辑。
③ 顾家宁:《古今内外之间:黄宗羲与明清之际思想研究的方法与视角》,《复旦政治哲学评论》2022年第14辑。

构提供理论支持"①。孙晓春在其文章中结合近年来有关学术成果存在的问题,对怎样正确开展中国政治思想史研究,提出了重要的研究方法建议:第一,正确解读历史文献。这应该是每一个中国政治思想史研究者的基本功,但近些年来,中国政治思想史研究成果对历史文献作出错误解读的情况却"并不少见",比如,作者注意到有研究者在理解韩非子"自然之势"与"人为之势"上的偏颇,就明显有文献解读不正确的弊端。研究者只有"参考历代注家的注释",并从中"择其善者而从之",才有可能尽量少犯文献解读的错误。② 第二,完整把握思想家的理论体系。中国历史上的政治思想家绝大多数都形成了他们自己的理论体系,"思想家使用的每一个概念、说过的每一句话、提出的每一个具体的思想主张,都应该放在其整体的思想框架内加以理解"③。第三,切忌望文生义,穿凿附会。作者以儒家自由主义主张者的认识为例,批评了思想史研究中概念理解和理论解释上的望文生义。④ 实际上,不仅儒家自由主义主张者的研究存在望文生义的情况,新兴的历史政治学在概念理解和理论解释上也有望文生义的弊端,比如,有学者望文生义地解释"大一统",有意识地把"大一统"解释成"大统一"⑤。

二 中国古代政治思想研究中的理论检视和意义发现

中国古代政治思想史研究作为本学科研究的主要领域,历来是学者倾注精力精心研究的重点所在。学者研究古代政治思想史,固然要着力呈现古代政治思想史的诸多事实,理解文献,解读概念,解释理论,给学界提供一个完整、真实的思想事实,但又不止于提供关于古代政治思想的事实性知识,而是要进一步展现古代政治理论发展的趋势与规律,并在此基础上展现古代政治思想理论结构的渐进性量变和

---

① 孙晓春:《关于中国政治思想史研究的几个问题》,《政治学研究》2022年第3期。
② 孙晓春:《关于中国政治思想史研究的几个问题》,《政治学研究》2022年第3期。
③ 孙晓春:《关于中国政治思想史研究的几个问题》,《政治学研究》2022年第3期。
④ 孙晓春:《关于中国政治思想史研究的几个问题》,《政治学研究》2022年第3期。
⑤ 汪仕凯:《论政治大一统:内涵、本质和演进》,《学海》2022年第5期。

理论形态转变的突变,呈现古代政治思想在理论上如何渐趋完善的细节,分析其在历史及现代的影响,判断其理论意义和学术价值。这就意味着中国古代政治思想史研究也需要很高的理论素养,既要有相当的政治学理论素养,也要有较高的历史学理论素养,还要有相当的哲学素养,如此才能满足古代政治思想研究在概念理解和理论解释方面的客观需要。①中国古代政治思想史研究在很大程度上就是研究者对研究对象进行理论检视,其理论水平直接决定着研究成果的水平,而理论检视的目的却并非只是呈现事实,而是要在其中发现普遍性的意义,所发现的意义在政治学上具有多大的理论价值,表示着学科发展在多大程度上受到了政治学理论的影响,从而真正成为政治学知识体系的一部分。②

(一) 现代政治理论检视政治思想史

中国政治思想史研究的对象是历史上的政治理论,虽然它受到诸多历史条件的限制与制约,并具有历史研究的一般特点,但它在内容上毕竟是政治理论,研究它必然要运用政治概念、理论与方法,从一定程度上讲,政治理论在中国政治思想史研究中的地位和作用比历史理论还重要一些。中国政治思想史研究实质上就是运用政治理论来理解、解释和分析特定思想内容,研究者对特定思想内容作出什么样的理解、解释与分析,从根本上讲就取决于他所掌握和运用的政治理论。在这个意义上,政治思想史研究实际上就是以现代政治理论检视政治思想史。③中国政治思想史研究百余年的发展在一定程度上就体现为用以检视政治思想史的政治理论的不断发展,而研究者在政治理论上的知识积累和理论发展成果,直接决定着中国政治思想史研究的水平。在历史政治学领域因不满意西方政治理论在解释中国政治思想

---

① 张师伟:《中国政治思想史研究的知识取向与多学科方法》,《政治思想史》2021年第1期。
② 张师伟:《中国政治思想史研究的百年回眸与学术省思——本土政治理论的概念检视与话语梳理》,《人文杂志》2019年第2期。
③ 张师伟:《中国政治思想史研究的百年回眸与学术省思——本土政治理论的概念检视与话语梳理》,《人文杂志》2019年第2期。

时所遭遇的困境，而形成了一个强调历史方法的理论视角，中国政治思想史研究的理论检视呈现出新动向，并由此生成了新的理论成果。卢春龙与其合作者严挺在《政治学研究》2022年第5期发表了《比较历史政治视角下的中国政治文化探析》一文。该文立足于历史政治学的理论，对中国传统政治思想重要组成部分——政治文化，进行了历史政治学的理论检视，得出了一些强调中国政治文化普遍性价值的结论。作者以"西方政治学在考量中国政治文化相关问题时遭遇了众多的'例外'并因此陷入解释的困境"为背景，强调了历史方法在中国政治文化研究中的重要性，展现了中国传统政治文化的大一统思想、追求政治稳定、民本观以及对权威和科层制敬畏四个核心要素，认为这些都体现了中国的稳定性和特殊性，并强调这些体现中国稳定性和特殊性的价值观凸显了"中国或者中华文明与其他轴心文明不同"，中国或者中华文明与其他轴心文明的"这种差别代代相传，一直从轴心时代延伸到当代"[①]。"它们可以被看作中国政治文化的基因""可能是理解当代中国政治文化脉络的关键所在，也可以帮助我们更好地解释很多中国政治现象"[②]。

有的学者以现代政治理论的内容反观传统，追问传统政治思想中是否存在可以与现代政治观念相容的内容，其理论旨趣则是试图重新评价传统政治思想的现代价值，其研究方法则不能不以现代政治观念对传统政治思想进行检视。吴祖刚在《政治思想史》2022年第4期发表的《论荀子思想与权利观念的相容——基于对荀子"欲不可去"的辨析》一文中，就是以现代政治理论中的权利观念审视荀子有关政治理论的观点，以评判荀子有关政治理论观点的理论价值与学术意义。作者在文章中率先抛出了一个理论议题，在"儒学现代化"前提下，追问"儒学能否与现代权利观念相容"，并认为这个问题"是儒学现代化过程中面临的一个重要问题"。作者的观点在文章标题中已经揭示得非常清楚，即认为荀子思想中存在着与权利观念相容的内

[①] 卢春龙、严挺：《比较历史政治视角下的中国政治文化探析》，《政治学研究》2022年第5期。

[②] 卢春龙、严挺：《比较历史政治视角下的中国政治文化探析》，《政治学研究》2022年第5期。

容，而在文章中则更是认为忽略了儒家思想与权利内容的相容，就不能"完整体现所有儒家先哲的思想"①。以荀子的"欲不可去"为分析对象，作者试图从中找到与现代权利观念在内容上的相容性。吴祖刚认为，荀子把人的欲看作生而有之的，"欲不可去"，即意味着欲望"牢牢地镶嵌在'人'这一概念中"，与此同时，"欲不可尽"，即"欲望永远也得不到满足""因欲望而产生的主体之间的广泛而激烈的冲突"，荀子以"分"作为冲突解决的手段，"一个人所拥有的'名分'或'职分'决定了他在资源分配中的所得"。值得注意的是作者从荀子对人性同一的判断中推导出了"从人之自然属性的平等过渡到了人之占有社会利益的平等"的结论。② 在结论上，作者认为，因为荀子的"欲不可去"和"欲不可尽"，不仅肯定了存在着一个可以作为权利观念前提的"自主性个体"，而且荀子关于人欲的认识中也包含了平等的内容，也不缺乏关于个体的主张性内容，所以现代权利观念需要确立的三个前提就都存在于荀子的人欲论中，而荀子思想与现代权利观念相容的判断也就因此而得到确立。③ 为了论述儒家思想与现代权利观念相容的命题，作者以现代权利理论检视荀子的人欲理论，从中得出一个对于现时代有意义而对于荀子却并无意义的结论，但即使论证了荀子思想与现代权利观念相容，也仍然不能回答儒家思想与现代权利观念是否相容的问题，毕竟，荀子处在数千年儒家意识形态中的边缘位置，对儒家主流思想能否容纳权利观念并没有决定性的影响力。

现代政治理论起源于西方，其中的一些内容带有西方近代的特殊性，而并不普遍地存在于世界上的任何时候和任何地方，一些概念在现代政治理论中很重要，但在中国传统中却并不存在，比如消极自由和积极自由。不过，一些研究者在以现代政治理论审视中国传统政治

---

① 吴祖刚：《论荀子思想与权利观念的相容——基于对荀子"欲不可去"的辨析》，《政治思想史》2022年第4期。
② 吴祖刚：《论荀子思想与权利观念的相容——基于对荀子"欲不可去"的辨析》，《政治思想史》2022年第4期。
③ 吴祖刚：《论荀子思想与权利观念的相容——基于对荀子"欲不可去"的辨析》，《政治思想史》2022年第4期。

思想的时候，却恰恰选择了这样的理论视角，试图在中国传统政治思想中发现消极自由和积极自由的内容。徐硕和荆雨合作在《中国文化与管理》上发表了《由"消极自由"到"积极自由"——谈庄子对政治的规避与超越》一文，以现代政治理论的"消极自由""积极自由"作为分析工具，审视了庄子思想的变化，并作出了"由'消极自由'到'积极自由'"的趋势性判断结论。① 作者认为，"从政治哲学视角探讨庄子政治哲学，是促进道家政治思想以及中国古代政治思想研究领域的重大突破"，以现代政治理论审视庄子的有关言论后，文章进而判断庄子对政治的疏远和规避实际上是不得已，"他所排斥的也是一种在他看来对他人无益的、被干涉的强制之政，而并非政治本身"②。在战国中晚期，作者视域里的庄子对干涉他人的"正人之政"进行了批判，并因为庄子以为老百姓依靠他们自己就可以成就其德性，所以就断定"从这点来看，庄子此观念与伯林的'消极自由'有相似之处"。与此同时，庄子还保持着对于"自我本真的坚守"，坚持了"更进一步对超越尘世的追求"，这些都"体现了庄子对存在本性的重视，对'积极自由'的向往""相比'自正其正'的消极自由，庄子更追求'自适逍遥'的积极自由"③。庄子与伯林的政治思想悬殊，以伯林"消极自由"和"积极自由"的理论检视庄子对于政治的态度，可能会更好地展现出伯林的概念与逻辑，而对于庄子的概念及理论来说则颇有点差强人意，毕竟，庄子的理论并不关注人在权利上是否自由自主的议题，庄子也没有得出关于政治自由的明确观点。

（二）现代政治理论议题的历史溯源

中国政治思想史研究者的现实处境及其知识结构，在政治思想史研究的议题选择上有着明显的影响，不仅中国政治思想史内容体系在

---

① 徐硕、荆雨：《由"消极自由"到"积极自由"——谈庄子对政治的规避与超越》，《中国文化与管理》2022 年第 2 期。
② 徐硕、荆雨：《由"消极自由"到"积极自由"——谈庄子对政治的规避与超越》，《中国文化与管理》2022 年第 2 期。
③ 徐硕、荆雨：《由"消极自由"到"积极自由"——谈庄子对政治的规避与超越》，《中国文化与管理》2022 年第 2 期。

传统时代与现代研究者视域中所呈现的内容有很大区别，现代学者在知识结构上的不同也会深度影响他们各自所呈现的传统政治思想的内容体系。面对同样的文本，研究者和作为研究对象的理论家也会有不同的解释。现代人研究古代政治思想史并不仅仅是展示其客观内容，而是要在研究对象中寻找意义，或者是寻找具有普遍理论意义的概念及观点，或者是寻找古代政治概念、理论、命题等包含的普遍性价值意义。政治思想史研究作为一个古今围绕共同关注问题而展开的对话，[1] 对话双方的地位并不对等，其中研究者具有压倒性优势，他们在对话上具有话题选择权，而作为对话对象的古人其实并不出场，研究者真正的对话对象实际上是理论家创作出来的思想文本。"作为中国政治思想史研究的第一步，对思想家留下来的历史文献的解读是否正确，决定着我们全部研究工作的质量"[2]。研究者在对话中的话题选择明显受到了当代政治理论热点的影响。伴随着中国综合国力及国际影响力的大幅度提升，中国学术界明确表达出了建构政治学自主知识体系的自觉，并基于这种自觉，开始反思西方政治学理论存在的问题，试图建构一套能够解释中国实践和表现中国优势的知识体系。一些学者开始面向古代中国，在政治理论的诸多论述中寻找有理论意义和普遍价值的思想成分，古为今用。研究者或者试图以中国古代的政治概念、理论来分析和解决西方政治学理论给现实造成的冲突和矛盾，比如孟子革命性的天下观就"为现代民族—国家模式所造成的冲突指出了一条解决途径"[3]，并由此而彰显出中国古代政治理论对于现代世界的普遍性理论价值；或者试图从中国古代政治概念和理论中发现能够有效解释中国制度优势的奥秘，"中国政治传统中的治体论为理解大一统国家的思想、制度和政治实践提供了中心性视野""有助于深入辨识传统资源在现代政治理论创新中蕴涵的丰富启示"[4]，并以弘扬优秀传统政治文化的方式巩固和扩大中国在政治上的制度优势；或者试图在中国古代的政治概念中找到政治学规范解释的最佳概

---

[1] 孙晓春：《关于中国政治思想史研究的几个问题》，《政治学研究》2022年第3期。
[2] 孙晓春：《关于中国政治思想史研究的几个问题》，《政治学研究》2022年第3期。
[3] 白彤东：《天下：孟子五讲》，广西师范大学出版社2021年版，第89—96页。
[4] 任锋：《现代转型中的礼法新说与治体论传统》，《江苏行政学院学报》2022年第1期。

念体系，并从中发现可以用来建构中国政治学自主知识体系的理论观点；① 或者试图在古今共同关注政治问题的对话中，从古代政治思想研究中获得有益于良善政治生活的新价值内容。②

中国独特的政治实践越来越挑战着西方兴起的政治概念体系与理论命题。一方面，西方政治概念及理论在理解和描述中国实践时暴露出它的概念的不贴切和理论的不适合，从而在理解、分析、解释中国政治现状及预测中国政治发展走向时显得捉襟见肘，不断暴露出其理论瑕疵，中国政治实践确实需要在概念体系和理论学说上进行必要的创新。另一方面，中国政治实践的制度特色与治理优势在西方政治概念体系与理论学说中得不到合理解释，从而必须基于中国政治理论传统进行必要的理论创新，在历史上政治概念与理论的启示、启发和帮助下进行概念体系和理论学说的创新。有的学者在比较了中西方政治实践的不同及政治思维方式的差异后，以治体论来概括中国政治实践及政治理论思维的特点，并以此为基础，将治体论的话题在中国政治思想史上进行溯源研究，提出了一系列新观点。任锋在《江苏行政学院学报》上发表了《现代转型中的礼法新说与治体论传统》一文，在中国政治思想史上发掘出了"治体论"，认为"自汉初贾谊肇始，治体论经历两千多年演进，在近世政学实践中逐渐成熟，一直到晚清魏源编纂《清朝经世文编》，形成了源远流长的国家治理传统"③，并强调治体论相对于政体论，在解释中国政治特性方面具有明显的理论优势，"政体论强调法治，礼在其中仅为附丽，对于政治原则和政治主体的关注依附于制度与法律，而治体论对于治法的理解相对宽阔，礼涵括法又不限于法，对于政治原则和主体的理解也呈现出广袤视野"④。以治体论来概括中国传统政治思想的理论主题，在学术界还没有引发明显的回应，甚至在理论对话中遭到了其他学者的批评，以为其过于拘泥于现代情境中的理论创新需求，而在很大程度上偏离了

---

① 黄晨：《经验的归经验，规范的归规范——如何走出政治思想史的学科危机》，《政治学研究》2022年第3期。
② 孙晓春：《关于中国政治思想史研究的几个问题》，《政治学研究》2022年第3期。
③ 任锋：《现代转型中的礼法新说与治体论传统》，《江苏行政学院学报》2022年第1期。
④ 任锋：《现代转型中的礼法新说与治体论传统》，《江苏行政学院学报》2022年第1期。

中国传统政治理论的实际话题、问题与命题。尽管任锋给治体论在中国现代政治学发展序列中找到了理论渊源，把严复、梁启超、钱穆等都看作接续了传统治体论且是将传统治体论在现代学术话语中激活的理论先驱，但治体论在中国传统政治理论体系中是否真的客观存在仍然难以得到确证。它可能在很大程度上只是现代政治理论在传统政治思想研究中的虚拟镜像。

　　中国政治现代化虽然受到了西方的影响，但并未对西方政治发展模式亦步亦趋，而是坚持了它自己的道路，形成了独特的政治现代化内容体系。这个独特的政治现代化内容体系表现在国家形态上，就是延续了中华民族数千年来的优秀传统。不仅在国家整体形态上较为明显地延续了传统时代的大统一，在中华民族命运共同体的基础上，实现了现代政治国家的大统一，也在基本制度构成上继承了优秀传统，形成了在世界范围内有其自己特色的政治制度体系，展现了独特的制度优势。中国在现代世界里的政治制度优势受到丰富的传统政治文化的滋养，学者在研究中国政治制度优势和特色时会自觉发掘和梳理传统政治理论遗产，也会在研究传统政治理论时关照中国现代政治制度的优势和特色。有的学者对传统"大一统"议题的关注，就展现了立足现代政治制度特色与优势关照传统的立场，表现了在传统政治理论中进行现代政治议题溯源的研究诉求。姚中秋在《学海》2022年第5期发表的《以国家整合为中心的大一统理念：基于对秦汉间三场政治论辩的解读》一文，就是在国家形态的意义上关注和讨论"大一统"，虽然其讨论的内容也被包含在传统"大一统"的内容之中，但传统"大一统"的内容却不仅要比作者所讨论的丰富，而且传统"大一统"的内容重点并不在于国家形态中的"大统一"。作者的研究主要是进行一种价值性的宣示和表达，并把"大一统"作为一种普遍性的中国政治价值予以高度肯定。作者认为，"大一统是中国的根本政治价值，对其进行研究不能局限于《春秋》公羊学的抽象义理，也不能局限于边疆问题或北方民族入主中原王朝的局部政治实践"，而要以历史政治学的方法，解读秦汉间三场政治论辩，从中得出"大一统理念以推进国家整合为中心"的结论，强调"大一统"所推进的国家整合"包含空间、政治结构、精神与社会、时间四个维度,体现为疆域一统、政治一统、文教一统、古今一统"① 四个方面。认为"大一统是中国的根本政治价值"在客观上较为合乎实际,以敬天尊王为重要内容的"大一统"确实是具有传统指代的重大政治价值,把它置于根本的地位上,倒也是恰当的,但作者将"大一统"作为政治价值的内容,进行了立足于现代政治议题的选择性解释,强调大一统"就是以国家一统为崇高价值"②,就丢掉了其尊君的核心内容,在结论上出现了"以偏概全"的弊端。

(三) 中国传统政治思想的现代意义解释

众所周知,中国传统政治思想形成于前现代时期,它在前现代的意义与价值已经在历史上得到了显示,但它对现代社会的意义却还现实地发生着。中国传统政治思想之所以没有完全成为过去式,就是因为:一方面,一代又一代中国人作为传统思想的载体,他们在实践中把传统政治思想的内容带到了当下的社会中,而其中优秀的部分又得到了人们自觉地传承和弘扬;另一方面,中国在当下及未来的发展中又需要从传统中汲取资源,古为今用,走具有我们自己特色的现代化发展道路。虽然中国传统政治思想客观上仍现实地影响着当下社会,但在理论上如何把握传统政治思想的现代意义仍然是一个较为困难的问题,而对传统政治思想进行现代意义的阐释在研究中也是一个颇有科学挑战的事情。尽管如此,学术界还是不断涌现出这样的研究成果。有的研究者直接从传统政治思想中发现具有现代价值的内容,并着力从中发掘现代意义。陈来在《海岱学刊》2022 年第 1 期发表的《孟子政治思想的现代价值和意义》一文,在强调"孟子的政治思想是中华民族优秀传统文化的重要组成部分"的同时,也强调了孟子政治思想还是"涵养社会主义核心价值观的重要源泉",并认为孟子的"辨义利""重民本""申教化""倡王道""对于现代社会国家治理仍然具有重要的参考价值和启示意义"。作者认为,"孟子虽然讲了

---

① 姚中秋:《以国家整合为中心的大一统理念:基于对秦汉间三场政治论辩的解读》,《学海》2022 年第 5 期。
② 姚中秋:《以国家整合为中心的大一统理念:基于对秦汉间三场政治论辩的解读》,《学海》2022 年第 5 期。

先义后利的价值观",但他倡导应该努力开创并争取义利得兼、共赢的局面;重民本包含了"为人民服务"的思想,"民贵君轻"的思想体现了"人民至上"的理念;孟子所言的王道就是"行事不诉诸武力,而诉诸道德"①。向晋卫在《中国社会科学报》上发表的《汉代政治思想的当代价值》一文归纳出了汉代政治思想的精华:公羊"三世说"与历史进化论、蕴含人本和民本思想、"大一统"理想与"人类命运共同体"。在此基础上,他强调指出:"汉代是中国历史上大一统帝国的奠基时期,其所确立的诸多政治文明原则和精神文化气质凝聚着先贤对宇宙和历史的深刻洞见。深入挖掘其中的思想精髓,对中华民族伟大复兴具有重要参考价值。"②

  有的研究者从中国传统政治思想对域外制度形成所产生的影响及对当下国家治理的启示中解释传统政治思想的现代意义。当然,研究者也很明白他们所挖掘到的传统思想的现代意义并不是传统政治思想原本就具有的,而是从它对现代政治制度形成的影响及在国家治理方面的启示中提炼和提纯出来的。宋辉在《西安石油大学学报》2022年第5期发表的《论老子的政治哲学对国家治理的启示》一文,首先强调了老子作为伟大思想家,"从天地大本大源的视角来观察和认识世界,把握的是自然和社会的一般规律""在一般性的意义上对社会政治运作的基本规律、原则和方法进行了深入思考",强调老子关于社会政治运作基本规律的思考,"在今天也依然具有重要的理论和现实意义"③。作者在文章中把老子关于社会运作的思想归纳为:"顺应民众意愿,坚持以民为本""追求公平正义,反对贫富对立""深化管理体制改革,保持政策和法律法规的连续性和稳定性""加强思想文化建设,筑牢思想文化根基""增强忧患意识,及时化解风险挑战"④。作者归纳出的老子思想要点,都是出自今天国家治理的需要,并展现了作者对当今国家治理的原则性

---

① 陈来:《孟子政治思想的现代价值和意义》,《海岱学刊》2022年第1期。
② 向晋卫:《汉代政治思想的当代价值》,《中国社会科学报》2022年3月21日第5版。
③ 宋辉:《论老子的政治哲学对国家治理的启示》,《西安石油大学学报》(社会科学版)2022年第5期。
④ 宋辉:《论老子的政治哲学对国家治理的启示》,《西安石油大学学报》(社会科学版)2022年第5期。

期盼，有关思想要点可能与老子的思考有些许关联，但归纳出来的思想要点却显然不是出自老子文本。王小良著、孙婷婷译的《儒家政治思想与美国民主制度的形成》发表在《国际汉学》2022年第2期上，该文显示了作者"特别关注美国开国元勋对中华文明积极因素的汲取，及其对美国政体形成的影响"，该文认为：

> 在美国政治制度建立之初，作为开国元勋之一的本杰明·富兰克林提出了社会进步理论，即将儒家政治观念同西方社会进步传统结合起来。其他重要开国元勋如约翰·亚当斯和托马斯·杰斐逊都加入了富兰克林的行列，利用儒家政治理念创造出独特的美国政体。儒家思想通过这些开国元勋在美国民主制度中留下了令人意想不到，却又难以磨灭的印记。①

值得注意的是，该文使用了美国制度建构时期的许多珍贵一手资料，较为生动丰富地展示了儒家思想通过启蒙运动对美国制度建构所产生的重要影响。

有的研究者则超越了政治思想的具体层面，不仅从具体政治思想中发掘出现代意义，而且追求从具体政治思想中发掘出具有普遍意义的智慧。林存光与张嘉杰合作的《古典儒家政治哲学与治国理政的中国智慧》，强调了作为智慧传统的儒学，其"政治哲学理念中无疑蕴涵着丰富的治国理政的中国智慧"②。该文虽然强调了儒学作为智慧的独特价值，但也并未将其视为传统智慧的唯一，即该文"并不认为儒家是唯一能够代表中国智慧传统的一个学派，无论是在诸子百家的时代作为其中一家的儒家，还是后来占据了统治思想地位的儒家，都是如此"③。该文突出强调了儒家倾向于"从调节和化解社会矛盾与

---

① 王小良：《儒家政治思想与美国民主制度的形成》，孙婷婷译，《国际汉学》2022年第2期。
② 林存光、张嘉杰：《古典儒家政治哲学与治国理政的中国智慧》，《特区实践与理论》2022年第2期。
③ 林存光、张嘉杰：《古典儒家政治哲学与治国理政的中国智慧》，《特区实践与理论》2022年第2期。

人际冲突，维持人类团结与社会和谐的角度，亦即维系人与人之间和谐与团结的角度"①，理解国家制度和政权组织问题，"亦向我们展现了一种具有跨时代意义的'共同体智慧'"，其主要内容有"天地为大、仁义为本、正己为政、亲贤为急、民心为贵"②。崔志海在《山西师大学报》2022 年第 6 期发表的《重建国际新秩序与儒家王道政治哲学》一文，强调了中国传统儒家王道政治哲学在重建国际新秩序中具有多方面的思想资源价值。该文认为：儒家的"仁义""爱人""天下为公""无偏无党""四海之内皆兄弟""无反无侧"等思想，"为化解西方发达国家和广大发展中国家在人权与国权关系上的尖锐对立和分歧提供了许多有益的思想资源和启示"；儒家的"制民之产""与民同乐""仁民爱物""天人合一"等思想，"对于克服因经济全球化、市场化和自由化产生的弊端""构建一个更加公平、公正、合理的国际经济新秩序具有警示和借鉴意义"③。

三　中国现代政治思想研究的议题选择特点

中国政治思想史的发展经历了两个大的阶段：第一个阶段是前现代或传统阶段，在这个阶段上，中国政治思想史经历了数千年的发展，形成了富有民族特色的政治理论，该政治理论内容丰富，理论形态完整，逻辑结构严谨，完全满足了对传统社会政治生活进行规范解释的需求，但由此也在理论上走向了尽头。第二个阶段是转型向现代的阶段，在这个阶段，中国传统政治理论在适应时代、吸纳西方政治理论的前提下，开启了从传统到现代的理论转型，并形成了一系列阶段性的重要政治理论，它们在内容上古今中西混杂，在理论形态上也不稳定，表现出了明显的过渡性特征，但也展示出了现代政治理论渐

---

① 林存光、张嘉杰：《古典儒家政治哲学与治国理政的中国智慧》，《特区实践与理论》2022 年第 2 期。
② 林存光、张嘉杰：《古典儒家政治哲学与治国理政的中国智慧》，《特区实践与理论》2022 年第 2 期。
③ 崔志海：《重建国际新秩序与儒家王道政治哲学》，《山西师大学报》（社会科学版）2022 年第 6 期。

趋发展成熟的趋势。中国目前仍然处在现代政治理论趋于成熟定型的发展阶段，政治理论史研究在题材选择上受到了政治理论发展节奏的影响，尤其是在现代政治理论史的研究上，议题选择更是受到了当下政治理论发展节奏的明显影响。值得注意的是，伴随着中国共产党领导中华民族伟大复兴及中国式现代化的历史性推进，中国现代政治思想史研究的议题选择也较明显地突出了中国共产党的要素，中国现代重要政治思想家的理论特点、中国现代政治思想史形成中的本来与外来、中国共产党早期人物的政治思想等受到了研究者较多的关注，在一定意义上凸显了为中国式现代化寻找思想源头的自觉意识。

（一）中国现代重要政治思想家的理论特点揭示

1840年以后，中国就进入了特殊的历史阶段，社会不得不转型及政治不得不转型的紧迫性越来越严峻，国家向何处去，政治该怎么办，政治理论家面对着严峻的形势与紧迫的问题，急匆匆地寻找着救国救民的理论，并由此而在理论上形成了不同的特点。从总的态势上看，中国现代重要政治思想家在理论上很难一以贯之，因而在一定的历史时期表现出了"变"的特点，而研究者对这些重要思想家在理论上的变与不变也非常关注，特别是在历史变革的关键时期。潘喜颜在《政治思想史》2022年第4期发表的《辛亥革命前梁启超政治思想的演变——以"侨易"经历为中心》一文，对辛亥革命前梁启超在政治思想上的演变进行了详细的分析和探讨。该文中所谓"侨易"的意思是"因'侨'而致'易'，简而言之便是由于物质位移而产生的精神质变"，作者以此来解释梁启超在政治思想上的多变，该文"围绕梁启超的侨易经历，由时间线索入手，观侨取象，考察辛亥革命前梁启超政治思想的演变与物质位移之间的相关关系"[1]。作者认为，"戊戌变法前梁启超已有丰富的侨易经历""使他由一个追求科举功名的传统士子转变成一个经世救国的青年"，从1898年10月至1912年9月，梁启超断断续续侨居日本十数年，他的"思想发生嬗

---

[1] 潘喜颜：《辛亥革命前梁启超政治思想的演变——以"侨易"经历为中心》，《政治思想史》2022年第4期。

变，从主张维新变法转向支持排满革命""北美侨易之旅所见所闻给梁启超带来了巨大的冲击"，去"美国之前梁启超向往美式共和政体，美国归来后认为共和政体有很多弊端，不适合当时的中国"①。作者在肯定梁启超思想多变方面并未有明显创见，但试图以迁徙环境来解释梁启超的思想多变，虽然有一定的片面性，但也确实丰富了原先关于梁启超思想多变的解释。

中国现代政治理论家面对着复杂的世界和严峻的形势，在政治观念上总试图调和古今中西，虽然他们在理论上有独特的主张，但研究者对理论家思想内容特点的把握也并不容易，以至于一些理论家究竟是属于保守阵营抑或是进步阵营都难以确定无疑。刘富民在《齐齐哈尔大学学报》2022 年第 1 期发表的《进步与保守的超越：刘锡鸿政治思想及其儒学基础新探》一文，就对第一代外交官刘锡鸿的思想特点进行了辨析，认为他在政治思想上超越了进步与保守，强调"刘锡鸿对洋务运动的支持与反对两种意见并非矛盾的，而是他在儒家思想与当时的时代背景下做出的理性判断""以刘锡鸿为代表的儒家士大夫的政治思想为后来的救亡思潮酝酿了思想的萌芽"②。作者认为，刘锡鸿对中外国家体制的不同认识具有一定的深刻性，强调他"似乎正确认识到了那个时代西方社会的实质，也就是资产阶级的统治"，正是在这个前提下，刘锡鸿反对学习西方政治结构，主张不让商人参与政治，从这个意义上讲，刘锡鸿并不是保守，而恰恰体现出他了解中国政治制度的特殊性。③ 在刘锡鸿看来，中国与西方的差异既然是由不同的国情所导致的，那么道路的不同就"应该被充分的理解和尊重"，而且彼此的差异也不应该被概括为"进步和落后"。就刘锡鸿来看，他对西方的某种先进东西也有认同的地方，并非一味排斥，当然，他看到的西方长处也是合乎儒家传统理想的，西方政治的优点恰

---

① 潘喜颜：《辛亥革命前梁启超政治思想的演变——以"侨易"经历为中心》，《政治思想史》2022 年第 4 期。

② 刘富民：《进步与保守的超越：刘锡鸿政治思想及其儒学基础新探》，《齐齐哈尔大学学报》（哲学社会科学版）2022 年第 1 期。

③ 刘富民：《进步与保守的超越：刘锡鸿政治思想及其儒学基础新探》，《齐齐哈尔大学学报》（哲学社会科学版）2022 年第 1 期。

恰在于它体现了儒家政治理想，其最理想的治理依然是三代之治，而西方则在某些点上体现了三代之治的原则。从思想立场来看，刘锡鸿显然无法摆脱儒学的知识背景，"他的眼光完全是儒家式的"①。

中国现代政治思想史的断代划分与通史相同，但又不能以鸦片战争的发生为界限，把思想活动延续到鸦片战争以后的理论家都纳入研究范围，而应以理论家的思想内容是否受到了鸦片战争的影响来判断，即中国现代政治思想史应以1840年鸦片战争中的理论应变为起点。不过，在研究实践中，如何判断一个具体理论家在思想内容上是否应纳入中国现代政治思想史的研究范畴，还是会引起一些学术上的争议的，比如龚自珍在思想内容上是否具有现代性或近代性，就是一个很有争议的问题。萨日娜在《今古文创》2022年第24期发表的《龚自珍政治思想及其"近现代性"研究》一文，认为龚自珍"站在中国传统社会与近代社会的交汇点""以今文经学微言大义的手法，促进了民主主义启蒙思想的发展，使近代思想史翻开了崭新的一页"。在此基础上，作者深入探究了龚自珍政治思想具有一定的"近现代性"的问题。② 作者认为，龚自珍政治思想具有一定的"近现代性"，第一，"龚自珍对封建社会的抨击和社会改革思想的提出表现出了政治思想的'近现代性'"；第二，"龚自珍对'经世致用'思想的创立表现出了政治思想的'近现代性'"；第三，"龚自珍的社会改革思想对中国近代变革运动产生了很大的影响"③。当然，就关注的内容焦点来看，作者对龚自珍政治思想的关注点并没有发生明显的变化，对龚自珍社会政治改革主张也缺乏深入系统的陈述和分析，没有分析和指出龚自珍在何种意义上处在了当时思想的最前沿，在政治理论上具有了近现代性。实际上，龚自珍当时尚未意识到世界格局的根本性变化对中国社会未来走势的影响，在政治理论上也并未出现新意。当时，时代思潮的引领者应该是魏源的"师夷之长技以制夷"，而不是龚自珍的"药方只贩古时丹"。

---

① 刘富民：《进步与保守的超越：刘锡鸿政治思想及其儒学基础新探》，《齐齐哈尔大学学报》（哲学社会科学版）2022年第1期。
② 萨日娜：《龚自珍政治思想及其"近现代性"研究》，《今古文创》2022年第24期。
③ 萨日娜：《龚自珍政治思想及其"近现代性"研究》，《今古文创》2022年第24期。

（二）中国现代政治理论发展中的本来与外来

中国现代政治理论虽然不是传统政治理论的逻辑继续，它的产生及发展同西学东渐有着密切的关系，现代政治理论在中国的起点是林则徐、魏源等的"开眼看世界""师夷之长技以制夷"，但它又确实是在中国传统政治理论既定成果的基础上开始的，传统政治理论的结构框架、价值立场等都在现代政治理论的发展中发挥着重要影响力。中国现代政治理论在中国的发展，一方面离不开传统政治理论的本来，本来的政治理论始终影响着现代政治理论发展的主体；另一方面也离不开西方政治理论的外来，没有西方政治理论的外来，中国传统政治理论就既不会在议题、问题及命题上产生根本性变化，也不会在概念体系及理论形态上产生整体性变化。在这种情况下，中国现代政治理论的发展就不能不妥善处理好传统之本来和西方之外来的辩证关系。范广欣在《中国哲学史》2022年第6期发表的《民本与民约：刘师培对卢梭社会契约论的解读》一文，就着力于分析刘师培政治理论结构中的传统民本与现代民约。在卢梭社会契约论的影响下，刘师培等曾收集整理了中国传统的重民言论，汇集为《中国民约精义》，以卢梭之民约来解释中国传统的民本，且认为中国传统民本也有利于人们理解卢梭的社会契约。该文认为，刘师培在《中国民约精义》中"促成卢梭社会契约论与中国民本传统的对话"，既"用卢梭理论来评判和重塑中国民本传统""也运用中国传统学说所提供的资源在解读卢梭理论时获得更丰富而深刻的理解"[1]。刘师培一方面用卢梭社会契约理论整理中国传统民本言论，以社会契约论的人民主权解释三代之治，强调"三代之治的核心理念就是人民主权，圣王不是人民的主人，而是人民的公仆"；另一方面又"运用中国传统资源提出了对社会契约论的独特解释"，凸显出"对卢梭理论做了比较激进的解释"[2]。中国本来的民本和卢梭社

---

[1] 范广欣：《民本与民约：刘师培对卢梭社会契约论的解读》，《中国哲学史》2022年第6期。

[2] 范广欣：《民本与民约：刘师培对卢梭社会契约论的解读》，《中国哲学史》2022年第6期。

会契约论的外来，在刘师培的政治理论体系中出现了混合的形态，两者互相解释，互相濡染，互相改变，在古今中西的文本解释互嵌中形成了一种特殊的理论创新。

现代中国先进分子在以政治理论观照中国现实、分析中国问题及提出解决中国问题的对策时，虽然有部分政治理论家选取了激进主义的路径，在政治上或主张全盘西化，或完全拒绝向西方学习，但也有不少政治理论家游走在三代之治与学习西方之间，提出了一条"复古维新论"的道路。马猛猛在《政治思想史》2022年第3期发表的《"回向三代"与泰西"立国本末"——晚清"复古维新论"中的变革与立国》一文，就晚清出现的"复古维新论"进行了较为深入的探讨。该文认为晚清"复古维新论""围绕西方和三代之关系建构出涵括中西古今演进的普遍历史叙事""对中国三代及世界史进行重塑""把中国和西方整合进一个整全的人类文明进程中，试图在中国文化的经制典章和西方社会政治现实之间建立内在义理的一致性"①。"复古维新论"一方面受到了西方政治现实及理论的重要影响，比如"对秦制的根本性否定体现了变革思维范式"，同时也"对西方政教'本末源流''立国之本'等"进行了分析，表现了"对中国文化之主体性与根本价值的重新理解和确定"②。作者认为，"复古维新论"的核心观点是"复古即维新"，"将'三代之治'与某种理想的政治模式和文明形态相关联，是中国近代思想文化中的重要思潮"，它与"托古改制"有一定的关联，但也有诸多不同于"托古改制"的理论观点，两者不同的关键在于历史意识的不同，"复古维新论""以中国传统的三代史观为基础""主张后世一切政治和学术上的努力都是要不断回向以致重返"三代。③ 实际上，"复古维新论"也是站在古今中西之间来进行理论思考的，一方面，它立足于三代之治来思考中

---

① 马猛猛:《"回向三代"与泰西"立国本末"——晚清"复古维新论"中的变革与立国》，《政治思想史》2022年第3期。
② 马猛猛:《"回向三代"与泰西"立国本末"——晚清"复古维新论"中的变革与立国》，《政治思想史》2022年第3期。
③ 马猛猛:《"回向三代"与泰西"立国本末"——晚清"复古维新论"中的变革与立国》，《政治思想史》2022年第3期。

西方历史，梳理政治发展的序列，以三代为最高，同时又认为西方政治在某些方面恰好近于三代之治；另一方面也以西方政治的优点来解释三代，其所谓三代之治的解释中已经包含着部分西学的内容。当然，晚清中国的政治理论家在分析中外政治制度时依托于"三代之治"，主要还是因为现代政治理论工具不够充分，所以不能不应用传统的"三代之治"，而在新文化运动以后，那些仍然立足于"三代之治"来叙述中西政治史和选择理想治理的政治理论家，就只有少数极端文化保守主义者了。

中国现代政治理论在发展过程中引进了一些西方的新概念、新理论，用以叙述和解释中国传统政治的特点，虽然这些概念和理论完全译自于西方，但又被普遍地运用于分析中国传统政治，其在理论上是否合理，在学术界引发了一定的争议。任锋及其合作者马猛猛在《社会科学》2022年第7期发表的《"中央集权"在中国：一个现代概念的历史生成及其理论检视（1899—1911）》一文，就对晚清的"中央集权"进行了典型分析。该文认为，"'中央集权'概念在中国的传播和运用过程并不是一个自然而然的过程"，它"作为一个源生于西方的历史政治概念，最先通过日本学者对西方法政书籍的翻译引介而成为一个日语词汇，再通过晚清报刊、出版物等对日译西方法政书籍和文章的再转译，进入中国学人的视野当中"，但也不难"发现中国思想传统"在"中央集权"概念中"仍然表现出坚韧的思想延续性"[1]。总的来看，"中央集权"概念的兴起和晚清的历史时代背景密不可分，"清朝中央与地方督抚间的权力博弈、预备立宪以及官制改革都激起了时人对'中央集权'的讨论""1899年至1903年是'中央集权'概念在中国思想界的发轫期""政学两界鲜有"具体论述，"1904年至1911年则可被称为'中央集权'概念运用的兴盛期，清政府要员的奏折和书信，到《东方杂志》、《申报》等具有影响力的报刊媒介，乃至在私人日记当中都大量出现了对'中央集权'概念的使用和议论""梁启超借

---

[1] 任锋、马猛猛：《"中央集权"在中国：一个现代概念的历史生成及其理论检视（1899—1911）》，《社会科学》2022年第7期。

鉴参考了日本法政书籍对'中央集权'的理解，并将其用来创造性地解释中国古代的历史政治变迁，因此中央集权与专制主义开始在历史解释层面被高度绑定"①。"中央集权"概念在最初使用的时候，往往凸显其具体性，即用来分析、描述和定性晚清新政过程中与地方自治主张相反的内容，并由此而"遭受了来自多方面的质疑和批判，部分导致了"中央集权"概念的负面化印象"，但当这一概念被创造性地用来解释中国传统政治变迁时，也就"融合了传统中国政治自身的历史和思想解释逻辑""表达了中国大一统国家起源和形成的历史脉络"②。"中央集权"这个概念的引入及传播，在很大程度上体现了古今中西在政治概念层面的含义交流与意义融合，既很好地描述和解释了中国政治制度的核心特点，又以中国政治制度的核心特点丰富了概念的内涵。

（三）中国共产党早期重要人物政治思想研究

中国共产党在政治理论发展上的重大成就及实践效果，已经得到了充分的说明，在学术界日益自觉地探讨中国式现代化及中华民族伟大复兴的时候，中国共产党在政治理论上是如何开始的，越来越成了一个重要的理论问题。如果抛开具体的历史环境，那么中国共产党早期重要人物的政治思想演变就成了回答上述问题的关键之所在。在众多中国共产党早期重要人物中，李大钊的政治思想备受关注。袁琪琪、何树远在《河南理工大学学报》2022 年第 4 期上发表了《从自由主义到马克思主义——五四时期李大钊政治思想转变原因探析》一文，探讨了李大钊为什么会从一个自由主义者转变成马克思主义者。该文认为，李大钊之所以会发生这种转变，一方面是因为他"逐渐认识到自由主义在中国并不具备厚植的沃土，进而坚定了从西方民主自由转向马克思主义的理想信念"；另一方面也是他"不断追求真理""立志实现民族独立和解放、追求中华民族伟大复兴""坚持人民至

---

① 任锋、马猛猛：《"中央集权"在中国：一个现代概念的历史生成及其理论检视（1899—1911）》，《社会科学》2022 年第 7 期。

② 任锋、马猛猛：《"中央集权"在中国：一个现代概念的历史生成及其理论检视（1899—1911）》，《社会科学》2022 年第 7 期。

上、践行为中国人民谋幸福初心的必然结果"①。作者认为，李大钊曾经是一个自由主义者，主张"'人'的自由发展""希望能够实现宪法上的自由政治"，但"在日本留学期间，李大钊初步接触到幸德秋水、安部矶雄等宣传的带有浓厚宗教和自由主义色彩的早期社会主义思想，为其接受马克思主义打下了一定基础"。而中国当时的政治现实戳破了他自由主义的理想，1917年俄国二月革命爆发后，"李大钊的视线开始转向俄国"②，并最终演变成了一个马克思主义者。郭兆祥与张文彬在《唐山师范学院学报》2022年第5期发表的《李大钊早期学习西方政治思想对其后期"民"思想的影响——以穆勒、托尔斯泰为例》一文，从李大钊的"民"思想变迁的角度，展现了他从自由主义者到马克思主义者的演变历程。该文认为，李大钊在早期较多地受到英国功利主义集大成者穆勒和俄国民粹主义思想家托尔斯泰的影响，李大钊"民"的思想从"惟民主义"发展到了"民主主义"，后来又在马克思主义指导下形成了"平民主义"思想，"他早期接受的穆勒、托尔斯泰的思想为他最终接受马克思主义起到勾连和铺垫的作用"③。在这个思想转变的过程中，中华优秀传统文化及其所熏陶的文化品格也发挥了重要的作用。

毛泽东作为伟大的马克思主义者，在马克思主义中国化方面作出了突出的理论贡献，在中国现当代历史及政治发展中发挥了重要作用，且有着不可磨灭的重要影响。他早期的政治思想史变迁轨迹，既具有典型意义，可以看作众多中国共产党人政治思想演变的一个缩影，也具有重要的理论价值，用以解释马克思主义是如何吸引和引导着先进中国人从一个民主主义者转变成为马克思主义者的。李卫政在《湘潮》2022年第10期上发表的《从主张"湖南自治"到建党先驱——建党前后青年毛泽东政治哲学的几个特点》一文，梳理和分析

---

① 袁琪琪、何树远：《从自由主义到马克思主义——五四时期李大钊政治思想转变原因探析》，《河南理工大学学报》（社会科学版）2022年第4期。
② 袁琪琪、何树远：《从自由主义到马克思主义——五四时期李大钊政治思想转变原因探析》，《河南理工大学学报》（社会科学版）2022年第4期。
③ 郭兆祥、张文彬：《李大钊早期学习西方政治思想对其后期"民"思想的影响——以穆勒、托尔斯泰为例》，《唐山师范学院学报》2022年第5期。

了毛泽东在中国共产党成立前后在政治哲学上的特点。该文认为，"毛泽东一生坚持相信人民，走依靠群众的革命路线"，他"这种对'人民至上'的信仰，最早来自青少年时期的家庭生活所培育的对中国人民特别是底层人民的朴素感情""早在参与建党活动很久之前，他的思想和行动便体现了浓厚的平民主义色彩"①。在 1920 年 7 月到 10 月，毛泽东以深信群众行动中产生的群众政治力量"为前提，深度讨论了"湖南改造""湖南自治"问题，"提出了建立'湖南共和国'、实行'湖南门罗主义''湘人自治'、制定湖南宪法等一系列主张"，但在湖南自治被实践证明只能是幻想之后，毛泽东"认识到资产阶级改良道路在中国行不通"，这"也成为他接受马克思主义的一个重要推动因素"②。在成为一个马克思主义者前，毛泽东就展现出了对平等的追求，既有对中国传统均平思想的继承，也有杜威实验主义、托尔斯泰泛劳动论、克鲁泡特金社会互助论、武者小路实笃新村主义等流派的影响，"接受马克思主义之后，毛泽东开始以一个马克思主义者的视野，从造成不平等的根源着手，努力建设一个能消灭各种不平等现象的社会"③。

瞿秋白作为中国共产党早期的重要领导人，他的政治思想在中国共产党政治理论发展史上处于承前启后的重要位置，在政治实践中产生了明显的影响，对中国共产党独立领导武装斗争和初期的政权建设等也有诸多积极的影响，"对瞿秋白政治思想开展研究，不仅有助于深化探究马克思主义中国化的源起，借鉴历史经验，推动当代马克思主义中国化、时代化和大众化深入发展"④。屈宏的博士学位论文《瞿秋白政治思想研究》，高度评价了瞿秋白政治思想的重要性，肯定了他的许多理论贡献：

---

① 李卫政：《从主张"湖南自治"到建党先驱——建党前后青年毛泽东政治哲学的几个特点》，《湘潮》2022 年第 10 期。
② 李卫政：《从主张"湖南自治"到建党先驱——建党前后青年毛泽东政治哲学的几个特点》，《湘潮》2022 年第 10 期。
③ 李卫政：《从主张"湖南自治"到建党先驱——建党前后青年毛泽东政治哲学的几个特点》，《湘潮》2022 年第 10 期。
④ 屈宏：《瞿秋白政治思想研究》，博士学位论文，大连理工大学，2022 年，摘要。

在中国共产党和中国近现代思想发展史中，瞿秋白都是无论如何都绕不开的重要人物，他对马克思主义中国化的历史进程起到了奠基性作用，为毛泽东思想的形成做出了重要贡献，推动了中国共产党领导的早期工农运动的蓬勃发展，初步探索了新民主主义革命的理论和道路，做出很多具有原创性的贡献。①

瞿秋白作为中国共产党早期重要的政治理论家，不仅系统、全面、科学地宣传马克思主义与列宁主义，"使马克思主义在中国的传播逐渐系统化、完整化，并且有了哲学基础"，为"20世纪20年代马克思主义在中国的深入传播和深化理解，做出了特别重要的历史贡献"，而且在理论上探讨"把马克思主义理论和中国革命实际相结合，针对中国革命的特殊性、复杂性提出了许多真知灼见，形成了很多富有远见的政治思想"②。瞿秋白的政治思想虽然丰富，但大致可分为两个基本层次：第一个层次是马克思主义的哲学基础，瞿秋白"深入阐释了列宁主义，阐释了列宁主义与马克思主义的关系"；第二个层次是中国革命的理论，在马克思主义主导下，瞿秋白"阐释了中国革命的动力、革命的性质、发展前途、武装斗争、党的建设、国家政权建设、民族等等政治问题"，形成了马克思主义中国化的早期理论成果。③瞿秋白既是中国共产党早期的重要领导人，也是中国知识分子的代表，他的政治思想具有马克思主义中国化的鲜明特点，属于"马克思主义中国化的早期思想结晶"④"体现出理论性和实践性的高度统一"⑤，并体现出"共产国际指导中国革命的深刻印迹"⑥，当然也带有较为明显的中国传统"士"的情结，在理论上还受到了马克思主义"本本"的约束。

---

① 屈宏：《瞿秋白政治思想研究》，博士学位论文，大连理工大学，2022年，第1页。
② 屈宏：《瞿秋白政治思想研究》，博士学位论文，大连理工大学，2022年，第2页。
③ 屈宏：《瞿秋白政治思想研究》，博士学位论文，大连理工大学，2022年，第67页。
④ 屈宏：《瞿秋白政治思想研究》，博士学位论文，大连理工大学，2022年，第139页。
⑤ 屈宏：《瞿秋白政治思想研究》，博士学位论文，大连理工大学，2022年，第148页。
⑥ 屈宏：《瞿秋白政治思想研究》，博士学位论文，大连理工大学，2022年，第150页。

中国公共行政学研究新趋向

谢程远　许开轶[*]

公共行政学的发展历程是漫长且复杂的，在经济、政治、社会、文化、科技等外部条件的组合变化之下，行政观念、技术以及组织都发生着深刻变化，[①] 回望当今中国，公共行政学呈现出新的研究趋向。2022年，习近平总书记在党的二十大报告中提出"以中国式现代化全面推进中华民族伟大复兴"，显然，当今公共行政学研究脉络和中国式现代化道路休戚相关：中国式现代化不仅谱写了中国公共行政学的研究领域和研究内容，阐述了公共行政学该何去何从，更进一步将公共行政学研究成果转化成具体的实践方略，激发了公共行政学的时代价值。基于这一背景，2022年，中国行政学形成了三个研究新趋向：一是围绕国家治理、社会治理、乡村振兴继续探索本土问题并总结中国经验；二是分别置于行政哲学和行政科学视角，吸纳海外学者的研究成果并展开互动式对话；三是从技术、安全、生态等命题出发，立足于人类文明的未来和愿景，实现多元化治理，彰显中国公共行政学的学科责任和时代使命。

一　深度探索本土问题，总结中国式经验

在中国式现代化进程中，公共行政学研究具有显著的中国特色，不

---

[*] 作者工作单位：谢程远、许开轶，南京师范大学公共管理学院。
[①] 张贤明、张力伟：《复杂性：大变局时代的公共行政研究范式》，《学海》2022年第2期。

仅提出了萌生于本土的中国问题，也总结了化解这些问题的中国方案，最终形成中国式的公共行政经验。2022 年，公共行政学研究主要关注了国家治理体系和治理能力、社会治理创新、乡村振兴战略三个议题。

（一）中国式现代化视域下的国家治理体系和治理能力

国家治理体系和治理能力是国家制度和制度执行能力的集中体现。党的二十大报告指出，当下，中国特色社会主义制度更加成熟更加定型，国家治理体系和治理能力现代化水平明显提高。为了应对未来的国家治理风险和国家治理挑战，公共行政学者对现代化视域下国家治理体系和治理能力的内涵和外延进行了挖掘，并总结和归纳了推进国家治理体系和治理能力现代化的方案，进一步丰富了中国式现代化的理论体系，充实了中国式现代化的理论厚度。

国家治理体系和治理能力的样态是公共行政学者对国家治理研究的出发点，而将中国共产党和国家治理体系相结合是中国国家治理体系样态的重要特征。中国的国家治理体系呈现出一元领导和多元协同的关系，中国共产党及其各级组织在治理中发挥了领导作用，政府机构、各类经济组织和社会组织乃至公民个体，在党组织领导下各司其职、有序参与国家和社会的治理活动。这种领导与协同的正向关系以党的组织体系为依托，并随着党的建设不断引导、协调和巩固。[1] 党和政府、社会部门等主体相结合的治理体系是中国国家治理体系在横向维度的体现。而在纵向维度上，构建权责一致、职责分明、究责高效的国家治理体系也是实现国家治理现代化的基础性工程。这种纵向治理体系在增强国家治理的垂直贯通与多级协同、调节有序治理与有效治理的内在张力、推动治理主体的协商对话与通力协作方面具有显著的制度优势。[2] 国家治理能力样态的研究则以国家治理的功能为核心，阐述其内涵和类型。熊光清等指出国家治理能力现代化需通过掌

---

[1] 刘培功、胡小君：《把制度优势更好转化为治理效能——以党的政治建设推进国家治理现代化》，《学习与探索》2022 年第 2 期；任志江、王鑫：《中国共产党依规治党引领推进国家治理现代化》，《中共中央党校（国家行政学院）学报》2022 年第 5 期。

[2] 马雪松、程凯：《国家纵向治理体系建设的责任意蕴、制度优势及治理效能》，《探索》2022 年第 6 期。

握先进的治理理念、动员多元的治理主体、建设良好的治理制度和运用有效的治理手段，从而把国家治理体系的潜在动能转化为实际有效的治理效能，最终确保现代化进程的有序展开。① 陈国权等则立足于广义政府视角，在有机整合党组织与国家机构的基础上，建立包含决策权、执行权、监督权三方的既相互制约又相互协调的权力结构和运行机制，② 这三种权力也是国家治理能力在功能性维度上所呈现的三类样态。

在此基础上，公共行政学者进一步提出中国式现代化进程中国家治理体系和治理能力建设的三重经验。第一是强化价值引领，国家治理现代化的实现不仅需要科学、完善的制度保障，以具有强大引领力和强烈感染力的社会主义核心价值观作为价值支撑也同样不可或缺。应将社会主义核心价值观深度渗透融合于国家治理体系和治理能力之中，并以此筑牢当代中国的治理文化根基。③ 第二是完善法治指导，法治是国家治理体系和治理能力现代化的航标，依法治理是最稳定最可靠的国家治理方式，完备的法治体系为国家治理体系夯实法治之基，良好的法治能力则推动着国家治理能力的稳步提升。④ 第三是培育系统思维，系统科学是分析国家制度体系和国家治理体系的理论视角，是推动国家治理体系和治理能力现代化的科学方法论，要以系统观推动国家治理体系和能力改革发展，把握系统整体涌现性、统一性与差异性、制度有限性与主体能动性、正负反馈的动态平衡等原则，形成完整且有序的超大规模的国家治理系统工程。⑤

（二）社会治理的结构优化和功能创新

加快推进社会治理现代化是当下研究者探讨社会领域公共行政问

---

① 熊光清、蔡正道：《中国国家治理体系和治理能力现代化的内涵及目的——从现代化进程角度的考察》，《学习与探索》2022年第8期。
② 陈国权、皇甫鑫：《广义政府及其功能性分权》，《政治学研究》2022年第4期。
③ 赵睿：《国家治理现代化视域下社会主义核心价值观引领作用探析》，《西北民族大学学报》（哲学社会科学版）2022年第6期。
④ 付子堂、付承为：《国家治理法治化的若干问题研究》，《兰州学刊》2022年第5期。
⑤ 张树华、王阳亮：《制度、体制与机制：对国家治理体系的系统分析》，《管理世界》2022年第1期。

题的出发点。其中,如何促进社会治理的结构优化和功能创新正是中国公共行政研究所关注的话题。社会治理的结构优化指的是完善社会治理的参与主体类型及互动关系。一些学者认为,社会治理主体主要由政府部门构成,因此这种结构优化是绩效导向的,有助于进一步明确政府系统内部各层级和部门的权责分配,具体的优化策略包括以打破职责同构为重心的纵向政府间关系改革、以加强部门协作为重心的政府职能部门关系改革、以促进府际协同为重心的横向政府间关系改革。① 但是,随着治理主体日益多元化,政府开始广泛吸纳私人部门以及个人进入社会治理结构当中,形成"社会治理共同体",其主旨是化解目标多维与治理资源匮乏的矛盾、打造高度组织化和系统化的社会治理结构,从而实现社会领域的有效治理,具体的结构优化手段包括优化党建引领、织密组织网络、激发公民参与、提升政府能力、加强法治保障。② 但是目前社会治理所尊崇的多元共治结构仍存在"行政过程和结果同上级决策和计划间存在落差""公共能量场发育不完全""话语形式选择偏差和话语的正当性不足"等问题。③ 有研究者进一步指出,在一些特殊的社会治理场域中应加快"去行政化",将治理的主导权交还给社会,例如,中国位处开发区的行政部门就出现体制复归、功能不适与绩效递减等"内卷化"现象。原因在于,当越来越多的行政事务冗杂地堆积于开发区治理事务中时,其内部机构臃肿、职能交叉、人浮于事的体制痼疾就日趋显现出来,开发区机构改革也落入"精简—膨胀—再精简—再膨胀"的"帕金森困境"④。

随着当今中国公共行政研究的深入,大量新的社会治理议题涌入研究者的视野当中,丰富和创新了传统的社会治理功能。一方面,社

---

① 包国宪、周豪:《从转变政府职能到优化政府职责体系:中国行政体制改革的视角转换与分析框架》,《理论探讨》2022 年第 2 期。

② 周明、许珂:《组织吸纳社会:对社会治理共同体作用形态的一种解释》,《求实》2022 年第 2 期。

③ 董伟玮:《基层行政的秩序困境及其超越》,《云南社会科学》2022 年第 5 期;何植民、毛胜根:《市域社会治理多元共治策略研究——基于后现代公共行政话语理论的分析》,《湘潭大学学报》(哲学社会科学版)2022 年第 1 期。

④ 张晨、李梦艺:《治理现代化中开发区"去行政化"改革的需求、动力与向度》,《苏州大学学报》(哲学社会科学版)2022 年第 6 期。

会慈善事业的发展完善了社会治理中的资源汲取功能。近年来，随着"共建共治共享"格局的体制机制设计与制度安排日益完善，慈善事业跨越了之前自发性的野蛮生长阶段，逐步被吸纳到国家治理和社会治理体系中，慈善工作成为社会治理功能创新的主要体现，慈善组织也成为社会治理共同体中的重要组成部分。社会治理共同体通过不断优化慈善机构的职能配置、加强慈善组织机构的配合联动和有序协同、提高慈善捐赠管理体系的运行效率，实现社会财富和社会资源的集中，从而赋能于各个社会治理项目。① 例如，有研究者对社会治理中的社会救助项目进行实证调查，发现慈善组织参与社会救助具有减轻政府财政负担、挖掘和定位社会救助对象、供给救助服务需求、激活存量救助资源、构筑包容发展型救助、完善救助闭环等功能价值。② 另一方面，2022年，社会治理面临着新冠疫情带来的诸多挑战，这也进一步创新了社会治理中应急响应功能。传统的应急响应逻辑涉及结果导向的行政考核取向、公共卫生信息不对称以及数字技术壁垒等问题，为了应对新冠疫情带来的社会挑战，社会治理共同体积极优化和创设了应急响应的组织结构、信息集成管理制度以及应急资源管理制度，③ 弥补了过去社会治理中应急响应功能反应慢、效率低的缺陷。

（三）乡村振兴的战略布局和规划方向

2022年中央"一号文件"《中共中央、国务院关于做好2022年全面推进乡村振兴重点工作的意见》发布，旨在推动乡村振兴取得新进展、农业农村现代化迈出新步伐。为此，公共行政研究聚焦乡村振兴的战略布局和规划方向，提出了一些有益的建设思路。第一，乡村振兴面临的战略转型困境及突破。阎小操等在实证研究中发现，一些乡村对政策依赖性较强，在脱贫攻坚完成后，由于政策衔接处于过渡期，对财富创造和产业帮扶的力度有限，导致乡村振兴的转型工作发

---

① 刘琼莲：《中国社会治理共同体建设与扎实推动共同富裕》，《改革》2022年第8期。
② 李健、成鸿庚：《慈善组织参与社会救助：功能价值与效用机制》，《中州学刊》2023年第1期。
③ 胡艳蕾、梁丽霞：《基层社会公共卫生危机管理制度韧性及其治理逻辑》，《山东社会科学》2022年第10期。

生停滞。[1]为此，要设置社会组织参与乡村振兴的渠道，确保在政策失能时，社会力量能自发地承担乡村振兴责任，因为社会组织往往能通过与基层政府、村庄精英、村庄内生性组织、村民等主体建立互动关系，更容易获得基层政府的政治性支持、地方性权力的接纳、内生性组织的反哺、村民的认可等合法性资源，从而推动社会建设项目落地，激发村庄发展的内生动力，使乡村归于主位。[2]另一种突破方式就是纳入"乡贤治村"思路。选拔乡村精英和乡村人才并使其基于自身情怀、责任及资财禀赋，通过嵌入式"在场"参与到乡村的经济和文明建设中。[3]第二，公共行政学者在乡村振兴研究中广泛运用了案例分析，着重讨论了乡村振兴战略的政策推广模式。许源源等基于"典型示范村"政策，提出了"协调动员、规范执行、目标调适、示范引领、总结推广"五个成为"典型"的步骤。[4]无独有偶，李尧磊分析了在乡村振兴过程中"制造亮点"的多层级逻辑：中央政府的"粗线规划"逻辑向地方政府释放出示范点打造的政治压力，县级政府分配示范点打造指标并提供专项资金支持的"行政动员"逻辑进一步放大了这一压力，乡镇政府在接受上级任务压力的基础上遵循"加压执行"逻辑，进行自我施压，最终才让"亮点"得以形成。[5]这两个研究的共同点在于都将个别乡村振兴的实例进行概括和总结，探讨其如何上升为"典型"或"亮点"，从而进入政策议程并转化为公共政策向其他地区推广。还有一些相似的研究主要集中在少数民族或海外侨胞聚居的乡村，以此来形成多元且成熟的政策蓝本。第三，公共行政学者在汲取经济学等相关理论后，提出了未来乡村振兴的规划方向。一方面，推进公共服务均等化，加强公

---

[1] 阎小操、陈绍军：《巩固拓展脱贫攻坚成果与乡村振兴产业有效衔接——以新疆易地搬迁社区W县P村为例》，《农村经济》2022年第12期。

[2] 尹瑶：《乡村振兴背景下社会组织参与社会建设的路径研究——以川南云村的实践为例》，《农林经济管理学报》2022年第5期。

[3] 谭志满、罗淋丹：《乡村振兴背景下新乡贤参与民族地区乡风文明建设的路径》，《民族学刊》2022年第8期。

[4] 许源源、王础：《典型治理的运行机制研究——基于2003—2022年的乡村典型示范政策的扎根探索》，《湖南师范大学社会科学学报》2022年第6期。

[5] 李尧磊：《中国乡村振兴过程中"制造亮点"的多层级逻辑——基于中部桥镇的案例研究》，《公共管理与政策评论》2022年第6期。

共服务精准施策，确保在全国范围内实现基本公共服务的精准有效供给，积极发挥好公共服务政策在推进乡村振兴和共同富裕中的作用。① 另一方面，在乡村振兴的产业规划中应厘清行政行为和市场行为的边界。政府应提供制度供给、政策供给和服务供给等；而市场则应关注生产原料、价格指导和产品供给等，促成有为政府与有效市场的高质量合作。②

二 广泛吸纳海外成果，开展互动式对话

自"政治—行政"二分后，西方学界率先对公共行政学展开了系统性的研究。中国学界则一方面挖掘本土化的公共行政理论和实践，另一方面汲取和学习西方公共行政研究的优秀成果。2022 年，中国公共行政学研究继续广泛吸纳海外成果，主要围绕行政哲学中的公共性理念和行政科学所涉及的方法论，和国外学者进行互动和对话，从中理解和学习其思想和经验，并将其转化为中国本土公共行政学的研究土壤和研究工具。

（一）行政哲学视角下的公共性探讨

公共行政学的本质属性——"公共性"在西方公共行政学百余年的发展历程中历经迷失、回归、衰微、复苏四个阶段，呈现出回还往复的钟摆运动现象，其结果就是造成"强公共性研究共同体"和"弱公共性研究共同体"的分野，尽管如此，公共性的"范围"也始终未脱离公共行政的最低标准，确保它是基于对话的公共性（政府及其人员应当去"中心—边缘"结构化，去等级权威主义，尊重"公共能量场"的功能）、是基于他在性的公共性（政府凭借技术和权力优势的主体地位已被解构，必须尊重和关注与其他多元主体的合作）、是基于现

---

① 卢盛峰等：《面向乡村振兴的公共服务均等化研究：以医疗和教育为例》，《财政研究》2022 年第 6 期。
② 李卓、郑永君：《有为政府与有效市场：产业振兴中政府与市场的角色定位——基于 A 县产业扶贫实践的考察》，《云南社会科学》2022 年第 1 期。

代公共性的公共性（确保公共性在现代化语境中仍存在旺盛的生命力）。① 除了关注公共性的历史和外延外，公共性的本质也得到了充分讨论：在理论上，公共性是以公众为导向的价值路径；在时间上，公共性是从本能、感性到理性，从生产、分配到消费，从表达、行动到结果的发展过程；在空间上，公共性是行政—政治—社会的博弈格局和技术—价值—形式的复合结构；在客体上，公共性是共同生产、共同生活和公共事务；在本体上，公共性是以共同体为归属、以协作为社会关系的存在。② 基于对公共性的探讨，2022 年，中国的公共行政学再度开启了对公共价值、公共行政伦理等经典行政哲学概念的热议。

从宏观上看，公共价值体现了整体层面的公共属性。关于公共价值的概念至今尚未形成一个共识性的定义，综合穆尔、波兹曼、梅恩哈特三位学者对公共价值的定义，孙斐认为，公共价值是对公众有价值的结果，其核心是要满足公众的根本需要，从而将公共价值界定为公共服务生产者和使用者偏好的集合，主要通过公共管理者与公众等核心利益相关者的互动过程来共同实现，并最终接受公众的评判。③ 杨渊浩则提出"公共价值"概念内涵的理解分为结果导向和共识导向两个维度，前者强调公共价值来源于社会公众的集体偏好和期望，后者强调公共价值来源于权利、义务和原则。④ 在总结概念内涵的基础上，陈振明等认为，以公共价值为核心的研究凸显了创造公共价值和规范公共价值两种取向：创造公共价值源于对新公共管理的批判，侧重关注管理问题及公共管理者的价值观，涉及价值创造工具、价值识别与测量、实践中的公共价值创造等内容；规范公共价值源于对经济学分析方法的批判，关注政策和制度中符合公共价值的部分，涉及价值集合、分类与结构，价值冲突和价值失灵等研究内容。⑤

---

① 丁煌、梁健：《探寻公共性：从钟摆到整合——基于公共性视角的公共行政学研究范式分析》，《江苏行政学院学报》2022 年第 1 期。
② 罗梁波：《公共性的本质：共同体协作》，《政治学研究》2022 年第 1 期。
③ 孙斐：《理解公共管理者的公共价值选择：一个整合的理论分析框架》，《南京社会科学》2022 年第 5 期。
④ 杨渊浩：《民政兜底保障的公共价值论析》，《中国行政管理》2022 年第 12 期。
⑤ 陈振明、魏景容：《公共价值的"研究纲领"：途径、方法与应用》，《公共行政评论》2022 年第 6 期。

从微观上看，行政伦理研究强调公共性研究中的个体维度。在承担行政责任时，价值来源的多样性及其非序列化关系、产生于对责任事实认定和责任关系判断的认知分歧等因素导致了行政伦理的决策困境。① 盛明科等学者从具象的"为官不为"现象阐述了这一话题，认为其实质是干部在履行岗位责任过程中的行为选择因权力、角色和利益等多重因素的影响而偏离公共价值的一种行政伦理失范状态。其中，基层干部责任信念和意志、责任自律意识等内部控制功能不足，责任培育制度、责任赏罚制度、责任监督制度等外部控制手段不力是滋生"为官不为"伦理问题的重要因素。② 而随着数字力量的嵌入，中国公共行政研究也开始关注数字政府建设中的伦理冲突，包括技术进步所带来的手段与目的之间的冲突（技术应用能被行政结构控制以防止滥权，行政结构能被技术进行巧妙设计以防止落后）和继承自传统政府行政组织模式的组织与个体之间的冲突（公务员被要求按照既定程序工作，不能越权自行改变程序，而符合程序要求的懒政即使产生负面结果也会被程序理性的伦理价值观所掩护）。③

（二）行政科学视角下的方法论阐释

近年来，加强对行政科学方法论的运用是中国公共行政学研究的重要趋势，尤其是在吸纳国外公共行政学的定量研究、实验研究，以及各种跨学科研究方法后，中国公共行政学研究中也争相纳入了各类方法论的使用。2022年，在中国公共行政学研究中，研究者广泛吸纳国外成果，逐渐形成以案例为核心的多象限研究策略，为创造和升华中国的公共行政理论提供了重要的方法论指导。

以扎根理论为代表的质性研究依然受到了广泛应用，在不同行政层级和行政活动研究中都出现了扎根理论的身影。它是一种以构建理论为目标的归纳式质性研究方法，最显著的特点是将理论的建立扎根

---

① 张书涛：《行政责任伦理难题及其消解之道》，《伦理学研究》2022年第5期。
② 盛明科、孟俏俏：《基层干部"为官不为"行为的伦理规制》，《学习与探索》2022年第6期。
③ 张雪帆、蒋忠楠：《公共行政的数字阴影：数字政府建设中的伦理冲突》，《公共行政评论》2022年第5期。

于系统的语料搜集和语料分析基础之上，是一个自下而上将语料不断进行浓缩归纳的过程。① 扎根理论的使用者需要对理论保持高度的敏感性，避免重复性的理论输出或是出现理论逻辑漏洞。另外一个被广泛使用的研究方法是定性比较分析法，它以组态比较理论与整体论的思想为基础，将复杂社会问题视为多种因素相互作用的结果，从整体视角出发探究复杂问题间的因果关系，从而找到具有等效性结果的不同路径。② 此外，大量应用经济学模型和假设也开始浸染中国公共行政学的研究，以理性人假设为起点分析行政主体的思想和行为，从而预测或是评估行政活动的质量。就这些方法而言，最关键的共同点在于对案例的选取，案例的数量和质量将直接影响整个研究过程的信度和效度。另外，这三个方法也各有弊端，譬如，对扎根理论而言，如何完全避免主观因素对研究结果的影响是令人担忧的；对定性比较分析的抨击则在于其没有明确结合时间维度，因此无法按照时间过程进行分析；对引入大量经济模型的定量研究而言，一些数理模型和公共行政问题的契合性受到了研究者的广泛质疑。

基于这些问题，2022 年，公共行政研究者在总结国外研究境况的基础上，阐述了一些富有意义的新兴方法论。第一种集中关注了公共行政的过程属性，对个案纵向时间尺度进行梳理，焦文婷将其称为事件序列研究方法，它以事件为基础，通过建立事件链，发现其中隐含的事件序列模式。该方法探究案例触发条件及其所带来的结果，有助于研究者探索案例的过程动态、时间属性与因果机制，在我国公共行政复杂治理研究中有极大的应用潜力。③ 第二种容纳了跨案例分析与过程追踪两种研究方法，陈玎称其为集合论多元方法。集合论多元方法以寻求因果关系为目的，试图挖掘跨案例分析和过程追踪在集合论基础上结合的互补优势，这不仅在学理上摆脱了研究对象在单一时

---

① 高进、石婧玮：《基层行政飞地属地管理的空间治理——基于22个案例的扎根分析》，《公共管理学报》2022 年第 3 期。
② 胡税根等：《行政审批制度改革的路径选择——基于30个省会及以上城市的定性比较分析》，《经济社会体制比较》2022 年第 2 期。
③ 焦文婷：《探究公共行政的过程属性：事件序列研究方法的方法论价值》，《中国行政管理》2022 年第 10 期。

空环境中的限制,也进一步推动定性研究方法的多元化。① 第三种是由李延伟谈及的 Q 方法。其核心优势在于允许研究者探索行为个体的主观性,通过量化的因子分析方法确立概念化类型,以此推动公共行政理论的发展。具体而言,该方法结合了定性研究方法与定量研究方法,有助于我国公共行政学者更好地探索制度和个体之间的关系,允许公共行政学者了解行为个体对制度的不同理解、态度与看法。② 和之前常见方法的相同点在于,这三种方法同样关注了对案例的遴选和采纳。但是,通过透视这几种研究方法,也能进一步总结出当下中国公共行政研究在方法论领域的发展趋向。第一,对公共行政问题和行为的溯源是研究者未来关注的议题,如何将现象层面的因果联系深入时间序列中进行考察,需要研究者作出进一步深度探索。第二,方法论的跨学科属性日益明显,除了经济学外,公共行政科学涉及的方法论也广泛吸纳心理学、计算机科学等学科的知识和技能,以寻求新的突破。第三,对个体行政行为乃至行政心理的关注日益增加,这就要求未来的公共行政研究重新观察国家—社会—个人的三方互动关系,尤其要强调个人在其中的行政价值。第四,方法之间的相互叠加广泛出现,数种效能各异的方法可能会同时出现于某一公共行政研究项目当中,这些方法可能是问题导向的,分别从纵向和横向维度关注具体的公共行政问题,也可能是机制导向的,分别在某一公共行政研究中起到检验、分析、预测等不同功能作用。

三 秉持人类共同愿景,实现多元化治理

作为一门兼具理论意义和实践意义的学科,中国公共行政学不仅在观点和方法上与国外接轨,也和国外的公共行政学肩负着共同的研究愿景,这些愿景关系到人类的发展未来,其中就包括技术、安全、生态等主题。如何妥善处理这些主题所涉及的相关问题,防范其对人

---

① 陈铮:《跨案例分析与过程追踪的结合:集合论多元方法的方法论价值》,《中国行政管理》2022 年第 7 期。

② 李延伟:《公共行政研究中的主观性探索:Q 方法的方法论价值》,《中国行政管理》2022 年第 9 期。

类文明所造成的负面影响，中国公共行政研究者提出了多元化的治理视角和治理路径。

（一）技术治理的效能和反噬

技术是步入未来世界的钥匙。进入数字时代以来，围绕技术治理的公共行政研究可谓是经久不衰，2022 年，中国公共行政研究者仍致力于研究技术治理的效能，但是有越来越多的学者开始关注技术治理所引发的一系列反噬。

有关技术治理的效能研究，大多谈及技术治理的路径、成效及技术治理的应用场域。例如，杨嵘均以城市中的技术治理为例，提出要通过加强顶层设计、融通价值理性和工具理性、挖掘城市治理的内部韧性以发挥共治优势、践行人与自然和谐发展的生态理念并动态调适人与自然之间的关系等措施，构建适应不确定性和复杂性的城市治理体系和能力。[1] 这种技术治理在很大程度上能满足现代社会治理高标准数据需求、构建互联网时代的信任机制、显著提升治理效率、促进治理模式创新。[2] 而技术治理的应用场域则不仅包括各个行政层级和各类行政职能，还涉及治理的各个环节，具体包括数据流、信息流等治理要素的获取；[3] 政府、公民、人工智能等技术本体之类的治理主体选择；[4] 评价、预测、分析等治理手段的运用。[5]

但是，显然目前有更多的学者关注到了技术治理对人类世界的反噬及其导致的治理低效化。这种反噬主要由三方面所导致。第一，技术本身的能力有限，尤其是技术本身存在的安全隐患。例如，技术依赖的算法可能"失算"，尤其是某些黑客会利用程序漏洞躲避防火装

---

[1] 杨嵘均：《韧性城市建设：不确定性风险下"技治主义"城市治理范式的转型方向》，《探索》2022 年第 1 期。

[2] 高阳等：《数字技术支撑现代社会治理体系的底层逻辑与实现路径》，《行政管理改革》2022 年第 4 期。

[3] 张小劲、陈波：《以数据治理促进政府治理：政务热线数据驱动的"技术赋能"与"技术赋权"》，《社会政策研究》2022 年第 3 期。

[4] 庞祯敬等：《人工智能治理：认知逻辑与范式超越》，《科学学与科学技术管理》2022 年第 9 期。

[5] 宋林霖、陈志超：《中国营商环境治理：寻求技术逻辑与制度逻辑的平衡》，《行政论坛》2022 年第 5 期。

置让智能失效，或通过修改数据源使图像和语音识别系统失去甄别能力，引发一系列安全危机。① 第二，技术裹挟其他力量发动对人类世界的侵蚀，尤其是资本力量。当下的数字政府在运用技术提高治理能力时，也面临着技术资本侵蚀的危机，从技术层面的信息控制和技术内嵌，到权力层面的权力依赖和权威迁移，最终导致数字政府结构异化、履职受限、行为效率下降、数字能力弱化。② 第三，人对技术的过度依赖。赵晓峰等以基层为研究场域，认为在传统科层关系的影响下，基层治理者在运用技术生产数字（建立村级台账、信息统计等）时容易产生依赖。这种依赖集中表现在基层治理者对技术化形态的过度追求上，最终致使基层工作人员被数字技术构建的治理平台所束缚。③

（二）生态治理的模式和责任

生态是接续过去和未来的桥梁。党的二十大报告提出，要坚定不移走生产发展、生活富裕、生态良好的文明发展道路。生态治理是贯穿人类文明的重要任务，近年来，大量环境、生态议题映入公共行政研究者的眼帘，促使其深究生态治理所带来的福祉与可行的路径。方盛举等围绕县域生态治理提出了县域的"绿色行政"概念：县级党委、县级政府领导和组织多元社会主体，在县域绿色公共能量场中秉持绿色正义原则，通过绿色话语交往平台运行绿色话语表达机制、制定和执行绿色政策、以绿色绩效检验绿色行政质量，进而促成县域中人与自然和谐共生目标的实现。④ 但是相较于其他治理行为，生态治理有很明显的延展性和跨区域性，因此，归纳生态治理模式及主体责任就成为公共行政研究者热议的话题。一方面，从宏观角度出发分析

---

① 张铤：《人工智能嵌入社会治理的风险及其规避》，《浙江工商大学学报》2022年第3期。
② 许开轶、谢程远：《数字政府的技术资本侵蚀问题论析》，《政治学研究》2022年第2期。
③ 赵晓峰、刘海颖：《数字乡村治理：理论溯源、发展机遇及其意外后果》，《学术界》2022年第7期。
④ 方盛举、史祥弗：《县级政府绿色行政的概念内涵、构成要素与运行逻辑——一种基于"体系—过程—政策"的研究进路》，《理论探讨》2022年第6期。

跨域生态治理模式。王树文等基于纵—横双向权力关系交互，总结了多样的跨域治理模式类型，包括政府权威主导型、混合型权威主导型和多元联合型三种。① 李宁等则动态地探讨了生态治理模式的变迁，过去行政区划的刚性限制和生态系统整体性之间的内在张力使得跨区域生态治理呈现出"碎片化"的现实样态，因此要将跨区域生态一体化治理作为新兴的治理模式，实现区域间生态利益的协调与均衡以及增强跨区域生态治理制度系统的稳定性。② 另一方面，跨区域生态治理涉及了不同治理主体，因而如何明晰其责任范围、迫使责任履行等问题受到了广泛关注。首先，现有研究聚焦于环保督察等问责手段对生态治理的作用，具体包括由中央环保督察施加各种压力，以及地方政府在治污过程中采用运动式治理"嵌入"科层组织，从而解决以往常规治理失灵的困境。③ 其次，研究者分析了如何在生态治理中确保问责工作本身的效能。谷志军等基于实证分析发现，政治问责压力中的领导批示和社会问责压力中的民众诉求对问责精准度有显著的正向影响，而政治问责压力中的提级问责和巡视巡察对问责精准度有显著的负向影响。④ 最后，研究者论及了如何优化生态治理（尤其是跨域的治理活动）中问责手段的应用。生态治理中的问责主体应当通过构建跨区域环境问题的信息和线索收集机制、督促整改机制和问责启动机制，实现对跨区域环境问题执法状况的实时监督，最终充分发挥问责在跨区域环境治理和生态治理中的功能。⑤

（三）安全治理的风险和策略

安全决定了未来世界的命运。身处百年未有之大变局中，当下的

---

① 王树文等：《跨域生态治理模式：一个纵—横双向权力关系视角——以赤水河流域治理为例》，《农林经济管理学报》2022年第4期。
② 李宁、李增元：《从碎片化到一体化：跨区域生态治理转型研究》，《湖湘论坛》2022年第3期。
③ 薛秋童等：《环保督察如何实现长效治理？——以K县Y流域治污为例》，《湖南农业大学学报》（社会科学版）2022年第2期。
④ 谷志军、曾言：《问责压力何以影响精准问责？——基于2015—2021年生态环保问责案例的实证分析》，《公共行政评论》2022年第6期。
⑤ 竺效、邱涛韬：《区域环保督察的功能定位及制度完善》，《治理研究》2022年第1期。

公共行政研究开始更加审慎地对待安全议题，防范安全风险对人类生存环境和人类未来命运的破坏和伤害。其中，对公共安全理论的深入挖掘喻示着公共行政研究者对安全治理的关注。公共安全作为安全的一个子集，融合了国际关系语境中"security"意义上的和安全科学语境中"safety"意义上的安全，是价值目标和事实结果的复合体，严佳等将其界定为"使公众免于人身伤害或财产损失的价值目标和客观结果"[1]。安全和风险常常被视为"孪生概念"，这使得大量安全和风险问题共同萌生于新兴的行政场域中，譬如以数据安全、技术风险为代表的算法行政问题。林园春提及了"安全失序"一词，即在公共行政部门应用人工智能系统的实践中，既存在大规模监视及其产生的个人隐私泄露的风险（一旦处理不当，就会引发数据和个人信息泄露等不道德行为），还存在系统被黑客攻击、破坏、非法使用等风险。[2] 此外，随着研究者对安全风险和危机的关注与日俱增，应急行政这类致力于化解安全问题的协同行政场域也应运而生，因为单部门应急管理不能应对当下多变的突发情况，必须引导多元主体共同参与治理活动。魏淑艳等以武汉市应对新冠疫情案例为现实基础，提出优化制度环境、完善权力架构、加强技术支撑等提升地方政府协同应急执行力的路径。[3] 张海波等则深度探讨了安全在应急行政中发挥的尺度作用，提出"以安全为先的应急行政工作"，一方面让资源（尤其是关键资源）分配向应急管理倾斜，另一方面促进应急管理的责任落实，实现对各级地方党政领导的责任监督。[4] 在此基础上，为了应对新兴行政场域和行政风险的激增，公共行政学者提出了安全治理体系的优化和提升策略，面对当下区域经济社会发展不平衡、整体生态承载力系统脆弱、应急动员机制与资源整合机制缺乏长效性等问题，要加强基础性系统建设、提升抗压能力，构建全方位的数字立体智能化

---

[1] 严佳、张海波：《公共安全及其治理：理论内涵与制度实践》，《南京社会科学》2022年第12期。

[2] 林园春：《人工智能驱动政府治理模式变革的逻辑与策略》，《中州学刊》2022年第9期。

[3] 魏淑艳、杨小虎：《中国地方政府多元主体协同应急执行力模型建构及实现》，《西北师大学报》（社会科学版）2022年第4期。

[4] 张海波、童星：《中国应急管理效能的生成机制》，《中国社会科学》2022年第4期。

公共安全管理系统，加快公共安全主体协同，打造拥有综合承载力的公共安全治理体系。①

四　对当今中国公共行政学研究的审思

理清顽疾和沉疴的当代成像。中国公共行政学研究中一直有一些顽疾和沉疴存在，顽疾指的是一些曾经被妥善处理的问题在现在和未来重复出现，沉疴指的是从过去到现在一直未能被妥善解决的问题。尽管这些问题起源极早，甚至早于现代中国公共行政学的开端，但是一直腐蚀和侵害着中国的行政行为、加大了行政风险。随着时间的推进，这些顽疾和沉疴不仅出现了新的表征，而且引致了新危机的出现。例如，腐败问题一直以来都被视为公共行政研究中的顽疾，过去，腐败常常表现为卖官鬻爵、权钱交易等行径。近些年来却在技术的渗入下形成了新的腐败手段，而这些"技术腐败"可能会引发更加严峻的行政部门公信力问题。为此，我们必须及时更新对公共行政中顽疾和沉疴的认识，理解其在当代的具体表现、形成因素和影响范围，从而对症下药地提出符合时代需要和时代能力的应对策略。在此基础上更进一步对这些行政问题的未来走势进行把脉，防范其发生新的质变。

疏通规范和实证的研究障碍。随着大量国际公共行政成果进入中国研究者的视野，中国公共行政学研究悄然出现了规范和实证之争。基于规范研究的公共行政研究者认为，实证研究常常通过以小见大、以局部看整体的方式进行，是对其责任和观点的不负责。而基于实证研究的公共行政研究者则反驳说，规范研究往往从高屋建瓴的理论角度看待行政事务，实则难以对现实的公共行政实践进行全盘了解。但是可以预见，未来大量新兴研究方法以及混合研究方法的涌现，也许能弥合两者数十年的纷争。这些方法可以通过提高对研究对象和相关案例的可及性，扩大信息和数据采集的渠道和领域，引入更加便捷和

---

① 林建华、赖永波：《基于综合承载力的城市公共安全体系优化研究》，《东南学术》2022年第3期。

简易的分析和预测模型，从而延展和扩大实证研究的尺度和弹性，最终有效降低公共行政规范研究者的应用难度和公共行政实证研究者的应用条件，稀释实证研究和规范研究之间的壁垒。

　　做好本土和国际的双向接轨。长期以来，中国公共行政学研究都被视为西方公共行政学的"附庸"，大量研究试图用西方行政学说的相关理论来解释发生在中国的公共行政问题。这种直接将理论嫁接于现实的研究思路并不利于中国公共行政问题的解决：当大量未考虑适用性的理论被直接引入中国公共行政情境并加以使用，甚至成为解决中国行政问题的金科玉律时，导致了行政问题的溢出和扩散，加剧了公共行政问题的危害性。近几年来，随着本土公共行政研究的范畴逐渐宽广、领域逐渐多元，中国公共行政的学科雏形已初显端倪。然而其影响力仍无法和西方公共行政学研究同日而语。因此，未来我们不仅需要继续汲取国际公共行政学术资源和研究经验，而且应尝试将本土的公共行政研究成果向世界传播，形成双向接轨。这不仅有助于扩大中国公共行政学研究的影响力，还能通过与国外学者进行思想碰撞和研究互动，提高中国行政学研究的创新力。

中外政治制度研究的新景象

程凯 柏然 陈虎 马雪松[*]

政治制度在本质上是人类交往的产物和实践性成果，通过为政治领域确立基本性的秩序状态，在政治权力的结构与安排中运用积极和消极的因素，实现约束和引导人类行为的目的。中外政治制度研究作为政治学的分支学科与专门领域，涉及中外国家政权本质、国家结构形式、政府组织形态以及构成国家制度的相关体制和一般机制。同时在新制度主义政治学、比较政治学、制度经济学、历史社会学等交叉学科理论体系与分析方法的推动下，对当代不同国家的政治发展特别是国家治理问题进行深入探索，从而体现出高度的现实关怀和学理反思属性。从当代中国政治制度建设道路的内在机理来看，党的十八大以来，中国特色社会主义制度体系建设与发展的经验生动表明，完善政治制度并不能照搬照抄其他国家政治发展的既有模式，也不能囿于任何理论的浅层内容。只有将实践作为完善和发展政治制度的源泉和依据，一切从现实国情出发总结中国政治体制发展与变迁的突出成就，探索中国政治体制发展的内在逻辑，反思中国政治体制发展的深刻教训，才能推动中国政治体制的不断发展、创新与完善。因此，全面梳理2022年中外政治制度研究的新进展，可以从制度理论及其应用、国家治理现代化研究进展、民主理论及其实践、廉政建设与腐败治理四个角度集中展开分析。

---

[*] 作者工作单位：程凯、柏然、陈虎、马雪松，吉林大学行政学院。

一　制度理论及其应用研究

制度作为人类社会的实践性产物与交往性媒介，在公共生活中发挥着维系秩序、规范价值、约束行为等作用，是众多政治、经济、社会及文化现象的关键解释变量，受到社会科学研究者的长期关注与高度重视。政治学者根据制度在政治生活中的实践形态及价值功能，围绕制度的生成、维系及变迁进行了卓有成效的探索，制度分析范式也成为政治学者拓展研究议题、更新研究方法、建构政治理论的基本路径之一。在当代中国政治生活中，中国共产党秉持科学社会主义理论的基本原理、结合中国社会发展的实际情况，创立了具有中国特色、显著制度优势、强大治理效能的先进制度。特别是进入新时代以来，中国共产党从新的实践高度，更加重视党和国家的制度建设，推动中国特色社会主义制度体系的成熟定型与优化完善，为中国式现代化提供了坚实的制度支撑。在此背景下，政治学者愈发关注当代中国的制度建设及实践发展，相继产出一批兼具理论深度与现实关切的研究成果。2022年，国内学界的制度理论及其应用研究整体上呈现出规范研究持续深化与经验研究不断丰富的良好态势，尤其体现在制度理论的前沿探索和针对中国制度建设的实践考察两个方面。

（一）制度理论的规范研究

2022年，国内学界的制度理论研究集中在制度分析的路径深化、制度理论的整体审视以及制度与其他议题的交叉研究等方面。政治学者在总结梳理新制度主义政治学不同流派理论主张与分析优势的基础上，针对制度建构、制度变迁、制度功能等制度理论的一般性问题作了讨论，部分学者结合理论与实践重点探讨了制度理论在国际关系领域的应用与发展。

1. 新制度主义政治学的新进展

20世纪70年代以来，在选择性吸收旧制度主义和批判性反思行为主义政治学的过程中，新制度主义政治学得以确立并蓬勃发展，成为制度理论研究的基本范式与主要路径。2022年，国内学者的新制度主义政治学研究，主要围绕不同流派的议题侧重及研究主张展开。

理性选择制度主义作为新制度主义政治学的重要流派，从新古典经济学的理性选择分析与社会科学的复杂脉络中汲取理论资源与前进动力，在实证政治理论的制度研究中形成新的身份认同和发展方向，主张从经济人假设、利益算计和交易费用等角度理解制度的运作和发展，是实证政治理论的主要内容与新政治经济学的前沿领域。吴健青和马雪松通过系统剖析理性选择制度主义，将偏好、行为与结构概括为理性选择制度主义的核心议题。他们认为，就偏好而言，从固定偏好转向内生偏好意味着理性选择制度主义开始承认制度、文化和情景对偏好具有显著的塑造作用；就行为而言，从理性选择到感性选择表明理性选择制度主义愈发关注政治生活中那些非理性的但可理解的行为；就结构而言，从结构诱致均衡转向制度逻辑，体现出理性选择制度主义在整合制度理论、推动理论创新方面所做的积极探索。[①]

历史制度主义的产生与发展得益于传统政治研究的资源供给和理论滋养，在政治制度的存续变革、结构变量的因果机制、权力关系的效用分析等方面取得丰硕成果。马雪松从发生路径、内在逻辑及价值意义三个层面对历史制度主义作了整体性考察，指出历史制度主义在秉承政治科学研究传统的基础上汲取社会科学其他领域的研究成果，在更新方法及拓展领域的过程中持续同新制度主义政治学其他流派保持密切对话，并且提出整合结构主义和历史取向的理论主张与解释框架。历史制度主义通过分析与阐释长时段、结构性、跨领域的政治、经济与社会问题，相继构建出路径依赖、正向反馈、关键节点等多种理论模型，但在处理结构与能动关系、分析因果机制、探讨观念议题以及凝练理论框架等方面存在一定的不足，迫切需要通过更新方法、拓展论域、转换视角以及整合资源进一步完善其自身的理论框架。[②]马雪松还编译了美国政治学者凯瑟琳·西伦（Kathleen Thelen）和斯文·斯坦默（Sven Steinmo）的经典文章《比较政治学中的历史制度

[①] 吴健青、马雪松：《偏好、行为与结构：理性选择制度主义的三重维度》，《理论月刊》2022年第11期。

[②] 马雪松：《历史制度主义的发生路径、内在逻辑及意义评析》，《社会科学战线》2022年第6期。

主义》。在这篇文章中，两位作者不仅针对历史制度主义的制度界定、理论前提、分析主题及前沿议题作了阐释与说明，而且通过比较历史制度主义同早期制度分析、行为主义以及理性选择分析的异同，揭示出历史制度主义在分析现实问题中的显著特色与解释潜力。[1] 彭琪和刘伟从政治情景与历史传统的辩证关系出发，对历史制度主义与历史政治学作了横向比较。研究发现，虽然历史制度主义与历史政治学都强调政治分析应当充分考虑历史要素，但前者只是将历史看作能为政治学研究补充时间性与历史感的一种分析工具，后者则更加强调历史在政治学研究中具有文明底色以及本土性意蕴等意义。历史制度主义与历史政治学的显著差异还体现在时间性分析层面，前者倾向于从中观层面出发"历史地"看待问题，但在回答结构重要还是时间重要这一关键问题时却含糊其词，后者同时重视社会结构和个体行动，这有利于分析不同场域中的差异化政治现象。[2]

受到社会科学研究"语言学转向"影响而确立的建构制度主义，是新制度主义政治学的新兴流派。这种兼具结构性要素与能动性要素的制度分析范式，主要包含观念制度主义、话语制度主义、修辞制度主义等研究路径，是政治科学话语阐释的主要阵地和重塑"结构—能动"关系的前沿领域。丁煌和梁健从发展历程及观点评述等方面考察了话语制度主义，围绕话语与公共行政的关系审视了话语制度主义所蕴含的公共行政价值。研究认为，理性选择制度主义、历史制度主义及社会学制度主义虽然有助于理解与把握制度的存续机制及变迁问题，但这种偏向静态的分析路径难以有效解释制度变化的动态性。在对既有理论的反思与修正过程中，政治学者与社会学者愈发关注观念、话语对制度的影响，话语制度主义逐渐发展壮大。作为新制度主义政治学的最新流派，话语制度主义以观念和话语作为核心分析要素，为理解制度和制度变迁提供了内生性的动态视角，但在理论的解释力与适用性等方面存在不足，完善话语制度主义的分析路径必须推

---

[1] [美] 凯瑟琳·西伦、斯文·斯坦默：《比较政治学中的历史制度主义》，马雪松译，《上海行政学院学报》2022 年第 3 期。
[2] 彭琪、刘伟：《政治学中的历史之辩：历史制度主义与历史政治学的比较》，《文史哲》2022 年第 2 期。

动不同学科与流派的理论对话与成果互鉴。[①]

2. 制度变迁及制度变迁理论的新探索

政治科学中的制度理论以政治生活中的制度实践作为研究对象，致力于从制度生成、维系及变迁的过程中，提炼和总结政治制度的演进逻辑与政治生活的一般规律。围绕制度的生成与发展等关键议题以及制度理论的建构路径，国内学者取得了丰硕的研究成果。

政治制度的确立、发展以及功能发挥是一个动态的历时性过程，制度的生成、维系及变迁因此成为制度理论研究的核心议题与基本内容。其中，制度的生成与确立作为制度发挥约束功能、维系秩序状态的前提，是制度理论的研究重点。方钦编译了英国政治经济学者罗伯特·萨格登（Robert Sugden）的《权利、合作与福利的经济学》，该书是博弈论制度分析的经典之作。萨格登聚焦协调惯例、产权惯例和互惠惯例这三类基础性的社会制度，认为这些惯例是在没有政府的情况下，个体在追逐其自身利益的过程中形成的稳定行为模式，本质上是一种自发秩序。行动者遵从这些自发秩序，更多的是源于一种道德的力量，即"合作的原则"，人类社会中的大多数道德，都是围绕自发秩序而成长起来的道德规则。[②] 制度变迁是指制度的价值功能、结构要素及运行机制在内外因素的交互影响下所发生的调整与变动，一些关键制度的变迁甚至会对政治发展与社会演进产生深刻影响。崔珊珊借用社会学制度主义的分析范式集中审视了制度变迁的发生机理，并对该制度流派的理论贡献与内在不足作了评价。作者从社会学制度主义的文化—认知视角出发，主张环境、制度及行动者是制度变迁的三大动力来源，制度变迁也并非一种简单的线性演进，而是多重变量在不同阶段的复杂互动过程。[③] 就制度功能而言，制度作为人类社会的实践产物，能否契合人们的预期、发挥既定功能往往会影响制度的

[①] 丁煌、梁健：《话语与公共行政：话语制度主义及其公共行政价值评析》，《上海行政学院学报》2022年第1期。

[②] ［英］罗伯特·萨格登：《权利、合作与福利的经济学》，方钦译，复旦大学出版社2022年版。

[③] 崔珊珊：《社会学制度主义视域下制度变迁的发生机理》，《理论月刊》2022年第10期。

存续。王正绪结合制度理论系统阐释了秩序与繁荣这一政治学的原初问题。作者认为，以理念性与组织性为主的制度体系，通常包括价值、理论、组织及技术四个层次，在政治生活中具有规范、指引和约束政治行动者的作用，能为政治实践提供规律认知与可预测性，确保政治系统维持稳定的政治秩序并确保政治共同体有效地追寻繁荣。①

制度理论的构建不仅需要通过总结与提炼经验现象来明确概念范畴，而且应当遵循基本原则与学科规律确立完备的理论框架。2022年，国内学者围绕制度理论的建构路径作了深入探讨，并通过结合其他领域的研究成果进一步拓展了制度理论的分析框架。马正立和赵玉胜针对制度理论建构的整体考察，揭示出建构制度逻辑理论应当遵循四项基本原则，包括社会结构与行动的定向战略、制度的物质性与象征性、制度的历史权变性，以及制度的多重分析层级。实践与身份是制度逻辑理论的基本概念，多重制度逻辑为行动者提供了在社会互动中用来再现、改变组织身份与实践的微观基础。② 陈世香和邹胜男结合理性选择制度主义及其制度变迁理论，创新性地运用组织场域理论及其多层次制度过程理论，建构起一个包括社会环境、组织场域与行动者分析在内的多层次的整合性分析框架，深入探讨了中国制度改革的内在逻辑。作者认为，中国的制度改革不仅面临宏观性制度环境的约束，而且深受改革地区外部因素的影响；同时，中国的制度改革既包括规制意义上的正式制度安排，也涵括规范和文化—认知层面的非正式制度安排；从行动者层面来看，中国的制度改革除了党政部门等集体行动者之外，还涉及政治精英、改革对象等个体行动者。③

3. 制度理论在国际关系领域的新发展

2022年，国内政治学者的制度理论研究还集中在国际关系领域，相关研究不仅矫正了当前国际关系研究过于强调权力政治而忽视制度

---

① 王正绪：《秩序与繁荣：政治学原初问题的制度主义解释》，《学术月刊》2022年第3期。
② 马正立、赵玉胜：《制度逻辑理论建构：基本原则与整体模型》，《重庆社会科学》2022年第5期。
③ 陈世香、邹胜男：《制度变迁视角下中国制度改革研究：一个整合性分析框架》，《求实》2022年第6期。

要素的做法，而且进一步拓展了制度理论的研究议题与理论层次。宋勉和张仕荣结合新自由制度主义与美国政治学者罗伯特·基欧汉（Robert Keohane）的国际制度理论认为，国际制度通过发挥服务和惩罚功能，依靠关联性网络来促成国际合作。在此过程中，国际制度的权威性至关重要，这是国际合作得以建立的重要基础。但权威性的获取难度以及外在环境的影响，也有可能削弱国际制度的制约能力，进而导致国际制度面临失效的风险与挑战。国际制度失效的根源在于国际制度的不公平，对此需要更加重视"多元主义""伙伴关系"和"实践参与"的重要性，推动国际制度向着更加公平、合理的方向发展。① 张发林以国际关系领域的现实主义和新自由主义为基础，通过融合权力逻辑与制度逻辑，构建起现实制度主义的理论分析框架，尝试解释国际政治中的无政府性和制度性、国际关系中的冲突与合作以及国际秩序的变迁态势。作者指出，现实制度主义坚持两大基本理论假设：一是国际制度的多重权力属性和权力结构共同导致了国际关系中的冲突与合作；二是大国间的国际制度竞争决定着国际秩序演变的方向和方式。现实制度主义的研究议题通常包括四个方面，即分析国际制度和国际体系的新变化，描述和解释国际关系中的冲突—合作这一复合形态，理解国际制度的变迁路径和自主性，以及阐释大国制度竞争与国际秩序变革。② 张发林还借鉴了经济方略理论的研究成果，将国家运用国际制度实现对外政策目标的策略、方法和技巧概括为制度方略，指出制度内涵、权力属性及操作策略是国际政治中制度方略的三大构成要素。作者根据国际制度的操作性、工具性及结果性等权力属性，强调国际政治中制度方略的操作策略通常包括利他、合作、诱陷、强迫和排他等基本类型。③ 田野针对国际关系领域的制度研究作出了中肯评价，指出国际关系领域的新自由制度主义通过阐释与论

---

① 宋勉、张仕荣：《基于新自由制度主义理论的国际制度失效研究》，《天津师范大学学报》（社会科学版）2022 年第 3 期。
② 张发林：《现实制度主义：一种国际关系理论的合成》，《国际政治研究》2022 年第 4 期。
③ 张发林：《国际政治中的制度方略：内涵、逻辑与策略》，《东北亚论坛》2022 年第 5 期。

证国际制度在降低交易成本中的积极作用，弥补了传统自由主义理论忽视国际制度的不足，但也因忽视权力分配这一政治学研究的核心问题而饱受批评。[1]

（二）制度理论的应用研究

从理论与实践的关系来看，制度研究不仅应准确揭示制度生成发展的内在机制与普遍规律，而且需对现实生活中的制度实践提供科学的理论指导，前者涉及规范意义上的理论研究，后者侧重经验意义上的应用研究。2022年，国内学界针对制度理论的应用研究包括借鉴新制度主义政治学的理论范式分析当代中国的制度变迁，运用制度分析的一般理论阐释中国共产党的领导制度，以及针对当代中国政治制度建设的整体性审视。

1. 新制度主义政治学的应用研究

新制度主义政治学作为政治科学研究的基本范式之一，不仅实现了对旧制度主义以及行为主义政治学的批判与扬弃，而且为政治学者准确理解与把握政治世界的制度现象提供了有效的分析工具与研究路径。2022年，国内学者借鉴新制度主义政治学的理论框架，对中国的基层协商民主、城市社区治理、强镇改革方案、地方政府创新等政治实践作了深入探讨。

历史制度主义作为新制度主义政治学的重要流派之一，擅长从中观层面分析制度现象，重视制度结构与权力配置的因果性和耦合性，在揭示制度创设、维系与变迁的作用机制与动力来源方面具有显著优势。在此意义上，政治学者广泛运用历史制度主义的分析范式来阐释当代中国政治生活中的制度变迁。黄敏璇以历史制度主义作为理论基础和分析框架，从历史演进与结构变迁两个层面对中国基层协商民主制度进行分析，指出宏观政治社会环境、民主观念的演变以及多元行动者是基层协商民主制度建设最为基本的结构性要素，多重改革要求的关键节点、以创新扩散与绩效驱动为主的路径依赖、由制度缺位与

---

[1] 田野：《国际政治经济学正在"找回国际政治"》，《中国社会科学报》2022年8月11日第5版。

错位构成的历史否决点直接推动基层协商民主制度的历史性变迁。研究表明，中国的基层协商民主制度整体上呈现出渐进性调适的演进逻辑，兼具强制性制度变迁与诱致性制度变迁的鲜明特征。① 陈世香和王崇峰借用历史制度主义的分析范式考察了我国城市社区治理的历史演变，研究认为我国的城市社区治理呈现出从"管"到"治"、从"粗"到"细"的变迁逻辑，宏观层面的制度结构调整与微观层面的内在动力机制，是城市社区治理变迁的基本动因。② 章荣君和谢晓通借鉴历史制度主义理论提出了"民主秩序建构"的理论框架，并对中国农村基层民主的制度变迁作了分析，指出 20 世纪初至改革开放前的中国基层民主以去民主化秩序为主导，体现出对传统政治体制的路径依赖；改革开放以来，基层民主逐渐确立起一系列民主程序和规范，开始进入稳定发展时期，但整体来看，我国的基层民主仍然处于由民主限制秩序向民主本位秩序转变的过渡阶段。③

同理性选择制度主义和历史制度主义相比，源于社会学研究传统的社会学制度主义更加关注规范性要素与认知性要素，认为个体行动者的能动性往往受到文化结构等背景性要素的限制。康伟和赵鹏飞根据社会学制度主义的理论主张，从规制、规范及文化——认知三个维度分析了影响地方政府创新行为的制度变量。作者针对地方政府开放数据行为的实证研究表明，制度环境同构有利于地方政府开展创新行为，调控地方政府的创新行为必须同时关注上级政府的行为示范、同级政府的竞争压力以及社会民众的利益诉求。④ 尽管新制度主义政治学凭借宽泛的制度界定和多层次的分析路径在制度应用研究中占据优势，但不同流派在分析层次与研究途径间的内在张力，依然向构建整体性的新制度主义政治学提出了挑战。黄新华和陈宝玲针对强镇改革

---

① 黄敏璇：《渐进性调适：中国基层协商民主制度的演进逻辑——基于历史制度主义的分析》，《社会主义研究》2022 年第 2 期。
② 陈世香、王崇峰：《历史制度主义视角下我国城市社区治理的逻辑演变》，《理论月刊》2022 年第 11 期。
③ 章荣君、谢晓通：《历史制度主义视域下中国农村基层民主的制度变迁》，《社会科学战线》2022 年第 6 期。
④ 康伟、赵鹏飞：《社会学制度主义视角下地方政府创新行为的影响因素研究：一项对开放政府数据的实证研究》，《甘肃行政学院学报》2022 年第 2 期。

实践的制度分析，揭示出乡镇均衡环境的"断裂"是强镇改革的重要前提。其中，制度供需冲击和路径依赖驱动是沿海地区自下而上改革的主要动力，内陆省区横向跟进的改革则属于制度趋同性和改革恰适性的产物，而党和国家自上而下推动的强镇改革，更多地源于策略选择和收支对比的交互作用。研究认为，新制度主义虽然有利于明确强镇改革的基本路径，但在阐释这些改革实践背后的深层次原因和内在性逻辑方面较为乏力，因此有必要结合历史唯物主义与辩证唯物主义的基本观点进行更为细致的审慎考察。①

2. 中国共产党领导制度的理论阐释

中国共产党是中国特色社会主义制度建设的领导核心与组织主体，党的集中统一领导是中国特色社会主义最本质的特征和最大优势。2022年，国内学者运用制度理论深入阐释了中国共产党在中国政治生活中的领导作用，揭示出党的领导具有深厚的理论支撑与实践基础，拥有显著的制度优势及治理效能，为现代国家治理与中国式现代化提供了坚实的组织保障。

党的领导制度作为当代中国的根本领导制度，在中国特色社会主义制度体系中居于统领地位。2022年，国内学者针对中国共产党领导制度的相关研究，集中在党的领导制度的构成要素、变迁历程及价值功能等方面。张城对中国共产党在当代中国社会中的领导作用与核心地位作了集中分析，指出国体与政体是中国共产党政治领导权的制度基础，委托民主与实质民主是社会主义民主的制度特质。相较于资本主义制度，中国共产党确立并发展的社会主义制度具有集中力量办大事，充分保障人民当家作主，动员民众投身社会主义建设的显著优势。② 贺东航从历史演进、构成要素及完善路径等方面考察了党的领导制度体系，认为党的领导制度体系创建于新民主主义革命时期、形成于社会主义建设时期、发展于改革开放和社会主义现代化建设新时期，在中国特色社会主义新时代得到进一步完善。党的领导制度体系

---

① 黄新华、陈宝玲：《强镇改革的新制度主义分析：理论解释及其超越》，《江苏行政学院学报》2022年第1期。

② 张城：《党的领导与中国社会主义的制度特质》，《开放时代》2022年第6期。

包含一系列具体制度，不同制度在保障党对一切工作的集中统一领导方面发挥着积极作用，其中，党组制度和领导小组制度有利于党的集中统一领导覆盖到各个领域，党管干部制度是落实党的全面领导的组织保障，联系群众制度是中国共产党践行"人民至上"理念的集中体现，党对人民军队的绝对领导属于安邦定国的题中之义，全面从严治党制度确保党始终走在时代前列。①郑玉尚从价值、制度、路径及保障四个维度集中审视了中国共产党的制度领导力，强调以人民为中心是中国共产党制度领导力的价值体现，中国特色社会主义制度体系是中国共产党制度领导力的基本支撑，党的全面领导是中国共产党制度领导力的实践路径，依法治国和依规治党的有机统一是中国共产党制度领导力的重要保障。②王健睿集中探讨了新时代党的全面领导制度建设，认为中国共产党作为国家与社会的领导力量这一本质属性，是党的集中统一领导融入国家治理体系的根本逻辑，法治是党的全面领导制度化建设的核心，依法执政是党的全面领导制度化的基本方式，依规治党和依法行政为党的全面领导制度建设提供了重要保障与实现路径，完善党与国家政权机关的责任体系、不断凸显人民治理的主体地位、在推进制度建设的同时，为改革发展与社会进化预留一定的调整空间是持续深化党的全面领导制度的关键。③

3. 当代中国的政治制度建设研究

当代中国的政治制度指的是中国共产党领导的中国特色社会主义制度，推动着当代中国的政治制度建设，是巩固和发展中国特色社会主义事业的必然要求和题中之义。2022年，国内学者运用制度理论深入分析了当代中国的政治制度建设，既体现出政治学者对中国特色社会主义制度体系的系统思考与整体把握，也增强和推动了制度理论的实践应用与现实关切。

从宏观层面来看，2022年，国内学者聚焦中国特色社会主义制度体系的历史生成、结构要素、价值功能及文明底蕴，从整体性层面

---

① 贺东航：《党的领导制度体系的历史脉络和重要制度理析》，《当代世界与社会主义》2022年第5期。
② 郑玉尚：《中国共产党制度领导力的四重维度》，《领导科学》2022年第10期。
③ 王健睿：《新时代党的全面领导制度建设研究》，《科学社会主义》2022年第3期。

系统阐释了当代中国的政治制度建设。张树平从传统国家与现代国家的嬗变角度出发，指出中国的国家规划体系建设与国家制度体系建设，分别对应着中国现代国家建设中的发展与治理两大核心议题。在"向解放寻求现代""向发展寻求解放""向治理寻求发展"等政治逻辑的发展与演变中，我国的规划制度体系建设经历从"全能规划"到"中心规划"再到"全面规划"的发展阶段，治理制度体系建设整体上呈现出从"立国制度"到"关联制度"再到"全面制度"的演进趋势。[1] 姜治莹领衔主编的《中国制度十二讲》，从制度自信与制度优势、党的领导制度体系、人民当家作主制度体系、中国特色社会主义法治体系、中国特色社会主义行政体制等十二个方面全方位解读了中国特色社会主义制度的价值内涵和独特优势。[2] 马雪松针对社会主义政治制度的自我完善与发展作了政治学阐释，指出社会主义政治制度的自我完善和发展旨在通过政治、经济、社会等领域的协调为人民当家作主提供保障，党领导人民总结制度建设经验且坚持务实取向与精准施策是社会主义政治制度自我完善和发展的实质内容，社会主义政治制度自我完善和发展的时代意蕴体现为制度体系能够根据体制转型与制度改革的客观趋势增强其自身的适应能力。[3] 王留群集中分析了新时代中国特色社会主义制度的治理效能与政治发展，认为中国特色社会主义制度是确保人民当家作主和国家长治久安的新型政治制度，具有增强制度适应性、提升政治参与度、推动决策协商性、扩大阶层开放性、保证权力可控性等显著优势。[4] 李应瑞以新型国家制度为中心分析了中国式现代化道路的政治文明意蕴，强调新型国家制度作为反思资本主义现代性、批判与解构资本主义国家制度的产物，是中国特色社会主义国家制度的统称，是社会主义文明在政治维度的集中体现，不仅以人民逻辑打破了资本逻辑在现代国家制度建设中的

---

[1] 张树平：《规划中国、制度中国与真实中国：发展与治理的政治逻辑》，《治理研究》2022年第3期。
[2] 姜治莹主编：《中国制度十二讲》，人民出版社2022年版。
[3] 马雪松：《社会主义政治制度自我完善和发展的政治学阐释》，《理论与改革》2022年第2期。
[4] 王留群：《新时代中国特色社会主义制度的治理效能与政治发展》，《河南师范大学学报》（哲学社会科学版）2022年第1期。

支配作用，而且通过其自身实践表明人类制度文明和制度形式具有多样性，进一步丰富了人类社会的文明形态。①

2022 年，国内学界的当代中国政治制度建设研究，还涉及府际关系、新型政党制度及城市社区治理等具体制度的专门性阐释，这些研究不仅拓展了当代中国政治制度的研究议题，而且为相关制度的健全与完善提供了更为具体和细致的建议。左才从府际关系的视角出发，分析了干部管理制度、人民代表大会制度以及任务推动型的项目制对地方政府间利益关系的复杂影响。他研究指出，干部管理制度的治理逻辑以及不同层级政府在治理绩效上的相互依赖，导致公共部门的绩效目标制定存在一定程度的博弈空间；地方政府利用制度化表达渠道，可以克服科层制带来的层级节制，保障信息的向上流动及表达；项目制的出现与应用，进一步扩大了中层地方政府的自主权。② 赵婷和蒋锐从政党理论、民主理论及国家治理理论三个层面，分析了中国新型政党制度的理论意蕴，指出中国新型政党制度不仅深化了政党类型划分的理论认识，而且为政党制度分类引入了新的分析变量；中国新型政党制度在扩充民主意蕴的基础上，同时创新了民主政治的实践形式。此外，从国家治理层面来看，中国新型政党制度不仅发展了嵌入式治理理论，而且进一步丰富了协同治理的价值内涵。③ 刘玮聚焦我国城市社区更新的困境与成因，重点讨论了城市社区的持续性更新问题。他研究指出，当前我国城市社区更新面临居民协商困难、共有产权模糊以及更新机制内耗严重等多重困境，其根本原因在于缺乏一个促进多方合作、明晰权利义务、健全组织架构的制度框架，营造兼具承诺与监督的社区互信文化、促进更新制度的博弈与重构、建立组织与协商的多中心运作模式、培育社区自组织的技术路径，是解决我国城市社区更新困境的关键所在。④

---

① 李应瑞：《中国式现代化道路的政治文明意蕴探析：以新型国家制度为中心》，《社会主义研究》2022 年第 6 期。
② 左才：《约束、信息与激励：府际关系视角下的当代中国政治制度》，复旦大学出版社 2022 年版。
③ 赵婷、蒋锐：《中国新型政党制度的理论意蕴》，《人民论坛·学术前沿》2022 年第 20 期。
④ 刘玮：《城市社区更新的制度变迁：趋于自组织的技术路径研究》，华中科技大学出版社 2022 年版。

(三) 反思与展望

2022年，国内学界的制度理论及其应用研究，整体上呈现出规范研究与经验研究并行发展的良好态势。一方面，政治学者结合各自的学术旨趣与研究专长，对新制度主义政治学各流派的演进脉络、理论主张及发展前景作了阐释，推动了新制度主义政治学的知识传播与理论对话。政治学者针对制度变迁机制、制度理论建构等问题的讨论，在增强制度理论解释效力的同时，为建立更具整体性与系统性的制度理论指明了方向。国际政治领域的制度研究同样积累了丰硕成果，相关学者运用制度理论分析国际政治中的冲突与合作等现实议题，极大地丰富和拓展了制度理论的研究对象与分析层次。另一方面，政治学者充分借鉴新制度主义政治学的理论框架，对当代中国政治生活中的社区治理、协商民主的制度变迁等问题作了研究。政治学者针对中国共产党领导制度的理论阐释，不仅说明党在当代中国政治生活中的领导地位与核心作用具有深厚的理论基础与历史依据，而且明确了党的领导制度的构成要素、变迁历程及价值功能等。国内学界的制度应用研究还关注到当代中国的政治制度建设，相关学者运用宏观视野、秉持系统思维，从整体层面分析了当代中国的政治制度建设，其中，关于府际关系、政党制度的专门性研究，为新时期更好地巩固和完善中国特色社会主义制度提供了更具针对性与操作性的对策建议。

在肯定2022年政治学者就制度理论及应用研究取得宝贵成绩的同时，也要清醒地认识到现阶段国内学界的制度研究依然存在一定的发展与提升空间，这主要集中体现在两个方面：一是制度理论的本土化程度不足。就规范研究而言，国内学者的制度研究大多是对国外理论的引介或化用，一些成果大量使用国外制度理论的概念和命题来理解与审视当代中国的政治制度，较少结合中国实际去建构和发展本土化的制度理论与分析范式；就经验研究而言，尽管国内学者针对本土制度实践进行了大量案例研究，但在概念创新、理论构建等方面还停留在较低层次。二是制度理论的国际对话不足。近年来，国内学者围绕特定研究议题开展了积极的理论互动，但国内制度研究在国际政治学界的参与度相对有限，在一定程度上制约了国内学界制度研究的理论贡献及传播力度。结合知识体系的构成要素，推动新时期中国政治学界的制度理论研究，构建中国自主的制度理论知识体系，有必要确立和发展中国的制度政治学，具体可以从如下三个方面进行探索：第一，在总结概括中国制度建设经验的过程中提炼中国制度政治学的标识性概念，同时通过审视与反思国外制度理论在解释中国制度实践中的适用性，推动中国制度政治学的概念建构。第二，坚持以问题为导向、以中国为中心、以实践为基础，在回答当代中国的重大政治问题和阐释关键制度议题中发展中国的原创性制度理论。第三，持续关注并合理借鉴社会科学其他领域的制度研究成果与分析方法，同样能为中国制度政治学的发展与完善提供强劲有力的知识生产。

二 国家治理现代化的研究进展

党的十八届三中全会提出推进国家治理体系和治理能力现代化建设的重大命题，进一步明确了新时期党和国家各项事业建设的工作重心和价值目标。近年来，随着全面深化改革的循序推进与向纵深发展，中国的国家治理体系与治理能力现代化建设取得历史性成就，总结中国国家治理的实践经验、构建中国国家治理的理论体系成为政治学者普遍关注的研究热点。2022 年是党的二十大召开之年，习近平总书记在党的二十大报告中明确指出，在新时代新征程上，中国共产党的中心任务是团结带领全国各族人民全面建成社会主义现代化强国、实现第二个百年奋斗目标，以中国式现代化全面推进中华民族伟大复兴。在此背景下，国内学者围绕中国式现代化的宏伟目标与实践需求，针对中国式现代化和国家治理现代化的内在逻辑关系作了系统阐释，并通过深入发掘国家治理现代化的价值内涵和时代意义，不断总结与反思现实治理活动的成功经验及潜在不足，研究议题基本涵盖国家治理现代化的价值意涵诠释、治理机制剖析以及可行路径探析等。这些研究进展不仅有利于中国式现代化的巩固发展和国家治理现代化的优化完善，而且在丰富国家治理现代化的理论内涵、构建中国自主的治理理论体系方面具有重要意义。本节将从国家治理现代化的理论范式研究、国家治理现代化的实践反思研究、国家治理现代化的推进路径研究三个方面，总结梳理 2022 年政治学者针对国家治理现代化的研究进展。

（一）国家治理现代化的理论创新

开辟"中国之治"的新境界，需要系统总结中国共产党治国理政的伟大实践，从本土化视野出发构建中国特色的国家治理理论，从而更好地运用理论指导创新实践。2022 年，政治学者围绕国家治理现代化的时代内涵、价值取向、层次结构等内容作了深入研究，并结合空间政治学等理论探讨国家治理的空间逻辑，丰富了国家治理现代化的理论范式。

1. 国家治理现代化的时代内涵阐释

推动国家治理体系和治理能力现代化建设，作为中国共产党结合中国政治发展实际和国内外治理转型趋势作出的战略判断和宏观部署，是中国特色社会主义政治发展道路的必要阶段与时代产物。在此背景下，政治学者普遍关注国家治理现代化的时代内涵，相继产出一批具有影响力的学术成果。中国式现代化是中国共产党领导人民通过百年奋斗开创的现代化道路，为国家治理现代化提供了新的时代背景，国内学者运用中国式现代化的整体框架，对现代国家治理的时代内涵与推进方法作了新的阐释与解读。张来明围绕国家治理体系和治理能力现代化在社会主义现代化全局中的重要地位，指出推进国家治理体系和治理能力现代化，不仅是我国社会主义现代化建设的关键诉求，也是全面深化改革的重要目标。[①] 宋世明运用"结构—功能"的研究视角与分析框架，探究和分析了中国式治理现代化的具体内涵与个性特征。他研究指出，国家治理体系结构涵括组织体系、制度体系与时空环境三个基本层次，中国式国家治理能力主要涉及制度吸纳力、制度整合力和制度执行力，中国共产党全面领导下的国家治理体系结构与国家治理功能的"和合会通"是中国式治理现代化最本质

[①] 张来明：《以国家治理体系和治理能力现代化保证和推进中国社会主义现代化》，《管理世界》2022 年第 5 期。

的特征。①

2. 国家治理现代化的价值取向分析

国家治理现代化的价值取向是指在历史传承、制度背景与社情民意的综合影响下，治理主体在治理实践中所秉持的最为基本的价值理念与目标导向，准确认识与整体把握国家治理现代化的价值取向，能为当前乃至今后一段时期的国家治理体系和治理能力现代化建设提供明确方向。牛思琦认为，中国国家治理现代化是批判汲取资本主义文明的产物，以习近平新时代中国特色社会主义思想为指导，以合理利用和规制资本逻辑在国家治理中的正负效能为基本遵循，致力于回应治理理念更新、多元主体参与、治理成果共享等现实诉求。② 黄新华与黄钊璇系统分析了改革开放以来我国国家治理价值取向变迁的动因、逻辑与路径，指出国家治理价值取向经历了从以经济建设为中心到以人民为中心的变迁，体现出党和国家对"人民至上"发展理念的传承赓续和对"人的发展"终极关怀的跃迁升级，实现了国家治理现代化价值体系的有机统一。③ 赵睿指出，推进国家治理现代化不仅需要科学完备的制度保障，而且应以具有强大引领力和强烈感染力的社会主义核心价值观作为价值支撑，加强培育多元治理主体的社会主义核心价值观，可以促进社会主义核心价值观与国家治理体系和治理能力的深度融合。④

3. 国家治理现代化的结构层次研究

从国家治理的构成要素来看，中国的国家治理现代化涉及宏观层面的顶层设计、中观层面的制度生产以及微观层面的实践探索等多个结构与层次。随着党的十八大以来社会主义制度体系的系统健全与优化完善，国家治理现代化的重点开始从基础性的制度建设转向实践性

---

① 宋世明：《论中国式治理现代化个性》，《中共中央党校（国家行政学院）学报》2022年第4期。

② 牛思琦：《超越资本文明：中国国家治理现代化的核心取向》，《理论导刊》2022年第8期。

③ 黄新华、黄钊璇：《改革开放以来国家治理价值取向的变迁：动因、逻辑与路径》，《学习论坛》2022年第4期。

④ 赵睿：《国家治理现代化视域下社会主义核心价值观引领作用探析》，《西北民族大学学报》（哲学社会科学版）2022年第6期。

的制度应用，政治学者的国家治理现代化研究逐渐从宏观层次转向中微观领域。欧阳康围绕国家治理现代化的制度建设、文化根基以及生态意蕴，系统梳理了国家治理实践经验转化中的理论创新，并就新时期推进国家治理体系与治理能力现代化提出了兼具针对性与操作性的政策建议。① 燕继荣等学者结合现代国家建构的一般理论和现实经验，按照"基本理论—历史变迁—战略举措—实践经验"的研究进路，从现代国家的构成与历程、中国式现代化历程与挑战、国家能力建构、平衡治理、依法治理、社会治理、协商治理、全球治理等方面，阐释当代中国国家治理的核心内容和关键要素。② 马雪松与程凯从责任与治理的内在关联出发分析了国家纵向治理体系建设的责任政治逻辑，认为国家纵向治理体系是现代国家治理的重要组成部分和基础性工程，构建权责一致、职责分明、究责高效的责任政治形态，是国家纵向治理体系建设的价值旨归与重要目标。③ 政府治理现代化是国家治理现代化的核心内容，张贤明与张力伟以国家治理现代化为背景，探讨了政府治理现代化建设与发展的基本原则，并就政府治理现代化的结构调适与职责优化作了阐释。他们研究认为，政府治理现代化在原则层面应始终坚持党的全面领导，在结构层面要实现对上负责与对下负责的有机统一，在职责优化方面要保证政府职责同治理对象及其自身功能相适应。④ 赖先进认为，人口数量众多、国土面积辽阔、经济规模庞大的超大规模治理情境是我国国家治理现代化面临的主要挑战，条块任务分解是化解由超大规模治理所带来的负荷问题的主要结构性制度安排。⑤

4. 国家治理现代化的空间逻辑阐释

国家治理现代化不仅是一个长时间段的复杂工程，而且涉及国土空

---

① 欧阳康：《国家治理现代化理论与实践研究》，华中科技大学出版社 2022 年版。
② 燕继荣等：《新时代国家治理变革研究》，人民出版社 2022 年版。
③ 马雪松、程凯：《国家纵向治理体系建设的责任意蕴、制度优势及治理效能》，《探索》2022 年第 6 期。
④ 张贤明、张力伟：《政府治理现代化的原则遵循、结构调适与职责优化》，《吉林大学社会科学学报》2022 年第 4 期。
⑤ 赖先进：《条块任务分解、分解谬误与治理现代化：超大规模治理负荷化解的复合逻辑》，《经济体制改革》2022 年第 5 期。

间以及信息技术所构建的"数字空间"的系统变革。推进国家治理现代化向纵深发展，需要对不断衍生变化的各类空间进行有效治理。2022年，国内学者就国家治理现代化进程中国土空间与数字空间的治理逻辑进行了一系列富有创新意义的研究。就空间治理与国家治理现代化而言，杨雪冬与陈晓彤聚焦国家治理现代化的空间逻辑，认为国家治理现代化本质上是公共部门通过调整和理顺各类空间秩序，构建良好治理绩效的过程。[①] 杨龙与吴涵博从空间尺度重构的视角出发，根据各类治理任务性质、规模的不同，将中国国家空间治理划分为实体性与虚体性治理单元，其中实体性治理单元主要包括各级行政区、城乡社区，虚体性治理单元主要包括各类经济区和功能区等。他们研究认为，诸多治理单元在物理空间上呈现出彼此交互重叠的特征，利用恰当的治理单元管理各类公共事务是实现空间治理现代化的重要手段。[②] 就数字空间与国家治理现代化而言，阙天舒与方彪认为，随着第四次科技革命的到来，以算法和人工智能为代表的新兴技术能够实现知识与权力、国家与社会以及当下与未来的相互连接，逐步构建出一整套跨越不同时间和空间的治理体系。[③] 刘密霞梳理了从企业数字化转型到政府数字化转型的发展脉络，分析了数字空间与国家治理现代化的关系，提出推动数字中国建设，需要以政府数字化转型为支撑，以社会数字化能力提升为基础，构建多元参与的社会治理新模式。[④]

（二）国家治理现代化的实践反思与经验总结

推进国家治理现代化需要坚持理论与实践的辩证统一。总结与反思现代国家治理的成功经验与潜在不足，有利于推动治理理论的创新与治理实践的发展。2022年，国内学者从历史维度挖掘国家治理现

---

① 杨雪冬、陈晓彤：《国家治理现代化的空间逻辑》，《中国人民大学学报》2022年第5期。

② 杨龙、吴涵博：《国家治理的空间建构：治理单元的设定与运用》，《天津社会科学》2022年第2期。

③ 阙天舒、方彪：《治理中的计算与计算式治理：国家治理现代化的治理技术和艺术》，《理论与改革》2022年第5期。

④ 刘密霞：《数字化转型推进国家治理现代化研究：以数字中国建设为例》，《行政管理改革》2022年第9期。

代化的思想基础，结合中国当下国家治理实践总结制度性成果，运用比较视角审视其他国家和地区的治理经验，尝试整合古今中外国家治理的有益成分，促进新时期国家治理的有序开展与系统完善。

1. 中国国家治理的经验总结研究

从国家治理的路径依赖与实践诉求来看，国家治理现代化是兼具历史性与现实性的复杂议题。国内学者从历史发展的长程视域出发，尝试理解国家治理现代化的思想基础和内在逻辑，总结和归纳中国各个历史时期的国家治理经验。李大龙以中国古代的国家治理思想及其实践为研究对象，指出先秦时期形成的服事制和"五方之民"思想是中国古代国家治理思想与实践的源头，追求"大一统""因俗而治""华夷之辨"和"用夏变夷"是中国古代治理思想的基本内容与显著特点。[①] 何哲通过挖掘法家治理思想中有益于完善现代国家治理的理论主张，认为法家思想的要义是以信取民和以法治国，从而最终形成天下一法、贵贱平等、强国富民的法治格局。从法家思想来看，推动现代国家治理的关键在于以完善的法治体系规避个体的主观臆断，从而实现善治。[②] 熊光清与蔡正道从现代化进程角度出发考察了推动国家治理体系与治理能力现代化建设的重要意义，认为现代化进程蕴含巨大的不确定性以及随时中断的挑战，洋务运动、戊戌变法和辛亥革命在推动中国现代化发展方面的成效相对有限，日本发动的全面侵华战争导致中国的现代化进程被完全中断，新中国成立之后的社会主义现代化探索也出现过严重挫折。中国共产党提出的推进国家治理体系和治理能力现代化可以有效避免现代化的中断，确保中国的现代化进程在动态平衡调整中实现稳步发展。[③]

2. 新时代国家治理的创新机制研究

中国特色社会主义进入新时代以来，中国的国家治理在实践发展中涌现出形式多样的创新机制，为党和国家的治理事业积累了丰富的

[①] 李大龙：《中国古代国家治理思想及其实践》，《云南社会科学》2022年第3期。

[②] 何哲：《信与法：中华法家治理思想及对现代治理完善的启示》，《学术界》2022年第12期。

[③] 熊光清、蔡正道：《中国国家治理体系和治理能力现代化的内涵及目的：从现代化进程角度的考察》，《学习与探索》2022年第8期。

经验，通过总结与归纳这些创新机制，将国家治理的宝贵经验进一步升华为一般性的治理原则与规律，有助于推进治理理论的本土化建构。徐勇认为，我国的国家治理在特定目标导向的指引下，始终坚持以中国实际国情为依据进行机制创新，形成了富有中国特色的治理之道，主要表现为人民具体化、目标责任制、办事简约化、对象精准化、重心下移化、方式集成化和链条节点化。① 孟天广借助过程导向的治理理论框架来分析和阐明国家治理的运行机制和政治逻辑，并且运用数据分析方法测量转型时期地方政府质量，从生产机制、治理效能、微观基础和制度逻辑四个维度探究了政府质量的治理意涵及提升路径。② 段妍与刘冲认为，中国共产党在治国理政过程中形成了"先试点、再推广"的改革方式，这种以重点突破带动整体改革的渐进式模式，有利于保证国家治理的稳步推进。这两位研究者在总结国家治理试点经验的基础上，强调通过"先行先试"的局部实践探索为全局性改革提供借鉴经验，能够有效规避现代国家治理可能面临的风险与挑战，增强制定政策制度的科学性，保证治理制度契合国家治理现代化的内在诉求。③ 原超根据国家治理的制度逻辑视角解析"中国之治"的理论叙事与治理经验，在选取党政体制、大一统观念、央地纵向共演等规范性概念的基础上，以国家规划、领导小组、专项治理、网格管理、政党学习等治理经验作为主要研究对象，在与西方主流理论的对话中梳理与探究国家治理现代化的关键议题，系统阐释了"中国之治"的政治基础、经济绩效和治理逻辑。④ 赵秀玲将基层治理现代化视作国家治理现代化的前提和基础，将党的十八大以来基层治理的探索创新经验总结为四个方面，包括党建引领基层创新、协同治理

---

① 徐勇：《在治理创新实践中寻求"治道"》，《行政论坛》2022年第2期。
② 孟天广：《过程导向的国家治理：政府质量的生成、效应与机制》，商务印书馆2022年版。
③ 段妍、刘冲：《中国共产党推进国家治理现代化的试点实践研究》，《东南学术》2022年第5期。
④ 原超：《理解中国之治：国家治理的制度逻辑及中国经验》，天津人民出版社2022年版。

的制度机制、基层治理智能化水平以及培育基层治理人才。①

3. 国外治理实践的横向比较研究

国家治理的现代化改革创新是一种世界性的趋势，其他国家和地区的制度建设及治理实践同样蕴含着丰富的经验与教训。推进国家治理现代化既要继承和发扬中国国家治理的成功经验，也应学习借鉴国外治理的可行做法，以批判性和反思性态度审视国外治理实践。任剑涛通过分析美国、苏联等国家在治理转型时期的渐进改革与"休克疗法"两种应对模式，认为无论是保持国家治理节奏感的渐进改革，还是打断国家治理既定节奏、开启国家治理全新节律的"休克疗法"，都致力于保证国家治理在社会、市场与权力领域发挥持续活力。对中国而言，在把握社会周期性规律的基础上，应当结合社会总体态势，通过强化政策力度或者弱化政策进取来兼顾国家发展与社会休养生息。②汪仕凯与张语丹将政治体制能力视作理解国家治理危机的关键，认为21世纪初期自由民主体制能力的严重退化，导致美国的国家治理遭遇一系列经济、社会与政治问题，这表明保证政治体制的有效运作和国家治理取得良善效果，不仅需要重塑强大的政治体制能力，而且必须重建国家与社会之间的相互支持关系。③

（三）国家治理现代化的推进路径研究

自党的十八届三中全会提出推进国家治理体系和治理能力现代化建设的时代命题以来，党和国家的各项工作围绕优化国家治理体系、增强国家治理能力展开，推动社会主义建设事业取得历史性成就、发生历史性变革。但随着全面深化改革进入深水区和攻坚期，国家治理现代化建设面临更多的不确定性和复杂性。对此，国内学者秉持高度的现实关怀与明确的问题导向，从指导思想、体系建设及效能转化三

---

① 赵秀玲：《新时代十年基层治理创新的理论遵循与宝贵经验》，《国家治理》2022年第22期。

② 任剑涛：《"一张一弛之谓道"：复杂局面中的国家治理节奏》，《治理研究》2022年第1期。

③ 汪仕凯、张语丹：《国家治理危机：对21世纪初美国政治的解释》，《国外社会科学》2022年第1期。

个层面探讨国家治理现代化的推进路径及完善机制。

1. 国家治理现代化的指导思想研究

党的十八大以来，以习近平同志为核心的党中央在推进现代国家治理方面提出一整套系统完备的国家治理理论，为新时代深入推进国家治理现代化提供了系统规划和价值指向。丁志刚与李天云研究了习近平总书记关于国家治理效能重要论述的科学内涵，认为习近平总书记关于国家治理效能重要论述的核心要义主要包括四个方面：一是统筹发展与治理要不断提升国家治理效能；二是提升国家治理效能必须遵循中国制度原理；三是制度执行是增强国家治理效能的关键环节；四是优化治理方式能够推进国家治理效能更好转化。① 秦小琪认为，习近平总书记关于国家治理现代化的重要论述具有四个基本特征，包括思维方法上的辩证性、理论品格上的实践性、价值取向上的人民性和系统基础上的法治性。② 姜晓萍与谭振宇聚焦基层治理这一推进国家治理现代化的基础性工程，指出习近平总书记关于基层治理的重要论述深入阐释了中国基层治理作为"党执政的基础和国家治理的基石"的角色定位，以及"人民至上"的核心价值、"党建引领"的主导红线、"集成改革"的推进路径，阐明了基层治理"为了谁—依靠谁—为什么—怎么办"等一系列理论和实践问题。③

2. 国家治理体系的优化路径研究

国家治理体系作为规范国家权力运行、维护公共秩序的一系列体制机制和制度安排，是中国共产党领导下国家制度的系统集成。其中，党的领导作为国家治理体系的控制中枢，众多学者针对党的全面领导与国家治理体系建设的辩证关系作了深入考察。郭定平通过阐释党的全面领导所承载的国家治理内涵，明确了中国国家治理的政党中心特色，提出优化和完善新时期的国家治理体系，应从思想理论、法

---

① 丁志刚、李天云：《习近平关于国家治理效能重要论述的科学内涵与当代价值》，《学习论坛》2022年第2期。

② 秦小琪：《习近平关于国家治理现代化重要论述的鲜明特征》，《哈尔滨工业大学学报》（社会科学版）2022年第4期。

③ 姜晓萍、谭振宇：《习近平关于基层治理重要论述的深刻内涵与理论贡献》，《国家现代化建设研究》2022年第4期。

律法规和体制机制等层面维护中国共产党在国家治理体系中的统领作用和核心地位，确保加强党的长期执政能力建设同提高国家治理水平的有机统一。① 陈明明等学者从政党政治视角出发，结合中国政治发展进程考察了执政党在推进国家治理现代化中的中心地位和核心作用，并就党的制度建设与国家治理体系建设的相互关系作了阐释，强调宪法法规、体制机制、干部人事和政策过程四个层面的政党—国家互嵌关系是中国国家治理体系的一个显著特征，推进国家治理体系现代化的关键在于让党的领导更有效地嵌入各领域各环节。② 从构成要素及结构层次来看，推进国家治理体系现代化是一项复杂的系统工程。何显明指出，我国国家治理体系兼顾形式合理性与实质合理性，包含以党的集中统一领导为核心的国家领导体制、以民主集中制为支撑的国家治理准则、以动员型社会为基础的国家整合机制，以及集中力量办大事的举国体制等一整套创造性的制度安排，有助于国家意志聚合与治理效能转化，是中华民族伟大复兴的制度保障和中国式现代化道路的重要组成部分。③ 从治理体系与治理能力的内在关系来看，支持和保障国家治理体系的有效运行有利于将制度优势转换为治理效能。赵中源、黄罡与邹宏如认为，国家治理现代化的要义在于坚持巩固制度性优势，通过优化布局来设定基本规则、界定治理过程中的可控范畴、营造民主沟通的环境，为治理实践创造充分的博弈空间，形成提升治理效能的整体态势。④

3. 国家治理能力的提升思路研究

国家治理能力是治理主体运用国家制度管理社会各方面事务的能力，巩固和发展国家治理能力现代化应以执政党、政府、社会等治理主体的治理能力全面提升为前提。针对国家治理能力现代化的提升路径，学者从不同维度进行了深入探讨。在政党层面，刘颖、刘梦韬与

---

① 郭定平：《党的全面领导与国家治理的辩证关系》，《中国领导科学》2022年第6期。
② 陈明明：《国家治理现代化的政党逻辑》，复旦大学出版社2022年版。
③ 何显明：《中国现代国家制度的建构及其治理效能：基于国家意志聚合与实现的视角》，《中国社会科学》2022年第9期。
④ 赵中源等：《国家治理现代化的内在理性、变革逻辑与实践形态》，《政治学研究》2022年第1期。

商容轩以党政领导干部作为研究对象，结合干部选拔典型案例总结了中国党政领导干部选拔制度的创新经验，指出政治匹配、事业匹配、组织匹配与岗位匹配是中国党政领导干部选拔的基本模式，确保新时代中国党政领导干部选拔制度更好地驱动中国治理能力现代化建设，应当进一步强化领导干部选拔机制、扩宽选拔渠道、细化选拔标准，打造领导干部选拔的专业化人才队伍。① 在政府层面，竺乾威提出"学习型政府再造"是提升国家治理能力的创新路径，政府治理能力主要体现在组织能力与执行能力上，全面建设学习型政府，在学习与实践中不断增强政府能力，是提升执政能力和国家治理水平的有效抓手。② 在社会层面，易承志与龙翠红指出，现代化在促进人类社会不断进步和发展的同时，也带来了日益凸显的各种风险。韧性治理作为一种新的风险治理模式，以国家治理能力作为基本支撑，韧性治理效能反映出治理能力的实际水平，增强新时期的国家治理能力，可以从理念重塑、结构优化和法治践行三个方面推进风险社会的韧性治理。③

（四）反思与展望

在推进国家治理现代化的进程中，中国国家治理的实践创新迫切要求国内学界不断深化和加强理论研究。2022 年，国内学者在国家治理现代化研究方面积累了丰硕成果，尤其是针对中国国家治理基础理论、实践经验和优化路径的理解和思考，进一步拓展和丰富了国家治理的理论层次与研究议题。但整体来看，现有研究仍然存在一定的提升空间。在概念建构层面，国家治理现代化研究虽然在构建适合中国国情、富有解释力的标识性概念方面取得了一定的进展，但现有概念更多地表现为相对孤立的状态，甚至存在概念重复供给与概念隔阂现象。在方法运用层面，已有研究大多侧重以规范思辨的方式探讨国

---

① 刘颖等：《四维匹配驱动国家治理能力现代化：基于中国党政领导干部选拔实践的多案例分析》，《公共管理学报》2022 年第 3 期。

② 竺乾威：《学习型政府再造：国家治理能力的提升之道》，《理论与现代化》2022 年第 6 期。

③ 易承志、龙翠红：《风险社会、韧性治理与国家治理能力现代化》，《人文杂志》2022 年第 12 期。

家治理现代化的相关概念和现象，较少采用实证调查等研究方法来总结与提炼国家治理的客观规律。此外，国家治理的复杂性与宽泛性意味着研究国家治理现代化，必须重视并有效融合其他学科的研究成果及理论主张，目前国内政治学者的国家治理现代化的跨学科研究还有待提升。

针对当前中国国家治理体系和治理能力现代化面临的一系列重大理论和实践问题，国内学界可以从以下三个方面进行深化和拓展。其一，推进国家治理现代化研究体系建设，加强国内学者关于国家治理的普遍概念、基础理论和基本内涵的深度交流与积极对话，在共建学术共同体和明确基本议题的基础上进一步提升规范研究质量。其二，构建关于国家治理效能的科学评估体系，建立合理的考核评价方法和指标来评测国家治理的实际效能，并通过深入考察不同领域的国家治理实践，为理解制度优势转化为治理效能提供更加微观和坚实的经验证据。其三，充分运用大数据分析等研究方法采集和分析有效信息，在平衡与兼顾数据集约研究与规范理论研究各自优势与有机融合的基础上，打破研究方法之间的界限，共同推进国家治理现代化研究。

三　民主理论及其实践研究

民主作为现代政治的重要价值基础，在规范社会秩序运行与维持国家长治久安方面发挥着重要作用，是建构政治理论与推动政治发展的关键所在。政治学者围绕民主的价值目标与理想追求达成基本共识，认识到民主的实践形态与制度规范不存在固定标准和统一模式。历史与现实生动地证明，不同国家和地区应当结合各自的历史传统与现实国情选择适合的民主形式。全过程人民民主是新时代中国民主理论与实践的重大创新，深刻揭示出社会主义民主政治的基本特征，充分体现了人民当家作主的价值理念，为推动民主理论发展与人类政治文明进步贡献了中国智慧。2022 年，国内学者积极总结民主实践经验，发展完善民主基础理论，加快构建中国特色民主话语体系。本节拟从民主理论阐释、社会主义民主政治建设、国外民主政治发展三个方面，梳理 2022 年中国政治学界关于民主理论与实践的研究进展。

（一）民主理论的阐释研究

民主理论涉及民主的形式与目的、本质与规律等基本内容，不仅是政治理论研究的重要组成部分，而且能为民主政治的现实运作提供规范指导。在建构中国自主知识体系的背景下，2022 年，国内学者的民主理论研究更加关注本土问题，注重生产具有中国特色、符合中国实际、契合中国国情的学术成果。相关学者围绕民主理论建构的基础性问题、民主与相关概念的关系、近现代中国的民主思想展开讨论，从议程安排、概念分析、历史梳理等方面推动民主理论发展。

1. 民主理论建构的基础性问题研究

发展符合实际情况与现实需要的民主理论是建构中国自主知识体系的重要内容，能为新时期社会主义民主政治建设提供理论指导。围绕这一理论目标，2022 年，国内学者主要关注民主理论建构的议程设置与研究框架问题。在民主理论的议程设置方面，王钰和吴瑛认为，议程建构理论虽然诞生于现代民主制度的背景下，但它有着深厚的民主理论渊源，通过系统梳理从古典民主、精英民主、多元民主到参与民主的民主思想演变谱系，可以发现民主理论的议程建构普遍关注民主与公共舆论的关系。这一研究既强调了民主概念的动态发展面向，也明确了议程建构在民主理论发展中的关键地位。[1] 林毅在区分一般性的民主理论与西方化民主理论的基础上，对民主理论建构中的议程设置问题作了反思。作者明确指出，自由主义与资本主义意识形态通过在价值导向、议题设置和观点引导等方面改变民主的运行逻辑，导致"多数暴政"和"民主的专制"等民主"元问题"愈发远离民主本质，民主逐渐成为证明西方政治制度合法性的话术设计，主张从民主内涵角度推动民主理论发展，构建符合民主性质的研究议程。[2]

---

[1] 王钰、吴瑛：《议程建构的溯源：民主理论根基》，《新闻界》2022 年第 8 期。
[2] 林毅：《对"民主失效"与"反对民主"问题的辨析：针对"民主发展＝西方化"命题的两个反思维度》，《政治学研究》2022 年第 2 期。

在民主理论的研究框架方面，中国的民主政治发展在一定程度上超出西方民主理论的解释范畴，景跃进在此背景下强调正确认识与评价当代中国的民主理论与实践需要摆脱以民主与权威为主的二分法，建立以一般民主为总括、以西式民主与中式民主为分支的"三位一体"的概念框架。作者主张在承认民主类型多样化的基础上，从多元现代性以及普遍性与特殊性的关系角度重构一般意义的民主理论。① 杨光斌从历史政治学的视角探讨民主理论研究的方法论问题，提出历史文明的差别导致自由主义与社会主义民主理论存在不可通约性，自由主义民主实质上是中世纪以来欧洲文明的组成部分，是用社会科学术语表达的欧洲文明意识形态。考虑到差异化的历史背景所孕育的政治理论具有不同的解释力与适用性，阐释中国的民主模式需要坚持中国传统的历史本体论地位，考察民主理论与现实的历史渊源与历史轨迹。②

2. 民主与相关概念的关系研究

民主作为政治学研究的核心概念，与正义、权力、阶级等重要概念联系密切，准确认识民主同这些概念的内在关系，有助于深化对民主内涵的理解与把握。高景柱重点关注民主与正义的张力问题，在审视美国政治学者约翰·罗尔斯（John Rawls）针对民主与正义的关系研究后指出，罗尔斯以重叠共识为核心的正义理论蕴涵着重视公共理性的慎议民主思想，作为公平的正义能为民主制度提供背景性条件，受到规范约束的民主也会促进正义的实现，但罗尔斯的正义理论存在循环论证、贬低民主以及精英民主倾向等问题，实际上很难从理论层面证成民主与正义的良性互动。③ 徐海燕从权力与民主的关系角度深入阐释了中西民主的差别，认为资本主义民主政治的理论体系以及包括有限政府、权力制衡、代议制、宪政民主在内的制度安排，体现出权力与权利的零和博弈思维；社会主义民主理论以权力整体观为前提，坚持民主集中制的政治原则，能够实现执政党领导权与民众权利

---

① 景跃进：《民主理论的发展：超越与重构》，《政治学研究》2022 年第 1 期。
② 杨光斌：《中国民主模式的理论表述问题》，《政治学研究》2022 年第 1 期。
③ 高景柱：《民主与正义的良性互动？——以罗尔斯为中心的分析》，《天津社会科学》2022 年第 5 期。

的有机统一。① 以美国政治学者埃里克·赖特（Erik Wright）为代表的"分析的马克思主义者"系统阐释了当代资本主义社会的阶级关系与民主实践，齐艳红通过考察赖特的"资本主义批判和替代"研究，认为赖特通过重构阶级概念，将"为社会主义而斗争"与"为民主而斗争"内在统一起来，构建了一种使国家主义和资本主义结构服从于人民"社会民主"的激进民主观。相比于经典马克思主义学者强调阶级斗争在推动社会形态变革中的重要性，赖特提出可以利用民主赋权实现从资本主义到社会主义的转变。②

3. 近现代中国的民主思想研究

中国的民主理论建构始终坚持从历史经验与实践探索中汲取资源，国内学者通过阐释民主思想的演进脉络、基本观点与当代意义，进一步夯实了中国特色民主理论的历史基础，拓展社会主义民主政治的实践内涵。经盛鸿在梳理清末民初江苏地区民主共和思想形成、发展以及实践过程的基础上，认为20世纪初"同盟会江苏分会"发起的反清革命运动和以张謇为首的立宪改革运动相互斗争、相互支持，最终在辛亥革命的时代大潮中实现合流，共同推动民主共和思想在近代中国的传播发展。③ 邓华莹认为，中国共产党在抗日战争前后针对"民主共和国"口号的不同解释，体现出中国共产党人对马克思主义民主理论与国家理论的实践探索，以及根据时势变化对政治纲领的灵活调整。在抗日战争时期，中国共产党提出与国民党共建"民主共和国"的口号，是在客观承认国民党统治地位的基础上，为抗日民族统一战线凝聚各方民主力量作出的合理选择；在国民党"溶共"时期，中国共产党在解释"民主共和国"时更加强调三民主义与马列主义、共产主义的联系，在马克思主义的立场上明确"民主共和国"的无产阶级主体性，指明了中国革命的社会主义方向。④ 陈锡喜和吴炜生

---

① 徐海燕：《东西方权力观比较视域下的民主：反思与飞跃》，《学术界》2022年第9期。
② 齐艳红：《阶级、民主与规范性：试析 E. 赖特资本主义批判和替代理论的逻辑进路及其根源》，《世界哲学》2022年第2期。
③ 经盛鸿：《江苏反清革命与民主共和思想的源头及其发展》，《安徽史学》2022年第1期。
④ 邓华莹：《全面抗战前后中共"民主共和国"口号演进的理论脉络（1936～1940）》，《党史研究与教学》2022年第3期。

考察了"窑洞对"同毛泽东同志其他民主思想的连续性与契合性，提出"让人民来监督政府"和"自我革命"作为跳出历史周期律的两个答案，具有共同的精神实质，既体现出中国共产党坚守马克思主义人民主体思想，也反映了中国共产党作为工人阶级先锋队的初心以及领导社会革命的英勇斗争精神。[①]

（二）社会主义民主政治建设研究

民主没有放之四海而皆准的模式，民主政治的建设与发展必须根据本国的历史传统与现实情况作出不断调整。党的十八大以来，党和国家坚持和完善人民当家作主的制度体系，全面推进体制机制改革与全过程人民民主发展，在社会主义民主政治建设方面取得历史性成就。2022年，国内政治学者立足中国特色社会主义政治发展道路，全面总结和阐释中国式民主的理论与实践创新成果，从全过程人民民主的理论研究、全过程人民民主的实践研究以及社会主义协商民主研究的角度，深入发掘社会主义民主政治的理论内涵与实践优势。

1. 全过程人民民主的理论阐释

全过程人民民主作为社会主义民主政治的本质属性，在保障人民当家作主、凝聚共同奋斗的力量中发挥着重要作用，发展全过程人民民主是中国式现代化的本质要求。2022年，学者从历史逻辑、理论内涵、法治基础等多个角度对全过程人民民主作了阐释。就全过程人民民主的生成逻辑而言，刘远亮认为，全过程人民民主的形成与发展具有深厚的历史、理论、实践基础，不仅是中国共产党探索社会主义民主政治发展道路的历史产物，而且体现出马克思主义民主理论与中国实践相结合的理论内涵，同时蕴含着回应社会各方面民主诉求的实践逻辑。[②] 包心鉴从中国共产党追求人民民主的长程视域出发，系统考察了全过程人民民主的发展脉络，指出中国共产党在新民主主义革命时期、社会主义革命与建设时期、改革开放和社会主义现代化建设

[①] 陈锡喜、吴炜生：《论"窑洞对"的民主思想及跳出历史周期率"两个答案"之间的关系》，《广西大学学报》（哲学社会科学版）2022年第6期。

[②] 刘远亮：《全过程人民民主的生成逻辑、显著优势及创新意义》，《科学社会主义》2022年第5期。

新时期以及中国特色社会主义新时代，不断完善人民当家作主的制度安排，为全过程人民民主的形成与发展创造了积极条件。①

明确全过程人民民主的理论内涵，不仅有利于理解与把握中国式民主的价值目标及比较优势，而且能为社会主义民主政治的实践发展提供相应的价值规范。赵永红从理论基础、制度构成、主要形成和发展道路等角度剖析了全过程人民民主的概念，强调全过程人民民主确证了社会主义中国的民主性质和人民民主的发展道路，彰显出人民当家作主制度体系的优势，规范了人民民主实践的领域与环节。②林建华等学者认为，全过程人民民主拥有完整的制度程序和参与实践，从坚持中国共产党领导、全面依法治国、贯彻"人民至上"理念等角度概括全过程人民民主的实现路径。③佟德志和王旭将全过程人民民主的复合结构概括为全链条、全方位、全覆盖三个方面，并运用民主理论中程序、主体、客体的三维框架探讨全过程人民民主的内部要素，认为全过程人民民主包含民主选举、民主协商、民主决策、民主管理和民主监督等程序，覆盖国家治理的政治、经济、文化、社会、生态等领域，涉及党委领导、人大决定、政府治理、政协协商等关键环节。④

法治作为民主政治的重要基石，能为民主发展提供必要保障，发展全过程人民民主必须重视党和国家的法治建设。胡玉鸿从持续民主、真实民主、广泛民主、协商民主四个维度分析全过程人民民主的法律内涵，认为当代中国严格的法律程序与完善的制度规范，有助于保障人民群众持续参与国家和社会事务的管理，促进人民民主融入党和国家工作的各环节与人民生活的各方面。⑤胡玉鸿同时围绕程序与实体、手段与目的、过程与结果三组关系，对全过程人民民主作了法理阐释，指出全过程人民民主不仅是程序的制度安排，而且是实体的法律内容；全过程人民民主既是调动广大人民积极性与凝聚共识的手

---

① 包心鉴：《论全过程人民民主的内在逻辑和时代价值》，《当代世界与社会主义》2022年第2期。
② 赵永红：《全过程人民民主：理论逻辑与制度路径》，《行政论坛》2022年第1期。
③ 林建华等：《中国的全过程人民民主》，中国社会科学出版社2022年版。
④ 佟德志、王旭：《全过程人民民主的要素与结构》，《探索》2022年第3期。
⑤ 胡玉鸿：《全过程人民民主的法治向度阐析》，《法学研究》2022年第3期。

段，还是保障人民广泛真实政治权利的结果。① 刘怡达强调宪法具有规范民主实践的功能，在分析现行宪法与全过程人民民主契合性的基础上，主张发挥宪法在贯彻民主理念、确定民主重点、保障民主权利、设计民主程序等方面的重要作用。②

2. 全过程人民民主的实践研究

全过程人民民主不仅是中国特色社会主义民主政治的重大理论创新，而且是中国共产党发展人民民主、推进中国式现代化的实践产物。2022年，国内政治学者密切关注全过程人民民主在多领域多层次的实践机制，针对全过程人民民主的实际运作及治理效能作了深入研究。就全过程人民民主的实现机制而言，缪文升围绕全过程人民民主的运行程序，从程序赋能的角度考察全过程人民民主的实现过程与具体路径，强调全过程人民民主在实践层面具备三大基础性程序，包括以民意收集、民智汇集和民意表达为主的回应程序，涵括民主选举、民主协商、民主决策、民主管理和民主监督五个环节的参与程序，以及能够确保民主的规范价值转化为实际效能的程序机制。③ 王逸帅聚焦民主规模与民意采集的内在张力，指出民意构成的超复杂性、表达的低依附性和影响的高烈变性加剧了民意汇集、整合以及风险预判的难度，全过程人民民主通过拓展立法民意采集渠道，构建双向互动型的人大民意采集平台，推进民众有序参与立法的基层立法联系点建设，强化立法内容的民主化和前瞻性，实现了"民意—立法—民意"的闭环。④ 张力伟与李璎珞通过观察基层民主实践，认为基层全过程人民民主的生成与运作机制具有全方位动员、全体系架构与全流程监督的"三全合一"的典型特征。⑤

---

① 胡玉鸿：《全过程人民民主的法理释读》，《法律科学》（西北政法大学学报）2022年第4期。

② 刘怡达：《论全过程人民民主的宪法基础》，《比较法研究》2022年第2期。

③ 缪文升：《程序赋能全过程人民民主的运行机理》，《哈尔滨工业大学学报》（社会科学版）2022年第5期。

④ 王逸帅：《民意采集与立法输出：全过程人民民主在超大城市的实践》，《探索与争鸣》2022年第4期。

⑤ 张力伟、李璎珞：《"三全合一"：基层全过程人民民主的运作模式及其内在机理——基于Q社区的实践分析》，《探索》2022年第6期。

就民主与治理的内在关系而言，民主政治的发展水平往往会对公共部门的治理绩效产生直接影响，较高的治理绩效反过来又会促进民主政治建设。付宇程认为，全过程人民民主通过健全民主决策、民主管理和民主监督机制，形成监督基层干部权力的完整链条，可有效解决"信息不对称"和"监督动力不足"的双重难题，在基层腐败治理中发挥着重要作用。① 童光辉等学者从全过程人民民主视角考察基层的参与式预算改革，提出全过程人民民主理念能在预算的法治、共治和善治三个维度，为参与式预算改革提供方向指引，在汇聚基层探索、推进机制重塑、借力数智赋能方面为参与式预算改革提供具体方案，切实提高基层的预算治理能力。② 胡平江围绕村民理事代表制的实践运作，重点探讨基层代表议事制度在促进民主与治理衔接中的价值与作用。他研究发现，村民理事代表制通过非正式制度的有效运用、党组织领导下的有效放权、村民主体的持续协商等多种机制践行全过程人民民主，确保村民的主体性与代表性，实现并维护乡村整体利益，体现出一种全过程"代表"民主。③

3. 社会主义协商民主研究

社会主义协商民主作为中国特色社会主义民主政治的特有形式和独特优势，充分保障人民当家作主，彰显中国政治智慧。2022年，国内学者的协商民主研究集中在对协商民主的特征概括、数字协商的机制探索以及基层协商的经验总结等方面。在概括协商民主的整体特征方面，寇鸿顺从宏观视野考察中国协商民主的实践与创新，总结中国协商文化的历史传统与中国共产党对协商民主的历史探索，分析中国特色协商民主的实践构成及运行机制，并通过对比中西协商民主的理论基础和发展脉络，系统论证中国特色协商民主的理论创新、制度创新与实践创新。④ 王红艳将中国特色社会主义协商民主的本质特点概括为

---

① 付宇程：《发展全过程人民民主：破解基层腐败防治难题的有效路径》，《探索》2022年第4期。

② 童光辉等：《全过程人民民主视角下基层参与式预算改革的理论进路与实践迭代》，《财政研究》2022年第12期。

③ 胡平江：《村民理事代表制：全过程人民民主的乡村实践及其实现机制——基于赣南H村GL片区村民理事会的考察》，《华中师范大学学报》（人文社会科学版）2022年第6期。

④ 寇鸿顺：《中国协商民主的实践与创新》，中国社会科学出版社2022年版。

"真协商",并从标准、条件和效能三个角度回答"中国协商民主何以为真"这一关键问题。作者认为,协商主体多元化、协商领域和内容的广泛化、协商过程深度化、协商工作常态化制度化以及协商结果落地化是衡量中国协商民主的标准,坚持中国共产党的集中统一领导、贯彻以人民为中心的价值理念、促进协商工作嵌入国家治理体系是推动中国式协商民主发展的具体条件,而民主政治与经济领域的高质量发展生动地表明中国的协商民主具有显著的制度优势与治理效能。①

随着互联网和信息技术的进步与更迭,数字技术深刻地影响着民主政治的实践形式,在此背景下,国内学者愈发关注数字协商民主的理论建构与实践应用。陈家刚从可能性与风险性的角度探讨数字技术对协商民主的影响,强调信息和互联网技术的发展、协商民主的制度建设与实践探索,为数字协商民主的应用与推广提供现实可能,但数字协商民主也存在着创造新的不平等、系统扭曲民意、忽略社会公平等问题,对此可以从理论、制度、实践三个方面改进数字协商的技术条件与操作过程。② 邬家峰以"码上议"协商平台为例分析了数字协商民主与基层治理民主化的关系,认为数字技术通过赋能基层协商民主,能够打破传统议事协商的时空局限、拓展议事协商的领域渠道、改变基层公共参与的消极状态,在基层社会公共事务的民主化治理过程中,激发基层民众广泛参与公共事务治理的热情,促进相关部门有效落实基层协商结果,进一步推动基层社会治理民主化。③

基层协商民主作为中国特色社会主义协商民主的重要组成部分,具有形式多样和贴近群众等显著特征,直接关系到人民群众的切身利益与中国式协商民主的实践效能,受到政治学者的广泛关注。张锋认为,植根于中国本土实践的农村社区协商民主,是中国共产党完善基层治理体系、创新基层治理机制、发展人民民主的集中体现。优化农村基层协商民主体系,需要加强农村社区协商民主的制度创新,注重

---

① 王红艳:《中国协商民主为什么真:以标准、条件和效能为视角的分析》,《政治学研究》2022 年第 2 期。
② 陈家刚:《数字协商民主:可能性、风险及其规制》,《教学与研究》2022 年第 7 期。
③ 邬家峰:《数字协商民主与基层治理民主化:基于江苏淮安"码上议"协商平台的实践考察》,《新疆社会科学》2022 年第 5 期。

农村社区协商民主的整体性建构，深化农村社区协商民主的公共性培育。① 冯秀成通过审视基层协商治理实践，系统总结了基层协商治理实现民主参与和有效治理的具体机制，指出"以民主促治理"的实践逻辑贯穿于协商动力、协商平台、议题设置、协商过程和协商结果等一系列协商实践流程中；发挥好协商民主在增强治理效能中的积极作用，需要从强化制度回应、坚持党建引领以及提升群众民主能力三个方面完善基层协商民主建设。②

（三）国外民主政治的发展研究

以竞争性选举、代议制政府为核心特征的民主政治模式在促进现代化发展、推动人类文明进步等方面曾发挥出一定的积极作用。但第三波民主化以来，一些新兴民主国家不断出现民主退潮，欧美等国的民主运作陷入困境。这些国家和地区面临的民主衰败危机，深刻暴露出其民主模式的内在局限性。通过剖析国外民主的制度弊端与危机根源，总结国外民主实践的最新进展，考察其他发展中国家和地区的民主政治建设情况，可为中国的全过程人民民主建设提供相应启示。

1. 国外民主危机的理论分析

国外民主制度的僵化与失灵导致了动荡的政治局势和混乱的社会秩序，西式民主的合法性与有效性在这一过程中受到广泛质疑。2022年，学者主要聚焦民粹主义和政治极化等民主现象，对国外民主危机作了相应分析。极为强调平民价值的民粹主义，通过加剧社会群体的对立冲突，改变了欧美等国的政治走向。周建勇翻译的美国政治学者亚当·普沃斯基（Adam Przeworski）的经典著作《民主的危机》，指出西方社会的民粹化削弱了传统政党体制，破坏了民主程序的正常运作。通过系统梳理民主制度的历史、当下和可能的未来，作者力图从过去的民主危机中吸取教训，分析总结当下民主危机的新变化及产生

---

① 张锋：《中国农村社区协商民主：理论演进、实践逻辑和发展趋势》，《理论视野》2022年第9期。

② 冯秀成：《民主促治理：农村基层协商治理的实践逻辑——基于A省T市治理创新实践案例分析》，《广西大学学报》（哲学社会科学版）2022年第5期。

原因，探讨未来民主制度回应诸多挑战的方案。① 黄霁洁和郑雯运用质性分析与统计分析的方法考察民粹主义的多重媒介话语实践，认为美国媒体报道体现了民粹主义的三种话语构型，包含作为"民主校对标准"的民主困惑话语构型、作为新自由主义后果的当代左翼话语构型以及作为对抗排外主义的自由国际主义话语构型。② 韩升从政治哲学角度揭示了民粹主义对民主本质的悖离以及西方民主政治的内在困境，认为民粹主义通过抽离人民内涵虚置了民主的实践主体，破坏民主的沟通机制致使政治协商程序断裂，加剧社会碎片化程度导致社会整合难度增加和民主治理效能弱化。③

政治极化作为民主政治发展的极端形式，被视作国外民主乱象横生的集中表现与症结所在。祁玲玲从政治极化的角度分析西式民主的运行困境，在辨析政治极化的概念与展示西方民主国家政治极化现象特征的基础上，系统考察政治极化的产生原因与可能造成的影响。作者认为，政治极化现象是多种因素共同作用的结果，包括社会经济不平等和种族文化冲突导致的社会成员政治认同分化，社交媒体对民众态度和价值判断的外在影响，以及选举制度发挥的结构性塑造作用。政治极化可能通过赋予政治精英明确的政治立场、激发广大民众的参与热情来促进民主运转，但也容易破坏多元力量的民主共识，降低政府决策效率，导致民主的停滞与崩溃。④ 倪春纳认为，意识形态、社会身份、党派竞争等方面的极化现象导致了美国民主的衰退。在选举制度层面，党派通过操纵选区划分与剥夺公民权利，削弱了投票行为的正当性和选举的程序正义；在权力结构层面，两党间的权力争夺取代政治机构的相互制衡，进一步破坏了分权制衡机制的稳定性；在治理绩效层面，政治极化异化了政治制度建设目标，仅关注程序合法而

---

① ［美］亚当·普沃斯基：《民主的危机》，周建勇译，上海人民出版社2022年版。
② 黄霁洁、郑雯：《民主的困惑：美国媒体建构的"民粹主义"及其政治与社会意涵》，《复旦学报》（社会科学版）2022年第4期。
③ 韩升：《西方民粹主义悖离民主本质的政治哲学呈现》，《贵州社会科学》2022年第7期。
④ 祁玲玲：《政治极化与西方民主困境》，《开放时代》2022年第3期。

非治理有效,导致民主治理陷入困境。①

2. 国外民主实践的新进展研究

民主思想的发展不仅可以丰富民主研究的理论资源,而且会直接反映到民主实践中,影响现实的民主形态选择,考察其他国家和地区的民主发展新形式,对推动中国民主政治建设有一定的借鉴意义。吕列霞与陈锡喜关注到当前西方宪政民主思潮在内容与形式上出现的新变化,在存在场域方面,宪政民主思潮突破原有意识形态边界,形成贯通政治、经济、文化的网状运行结构,并由实体场域转向依托互联网技术赋能赋权的网络空间;在内容生产方面,宪政民主学者通过操纵数字与模拟算法等技术,垄断民主的测量与评估话语,构建有强烈意识形态偏见的"客观标准";在作用手法方面,宪政民主思潮通过设置学术化议题、剪裁政治隐喻的负向功能、遵循情感化宣传逻辑,指引意识形态对抗的舆论方向;在传播结构方面,宪政民主思潮采取横向对话与精准推送的传播方式,扩大思想主张的覆盖面。作者同时指出,当前宪政民主思潮仍然是以西方宪政民主理论为支撑的话语体系,需要警惕和防范其对我国意识形态安全的影响。②郭瑞雁梳理生态民主理论的思想和观点,对生态民主的内涵作出三重界定。首先,生态民主是拓展生态民主主体的民主,肯定非人类的民主主体资格及相应权利;其次,生态民主是扩展人类生态性权利的民主,主张围绕人类享有环境权与推行环境义务来进行制度安排;最后,生态民主是关注生态环境治理的民主,强调以生态代议民主、协商民主、基层民主等方式来弥补代议民主在生态环境议题上的不足。作者认为,生态民主既反对代议民主的较低生态绩效,又不满于生态权威主义的集权性特征,反映出西方民主新的发展方向,可为人类尊重与保护自然的社会实践提供思想启迪。③

---

① 倪春纳:《西方国家的民主何以衰退:基于对美国政治极化的分析》,《江苏社会科学》2022 年第 5 期。
② 吕列霞、陈锡喜:《西方宪政民主思潮的新表现及其批判与应对》,《思想教育研究》2022 年第 8 期。
③ 郭瑞雁:《西方生态民主内涵界定的三重维度》,《政治思想史》2022 年第 2 期。

3. 发展中国家的民主现状审视

部分发展中国家在推动民主发展的过程中，尝试通过移植发达国家的民主模式与政治形式来巩固民主体制，在一定程度上忽视了民主模式与社会传统间的复杂联系，导致民主政治建设举步维艰。分析这些发展中国家的民主现状，可为中国走适合中国国情的民主道路提供启示。张喆和胡志丁在国别地缘环境的理论基础上，提出跨尺度耦合、多元地缘体博弈和跨领域互动的民主化改革分析框架，探讨不同时期缅甸的地缘环境特征对民主化改革进程的影响，指出民主化改革受到多方面因素的共同作用，相关研究需要采取综合性的思路框架。[1]林丹阳运用制度主义研究范式，以阿根廷和菲律宾为例分析庇护主义对新兴民主国家的不同影响，认为阿根廷广泛多元的包容性庇护主义促进了民主化的成功，菲律宾的民主衰退则与排他性的庇护主义密切相关。[2]沈晓雷从民主化成效、民主巩固的条件以及制约民主发展的因素三个角度评价了非洲国家的民主发展进程，强调非洲国家的腐败问题、族群政治、殖民遗产等负面因素限制民主政治建设，但经济发展水平、政治竞争环境以及民主政治观念等多重因素有助于巩固民主政治。这一研究有力地抨击了西方学界关于非洲国家民主衰退的偏颇论断，表明不能脱离非洲国家的实际国情来评价其民主发展状况。[3]罗永忠和张国飞强调种族因素对理解非洲国家政治的重要性，认为非洲国家的民主解放虽然受益于种族动员，但其民主发展深受殖民遗产的影响。非洲国家民主建设与族群冲突的复杂互动，既有可能加剧政治竞争、滋生政治暴力，也可能推动民主选举、促进群体利益分配，推进非洲国家民主政治发展应当更加强调分权价值、培养和解精神、重视经济发展，并且建设性地处理非洲国家的种族问题。[4]

---

[1] 张喆、胡志丁：《基于国别地缘环境视角解析缅甸民主化改革进程》，《地理研究》2022年第11期。
[2] 林丹阳：《制度包容性视角下的庇护主义与新兴民主：阿根廷与菲律宾的比较研究》，《东南亚研究》2022年第1期。
[3] 沈晓雷：《非洲民主政治发展评析：兼评西方学界关于非洲民主衰退的论断》，《国际政治研究》2022年第5期。
[4] 罗永忠、张国飞：《建构与管理：非洲国家民主化对种族关系的影响》，《黑龙江民族丛刊》2022年第5期。

（四）反思与展望

2022 年，学界从不同理论视角和分析层次深入探索民主理论与实践的相关议题，取得丰硕成果。总体来看，2022 年，国内学者的民主理论与实践研究呈现出如下特点：第一，就研究内容而言，学者最为关注全过程人民民主的相关问题，表明中国政治学研究的议题设置受到政治实践发展的强烈影响，社会主义民主政治建设所取得的重大成就会迅速经由学术话语转化为理论成果。无论是民主理论的建构研究、思想史研究，还是西方民主危机的理论分析，都始终坚持以中国为中心的研究立场，强调在尊重中国经验特殊性的基础上，探索符合中国发展规律的民主话语体系。第二，就研究层次而言，国内学者的民主政治研究呈现出宏观理论阐释与具体实践分析相结合的特征。在宏观理论层面，政治学者立足中国式现代化与全过程人民民主的发展要求，在分析总结本土民主政治建设经验、比较借鉴人类政治文明有益成果的基础上，构建具有中国特色的民主理论；在具体实践层面，政治学者通过关注基层民主、协商民主的实践形式，从多个维度提出更具针对性和实操性的政策建议，建立多层次、宽领域、全方位的民主政治研究体系。

2022 年，国内民主研究在取得较多成果的同时，也存在着一些不足之处，进一步规范和完善民主研究，可从以下两个方面进行探索：第一，研究方法仍有进一步完善的空间。目前针对民主政治的经验研究较多地采取个案分析的方法，相关学者侧重从现象的表面差别梳理总结运行机制，较少揭示机制背后的理论内涵。对此既可加强民主理论的定量研究，充分利用大数据等技术手段，提高研究方法的科学性与规范性，也需运用比较分析的方法，在多种案例对比中把握特定民主经验的普遍性与特殊性，推动中国民主研究的知识创新与方法创新。第二，目前政治学、法学等学科的学者从各自学术背景出发，围绕全过程人民民主作了深入阐释，但其理论对话与成果互鉴相对有限，全过程人民民主的理论有待进一步挖掘完善。立足中国本土实践与时代需求，新时期的民主理论研究需要注重社会主义民主政治建设的经验总结，反思西方民主理论与实践的不足，加强不同学科理论资源的对话融合，构建有中国特色的民主政治话语体系和学术体系。

四 廉政建设与腐败治理研究

腐败作为一种成因复杂、形式多样、具有严重危害的社会现象，是现代国家治理必须应对和解决的关键问题。党的十八大以来，以习近平同志为核心的党中央从党和国家各项事业发展和党的长期执政能力建设的战略全局出发，以"无禁区、全覆盖、零容忍"的态度和决心持续开展党风廉政建设，不仅推动反腐败工作取得压倒性胜利，而且通过净化政治生态为国家治理现代化建设奠定良好的基础。在党和国家大力推进反腐倡廉的背景下，国内学者聚焦廉政建设与腐败治理的具体实践，总结反腐败斗争的创新机制与成功经验，推动廉政研究理论成果不断深化，助力反腐倡廉工作向纵深发展。本节通过梳理2022年国内学者针对廉政建设与腐败治理的相关文献，从基础理论与现实应用两个方面展现出国内廉政建设与腐败治理研究进度。基础理论包括对腐败的发生机制、公众腐败感知的影响因素、反腐败的行动逻辑和廉政建设价值内涵的探讨，现实应用则涉及廉政建设与腐败治理的经验总结与路径分析。

（一）廉政建设与腐败治理的基础理论研究

廉政建设与腐败治理是公共权力部门清除腐败存量、遏制腐败增量的实践活动和系统举措，是政治学者普遍关注且学术研究中常谈常新的议题。综合来看，2022年，国内学界关于廉政建设与腐败治理的基础理论研究，集中在腐败的发生机制、腐败感知的影响因素、反腐败行动的基本方略、治理腐败的价值内涵等方面。

1. 腐败现象的生成机制分析

腐败是一种成因复杂的社会现象，2022年，国内学界针对腐败现象的生成机制开展了广泛研究，表明腐败并非在单一变量影响下的产物，而是由多个因素综合作用的结果。研究者从权力结构、体制机制、社会文化、利益偏好等理论视角出发，系统分析了腐败现象的发生机制。从权力结构方面，彭斌与朱亚娇在总结和评述以制度、权利、道德及阶级为核心的传统廉政解释模式的基础上，从反支配性权力的角度阐释腐败与反腐败的行动逻辑和动力机制，并且比较分析了以反支配性权力为核心的反腐败理念与以制度、权利、道德及阶级分析为核心的廉政理念间的异同。① 从体制机制方面，刘欣与李红权围绕我国基层自治体制的特殊性，分析了政策边缘人和基层官员的行为选择逻辑。他们研究发现，在政策执行过程中，政策边缘人受到其自身地位特殊性、相对剥夺感、基层生态环境、非理性行为选择偏好等多重因素的影响，会以非正常化途径诱使基层官员滥用权力，而基层官员在行政自由裁量权缺乏规制、基层的维稳诉求、避责心理、行政伦理困境等因素的复杂作用下，更容易产生腐败行为。② 从价值观念层面，毛昭晖与朱星宇运用案例分析方法总结了新型腐败的嬗变过程、基本特征和主要类型，指出腐败文化在很大程度上决定着贪腐者的思维习惯和价值取向，在腐败文化价值内化与外在角色塑造的共同作用下，即使面临高压反腐态势，贪腐官员依然享有一定的自我安全感，从而萌发腐败动机并采取新型腐败方式。③ 从利益诱因层面，董石桃与彭雪灵考虑到中国社会中存在的特殊"人情关系"现象，整合社会交换理论和"人情关系"理论搭建了分析我国城市基层腐败社会交换的基本框架。他们认为，城市基层腐败源于权力资源的吸引，通过利益吸引、人情吸纳和利益交换三个环节实现腐败利益交换。④

2. 腐败感知的影响因素研究

与实际腐败状况相比，腐败感知水平直接影响着民众对党和国家的政治支持、政治信任以及政治稳定。2022 年，国内学者在研究腐败发生机制和表现形式的同时，也特别关注民众的腐败感知及其形成机制。现有研究从多个方面考察公众腐败感知的影响因素，形成了外在信息论和内在认知论两种解释框架。杜晓燕、高雪莲与侯靖琦以大

---

① 彭斌、朱亚娇：《当代中国廉政理论解释模式的再思考》，《学习与探索》2022 年第 2 期。
② 刘欣、李红权：《政策边缘人非正当逐利何以诱发基层腐败：一个解释框架》，《广州大学学报》（社会科学版）2022 年第 2 期。
③ 毛昭晖、朱星宇：《新型腐败的特征与类型：警惕传统型腐败向新型腐败的嬗变》，《理论与改革》2022 年第 4 期。
④ 董石桃、彭雪灵：《利益吸纳人情：城市基层腐败的社会交换逻辑》，《政治学研究》2022 年第 2 期。

学生群体为主要研究对象，在运用新闻媒介传播理论研究大学生清廉感知水平的影响机制后发现，反腐新闻的议题内容、情绪表达、价值立场和评价导向等议程设置，会对大学生群体的清廉感知水平产生多重影响，大学生的清廉感知水平是反腐新闻媒介传播过程中信息认知机制、情感认同机制、价值共识机制和行为决策机制共同作用的结果。① 徐法寅以归因理论和大众传播理论为基础提出"形成性框架阐释理论"，通过对调查数据的结构方程模型分析后发现，民众的腐败感知受到外在信息和认知框架的双重影响，腐败界定的宽泛程度和腐败的政策性归因倾向对腐败感知具有显著影响。② 王刚与刘瑶利用2015年的中国综合社会调查（CGSS）数据探究公众腐败感知的影响因素，并进一步阐释不同影响因素间的内在关系，指出构建和谐社会、提升公共服务满意度和营造良好法治环境对公众腐败感知具有显著的抑制作用。③

3. 廉政建设与腐败治理的基本方略探讨

围绕国家与社会在腐败治理中的角色与作用，国内学界关于廉政建设与腐败治理基本方略的现有研究，形成了以国家为中心与以社会为中心两大理论主张。就国家中心主义的廉政治理方略而言，一些学者认为，国家应通过强化体制内的建制化力量来加强廉政治理。任建明与彭舒新以中国疫情防控的基本经验和关键因素为基础，通过横向比较反腐败与疫情防控的实践机制，提出促进和优化腐败治理的方向和思路。作者认为，腐败与疾病的表现特征和治理思路具有一定的相似性，党和政府在实践中应将清理腐败存量列为反腐败治标的优先策略。④ 就社会中心主义的廉政治理方略而言，现有研究普遍强调公民参与腐败治理的重要性与必要性。公婷认为，反腐败的社会工程建设

---

① 杜晓燕等：《大学生清廉感知水平影响机制及提升路径研究：基于反腐新闻媒介传播视角》，《北京航空航天大学学报》（社会科学版）2022年第4期。

② 徐法寅：《民众"心中"和"眼中"的腐败：框架阐释理论视角下民众腐败感知的结构方程模型分析》，《政治学研究》2022年第3期。

③ 王刚、刘瑶：《公众腐败感知的影响因素研究：基于一个有调节的中介模型》，《东北大学学报》（社会科学版）2022年第1期。

④ 任建明、彭舒新：《反腐败治标与新冠肺炎疫情防控的比较及启示》，《北京航空航天大学学报》（社会科学版）2022年第3期。

充满一系列挑战，必须在"信任""共识"和"参与"三方面都获得成效。作者以香港的"社会反腐"策略和系统工程为例分析廉政公署通过"加强接触、提升意识、鼓励参与"来遏制腐败的基本思路，构建"崇廉""思廉""守廉"社会价值观的实践框架。① 岳磊与刘乾基于郑州大学党风廉政建设研究中心 2019 年至 2020 年的"河南省居民反腐败参与调查"数据，探讨公众反腐败参与意愿的影响因素及其相互作用。他们研究表明，反腐败绩效与腐败经历不仅直接影响公众的反腐败参与意愿，而且通过影响公众的腐败程度感知和腐败容忍度对反腐败参与意愿发挥作用。②

4. 廉政建设与腐败治理的价值内涵阐释

廉政建设与腐败治理事关党和国家战略全局，不仅具有非常重要的现实意义，而且蕴含着丰富的价值与功能。针对廉政建设与腐败治理的价值内涵，国内学者主要从推进全面从严治党、提升国家软实力和增强公众信任三个方面展开论述。一是认为反腐倡廉有助于推进全面从严治党向纵深发展。党风廉政建设与国家防治腐败的有机融合是中国腐败治理的显著特征。蒋来用指出，党的十八大明确提出"建设廉洁政治"，要求做到"干部清正、政府清廉、政治清明"，正是因为有这种高度的政治清醒和自觉，才有了新时代十年全面从严治党的历史性成就。③ 二是将整治腐败视作提升国家软实力的重要内容。国家的腐败治理能力在国家软实力竞争中占据着重要地位，愈益成为衡量国家政治制度和发展模式优劣的重要指标。刘琳与宋伟指出，党的十八大以来，我国着力推进反腐败国际合作，不仅坚持不懈做好追逃追赃工作，而且持续加大跨境腐败治理力度，极大地提升了我国在反腐败领域的国际话语权，为反腐败的国际合作提供中国智慧与方案。④ 三是主张反腐败斗争可以增强公众信任。腐败治理通过整治群众身边

---

① 公婷：《社会反腐三要素：信任、共识、参与》，《广州大学学报》（社会科学版）2022 年第 3 期。

② 岳磊、刘乾：《腐败治理如何影响公众的反腐败参与意愿：腐败程度感知与腐败容忍度的链式中介效应》，《广州大学学报》（社会科学版）2022 年第 6 期。

③ 蒋来用：《高质量一体推进"三不腐"的目标与策略研究》，《中共中央党校（国家行政学院）学报》2022 年第 6 期。

④ 刘琳、宋伟：《引领反腐败国际合作的中国实践》，《人民论坛》2022 年第 14 期。

的不正之风，以廉洁高效的公共服务与惩治腐败的治理绩效取信于民。张等文与陶苞朵认为，中央政府的反腐倡廉力度与回应速度以及地方政府的经济绩效直接影响着政府信任水平，夯实公众对公共权力部门的信任度，改变差序化的政府信任格局，要求中央政府持续推进反腐败工作，增强对公众诉求的回应，维护好中央政府在公众心目中的良好形象。① 曾扬与何增科认为，反腐败作为政治改革的重要环节，主要包括制度规范确立、绩效扩散、绩效巩固三个阶段，有利于提升民众的政治信任。②

（二）廉政建设与腐败治理的实践应用研究

腐败现象的隐蔽性、多样性及危害性，决定了党和国家必须长期坚持并持续优化廉政建设与腐败治理。在巩固和发展中国式现代化的新阶段，夺取反腐败斗争的压倒性胜利至关重要。在此背景下，政治学者在总结梳理反腐倡廉建设的成功经验与合理借鉴国外廉政建设可行做法的基础上，就新时期的反腐倡廉建设提出一系列兼具针对性与操作性的对策建议。

1. 廉政建设与腐败治理的经验总结

第一，中国古代政治发展中的廉政建设经验总结。古代政权在治吏实践中建立起丰富多样且行之有效的制度体系，在一定程度上能为当代中国的廉政建设提供有益的经验启示。从制度监督的视角出发，高进梳理了中国古代巡视制度的内涵、类型和目的，在追溯不同历史时期巡视制度变迁特征和演进逻辑的基础上，通过剖析巡视主体和法规职责、巡视程序和纪律监督，以及巡视的政治、法纪和社会效应，从制度性、技术性和警醒性三个维度总结古代巡视制度的当代价值。③ 李拥军与张笑认为，古代中国政治发展中长期存在的腐败现象使得统治者充分认识到建构完善监察体系的重要性，但由于反腐行动仅仅停留在官僚阶层内部，难以保障公开透明运作和民众有效参与，导致中

---

① 张等文、陶苞朵：《差序政府信任的影响因素与应对策略：基于2019年中国社会状况综合调查数据的分析》，《行政论坛》2022年第2期。
② 曾扬、何增科：《反腐败提升公众政治信任的过程与机制》，《新视野》2022年第1期。
③ 高进：《中国古代巡视制度研究》，辽宁人民出版社2022年版。

国古代腐败现象频发且难以根治。① 从权力监督角度出发，王长江结合中国传统政治文化中的权力监督、权力制衡思想指出，持续推进党和国家监督事业，党的全面领导是根本保障，依法治国是根本要求，制度建设是关键环节，人民群众是有效主体。②

第二，建党以来廉政建设的经验总结。中国共产党自成立以来，始终坚持以自我革命为抓手推进廉政建设与腐败治理，在此过程中积累了丰富经验，总结和分析党在不同时期推进反腐倡廉的具体机制与实践做法，对于新时期党和国家的腐败治理与廉政建设具有重要意义。王冠与李雪勤通过梳理改革开放以来反腐败斗争形势、战略方针和工作任务的演进历程，认为三者构成一个彼此关联、相互影响的有机整体，党风廉政建设和反腐败斗争的形势研判、战略方针和工作任务始终处于持续调适、动态匹配的平衡状态，突出表现为形势决定任务，战略方针匹配形势并指导任务。③ 田坤总结了党的十八大以来中国共产党推进反腐败政策和措施调整的鲜明特征，并将其概括为四个方面，包括加强党对反腐败斗争的集中领导，注重受贿行贿一起查，开辟反腐败"第二战场"，持续释放制度反腐的力量。④ 吴海红、齐卫平与庞程程通过考察中国共产党在新民主主义革命时期、社会主义革命和建设时期、改革开放和社会主义现代化建设新时期以及中国特色社会主义新时代廉洁政治建设的实践历程，将百年来中国共产党推进廉洁政治建设的经验启示总结为以下内容：廉洁政治建设必须以党的集中统一领导作为根本政治前提，始终坚持密切联系人民群众，依托权力制约监督机制和运用法治思维，持续巩固廉洁政治在国家治理中的战略地位。⑤

---

① 李拥军、张笑：《传统治吏经验在现代廉政法治建设中的创造性转化》，《长白学刊》2022年第2期。

② 王长江：《扎紧制度的笼子：权力监督思想的历史考察》，国家行政学院出版社2022年版。

③ 王冠、李雪勤：《改革开放以来反腐败斗争形势和方针任务的演进》，《毛泽东邓小平理论研究》2022年第5期。

④ 田坤：《党的十八大以来我国反腐败政策和措施调整及动因》，《马克思主义研究》2022年第6期。

⑤ 吴海红等：《建设廉洁政治：中国共产党的探索及其启示》，《治理研究》2022年第2期。

第三，其他国家与国际组织反腐败的经验借鉴。其他国家或国际组织在反腐方面的具体行动和实践经验，同样能为当代中国的廉政建设提供相应参考。于文轩认为，政府清廉是新加坡经济和社会发展取得成功的重要因素之一，新加坡反腐的成功归功于当地政府与社会共同培育的腐败零容忍文化。① 欧庭宇总结丹麦、挪威、瑞典、芬兰和冰岛等北欧国家的反腐体系建设经验，将其归纳为以下四个重要方面：一是建立科学完备的防腐立法体系，以制度体系防范权力滥用；二是建立自律清廉的道德文化体系，厚植廉洁从政的文化根基；三是建立公开透明的行政运行机制，推进"阳光政府"建设；四是建立科学高效的防腐监督机制，降低腐败事件发生的概率。② 张丽华与高晗集中分析透明国际在世界各国腐败治理中蕴含的体制外监督调节作用，指出随着中国反腐布局的逐步完善和在国际反腐合作体系中的深度参与，新时期的反腐倡廉建设应当重视并进一步夯实我国与透明国际的合作，鼓励国内研究机构与企业参与清廉指数的调查，增强中国媒体构建战略性对外反腐传播体系的自觉意识，纵深推进中国参与国际反腐合作。③

2. 廉政建设与腐败治理的优化路径研究

第一，推进腐败治理与廉政建设的整体设计。党的十八大以来，中国的廉政建设把一体推进不敢腐、不能腐、不想腐的反腐败斗争作为基本方针，坚持健全完善制度体系的整体思路和路径，在体制层面着力推进纪检监察体制改革，在机制层面通过统筹协调巡视监督、派驻监督、执纪问责等监督形式形成廉政制度建设合力，但在腐败治理的持续性与深入性等方面依然需要加强完善。对此，国内学者就新时期反腐倡廉的优化与完善路径进行了深入的研究与探索。就一体推进"三不腐"而言，杜治洲通过剖析"三不腐"的内在关系和一体推进

---

① 于文轩：《新时代推进零容忍反腐文化建设的实践进路：基于新加坡腐败治理的经验启示》，《国家治理》2022年第14期。

② 欧庭宇：《从理念到实践：北欧国家防腐建设的经验与启示》，《领导科学》2022年第8期。

③ 张丽华、高晗：《中国参与国际反腐败合作的问题及发展路径：以透明国际为例》，《理论探讨》2022年第5期。

"三不腐"的政治逻辑、理论逻辑与实践逻辑，从系统思维、风险评估和数字治理等角度，提出了系统完善一体推进"三不腐"体制机制的政策建议。① 就廉政制度体系建设而言，陈朋从新时代廉政制度建设的演进逻辑出发，指出注重体系构建并依托体系完善释放制度优势是十年来廉政制度建设的突出成效和鲜明特质，新时期的廉政制度建设需要重点关注制度的创新性、可操作性和执行落实等问题，确保反腐倡廉的制度优势更好地转化为治理效能。② 徐行关注反腐倡廉背景下的党内法规制度建设，认为增强反腐倡廉党内法规制度的系统性、规范性和可操作性是推动腐败治理与廉政建设向纵深发展的主要着力点。③ 就权力监督体系而言，马雪松与冯源从体系建设、能力强化与效能转化三个层面对纪检监察"四项监督"统筹衔接作了整体性考察，指出"四项监督"统筹衔接的内在机理包括监督体系的全领域覆盖、监督能力的全方位提升、监督效能的多样态转化等方面，促进监督工作在不同层级、不同场景、不同机制下发挥与释放多重治理效能。④ 刘杰等学者聚焦"依法治国""廉政体制创新""双重领导体制""互联网监督"等现实问题，分别从权力制约、网络反腐、群众监督等方面系统探讨了新时代中国廉政建设的制度设计与创新路径。⑤ 罗丹与倪星通过分析巡视制度的生成机制与演变逻辑，认为党和国家的巡视制度实现了从纠偏束权到集成创新的范式演变。⑥ 王冠从党章赋权、职能任务、政治角色、权力边界等方面探讨中央纪委在反腐倡廉建设中的作用发挥，指出中央纪委在腐败治理与廉政建设中承载着整合反腐败机构、管控政治风险、严明政治规矩、监督保障执

---

① 杜治洲：《一体推进不敢腐、不能腐、不想腐研究》，人民出版社2022年版。
② 陈朋：《从体系构建到效能释放：廉政制度建设的演进逻辑——基于新时代十年廉政制度建设的回顾与前瞻》，《学习与探索》2022年第11期。
③ 徐行：《党的十八大以来反腐倡廉党内法规制度建设述论》，《党的文献》2022年第1期。
④ 马雪松、冯源：《纪检监察"四项监督"统筹衔接：制度体系、监督能力与治理效能》，《中共福建省委党校（福建行政学院）学报》2022年第4期。
⑤ 刘杰等：《党风廉政建设：新时代、新挑战、新使命》，上海社会科学院出版社2022年版。
⑥ 罗丹、倪星：《从纠偏束权到集成创新：巡视制度的生成机制与演变逻辑》，《理论与改革》2022年第1期。

行、促进制度完善等政治功能。①

第二，基层"微腐败"的治理策略。基层"微腐败"现象不仅具有形式多样性和成因复杂性的显著特征，而且因其贴近基层的特点更易损害人民群众的切身利益，因此遏制与消除基层"微腐败"受到学术界的高度重视与普遍关注。金太军与金祖睿认为，内部行政主体的狭隘权力观、权力裁量边界的模糊性以及外部政社协同不足等因素共同导致基层政府出现"微腐败"现象，治理基层政府"微腐败"的关键是要解决"碎片化"问题，具体可以从主体协同、权责匹配以及政社互动等方面构建整体性的治理方案。②徐铜柱结合调研案例深入分析了乡村"微腐败"现象的形成机制和缘由，认为治理乡村"微腐败"必须明确村干部在腐败治理中的角色定位及具体职责，围绕预防、控制及惩戒构建治理乡村"微腐败"的体制机制，更好地推动乡村治理现代化。③王立峰与孙文飞借助"主体—制度环境—文化环境"的三维分析框架，运用模糊集定性比较分析方法对农村"微腐败"现象作了实证研究，指出权力集中程度高、横向监督制度失灵、法纪意识薄弱和"官本位"思想是农村"微腐败"发生的核心条件，强化农村"微腐败"治理需要完善村级"小微权力"清单制度、加强村级监督制度同巡察制度的衔接配合、提升村民在乡村民主治理中的参与能力。④付宇程以我国基层民主发展为研究主题，认为同民主选举的制度建设及实践发展相比，民主决策、民主管理和民主监督的跟进程度相对不足。巩固和发展全过程人民民主，有利于解决基层权力监督信息不对称和监督动力不足的难题，推动"自下而上"的民主监督与"自上而下"的纪检监察监督机制有效互补，进而提高基层反腐败治理效能。⑤

---

① 王冠：《中央纪委的政治角色与权能研究》，《湖北社会科学》2022年第12期。
② 金太军、金祖睿：《基层政府"微腐败"及其整体性治理》，《江汉论坛》2022年第12期。
③ 徐铜柱：《乡村廉政治理法治化》，中国社会科学出版社2022年版。
④ 王立峰、孙文飞：《农村"微腐败"发生的诱因及治理对策：基于全国38个案例的定性比较分析》，《社会科学战线》2022年第4期。
⑤ 付宇程：《发展全过程人民民主：破解基层腐败防治难题的有效路径》，《探索》2022年第4期。

第三，廉政文化的传播与培育。坚持制度建设与文化培育并行推进是中国廉政建设的基本路径，发展廉政文化是党和国家在腐败治理中坚持"治标"与"治本"相结合的集中体现。刘雪华与贺晶晶从精神、制度和环境三个层次分析了"零容忍"廉政文化建设的制约因素与破解之道，认为"零容忍"廉政文化是以"零容忍"的廉政理念为核心、以"零容忍"的廉政规范为保障、以"零容忍"的廉洁形象为载体的文化体系，构建"零容忍"的廉政文化应当坚持以认知纠偏为基础培育腐败"零容忍"的精神文化，以机会控制为要点强化腐败"零容忍"的制度文化，通过制度扩散营造腐败"零容忍"的环境文化。① 齐卫平指出，廉洁文化建设对于廉洁社会建设具有重大意义，民族品性的塑造、健康社会氛围的营造、社会主义核心价值观的践行都依赖于廉洁文化建设。加强廉洁文化建设对廉洁政党建设同样至关重要，廉洁是中国共产党坚守革命传统与理想信念的必然要求，深入推进全面从严治党，确保党不变质、不变色、不变味，需要以廉洁文化建设塑造廉洁型政党形象。② 任建明基于对腐败文化及其形成过程与机制的讨论，进一步阐释和明确了廉洁文化的具体内涵，指出弱化、消解腐败文化是培育和传播廉洁文化的重要前提，具体对策包括行为反腐、文化反腐、制度革新。③

第四，技术手段赋能廉政建设。随着大数据和信息技术的发展，党和国家愈发重视大数据、云计算在反腐倡廉建设中的价值与功能，技术反腐也成为国内学者研究腐败治理与廉政建设的重要议题。谢俊与黄艳君认为，大数据在党和国家的廉政建设中具有预防、威慑、预警等突出作用，以大数据为基础建设和打通党内监督平台与大数据监察平台，进一步完善网络信息公开机制和网络监督举报平台，可以在整合党内监督、国家监督、民主监督与舆论监督的过程中形成监督合

---

① 刘雪华、贺晶晶：《"零容忍"廉政文化建设的制约因素与破解之道》，《探索》2022年第4期。
② 齐卫平：《论廉洁文化建设的三重意义》，《江西社会科学》2022年第4期。
③ 任建明：《廉洁文化的传播路径与培育机制构建》，《廉政文化研究》2022年第2期。

力，深入推进廉政监督制度化及国家治理现代化进程。① 董石桃指出，新技术对公民在廉政治理中的赋权机制，主要体现在拓展空间、压缩时间、扩展权利和增强影响力四个维度上，其路径包括激活民众参与廉政治理的基础资源，创新民众参与廉政治理的体制机制，优化民众参与廉政治理的技术执行，有利于推动国家和社会互动合作。② 秦前红与王雨亭分析了新时代舆论监督在党和国家监督体系中的价值内涵、实质作用及功能定位，指出建设中国特色的舆论监督道路，应以党内监督为主确定舆论监督重点，坚持党内监督与纪检监察监督的有机结合，通过联结纪检监察监督填补制度化阙如，借助算法技术助力舆论监督全阶段。③

（三）评价与展望

2022年，国内学界就腐败现象的发生机制与危害后果、腐败治理的行动逻辑与价值意义作了深入研究，集中探索了党和国家腐败治理与廉政建设的经验启示和推进路径，积累了一系列具有中国特色、符合现实国情的研究成果，为当代中国的廉政建设和反腐败斗争提供智力支持与政策参考。整体来看，国内学界针对廉政建设与腐败治理的相关研究实现了纵深发展，在理论、方法和议题层面取得诸多突破。其一，廉政建设与腐败治理的理论体系不断完善。国内学者聚焦中国廉政体系的独特优势和现实发展，运用政治学的理论体系与分析范式研究腐败治理与廉政建设，在一定程度上提升了中国廉政体系有效性的理论阐释力。其二，廉政建设与腐败治理的研究方法更加多元。国内学者更加注重研究方法和研究问题的适配性，对研究范式和方法的理解更加深入、运用更加熟稔。其三，廉政建设与腐败治理的研究议题日渐丰富。围绕廉政体系的结构复杂性和反腐治理模式的多

---

① 谢俊、黄艳君：《大数据助推廉政监督：新发展、现实价值及实践路径》，《重庆社会科学》2022年第1期。

② 董石桃：《公民参与、技术赋权和廉政治理的社会基础》，《教学与研究》2022年第8期。

③ 秦前红、王雨亭：《党和国家监督体系下的新时代舆论监督：兼论舆论监督与纪检监察信访举报工作之耦合》，《北方法学》2022年第6期。

样性，国内学者从不同类型和不同层次进行细化研究，在深入揭示与系统阐释中国廉政建设与腐败治理的显著优势的同时，进一步扩充了腐败治理的研究议题。

国内学者的廉政研究在议题更新、领域深化和方法扩展方面取得显著成效的同时，依然存在一定的提升与拓展空间。一是可采用多种研究方法进一步推动廉政研究在理论建构等方面实现新的突破。当前国内学界围绕腐败治理与廉政建设的研究成果，更多地聚焦腐败的成因和后果，较少关注和分析相关主体在腐败过程中的行动逻辑。运用田野调查、实证分析等研究方法或分析路径，有助于更为直接地观测腐败现象的过程机制与真实状况，为反腐败工作的推进与优化提供更具针对性的对策与方案。二是对新时代中国廉政建设与腐败治理的海外评价研究有待加强。目前学界对中国反腐败工作的理念、制度、举措等进行了较为系统的研究和阐释，但要客观、全面地评价廉政治理的真实绩效和影响，需要关注其他国家和地区对于当代中国腐败治理与廉政建设的研究，在参考和借鉴其合理评价与建议的基础上进一步巩固和完善党和国家的反腐倡廉工作。

中国国际政治与国际关系研究的新态势

吕耀东　鞠佳颖[*]

纵观2022年全球形势，国际格局继续呈"东升西降"之势，百年未有之大变局加速演进，大国关系更趋复杂。在俄乌冲突爆发、局部冲突对抗加剧、台海地区局势紧张、中东地区形势错综复杂、能源和粮食等危机蔓延、经济全球化逆流涌动、全球治理赤字持续加深等传统安全与非传统安全多重因素的共同作用下，大国关系面临着新一轮的分化重组，地区安全风险持续上升。而这一年中国在诸多不稳定因素和风险挑战面前，恪守人类命运共同体理念，提出全球治理的中国方案，彰显了大国的责任担当。

聚焦国内，中国共产党第二十次全国代表大会在北京召开，标志着中国特色社会主义建设进入新阶段；与此同时，新的指导思想的确定，为国际政治与国际关系研究提供了新的内涵和进一步创新的要求。党的二十大报告指出，新时代十年来，"我们展现负责任大国担当，积极参与全球治理体系改革和建设，全面开展抗击新冠肺炎疫情国际合作，赢得广泛国际赞誉，我国国际影响力、感召力、塑造力显著提升。"习近平总书记基于"中国共产党是为中国人民谋幸福的政党，也是为人类进步事业而奋斗的政党"这一精准定位，将"坚持维护世界和平、促进共同发展，致力于推动构建人类命运共同体"界定作为新时代中国外交工作的宗旨。王毅同志在2022年国际形势与

---

[*] 作者工作单位：吕耀东，中国社会科学院日本研究所；鞠佳颖，中国社会科学院大学国际政治经济学院。

中国外交研讨会开幕式上也曾提示说："2022年的中国外交，之所以在变局中劈波斩浪，在乱局中勇毅前行，最根本的政治保证是习近平总书记掌舵领航；最重要的理论成果是创立了习近平外交思想；最宝贵的实践经验是开辟了一条中国特色大国外交新路。"① 可以说，中国外交在继续肩负为国内经济建设创造良好稳定外部环境重任的同时，更加关注全人类共同的前途与命运，切实履行了中国始终是世界和平的建设者、全球发展的贡献者、国际秩序的维护者的庄严承诺。

2022年，中国国际政治与国际关系各领域研究呈现出更加理论化、多元化、系统化的发展趋势。本文基于国内国际政治与国际关系研究的部分代表性文献，从基础理论研究和应用对策研究两方面对2022年中国学界的国际政治与国际关系研究情况进行梳理，发现中国学者围绕习近平外交思想理论内涵的发展、马克思主义国际关系理论的中国化、中国国际关系理论的建构路径、人类命运共同体的构建、西方部分国际关系理论的滞后性、国际政治与国际关系的跨学科研究、国际关系学科的建设、大国竞争下的双边与多边关系、区域国别研究、全球治理等议题进行了深入探讨，并实现阶段性发展。在此基础上，本文总结了2022年中国国际政治与国际关系研究的发展新态势，以期推动中国国际政治与国际关系理论和实践的深层次研究。

一 国际政治与国际关系基础理论研究的多元化探索

正所谓理论是对现象和规律的解释，对于国际政治与国际关系领域的研究者而言，理论的重要性不仅在于对规律进行描述，而且在于对现象作出解释。作为一个合乎逻辑、前后一贯的分析整体，如果某一理论不能针对既有现象提供解释，那么就会催生新理论的出现。故从学科发展的角度来看，理论研究是推动国际政治、国际关系学科不断向前发展的重要动力。随着国内学者开辟理论创新的自觉意识不断

---

① 王毅：《在2022年国际形势与中国外交研讨会开幕式上的演讲》，中华人民共和国外交部网站，http://russiaembassy.fmprc.gov.cn/wjdt_674879/wjbxw_674885/202212/t20221225_10994822.shtml。

提高，当前围绕国际政治、国际关系基础理论展开的研究，中国学界在反思西方相关理论的基础上，旨在构建具有中国特色的国际政治与国际关系理论的研究成果不断涌现。

（一）对马克思主义国际关系理论的研究不断深入

马克思主义国际关系理论因其深刻的哲学基础与独特的分析方法，对国际政治、国际关系研究具有充分的理论创新与实践指导价值。马克思主义国际关系理论以唯物史观为理论基础，揭示了国际政治、国际关系的本质和发展规律，为理解国际秩序的变迁提供了根本性的方法论。张南燕、刘建飞指出，习近平总书记继承了马克思主义经典作家的国际政治思想和中国共产党人关于国际秩序的观点和理论，结合当今国际政治现实，提出构建新型国际关系和树立新型国际秩序观是国际政治发展的途径、构建人类命运共同体是国际政治的发展方向等重要论述，创造性地发展了马克思主义国际政治理论，为新型国际秩序的建立提供了中国方案。上述思想不仅是马克思主义国际政治理论中国化的最新成果，而且是马克思主义国际政治理论与中国特色大国外交实践结合的产物。[①]

在方法论方面，学者注重剖析马克思主义国际政治思想对国际关系理论发展的启发意义。巩辰对佩里·安德森（Perry Anderson）的国际关系理论进行了比较分析，认为安德森颇具大历史观的细节研究正是如今崇尚"量化"迷思和科学神话的国际关系学界所缺失的，历史社会学研究路径善于在细节中洞见历史现实的扎实的叙事风格，值得国际关系研究者借鉴。[②] 李涛通过考察约翰·霍布森（John Hobson）、哈罗德·拉斯基（Harold Laski）等国际关系思想家对帝国主义这一早期国际关系重要研究主题的大量见解，揭示国际关系思想家在多大程度上接受了马克思主义理论，进而揭示马克思主义对早期国际关系形成阶段产生的重要影响。作者认为，马克思主义作为一种基本

[①] 张南燕、刘建飞：《习近平对马克思主义国际政治理论的创新发展》，《理论视野》2022年第8期。

[②] 巩辰：《试论佩里·安德森的国际关系理论——基于马克思主义和历史社会学的文本分析》，《社会科学论坛》2022年第5期。

的理论力量，对20世纪前40年的早期国际关系的形成发展，对国际关系思想家的政治思想与国际理论的塑造发挥了重要作用。[1] 李滨、陈子烨对马克思主义国际关系研究方法与结构现实主义、新古典现实主义、古典现实主义的差异进行了分析，指出马克思主义国际关系研究方法更强调相关国家在结构中的地位以及有关国家的经济基础与社会政治文化。作者认为，相较于传统马克思主义国际关系研究仅从国家层次展开，这种研究则对其进行了扩展，结合了整个国际政治经济体系的结构作用，是整体与个体结合的研究，代表着马克思主义国际关系研究的发展方向。[2]

在马克思主义国际关系理论中国化的进展方面，保建云从马克思主义国际政治经济学角度分析了百年变局下俄乌冲突的深层政治经济动因及其对世界格局的影响，认为俄乌冲突从经济、政治和治理体系三方面推动了世界格局的调整、演化和重塑，诱发诸多矛盾、摩擦和战争，百年变局为世界新格局的形成带来了机遇和挑战，在此背景下，西方霸权主义、强权政治、单边主义乃至新殖民主义所主导的世界政治经济旧秩序被构建人类命运共同体的世界政治经济新秩序所取代是世界格局演化的历史必然。[3] 罗从然针对当前"有效的全球化"与"失效的全球治理"之间的鸿沟，用马克思主义国际关系理论对中国在构建人类命运共同体、积极参与全球合作、推动全球治理的正向认识发展进程中的有益贡献进行了分析，认为中国特色马克思主义国际关系思想在新冠疫情中获得了时代性的突破和发展，将在新冠疫情期间乃至之后为应对全球性大规模突发性疾病进行经验反思作出巨大贡献。[4] 冯旺舟基于"政治马克思主义"，对全球化本质、新型国际关系体系的构建进行了分析，指出建构新型国际关系体系应从以下

---

[1] 李涛：《马克思主义对国际关系学早期形成阶段的影响研究——基于国际关系思想家对帝国主义理解的历史考察》，《云南社会科学》2022年第4期。

[2] 李滨、陈子烨：《论马克思主义国际关系研究方法与西方现实主义方法的差异》，《社会科学文摘》2022年第5期。

[3] 保建云：《百年变局下的俄乌冲突与世界格局演变——马克思主义国际政治经济学视角的分析》，《当代世界与社会主义》2022年第4期。

[4] 罗从然：《新冠病毒感染疫情背景下对中国国际关系的省思——基于马克思主义国际关系理论视角》，《国际公关》2022年第24期。

四个方面进行：一是要立足民族国家开展构建新型国际关系体系的斗争；二是要从资本主义的内在关系中探寻构建新型国际关系体系的突破口；三是要以反对新帝国主义的全球霸权为抓手，构建新型国际关系体系；四是要以构建互利共赢的新型国际关系、推进人类命运共同体建设为目标。这对于我们正确认识全球化视域下现代国际关系体系的形成和新型国际关系的建构具有一定的价值。①

（二）对西方理论研究的反思与再探讨

在国际政治、国际关系研究领域，基础理论研究长期以来一直以英国、美国为代表的西方国家理论为主导。但随着西方传统国际关系理论所基于的现实逐渐发生变化，诸多全球性、地区性问题难以在西方国际关系理论著述中找到答案，西方理论主导下的国际关系理论体系已经无法从学理上回答解释国际关系的新变化，这就需要学界的创新与突破。为此，国内学者围绕新的国际关系现象，开始对西方的国际政治与国际关系理论进行补充与完善。

首先，一直处于发展、变化中的国际关系为西方三大主流国际关系理论创新提供了思考和努力的方向。关于极数与国际体系稳定性之间的关系问题一直是结构现实主义争论的重点，学者就极数与国际体系稳定性之间的关系展开了丰富的讨论。逄锐之发现，既有研究因未能区分全球与地区层面，导致不同层次的研究无法在同一平台上对话。对此，作者通过数据分析和案例研究，对极数与国际体系的稳定性进行了分层测算，认为在全球层面，单极和两极体系时段极少，不足以验证极数与国际体系稳定性的关系；而在地区层面，单极体系比两极和多极体系稳定，两极体系则与多极体系的稳定程度没有明显区别。其研究进一步完善了结构现实主义理论，同时也有助于我们把握当前国际格局的演变与国际体系的发展趋势。② 张发林对国际关系现实主义和新自由制度主义两大主流理性流派进行合成，将解释国家行

---

① 冯旺舟：《论全球化本质与新型国际关系体系的建构——基于"政治马克思主义"的分析》，《理论探讨》2022 年第 5 期。

② 逄锐之：《极数与国际体系稳定性关系的分层研究》，《当代亚太》2022 年第 5 期。

为和国际关系形态的权力逻辑和制度逻辑融合起来,构建了现实制度主义的新理论,以解释国际关系现实的新变化,尤其是国际关系的冲突—合作的复合形态和国际秩序变迁。① 秦亚青指出,三大理论都是以确定性世界为前提的,行为体的选择总是在世界确定性条件规定下的选择,但不确定性始终是主流理论的痛点,不但不被视为世界内生性要素,反而被作为反常现象是需要消除的异态。量子力学已经开始形成对国际关系三大理论的颠覆性挑战,量子理论有望成为一个包含经典理论在内的、更为宏大的科学范式。②

其次,在实践与理论研究滞后的问题领域存在广泛的探索空间,中层理论研究成果向纵深推进、从横向拓展。凌胜利在对联盟概念进行辨析的基础上,对联盟从形成到瓦解的过程进行了深入分析,探讨了联盟管理、联盟转型与联盟分化的内在机制,并重点以美国亚太联盟为例进行详细研究,加深了对联盟理论的理解。③ 这对于理解当下的联盟关系具有重要价值。史田一聚焦美国在不同议题领域组建或参与议题联盟的行为,对"如何认识国家之间针对特定议题结盟的现象""如何认识美国在冷战后采用大量议题联盟的对外政策行为"两个宏观层面的问题作了回答。作者认为,美国比其他国家更加热衷于议题联盟的关键在于,一方面美国从其霸权国的理性选择出发,利用议题联盟突破了时效限制、规则限制、关系框架与任务目标,从而实现特定议题的利益最大化;另一方面美国独特的行为偏好导致其热衷于利用议题联盟。④ 姜丽媛发现,在非对称联盟中,处于同一联盟体系中的从属国,在面临共同的安全威胁、有相近的安全诉求且均有利益置换意愿的前提下,所获得的安全保障程度却呈现出明显的差异。为解决这一困惑,作者以责任分担与利益置换为自变量,探讨其与因变量安全保障之间的互动机理,并以特朗普时期美国与不同盟友间的

---

① 张发林:《现实制度主义:一种国际关系理论的合成》,《国际政治研究》2022年第4期。

② 秦亚青:《知识观重建与国际关系理论的发展进路——以三大理论批判为例的分析》,《中国社会科学》2022年第9期。

③ 凌胜利:《联盟研究:理论与案例》,世界知识出版社2022年版。

④ 史田一:《冷战后美国议题联盟行为研究》,中国社会科学出版社2022年版。

安全合作关系为案例加以验证。其研究对于我们理解非对称联盟中的安全保障机制、把握美国的联盟关系，具有一定的理论与实践意义。①周国荣提出了国际集体领导得以实现的理论分析框架，针对关注点差异下的领导赤字和治理非传统跨国问题的领导需求，提出调和这一两难的协进型国际集体领导，以"协作、共进、吸引、赋权"为基本内容的领导方式，既缓和了传统强国忧心国际领导权的旁落，也赋予了新兴大国承担国际领导责任的自由空间。在此基础上作者指出，在权力多元的主权国际体系中，体系危机对实现国际集体领导具有显著影响，并分析了"引领—支持"关系形成路径，认为在爆发体系危机的多极权力情境中，以治理危机为目标的国际集体领导，阻力最小、最容易实现。②在大国竞争加剧以及俄乌冲突导致国际社会重新关注有限核战争与核升级风险的背景下，美国战略界开始重新重视形成于冷战时期的有限核战争理论。对此，李享和高衡通过构建一套关于有限核战争理论谱系的系统性分析框架，厘清了有限核战争的形式与作用机制以及大国竞争时代美国核战略理论演进与核政策调整的内在逻辑，对于我们全面把握美国核战略的未来发展，处理大国及周边关系，均具有积极意义。③

此外，既有研究为探索崛起国和霸权国关系提供了诸多具有建设性的看法，但这并不意味着崛起国和霸权国关系的研究问题得到了充分解决。在与诸多国家的关系相对紧张的情况下，如何处理与各类国家的关系，对崛起国和霸权国都至关重要。那么崛起国和霸权国在什么条件下会走向合作，又会在什么条件下走向冲突？针对这一问题，唐探奇、兰江提出关系螺旋理论，认为螺旋发展方向决定着崛起国和霸权国的互动方向。④秦亚青推翻了霸权稳定理论在国际安全领域的推断，认为战后建立起来的以美国为中心的霸权结构及其霸权国地位

---

① 姜丽媛：《责任分担与利益置换：非对称联盟中从属国与主导国安全保障的互动逻辑》，《当代亚太》2022 年第 3 期。
② 周国荣：《当代国际体系中的国际集体领导研究》，天津人民出版社 2022 年版。
③ 李享、高衡：《大国竞争背景下的美国有限核战争理论再辨析——基本逻辑、政策辩论与现实影响》，《当代亚太》2022 年第 5 期。
④ 唐探奇、兰江：《霸权合作还是霸权冲突？一种关系螺旋理论的解释》，《战略决策研究》2022 年第 3 期。

与美国在国际武装冲突中的支持行为存在重要的相关关系，霸权系统结构在很大程度上影响着美国在战后国际武装冲突中的立场选择。①莫盛凯认为，近年来，学界流行的"修昔底德陷阱"是从国际结构层次解释中美关系变化的最常见版本，即认为中美之间权力相对转移可能会引发关系紧张，甚至会引发军事冲突。国际结构层次的解释固然有力，但如果仅从国际结构上解释中美关系，则很难将当今的中美关系与20世纪90年代的美欧关系、20世纪80年代的美日竞争区别开来。因此他从雅典与斯巴达互动的历史和国际关系理论推演的角度，勾勒了作为一种国际结构现象的"修昔底德陷阱"的过程机制，使"修昔底德陷阱"成为一个勾连两种研究路径的新的分析方法，为我们更好地以史为鉴作出了新的理论探索。②

传统观点认为，中小国家与大国之间的不对称经济依赖是后者权力的主要来源之一。随着中国经济实力的提升，其他国家对中国的经济依赖，是否会促使其在政治和安全等议题上向中国的立场靠拢，从而跟随中国的外交政策？这一问题在学界引发了广泛关注。不同于既有研究，查雯和吕蕙伊则以对象国领导人合法性的主要来源为出发点，讨论促成对象国对中国形成外交政策跟从的条件，认为当领导人主要依靠绩效合法性时，对象国对中国的经济依赖更有可能促使该国在外交政策上向中国靠拢，中国的经济实力更容易转化为对该国的影响力；当对象国领导人主要依靠程序合法性或价值观合法性时，经济依赖对该国外交政策的影响可能会受到限制。③

霸权之后理论认为，国际制度在美国衰落后仍会发挥作用，推动其他大国在现有国际制度框架下继续合作。但在实践中，从国际制度层面推动大国合作和塑造地区规范的难度较大。鉴于此，沈陈通过回顾亚洲地区的经贸合作，重点分析了导致20世纪90年代和2017年以后亚洲地区经贸合作出现差异性现象的原因。基于卡赞斯坦的帝权

---

① 秦亚青：《霸权体系与国际冲突：美国在国际武装冲突中的支持行为（1945—1988年）》，上海人民出版社2022年版。
② 莫盛凯：《"修昔底德陷阱"：历史与理论》，世界知识出版社2022年版。
③ 查雯、吕蕙伊：《价值观、程序还是绩效？合法性视角下的中小国家对华经济依赖与外交政策跟从》，《当代亚太》2022年第2期。

研究，作者集中探讨了帝权之后的地区制度竞争逻辑，指出帝权衰落引发规范等级关系变动，构成帝权国家、核心国家与其他地区行为体之间相互竞争与博弈的主要内容。作者提醒我们，随着地区制度竞争更多地从基于基本规范的同规博弈，转向规范等级关系变动导致的异规博弈，必须重视异规博弈可能出现的极端化趋势，避免地区行为体从关于不同规范的路线之争逐渐固化为不同制度集团的身份之争。其研究有利于确定制度推动大国合作的条件。① 在田野、辛平翻译的《无政府状态下的合作》一书中，作者结合政治经济学领域和安全研究领域中的多个历史案例，借用博弈论，从行为体偏好问题、行为体博弈以及行为体数目三个环境维度设立分析模型，分析无政府状态下合作怎样产生以及如何创造条件促进合作产生等问题，不仅为合作和冲突的发生提供了统一解释，而且提出了无政府状态下实现合作的战略和制度。作者认为，尽管不是所有促进国际合作的努力都能产生好的结果，但合作失败的结果使我们相信，更多的合作往往比更少的合作要好。②

（三）非西方国际关系研究取得进展

在国内学界所熟知的西方主流的国际关系理论框架之外，还有东北亚国家国际关系、"法国学派"等一些尚需学界探索的领域。在东北亚国家的国际关系研究方面，巴殿君、徐博等人详细介绍了作为非西方国际关系理论中重要分支之一的东北亚国家国际关系思想，探讨了包括中国、俄罗斯、日本、韩国、蒙古国在内的国家国际关系思想的产生基础以及发展过程，阐述了当前东北亚各国所存在的国际关系理论流派，对比分析了这些理论流派的主张与研究范式，为人们进一步了解、研究东北亚国家的非西方国际关系思想打开了一扇窗口。③ 在宗华伟翻译的《世界不再只有"我们"——关于国际秩序的另类思考》一书中，作者提出应构建一门国际关系社会学，认为任何以自我社会文

---

① 沈陈：《帝权之后：规范等级体系与亚洲制度竞争》，《当代亚太》2022 年第 2 期。
② ［美］肯尼思·奥耶编：《无政府状态下的合作》，田野、辛平译，上海人民出版社 2022 年版。
③ 巴殿君等：《东北亚五国国际关系思想与理论流派》，世界知识出版社 2022 年版。

化范式和历史经验为中心的推论均有局限性，任何单一因果解释框架都无法涵盖动态变化的社会事实，任何敌我分明的政策处方都无力应对当今世界的复杂挑战，现实主义和自由主义两大主流理论体系都存在其自身无法逾越的理论困境，国际关系研究应借鉴社会学和人类学的整体主义方法，不再仅仅聚焦"权力"，而是真正关注国际社会的问题、病症与变迁，将各种行为体和变量放在一起加以观察和思考，理解社会因素之间的复杂联系与动态演化，使之成为一门研究"'社会构造'的科学"。这对于力图超过美国重心的非西方国际关系研究者而言，具有较大的启发与借鉴意义。[1] 针对欧洲缺乏形塑世界权力游戏能力的争议，宗华伟、李华翻译的《规范的力量：欧洲视角下的全球治理》一书指出，欧洲国家在所有问题上都存在严重分歧，很难进行集体行动，由此来看，相对于追寻一项欧洲融合工程，有条不紊地退守民族国家那些具有确定性的价值观显得更加可取。然而，作者认为，这一解释混淆了事情的原因与结果。为此，作者首先从权力的概念出发，认为欧洲不再是传统意义上的"大国""强国"，它不再适用于权力政治的逻辑。进而，作者对欧美、欧俄关系和欧洲治理、全球治理进行了深入分析，论证了世界政治的多重维度，得出一种较为中立和谨慎的结论：欧洲规范性力量并非没有出路，尽管面临地缘政治环境压力，欧洲的规范性工具和治理经验仍然具有不可小觑的"软权力"[2]。

随着第三世界的经济崛起，包括拉美发展主义和依附论等在内的拉美本土理论在国际关系研究中崭露头角。自主理论以拉美发展主义和依附论为思想源泉，突破了西方主流国际关系理论的既定框架，将外围国家视为国际关系研究中的"主体"而非"客体"，围绕拉美国家的核心关切——自主来构建理论。自主理论认为，主权平等掩盖了国际权力的不平等，国际体系的无政府秩序掩盖了由自主程度不一的国家构成的等级秩序，并强调外围国家国内精英集团对维护或改变依附状态至关重要。针对外围国家的出路问题，自主理论提出，在依附

---

[1] [法]伯特兰·巴迪:《世界不再只有"我们"——关于国际秩序的另类思考》，宗华伟译，上海人民出版社2022年版。

[2] [法]扎吉·拉伊迪:《规范的力量：欧洲视角下的全球治理》（第3版），宗华伟、李华译，上海人民出版社2022年版。

和革命的选项之外，外围国家还有第三条道路——自主，可以通过创造性地利用国际体系所提供的回旋空间，制定和实施符合其自身利益的战略目标，最终摆脱对中心国家的依附，实现自主发展。作为一条可行路径，自主理论将自主与一体化联系起来，提倡志同道合的外围国家一起实施共同的一体化战略，形成一个贯通的、有凝聚力的系统，扩大资源和市场基础，扩大生产规模，促进内生性发展，提高在国际层面的集体议价能力。①

（四）中国国际政治与国际关系理论体系构建的持续推进

自20世纪80年代后期以来，国内学界就开始谋求建立具有中国特色的非西方国际关系理论，从而打破西方在国际政治、国际关系领域的理论话语权垄断局面。经过40多年的不懈努力，具有中国特色的国际政治、国际关系理论的构建工作已初见成效。2022年，这一工作仍在持续进行之中，并取得了一系列具有代表性的研究成果。

第一，习近平外交思想理论内涵取得丰富发展。当前主要有四方面因素推动了习近平外交思想理论内涵的发展。

> 首先，从外部风险上看，国际形势的变化推动了习近平外交思想在时代问题上的新发展。其次，从思想体系上讲，习近平新时代中国特色社会主义思想的不断丰富发展对习近平外交思想产生了推动作用。再次，从国际合作上看，新冠肺炎疫情防控的国际合作对人类命运共同体理念起到促进作用。最后，从国际斗争看，大国外交理论的话语权较量促使中国进一步梳理和完善了新时代的外交理论。②

有学者在此基础上强调：

---

① 赵晖：《拉美本土国际关系理论：自主理论及其评价》，《拉丁美洲研究》2022年第4期。
② 郭树勇、舒伟超：《论习近平外交思想理论内涵的丰富发展》，《世界经济与政治》2022年第11期。

习近平新时代中国特色社会主义思想是理论的主体系和总框架，习近平外交思想则是次体系和分领域，两者相辅相成和对接互动。同时，在有机结合两者的学习进程中还需要强调三点：一要厘清外交理论的本原。二要坚信习近平外交思想是中国外交的根本遵循和行动指南。三要强调中国外交理论的内外一致性和兼容性。[①]

《新时代的中国外交》一书结合历史和现实，从习近平外交思想的形成与内涵、新时代中国的大国外交、新时代中国与周边国家的睦邻友好合作关系、新时代中国与发展中国家的友好合作关系、新时代中国的多边外交、新时代中国外交的成就与经验几方面，全面总结党的十八大以来中国特色大国外交发展实践和取得的成就，该书指出：

> 以习近平同志为核心的党中央面对复杂严峻的国际形势和前所未有的外部风险挑战，统筹国内国际两个大局，紧扣服务民族振兴、促进人类进步这条主线，高举和平、发展、合作、共赢的旗帜，统筹安全、发展两件大事，加强外交工作顶层设计，对中国特色大国外交作出战略谋划，为维护国家主权、安全与发展利益和世界和平创新性提出一系列外交理念，形成了习近平外交思想体系。

该书不仅有利于正确认识当前中国在国际上的地位，而且能够更加理性地对待这十年中国外交的各项政策、措施和成就。[②]

第二，国内学者积极从中华传统文化中汲取有益思想。以中国历史经验补益基于西方历史的国际关系理论，是中国特色国际关系理论构建的重要内容。漆海霞和孙兆瑞借鉴中国古代历史，以体系演化和规范变迁为视角，通过梳理春秋霸主国的更替方式指出权力转移过程中是否爆发大规模战争，除了受到崛起国与霸主国力量对比的影响之外，还受到大国崛起方式究竟是采用尊周模式还是强权模式的影响。

---

① 杨洁勉：《习近平外交思想与新时代中国特色大国外交的经验启示》，《当代世界》2022年第11期。

② 王巧荣主编：《新时代的中国外交》，当代中国出版社2022年版。

通过构建两个三方演化博弈模型以及案例分析，作者有力地验证了权力实现和平转移的假设，认为规范退化对权力转移过程中争霸战的爆发具有重要影响、权力转移过程中的大国崛起需要注重国际体系的规范与合法性，为中国崛起的路径选择提供了启发。① 保建云将中国传统文化中的一个重要概念——"天下观"引入国际关系研究中，构建了具有中国特色的分布主义国际关系理论。他在《分布主义国际关系理论》一书中提出了以分布理性、分布善恶、国际准政府状态、冲突合作复合分布为理论前提构建的解释国际关系现象和规律的理论体系及研究范式，指出了权力来源与权力合法性在于对天下人公共利益的贡献和责任、权力大小由权力占用者对天下人公共利益的贡献与责任大小界定、国家权力占用者分布理性决定国家行为分布与演化方向、国家间利益竞争与权力博弈是国际关系演化的基础与内生动力四个核心命题，这对于当前国际社会与国际关系演变的特征、规律提供了新的理论解释。② 赵滕则指出，"义利双行、王霸并用"的儒家事功思想以唯物主义的气学对理学的客观唯心主义进行了彻底的批判，指出道德价值与规范秩序并非自上而下产生的，也不是客观的、先在的、绝对的、神圣的，而是在客观现实基础上重视权力、利益等因素的社会构建物。作者认为，这种传统思想渊源兼顾规范与现实因素，重视文化、共识、权力、利益、人才、声誉等因素形成的综合力量，强调了经验世界中国际政治秩序的建构本质。③

第三，人类命运共同体理念不断深化。陈曙光指出，西方主导的世界体系在一定程度上构成了"世界之问"的制度根源，现行国际秩序隐藏着反映西方利益的文明规则和价值理性，这是当今世界诸多乱象的哲学本原。人类命运共同体理念则是贯穿人类面临的发展赤字、治理赤字、文明赤字、和平赤字和制度赤字的总方案。④ 谢霄男从中华传

---

① 漆海霞、孙兆瑞：《权力转移、体系演化与春秋时期的霸权更迭》，《当代亚太》2022年第4期。
② 保建云：《分布主义国际关系理论》，经济科学出版社2022年版。
③ 赵滕：《儒家义利双行思想在国际关系理论中的彰显》，《中国社会科学报》2022年7月14日第4版。
④ 陈曙光：《世界之问与中国方案》，人民出版社2022年版。

统文化与人类命运共同体的本质内容及其相互关系、中华传统文化对构建人类命运共同体发挥作用的关键要素及其联结机理、中华传统文化对构建人类命运共同体发挥作用的实现路径三方面提出了他的观点，认为深刻把握中华传统文化对人类命运共同体发挥作用有助于中国发展、世界进步的道理以及中华传统文化对构建人类命运共同体发挥作用的规律。① 王时中等人则从全球问题的现实出发，考察从阶级中心论、国家中心论、西方中心论等旧的政治思维方式向合作、对话、协商、共赢的政治思维方式的变迁逻辑，指出全球治理体制有待从"自发的"人类命运共同体意识转变到"自觉的"人类命运共同体构建。"人类命运共同体"作为全球治理的"中国方案"，其理念在国际关系观、共同文化观、全球治理观与可持续发展观等方面展现出不同的面貌，将这些理念诉诸现实，既是中国作为一个大国的责任，更是中国共产党人的历史担当。② 李晓燕指出，在新多边主义基本假定基础上构建人类命运共同体所具有的理论价值和现实意义，认为以多边主义为基本假定的人类命运共同体理论是中国国际关系理论创新的重要突破，对正处于百年未有之大变局的当今世界的发展现状能够予以充分解释，对推动全球治理体系的重塑具有理论引领价值。③

作为人类命运共同体的重要内容之一，海洋命运共同体的提出既结合了中国传统文化的天人合一思想，又超越了西方扩张式逻辑，彰显了中国在全球海洋治理问题上的基本理念。王义桅将海洋命运共同体的内涵分解为三部分，即海洋自身是生命共同体，人与海洋是命运共同体，海洋是人类命运共同体的天然纽带。这种以时间—空间—自身三位一体为视角的解读，不仅超越了中国传统的陆权思维，也避免了西方的对抗论思想，不仅有助于各国有效处理传统的海洋治理问题，也有助于构建数字时代的全球海洋新秩序。④ 有部分学者进一步

---

① 谢霄男：《中华传统文化对构建人类命运共同体的作用与路径研究》，人民出版社2022年版。
② 王时中等：《构建人类命运共同体：应对全球问题的"中国方案"》，人民出版社2022年版。
③ 李晓燕：《多边主义历史与理论》，中国政法大学出版社2022年版。
④ 王义桅：《理解海洋命运共同体的三个维度》，《当代亚太》2022年第3期。

提出了海洋命运共同体的构建路径，如从话语引领、法治支撑、外交推动和安全维护等方面入手，增强海洋命运共同体话语力量，推动海洋命运共同体法治建设，深化海洋命运共同体外交实践，优化海洋命运共同体安全环境；① 实施"科技兴海"战略，高质量发展海洋经济，树立中华民族的新海洋观；② 推动海洋命运共同体的多边主义制度化建设，打造多元参与的协同治理格局；③ 增强海洋命运共同体理念对外传播路径的传达力、辐射力、信度和效度，在世界范围内增进对"中国主张"与"中国方案"的认同。④ 还有部分学者从历史视角对海洋命运共同体进行了溯源，认为中国传统文化映射在海洋命运共同体理念上的表现之一就是和衷共济的思想文化与"协和万邦、兼济天下"的精神，⑤ 中国以一种非常和平的方式成长为世界最大的货物贸易国，恰恰反映了中国自古延续而来的"协和万邦"的理想。⑥

第四，持续探索中国国际关系理论的构建路径。孙吉胜指出，当今世界正在经历百年未有之大变局，中国外交主动性、塑造性日益增强，这些为中国国际关系理论发展与创新提供了时代机遇和经验基础。未来中国国际关系理论创新需要系统研究当前国际关系整体演变态势对理论创新的影响，从本体层面、经验层面、规范层面入手，把中国外交实践上升为理论认识和知识体系，使其成为国际关系理论体系的组成部分。⑦ 刘孟强从科学史视角出发，对复杂性、复杂性科学进行了区分和界定，并以此为基础提出理论创新的思想框架，认为该思想框架

---

① 王茹俊、王丹：《海洋命运共同体的内涵、特质与构建路径》，《大连海事大学学报》（社会科学版）2022年第6期。
② 廖民生、刘洋：《新时代我国海洋观的演化——走向"海洋强国"和构建"海洋命运共同体"的路径探索》，《太平洋学报》2022年第10期。
③ 卢静：《全球海洋治理与构建海洋命运共同体》，《外交评论（外交学院学报）》2022年第1期。
④ 杨威：《新时代推进海洋命运共同体理念对外传播的内在逻辑与实践路径》，《湖湘论坛》2022年第6期。
⑤ 李达：《海洋命运共同体：思想渊源、法律基础以及中国实践》，《社会科学动态》2022年第5期。
⑥ 储建国：《海洋强国和海洋命运共同体的辩证关系——基于大历史观的视角》，《国家治理》2022年第6期。
⑦ 孙吉胜：《中国外交实践与国际关系理论发展》，《国际政治科学》2022年第4期。

的关键在于打破传统机械性世界观的禁锢。① 林小娇全面回顾了中国国际关系理论发展的历程与成果，认为以国际政治的"关系理论""道义现实主义""上海共生学派"三种理论流派为主要代表的"国际关系理论中国学派"都是在"和合"的非对立概念中对世界、本国与他国的关系等进行思考，呈现出"先认同后构建"的构建特色，并指出"国际关系理论中国学派"在突出其自身特色的同时，更应注意面向世界、实现理论的普适性认同。比如，如何回应国际关系理论对中国学派存在的中国中心主义倾向、例外主义的质疑，如何平衡好理论的学理性与政治意识形态的关系等。② 王义桅针对国际关系理论的中国特色、中国学派和全球国际关系学的三大迷思，呼唤学界思考探讨国际关系的元理论。他认为，把马克思主义基本原理同中国具体实际相结合、同中华优秀传统文化相结合，切实树立实现中华民族伟大复兴的大历史观、应对百年未有之大变局的大时代观、构建人类命运共同体的大未来观，创立人本主义国际关系理论的中华学派才是正道。③

第五，研究方法的创新仍是国内学界开展理论创新的可行选项之一。刘德斌围绕历史研究如何在国际关系的现实探索和理论构建中发挥作用，对"史学危机"的思考、国际关系研究的历史路径、全球史观与英国学派、软实力与公共外交、全球化理论与全球国际关系学等问题展开了探索，作者提出国际关系研究"历史路径"的必要性与可能性，认为国际关系学这一被形容为"美国的社会科学"的学科先是沉湎于理论的构建和范式的争论，接着又在范式的争论之后消沉下来，无法应对日趋纷繁复杂的世界，而国际关系研究"历史路径"的拓展或将是国际关系研究重获生命力的必由之路。④ 韩震基于当前国际环境所面临的风险和挑战，从历史哲学的角度对国际关系和国际格局建构的应然与实然、资本主义与社会主义的竞争、地缘政治角力、中国与未来世界互动的基本态势、人类社会发展的基本规律等

---

① 刘孟强：《复杂性科学与国际关系理论——反思与创新视角下的探究》，《国际论坛》2022 年第 6 期。
② 林小娇：《中国国际关系理论的发展与特色辨析》，《决策与信息》2022 年第 11 期。
③ 王义桅：《中国国际关系理论的三大迷思》，《社会科学文摘》2022 年第 10 期。
④ 刘德斌：《国际关系研究的历史路径》，社会科学文献出版社 2022 年版。

方面进行了解读与研判，并针对中国在大国博弈中如何走出具有中国特色的发展道路，以及如何为民族复兴和美好世界凝聚中国力量提出了独到见解。作者认为，若想让世界朝着更加有利于中国的方向发展，就必须对美国独霸世界的"大战略"保持清醒的认识；以积极的外交策略引导矛盾朝积极的方向演变；不断扩大自己的朋友圈，塑造更加公正、合理、平等的国际秩序。[1]韦进深针对"不同行为体在全球性问题的国际议程设置的行为特点有何不同""它们对全球性问题的治理意义如何"这两个核心问题，提出了全球治理的国际议程设置分析框架，提出了议程设置的"情境—行为者"解释模式和国际议程设置的效果评价过程，在一定程度上发展了国际议程设置理论。[2]李敏、王玥翻译的《国际关系》一书包含了国际关系研究中的一些重要问题和理论方法，从世界历史上国家的发展过程和发展理论到一些当代的热点问题，如安全问题、世界秩序、国际政治经济以及全球化现象，同时还强调了一些更为广泛的主题，如国际关系学科的规范化趋势、任何特定的政治形式都不是固定或永恒的这一事实、国际领域一切政治关系和政治制度的社会性质、社会生活中"自然"的观念在多大程度上融入了政治理论和世界观。作者不支持任何特定的理论方法，而是力图引起每种不同方法能够带来什么内容的思考。[3]

第六，通过跨学科借鉴推动中国国际政治与国际关系理论不断创新。曹德军所著的《国际政治的信号理论分析》是国内首部关于外交信号的学术专著，作者通过对信息经济学、社会学、战略决策理论与国际关系学界的前沿性信号理论研究成果进行系统梳理评估，在理性主义与认知心理主义之间搭建了理论"桥梁"，构建出信号理论的互动主义路径。该理论框架主张从社会互动角度将利益考量与情感认知整合起来，现实世界中不断互动与试探的国家之间，基于多维度线索不断调整与更新对彼此意图的可信度判断。作者认为，面对不确定的环境，理性决策者倾向于根据情境变化提出不同的"试金石"清单，通

---

[1] 韩震：《大国博弈与未来世界》，中共中央党校出版社2022年版。
[2] 韦进深：《全球治理中的国际议程设置：理论与案例》，中国商务出版社2022年版。
[3] ［澳］斯蒂芬妮·劳森：《国际关系》，李敏、王玥译，商务印书馆2022年版。

过观察对方反应，推断意图信号的可信度。① 万青松将"空间"范畴引入国际关系研究。他的《跨国政治协作空间及其建构：以欧亚一体化与丝绸之路经济带的相互关系为例》一书为观察处于不断变化之中的世界政治万象提供了新视角。② 在面临共同威胁与关系和解的巨大收益预期下，国家自我身份有时并不会朝着正常化的集体身份转变，有时却又会突然出现进化和转变，造成这一状况的原因是什么？围绕这一问题，何伟提出了外交表演影响国家和解进程中身份演化动力的理论框架，将国家的外交表演划分为舞台、观众和表演者三个维度，在具体定义每个维度的基础上，提出三个理论子假设：在表演舞台层面，当国外和国内舞台之间越呈现出正相关时，则越有利于外交表演者认同他者，自我身份向集体身份进化的动力就越大，此时表演的实践性则越强；在表演对象层面，当观众的预期与表演者意图之间越呈现出正相关时，则越能积极回应表演者呈现的外交行为实施，越有助于表演国自我身份向集体身份的进化，此时表演的实践性越强；在表演者层面，当一国政治领导人在表演时的话语和行动实践之间越呈现出正相关时，则越能提升自我对他者的认同，推动自我与他者身份关系转变的动力就越大，此时表演的实践性也就越强。③ 姚璐、邢亚杰围绕不同的逻辑主体、逻辑条件对身份政治这一元概念进行跨层次分析，指出国际层次的身份政治与国内层次的身份政治的根本不同。在此基础上，作者对国际层次的身份政治进行了过程性分析，探究其作用逻辑与作用效果，推动了国际关系中身份政治的理论化研究。④

陈雪飞将社会学引入政治学与国际政治研究，秉持国际政治社会学的跨学科交叉融合视角，借助丰富的社会理论资源，探讨现代社会如何在全球尺度上深入理解生命政治、帝国政治、健康政治、生态政治、网络政治、性别政治和文化政治，以及个体经验、社会实在、国

---

① 曹德军：《国际政治的信号理论分析》，中国社会科学出版社 2022 年版。
② 万青松：《跨国政治协作空间及其建构：以欧亚一体化与丝绸之路经济带的相互关系为例》，华东师范大学出版社 2022 年版。
③ 何伟：《外交表演、身份演化与国家和解的进程——福特政府和卡特政府对华关系正常化比较研究》，世界知识出版社 2022 年版。
④ 姚璐、邢亚杰：《国际关系中的身份政治：内涵、运行逻辑与互动困境》，《国际政治研究》2022 年第 3 期。

家政治与世界格局之间的复杂关系。① 肖茜等翻译的《文明进程与全球秩序》一书通过借鉴、扩展埃利亚斯的过程社会学分析，探讨了埃利亚斯对国际关系中文明思考的意义，解释了全球政治秩序轮廓的变化，展示了国家形成、殖民主义和新兴国际社会之间的相互依赖如何塑造了欧洲的"文明进程"。作者认为，很多统治阶层拥抱进步的话语体系，试图根据欧洲模式来重塑其政体，提升被允许进入国际社会的概率，同时在更有利的条件下与全球帝国主义国家展开竞争，由此大多数政权成功进入国际社会，这均是那些岌岌可危的政权试图调整以适应快速变化的全球形势，或者说，在国际权力分配的剧烈变化中所做努力的一部分。② 赵可金所著的《全球治理导论》不仅立足于国际关系学科，还广泛借鉴了社会学、经济学、传播学、心理学、公共政策等学科的理论与研究方法，以多学科的视野对全球治理进行研究，从而丰富了该书的分析工具和理论内容，有助于更好地认知与理解全球治理。③ 郭威也指出，国与国的关系作为国际社会中的重要一部分，不仅影响双方的国家利益，也给国际利益格局带来重大影响。作者以中国和美国为主要案例国家，探讨公共外交在当今时代发展的必然性和必要性，以及公共外交所具有的平等性和相互性的内在属性，揭示了跨文化交流学视角下公共外交的实质，认为公共外交的实施过程是一个平等交流的过程，双方只有在平等的基础上进行对话，交流才有可能达到预期的效果，才能赢得双方的认可，从而获得文化认同、树立良好的国家形象，并为国际合作打下坚实的基础，最终达到国际社会的和谐发展，共同建立习近平总书记所提出的人类命运共同体。④ 胡文涛等人对西方媒体在当代国际关系中角色特征和作用影响做了相对综合的研究，在深入分析"介入"与"塑造"的理论逻辑与实践规律的基础上，对西方媒体与当代国际关系的互动提出了四点基本结论。一是全媒体时代西方媒体在国际关系中的角色发生了深

---

① 陈雪飞：《无远弗届 国际政治社会学的视野》，当代世界出版社2022年版。
② ［英］安德鲁·林克莱特：《文明进程与全球秩序》，肖茜等译，中译出版社2022年版。
③ 赵可金：《全球治理导论》，复旦大学出版社2022年版。
④ 郭威：《跨文化交流学视角下的公共外交研究》，武汉大学出版社2022年版。

刻而鲜明的变化；二是西方媒体在世界大变局中展现出"统一战线"力量的加强；三是西方媒体并非紧密无间；四是当今西方媒体势力独大严重影响着国际关系的民主与公正。同时作者也指出这是需要进一步开拓和深入研究的领域。①

第七，推进国际关系学科建设。2022 年 9 月 13 日，国务院学位委员会、教育部印发《研究生教育学科专业目录（2022 年）》，区域国别学正式成为交叉学科门类下的独立一级学科，进一步完善具有中国特色的知识体系和学科建构成为区域国别学学科建设的重要任务。关于区域国别学学科未来的发展路径，王晓玲指出，区域国别学应产出多层次的知识，推动"全球文化的本土化"，告别对欧美知识体系、理论框架的单一依赖，构建更加密切的跨国学术研究合作网络，鼓励中国学者与海外学者共同开展学术研究，创建一批区域国别学领域的高水平学术刊物，建立良好的学术生态。②朱锋认为，中国区域国别学需要在国际关系理论范式、学科基础和学术标准的基础上融合多学科、跨学科的知识体系和学术规范，借鉴美国区域国别研究的经验，结合不同高校在区域国别研究领域已有的积累，集中规划、分头落实，全面推进区域国别学在全国高校体系内的系统建设和提质创新。③秦亚青等认为，描述性、学理性和应用性知识是区域国别学作为一级学科不可或缺的，怎样实现这三类知识的交融会通，可能是区域国别学的关键所在；他们立足于区域国别学学科身份，认为厘清与其他学科的关系是区域国别学学科身份发展的关键问题之一，并指出中国国家治理体系与治理能力现代化和推动全球治理体系变革的理论与实践也为区域国别学的发展提供了中国视角和研究议程，这种普遍性与特殊性相统一的探索将是区域国别学学科身份发展的重要路径。④赵可金等指出，建设区域国别学一级学科，需要借鉴既有的文明主义、国家主义和全球主义范式，综合人文社会科学的多学科方法，努

---

① 胡文涛等：《介入与塑造 西方媒体与当代国际关系》，商务印书馆 2022 年版。
② 王晓玲：《发展新时代的区域国别学》，《中国社会科学报》2022 年 11 月 22 日第 1 版。
③ 朱锋：《中国区域国别学：比较、鉴别与创新》，《亚太安全与海洋研究》2022 年第 6 期。
④ 秦亚青等：《区域国别学的知识体系与学科建构》，《国际论坛》2022 年第 6 期。

力建设区域国别学的学科体系、学术体系、话语体系和教材体系。①

党的二十大报告首次以专章论述总体国家安全观和国家安全，为中国特色国家安全学的构建提供了战略指引、注入了强大动力，同时国家安全体系和能力现代化的时代需求也为中国特色国家安全学的构建提出了新的目标任务。对此，董春岭认为，中国国家安全学应承担起相应的时代责任——需要用理论创新推动实践创新和制度创新，需要灵活运用国家安全的政策工具箱去应对外部的讹诈、遏制、封锁、极限施压，需要积极构建与新发展格局相适应的新安全格局，为此，我们要不断加强国家安全的基础研究和应用对策研究。②孙蕾、潘东东、高鹏怀以"知识建制—社会建制"为分析框架，梳理了国家安全学的学科发展历程，确立了国家安全学学科发展的未来目标，认为当前教育部只是将国家安全学确立为"一级学科"，这难以满足国家安全治理的实践需求，也不利于国家安全学的"体能同构"。未来应以"渐进式发展"为总体方案，以替代"军事学学科门类"为具体技术路线，从而使国家安全学由"一级学科"升格为"学科门类"③。肖晞则认为，立足系统思维，从学科体系、学术体系和话语体系建设的角度探索构建国家安全大学自主知识体系，是中国国家安全学发展的核心路径。④唐士其、于铁军、祁昊天指出，国家安全学作为兼有综合性和交叉性、兼具内生性与复合性的新兴学科，在形成学理基础的过程中特别是初期阶段，需要充分利用政治学等学科理论为国家安全学提供基本思想、概念、逻辑体系与分析框架，同时从科研、教学、政策服务三大职能出发，在学理建构、实践指导、社会分工等多个层面进行综合考量与协作。⑤段世磊、谢子卿编写的《总体国家安全观

---

① 赵可金、刘军:《区域国别学的学科定位与发展空间——赵可金教授访谈》,《俄罗斯研究》2022年第5期。
② 董春岭:《构建中国特色国家安全学的理论机遇与战略指引》,《中国社会科学报》2022年12月15日第5版。
③ 孙蕾等:《从"一级学科"到"学科门类":国家安全学学科发展的未来前景》,《情报杂志》2022年第12期。
④ 肖晞:《构建国家安全学自主知识体系》,《中国社会科学报》2022年10月18日第1版。
⑤ 唐士其等:《面向世界：建立具有中国特色的国家安全学学科体系》,《国家安全研究》2022年第1期。

视域下的宗教研究》从"总体国家安全观"视角分析了宗教及其他非传统安全因素对国际关系、各国政治和外交、周边安全、"一带一路"倡议等的影响。编者认为，宗教是各国国家安全与对外战略考量不可回避的重要因素，宗教极端主义、民族分裂主义和国际恐怖主义三股势力针对我国的政治和暴力行动也不断升级，已经构成对我国国家安全的最直接、最具突发性的暴力性的威胁。因此编者主张应实施符合我国"政主教从"政教关系和"强国弱教"宗教国情的宗教政策，在此基础上加强国家安全教育，扩大贯彻落实我国宗教政策的民众基础，使宗教安全成为中国特色国家安全体系的牢固阵地。[①]

"一个学科只有写出它自己的历史，才能明了它从哪里来，将去往何方。"任晓所著的《中国国际关系学史》一书填补了中国国际关系学学科史的空白，作者不仅溯及中华人民共和国的国际关系学，而且追索了民国时期的国际关系学，揭示了不同时期中国国际关系学的整体面貌，分析了每一个时期的主要研究议题，从而展现了中国国际关系学发展的历程。[②] 2022年，研究者围绕中国国际政治与国际关系体系展开了一系列讨论与探索，为国际政治与国际关系的理论研究拓宽了议题领域，在一定程度上推动了国际政治与国际关系理论研究水平的提升。

二 国际政治与国际关系应用对策性研究的横向拓展

作为国际政治与国际关系研究的重要方面和领域，应用对策性研究的对象及内容主要是现实国际问题，也就是国际关系中"做什么"的问题。当前全球治理、逆全球化浪潮、技术变革、网络空间安全等新形势的变动，为中国的国际政治与国际关系研究提供了新议题。在中国特色大国外交发展至新阶段的当下，国内学者持续关注国际社会所面临的重大现实问题，对其普遍规律和深层次动因进行了有益探讨。

---

① 段世磊、谢子卿主编：《总体国家安全观视域下的宗教研究》，宗教文化出版社2022年版。

② 任晓：《中国国际关系学史》，商务印书馆2022年版。

(一) 大国竞争下双边关系研究的进展

国家行为体作为构成国际体系的基本单位，国与国之间的关系仍然是国际政治、国际关系学科的主要研究对象。构建以合作共赢为核心的新型国际关系，是中国特色大国外交理念的重要组成部分。大国竞争的全球性、综合性和长期性，使其成为影响国家间关系、塑造国际格局和秩序走向的重要因素。近年来，大国竞争下的大国间关系暗潮涌动，充满着风云变幻的不确定性，成为学者持续关注的研究重点。

第一，学者围绕中美大国竞争作出了有益的探索和思考。如何解释中美大国战略竞争关系的生成是当前世界政治重要的议题之一，对此，周超基于国际政治的社会演化范式，结合中美关系的历史演进，搭建了一个大国关系中"经济—安全联动错位机制"生成的宏观框架。该框架认为，促成两国战略竞争关系的核心动力是"经济—安全联动错位机制"，作者还进行了相关的动态类型学推理，以全面分析中美战略竞争关系生成的核心动因。最终作者认为，中美经济—安全联动错位的螺旋失衡导致了大国战略竞争关系的生成。其研究有助于我们深入理解中美关系中"经济—安全联动错位机制"的特殊性与普遍意义，找到推动两国关系多维共同演化的有效路径。[1] 左晓园翻译的《无声的变化：中国重新成为世界大国的战略选择》重点论述了中美两国在开发权力资源和领导优势方面的竞争方式，在分析从19世纪到特朗普和习近平执政期间两国的权力构建基础上，作者认为，中国以"一带一路"倡议回应了"美国塑造的世界格局"的终结。[2] 聂文娟从东南亚地区的权力格局出发，探讨了东南亚地区在中美竞争格局下如何形成战略均衡的问题。作者认为，东南亚形成的中美竞争格局是一种地区大国和体系大国在地区层面形成的相互竞争格局，它不同于两大体系大国在第三地区的霸权之争，也不同于同一地区两个

---

[1] 周超：《论中美大国战略竞争关系何以生成与应对——基于大国关系中经济—安全联动错位机制的解释》，《当代亚太》2022年第1期。

[2] ［瑞士］保罗·乌里奥：《无声的变化：中国重新成为世界大国的战略选择》，左晓园译，五洲传播出版社2022年版。

大国的地区领导权之争。相对于现有研究强调体系大国通过划分势力范围、权威分散、离岸平衡战略来与地区大国在东南亚形成势力均衡，作者认为，第三方受损机制有助于中美竞争格局下东南亚地区逐渐形成战略均衡。[1] 第三国如何在中美之间选边站队是影响中美战略竞争乃至国际秩序转型的关键因素，庞琴引入经济学中"先入者—后入者"市场竞争模型分析当前的中美经济竞争及其对第三国的影响，从消费者偏好的理论视角分析第三国公众如何基于中美对该国的贸易和投资等经济活动确定他们自己在中美之间选边倾向，探讨了中美经济权力对比发生变化背景下哪些因素会加速或者延缓第三国公众改变中美选边倾向。[2]

第二，科技竞争已成为数字时代中美大国竞争的重要领域，学者对该议题的关注度持续上升。杜德斌、段德忠指出，大国竞争的内核在于科技竞争，中美两大权力中心之间的科技竞争将在很大程度上定义未来世界。这两位作者编著的《中美科技竞争力评估报告（2022）》聚焦中国和美国这两个世界科技经济大国，从科技竞争力的内涵及指标体系出发，对中美两国的科技人力资源、科技财力资源、科学研究、技术创新、科技国际化以及企业科技竞争力等方面进行比较，深入分析了中美两国科技创新发展的态势及趋势。[3] 美国动员其社会力量以及盟国打压中国高技术发展的一个所谓的借口是，中国正试图利用技术优势控制国际技术标准，而中国主导的国际技术标准将长远地损害西方发达国家的经济竞争力和国家安全。对此，刘晓龙和李彬通过探讨国际技术标准建立和发展的规律，以信息和通信技术为例，揭示了技术优势、技术标准与贸易优势之间的互动逻辑及其暂时性与周期性特征。他们的研究不仅有利于我们认清国际技术竞争的内涵与规律，也有助于我们理解当前大国竞争中技术竞争的作用，

---

[1] 聂文娟：《东南亚地区中美战略均衡的机制论》，《国际政治科学》2022年第1期。
[2] 庞琴：《第三国在中美经济竞争中的选择偏好研究》，《世界经济与政治》2022年第4期。
[3] 杜德斌、段德忠编著：《中美科技竞争力评估报告（2022）》，上海科学技术出版社2022年版。

应对来自美国的技术打压。① 李明月和顾圆缘以同盟"同一性"困境理论为视角，通过引入技术合作和同盟压力变量，探讨了美国盟友在面临同盟对手也是技术合作伙伴（中国）时的政策选择逻辑。他们的文章对于我们全面把握美国盟友的政策取向，以及中国科技合作的开展，具有一定的指导意义。② 与已有研究主要关注 5G 等高强度竞争领域不同，陈根锋和孙学峰注意到，目前研究对以智能监控为代表的中等强度竞争领域较少涉及。对此，这两位作者提出，在智能监控技术领域，有关中国对其政权安全影响的认知是造成美国盟国政策差异的核心因素。他们的研究揭示了美国打压中国数字技术的全球影响及其作用条件和机制，在一定程度上深化了数字时代大国战略竞争的理论认识，对中国数字技术企业拓展国际合作亦具有一定的启发。③

第三，中国与其他国家的双边关系，尤其是与周边国家的双边关系同样受到学界的持续关注。谢伏瞻在其主编的《中国与周边国家关系发展报告（2022）》一书中指出，在世界百年变局与世纪疫情相互交织的特殊历史时期，中国积极同周边国家开展抗疫与各方面务实合作，共同打造安全可控的产业链供应链，推动重塑疫后经济复苏动力，全面深化利益交融和民心相通。中国与周边国家关系经受住了历史的考验，凝聚了守望相助、共克时艰的强大力量，展现了合作共赢、命运与共的光明前景。该书包括一个总报告和区域篇、国别篇、专题篇 16 篇分报告，由中国边疆研究所牵头并组织来自中国社会科学院世界经济与政治研究所、亚太与全球战略研究院、美国研究所、日本研究所、俄罗斯东欧中亚研究所、西亚非洲研究所、国际法研究所、当代中国研究所、世界历史研究所等单位的二十余位专业学者共同撰写完成，对我国与周边国家关系的年度发展形势作出了全面、系统、客观、理性的分析和研判。④

---

① 刘晓龙、李彬：《国际技术标准与大国竞争——以信息和通信技术为例》，《当代亚太》2022 年第 1 期。

② 李明月、顾圆缘：《技术合作与同盟压力：美国对华科技制裁中美国盟友的政策选择》，《当代亚太》2022 年第 2 期。

③ 陈根锋、孙学峰：《美国盟国对中国智能监控技术的政策选择》，《当代亚太》2022 年第 3 期。

④ 谢伏瞻主编：《中国与周边国家关系发展报告 2022》，社会科学文献出版社 2022 年版。

2022 年是中德建交 50 周年，中德深化双边关系符合两国共同利益，这一重要时间节点在一定程度上也有助于中德关系的发展。但根据清华大学国际关系研究院中外关系定量数据，郭婧竹、方圆圆认为，中德虽具有合作基础，但由于德国新政府上台和国际局势的变化，两国合作空间有所收缩。在未来 12 个月内，德国会更加重视安全和军事、人权和意识形态议题，对华态度趋于强硬，上述议题上的分歧会持续损害中德关系。① 由郑春荣主编的《动荡欧洲背景下的德国及中德关系》一书对动荡欧洲背景下的马克思主义及中德关系、中德在非洲等国际领域合作的评估、德国对中国的角色定位及其对中德关系的影响、中德经贸关系、"中国制造 2050"战略和"工业 4.0"框架下中德合作的成果和挑战等内容进行了详尽论述。在该书中，于芳指出，中国因其不遵循西方发展模式和民主模式来发展本国而被德国视作挑战者，德国对此采取既接近又限制的策略，与美国的接近—遏制策略一致，这一策略在中德关系中体现为德国对中国经济崛起的不理解、怀疑和敌视的心理，并试图为中国企业在德投资设置障碍。"挑战者"定位下的对华遏制策略与"合作者"定位下的对华接近战略凸显了德国对华政策的价值导向以及对德国利益的追求，德国在两种定位间的摇摆体现了价值观与利益的冲突与矛盾。② 张浚指出，德国和欧洲是中国不可或缺的合作伙伴，无论是对抗美国的霸权行径，还是维持世界和区域的安全与和平，或者是解决全球性问题、促进全球的可持续发展，从整体上看，德国和欧洲仍然是一股积极的力量。但德国和欧洲内部存在不利于双边关系发展的负面因素，德国政府对华态度也有可能更加强硬，推动中德关系和中欧关系的稳步发展需要更多的政治智慧和外交努力。③

中印是影响亚洲地区和平与稳定、繁荣与发展的重要力量。近年来，中印在边界区域的争端频率和烈度有所上升，尤其是在 2020 年中印在加勒万河谷地带发生流血冲突后的一段时间里，双方处于紧张

---

① 郭婧竹、方圆圆：《俄乌冲突爆发后中德关系将持续缓慢下滑》，《国际政治科学》2022 年第 3 期。
② 郑春荣主编：《动荡欧洲背景下的德国及中德关系》，社会科学文献出版社 2022 年版。
③ 张浚：《德国新政府上任后的中德关系新动向》，《人民论坛》2022 年第 4 期。

对峙的态势中，印度不仅推出一系列贸易保护主义政策，而且在边界问题谈判上充斥着机会主义心态。对此，曹鹏鹏、冯怀信运用重复博弈与复合竞争理论回答了印度出现这一行为背后的原因。他们认为，自1962年中印边界战争后，两国遵循长期利益导向与"一报还一报"的理性报复策略，使得冲突烈度基本维持平稳可控。而近年来中印存在的复合竞争使印度产生一种本体性不安全，导致印度单方面在边界问题上增加对华威慑力度。[1] 张立就国际战略对接的理论基础、中国理念、中国方案与印度发展理念、发展战略的具体内涵以及中印对接的需求、挑战与应对策略三大问题展开深入探究，就如何有效推进中印理念的战略对接这一极具时代意义和现实意义的问题提出了相应的对策建议。他认为，推进中印两国理念战略对接要遵从四条基本原则，即发扬求同存异的历史经验、坚持渐进主义发展路径、树立建构主义新思维及不断培育壮大利益共同体等。[2]

伴随着世界大国逐渐认识到非洲在国际关系重塑过程中所处"中间地带"角色的重要性，国际对非合作总体上呈现出竞争与排他大于合作与互补的态势，这使得中非合作面临着巨大的压力与挑战。对此，姚桂梅给出了针对性建议，认为中国应抓住构建世界新秩序的战略机遇，以务实视角经略大国在非关系，在新基建、油气资源、工业化、粮食安全、医药卫生、气候变化和教育领域拓展以"中非+第三方"合作为主线、符合非洲需求和发展议程的国际合作项目，持续营造开放性、多维度、兼容各方利益的对非合作方式，使非洲成为国际多方合作的大舞台，为中非合作提供新动能和更为宽松的外部环境。[3] 张春则认为，在全球绿色低碳发展时代下，中非合作被赋予了"全球生态文明建设"的意涵，中非合作的外溢效应有待扩大。他们指出，随着美西方对非洲的深度参与及加强与中国在非洲的竞争，以碳中和

---

[1] 曹鹏鹏、冯怀信：《重复博弈、复合竞争与中印边界的互动态势》，《南亚研究》2022年第2期。

[2] 张立：《中国理念、中国方案与印度发展理念、发展战略对接研究》，国际文化出版公司2022年版。

[3] 姚桂梅：《新冠肺炎疫情下非洲地区形势特点与中非合作展望》，《当代世界》2022年第5期。

为核心的气候议题也存在向大国地缘气候竞争转移的趋势。为此,中国应以打造新时代更加紧密的中非命运共同体为指引,在传统气候合作的方式、方法上进一步探索创新,提升中非合作效率和成效,继续深化引领国际对非合作。① 赵雅婷则指出,受新冠疫情冲击,国际航班减少、跨境旅行受限,中非民间人文交流诸多活动亦受负面影响。中非民间人文交流虽存在着诸多问题与发展障碍,但从长远来看,积极推进人文交流是中非关系行稳致远的重要保障。②

对于中国而言,中日关系是十分重要、十分特殊、十分复杂的双边关系之一。2022 年是中日邦交正常化 50 周年,值此重要节点,构建契合新时代要求的中日关系是中日两国领导人达成的重要政治共识。王广涛对近十年来的中日关系进行了回顾,认为中国对日政策具有较好的连续性,而日本的对华政策则表现出嬗变的一面。在此基础上,作者总结了影响新时代中日关系构建的主要因素,并结合中日关系的历史与现实,归纳了构建契合新时代要求的中日关系的具体路径。③ 晋益文以影响双边关系的主要因素——国际环境、两国国内条件、两国间相互作用三者的总体结构为分析框架,对复交 50 年来中日关系阶段性变化与调整的成因、表现形态与后果进行了分析,认为中日关系经历了 20 年的友好合作"蜜月期"和 30 年的"重新调整期",后者呈现出"趋冷—回暖"的周期性波动。其原因在于,影响中日关系的美国因素的变化是首要国际要因,中国的快速崛起和日本经济低迷以及政治保守化是两国国内条件变化的要因,两国围绕复交原则共识的博弈和两强崛起竞争是其主要诱因,两国的历史观、利益观、价值观、国际秩序观的碰撞则是其背后的深层根源。④ 张宇燕指出,当前中日关系出现波折,与中日关系政治基础受到一定损害、国家间重要政治承诺被掏空有关。成熟的国家关系不是没有矛盾,而是

---

① 张春:《全球发展倡议与中非发展命运共同体的构建》,《当代世界》2022 年第 8 期。
② 赵雅婷:《人类命运共同体视域下的中非民间人文交流》,中国社会科学出版社 2022 年版。
③ 王广涛:《构建契合新时代要求的中日关系》,《日语学习与研究》2022 年第 6 期。
④ 晋益文:《中日关系的原理、演变规律及评估》,《亚太安全与海洋研究》2022 年第 6 期。

出现矛盾后当事方能够坐下来，共同理性地寻找消除或弱化矛盾的途径。中日两千多年交往史和邦交正常化50周年的历程启示双方，和平共处、互利合作是发展两国关系的唯一正确选择。国际问题研究者应保持高度责任感和使命感，深刻总结历史，提出有利于中日双方保持定力、排除干扰、构建契合新时代要求的中日关系的真知灼见。①

此外，中国与其他国家间的双边关系仅仅是国际政治、国际关系学科双边关系研究的一部分，其他国家在双边层面的互动也不容忽视。赵雅婷通过梳理欧盟欧共体对非政策的历史演化脉络，论述了欧盟与非洲在政治、经济、援助、安全和社会文化等领域合作的内容、方式与效果，并在展望欧盟对非洲政策走势的基础上，着重探讨了中国与欧盟在非洲的利益关系与未来前景。她认为，在今后较长的时期内，追求战略自主将是欧盟的努力方向，为此，建立更加稳固的"大陆对大陆"间关系、改善"援助—受援"模式、推进新兴领域的双边合作将是欧盟与非洲关系未来发展的主要方向。②朱伟东结合英国在非洲的利益需求，研判了其未来对非政策的基本取向以及走势，并在评估英国和中国在非洲利益关系的基础上，对中英在非洲关系的前景进行了分析。他认为，在政治方面，英国会进一步扩大与非洲的伙伴关系，更加重视推行英国的"民主、法治、人权"等价值观以及"以规则为基础的国际秩序"理念；在经济方面，会更加重视开拓非洲市场，采取更多的具体措施拓展与非洲的贸易与投资；在和平安全方面，会继续扩大在非洲的军事存在，深化与非洲的安全合作；在文化方面，会更加重视在非洲传播其价值观，提升英国在非洲的软实力。③杨解朴就德国统一以来对欧政策的演变以及德国在欧盟的地位和作用的变化进行了较为系统的综合研究，重点探讨了政策演变背后的逻辑和动力。他选取欧债危机、难民危机、新冠疫情以及传统安全领域的危机作为案例，分析了德国在欧盟应对危机中的领导角色及其国内外限制因素。他认为，德国未来在欧盟的角色将呈现出有限领导与领导区域外溢的

---

① 张宇燕：《中日关系、亚太合作与全球治理》，《日本学刊》2022年第5期。
② 赵雅婷：《欧盟对非洲政策研究》，中国社会科学出版社2022年版。
③ 朱伟东：《"脱欧"后英国的非洲政策及前景》，中国社会科学出版社2022年版。

趋势，德、法联合领导模式将会加强，德国文明国家内核和政治认同将保持不变。① 沙青青翻译的《同盟的真相：美国如何秘密统治日本》一书为解读日美关系提供了一种新的角度。作者通过论述第二次世界大战结束至今美国对日本包括空域在内的实际管控、美军人员在日本境内享有的治外法权甚至不受日本宪法约束等历史及现况，分析了日美两国之间的公开协议、军事密约、日美联合委员会等内容，认为正是这些不合理的体制导致了日美同盟的畸形，影响了战后日本的社会结构，致使日本社会方方面面都处于扭曲状态，陷入危机之中。②

（二）全球治理新形势下多边关系研究的新进展

在全球治理秩序遭受强烈冲击的今天，人类命运共同体无疑是一股清流，为广大中小国家在公平、透明的环境下积极、全面参与地区事务，从而促进其本国发展，推动合作新理念及规则的实现创造了有利条件。出于对本国外交理念进行解释说明的责任意识，本着双边、多边研究不可偏废的科学态度，学界在多边关系研究领域所取得的成果颇丰。

第一，立足于国家安全视角研究"一带一路"的成果显现。王淼翻译的《"一带一路"为什么能成功："一带一路"倡议的九大支柱》一书指出，"一带一路"倡议作为这个时代最具争议的合作项目，我们需要对其进行客观研究来展示其真正本质。作者列出了构成"一带一路"倡议的九大支柱，清晰地展现了"一带一路"倡议如何在21世纪塑造全球化的发展框架，并对"一带一路"倡议的经济和地缘政治含义进行了简要分析。作者最终得出结论："一带一路"倡议是少有的能改变未来的项目。在全新的国际多极秩序中，霸权国家充当世界警察的规则不再被接受，因此，"一带一路"倡议将成为21世纪实现和平与繁荣的主要工具。③ 中东地区在全球地缘政治中具有重要

---

① 杨解朴：《德国在欧盟角色的演变：从科尔到默克尔》，社会科学文献出版社2022年版。

② ［日］矢部宏治：《同盟的真相：美国如何秘密统治日本》，沙青青译，漓江出版社2022年版。

③ ［美］卡里·托克：《"一带一路"为什么能成功："一带一路"倡议的九大支柱》，王淼译，中国人民大学出版社2022年版。

的地缘战略地位，是"一带一路"倡议的重点建设区域。近年来，在中东整体处于持续动荡的背景下，刘文波、於宾强通过分析"一带一路"倡议在中东区域面临的地缘政治风险以及应对策略，认为应加强与中东国家的政治互信，加大与相关国家在打击"三股势力"上的合作，突出"一带一路"倡议的开放性和包容性，构建互利共赢的地区发展模式，以推进"一带一路"倡议在中东地区的顺利展开。① 李丽华、曾庆华、陈翔指出，"一带一路"沿线有很多国家处于恐怖袭击活动高发地带，不仅直接威胁沿线国家中国公民及企业安全，对"一带一路"建设产生干扰破坏，还存在境外恐怖主义思想向境内扩散等不同类型的风险。为此，他们从弱点、威胁和关键资产三方面展开了对中国海外利益涉恐安全风险评估问题的探讨。②

第二，国际组织的发展仍是新形势下国际关系的研究重点之一。自 2001 年成立以来，上合组织因其所处的地缘环境、成员构成、全新的区域合作理念及实践成为重要的国际政治现象而备受关注。正在迈向第三个十年的上合组织进入了新的发展周期，如何提升内部认同、强化竞争力至关重要。对此，陈小鼎和李珊以制度认同为切入点，着重阐释了制度认同与上合组织可持续发展之间的内在关联，讨论了上合组织的未来发展路径问题。他们认为，构建制度认同是上合组织走向命运共同体的过渡阶段和必经之路。从构建制度认同入手，可为上合组织的发展注入新的动力。③ 王瑞平在回顾、评价全球经济治理基本经验教训的基础上，探讨了从七国集团（G7）主导下的全球经济治理到二十国集团（G20）主导下的全球经济治理，指出在二十国集团的助推下，全球经济治理正在从霸权（美国主导）治理向多元化治理转型。G20 只有首先实现其自身从危机应对向长效治理的转型，才能更好地推动全球经济治理的转型。④ 杨怡雯梳理了 G20 对

---

① 刘文波、於宾强：《"一带一路"倡议在中东：地缘政治格局、地缘政治风险与地缘战略选择》，《天津师范大学学报》（社会科学版）2023 年第 1 期。
② 李丽华等：《"一带一路"建设中我国海外利益涉恐安全风险评估》，《公安学研究》2022 年第 1 期。
③ 陈小鼎、李珊：《制度认同：扩员后上海合作组织的发展动力》，《当代亚太》2022 年第 3 期。
④ 王瑞平：《二十国集团与全球经济治理的转型》，社会科学文献出版社 2022 年版。

全球发展治理的参与及影响，结合对 G20 在全球发展治理中的角色定位分析，根据其本身的特点、优势和现有缺陷等，具体提出 G20 参与全球发展治理的策略选择。她认为，G20 未来的重心应是通过开展南北合作、南南合作等，通过开展多方面多层次的国际合作，帮助发展中国家实现可持续发展目标，推动构建全球发展命运共同体。①

第三，全球治理下的多边互动成为学者持续关注的重点。在既有的全球治理框架下，越来越多的国家认识到全球治理的重要性，于是各国强化国际合作以解决共同问题的意愿逐渐强烈。王璐指出，中日韩海洋合作在全球海洋治理新态势下面临着三方海洋争议悬而未决、三边及地区海洋竞争加剧、海洋合作的相关机制缺失、域外大国的干预和影响等方面的挑战。中日韩三国作为全球海洋治理的重要参与力量，三方海洋合作对于推动地区层次和全球层次的全球海洋治理意义重大。王璐认为，中日韩应从战略互信、重点领域、多元层面、海洋人文合作等多方面入手，深度加强三方海洋合作。② 徐秀军通过对全球治理的金砖角色与模式创新、金砖国家的利益驱动与全球治理动力基础、金砖国家的制度架构与全球治理体系构建、金砖国家的行动导向与全球治理实践路径进行分析后得出结论，认为金砖合作机制已成为新兴市场与发展中经济体深化国际合作和参与全球治理的重要平台，为提升新兴市场与发展中经济体在全球治理中的代表性和话语权发挥了不可替代的作用。金砖国家打造了新兴市场与发展中国家参与全球治理的全新模式，将利益驱动、制度架构和行动导向融为一体，为全球治理改革与建设提供了重要启示。同时也指出，为应对日趋严重的制度碎片化和各国政策分化问题，国际社会亟待构建全球治理制度之间以及全球治理制度与国家政策之间的协同制度。③ 任琳、孟思宇指出，复边主义现象日趋突出，全球治理秩序面临碎片化、排他性

---

① 杨怡雯：《二十国集团在全球发展治理转型中的角色定位与策略》，《区域与全球发展》2022 年第 6 期。

② 王璐：《全球海洋治理新态势下的中日韩海洋合作：机遇、挑战与路径》，《中国海洋大学学报》（社会科学版）2022 年第 6 期。

③ 徐秀军：《全球治理的金砖模式：生成逻辑与实践路径》，《拉丁美洲研究》2022 年第 5 期。

和冲突性危机。应对此轮复边主义浪潮所带来的系统性危机，积极参与全球治理体系变革，塑造一个包容而非排他、多元而非割裂的全球治理秩序，是摆在当下中国以及国际社会面前的紧迫而艰巨的重大命题。①

（三）数字时代全球治理研究的广度、深度与向度不断拓展

数字信息技术的快速发展正在全方位、多层次地改变社会结构，并成为重塑世界格局的关键要素之一。随着数字驱动的新型全球化时代的来临，数字信息技术不仅为构建全球经济贸易和规则、全球经济复苏、促进全球交流合作等提供了强大动能，而且带来了诸多问题与挑战。面对当前的挑战，以习近平同志为核心的党中央基于对中国发展现状和当前世界局势的深入思考而提出的人类命运共同体，为数字时代全球问题的解决提供了"中国方案"。董慧指出，以安全、共享、秩序、责任为核心内涵的人类命运共同体的构建，能有效应对数据垄断、算法权力和平台异化三重挑战，对于提升数字经济治理效能，规范全球数字经济治理，助力数字经济健康发展具有重要意义。②

在一个相互依存度达到前所未有高度的时代，人类面临着战争与和平、国际贸易与金融体系的稳定、气候变化、网络安全等日益紧迫的全球问题，这些问题的一个重要特点是它们的影响是全球性的，同时，解决这些问题必须通过世界各国的合作。③谢伏瞻指出，随着全球化的深入发展和全球性挑战日益增多，全球治理理论对实践的指导作用愈发明显。当前，全球治理挑战和全球治理赤字凸显，西方中心主义的全球治理理论范式陷入困境，提升发展中国家全球治理话语权的紧迫性更加突出。④ 杨剑主编的《国际秩序转型与全球治理》一书

---

① 任琳、孟思宇：《霸权护持、复边主义与全球治理秩序的危机》，《外交评论》2022年第5期。

② 董慧：《数字经济时代人类命运共同体构建的哲学思考与中国智慧》，《南京师大学报》（社会科学版）2022年第5期。

③ 国家图书馆：《文明激荡：全球视野下的中国与世界》，国家图书馆出版社、东方出版社2022年版。

④ 谢伏瞻、[俄] 伊·谢·伊万诺夫主编：《新时代全球治理：理念与路径》，中国社会科学出版社2022年版。

揭示了当今世界全球治理发展的趋势,该书对国际秩序转型与全球治理的缘起,全球治理的规范与模式,中国参与国际组织的实践,全球经济治理中的中国角色、人口与发展问题,全球环境治理及其发展,全球能源治理变革,新疆域的全球治理等议题作出了深刻解读,并分析了当代各种全球治理理论的思想脉络。在该书中,叶江对国际秩序的演变和全球治理的兴起进行了历史性回顾和理论范式的归纳,为后面关于各领域治理的讨论提供了历史背景和理论线索;毛瑞鹏从集体安全思想的形成及第二次世界大战临近结束时联合国集体安全机制的设计出发,探讨了集体安全与全球安全治理的关系;张海冰从全球经济治理的议题设置、规则制定、话语权主导等方面出发,探讨了中国参与全球经济治理从边缘走向中心、从体系的参与者变成公共产品提供者的历史过程;杨剑、厉彦冰、郑洁、谢子卿从不同的国际治理机制出发,围绕粮食和营养、健康防疫、国际难民等问题的全球治理和国际合作展开了论述;于宏源围绕相互关联的环境和能源问题,进一步分析了环境和能源治理的多层结构和多利益攸关方,在分析主要治理机制的基础上,提出了中国参与全球环境和能源治理的角色定位和战略选择;杨剑、郑英琴将"人类命运共同体"思想与新疆域的全球治理相结合,提出了新疆域治理的主要思路。该书各章对和平与安全、金融与贸易、人口与发展、环境与能源、外空、极地、深海、网络等领域全球治理的时代需求给出了中国答案,并以"人类命运共同体"治理理念为出发点,指出了中国参与国际组织及全球治理活动的动力、目标和路径。[①]

既然将全球性问题作为主要研究对象,除了前述宏观研究外,相关研究自然还涉及对海洋生态、网络空间、数字经济、卫生、能源安全等领域的众多具体问题的微观研究。在海洋治理方面,金永明主编的《海洋治理与中国的行动》一书从中国经验、中国方案及全球海洋治理的关联出发,对全球海洋治理的新问题和新发展、人类命运共同体视域下的国际海洋法治发展、海洋治理路径、海上安全卫生等问题进行了分析。同时聚焦海洋环境治理前沿议题,包括海洋塑料垃

[①] 杨剑主编:《国际秩序转型与全球治理》,上海财经大学出版社2022年版。

圾、海洋生态环境治理以及蓝色伙伴关系等全球海洋治理的重大问题，并分析了斯匹次卑尔根群岛海洋争端等区域性热点问题，从全球海洋善治的中国贡献、中国海洋管理事务的注意力变化等方面探究了海洋治理的中国经验和实践。① 胡志勇指出，海洋治理迫在眉睫，积极参与全球海洋治理是中国走向深蓝、建设"海洋强国"的重要任务，中国应积极主动地参与全球海洋治理，不断提高海洋治理能力的现代化水平，以海上力量为保障维护国家海洋权益，着力推动海洋维权向统筹兼顾型转变，积极构建海洋经济和谐发展的蓝色利益共同体，构建务实、互利共赢的蓝色伙伴关系，推动全球海洋治理不断向前发展。② 在网络空间治理方面，郎平从全球治理、国家安全和大国博弈三个维度分析了过去十年间网络空间对国际关系的影响和冲击。郎平指出，数字时代不会改变国家的政治地理学本质，也不会改变国际政治以实力为基础的权力博弈逻辑，它改变的是国家的组织和行动方式以及大国竞争的内容和手段。郎平认为，数字技术不会从根本上改变世界，而是与世界既冲突又融合，在无政府世界的丛林中推动构建新的国际秩序。数字时代的"融合国力"竞争比拼的是国家在不同领域实力的聚合，这需要各部门更有效地相互协调与配合，而这最终取决于国家的治理能力、变革能力以及国际领导力。③ 王孔祥也指出，维护网络安全是国际社会的共同责任，网络安全的国际合作已是大势所趋，确保全球互联网安全运行是在网络空间为全世界提供"公共物品"的要求。④ 在全球经济治理方面，杨春蕾在《共建"一带一路"与全球经济治理》一书中，首先，分别就"一带一路"倡议与全球贸易治理、全球投资治理、全球金融治理的互动展开论述，探讨了"一带一路"倡议参与全球经济治理的意义与路径；其次，由于G20是国际经济合作与大国协调的首要全球性论坛，通过对G20的产生与发展、优势与当前面临的困境进行描述，探讨"一带一路"倡议与G20的互动关系及两者相互配合将能够对全球经济治理产生的贡

---

① 金永明主编：《海洋治理与中国的行动》，社会科学文献出版社2022年版。
② 胡志勇：《海洋治理与海洋合作研究》，上海人民出版社2022年版。
③ 郎平：《网络空间国际治理与博弈》，中国社会科学出版社2022年版。
④ 王孔祥：《全球治理与网络安全》，时事出版社2022年版。

献；最后，对后疫情时代全球经济治理失效的根源进行了剖析，探讨中国应当如何"转为危机"，如何通过共建"一带一路"倡议推动全球经济治理体系重塑。①

此外，全球治理研究呈区域转向之势。张蕾以实践理论和规范本土化理论为视角，构建了规范本土化与合作制度化在多重实践进程中的互动逻辑，并据此对东盟地区卫生合作的实践进程进行了梳理分析。张蕾强调对非西方实践的关注，并为全球卫生治理提供"以地区框架解决全球问题"的思路。其研究不仅为我们提供了一幅关于非西方地区卫生治理的图景，鉴于东盟在中国外交中的重要地位，也可为维护中国周边卫生安全，构建中国—东盟卫生健康共同体提供有益借鉴。②秦亚青等在《关系性逻辑与东亚区域治理》一书中围绕怎样针对国际关系的现实使用关系性逻辑进行理论设计并开展经验性研究，以东亚区域治理为例，展示了关系理论在实际治理过程中的应用。秦亚青等提出了国际关系理论建构的文化路径，认为以文明为基础的文化共同体是所有文化共同体中差异最大的共同体，基于这种差异并展开沟通对话易生成创新性理论，比如，中华文化与西方文化是基于不同文明的文化，这种差异为理论原创提供了机遇。秦亚青等还强调思考如何使用文化资源构建具有显著性意义的知识体系，对于将国际关系学发展成为真正全球意义上的学科是十分必要的。③

（四）区域国别研究的实践探索初见规模

随着区域国别研究升级为一级学科，国内学界对区域国别的研究日趋活跃。张蕴岭主编的《国际区域学概论》是国内首部专门研究国际区域学的专著，在对国际区域的含义、构成、研究对象、方法等进行定位性分析的基础上，从国际区域观、国家与国际区域、国际区域政治、国际区域经济、国际区域文化、国际区域关系、国际区域合作、国际区域治理和国际区域构建实践与研究各方面进行了深入分

---

① 杨春蕾：《共建"一带一路"与全球经济治理》，经济科学出版社2022年版。
② 张蕾：《弥合"雄心"与"低能"——规范本土化与东盟地区卫生合作制度化的协同演进》，《当代亚太》2022年第1期。
③ 秦亚青等：《关系性逻辑与东亚区域治理》，上海人民出版社2022年版。

析，在将不同区域的构成与运行特征作为案例加以分析的基础上，提出其在国际区域构成与运行中的定位以及理论，为国际区域学提供了一个整体性基础分析框架。[1]

在美国的政治外交研究方面，魏涵利用美国相关解密档案、媒体报道和研究成果等资料，通过梳理美国涉太空安全行为体的利益传递过程，并以"战略防御倡议"的决策过程为案例强化呈现利益传递过程，分析影响美国太空安全政策的国内政治因素，从而阐明了美国太空安全政策产生的内在机制。[2] 葛汉文针对美国关于西太平洋的地缘政治判断日益构成对地区安全形势及中国国家安全的突出挑战，通过对美国关于西太平洋的地缘战略的不同演进阶段分析，指出其呈现出连贯一致的逻辑和倾向。他认为，美国在西太平洋地区安全秩序中的"主导地位"是其全球霸权的重要组成部分，绝不允许亚洲大陆强国挑战美国对这一区域的控制，美国对西太平洋地区的地缘政治想象正处于一个延续与变形相交融的关键阶段，对美国区域政策乃至全球战略缔造产生着越发突出的影响。[3] 在安刚翻译的《美国总统及其外交政策》一书中，作者提供了一种规范性思维的实践，认为人们可以通过观察"意图""手段"和"后果"三个维度的行为和制度以及是否有所作为，对外交政策的道德属性作出判断。作者提出良好的道德推理应该具备对总统决策的不同意图、手段和后果的权衡三个维度，认为道德外交政策必须兼顾两者以及所使用的手段。比如维护鼓励道德利益的制度秩序，以及帮助某人权异见人士或别国受迫害群体这样有特别新闻价值的行动。[4]

在欧洲国家的转型与发展方面，宋晓敏借助"欧洲化"的理论分析框架，通过论述希腊如何借助入盟巩固民主政体以及加快现代化的转型，指出希腊欧洲化存在的局限性是由希腊模式的缺陷造成的。[5]

---

[1] 张蕴岭主编：《国际区域学概论》，山东大学出版社2022年版。
[2] 魏涵：《美国太空安全政策的生成机制探究：基于利益传递的视角》，《国际政治研究》2022年第1期。
[3] 葛汉文：《美国西太平洋地缘战略的调整及中国应对》，载邹治波、赵远良《世界变迁与中国发展》，中国社会科学出版社2022年版，第182页。
[4] [美] 约瑟夫·奈：《美国总统及其外交政策》，安刚译，金城出版社2022年版。
[5] 宋晓敏：《希腊与欧洲一体化》，中国社会科学出版社2022年版。

高歌主编的《中东欧转型 30 年：新格局、新治理与新合作》一书力图突破国际政治研究的西方视角和大国视角，从深入剖析和深刻理解中东欧入手，主要讨论了东欧剧变与冷战结束的关系及其带来的国际格局变化、巴尔干地区战争与和平进程中的国际干预和治理、中欧地区合作与欧洲一体化、跨境民族问题的发展及其解决途径、中东欧"回归欧洲"与欧盟边界的扩大和欧洲观念的变化等问题。[1] 中国社会科学院欧洲研究所、中国社会科学院国际合作局和中国欧洲学会意大利研究分会共同组织编写了《意大利发展报告（2021—2022）——疫情下"危"中寻"机"的意大利》，对意大利政治、经济、社会文化、外交、中意关系等方面的形势与重大进展进行了介绍与分析，还特别关注了意大利港口体系的特点与当前挑战、疫情冲击下的意大利时尚产业、意大利养老金体系及近年来改革历程、意大利高等教育课程体系的改革与创新、意大利文化遗产保护的制度与政策法规演进、意大利劳动法改革等问题。该报告认为，在国内，德拉吉政府着力推进新冠疫苗接种和国家复苏与韧性计划落地，均取得了突出成绩，经济社会复苏的表现颇为抢眼。在外交上，德拉吉政府旨在提升意大利在欧盟内话语权和国际影响力的一系列努力亦取得积极成效。务实合作仍是中意关系的主流，双边贸易额逆势大增成为两国合作的一大亮点，而德拉吉政府对华合作态度趋于保守也值得关注。[2] 蔡翠红、张若扬指出，欧盟希望以"技术主权"和"数字主权"的诉求为依托，加强其自身在制度层面的规范性力量、数字技术能力和欧盟意识形态的影响力，以推动其自身的数字化转型并塑造一条具有欧盟特色的数字化转型之路。在此战略下，欧盟将强化在中美之间的机会主义倾向，加深对华经济合作与加速在部分数字领域对华经贸"脱钩"将同步进行。中国应针对欧盟数字化转型发展态势制定长远

---

[1] 高歌主编：《中东欧转型 30 年：新格局、新治理与新合作》，社会科学文献出版社 2022 年版。

[2] 孙彦红主编：《意大利发展报告（2021—2022）——疫情下"危"中寻"机"的意大利》，社会科学文献出版社 2022 年版。

预案。①

　　进入 21 世纪以来，中东作为欧亚大陆的连接点和世界能源的主要产地，其战略地位越发重要。但中东地区长期存在的各种矛盾和冲突，加之域外大国的干预和影响，又造成了这个地区长期存在和近年来产生的包括巴以问题、伊朗核问题、叙利亚问题、也门问题等一系列难以解决的热点问题。为此，汪波指出，协调中东热点问题应坚持维护以联合国为核心的国际体系，坚持以国际法为基础的国际秩序，坚持和平共处五项原则，坚持正确的历史观、大局观、角色观和安全观等总体原则，目前为解决这些热点问题，逐步形成了深度协调、多边协调、调解协调和政治协调等协调方式，并在实践中取得了积极成效。②柴瑜主编的《拉丁美洲和加勒比发展报告（2021—2022）》对拉美地区的政治、经济、社会、对外关系领域的年度新形势进行了综合性回顾与展望。总体来看，该报告认为，自 2021 年以来，拉美形势的变化表现为四个突出特点：意识形态极化和政治碎片化现象加剧、经济复苏呈脆弱性和不确定性、返贫问题成为拉美国家的现实挑战、拉美国家战略自主意识上升但区域合作艰难前行。其中，新冠疫情依然是影响拉美政治、经济、社会和国际关系的核心因素。此外，在拉美地区，大国博弈持续升温，地区外交深度调整，拉美国家战略自主意识上升。非传统安全关注度持续上升，区域合作艰难前行，地区一体化活力虽有回暖，区域共同体意识也有所强化，但凝聚力缺失尚未从根本上得到改善。③王慧芳对印太体系的初步形成以及澳大利亚在其中所扮演的角色进行了分析，认为澳大利亚在印太地区的安全关切由东南亚、印度洋和南太平洋等地区组成，本土和近周边地区是澳大利亚最直接的安全关切，澳大利亚的繁荣与稳定更多地建立在以东亚和东南亚为主的亚洲地区，同时澳大利亚积极向印度洋进军，扩

---

① 蔡翠红、张若扬：《"技术主权"和"数字主权"话语下的欧盟数字化转型战略》，《国际政治研究》2022 年第 1 期。
② 汪波：《中东热点问题的大国协调》，时事出版社 2022 年版。
③ 柴瑜主编：《拉美黄皮书：拉丁美洲和加勒比发展报告（2021—2022）》，社会科学文献出版社 2022 年版。

充更大的利益空间，为今后更大的发展铺路和谋划。①贺平所著的《国际日本研究述论》包括文献与数据、译介与出版、理论与方法三个部分。第一部分意在从文献与数据的视角切入学术史，将日本研究置于中国—日本—美国的"三角学术体系"中加以考察；第二部分从定量、定性的角度分析国内出版的国际日本研究译著，探究其第三方镜鉴的意义；第三部分解析若干经典作品在国际日本研究中的理论价值与方法论意义，贺平对国际学界关于日本研究的学术史和方法论进行了全面考察。②

综上所述，随着中国特色社会主义进入新时代，国内的国际政治与国际关系应用对策性研究在既往研究的基础上实现了新发展，并呈现出一些新特征。从研究内容来看，对策性研究的对象更加具有现实意义，针对国际政治与国际关系的迫切需求寻求现实答案。从研究视角来看，研究角度更加多元化，相比以往对大国的关注，侧重于中小发展中国家的国别研究也呈增多的趋势。这些新的研究成果为国内的国际政治与国际关系学科体系建设提供了重要基础

三　总结与展望

通过梳理2022年部分研究成果，对中国国际政治、国际关系研究领域一年来的研究重点与整体发展状况形成下述认知。从整体上看，在习近平新时代中国特色社会主义思想和习近平外交思想的指导下，中国特色大国外交在2022年所取得的一系列成就，为中国国际政治、国际关系研究注入强大动能；国内学者对基础理论与前沿问题研究的不懈努力确保了上述指导思想能够被科学而有效地得以应用，从而使得中国国际政治、国际关系学界研究能够在基础理论研究领域以及对策性研究的实践应用领域均取得丰硕成果。

具体而言，在基础理论研究领域，国内学界学者对于改变以西方国际关系理论为导向的研究态势作出了巨大努力，在对西方传统国际

---

① 王慧芳：《澳大利亚印太战略研究》，江苏人民出版社2022年版。
② 贺平：《国际日本研究述论》，上海人民出版社2022年版。

关系理论进行反思、批判和重塑的基础上，具有中国特色的国际政治、国际关系理论初见规模。在2022年的相关成果中，我们不仅可以看到对滞后的西方国际政治、国际关系理论的批判以及对非西方范式理论的思考，还可以发现国内学者将中国传统文化思想理念运用于国际政治、国际关系研究领域的有益尝试，更能发现学界应用多学科理论解释数字时代国际新现象的孜孜探索。在应用对策研究领域，中国学界在对国际局势、国内形势进行具体深入分析的基础上，对全球治理新形势下的国际政治、国际关系事实进行了深入、及时研究，不仅让以"一带一路"倡议、人类命运共同体为代表的中国外交理念成为世界贡献中国智慧的重要组成部分，而且为中国在既有格局遭到冲击、不确定性倍增的国际环境下找到确定性因素以及找准正确方向提供了源源不断的智力支撑，为推动国际政治与国际关系学科的建设和发展开辟了新路径。总体而言，上述研究成果囊括了融合多学科领域的理论构建与政策实践的新探索，国际政治与国际关系研究亦呈现出新旧领域细化深入、跨学科多元融合的相对系统化发展趋向。

中国学界在国际政治、国际关系领域取得上述丰硕成果的同时，其学科在发展过程中亦出现了潜在问题，须予以深入思考，做出切实应对。

首先，研究方法的创新呈本末倒置之势。在剖析复杂纷繁的国际政治和国际关系现象的过程中，研究方法作为分析工具无疑发挥着重要的作用。在传统的社会科学研究中，由于仅仅依靠定性研究难以完全看清波诡云谲的国际现象背后的本质，学界开始更多地倾向于采取定量或是定量与定性相结合的研究模式，产出了一些运用统计模型、博弈论模型、案例研究方法来进行逻辑推演的实证类论文。与此同时，在基础理论研究较难取得创新的情况下，部分学者开始在研究方法上不断寻求突破。但随之而来的问题是，研究方法是否前沿、模型是否足够复杂，开始成为一些学术杂志评判研究成果是否能够发表的重要指标。研究方法的创新固然有助于提高研究结果的严谨程度，比如采用统计模型有助于分析诸多变量之间的影响机制，能够通过具体的样本检验而归纳出具有普遍性意义的规律。但统计模型本身就蕴含了部分前提假定，采用统计模型意味着容易出现由既定的前提假定引导结论的现象，简化了的变量关系并不能解释国际现象的全貌。因此，有必要对各种研究方法的适用性与局限性展开针对性讨论，提高学界关于研究方法效用的认识，不断修正和调整现有研究方法。

其次，理论研究与对策研究比例失衡，基础性理论研究相对匮乏。从国际政治、国际关系理论的发展历史来看，无论是现实主义、自由主义、建构主义，还是新古典现实主义，均是在经过激烈的理论论战后产生的，但在第四次论战后，放眼国内外学界，再也没有发展出在整个学界产生重要影响并被学者广泛援引的理论，因此基础理论的贫瘠也是中层理论研究不断涌现的一个重要原因。包括目前国内学者正在试图建立的中国国际关系理论，也仅仅是兴起了国内学界的研究热潮，尚不具备广泛的国际影响力。早在1979年，邓小平同志在党的理论工作务虚会上就曾强调，"社会科学同自然科学一样，决不能忽视基础理论的研究，这些研究是理论工作的任何巨大前进所不可缺少的。"[1] 无法完全跨越长期以来深受西方理论范式影响根深蒂固的思维固化，这已然成为中国国际政治、国际关系研究中的突出现象。在2022年中国国际政治、国际关系研究取得丰硕成果的背后，上述现象依然存在。如何将具有中国特色的国际关系理论更好地发展为世界性的国际关系理论，是基础研究薄弱的中国国际政治、国际关系学界亟须认真思考的问题。如果无法应对这些挑战并有效脱离理论建构的窘境，那么上述现象将持续膨胀下去，中国国际政治、国际关系学科理论的构建也就无从谈起。

最后，中国国际关系学科知识体系建设尚不完善。国家安全学与区域国别学均是交叉学科下设的一级学科，交叉学科就意味着人文社会科学、自然科学学科知识内容的相互交融，涉及经济、历史、法律、文学等学科的不同领域。交叉学科的多学科属性就决定了其研究对象边界的模糊性，既没有像国际政治经济学、外交学、国际政治心理学等学科那样具备一定的学科理论基础，也不具备有别于国际关系学科专业的独立性。一个没有独特范畴与概念体系的专业门类没有能

---

[1] 《邓小平文选》（第2卷），人民出版社1994年版，第179页。

力去担当反映和影响国际政治现实的"理论"角色。[1] 正如党的二十大报告所提示的，要"深入实施马克思主义理论研究和建设工程，加快构建中国特色哲学社会科学学科体系、学术体系、话语体系"。当然，要实现这一目标绝非易事。学界一直呼吁建设独立自主的国际政治与国际关系学科体系，但在全球化思潮的影响下，学科交叉纷繁复杂，构建学科自主的知识体系将是一个长期的历史性任务，创建并形成符合中国国情、契合中国地位、结合中国经验、适合中国发展的国际关系学科知识体系任重而道远。

中国学界经过四十多年的艰巨努力，才在国际政治、国际关系研究领域取得现有成就。展望未来，随着中国特色社会主义建设步入新时代，国际政治与国际关系的研究也被新时代赋予新的使命和新的意义。从多点频发的非传统安全问题，到亟须解决的全球性问题，再到日新月异的科技变革，这些变化在一定程度上改变了我们对国际政治与国际关系领域中部分传统概念和理论的认知，也恰恰是这些变动引导我们去探析新的议题，并催生了新的理论思考。而上述攸关国际关系学科未来发展的问题能否得到及时解决与完善，是中国国际政治、国际关系学界学者不可推卸的责任和义务所在。相信在源远流长的历史滋养下，在优秀传统文化的启发下，在习近平新时代中国特色社会主义思想和习近平外交思想的科学指引下，在学界学者勤勤恳恳地努力下，中国国际政治、国际关系研究终将会行稳致远，进而有为。

---

[1] 李少军：《国际政治学概论》，上海人民出版社2019年版，第2页。

中国比较政治学研究的新气象

李辛　吕同舟　周幼平[*]

2022年，中国比较政治学研究与此前相比有很强的延续性，在理论、方法及议题三个领域的研究取得了可喜的发展。在比较政治学理论研究方面，研究者尝试破解"规范性同构"谬误，基于中国政治实践提出具有多元特点的理论观点。在方法上，在引介国外方法的基础上不断完善、创新。在比较政治学议题领域，国家建构、民主及民主转型、民粹主义与政治极化是研究的热点问题，本土化理论体系构建取得一定的进展。

一　比较政治学理论研究

2022年，中国比较政治学学者在比较政治学理论方面的研究呈现出非常明显的三大特点：一是普遍关注到西方比较政治理论因其包含的西方中心主义等因素的影响，无力回应这个时代各方面的挑战，从各个方面尝试破解"规范性同构"谬误，基于中国政治实践提出具有多元特点的理论观点；二是作为本土化理论代表的历史政治学理论得到了持续完善和充实；三是理论研究具备鲜明的时代特征，越来越多的研究聚焦于数字时代的比较政治学理论。

基于大规模的调查研究，英格尔哈特的后物质主义文化变迁理论

---

[*] 作者工作单位：李辛，上海师范大学哲学与法政学院；吕同舟，华东师范大学政治与国际关系学院；周幼平，上海师范大学哲学与法政学院。

建立起经济发展、文化变迁与政治发展之间的逻辑链条。这一逻辑关系被视为普适理论从而对比较政治研究产生了巨大的影响。在《后物质主义文化变迁理论与美国比较政治研究范式》一文中，王正绪和赵茜通过深入分析后物质主义文化变迁理论的形成过程及其"与比较民主化和实证民主理论的对标与联结"[①]，指出其在"规范性同构"影响下所隐含的西方中心主义、进步史观等内核。在此基础上，他们得出了21世纪的社会科学需要破解"规范性同构"理论谬误的结论。无独有偶，杨光斌也深刻认识到"无论是作为自由主义内核的代议制、个人权利和多元主义，还是作为民主实践形式的竞争性选举，都是中世纪发展起来的欧洲文明的组成部分，自由主义民主是欧洲文明的政治表达"[②]，是经由自由主义的社会"科学化"，才被受众视为科学乃至普世价值。在《中国民主模式的理论表述问题》一文中，作者首先描述了第二次世界大战后美国民主的普世价值性在民主话语权上的"逆袭"过程，然后通过中西民主政治理论表述的对比，提炼出中国民主模式的理论表述，即"社会主义民主—民主集中制—协商共识型民主—可治理的民主，构成了以人民民主为价值原则的中国模式"[③]；最后指出西方政治学方法论在解释中国民主模式上的不适用，"中国民主模式与中国历史文化具有高度的历史连续性""中国的民主模式只能用诞生于中国历史文化的政治学方法论——历史政治学进行阐释"[④]。

新世纪以来，西方政治发展理论面临其自身解释力不足及各国政治发展实践多样性冲击的双重困境。鉴于此，吴晓林和谭晓琴在《新时代中国政治发展理论的体系构建：一个比较的框架》一文中，通过对中西政治发展意涵和理论范式的比较，指出"西方学者高擎西式自由主义大旗，拒斥非西式政治发展模式；中国学者则多基于'以人为本'的实绩导向，力图建构马克思主义结构化的解释，从国家治理能

---

① 王正绪、赵茜：《后物质主义文化变迁理论与美国比较政治研究范式》，《国外社会科学》2022年第1期。
② 杨光斌：《中国民主模式的理论表述问题》，《政治学研究》2022年第1期。
③ 杨光斌：《中国民主模式的理论表述问题》，《政治学研究》2022年第1期。
④ 杨光斌：《中国民主模式的理论表述问题》，《政治学研究》2022年第1期。

力、实质民主和政党中心主义三个维度阐释政治发展",并提出"中国学界应构建呼应全球秩序重组的政治发展理论体系,打通'历史溯本求源——现实问题导向——未来人类共同体'全环节,转向广阔的全球政治比较、长周期政治比较,提出超越历史片段和国别经验的政治发展方法论,供给'差异有别又有共同'的政治发展概念和范式"①。

"民主—专制"的政体比较范式长期主宰着比较政治学的研究。然而,这其实是西方冷战思维塑造的一个巨大的误区,即"将政治学等同于研究所谓'民主'的社会科学"②。对此,王正绪在《秩序与繁荣:政治学原初问题的制度主义解释》一文中借助对政治核心问题的发问,提出回归政治学原初问题——政治秩序的主张。随后在对政治秩序进行梳理界定的基础上,提出实现政治秩序的制度体系包括价值层次、认知层次、组织层次和技术层次四个层次的制度;并以此为依据,对中美两国的政治秩序进行了比较,分析自由民主政治秩序在价值性和理论性制度层次的缺陷;最后指出"比较政治学和政治思想、政治理论等研究应当……将政治学研究的本体提到更高的抽象层次,即政治秩序的层次"③。

20世纪90年代以来,协商民主理论得到了快速发展。但西方语境中的协商民主理论将选举民主视作协商的前提条件,故而很少关注其他形式的协商事实,也不利于协商民主理论的发展。对此,覃漩的《协商民主与政治发展》一文通过对比中西语境中协商民主出现的理论动力和历史背景,指出"不同于西方背景下为了弥补聚合式民主存在的问题而产生的纠偏机制,协商在中国的出现是为了回应政治发展在不同阶段的功能性需求……它与民主之间的联系,也并非一开始就存在,而是在发展过程中被逐渐建立起来的"④,从而"解释了协商

---

① 吴晓林、谭晓琴:《新时代中国政治发展理论的体系构建:一个比较的框架》,《天津社会科学》2022年第3期。
② 王正绪:《秩序与繁荣:政治学原初问题的制度主义解释》,《学术月刊》2022年第3期。
③ 王正绪:《秩序与繁荣:政治学原初问题的制度主义解释》,《学术月刊》2022年第3期。
④ 覃漩:《协商民主与政治发展》,《复旦学报》(社会科学版)2022年第1期。

与政治发展之间的逻辑，补充了西方背景之外协商的发生机制，这对作为整体的协商系统具有意义"①。

西方学界对民主话语权的垄断，一方面造成西式民主具有普世价值的假象，另一方面形成中国民主话语特殊性的理论漏洞。这既不利于中国的民主实践，也"无助于中国民主话语与西方民主理论的互动"②。鉴于此，景跃进的《民主理论的发展：超越与重构》一文从既有主流民主理论无法解释中国政治实践的事实出发，提出将中国政治作为一种与西方民主相并列的亚类型来看待，从而将二分法转化为"三位一体"的概念框架，超越"民主—威权"二分法，并且解构并超越西方民主理论，"重构真正具有普遍意义的民主理论"③。

作为政治学与历史取向研究路径的结合，历史政治学的理论建构在"批判的自我呈现"方面尚存不足。张树平在《政治学理论建构中的经验、历史与逻辑——对历史政治学发展的一项阶段性评估》一文中，指出历史政治学"发展中潜藏的风险源自历史政治学与其经验基础的剥离，所以，从方法论上防范历史对经验的疏离以及逻辑对历史的疏离，重建经验世界的完整性、历史世界的统一性和逻辑世界的自洽性成为历史政治学后续发展的关键"，而"古典政治学"和"进程政治学"是"较具理论前景和可操作性的两种路径"④。

作为"中国实用理性的重要内容和特征"，"历史理性"是"数千年来中国政治与学术之基本取向和方法"。姚中秋的《历史政治理性的成熟：作为中国思想之基本取向和方法》一文通过研究周公历史政治理性的形成过程，并"以历史政治学方法解释《尚书》《逸周书》等传世文献"，揭示出周公历史政治理性成熟的因果。同时，基于"周公思想体现出'历史理性与道德理性的最初统一'"，提出"历史政治理性的完整说法是'道德的历史政治理性'"⑤。

---

① 覃漩:《协商民主与政治发展》,《复旦学报》(社会科学版) 2022 年第 1 期。
② 景跃进:《民主理论的发展：超越与重构》,《政治学研究》2022 年第 1 期。
③ 景跃进:《民主理论的发展：超越与重构》,《政治学研究》2022 年第 1 期。
④ 张树平:《政治学理论建构中的经验、历史与逻辑——对历史政治学发展的一项阶段性评估》,《政治学研究》2022 年第 1 期。
⑤ 姚中秋:《历史政治理性的成熟：作为中国思想之基本取向和方法》,《天府新论》2022 年第 1 期。

同样，基于现代主义理念，现代治理理论虽然发展了现代行政管理理论，但仍然存在诸如削弱和破坏民主等问题，故而在后现代主义哲学的基础上，治理理论有了新的发展。佟德志和林锦涛注意到这一发展的新意和价值，他们在《当代西方后现代民主治理理论评析》一文中，围绕"后现代民主治理理论是如何确立民主的统领地位，又能否成为民主治理的未来趋势"①等问题，以现代治理理论的民主困境分析为起点分析当代西方民主治理理论的发展趋势，提出了以"民主统领治理"为特征的"后现代民主治理理论"的概念，并对其内在逻辑、理论价值与内在局限进行了深入阐释和发掘，为学界准确把握西方治理发展脉络和趋势提供了重要参照。

为什么西方政治学无法解释和预测中国政治的众多"例外"？卢春龙和严挺的《比较历史政治视角下的中国政治文化探析》一文提出，西方政治学现代化范式对历史方法的忽视是问题的根源。因此，两位学者重拾比较历史政治的研究方法，通过将时间置于政治文化研究的中心位置，考察了大一统思想、偏重政治秩序、民本倾向以及对权威和科层制的敬畏四个中国政治文化的传统核心要素，最后指出这四个核心要素"可以看作中国政治文化的基因。它们可能是理解当代中国政治文化脉络的关键所在，也可以帮助我们更好地解释很多中国政治现象"②。韩万渠和邱铜铜的《嵌套式回应：民生政治运行的制度体系及其实现机理》一文系统考察了我国政治体制和治理体系中，民生政治的运行制度体系及其实现机理。该文"提出'嵌套式回应'的概念描述央地政府在民生政策过程中的互动关系，通过对我国各级政府'民生实事''民生工程'的议程设置和执行落实过程的考察，民生政策议题的执行过程及其运作逻辑，揭示中国民生政治预期目标的实现机理"③。陈周旺以及周成、钱再见分别对人民民主的政治逻

---

① 佟德志、林锦涛：《当代西方后现代民主治理理论评析》，《国家现代化建设研究》2022年第1期。

② 卢春龙、严挺：《比较历史政治视角下的中国政治文化探析》，《政治学研究》2022年第5期。

③ 韩万渠、邱铜铜：《嵌套式回应：民生政治运行的制度体系及其实现机理》，《社会主义研究》2022年第4期。

辑进行了深入研究,并得出了相似的研究结论。陈周旺指出"人民民主就是以人民为中心的政治建构……人民民主的制度核心是人民当家作主,是党的领导、人民当家作主、依法治国的有机统一"①。周成和钱再见建构了"价值—制度—行动"的概念性分析框架,同样肯定了全过程人民民主中人民主体地位的价值取向,并指出其"制度载体是以人民代表大会制度为代表的'1+3'制度体系,而行动实践则包括'民主选举、民主协商、民主决策、民主管理、民主监督'五个具体环节。'价值—制度—行动'三个逻辑要素有机统一、相互促进、相互支撑,是一个能促进其高质量发展和高效率运行的良性互动的逻辑闭环。基于此,全过程人民民主政治逻辑下的发展进路应该包括加强党的领导、实行依法民主以及扩大民主参与。"②

从算法和数字治理的角度进行的理论研究也较为丰富。段宇波和李路曲指出,"算法治理和生命治理是关乎公共治理内在逻辑的'元问题'"③。由于既有研究"对于嵌入治理的数字化和生命整体异化并未引起足够重视……从生命治理出发思考算法的还较少,西方话语较多而本土性认知还比较缺乏"④,这两位学者在《算法治理与生命治理的内在逻辑及裂隙整合》一文中,以价值、制度、技术的三维框架为基础,从算法治理与生命治理的内在逻辑出发,深入剖析了二者在演化互动中产生的裂隙和整体异化的风险,进而提出了算法治理与生命治理整合的创新路径。数字时代的来临赋予国家以一系列新特征,从而使适应于工业文明的现代国家理论面临挑战。基于此,黄其松的《数字时代的国家理论》一文通过分析提炼出马克思主义国家学说中暴力、疆域、制度和国家能力四个核心概念,并以此为框架,剖析了数字时代现代国家理论面临的困境,进而通过概念化重构国家理论的核心概念。黄其松认为,"应以数字暴力、数字执行人丰富暴力的内

---

① 陈周旺:《人民民主的政治逻辑与制度实践》,《社会科学》2022年第10期。
② 周成、钱再见:《全过程人民民主的政治逻辑:基于"价值—制度—行动"框架的分析》,《湖北社会科学》2022年第10期。
③ 段宇波、李路曲:《算法治理与生命治理的内在逻辑及裂隙整合》,《中国行政管理》2022年第10期。
④ 段宇波、李路曲:《算法治理与生命治理的内在逻辑及裂隙整合》,《中国行政管理》2022年第10期。

涵，以数字主权、数字人拓展疆域范围，以数字政府扩充制度概念，以数字治理扩展国家能力的含义，从而建构数字时代的国家理论"①。

随着数字政府"迈入全面数字化转型的协同发展阶段"②，现有理论面临着实践中一系列协同问题的挑战，"迫切需要理论迭代以理解实践进展"③。因此，孟天广在《数字治理生态：数字政府的理论迭代与模型演化》一文中，在厘清和批判性地吸收现有理论的基础上，基于"全景视角"提出并阐述了"数字政府理论模型演化的方向——'数字治理生态理论'"④。"数字治理生态蕴含数字治理主体和数字治理资源两大内生关联的要素系统，强调治理主体和治理资源的协同和共享，进而构建数字政府、数字经济与数字社会协同演化的生态系统。"⑤

此外，马雪松和吴健青鉴于理性选择制度主义的重大意义和整体性审视的欠缺，在《社会科学中的理性选择制度主义：一种可能的创新视域》一文中，突破了政治学与经济学的既有视角，从理性选择制度主义的基本张力、学科背景与焦点议题出发，指出"在理性选择制度主义积极寻求突破的当下，以文化主义路径为代表的社会科学研究兼容差异化的研究取向和多元要素，为理性选择制度主义提供了考察复杂性、多样性以及简化制度逻辑并实现理论整合的契机"⑥。

二 比较政治学方法阐释

2022年，中国比较政治学学者对比较政治学方法论的探讨虽然

---

① 黄其松：《数字时代的国家理论》，《中国社会科学》2022年第10期。
② 孟天广：《数字治理生态：数字政府的理论迭代与模型演化》，《政治学研究》2022年第5期。
③ 孟天广：《数字治理生态：数字政府的理论迭代与模型演化》，《政治学研究》2022年第5期。
④ 孟天广：《数字治理生态：数字政府的理论迭代与模型演化》，《政治学研究》2022年第5期。
⑤ 孟天广：《数字治理生态：数字政府的理论迭代与模型演化》，《政治学研究》2022年第5期。
⑥ 马雪松、吴健青：《社会科学中的理性选择制度主义：一种可能的创新视域》，《比较政治学研究》2022年第2期。

在数量上依然没有增多，但具备一定的质量。回顾这一时期中国比较政治学方法论研究方面的发展，可总结为引介、完善与创新三个方面。一是引介。继定性比较分析（QCA）方法被引介和应用之后，又引介了国外在 QCA 基础上发展出的共存分析（CNA）方法。二是完善。学者从比较政治学研究理论建构方法面临的困境和比较方法演变逻辑两个方面对方法论的完善策略和方向进行了探索。三是创新。学者在律则论因果观的基础之上，创造性地提出了"历史性因果叙述"的因果推论方法。在这一时期的研究成果背后，我们一方面能够感受到国内学者在方法论自觉上的可喜提升；另一方面，也需要清醒地注意到这些研究在数量、热点及围绕热点的学术对话以及系统、细致方面的提升空间。

探索因果关系和因果机制是学者的共同追求，而比较政治学研究者更是需要探究复杂多变的政治现象的因果问题。不同于传统统计回归方法采用还原论的原子视角分析单个变量的"净效应"，因而难以处理复杂因果关系，QCA 方法采用整体论的整体视角进行组态效应分析，为组态问题的复杂因果关系研究提供了新的方法。然而，QCA 方法也存在"无法对由因果链生成的数据进行因果建模，关注焦点局限于因果关系而不是因果规律，存在因果解释的组态比较局限"[1] 的问题。针对这些不足，鲍姆加特纳继承与发展了定性比较分析的因果机制探索，提出了共存分析的组态比较方法。高进和霍丽婷的《共存分析与比较政治学研究》一文引介了共存分析这一组合因果链研究的新方法，指出其"可以富有成效地应用于比较政治学论域中的因果发现"[2]。该文首先具体阐述了共存分析方法的优势，然后借助鲍姆加特纳关于瑞士宣礼塔争议的案例，从充分必要条件、因果假设、核心算法和模型表达四方面对共存分析的方法进行了详尽的阐释；并以"一带一路"产能合作项目政策沟通为例，展现出比较政治学研究中共存分析的价值与优势；最后对共存分析的局限性进行了说明。

从议题到方法的转向，在科学性和精确性方面推动了比较政治学

---

[1] 高进、霍丽婷：《共存分析与比较政治学研究》，《政治学研究》2022 年第 1 期。
[2] 高进、霍丽婷：《共存分析与比较政治学研究》，《政治学研究》2022 年第 1 期。

发展。然而，理论的"滞胀"现象也随之出现。陈尧和范思宇敏锐地察觉到这一问题，在《比较政治研究的理论"滞胀"及其创新策略》一文中，这两位学者在梳理分析西方比较政治研究转向的演变及理论"滞胀"的现状之后，指出"以倚重技术方法的经验概括为特征的实证主义研究缺乏理论构建所必要的抽象能力，难以充分解释和预测政治现象"①，并提出推动比较政治理论发展和创新的重要策略：概念的创新和延伸以及经验解释范围的扩展。

基于对比较政治学研究方法和研究单位的观察，李路曲与赫婧如在《社会政治现象的复杂意涵与比较方法的发展》一文中，对社会政治现象的结构特质与复杂意涵进行了深入分析：

> 对社会政治现象复杂性和多维度的认识、集合性研究单位的建构、多元混合比较方法和理论的发展，是人们为回应现实世界日益密切的交往而发展出的认识论和方法论……它们有着内在的一致性……无论是"集合变量"还是"多元综合性方法与理论"的发展，都只是比较研究中的一种选择和趋势，并不是要替代"单一性变量"和"单一性理论"的发展。相反，只有在"单一性"发展的基础上，"综合性"才能更有效地发展。②

"历史政治学为宏观历史想象力的复兴提供了有力支撑，并在短短数年的时间里形成了可观的学术影响"③。伴随着历史政治学的快速发展，"如何在复杂的历史变奏中实现有效的因果推论，便成为从事历史政治分析的学者们所不得不面对的问题"④。作为对这一需要的回应，释启鹏的《"丰裕的贫困"——对历史政治学比较方法的反思》一文

---

① 陈尧、范思宇：《比较政治研究的理论"滞胀"及其创新策略》，《江苏行政学院学报》2022年第3期。
② 李路曲、赫婧如：《社会政治现象的复杂意涵与比较方法的发展》，《学海》2022年第6期。
③ 释启鹏：《"丰裕的贫困"——对历史政治学比较方法的反思》，《探索与争鸣》2022年第7期。
④ 释启鹏：《"丰裕的贫困"——对历史政治学比较方法的反思》，《探索与争鸣》2022年第7期。

"试图通过历史性因果叙述的方法将宏观政治社会分析从自然主义的窠臼中解放出来,从而进一步拓展历史政治学的宏观想象力"[①]。该文首先从历史分析中的科学主义偏执出发,通过对方法论中"科学主义的贫困"的反思,以及社会世界中建构性特征的梳理,指出"社会世界的特殊性在于其建构性,社会科学由'心'驱动这一事实既是其相较于自然科学的关键差异,也是其优势所在",最后提出"我们可以在实证主义之外赋予'讲故事'以因果性,即把传统的历史叙述建立在律则论因果观的基础之上,从而形成'历史性因果叙述'。"[②]

三 比较政治学议题梳理

考虑到比较政治学研究议题的稳定性和年度报告的一致性,本年度比较政治学的议题仍延续既往结构,从政体、社会行为体、国家制度、政治秩序和经济与跨国家进程五个方面[③]综述国内学界在各主要议题中出现的新观点、理论范式与研究方法,以期发现中国比较政治学议题的持续与变化。

---

① 释启鹏:《"丰裕的贫困"——对历史政治学比较方法的反思》,《探索与争鸣》2022年第7期。
② 释启鹏:《"丰裕的贫困"——对历史政治学比较方法的反思》,《探索与争鸣》2022年第7期。
③ 西方政治学与比较政治学权威杂志 Political Studies 与 Comparative Political Studies 把比较政治学归纳为五大研究范围、涵盖超过25个具体议题:(1)政治秩序,包括国家构建与国家崩溃、战争、环境、民族主义、内战与暴力、民族与民族暴力;(2)政体,包括政体多样性、民主化与民主崩溃;(3)社会行为体,包括社会运动与公民社会(含社会资本、社会抗议)、利益团体(含企业和劳工组织)、公民态度与政治文化、宗教、庇护主义;(4)民主与国家制度:选举、投票与选举制度,政党、民主制度(行政、立法)、联邦主义与分权化、司法、官僚、军队与警察、政策制定;(5)经济与跨国家进程:经济政策与改革(含福利国家、发展型国家、新自由主义、资本主义多样性)、经济发展、全球化、跨国家整合及进程。请参考 Sigelman, L. and Gadbois Jr, G. H., "Contemporary comparative politics: An inventory and assessment", *Comparative Political Studies*, Vol. 16, No. 3, 1983, pp. 275 - 305. Hull, Adrian Prentice, "Comparative political science: An inventory and assessment since the 1980's", *Political Science & Politics*, Vol. 32, No. 1, 1999, pp. 117 - 124. Munck, Gerardo L., and Richard Snyder, "Debating the direction of comparative politics: An analysis of leading journals", *Comparative Political Studies*, Vol. 40, No. 1, 2007, pp. 5 - 31. 对于这一划分,中国的比较政治学专家李路曲在《比较政治学的基本特质与学科划分标准》(《当代世界与社会主义》2019年第1期)中亦有深入评析。

（一）政治秩序：民族国家与国家建构

在政治秩序这一议题下，本年度比较政治学人关注的重点话题依旧是民族国家与国家建构问题。

第二次世界大战后，民族国家这一形态在世界政治舞台上占据了主导地位。但是，伴随着经济全球化向纵深发展和超国家组织的不断扩张，关于民族国家是否开始走"下坡路"，以及如何超越民族国家等问题，愈发引起学界的广泛关注。孙砚菲梳理了已有的关于民族国家争论的逻辑线索，以国家行动者和非国家行动者作为推手尝试构建分析框架，从深度、广度和稳定性三个维度讨论了欧盟、苏东集团、美国式帝国三个案例，其研究回应了哪些因素在何种程度上对超越民族国家产生了影响，以及产生何种影响等问题。[1] 有意思的是，在关于民族国家终结的预言不绝于耳的同时，民族主义和民族国家反而获得了更为广泛和深入的发展。特别是最近十几年来，全球政治极化情境中极端民族主义、排外主义、新种族主义和民粹主义思潮日渐泛滥，既覆盖了印度、土耳其、巴基斯坦等后发国家，也覆盖了西欧、北欧、美国等传统自由民主主义大本营，并在此次全球各国新冠疫情防控中得到了淋漓尽致的凸显。在某种意义上，关于超越民族国家的讨论，恰恰也契合着"人类命运共同体"的实践呼唤。

与前文关于超越民族国家的思考遥相呼应，作为反政治建制力量的民粹主义，似乎又在某种意义上成为一种国家发展模式。林红以拉美民粹主义为研究对象，在现代化和自主性发展的场景中梳理了拉美民粹主义的历史脉络。林红认为，拉美民粹主义的本质是普遍的"执政的民粹主义"，是拉美左翼政府对西方发展模式的重大修正，一方面体现为以经济增长和收入再分配为目标的宏观经济政策，另一方面体现为以魅力领袖、宪政公投和多阶级联盟为特征的威权主义政治。[2] 当然，在承认民粹主义在国家发展中地位的同时，也应当看到其根深蒂固的缺陷所在，例如能否摆脱西方发展主义束缚、处理好经济与公

---

[1] 孙砚菲：《超越民族国家：困境与路径》，《社会学评论》2022年第1期。
[2] 林红：《拉美民粹主义：一种国家发展模式》，《马克思主义与现实》2022年第4期。

平关系、协调国内各族群关系等。

在关于国家建构诸研究中，国际战争或国际冲突始终是解释国家建构的主流范式之一。卢凌宇、古宝密梳理和评介了有关战争对国家建构影响的主要文献，发现这类研究在因变量设置方面忽视了国（民）族认同、在研究设计上则以"因素中心"为导向忽视了战争过程对国家建构的结构性影响。因此，他们尝试设计出以"结果中心"为导向的研究方案，基于欧加登战争（1977—1978 年）前后的埃塞俄比亚和索马里为经验素材，对这两国的财政汲取能力和国族认同进行了追踪分析。他们研究发现，在财政汲取能力上，战争虽然促使国家强化官僚机器对社会的控制和资源汲取，但囿于糟糕的经济基础和发展状况，资源汲取始终"后继乏力"，在战争前后这两国的整体汲取能力呈现出先升后降的趋势。在国族认同上，战争的影响总体上是消极的，表明国际战争对国族建构的影响存在条件性，特别是在国内存在族群叛乱的情况下，国际战争更有可能削弱而非强化国族建构。[①]

（二）政体：政体多样性、民主化与民主崩溃

1. 民主模式：全过程人民民主与西式民主

民主研究一直是比较政治学界关注的热点话题。近年来，民主和民主化问题的研究及对西方民主理论的反思和批判性讨论构成了发展中国特色民主政治、全过程人民民主以及中国式现代化话语的契机。本年度，关于全过程人民民主的研究非常丰富，是民主理论发展的新境界。因考虑到文章的体量，为突出民主理论的发展趋势，本文聚焦于民主模式的理论基础，批判性地审视西方民主理论的问题，以期展示民主理论研究在中国场域的演进逻辑。

近年来，随着对民主理论的反思，民主的中国模式成为学界热议的话题。其中，杨光斌厘清了民主在欧洲地域内产生、发展到实践的过程，指出无论是代议制、个人权利和多元主义，还是作为民主实践形式的竞争性选举，都是中世纪发展起来的欧洲文明的组成部分，自

---

① 卢凌宇、古宝密：《欧加登战争与国家建构》，《国际政治科学》2022 年第 1 期。

由主义民主是欧洲文明的政治表达。与自由主义民主相区别，社会主义民主—民主集中制—协商共识型民主—可治理的民主，构成了以人民民主为价值原则的中国模式，历史政治学是研究中国民主模式的方法论。① 中国的民主模式为何能成为有效的民主？杨光斌、熊宇平认为，不同的民主模式代表了实现民主价值的不同机制。自由主义民主是以竞争性选举为核心的多数决民主体制，但由于忽视了政体关系的复杂性以及严苛的社会条件，在实践中陷入了诸多困境，出现"无效的民主"。相反，中华优秀传统政治资源、群众路线的革命传统以及大众参与的政治实践，决定了中国的政治体制是以协商共识为主要形式的"可治理民主"，公众参与、国家自主性回应和有效治理，构成了政治体制的核心特征。在民主权利维度上重新思考实质民主，是世界政治实践使然，同样也有助于构建新的民主理论。②

任剑涛从民主产生的逻辑分析了先发与后发民主国家不同的政治发展之路，为中国的民主模式提供了一定的理论基础。他首先分析了英美民主制度诞生的不同背景，英国是在一个相当漫长的、普通法的演化过程中实现现代民主政体建构目标的，因此很难成为后发国家效仿对象。美国以其成文宪法的制定而确立的立国原则，一国内部的成员之间建立起了一种基于平等的现代政治制度，代表着民主制的勃兴。在理论层面，为维护其理想状态，民主既必须维护其自身又必须超越其自身。各类国家以不同的方式认可民主政体，一些国家以立宪民主建构为务，一些国家则努力建构超越立宪民主的可期待的理想民主。③

林毅则从反思"民主发展 = 西方化"命题的基础上，将民主从其西方单一形态的束缚中解放出来。他认为，沿着非西方化道路发展民主的国家不仅要坚守民主发展可行性的底线，而且需要从澄清对西方民主的误解、讲明非西方化的发展趋势、批判西方民主实践与总结"民主化"教训的角度，建构起针对西方民主失效问题的经验性反思

---

① 杨光斌：《中国民主模式的理论表述》，《政治学研究》2022年第1期。
② 杨光斌、熊宇平：《民主模式与公民权利的实现》，《国家现代化建设研究》2022年第3期。
③ 任剑涛：《基于可行性的可期性：立宪民主的批判进路与超越谋划》，《天津社会科学》2022年第5期。

维度；并在此基础上进一步发现西方民主理论所内含的反民主矛盾，从检讨其在价值导向、议题设置和观点引导等方面所刻意造成的误导入手，建构起针对西方民主反对民主问题的理论性反思维度。由此，包括中国在内的后发国家民主发展就将不再受到"如何实现西方化转型"问题的误导，从而也为更加聚焦于解决如何发展真民主、好民主的问题创造出全新的理论前提。①

那么什么是好民主？如何进行价值评判？辛向阳给出的评判标准是：真假民主的区分既要看投票权的真实性，又要看参与权的广泛性；既要看选举中的口头许诺，又要看选举后承诺的实现；既看政治程序和规则性，又要看制度和法律的执行性；既要看权力运行规则和程序的民主性，又要看权力的人民制约性。那种在选举时朴朴实实、在选举后各种政治权利不断得以实现的政治是真民主；那种在选举时感觉神圣、选举后神圣权利得到切实实现的政治是真民主；那种在票箱前让你有庄严感觉、离开票箱后让你无限幸福的政治是真民主。②

王绍光通过对西方代议制民主的两个理论支柱"授权论""问责论"暗含的六个假设进行实证性研究，发现有些国家议会中曾一度出现少数普通人的面孔，但随着大众政党的衰落，这些国家的议会基本上已回归到寡头俱乐部的原形，其体制机制安排不能确保代议士为民作主。对西方代议民主理论支柱的厘清，揭示了其民主的真相：不是民主制，而是寡头制。③

佟德志则从复合结构角度论述了全过程人民民主的本质。他认为，人民民主在主体上体现为党的领导与人民当家作主的复合，并以此为中心形成了复合结构；在过程上表现为民主选举、民主协商、民主决策、民主管理与民主监督等的复合，体现为全过程人民民主。全面发展人民民主必须注重运用整体性、系统性、协调性的全面思维，正确处理人民民主与党的领导的关系、人民民主与法治的关系、人民

---

① 林毅：《对"民主失效"与"反对民主"问题的辨析——针对"民主发展＝西方化"命题的两个反思维度》，《政治学研究》2022年第2期。
② 辛向阳：《检验真假民主的试金石》，《政治学研究》2022年第1期。
③ 王绍光：《西方代议民主：由谁作主？》，《中央社会主义学院学报》2022年第6期。

民主与以人民为中心的关系。①

张树华的专著《制度兴衰与道路成败：世界政治比较分析》，对第二次世界大战以来尤其是冷战结束前后国际民主化进程和相关国家、地区政治发展的新情况新问题进行了多国家系列比较分析，阐明了国家兴衰成败与制度道路选择的相关性，总结和展示了当代中国政治发展道路和制度治理的优势和意义。②

综上所述，本年度的民主、民主化理论研究围绕着全过程人民民主理论的建构展开。从这些研究中可以发现，民主始终是西方政治学的核心命题，西方世界凭借对民主话语的垄断，将西式民主神化、普世化和模式化。但在具体实践中，不同的国家形成了不同的运行模式和制度安排。这些研究都在解释同一个研究问题：中国政治发展的实践超出民主理论家的预期，主流民主理论已无法合理地诠释中国政治发展，建立在西方现代化经验基础之上的政治学理论正面临着来自中国实践的挑战。西式民主也好，中式民主也罢，都是民主的不同运行模式，这与改革开放之初讨论"社会主义姓资姓社"的争论类似，民主模式的讨论不应流于西式或中式民主概念的界定，内涵与外延的阐释，更应厘清不同制度下民主制度运行的机制及其影响，不断建设与完善全过程人民民主理论研究，促进中国民主政治的发展。

2. 民主质量与民主崩溃

释启鹏以"阶级冲突—精英反制—民主崩溃"为逻辑，解释了第三世界国家的民主崩溃：民主崩溃的主要推手源自城市与农村权力精英所组成的阶级联盟，而这一联盟往往是针对左翼意识形态的社会动员，尤其是那些动员农村地区所形成的反向运动。这种对民主崩溃的新理解，意味着自由主义脉络下民主政治存续与否都是传统权力精英审时度势的结果，封建—殖民时代延续下来的社会结构与寡头政治不会因民主的到来或离去而发生根本改变。③

---

① 佟德志：《全面发展人民民主的复合结构与战略选择》，《政治学研究》2022年第1期。
② 张树华：《制度兴衰与道路成败：世界政治比较分析》，中国社会科学出版社2022年版。
③ 释启鹏：《阶级冲突下的精英反制与民主崩溃》，《国际政治科学》2022年第2期。

范和生、王燕以拉美国家民主发展为例，发现在新兴政党崛起、社会局面动荡、地区分裂加剧、经济复苏困难、疫情防控艰巨等影响因素的作用下，拉美国家民主化的进一步发展仍将受到严峻挑战，民主发展的利益格局将会更加复杂化，内部环境将会更加不稳定，地区形势将会更加紧张，物质保障将会更加薄弱，社会局势将会更加多变。他们认为，中国与拉美同属发展中国家，研究拉美国家的低度民主化问题对中国特色社会主义民主政治的发展具有重要的启示作用：一是警惕低质民主弊端，坚持以人民为中心的发展思想；二是警惕低能民主弊端，不断推进国家治理体系和治理能力现代化；三是警惕低效民主弊端，坚持走中国特色社会主义政治发展道路。①

这些案例研究不仅丰富了国别研究，也促进了民主理论的增长，基于案例研究进行的理论探索、与主流民主理论的对话意识和批判精神成为比较政治学发展的新潮流。

3. 民主制度与经济增长：正向或无关？

政治制度与经济增长是否具有相关性是民主研究的经典议题。自 1990 年代以来，跨国回归学派将政治制度与经济增长的理论关系从"发展优先"转换为"民主优先"，主张发展经济需要先采用西式民主制度。但在此后的 30 多年中，该观点缺少有力的实证研究。虽然学界达成了西式民主优势论的暂时共识，但如果考虑到纳入发达国家对西式民主作用的高估、选用的度量指标并非学界主流，以及内生性的问题，他们所展示的西式民主在整体性和长期性上对经济的显著正向作用都会消失或不再稳健。对此，唐睿、唐世平认为，西式民主在整体上对经济发展并没有正向作用，对政体简单的二分法极大地掩盖了政治制度间的差别，而这些差别很可能是导致经济发展不同结果的重要原因。因此，对政治制度的进一步细分或聚焦于中层制度会丰富关于二者关系的认识。政治制度不是直接作用于经济发展，而是通过某些渠道间接产生作用。制度只是"发展的新三角"中的一个角，关于发展的新制度经济学需要拓宽

---

① 范和生、王燕：《从三维视角看拉美国家低度民主化问题及其发展》，《拉丁美洲研究》2022 年第 4 期。

视野，不应再局限于政治制度或者产权。① 民主与经济增长的关系是民主理论、发展理论讨论的两个重要变量。关于民主与经济增长之间是否有相关性，迄今还争论不休。很多案例表明，民主对经济增长确实有独特的促进作用，同时，经济发展能够促进民主制度的建立，有利于民主巩固。也有案例证明民主对经济发展没有影响，民主/非民主政体的二分法方式掩盖了制度的多样性和复杂性。为证明两者的相关性，未来需要更多的实证研究。

（三）社会行为体：社会运动

在这一议题下，学者重点围绕社会运动的逻辑等问题展开了分析和讨论。

刘颜俊、郭凤林梳理了西方社会运动研究的主要脉络和前沿方向。他们研究发现，社会运动研究呈现出从强调资源动员、政治机会等结构性因素向关注结构与行动之间的中介变量如框架、身份认同等文化因素的转向。就社会运动的结果而言，在制度层面体现为对政府、政党、选举等正式制度以及社会规范等非正式制度的影响，在政策层面体现为对公共政策的直接或间接影响，在个人层面体现为对参加者和关联者的影响。伴随着外部形式的变化，信息通信技术的作用、社会运动的心理机制、大众运动政治与精英政治的关联等，成为当代社会运动研究的前沿议题领域。② 曾向红、尉锦菠则以"为何一国会反复发生社会运动并导致政权更迭"为问题意识，在路径依赖的分析框架中对比了吉尔吉斯斯坦与乌兹别克斯坦应对"颜色革命"的不同方式，进而挖掘应对策略与社会运动动员类型之间的关联机制，试图解释特定国家所形成的导致"颜色革命"或中断或反复的互动模式。③ 两者共同挖掘了社会运动的内生逻辑及其演化机制。

---

① 唐睿、唐世平：《西式民主与经济增长的关系——对阿西莫格鲁"西式民主优势论"的反思》，《经济社会体制比较》2022年第6期。

② 刘颜俊、郭凤林：《政治学视野下的西方社会运动研究：脉络与前沿》，《国外社会科学》2022年第3期。

③ 曾向红、尉锦菠：《中断还是反复——"颜色革命"中的路径依赖》，《俄罗斯研究》2022年第1期。

(四) 民主与国家制度：政党民粹化

近年来，民粹主义成为全球流行的政治现象和社会思潮。本年度，在这一议题上，国内比较政治学人关注到了西方政党愈演愈烈的民粹主义以及政治极化趋势，将议题的重点聚焦到"政党政治"与"民粹主义"的交叉结合上开展了系列研究。

1. 民粹主义：概念、源流与现实

国外学术界对民粹主义的主流研究通常认为，民粹主义必然反对现代代议政治或代议民主。支持这个观点的理由有两类。第一类认为民粹主义强调"人民"的同质性和政治代表的极端个人化，因此与代议民主相抵触。第二类进一步认为，民粹主义诉诸"人民主权"的理念，而根据卢梭"人民主权不可被代表"的观点，民粹主义在根本上拒斥代议政治的正当性。

然而，有趣的是，随着欧洲民粹主义浪潮的蔓延，中国研究者提出了不少中立甚至在一定意义上悖反的结论。林冈等认为，民粹主义的概念内涵应包括经济平等主义、政治平等和直接参与、文化通俗化、反精英主义和反自由多元主义，既有左派倾向的部分，又有自由民主的部分，还存在有损民主精神和政治制度化的部分。[1] 范丽丽等梳理了国外学者关于欧洲民粹主义若干问题的研究进展，强调欧洲民粹主义本身或许包含有利于民主的倾向，但亦有诸多反民主的因素。而从民主蜕化为民粹，则是西方竞争型政党政治土壤中民主本身实用性与救赎性内在张力的结果。[2] 伍慧萍归纳了关于民粹主义兴起根源的四种解释范式，强调应当从综合性和全面性的视角把握欧洲民粹主义的勃兴原因与分布态势，进而认识民粹主义的本质及其给欧洲政治与社会带来的深层影响。[3] 朱佳峰等则进一步论述道，无论从理念还

---

[1] 林冈等：《民粹主义研究的概念泛化问题及其辨正》，《厦门大学学报》2022 年第 3 期。

[2] 范丽丽、林伯海：《国外学者关于欧洲民粹主义若干问题的研究进展》，《国外理论动态》2022 年第 5 期。

[3] 伍慧萍：《欧洲民粹主义兴起根源的四种解释范式与政党发展规律》，《当代世界社会主义》2022 年第 3 期。

是实践来看，民粹主义都并不必然包含反对代议政治的两个维度；同时，"人民主权不可被代表"的观点缺乏坚实的理据，因此诉诸"人民主权"理念的民粹主义并不必然拒斥代议民主。与其说民粹主义反对代议民主，不如说它试图修正后者，虽然其实践往往会误入歧途。[1]因此，有必要更为客观地对"民粹主义"进行概念辩证，夯实关于民粹主义及其相关问题的理论基石。

在强化传统理论分析的同时，也有不少学者开始引入若干分析工具，以强化论证的说服力。例如，冯国强等基于 2009—2017 年欧洲 31 个国家的面板数据，采用双向固定效应模型检验了 2008 年国际金融危机以来民粹主义兴起对执政党贸易政策选择的影响。他们提出的解释机制是，与由社会文化因素导致的右翼民粹主义相比，经济因素导致的左翼民粹主义更容易裹挟执政党，扭转其贸易政策选择。[2] 黄霁洁、郑雯运用 MAXQDA 质性资料分析及相关统计资料，提炼出美国媒体报道中民粹主义的三种话语构型和八类表征框架，具体体现为西方主流媒体建构的民粹主义往往基于对民主的困惑和"重新校准"；当代左翼话语崛起意味着美国媒体部分表现出反思和重建文化权威的尝试；对抗极端右翼的自由国际主义话语仍然是美国政治社会观念的主流。[3] 这类方法的使用对于研究的内涵式提升有所助益，未来也可能会成为进一步推进研究的突破点。

2. 政治极化：驱动因素与特征

政治极化已经成为当前观察西方民主运行逻辑不可或缺的视角。通常而言，政治极化指的是不同的政治行为体在政策立场阐释、投票行为、政治观点等行为与价值上相差甚远，最终造成向极端发展的对立姿态。祁玲玲关注到政治极化与民主运行之间的内在牵连，试图通过勾画当前政治极化的基本状况，来展示西方民主国家政治极化的基本特征、

---

[1] 朱佳峰、许楠：《重估民粹主义对现代代议政治的挑战》，《国外理论动态》2022 年第 5 期。

[2] 冯国强等：《民粹主义如何影响执政党的贸易政策选择——来自欧洲 31 个国家的经验证据》，《经济社会体制比较》2022 年第 2 期。

[3] 黄霁洁、郑雯：《民主的困惑：美国媒体建构的"民粹主义"及其政治与社会意涵》，《复旦学报》2022 年第 4 期。

主要动因以及可能后果。总体而言，目前关于政治极化问题的研究多集中在美国政治领域，比较政治学人对其他西方国家政治极化的研究有待进一步加深。从影响因素上看，社会经济不平等、人口结构变迁、种族文化冲突、媒体影响等带来意识形态分化和政党认同的结构性变迁，以及该国选举制度的具体设计，是导向政治极化的原因所在。政治极化与民主运作的关系可能呈现出两种态势，既可能导致强政党以及政治精英更明确的政治立场，从而激发民主参与巩固民主有效运转，也可能撕裂多元力量之间的民主共识从而导致民主倒退乃至崩溃。[①] 当然，关于这种关系的因果机制，尚且需要更多的经验研究的支持。

与之相呼应，相关学者聚焦美国场景挖掘了政治极化的表征和内在逻辑。周淑真等认为，政党极化、否决政治和民主衰败是美国政党政治演变层层递进的三部曲。政党极化所造成的极端对立在美国分权制衡宪政体制上叠加了第二层制衡，使美国政治运行陷入否决政治的僵局；党派性投票催生了政治僵局、制度空转和国家治理效能的降低，以及公共政策缺乏延续性，极大地削弱了国家发展"共识"，导致民主衰败。[②] 与之类似，郑德洛发现"政治正确"造成了民主党居优而共和党处于劣势的非对称极化格局，限制了平衡的两党制对于美国政治体制稳定运行的正面作用，同时使得原本相对统一的政治文化出现了撕裂及核心价值观的冲突，动摇了政治共识的根基，可能导致政治分裂、社会撕裂、经济下滑等紊乱局面的出现。[③]

政治极化的表征之一是西方主流政党的民粹化转型。彭枭聚焦政党竞争与西方主流政党的民粹化转型问题，试图归纳总结转型的动力机制。在文献研究的基础上，依托选民市场的成本收益以及民粹政党兴起的"供需逻辑"，彭枭遴选了"选举波动性"和"议题所有权"两个维度，设计出"联合""吸纳""精炼"与"赋魅"四种转型机制，并且通过实证数据加以验证，表明了不同的动力机制主要取决于

---

① 祁玲玲：《政治极化与西方民主困境》，《开放时代》2022 年第 3 期。
② 周淑真、穆若曦：《试论美国现实的宪政危机及困境——基于 2016 年以来政党政治演变的考察》，《政治学研究》2022 年第 5 期。
③ 郑德洛：《论"政治正确"统摄美国政治的负面效应》，《世界经济与政治论坛》2022 年第 3 期。

所在国政党制度与主流政党所持议题等条件的差异。[1] 任志江、王卓欣则从主流政党如何回应民粹主义政党发起挑战的角度展开分析。通常而言，主流政党可能会作出两种反应：其一是选择压制民粹主义政党相关议题、避免民粹主义政党从议题竞争中获益；其二是为排挤民粹主义政党转而关注外来人口增多等民粹主义政党的核心议题。然而，前者往往会被选民视为回避问题而导致选票流失，后者则在事实上呈现出了一定程度的民粹化趋势。[2] 张楚楚、肖超伟运用当代欧洲右翼民粹主义政党宗教动员的经验材料，在一定程度上佐证了这一点。基于对欧洲各国右翼民粹主义政党近十年来竞选宣言的大数据话语分析可以发现，制造欧洲原住民同穆斯林移民之间的对立关系，是右翼民粹主义政党区别于主流政党、彰显其自身批判性的重要选举动员策略。[3] 特别值得关注的是，即便是在经济状况比较稳定、社会矛盾比较缓和的北欧地区，这种趋势同样出现了。这也呼应了当前政治极化趋势越发显著的观察。

民粹主义与政治极化已成为窥视西方民主运行困境不可或缺的视角，是当前政治学研究的热点之一。民粹主义已经成为指涉欧美国家诸多社会思潮、社会运动、政治策略和政策论述的常用术语，政治极化现象弥散到西方民主体制的方方面面，表现异常复杂。近年来，民粹主义、政治极化的概念、研究方法、理论都有相当大的进展，但主要集中于欧美案例上，对欧美之外的案例关注则较少，在比较中获得的理论命题尚有研究空间。

（五）经济与跨国家进程：全球化的挑战、跨国家整合及进程

20世纪末以来，西方在全球倡导和推行以"去国家、放管制"为特征的新自由主义理念与政策，经济全球化进入"超级全球化"

---

[1] 彭泉：《政党竞争与西方主流政党的民粹化转型》，《外交评论（外交学院学报）》2022年第3期。

[2] 任志江、王卓欣：《欧洲国家政党民粹化问题研究——以北欧地区民粹主义政党为例》，《国外社会科学》2022年第1期。

[3] 张楚楚、肖超伟：《当代欧洲右翼民粹主义政党的宗教话语与选举动员——基于大数据的话语分析》，《欧洲研究》2022年第3期。

阶段，直至 2008 年金融危机爆发。西方国家自 2008 年金融危机迄今都没有走出危机的阴影，经济、社会和对外政策大幅度调整。2020年以来，受新冠疫情的影响，全球化遭遇重大挑战，民粹主义、民族主义、保护主义思潮竞相抬头，一些国家甚至在政治上转向保守主义。是全球化还是国家中心主义再次成为焦点问题。

T. V. 保罗文阐述了自由主义基本思想以及全球化所面临的现实挑战，考察了自由主义国际秩序的调适历程及其地缘政治挑战，提出了以内部改革推动再全球化的解决之道。他认为，冷战结束后，自由主义国际秩序的兴起加快了全球化进程。但是，全球化的负外部性及其引起的经济不平等扩大、民族主义与民粹主义抬头、国际机构衰落等后果引发了去全球化逆流，进而危及自由主义国际秩序的存续。要化解这一重大挑战，西方国家必须切实增进自由贸易，促进民主和自由，加强国际机构的作用，立足公平的收入分配，重塑福利国家模式；同时要与中国和俄罗斯等大国合作建立包容开放的国际秩序，共同解决全球集体行动的难题。①

汪家锐对国外学者关于全球化研究的梳理分析，认为全球化的基本矛盾将会持续存在并困扰人类社会，这是每个参与全球化进程的国家都必须面对、每个全球化研究者都必须思考的重大课题。②

谢长安认为，20 世纪 70 年代以来以"去国家化"为重要特性的国际垄断资本产生后，西方不同资本集团乃至整个社会都发生了分化，国家由辉煌的高位不断下滑，进入相对衰落阶段。研究当代西方国家的困境，对于理解西方近些年来变幻的政局及其在全球引发的一系列连锁反应具有重要意义。③

王栋等认为，新冠疫情放大了全球化的负面影响，包括分配不均和资源占有差距扩大、保护主义和极端民族主义再度崛起、全球市场

---

① ［加］T. V. 保罗文：《全球化、去全球化和再全球化：自由主义国际秩序的调适策略》，王年咏、吴宛珂译，《国外理论动态》2022 年第 3 期。
② 汪家锐：《全球化：发展变化、热点议题与发展前景》，《国外理论动态》2022 年第 3 期。
③ 谢长安：《资本的霸权与国家的兴衰——大变局时代西方国家的困境及其根源》，《政治学研究》2022 年第 5 期。

脆弱性凸显，而俄乌冲突也给全球化发展增加了更大的不确定性。尽管面临着巨大的挑战，然而，部分西方学者依然认为，后疫情时代全球化的前进方向不会改变，而且数字化、区域化等特征更加明显。他们还认为，美国等西方国家不应该放弃全球化，而是应重塑与再造全球化，引领再全球化的发展。①

上述研究表明，世界经济与政治的大变革叠加新冠疫情的影响，全球化发展也出现了诸多新变化。是去全球化、找回国家，还是重塑全球化，在近期乃至可预见的未来，仍是经济与跨国进程这个议题中重要的课题，需要更为具体的实证研究以及理论的整合。

四 小结：延续与变化

比较政治学的优秀研究成果不计其数，但由于作者阅读与文章篇幅的限制，有限的综述较难反映2022年中国比较政治学界的全部研究成果，本文仅是管中窥豹，旨在了解近期比较政治学研究的持续与变化，这些研究是否有代表性，见仁见智。从整体上讲，本年度，中国比较政治学研究有两个明显的特点：第一、延续与创新。比较政治学理论、方法论及议题有很强的延续性；对老问题进行新诠释，关注新的政治现象，使用新的研究方法。第二，本土化取得了一定的进展。

中国的比较政治学乃至于社会科学研究以习近平总书记的"加快构建中国特色哲学社会科学，归根结底是构建中国自主的知识体系"为方向，在对西方理论进行反思、批判的基础上，正努力构建自主的知识体系和自主的概念。未来，面对现实政治的呼唤以及与国外理论对话的需要，中国的比较政治学仍有很大的发展空间。

---

① 王栋、高丹：《近年来西方学界对全球化的研究评述》，《国外理论动态》2022年第3期。

中国公共政策研究的新面貌

黄新华　段渲琪[*]

当前，世界百年未有之大变局加速演进，新一轮科技革命和产业变革深入发展，国际力量对比发生着深刻调整，新冠疫情影响深远，世界经济复苏乏力，逆全球化思潮抬头，和平、发展、安全、治理四大赤字加重，世界发展面临着新的动荡与变革。中国发展进入战略机遇和风险挑战并存、不确定难预料因素增多的特殊时期，[①] 国内公共健康风险、政府信任风险、公共秩序风险相互交织，现代化进程高度压缩时间与空间积留的传统社会矛盾与问题依然存在，[②] 经济增长速度换挡期、结构调整阵痛期、前期刺激政策消化期相互叠加，总需求不足的矛盾仍然突出。总体而言，国家发展企稳向上的基础尚需巩固，国家发展潜力与隐患并存、动力与阻力交错。如何妥善化解社会矛盾、高效应对风险挑战、抓牢把稳战略机遇，平稳度过现代化转型时期并实现接续发展，成为国家治理实践的核心与主线。公共政策作为国家治理的关键工具，深刻地体现着国家能力水平与治理体系建设，在国家治理实践中发挥着不可忽视的重要作用。围绕公共政策实务展开的公共政策研究理应肩负起时代责任与现实价值，以理论化透析公共政策实务为目标，归纳其发展困境，前瞻其发展道路，为国家

---

[*] 作者工作单位：黄新华、段渲琪，厦门大学公共事务学院。
[①] 习近平：《高举中国特色社会主义伟大旗帜　为全面建设社会主义现代化国家而团结奋斗——在中国共产党第二十次全国代表大会上的报告》，人民出版社2022年版。
[②] 李迎生：《风险叠加时代何以防范化解民生风险——基于社会政策的角度》，《探索与争鸣》2022年第7期。

治理实践提供理论支撑与指引。2022 年是中国迈上全面建设社会主义现代化国家新征程、向第二个百年奋斗目标进军的关键之年，具有承前启后的重要意义，公共政策实务与公共政策研究随之发生巨变。基于此，本文以中国学术期刊网络出版总库（CNKI）中的政治学、行政学与行政管理、管理学和中国政治四类中文社会科学引文索引（CSSCI）来源期刊所刊载的文献为研究对象，运用文献计量分析方法，绘制 2022 年国内公共政策研究的知识图谱，梳理其经验基础与理论焦点，并预测其未来趋势，以期为国家治理政策实务与国内公共政策研究提供参考借鉴。[1]

一 数据来源与研究方法

（一）数据来源

学界对于中国公共政策研究的文献计量分析多利用以下三种方式选取数据对象：其一，以中国学术期刊网络出版总库为检索平台，依据主题、篇名、关键词等条件选取一定时间内的全部期刊文献作为数

---

[1] 2022 年度国内公共政策研究著作主要有两本，均涉及中华民族共同体意识引领之下的民族关系政策实务：其一为华夏出版社出版的收录《中国边疆史地研究》期刊近二十年间高引用频次和高下载量文献的论文集《中国历代治边政策研究》，囊括中华民族形成、民族融合、多民族疆域统一等主题，致力于梳理中央政府在民族关系视域下的政治、经济、文化宏观政策体系和制度建设；其二为云南大学出版社出版的个案研究《交往 交流 交融——高黎贡山地区和谐民族关系研究》，该书主要结合中央民族政策变迁，从人文历史源流、民族溯源、社会规则互融、生态适应性传承、文明共享等方面对高黎贡山区域成功建构民族交往、交流、交融与和谐民族关系的历史经验进行微观分析。同时，2022 年度与公共政策相关的学术研讨会主要可划分为两类：一类是结合时代背景针对学科发展和学科建设进行的宏观研讨，例如第十七届中国管理学年会（中国管理现代化研究会、复旦管理学奖励基金会主办）、第十届至第十二届公共政策智库论坛暨 "中国式现代化建设" "新发展格局" "新时代、新征程、新发展" 等主题研讨会（河北省公共政策评估研究中心、河北省公共政策评估研究基地等主办）等；另一类是着眼具体政策领域就其多面向发展进行的深度碰撞，例如中国老年学和老年医学学会 "推动实施积极应对人口老龄化国家战略" 学术大会、中国环境科学学会 "发展绿色低碳建设美丽中国" 科学技术年会、第十二届 "科技赋能体育创新驱动融合" 全国体育科学大会等。以上学术会议的研讨内容一方面少有形成刊载于学术期刊的会议综述，另一方面与刊载于学术期刊的文献的研究领域与议题高度契合，故通过 2022 年度公共政策研究学术期刊文献的内容分析可有效推断当年公共政策研究趋势。

据对象；其二，利用相同检索平台和类似检索条件选取一定时间内的核心期刊文献作为数据对象；其三，利用相同检索平台和类似检索条件选取一定时间内与公共政策研究密切相关的核心期刊文献作为数据对象。这三种数据对象选取方式划定的样本框架逐渐缩小，样本量随之逐渐减少，由此得出的分析结论的典型性越发鲜明，而代表性略有不足。

本文以中国学术期刊网络出版总库为检索平台，利用其高级检索功能，将期刊来源精准限定为 CSSCI 来源期刊 & 扩展期刊（2021—2022）目录。鉴于公共政策研究的跨学科性与综合性，以及 CSSCI 来源期刊 & 扩展期刊目录中公共政策学专门分类的缺失，本文在检索期刊文献时，将文献分类限定为政治学、行政学与行政管理、管理学和中国政治。检索条件为：篇名 = 政策（精确）OR 关键词 = 政策（精确）；出版年度 = 2022—2022；来源期刊：政治学、行政学与行政管理、管理学、中国政治类 CSSCI。为确保研究的准确性，通过阅读人工剔除缺失著者等关键信息、偏离研究内容的期刊文献，以及新闻报道、会议通知、会议报告、征稿启事等非学术类文献，最终筛选出 379 篇有效期刊文章作为数据对象（检索时间为 2023 年 4 月 4 日）。

（二）研究方法

学界对于中国公共政策研究的文献计量分析主要使用描述性统计分析和推断性统计分析方法，借助 SATI、CiteSpace、Ucinet、Bib Excel、SPSS、NVivo 等软件工具对文献题名、著者、摘要、关键词等关键信息的数量情况、分布情况、关联情况等进行可视化呈现，综合得出公共政策研究的理论焦点与核心主题。其中，CiteSpace 能够集中展现某一领域知识研究来龙去脉的演进历程，并以节点及其分布情况自动表征并标识该领域内关键性和前沿性知识研究的关键信息，具有"一图谱春秋，一览无余；一图胜万言，一目了然"[1] 的突出优势。

本文使用 CiteSpace 6.2.2 和 Excel 2010 软件处理检索得到的 379

---

[1] 侯剑华、胡志刚：《CiteSpace 软件应用研究的回顾与展望》，《现代情报》2013 年第 4 期。

篇期刊文献的关键信息，主要利用 CiteSpace 软件的科研合作网络分析、主题领域共线网络分析功能，并辅以 Excel 2010 软件的频数统计功能透视 2022 年国内公共政策研究的理论焦点与前沿。第一，科研合作网络分析，借助著者和机构的节点可视化功能对核心研究者、研究机构进行频数统计，并对其合作关系强度进行权重计算，而后以节点标记大小和节点连线粗细进行可视化呈现。第二，主题领域共线网络分析，借助关键词的节点可视化功能对研究主题进行共线分析，绘制其聚类视图，探索 2022 年度国内公共政策研究的焦点主题。

二 公共政策研究整体分析

（一）文献刊载数量月度分布与来源期刊统计

1. 刊载数量月度分布

公共政策研究期刊文献的年度刊载数量及月度分布情况能够在一定程度上反映该领域的学术研究热度与理论发展速度，呈现该领域学术研究的基本情况。鉴于期刊文献网络首发时间和期刊出版时间存在的差异，本文以出版时间为标准对 2022 年度公共政策研究期刊文献的刊载数量和月度分布情况进行统计，合并绘制期刊文献月度刊载数量的折线图与面积图，并拟合其趋势线（见图 1）。

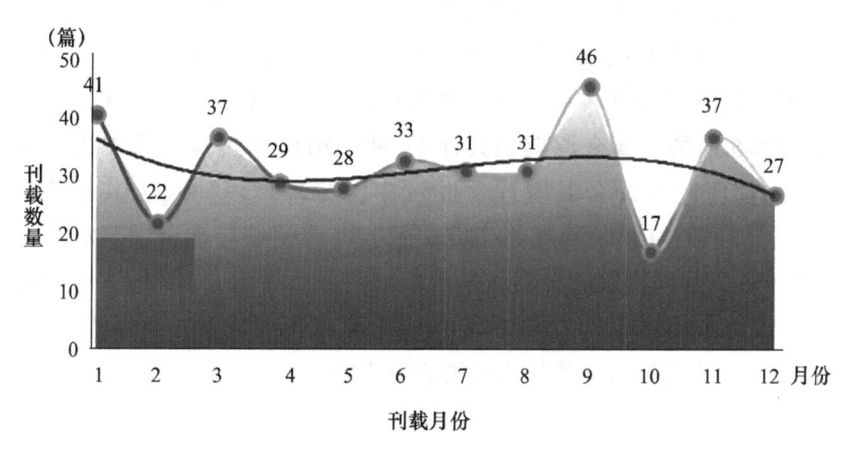

图 1　2022 年度国内公共政策研究期刊文献月度刊载数量统计（N = 379）

中国学术期刊网络出版总库2022年度共计收录379篇CSSCI来源期刊&扩展期刊刊载的公共政策研究文献，其刊载数量的时间分布特征如下：第一，公共政策研究月度刊载数量呈"波浪式"变化。1月和9月为2022年公共政策研究文献刊载的数量高峰，刊载数量均超过40篇；2月和10月为文献刊载的数量低谷，刊载数量均低于25篇；其余各月文献刊载数量基本持平，分布于25—40篇。第二，公共政策研究月度刊载数量整体演进略呈降势但相对平稳。除3月、9月、11月文献刊载数量大幅跃升（月度刊载数量差值≥15），以及6月文献刊载数量小幅上升（月度刊载数量差值＜15）外，其余各月文献刊载数量均呈降势，说明公共政策研究热度有所下降。其中，2月和10月文献刊载数量陡然减少，其余各月文献刊载数量降势相对和缓，说明公共政策研究依然是2022年度学界持续关注的重点领域之一。

2. 来源期刊统计

公共政策研究文献的来源期刊共同构筑集成该领域学术成果的广阔平台，主要来源期刊则构成支撑该平台的核心柱石，荟萃学术研究之精华。鉴于CiteSpace软件无法单独处理中国学术期刊网络出版总库题录信息Refworks格式中的来源期刊信息，本文借助Excel软件统计379篇文献的来源期刊信息，并以文献刊载数量≥5篇为标准确定2022年度公共政策研究文献的主要来源期刊（见表1）。

中国学术期刊网络出版总库2022年度收录的379篇公共政策研究文献共计源自189种CSSCI来源期刊&扩展期刊，其中学术成果刊载数量≥5篇的主要来源期刊共计11种。2022年度综合影响因子≥3.0的《管理世界》《公共管理学报》《中国行政管理》和《公共行政评论》共计刊载49篇公共政策研究文献，占该领域年度文献刊载总量的12.9%，共同构筑起该领域学术精华的载体平台。其中，《中国行政管理》因连年专设"公共政策"栏目而在刊载数量方面遥遥领先，2022年度共计刊载24篇公共政策研究文献。

表1　　　2022年度国内公共政策研究主要来源期刊
（文献刊载数量≥5）统计

序号	来源期刊	刊载量（篇）	序号	来源期刊	刊载量（篇）
1	中国行政管理	24	7	东北大学学报（社会科学版）	6
2	公共行政评论	11	8	公共管理与政策评论	5
3	公共管理学报	9	9	管理世界	5
4	经济社会体制比较	9	10	社会保障研究	5
5	行政论坛	8	11	西藏民族大学学报（哲学社会科学版）	5
6	智库理论与实践	7		总计	94

（二）科研力量空间分布与合作网络关系

1. 核心研究者及其合作网络关系

研究者是基于经验事实展开学理探讨、建构相关核心概念与阐释框架，最终增进公共政策研究知识积累的核心力量。本文对379篇期刊文献的撰者信息进行统计，从中提炼2022年度国内公共政策研究的核心研究者及其合作网络关系（见图2）。

中国学术期刊网络出版总库2022年度收录的379篇公共政策研究文献共计由51名核心研究者独立或合作产出。其中，关信平、杨宏山、杨志军等人的年度文献发表数量均为4篇，曹信邦、李娉、岳经纶等人紧随其后，年度文献发表数量均为3篇，其余学者年度文献发表量均≤2篇，约17.6%（9名）的核心研究者在2022年度仅发表1篇文献。

同时，379篇期刊文献中由个人独立发表的文献占比仅为35.88%，其余皆为两名及两名以上学者合作发表（见表2），说明国内公共政策合作研究趋势愈发鲜明、合作覆盖范围愈发广泛。但核心研究者合作研究网络整体密度仍然较低，相对稳健、频繁的学术合作关系仅见于两名学者之间，说明国内公共政策研究力量仍相对分散、团队规模相对较小，部分核心研究者之间的学术联结已渐趋固定（见图2）。张静与曹信邦、丁煌与梁健、杨宏山与李娉、李慧龙与尉馨元、李非与李夏培、郑石明与何裕捷、李燕与苏一丹等学者在2022年度合作发表的文献数量均≥2篇。

表2　2022年度国内公共政策研究撰者数量统计（N=379）

合作人数（人）	篇数（篇）	比例（%）
1	136	35.88
2	163	43.01
3	60	15.83
4	19	5.01
5	1	0.26

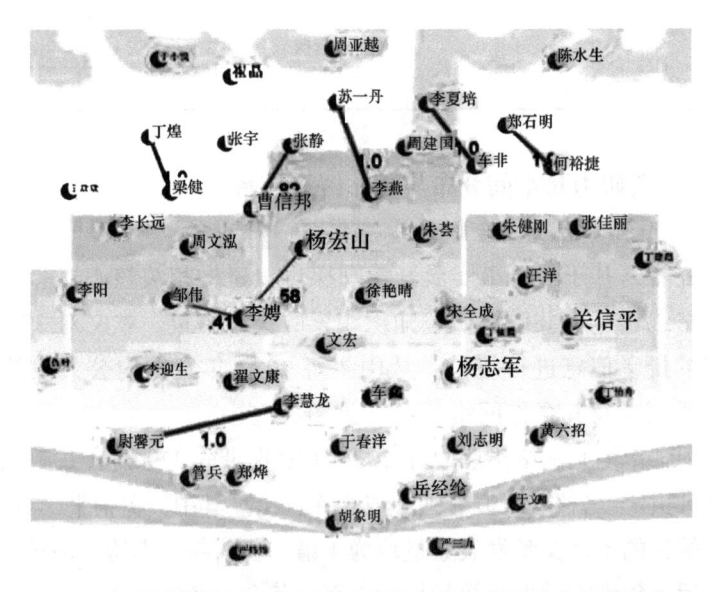

图2　2022年度国内公共政策研究核心研究者及其合作网络关系

2. 核心研究机构及其合作网络关系

研究机构是组织人、财、物资源以支持研究者开展公共政策研究的基本单位，亦是研究者就近进行知识共享与思想碰撞的基本单元。本文基于379篇期刊文献的撰者信息对公共政策研究领域内的核心研究机构进行统计，并透视其合作网络关系（见图3）。

中国学术期刊网络出版总库2022年度收录的379篇期刊文献的核心研究机构均为国内高等院校相关系所和社会治理研究基地，共计55所，说明高等院校和社会治理研究基地已成为国内公共政策研究的主要阵地，研究机构力量的多元化培育与建设有待加强。其中，年度文献刊载数量≥5篇的研究机构共计15所（见表3）。中国人民大学文献刊载数量处于领先地位，公共管理学院（15篇）、社会与人口学院（3篇）、劳动人事学院（2篇）等多个系所参与其中。南开大学、厦门大学、华南理工大学次之，文献刊载数量均＞10篇。浙江大学、武汉大学、中国海洋大学、东北大学、南京大学、复旦大学、清华大学、西安交通大学再次，文献刊载数量为5—10篇。

同时，2022年国内公共政策研究核心机构的合作网络整体密度较低，国内公共政策研究力量相对分散，相对稳健的学术联结在机构行业属性和空间属性层面分别表现为同行合作和院（系、所）际、校际合作（见图3）。其中，同行合作是指发生于同属教育行业的高等院校相关系所之间的研究合作关系，尚未出现高等院校与社会治理研究基地或其他行业机构力量的稳健合作，这与国内公共政策研究机构多元化建设、融合式发展不充分不无关联。院（系、所）际和校际合作是指发生于同一高等院校内部以及不同高等院校之间的各个系所之间的研究合作关系，主要具有如下特征：第一，合作关系强度呈现差序格局。受到公共政策研究实地调查的时空条件限制，院（系、所）际合作关系的稳健程度明显高于校际合作关系。第二，合作研究内容具有跨学科属性。院（系、所）际和校际合作研究中均存在针对管理学与政治学、社会学、经济学等学科交叉现象的理论分析研讨，公共政策研究问题的复杂性、学科交叉性愈发鲜明。此外，院（系、所）际和校际的跨学科合作关系强度亦呈现出差序格局，前者的稳健程度明显高于后者。

表3　　　　2022年度国内公共政策研究核心研究机构
（文献刊载数量≥5）统计

序号	研究机构	篇数（篇）	序号	研究机构	篇数（篇）
1	中国人民大学	33	9	南京大学	7
2	南开大学	16	10	中国海洋大学	7
3	厦门大学	14	11	清华大学	6
4	华南理工大学	11	12	西安交通大学	6
5	武汉大学	8	13	北京大学	5

续表

序号	研究机构	篇数（篇）	序号	研究机构	篇数（篇）
6	浙江大学	8	14	山东大学	5
7	东北大学	7	15	上海交通大学	5
8	复旦大学	7	总计		145

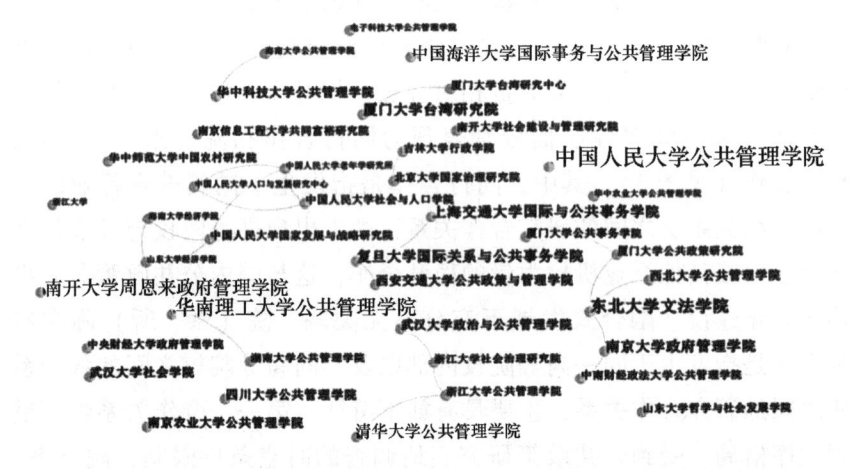

图3　2022年度国内公共政策研究核心研究机构及其合作网络关系

（三）文献参考与引用情况统计

被下载频次和被引用频次是衡量期刊文献内容质量的两个重要指标，分别是对文献所含理论知识的传播广度和影响深度的客观量化呈现，一方面能够反映理论知识的主要传播载体和持续研究路径，另一方面能够在一定程度上反映当期乃至未来的理论研究焦点，支持对研究内容和成果输出情况的当期归纳和前瞻预测。本文利用中国学术期刊网络出版总库的排序功能，分别以被下载频次和被引用频次为标准对379篇期刊文献进行排序，统计被下载频次与被引用频次排名前十的公共政策期刊文献基本信息（见表4、表5）。

由表4可知，2022年度国内公共政策研究理论知识的传播范围相对较广，单篇文献最高被下载频次虽未超过10000次，但排名前十的文献被下载频次总计达65208次，篇均下载频次约6500次，相较于2021年明显提升。其中，排名第一的《政策扩散中"政策再创新"

的生成路径与内在逻辑——基于 16 个案例的定性比较分析》被下载频次高达 9155 次；排名第十的《现阶段我国走共同富裕道路的社会政策目标及路径》被下载频次达 5035 次，相较于 2021 年同样明显提升，说明越来越多的公共政策研究成果在国内学界获得广泛传播，相关理论知识普及速度明显加快，为知识累积、更新奠定了基础。

表 4　2022 年度国内公共政策研究被下载频次（前 10 名）统计

序号	作者	篇名	来源期刊	下载量（次）
1	张海柱、林华旌	政策扩散中"政策再创新"的生成路径与内在逻辑——基于 16 个案例的定性比较分析	《公共管理学报》	9155
2	崔晶	基层治理中的政策"适应性执行"——基于 Y 区和 H 镇的案例分析	《公共管理学报》	8810
3	徐明、陈斯洁	新冠肺炎疫情影响下青年就业政策研究——基于省级层面的政策文本分析	《人口与经济》	7696
4	王雪冬、聂彤杰、孟佳佳	政治关联对中小企业数字化转型的影响——政策感知能力和市场感知能力的中介作用	《科研管理》	7484
5	叶光亮、程龙、张晖	竞争政策强化及产业政策转型影响市场效率的机理研究——兼论有效市场与有为政府	《中国工业经济》	5803
6	易兰丽、范梓腾	层级治理体系下的政策注意力识别偏好与政策采纳——以省级"互联网+政务服务"平台建设为例	《公共管理学报》	5714
7	李文钊、徐文	基于因果推理的政策评估：一个实验与准实验设计的统一框架	《管理世界》	5198
8	匡亚林	老年群体数字融入障碍：影响要素、用户画像及政策回应	《华中科技大学学报》（社会科学版）	5184
9	李强、王亚仓	长江经济带环境治理组合政策效果评估	《公共管理学报》	5129
10	关信平	现阶段我国走共同富裕道路的社会政策目标及路径	《西北师大学报》（社会科学版）	5035
		总计		65208

由表 5 可知，2022 年度国内公共政策研究理论知识的影响程度相对深入，排名前十的文献被引用频次总计达 176 次，篇均引用频次约 18 次，且单篇文献最高被引用频次突破 25 次，相较于 2021 年均明显提升。其中，排名第一的《基层治理中的政策"适应性执行"——基于 Y

区和 H 镇的案例分析》被引用频次高达 27 次；排名第十的《农业面源污染治理：政策实践、面临挑战与多元主体合作共治》被引用频次达 12 次。10 篇文献中蕴含的公共政策研究理论成果均在国内学界获得广泛认可，且相较于 2021 年上升趋势明显，从侧面反映出国内公共政策研究质量正在逐渐提升，奠定了研究持续深化和高质量发展的基础。

表 5　2022 年度国内公共政策研究被引用频次（前 10 名）统计

序号	作者	篇名	来源期刊	被引量（次）
1	崔晶	基层治理中的政策"适应性执行"——基于 Y 区和 H 镇的案例分析	《公共管理学报》	27
2	匡亚林	老年群体数字融入障碍：影响要素、用户画像及政策回应	《华中科技大学学报》（社会科学版）	22
3	王雪冬、聂彤杰、孟佳佳	政治关联对中小企业数字化转型的影响——政策感知能力和市场感知能力的中介作用	《科研管理》	18
4	杜鹏、陈民强	积极应对人口老龄化：政策演进与国家战略实施	《新疆师范大学学报》（哲学社会科学版）	17
5	张海柱、林华旌	政策扩散中"政策再创新"的生成路径与内在逻辑——基于 16 个案例的定性比较分析	《公共管理学报》	17
6	易兰丽、范梓腾	层级治理体系下的政策注意力识别偏好与政策采纳——以省级"互联网+政务服务"平台建设为例	《公共管理学报》	16
7	叶光亮、程龙、张晖	竞争政策强化及产业政策转型影响市场效率的机理研究——兼论有效市场与有为政府	《中国工业经济》	16
8	张璠、王竹泉、于小悦	政府扶持与民营中小企业"专精特新"转型——来自省级政策文本量化的经验证据	《财经科学》	16
9	张伟静、周密	突发公共卫生事件的应急管理研究——基于中央和地方政策的比较分析	《经济社会体制比较》	15
10	沈贵银、孟祥海	农业面源污染治理：政策实践、面临挑战与多元主体合作共治	《云南民族大学学报》（哲学社会科学版）	12
		总计		176

高下载量与高引用量的期刊文献共同汇成国内公共政策研究的知识源流，本文主要从载体和议题两个方面讨论上述文献的基本属性，进而推知公共政策研究的部分特征。在知识载体方面，2022 年度被下载

量和被引用量位居前十的公共政策文献重合6篇，分别刊载于《公共管理学报》（3篇）、《华中科技大学学报》（社会科学版）（1篇）、《中国工业经济》（1篇）和《科研管理》（1篇），上述期刊共同构成公共政策知识传播、积累的主要载体，同时在一定程度上也彰显着公共政策研究对象的广泛内涵与复杂属性。在知识主题方面，2022年度被下载量和被引用量位居前十的公共政策研究主要基于描述与解释两大目的展开。其中，描述性研究致力于通过对政策文本的质性比较和量化整合形成对公共政策的具体内涵、一般演变规律和综合实施成效的整体性认知，主要聚焦于央地应急管理①、疫后青年就业②、民营中小企业"专精特新"转型③、人口老龄化应对④、全面推进共同富裕⑤等政策安排上。解释性研究则意在以案例描述为基础，探寻影响政策过程某一环节展开因素的作用机理与进路，在制定与执行环节试图归纳政策再创新⑥、政策注意力识别⑦、政策适应性执行⑧等问题背后所蕴含的政策内容回应实施环境、执行主体、目标群体的特征与需求的多重逻辑，在评估与调整环节力求客观评价产业竞争与转型⑨、农业污染治理⑩等政策安排的实施效果，并提出政策调整方向与具体思路。上

---

① 张伟静、周密：《突发公共卫生事件的应急管理研究——基于中央和地方政策的比较分析》，《经济社会体制比较》2022年第1期。

② 徐明、陈斯洁：《新冠肺炎疫情影响下青年就业政策研究——基于省级层面的政策文本分析》，《人口与经济》2022年第1期。

③ 张璠等：《政府扶持与民营中小企业"专精特新"转型——来自省级政策文本量化的经验证据》，《财经科学》2022年第1期。

④ 杜鹏、陈民强：《积极应对人口老龄化：政策演进与国家战略实施》，《新疆师范大学学报》（哲学社会科学版）2022年第3期。

⑤ 关信平：《现阶段我国走共同富裕道路的社会政策目标及路径》，《西北师大学报》（社会科学版）2022年第3期。

⑥ 张海柱、林华潇：《政策扩散中"政策再创新"的生成路径与内在逻辑——基于16个案例的定性比较分析》，《公共管理学报》2022年第1期。

⑦ 易兰丽、范梓腾：《层级治理体系下的政策注意力识别偏好与政策采纳——以省级"互联网+政务服务"平台建设为例》，《公共管理学报》2022年第1期。

⑧ 崔晶：《基层治理中的政策"适应性执行"——基于Y区和H镇的案例分析》，《公共管理学报》2022年第1期。

⑨ 叶光亮等：《竞争政策强化及产业政策转型影响市场效率的机理研究——兼论有效市场与有为政府》，《中国工业经济》2022年第1期。

⑩ 沈贵银、孟祥海：《农业面源污染治理：政策实践、面临挑战与多元主体合作共治》，《云南民族大学学报》（哲学社会科学版）2022年第1期。

述议题同样能够证明公共政策研究广泛涉猎政治、经济、社会、生态等各个领域，研究对象的具体内涵极为广泛。此外，上述议题相关文献的大量下载与被引用还意味着研究者和求学者的高度关注，在一定程度上预示着上述议题相关知识的潜在累积与未来产出。

三 公共政策研究的前沿趋势

（一）研究方法

研究方法同样构成评估公共政策研究态势的重要指标。虽然学界关于社会科学研究方法的分类标准尚未达成统一，但依据主流分类标准可将社会科学研究划分为规范研究和实证研究。规范研究期望解答"应该怎样"的应然问题，实证研究则期望回答"是什么"的实然问题。[①] 自20世纪50年代立足于跨学科视角、以问题和情境为导向、追求明确规范性的政策科学兴起以来，实证主义、后实证主义、民主与科学相融合等主流公共政策研究范式相继演替，[②] 公共政策研究的实证化倾向日益鲜明，我国公共政策研究深受其影响。相较于20世纪90年代末至21世纪前15年公共政策规范研究文献年度刊载数量稳占七至九成而言，[③] 近年来实证研究文献规模逐年扩张，年度刊载数量渐超五成。据人工阅读统计，在中国学术期刊网络出版总库2022年度收录的379篇公共政策研究文献中，共计有234篇文献为实证研究，占比为61.74%（见表6）。需要指出的是，鉴于公共政策研究的实用化倾向以及期刊写作的"问题—原因—对策"模式化倾向，绝大多数实证研究均涉及回应"应该怎样"的展望与设想，本文对2022年度公共政策研究类型的判断仅以文献主体分析部分为准。以此为基础，本文将从资料收集与分析两个方面进一步阐明2022年度国内公共政策研究的研究方法使用情况。

[①] 马亮：《实证公共管理研究日趋量化：因应与调适》，《学海》2017年第5期。
[②] 郑石明：《政策科学的演进逻辑与范式变迁》，《政治学研究》2020年第1期。
[③] 陈世香、靳亮：《我国公共管理学科话语建构的现状与走向：一个文献计量分析的视角》，《理论探讨》2019年第2期。

表6　2022年度国内公共政策研究类型统计（N=379）

研究类型	篇数（篇）	比例（%）
规范研究	145	38.26
实证研究	234	61.74

1. 资料收集方法

规范严谨的资料收集方法是增强公共政策研究可信度与说服力的基本前提。依据资料来源的原始性，可将其细分为一手资料和二手资料。一手资料又称原始数据，是指研究者通过访谈、询问、问卷、测度等方式直接获得的原创资料和实物资料，可读性、相关性、准确性均较强，可直接用于研究者自身研究项目。二手资料是对一手资料进行甄别、分析、重组后的非原创资料，其中蕴含与研究者及其项目非直接相关的多重价值判断与组织逻辑，在用于研究者自身研究项目的过程中应予以剔除或校验。本文对2022年度379篇公共政策研究文献所用资料的属性与来源进行了人工统计（见表7）。

表7　2022年度国内公共政策研究资料收集方法统计（N=379）

资料属性	资料来源	频数（次）	比例（%）	总计
一手资料	实地观察（含非参与式观察、参与式观察等）	16	4.22	90 (23.75)
	访谈（含个体访谈、集体座谈等）	56	14.78	
	问卷调查	15	3.96	
	实验模拟	3	0.79	
二手资料	官方文本（含政府工作文件与报告、政策文本、领导人讲话等）	133	35.09	254 (67.02)
	统计数据	82	21.64	
	媒体报道	18	4.75	
	期刊报纸	21	5.54	
未明确提及资料属性及来源		145	38.26	145 (38.26)

由表7可知，除145篇期刊文献未明确提及资料属性及来源外，2022年度国内公共政策研究对一手资料和二手资料的使用率分别为23.75%和67.02%，一手资料的使用率相较于2021年度（18.7%）虽略有上升，但仍旧明显低于二手资料。这与新冠疫情态势日渐和缓、基层应急管理手段日渐成熟，但新冠疫情及其次生危害传播、爆发风险潜存不无关系。其中，访谈（14.78%）与官方文本（35.09%）、统计数据（21.64%）分别构成2022年度相关研究获取一手资料与二手资料的主要渠道；实地观察（4.22%）、问卷调查（3.96%）与期刊报纸（5.54%）、媒体报道（4.75%）分别次之。

基于此，并结合文献具体内容，可对2022年度国内公共政策研究的资料收集情况作出如下归纳：第一，资料属性的复合与资料来源的交叉。一方面，约9.5%（36篇）的期刊文献同时使用一手资料和二手资料作为研究理论分析的经验支撑，资料属性的复合特征鲜明；另一方面，约26.91%（102篇）的期刊文献借助两种及两种以上渠道获取不同属性的资料，并力求建立资料之间的交叉关联。资料属性的复合与资料来源的交叉能够实现资料之间的相互验证、相互补充，最大限度地确保研究结论的理论饱和水平，增强研究结论的可靠性。第二，资料来源的创新。约0.79%（3篇）的期刊文献选用基于计算机程序工具的模拟实验方式收集一手资料，例如李燕等人借助JsPsych在线行为实验编程工具还原"遛狗牵绳"政策实施情境，获取民众行为倾向数据及其影响因素数据；[①] 再如胡赛全等人使用Qualtrics调查平台对助推型减碳政策内容进行重组，模拟政策制定的民众参与过程以获取民众偏好信息。[②] 模拟实验的运用有益于证明自然科学研究方法在公共政策研究中的适用性，能够在回应社会科学研究结论科学性与一般性的质疑之声的同时，拓宽公共政策研究前景与视野。第三，资料来源的样本规模扩张。

[①] 李燕等：《控制错觉、执法风格与公民政策遵从——基于"遛狗牵绳"政策情境的实验研究》，《中国行政管理》2022年第8期。

[②] 胡赛全等：《公众对助推型减碳政策的偏好研究：基于联合实验与机器学习方法》，《公共行政评论》2022年第3期。

2022年度234篇公共政策研究中的绝大多数研究获取一手或二手资料的样本容量均≥30，符合统计学意义上的大样本研究，有利于有效控制研究结论的误差以增强其说服力，这同样构成相关研究广泛使用二手资料的重要原因。

2. 资料分析方法

科学合理的资料分析方法是增强公共政策研究可信度与说服力的过程保障。公共政策实证研究的资料分析方法可细分为定性分析和定量分析，前者以研究者与研究对象在自然情境中建立的互动关系为基础，倾向于利用语言文字对研究对象进行"深描"以还原其本质与演化进路；后者则以"控制"为核心，主要在人为控制情境下获取或分析数据，倾向于利用复杂统计技术（如回归分析、方差分析等）报告研究对象的基本情况。[1] 本文以此为标准，对2022年度234篇公共政策实证研究所用资料分析方法进行人工统计（见表8）。需要指出的是，鉴于以大量文本材料为基础的内容分析技术具体涵盖多种实施路径，本文将明确使用质性文本分析软件工具以及未阐明文本分析工具且未涉及复杂统计过程的内容分析归为定性分析方法，包括对文本内容的摘要解读、分类概括、描述统计等；反之则属于定量分析方法，包括对文本内容的复杂统计分析、建模挖掘等。

表8　2022年度国内公共政策研究资料分析方法统计（N=234）

分析方法	分析技术	频数（次）	比例（%）	总计
定性分析	案例分析	82	35.04	144 (61.54)
	内容分析（含文本摘解、归纳统计等）	39	16.67	
	扎根理论	12	5.13	
	过程追踪	6	2.56	
	定性比较分析（QCA）	5	2.14	

---

[1] 杨立华、何元增：《公共管理定性研究的基本路径》，《中国行政管理》2013年第11期。

续表

分析方法	分析技术	频数（次）	比例（%）	总计
定量分析	内容分析（含复杂统计分析、建模挖掘等）	78	33.33	151（64.53）
	回归分析（含 OLS、Logistic、Probit、Meta、门槛效应、固定效应等）	33	14.10	
	差分法	10	4.27	
	数值仿真与模拟	9	3.85	
	结构方程模型	5	2.14	
	相关分析	3	1.28	
	事件分析	3	1.28	
	方差分析	3	1.28	
	倾向匹配	2	0.85	
	因子分析	2	0.85	
	层次分析	1	0.43	
	熵值法	1	0.43	
	合成控制法	1	0.43	

由表8可知，2022年度234篇国内公共政策实证研究对定性分析方法和定量分析方法的使用率分别为61.54%和64.53%，二者基本持平。相较于2021年度定性分析方法使用率明显高于定量分析方法的基本情况，定量分析研究的规模进一步扩张，这与在新冠疫情时空管控措施下，官方文本、统计数据等二手资料的广泛使用不无关联。其中，案例分析（35.04%）与内容分析（定量）（33.33%）分别构成2022年度相关研究进行定性与定量分析的主要技术，内容分析（定性）（16.67%）与回归分析（14.1%）分别次之。

基于此，并结合文献具体内容，可对2022年度国内公共政策实证研究的资料分析情况作出如下归纳：第一，分析方法与技术的复合多元。一方面，以定性或定量分析方法为指标统计得出的文献数量均超出定性（123篇）或定量（81篇）研究期刊文献总数，说明部分研究同时使用多种定性或定量分析技术处理经验资料。例如彭小兵等人同时运用模糊集定性比较分析（fsQCA）和扎根理论解读乡村振兴政策文本，从中透析地方政府政策执行过程中的注意力配置差异及其蕴含的治理逻辑。① 再如易兰丽等人借助离散事件史和广义结构方程模型检验中央政府信号、省级政府政策注意力配置与政策采纳、省级"互联网+政务服务"平台建设情况的关联程度。② 另一方面，以当前指标统计得出的文献数量均超出实证研究期刊文献总数（234 篇），约 5.98%（14 篇）的研究使用混合分析方法或同时使用定性和定量分析方法处理经验资料。前者是指对蕴含定性与定量分析思路与实施路径的分析技术的单独使用，例如，利用社会网络分析解构我国公共资源社会交易平台市场准入政策的执行网络关系与核心推动逻辑。③ 后者则是指对多种不同属性分析技术的联合使用，例如，以"我爱北京"城管维基系统的使用过程为案例内容，利用内容分析提取政策学习系统记录的单元与框架，借助假设检验建构政策学习与政策制定结果的复杂关系。④ 第二，分析技术与分析工具的创新探索。在分析技术方面，Q 方法以其兼顾个体观点与群体认知的分析优势被初步应用于公共政策研究之中，试图以执行力认知为依据区分政策场域中的地方初级官员的聚合类型。⑤ 过程追踪与定性比较分析（QCA）的应用范围也得到进一步拓展，例如，内生性政策学习推动共享单车经济监管模式变迁的理论建构型过程追踪研究，⑥ 基层政策创新借助府际纵向传导机制跃升为国家政策的进路的多案例定性比较分析。⑦ 此外，部分研究试图探索内容分析关联挖掘技术的不同实施路径，例如基于

---

① 彭小兵、彭洋：《乡村振兴中地方政府的注意力配置差异与治理逻辑研究——基于 410 份政策文本的扎根分析》，《中国行政管理》2022 年第 9 期。

② 易兰丽、范梓腾：《层级治理体系下的政策注意力识别偏好与政策采纳——以省级"互联网+政务服务"平台建设为例》，《公共管理学报》2022 年第 1 期。

③ 王丛虎、侯宝柱：《模糊性市场准入政策：博弈、网络结构与执行机制——基于公共资源交易领域政策执行的考察》，《北京行政学院学报》2022 年第 4 期。

④ 吕佩等：《价值共创视角下的政策学习及其影响研究》，《公共管理学报》2022 年第 2 期。

⑤ 马佳铮：《执行力认知的群体偏好聚合与公共政策场域的适配性研究——以 44 名处级官员为样本的 Q 方法探索》，《中国行政管理》2022 年第 8 期。

⑥ 张云翔：《地方数字经济监管中的多层级政策学习与监管模式变迁研究》，《经济社会体制比较》2022 年第 4 期。

⑦ 苗丰涛：《基层创新如何上升为国家政策？——府际关系视角下的纵向政策创新传导机制分析》，《东北大学学报》（社会科学版）2022 年第 6 期。

知识建模①和基于融合句法结构、词义信息②的政策文本关联挖掘。在分析工具方面，分析工具的多元化特征进一步增强，就Nvivo、Stata、R、Smart PLS、PQ Method等软件工具的引入与使用已积累相对丰富的经验，为进一步缩减研究成本并增强研究可重复性奠定了基础。

（二）理论基础与分析框架

理论基础与分析框架是研究者观察政策实践、解读政策问题的切口，是对研究思路与结论的高度浓缩与凝练，同时也是彰显研究质量与价值的关键指标。本文对2022年度379篇公共政策研究所用的理论基础与分析框架进行人工阅读统计。统计发现，共计205篇（54.09%）期刊文献囊括理论基础与分析框架阐释部分，其理论与框架运用情况如表9所示。其中99篇（26.12%）期刊文献明确提及研究使用的具体理论与框架，使用频次≥2次的17个理论与框架统计如表10所示。相较于2021年度相应比例数据均明显提升（见表11），象征着公共政策研究过程与成果产出的规范程度进一步提升。以此为基础，本文将遵循西方理论的本土演化、本土理论的构建发展两条主线进一步阐明2022年度国内公共政策研究的理论基础与分析框架运用情况。

表9　2022年度国内公共政策研究理论与框架运用统计（N=379）

理论类型	篇数（篇）	比例（%）	总计
直接援引	63	16.62	205 (54.09)
经验建构	65	17.15	
情境调适	77	20.32	
未明确提及理论基础/分析框架及运用方式	174	45.91	174 (45.91)

---

① 华斌等：《政策文本的知识建模与关联问答研究》，《数据分析与知识发现》2022年第11期。
② 武楷彪、郎宇翔、董瑜：《融合句法结构和词义信息的政策文本关联挖掘方法研究》，《数据分析与知识发现》2022年第5期。

表10　　2022年度国内公共政策研究具体理论与框架统计

序号	理论	频数（次）	序号	理论	频数（次）
1	政策工具理论	17	10	政策执行系统理论	2
2	协同治理理论	5	11	利益相关者理论	2
3	制度主义理论	4	12	模糊—冲突理论	2
4	政策扩散理论	4	13	间断—均衡理论	2
5	生命周期理论	4	14	交易成本理论	2
6	多源流理论	4	15	嵌入性理论	2
7	共识型决策框架	4	16	科层制理论	2
8	多层治理理论	3	17	技术—组织—环境框架	2
9	福利国家理论	3		总计	64

表11　2021年度（N=476）与2022年度（N=379）国内公共政策研究理论使用情况对比统计

年份	提及理论基础与分析框架		提及具体理论与框架	
	篇数（篇）	比例（%）	篇数（篇）	比例（%）
2021	169	35.50	107	22.48
2022	205	54.09	99	26.12

1. 西方理论：直接引入与本土调适

公共政策研究的跨学科性、综合性奠定其理论基础与分析框架运用的多元化基调，而高关联学科研究中诞生的经典理论模型则共同构成其理论基础与分析框架的核心知识源流。据统计，在2022年度99篇明确提及理论与框架的公共政策研究中，共计有63篇期刊文献直接援引经典理论或框架，主要涉及17个具体理论或框架，均源起于西方政治学、经济学、管理学等学科研究。

其中，政策工具理论在国内公共政策研究中炙手可热、蝉联榜首，共计有17篇文献援引政策工具理论的类型学框架，归纳具体政策的供给型、需求型、环境型实施工具，推动政策内容的概念化、学理化。同样聚焦于具体政策内容的4篇文献则主要基于制度主义视角还原其演变历程、建构其演化逻辑，有助于积累具体政策相关基础性知识，为后续研究做铺垫。以政策内容概览为基础，学界在2022年度格外关注政策议程设置与政策制定结果，对可用于解释决策主导者偏好的交易成本理论和科层制理论，分析多元决策主体功能的嵌入性理论、利益相关者理论、共识型决策框架，以及还原政策制定微观过程与宏观演变的多源流理论、政策扩散理论和间断—均衡理论的关注度依然居高不下。以治理理论为基础的协同治理理论和多层治理理论亦颇具影响，共计有 8 篇文献运用这两个治理理论分析相关问题并逐渐扩大分析单元的地理范围，力求对本土条块关系影响之下的基层乃至地方政府治理个案的深层逻辑进行抽象。与此同时，学界在 2022 年度逐步引入经济学的生命周期理论、社会学的福利国家理论、工学的技术—组织—环境框架研究公共政策问题，进一步强化了公共政策研究的学科交叉格局。

2. 本土理论：经验建构与接续调整

公共政策研究理论模型和分析框架源自对实践经验的总结与抽象，是针对特定情境特殊问题的独到阐释，其解释力自然伴随着研究对象一般性、普遍性特质的强化而被削弱。因此，为充分理解政策问题、解释政策现象，公共政策研究理论与框架势必会长期处于动态调整之中。本文对 2022 年度囊括理论基础与分析框架阐释部分的 205 篇公共政策研究文献的理论和框架运用情况进行阅读统计，分为直接援引、经验建构、情境调适三种运用方式（见表 9）。

由表 9 可知，共计 63 篇（16.62%）期刊文献直接援引现有理论成果，且均立足于国内政策实践校验西方经典理论的解释力；约 17.15%（65 篇）的期刊文献在现有理论成果核心思想的指引下，建构完全契合本土个案的分析框架，例如理解中国政策试验及其知识生产的"权威调控—知识生产"[1]和"科学检验—多元协商"[2]分析框架等；剩余 77 篇（20.32%）期刊文献的理论运用方式则是对西方经典理论和本土分析框架的情景化调适，例如袁方成等人考察不同政策

---

[1] 李娉、邹伟：《权威调控与知识生产：中国政策试验的双重逻辑——基于能源领域四项试点的案例比较》，《中国行政管理》2022 年第 5 期。

[2] 李娉、杨宏山：《科学检验与多元协商：政策试验中的知识生产路径——基于 Y 市垃圾分类四项试点的比较分析》，《公共管理学报》2022 年第 3 期。

执行模式动态转换过程后对模糊—冲突理论的补充修正，①吴克昌等人立足于基层政策执行策略的选择样态，整合周黎安、倪星等学者的观点提出的"激励—问责"约束框架②等。

国内公共政策研究的源起与发展深受西方政策科学和其他相关学科研究进展的影响。在某种程度上，基于本土实践经验建构个案分析框架、基于具体情境调整现有模型的理论运用模式，均可视作对西方经典理论与框架的辩证反思和多向衍生。西方公共政策理论模型与分析框架的成熟与领先客观存在，国内相关研究既不应完全无视其参考价值，亦不应过度放大其解释空间。只有充分认识到中西方社会实践演进发展历程的异质性，合理甄别、运用经典理论与框架，才能深入推进本土公共政策研究的发展，增强学科的国际认同感和影响力。2022年度国内公共政策研究采用经验建构和情境调适两种理论运用方式的比例（37.47%）明显高于2021年度（25.42%），亦可证明国内公共政策研究运用现有理论谋求其自身发展的强劲势头与巨大进步。

（三）研究内容

公共政策研究内容不仅指示着研究者进行知识生产的主要工作阵地，而且揭示着本土政策实践的最新进展与演变方向，既是研判公共政策研究态势的核心指标，亦是展望公共政策研究趋向的重要参照。关键词是为了方便文献索引而从文献中提取出来的，是用以概括全文主题内容的若干单词或术语，是一篇文献的核心所在，甚至可以体现某一领域研究的热点议题分布和前沿趋势。③本文对379篇期刊文献的关键词进行主题领域共线网络分析，从研究领域、研究主题两个层面梳理2022年度国内公共政策研究的核心内容。

1. 研究领域

中国共产党第十八次全国代表大会指出，建设中国特色社会主

---

① 袁方成、范静惠：《政策执行模式的转换及其逻辑———个拓展的"模糊—冲突"框架》，《中国行政管理》2022年第3期。
② 吴克昌、唐煜金：《权衡于奖惩之间：多任务情境下基层部门政策执行策略的选择逻辑》，《公共行政评论》2022年第6期。
③ 汪家焰、钱再见：《国内政策议程研究的"知识图谱"：趋势、热点与展望——基于CiteSpace的文献计量学分析》，《学习论坛》2019年第11期。

义必须在生产关系与生产力、上层建筑与经济基础的相互协调之上,全面落实经济建设、政治建设、文化建设、社会建设、生态文明建设五位一体总体布局。① 这一表述充分指明作为上层建筑重要组成部分的公共政策的五大作用领域,本文以此为据确定2022度国内公共政策研究领域分类维度,并按照政策核心内容与目标进行归纳统计(见表12)。

表12　　2022年度国内公共政策研究领域统计(N=316)

领域	政策	频数	比例(%)	领域	政策	频数	比例(%)
政治建设	民族族群	41	41.14 (130)	社会建设	养老抚幼	38	37.97 (120)
	数字治理	28			社会保障	29	
	基层治理	22			医药卫生	16	
	国际关系	20			人口政策	11	
	行政改革	8			公共教育	7	
	人事权力	6			民生服务	5	
	智库建设	3			社会组织	5	
	府际关系	2			就业保障	5	
经济建设	共同富裕	18	23.42 (74)		住房保障	2	
	产业政策	14			公共安全	2	
	经济环境	10		文化建设	科学研究	1	0.95 (3)
	人才政策	7			族群文化	1	
	科技政策	6			文化服务	1	
	土地政策	6		生态建设	垃圾处理	10	9.81 (31)
	财税政策	5			排放管控	9	
	数字经济	3			综合治理	6	
	金融贸易	3			水域治理	3	
	能源政策	2			资源保护	3	

---

① 胡锦涛:《坚定不移沿着中国特色社会主义道路前进　为全面建成小康社会而奋斗——在中国共产党第十八次全国代表大会上的报告》,人民出版社2012年版。

由表12可知，2022年度国内公共政策研究实践进展和领域分布具有如下特征：第一，研究视角由宏观论述向微观分析持续转变。共计有63篇文献通过理论演绎或少量经验资料引证回应宏观政策问题，占比约为16.62%；其余316篇（83.38%）文献均聚焦于具体领域具体政策进行微观分析，数量比例相较于2021年度增长3.18%，凸显出公共政策研究视角微观化、实践化转向的不断深入。第二，研究范围持续扩大且相互交融。共计涉及5个领域、36项政策实务，相较于2021年度新增数字治理、国际关系、智库建设、共同富裕、数字经济、抚幼托育、社会组织、族群文化、资源开发保护9项实务研究。同时，5个领域、36项实务研究的总频次（358次）大于统计对象篇数（316篇），说明部分研究同时论及多项政策实务，其中不乏对具体领域或具体实务之间的融汇共议。第三，研究密度分布不均。政治建设和社会建设是2022年度公共政策研究知识的主要生产领域，占比分别为41.14%和37.97%，民族族群、基层治理、数字治理、国际关系和养老抚幼、社会保障、医药卫生等政策实务深受学界关注。可能是因为国际力量和国际关系调整对中华民族融合大势的频繁介入、突发性公共卫生事件治理对数字技术的高度依赖、公共危机治理响应阶段暴露或加剧社会建设短板效应。经济建设领域是学界一直以来的研究重心，相关研究数量占比（23.42%）相较于2021年度（45.60%）虽明显下降，但已全面覆盖各项政策实务。可能是因为国内经济建设深受新冠疫情拖滞效应和高质量发展转型效应的叠加影响，且各项经济建设实务处于攻坚克难的探索阶段，尚未形成供给研究的充足的经验资料。此外，2022年度公共政策研究同时涉及文化建设（0.95%）和生态文明建设（9.81%）政策实务，但数量占比相对较小，且相较于2021年度（文化建设2.4%、生态文明建设10.9%）明显下降。

2. 研究主题

CiteSpace软件的主题领域共线网络分析功能能够同时呈现文献关键词的频次统计列表（频次≥2次）、共线网络图谱和聚类分布图谱，且能够借助频次统计列表中的关键词勾选功能调整图谱内容以契合分析需要。

为聚焦 2022 年度国内公共政策研究主题涉及的热点议题，本文剔除"公共政策""政策工具""政策试点""政策扩散""政策执行""政策评估"等学术概念关键词以及"扎根理论""双重差分法""PMC 指数模型"等研究方法或技术关键词，对剩余关键词进行共线网络分析并绘制聚类图谱（见图 4）。已知节点形状相同且空间位置相近意味着研究主题所涉及的政策热点高度相关，共同组成公共政策研究主题的不同聚类。热点议题关键词的聚合程度不高，空间分布情况稍显杂乱，可能是因为公共政策研究范围的广泛性和研究现象的多样性。结合文献内容，可将国内公共政策研究聚焦的热点议题归纳为以下四类（见图 4）。

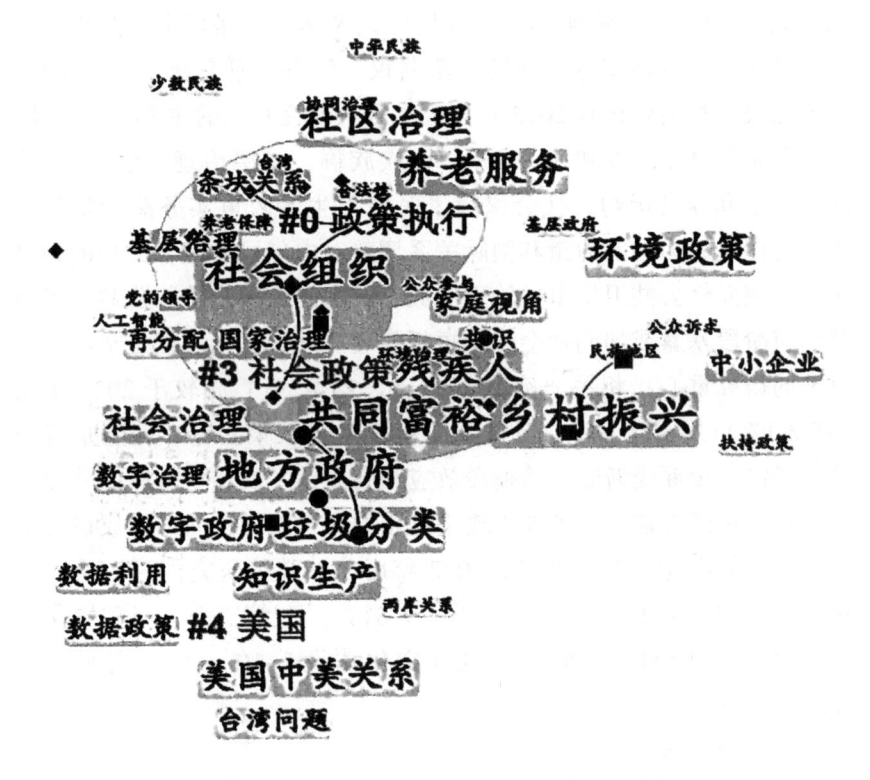

图 4　2022 年度国内公共政策研究主题——政策热点共线网络聚类

研究热点议题的第一个聚类是"高质量发展与公共服务体系建设"。高质量发展是 2017 年习近平总书记在中国共产党第十九次全国代表大会报告中首次提出的新表述，标志着中国经济社会建设由高速增长阶段转向高质量发展阶段的开端，对国内公共政策实务与研究产生了深刻影响。国内公共政策研究主要基于高质量发展适应社会主要矛盾变化的内涵定位，结合公共服务视角研讨公共政策实务。在2022年度刊载的379篇文献中，"养老服务""社会救助""低保政策""环境治理""应急管理"等关键词共计出现32次，涉及社会保障、医疗卫生、环境保护、公共安全四类具体公共服务。一方面，高质量发展是覆盖全体人民完整生命周期的发展，社会保障和医疗卫生公共服务供给理应兜底线、织密网，给予弱势群体更多关怀并且实现各项服务的有效衔接。国内公共政策研究主要聚焦于残疾人或失能者照护、最低生活保障、老年人赡养和儿童抚育、医药卫生改革问题，指出我国兜底型政策存在制定环节的瞄准偏误[1]和执行环节的策略性执行[2]，保障型政策面临着资源稀缺前提下的巨大财政负担[3]和家庭代际冲突[4]，改革型政策功能则呈现出微调整、"弱"修正结局。[5] 另一方面，高质量发展是可持续的发展，环境保护和公共安全公共服务供给理应营造更加绿色、更加稳定的发展环境。国内公共政策研究主要致力于透视大气、水域、垃圾治理和应急管理政策制定的"黑箱"和执行的"变相"，还原政策从议程设置[6]、政策扩散[7]、政策采纳[8]

---

[1] 周林刚等：《残疾人两项补贴政策瞄准偏误研究——基于深圳市的实证分析》，《中国人口科学》2022年第4期。

[2] 郭忠兴、张亚玲：《模糊的客体、弹性的空间与策略性的政策执行——以N市低保政策为例》，《学习与实践》2022年第1期。

[3] 郭林、高姿姿：《"老有所养"家庭支持政策体系的完善——基于"资源—服务"视域下的家庭养老功能》，《中国行政管理》2022年第10期。

[4] 刘慧君、王惠：《三孩政策下低龄孙子女数量对祖父母心理福利的影响——家庭资源代际分配的作用》，《人口学刊》2022年第2期。

[5] 吴文强、岳经纶：《分散化的行动者如何推动政策变迁？——广东省医疗控费过程中的"碎片化"政策反馈》，《经济社会体制比较》2022年第6期。

[6] 靳永翥、赵远跃：《公众参与背景下多源流理论如何更好解释中国的政策议程设置？——基于多案例的定性比较分析》，《行政论坛》2022年第6期。

[7] 吴光芸、周芷馨：《封闭式管理政策创新扩散的时空特征、路径模式与驱动因素——基于重大公共危机治理的研究》，《软科学》2022年第3期。

[8] 蔡长昆、杨哲盈：《嵌入、吸纳和脱耦：地方政府环境政策采纳的多重模式》，《公共行政评论》2022年第2期。

到变通执行[1]的过程，为优化政策内容提供参考。

研究热点议题的第二个聚类是"中华民族共同体与民族关系"。中华民族共同体是习近平总书记在中国共产党第十九次全国代表大会报告中明确提出的又一重要表述，党的十九届五中全会把"中华民族凝聚力进一步增强"写入"十四五"规划，对铸牢中华民族共同体意识进行战略性部署。国内公共政策研究主要呈现出两大趋势：一是基于政策议程设置[2]、政策话语体系演进[3]、政策扩散效应[4]的理论视角对"中华民族共同体"进行整体阐释；二是探讨与之高度相关的政策实务，包括国际关系影响下的中国台湾问题和中国国内地区异质性影响下的少数民族问题。在2022年度379篇文献中，"中美关系""中国台湾问题""美国""中国台湾"等关键词共计出现13次，"中华民族""民族地区""少数民族"等关键词共计出现8次。就海峡两岸融合政策而言，胡石青明确提出了"以经济融合为先导"并且"突破经济融合框架"基本思路，[5] 诸多实证研究以此为基础徐徐铺开，或分析经济融合建设的人才引进政策的实践走向，[6] 或综合评估促进全面融合建设的惠台政策效应。[7] 同时，着重探讨美国、日本、澳大利亚等国家的对台政策对两岸融合进度宏观影响的规范研究也不在少数。就少数民族融合政策而言，除囊括部分政策文本和数据引证的规范研究外，实证研究主要涉及公共教育、民生服务、宗教文化、民族语言等具体政策。

---

[1] 吴克昌、唐煜金：《权衡于奖惩之间：多任务情境下基层部门政策执行策略的选择逻辑》，《公共行政评论》2022年第6期。

[2] 郝亚明、秦玉莹：《"铸牢中华民族共同体意识"政策议程设置研究——基于多源流理论模型的分析》，《学术界》2022年第6期。

[3] 于春洋：《"铸牢中华民族共同体意识"政策话语的发展脉络与构建逻辑》，《探索》2022年第1期。

[4] 吴开松、刘璐：《铸牢中华民族共同体意识政策扩散效应》，《中南民族大学学报》（人文社会科学版）2022年第9期。

[5] 胡石青：《刍议推进两岸社会融合发展的基础、步骤与政策建议》，《台湾研究》2022年第4期。

[6] 陈振明、曹瑞阳：《引进台湾人才政策执行困境的生成逻辑——基于S市Z制度执行的案例研究》，《台湾研究集刊》2022年第2期。

[7] 李非等：《新时期大陆惠台政策对于台胞社会融入的成效研究——以平潭综合实验区为案例》，《台湾研究集刊》2022年第3期。

研究热点议题的第三个聚类是"共同富裕与乡村振兴",关键词"共同富裕"共计出现 8 次,"乡村振兴"共计出现 5 次,"扶持政策""再分配"等关键词出现频次均≥2 次。得益于精准扶贫、精准脱贫基本方略的有效实施,中国已于 2020 年如期完成新时代脱贫攻坚目标任务,基本消除绝对贫困。巩固脱贫成果、治理相对贫困,以及衔接乡村振兴、推进共同富裕成为"后脱贫攻坚时代"工作的重中之重。① 因此,公共政策研究的焦点主要集中于社会政策宏观转型和乡村振兴政策微观实施上。社会政策宏观转型的关键在于如何实现"有发展的改善"②,学界主流观点认为:政策设计应以需求为本,更加注重公平正义和协调均衡;政策实施应以发展为基,更加注重多元主体的共同参与。③ 至于乡村振兴政策微观实施问题,彭小兵和彭洋认为,地方政府的资源配置与政策实施逻辑具有高度关联,地方政府在中央信号机制的影响下具有纵向上适应、横向上吸收的逻辑判断与价值选择,对于政策的经济属性具有明显偏好。④

研究热点议题的第四个聚类是"数字治理与数据政策","数字治理""数字政府""数字政务"等涉及治理目标和"数据政策""数据利用"等涉及治理工具或技术的关键词共计出现 14 次。新冠疫情的突然暴发对中国政府的治理水平提出了巨大考验,以确诊病例时空分布信息公开为基础、以限制并追踪人口流动的疫情防控政策的实施效果对政府与民众之间的数据开放和政府与政府之间的数据共享提出了更高要求。然而,各地治理实践中却频繁出现数据瞒报、一省多码、错误赋码等乱象,集中引发了公共政策研究对数据开放与共享的深度探索。一是尝试利用生命周期理论和利益相关者模型⑤、政策生

---

① 关信平:《现阶段我国走共同富裕道路的社会政策目标及路径》,《西北师大学报》(社会科学版) 2022 年第 3 期。
② 张汝立等:《"有发展的改善":共同富裕视角下中国社会政策转型研究》,《社会政策研究》2022 年第 3 期。
③ 张超:《共同富裕视域下中国社会政策转型探析》,《北京航空航天大学学报》(社会科学版) 2022 年第 5 期。
④ 彭小兵、彭洋:《乡村振兴中地方政府的注意力配置差异与治理逻辑研究——基于 410 份政策文本的扎根分析》,《中国行政管理》2022 年第 9 期。
⑤ 刘嘉琪等:《政府数据开放共享政策的内容体系构建研究》,《数字图书馆论坛》2022 年第 8 期。

态学理论①、诺兰模型②梳理数据开放共享政策的目标、内容及其演化变迁的动力与过程；二是基于规制导向和开发导向探寻数据开放共享政策执行的影响因素，前者主张政策问题的可处理性、政策协调能力和政策衔接能力通过规制政策执行的形式、问题、逻辑和条件等影响数据开放共享效果，③后者强调政策实施技术、组织与环境建设开发水平的交互联动对数据开放共享效果的影响；④三是对于数据开放共享的效果组态评价⑤和生态优化建议。⑥

四 结论与展望

自20世纪80年代公共政策研究在国内兴起以来，四十余年的探寻与追索积累了极为丰富的理论成果与实践经验，研究规模和研究水平均已取得巨大提升。本文以政治学、行政学与行政管理、管理学和中国政治四类中文社会科学引文索引来源期刊和拓展期刊2022年度刊载的379篇文献为样本，利用CiteSpace和Excel软件开展文献内容分析和计量统计，试图追踪2022年度国内公共政策研究的整体进展与前沿动态，从以下四个方面归纳国内公共政策研究的最新进展。

第一，学术生态建设持续深化。一方面，2022年度公共政策研究的刊载数量整体较高，在四类中文社会科学引文索引来源期刊中共计刊载379篇，远超1978年至2019年公共政策研究年均刊载数量84

---

① 赵龙文等：《生态视角下我国政府数据开放共享政策体系的互动演化分析》，《情报资料工作》2022年第3期。
② 傅荣校：《我国政务数据共享的政策目标变迁与共享实践推进》，《档案学通讯》2022年第5期。
③ 雷浩伟、廖秀健：《省级政府大数据发展应用政策的规制导向与执行优化研究——基于政策文本的分析》，《公共管理与政策评论》2022年第2期。
④ 阮霁阳：《数字政府建设影响因素研究——基于127份政策文件的大数据分析》，《西南民族大学学报》（人文社会科学版）2022年第4期。
⑤ 朱晓峰等：《共生理论解构下政府数据开放政策导向与实施成效的组态分析》，《图书情报工作》2022年第14期。
⑥ 付熙雯：《数字中国建设中政府数据开放利用政策的优化》，《陕西师范大学学报》（哲学社会科学版）2022年第4期。

篇,① 说明国内公共政策研究的学术关注度日渐提升。另一方面，2022年度公共政策研究权威期刊《管理世界》《公共管理学报》《中国行政管理》《公共行政评论》等共同构筑起公共政策研究交流与对话的前沿阵地，《华中科技大学学报》（社会科学版）、《科研管理》《中国工业经济》等期刊呈崛起之势，表征着国内公共政策研究阵地进一步扩大。此外，2022年度下载量和被引量前十名的公共政策研究的篇均下载频次和最高被引频次相较于2021年均明显提升，从侧面反映出国内公共政策研究质量不断提升，对未来研究的启迪与贡献不断深化，在时间维度上已实现一定程度的知识循环和更新。

第二，学术合作网络基础初步建成。在2022年度刊载的379篇公共政策研究文献中，约有64.12%的文献属于合作成果。虽然合作网络整体密度较低，相对稳健、频繁的学术合作关系仅见于两名学者之间，但已围绕部分核心研究者形成固定学术联结，学术研究者合作网络进一步深入拓展的基础已初步奠定。同时，学术合作网络呈现出"差序格局"，相对稳健的学术联结在机构行业属性和空间属性层面常见于同行合作和院（系、所）际、校际合作，且并未形成国际合作关系，行业差异和地域分异构成学术交流合作的两大壁垒。

第三，研究方法和研究理论的复合多元与持续创新。2022年度国内公共政策研究延续2021年度的复合多元、持续创新倾向并进一步强化，在资料收集方法和分析方法中均有所体现，与2021年度的明显不同主要体现在Q方法及PQ Method软件的开发运用上。研究方法运用的复合多元和持续创新能显著增强研究资料的广泛性与真实性，进而为理论模型与分析框架的调适和建构奠定基础。2022年度国内公共政策研究以情境调适和经验建构进行理论运用的比例相较于2021年度进一步提升，有力地凸显了国内公共政策研究运用现有理论谋求其自身发展的强劲势头。

第四，研究领域的持续扩张和研究议题的与时俱进。2022年度国内公共政策研究领域延续经济建设、政治建设、文化建设、社会建

---

① 黄新华、林迪芬：《改革开放以来中国公共政策研究的知识图谱——基于CiteSpace软件的可视化分析》，《厦门大学学报》（哲学社会科学版）2019年第1期。

设和生态文明建设"五位一体"的总体布局，但对政策实务和研究主题的聚焦呈现出新的变化，具体表现为数字治理、国际关系、智库建设、共同富裕、数字经济、抚幼托育、社会组织、族群文化、资源开发保护9项实务进展的新增研究，以及对中华民族共同体与民族关系、数字治理与数据政策两个热点议题的新增讨论。

当前，世界百年未有之大变局加速演进，国际力量对比发生深刻调整，国内新冠疫情态势基本平稳但影响深远，国家发展进入战略机遇和风险挑战并存、不确定难预料因素增多的特殊时期，扎根于国家治理实践的公共政策研究势必会作出适应与调整，聚焦于更具有战略性和针对性的理论课题进行研究。

第一，关注中华民族共同体建设和两岸融合发展持续深化进程中的公共政策研究。一方面，伴随着社会主义现代化建设的持续推进，各民族地区势必会面临如何适应现代化的快节奏、高压力、大差距的问题，公共政策必然面临着各地区如何因地制宜、"本土化"的问题。民族问题极具敏感性和复杂性，民族工作往往聚焦矛盾、冲突的易发多发地，公共政策研究理应为处理好一般事务与民族事务的关系提供方法与思路。另一方面，两岸融合发展是实现民族统一和富强的历史必然，但中国当前身处于国际力量对比深刻调整，和平、发展、安全、治理四大赤字加重的动荡与变革之中，国际敌对势力始终未曾放弃对国家的内政干涉与分化瓦解。如何妥善应对敌对势力在政治、经济、文化方面的攻略与入侵，并在应对中把握机遇、推进两岸融合发展，同样需要公共政策研究为政策实务提供借鉴。

第二，关注高质量发展和共同富裕目标共同指引、相互作用下的公共政策研究。一方面，高质量发展和共同富裕是中国社会主义现代化建设进程中提出的相辅相成、共生演进的两大目标，其实现均有赖于高质量政策的精准实施。公共政策研究理应立足于实务视角和理论视角，对实践热点予以及时回应，对实践过程予以深刻分析。另一方面，高质量发展和共同富裕两大建设目标存在局部张力，前者侧重于"优发展"，后者侧重于"补短板"，二者在资源配置层面存在挤压效应，公共政策研究理应发挥其协调功能，深刻把握"优发展"和"补短板"的动态平衡，实现效率效益和公平正义的统一。

第三，关注数智技术与社会治理深度结合趋势下的公共政策研究。一方面，新冠疫情的治理实践充分证明了数智技术的"双刃剑"特征，人治力量和技治力量的深刻互动所催生的技术滥用、技术俘获等乱象亟待防范、治理，公共政策研究理应立足于规制导向推进公共政策体系建构，实现人治和技治的良序共生。另一方面，大数据时代的到来促进科学研究范式的深刻变革，作为"第四范式"的数据科学强势崛起，[1] 新型数据收集方式和数据集散平台的创设为公共政策研究提供了更加丰富的资料来源和更加便捷的分析手段，为公共政策研究注入新的发展动力。

第四，关注复杂风险同期叠加、交互演化情境下的公共政策研究。一方面，针对新冠病毒的管控措施在2023年1月8日发生了巨大变化，标志着突发性公共卫生事件应对与治理明确进入恢复阶段，公共政策研究基于防控政策实施个案的聚焦和透析已呈下降趋势。对于国家应急管理体系建设的反思与优化理应提上日程，为公共危机预防和治理奠定基础。另一方面，与自然风险治理过程相伴而生的潜在技术风险与制度风险同样需要受到重视。当今社会面临着各种风险交互作用的复杂情势，现有理论成果与风险交互演化催生的多样化、复杂化实践样态必然存在不匹配之处，只有不断深化理论创新性发展，才能为实践提供持续指引。

---

[1] 陈振明：《学科交叉和知识融合视野中的公共治理研究》，《中国行政管理》2022年第1期。

中国政治学新兴学科研究的新热点

黄杨森　王义保[*]

中国特色社会主义进入新时代，中国政治学新兴学科发展迎来了新契机。习近平总书记在哲学社会科学工作座谈会上的讲话精神进一步鼓舞着广大政治学人奋进新时代，为构建中国特色政治学学科体系、学术体系、话语体系而努力工作。[①] 在当今中国社会主义文化强国建设过程中，要不断"推进中国特色哲学社会科学学科体系、学术体系、话语体系建设"[②]。政治学在当今科学知识综合化、交叉化和系统化的潮流中不断拓宽研究领域、丰富研究内容和更新研究方法，与其他多种学科相互作用、彼此融合，产生了一大批新兴学科。[③] 梳理公开发表的相关学术成果，检视政治学新兴学科的最新发展状况，有利于政治学人更好地把握政治学新兴学科的发展现状与时代使命，并积极思考未来政治学新兴学科的繁荣之路，从而促进中国特色社会主义政治学理论的建设与发展。

一　中国政治学新兴学科研究的知识图谱

基于 Citespace 软件，通过对政治学新兴学科文献数据信息的全面

---

[*] 作者工作单位：黄杨森，徐州医科大学管理学院；王义保，中国矿业大学公共管理学院。
① 王炳权：《新时代中国政治学的发展与前瞻》，《社会科学研究》2023 年第 1 期。
② 《中共中央关于党的百年奋斗重大成就和历史经验的决议》，《人民日报》2021 年 11 月 17 日第 1 版。
③ 王沪宁：《世界政治学面临二十一世纪》，《政治学研究》1988 年第 2 期。

搜集与精细研读，可以绘制出可视化知识图谱，从而对其中的研究理论增长、范式路径转换、学科领域演进以及学科结构辨识等进行研究，以此形成对政治学新兴学科研究领域的科学理性认知。

（一）数据收集与筛选

以 CNKI 数据库为数据来源，在"高级检索"的"期刊"选项中，以"政治学"为主题词，检索条件为"精确"，出版年度为"1998—2022"，检索全部 CSSCI 期刊（含扩展版）论文。此次检索共得到样本 5152 篇，经查验，把不属于政治学新兴学科的文献剔除之后，最终确定有效样本 975 篇（检索时间截至 2023 年 7 月 1 日）。

计量可视化分析是本文的主要方法。在确定数据来源后，首先将选定的数据样本通过 CNKI 数据库导出，形成可供 CiteSpace 识别的数据格式（Refworks）。尔后通过 CiteSpace 软件，分别以作者、单位机构、关键词为研究对象，对转化后的政治学新兴学科数据进行共现分析，进而绘制出相应的政治学新兴学科知识图谱。最后，基于政治学新兴学科的计量可视化分析结果，结合对相关文献的深入研读，从而对政治学新兴学科的发展状况进行深入挖掘，进而探寻政治学新兴学科当前的研究热点和演化路径以及未来的发展趋势。

（二）文献年度分布

政治学新兴学科文献的数量是衡量政治学新兴学科知识量的重要尺度，数量的变化则能直观体现出政治学新兴学科知识量的累进状况。如图 1 所示，1998—2004 年期间发表的文献数量较少，相关研究尚处于起步探索阶段；2005—2013 年期间相关研究论文呈稳步增长趋势，并在 2013 年达到第一个峰值点，是知识快速增量阶段；2014—2022 年相关研究的年度发文量逐渐趋于平稳，代表着政治学新兴学科研究进入知识深化阶段，并在 2021 年达到发文最大峰值点（76 篇）。

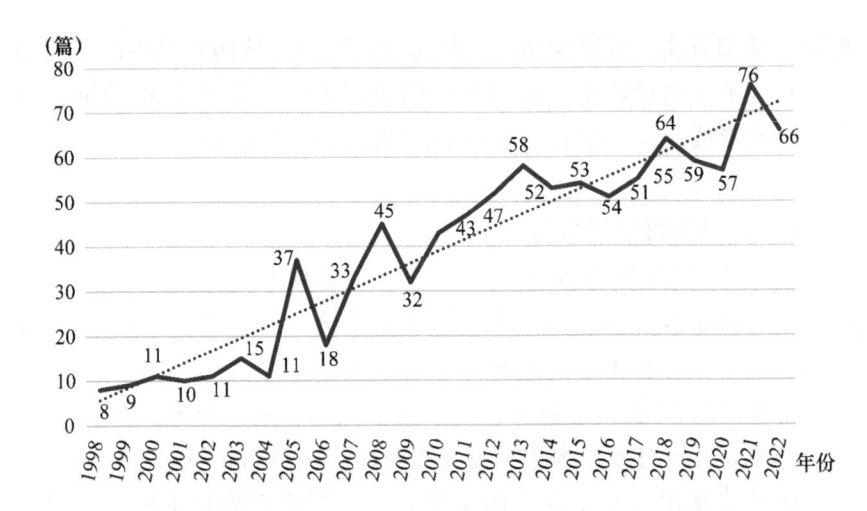

图 1 政治学新兴学科研究期刊发表文献数量变化态势

（三）高产作者及合作网络分析

运用 CiteSpace 4.0 软件对所收集到的文献作者进行统计并绘制出作者合作网络图（如图 2 所示），能直观地展示政治学新兴学科研究的主要作者及其合作情况，节点越大，表明该作者发文越多，节点间的连线越粗表示合作关系越紧密。从图 2 可以看出，高奇琦（13篇）、刘云刚（13篇）、马雪松（12篇）、胡志丁（11篇）、蓝江（10篇）、杨光斌（10篇）、王丰龙（8篇）、刘峰杰（8篇）等学者是在政治学新兴学科研究中发文较多的作者。刘云刚、马雪松、杨光斌、高奇琦、黄新华等连线相对较多，表明分别以他们为核心形成了政治学新兴学科研究的合作网络。然而，政治学新兴学科研究作者大多呈零散分布，合作网络较少且规模很小，而且在已有的合作网络中，仅有少量团队属于跨单位合作，如以刘云刚为核心的研究团队，与来自中山大学、云南师范大学等高校的研究人员，共同研究地理政治学的相关问题。

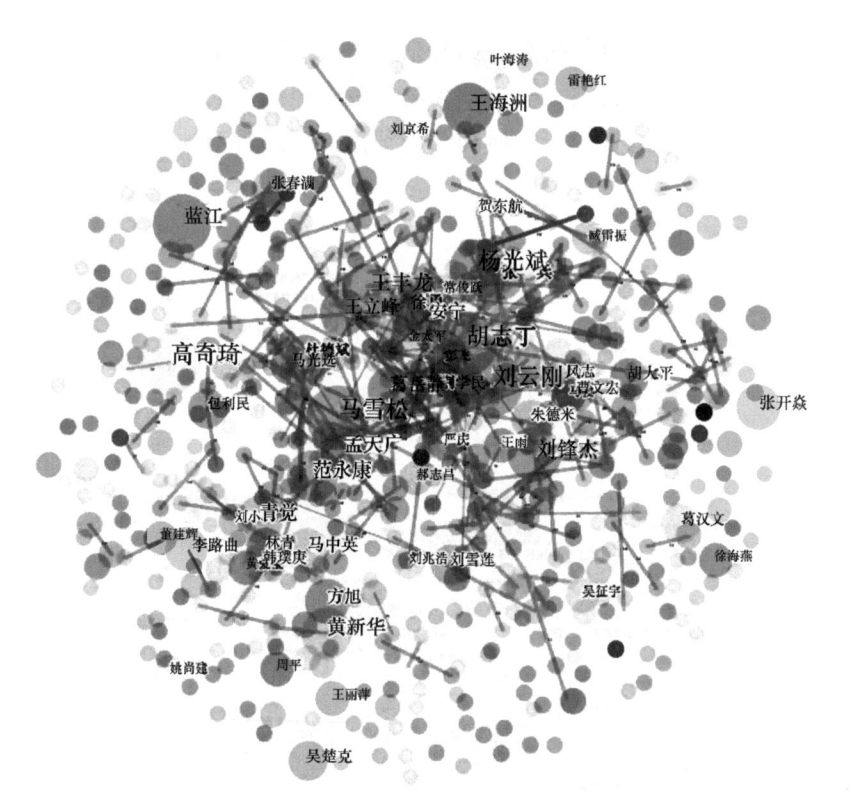

图 2 政治学新兴学科研究作者及其合作网络

(四) 代表性研究机构分析

从研究机构来看，吉林大学行政学院发文 30 篇、南京大学哲学系发文 23 篇，成果十分显著；中国人民大学国际关系学院紧随其后，发文 22 篇；武汉大学政治与公共管理学院和华东政法大学政治学研究院各发文 15 篇、14 篇，北京大学政府管理学院发文 12 篇，苏州大学政治与公共管理学院、苏州大学文学院各发文 11 篇，复旦大学国际关系与公共事务学院发文 10 篇；其他各机构发文数量均不足 10 篇。

从政治学新兴学科研究机构合作情况来看，机构内部合作发文较多，但也不乏研究机构之间合作发文的情况。现有的机构间合作可大致分为两大类。一类是高校内部的跨学科合作，如南京大学哲学系与南京大学马克思主义社会理论研究中心、吉林大学行政学院与吉林大学法学院等高校内部机构间合作发文。另一种是高校之间或高校与研究机构之间进行的合作研究，如南京大学政府管理学院与广州大学公共管理学院、华中科技大学哲学系与中南财经政法大学哲学系，中国科学院地理科学与资源研究所和云南师范大学旅游与地理科学学院等跨校合作。

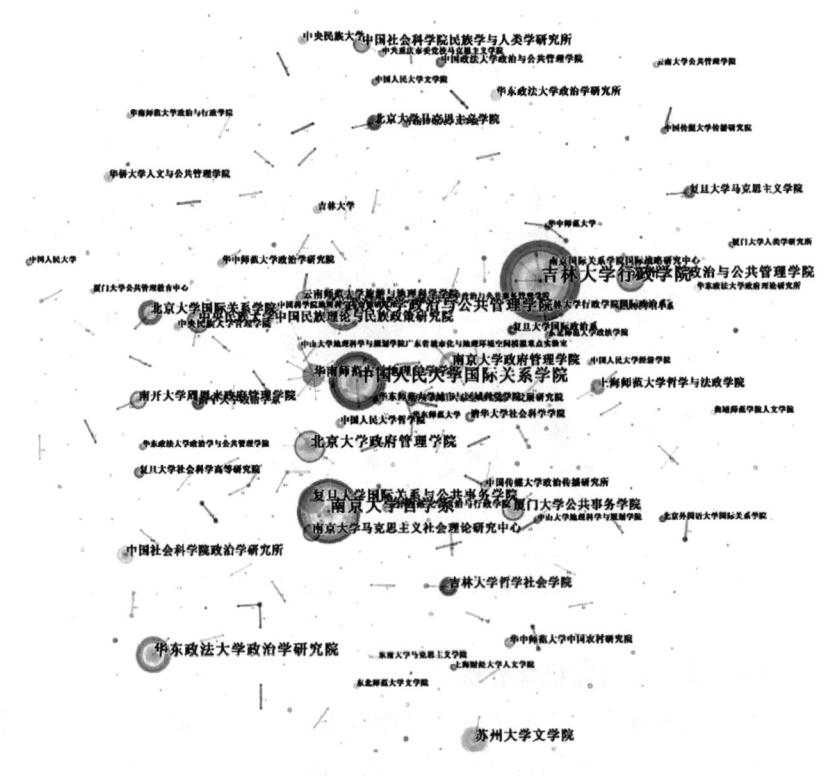

图3 政治学新兴学科主要研究机构

（五）高被引论文分析

高被引论文通常是在一个学科领域中被引频次排名同年度前1%的论文。通过对政治学新兴学科高被引论文的梳理，可以了解政治学新兴学科的研究热点。囿于篇幅，通过对被引频次居前20位的论文的梳理，发现政治学新兴学科高被引论文多集中在风险社会、网络政治、新制度主义、地缘政治、生态政治、政治经济学等主题上。如表1所示，网络政治学、风险社会政治学、地缘政治学、生态政治学等相关主题的论文受到研究者更多的关注和青睐，在政治学新兴学科相关论文创作中得到优于其他选题论文的借鉴和引用。这些高被引文献在一定程度上反映出一段时间内学界有关政治学新兴学科的研究热点与关注焦点。

表1　政治学新兴学科研究被引频次居前10位的论文

序号	题目	作者	年份	被引频次（次）
1	网络空间的政治互动：公民诉求与政府回应性——基于全国性网络问政平台的大数据分析	孟天广、李锋	2015	353
2	风险社会政治学	乌尔里希·贝克等	2005	304
3	新制度主义政治学的兴起	朱德米	2001	197
4	政治与传播的视界融合：政治传播研究五个基本理论问题辨析	荆学民、施惠玲	2009	193
5	政治与经济的整合研究——公共选择理论的方法论及其启示	陈振明	2003	174
6	"一带一路"的地缘政治想象与地区合作	曾向红	2016	173
7	当代西方社群主义及其公益政治学评析	俞可平	1998	169
8	国外学者对网络政治的研究	刘文富	2001	148
9	文化认同的危机与身份界定的政治学——乡村文化复兴的二律背反	赵旭东	2007	119
10	大数据政治学：新信息时代的政治现象及其探析路径	孟天广、郭凤林	2015	118
11	交易费用政治学：现状与前景	马骏	2003	103
12	"一带一路"与地缘政治理论创新	科林·弗林特等	2016	91
13	语言的政治 vs. 政治的语言——政治语言学的理论与方法	孙玉华等	2015	90
14	我国政治地理学研究的新发展：地缘环境探索	胡志丁等	2013	90
15	1990年以来中国地理学之地缘政治学研究进展	杜德斌等	2015	85
16	网络政治学：虚拟和真实	朱德米	2001	80
17	网络政治的政治学分析	李斌	2003	80
18	现代西方政治传播研究述评	张晓峰、荆学民	2009	78
19	从转型政治学看中国意识形态创新的特点	萧功秦	2006	78
20	从生态政治学的视角看社会主义和谐社会的构建	方世南	2005	77

二 中国政治学新兴学科知识图谱的可视化分析

关键词是从学术论文题名、摘要和核心研究观点中提炼出来的。对学术论文的关键词进行共现网络分析,有助于把握某一个研究领域的学术热点。[①] 因此,通过统计政治学新兴学科研究的高频关键词,绘制出政治学新兴学科知识图谱和时间分区图谱,能够清晰地展示政治学新兴学科研究的热点主题及演化路径。

(一) 高频关键词的抽取与分析

运用 CiteSpace 软件对政治学新兴学科相关文献进行关键词词频统计,整理得出居前 30 位的高频关键词 (见表2)。可以清晰地发现,比较政治学、地缘政治学、政治地理学、生命政治学、民族政治学、生态政治学、空间政治学、环境政治学、城市政治学、文化政治学、文学政治学等词出现较为频繁,是政治学新兴学科研究领域的热点主题。

表 2　　政治学新兴学科研究文献高频关键词统计

编号	关键词	词频	年份	编号	关键词	词频	年份
1	比较政治学	68	1998	16	研究方法	13	2000
2	地缘政治	42	1998	17	生态政治学	12	2001
3	地缘政治学	35	1999	18	空间政治学	12	2011
4	政治地理学	33	1999	19	政治经济学	11	2003
5	生命政治学	33	2015	20	文学政治学	11	2006
6	比较政治	24	2012	21	新制度主义政治学	11	2006
7	生命政治	24	2017	22	新政治经济学	11	1999
8	新制度主义	19	2001	23	环境政治学	11	2005
9	比较学	19	2000	24	城市政治学	10	2010
10	中华人民共和国	16	1999	25	文化政治学	10	2009

---

① 盛明科:《中国政府绩效管理的研究热点与前沿解析——基于科学知识图谱的方法》,《行政论坛》2017 年第 2 期。

中国政治学新兴学科研究的新热点　**551**

续表

编号	关键词	词频	年份	编号	关键词	词频	年份
11	历史政治学	16	2018	26	研究范式	10	2000
12	方法论	16	1998	27	马克思	10	2019
13	民族政治学	16	2002	28	政治文化	9	1998
14	马克思主义	14	2000	29	文化政治	9	2011
15	全球化	13	2002	30	生态政治	9	2000

运用 CiteSpace 4.0 软件，对所收集的文献样本的关键词进行共现分析及可视化处理，绘制出政治学新兴学科的知识图谱（见图4）。

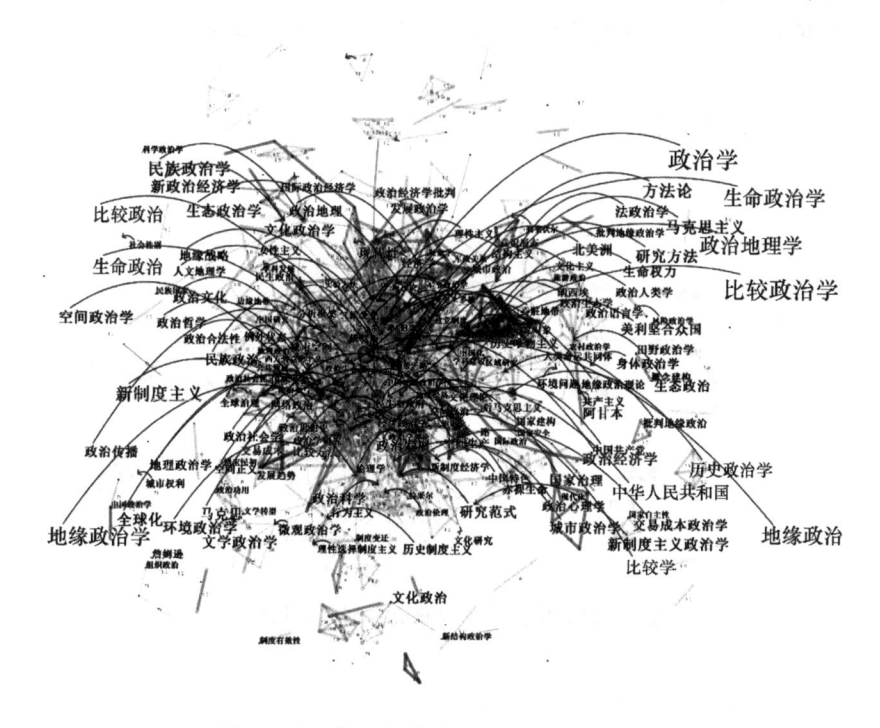

图 4　政治学新兴学科研究的综合知识图谱

观察图4可以发现，以政治学为核心议题的新兴学科研究向外辐射开来，比较政治学、地缘政治学、网络政治学、生命政治学、空间政治学、生态政治学、文化政治学、新制度主义政治学、政治心理学、发展政治学等节点相对较大且与其他节点之间连线较多，表明其为该领域关系网络的重要节点，是近年来学界关注和青睐的研究焦点。生态政治、技术政治、城市政治、环境政治学、身体政治学等关键词虽然出现频率相对较低且多出现在图谱外圈，但多处于网络中心或与其他关键词连线较多，因而很可能成为未来政治学新兴学科的发展方向和研究热点。

（二）时间分区与演化路径

为了有效梳理政治学新兴学科研究主题的时区划分，更加清晰地展示1998年至今政治学新兴学科的年度研究热点主题的演化轨迹，可以依据文章年度发表趋势，结合时间分区图谱设置成果增量的转折节点（2004年）和峰值节点（2013年），将政治学新兴学科的研究划分成三个阶段进行归纳总结（见图5）。

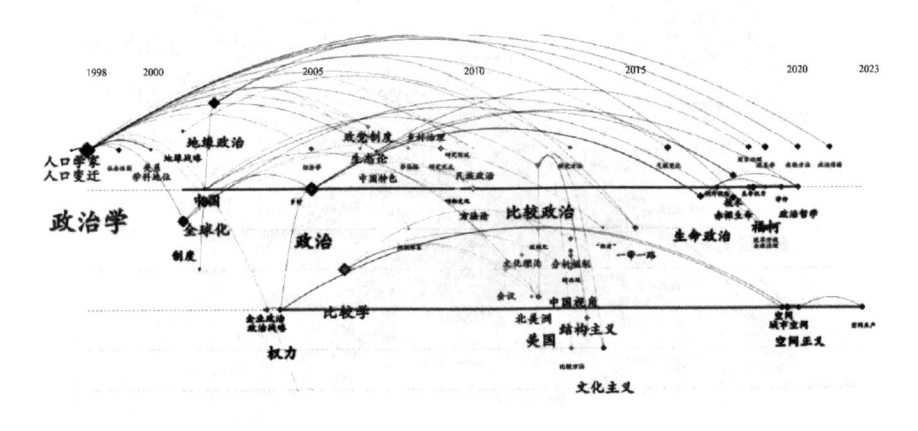

图5　政治学新兴学科研究的时间分区图谱

1. 初步探索阶段（1998—2004年）

在这一时期，有关政治学新兴学科的文献数量较少，仅占总体的7.69%；研究焦点也较为集中，主要指向比较政治学、地缘政治学、政治地理学、民族政治学、政治经济学、政治社会学等，并有少量研究开始关注政治传播、政治伦理、政党制度、新制度主义、网络政治等前沿理论与现实问题。不可否认的是，此时政治学新兴学科的相关研究尚未完全展开，处于起步探索阶段，相关研究基本为在综合其他学科相似理论基础上形成的政治学新兴学科，或者初步发展成为比较完整的分支学科，对于国外学术动态的关注和现实问题的针对性研究未能展开。

2. 繁荣发展阶段（2005—2013年）

观察图1、图5可知，在这一时期，政治学新兴学科的年度发文量呈现出快速递增的态势，发文量占总体的37.44%，并在2013年达到58篇的阶段性峰值。此时，学界不仅重视深化有关比较政治学、政治经济学、民族政治学等已有学科的研究，而且随着全球化时代的来临，以及现代化、城市化的发展趋势，"现代性"和"交叉研究"已经成为该研究领域的重要关键词，研究者开拓了又一大批政治学新兴学科，如全球政治学、城市政治学、空间政治学、发展政治学、文化政治学、新制度主义政治学等等。除此之外，学界也更加关注贴近社会现实的问题研究，形成了微观政治学、环境政治学、生态政治学、民生政治学、文学政治学、乡村政治学、身体政治学、旅游政治学等新兴学科。

3. 创新深化阶段（2014—2022年）

进入新时代以来，关于政治学新兴学科的研究成果趋于平稳，年发文量波动较小（见图1）。"百年未有之大变局"时代背景提出了政治学研究的新要求，在习近平新时代中国特色社会主义思想引领下，政治学新兴学科的相关研究更加走向深入。尤其是党的十八大以来，伴随着"地球村"的形成与互联网技术的迅猛发展，面对全面深化改革进程中暴露出的种种社会问题，学者更加关注中国当前所面临的现实问题。在积极借鉴相关成熟理论，应用最新的定性和定量研究方法的基础上，积极拓展了政治学新兴学科的研究领域，比如"一带一路"问题研究、国家治理问题研究、城市权利问题研究、民主化问题研究、气候变化问题研究等等，而且形成了网络政治学、风险政治学、生命政治学、军事政治学、和平政治学、实验政治学、计算政治学、伦理政治学等一批具有强烈时代意义的新兴学科。另外，2019年底暴发的新型冠状病毒疫情，促使研究者更加关注和研究现实相关问题，诸如生命政治学（2020年、2021年发文35篇）、技术政治学

（2020年、2021年发文6篇）等新兴学科发展迅速。2022年以来，游戏政治学、信息政治学等时代特征强烈的政治学新兴学科开始出现，并且在俄乌冲突愈演愈烈的情况下，地缘政治学再次成为研究热点。

三 中国政治学新兴学科研究的演化进路与趋势

研究者能够始终遵循正确的指导思想，积极拓展研究领域、创新研究方法，从而使中国政治学新兴学科相关研究不断创新发展。当前，社会生活中的政治问题具有高度复杂性和跨学科性，这就为政治学与其他学科的交叉研究提供了契机。然而，想要推进政治学新兴学科研究走向深入，就需要总结已有研究的基本特征，为进一步深入开展相关研究提供参考。

（一）新兴学科体系愈加创新完善，其中学科间发展存在差异

随着时间的推移，政治学新兴学科的研究体系不断完善、研究领域也不断丰富。研究者根据现实政治的需要，在既有领域深入研究的基础上，不断开拓新的研究领域，促进并更新交叉研究的范畴，积极寻求建立新兴学科的可能性。[1] 综观所收集的文献样本可以发现，学界对政治学新兴学科的研究具有多样性。其中，一部分研究是关于某一特定领域的，经过不断发展，这些领域成熟为独立的交叉学科，如政治经济学、政治社会学、政治心理学、政治人类学和政治传播学等，都是在综合其他学科相似理论基础上形成的政治学新兴学科。另一部分研究则是根据现实需求，在不同学科之间的理论交融中形成的交叉学科。其一是为适应不同时期政治需要而形成的交叉学科，包括网络政治学、生态政治学、风险政治学、城市政治学；其二是为解决现实政治问题而形成的交叉学科，包含民族政治学、军事政治学、国防政治学、警察政治学、图像政治学等；其三是对研究方法的迫切需

---

[1] 师喆、亓光：《改革开放以来中国政治学研究的基本态势》，《政治学研究》2018年第6期。

求以及不断突破而形成的交叉学科,如新制度主义政治学、田野政治学、计算政治学、实验政治学等。此外,政治学新兴学科的研究内容不断延伸丰富。随着交叉学科自身的完善发展,许多政治学新兴学科展现出在研究对象和目标方面的客观化、具体化和准确化等特征,为进一步拓宽政治学的研究领域和促进更多的新兴交叉学科的出现提供了基础,如海洋政治学、石油政治学就是地缘政治学在具体问题上延伸出来的新兴学科。

然而,值得注意的是,我国政治学新兴学科的建设仍不完善,各学科发展还很不平衡。[1] 这主要表现在以下方面。一是学科的系统性有待加强。由于不同新兴学科在学术规范、研究方法、研究群体、发展程度上存在很大差异,因而政治学学科体系的系统性有待加强。比如城市政治学、风险政治学、生态政治学和网络政治学等新兴学科由于现实性和变动性较强的原因,仍处于探索发展阶段。二是部分交叉学科的归属有待商榷。政治学新兴学科大都介于两种或多种学科之间,学科归属的界定始终存在着诸多不确定因素,导致界限模糊,例如政治地理学和地缘政治学的学科归属问题依然突出,这就为完善学科建设增添了很大障碍。三是部分交叉学科未引起学界重视,发展滞后。一些学科虽然研究意义重大,但由于处在起步阶段,没有规范统一的学科体系,或是尚未引起学界的重视因而没有得到积极充分的发展。像生物政治学、灾害政治学、政治营销学等,这些学科研究团体少、研究成果不甚丰富,也没有形成学界认可的研究内容和学科体系,目前还没有得到足够的重视。

(二) 部分新兴学科聚焦于重要理论的探源、辩证和发展

在理论探索方面,近年来,学者重点围绕生命政治学、地缘政治学、空间政治学、田野政治学等新兴学科进行理论探源、辩证和发展,有着诸多新的发现。其一,"生命政治"是近几年政治学研究的热点话题,学者以"生命价值"的全新视角对现代社会治理进行了不同于以往的阐释,为人们理解和把握现代社会治理提供了一条新路

---

[1] 卢春龙:《新政治学学科建设的时代背景与路径选择》,《政治学研究》2021年第1期。

径。古往今来，思想家尝试从不同的研究视域出发对生命政治学进行理论重构，如阿甘本的神圣机制、福柯提出的"人口"范畴与"社会自然性"，奈格里、哈特提出的"生产范式"等理论视角，这些范畴和范式为我们认识和发展生命政治学提供了多重视域，这也成为近年来相关研究的重点。其二，地缘政治学的相关理论一直以来都是学者研究的重点。于海洋等人对传统地缘政治理论进行了反思，认为虽然传统地缘政治理论关于"地理因素与国际冲突创造存在关联""地理空间存在跨界管辖的客观需要"的判断具有合理性，但更加有效的地缘政治议程应该聚焦全球地缘政治环境对国家身份与行为的塑造及影响，中立地描述地理空间与政治活动之间的互构关系，预测地理空间及国家政治行为在这种互动中产生的变化，并基于这样的逻辑，考虑国家在地缘战略方面的多种可能性。[1] 此外，学者还通过对当前北极事务、美国地缘政治战略的反思批判传统地缘政治学过度强调海陆对峙、权力政治、空间控制及大国政治等。[2] 其三，空间政治学聚焦空间与政治之间的关系研究，以空间生产、尺度重构及空间正义构成其分析框架。学者在共同体、社区治理、生态治理等方面有所突破。宋道雷等从共同体的视角指出，空间政治学强调空间是政治的、意识形态的，并认为空间与权力相互交织，空间不仅充满着权力，也是权力关系的产物。因此空间是公权力主体和社会参与主体共同的发声场，社会参与主体可以通过开辟新的开放性的政治辩论话语空间的方式，发起纠正错误和证明平等的辩论和行动。[3] 许中波等人则以社区治理为分析对象，以空间政治学视角关注地方化微观尺度的空间结构和政治过程，致力于构建本土性的理论框架，用以解析城市社区空间实践背后的政治和权利关系。[4] 其四，田野政治学是以农村基层政权

---

[1] 于海洋、张微微：《传统地缘政治理论的批判及中立性地缘议程建构的可能》，《社会科学》2021年第11期。

[2] 曾向红、张少文：《从"亚太"到"印太"：批判地缘政治学视角下美国亚太战略的调整》，《当代亚太》2021年第3期。

[3] 宋道雷、丛炳登：《空间政治学：基于空间转向分析框架的空间政治》，《东岳论丛》2021年第7期。

[4] 许中波、孙哲：《社区治理的空间政治学——兼论"党建引领治理"的空间路径》，《甘肃行政学院学报》2021年第4期。

建设、农村基层治理和农村社会变革为核心，以农村自治、农村政治关系、农村政治管理等为研究主线，聚焦于国家社会与农业农村农民的实践问题。在乡村振兴背景下，研究者创新议题与特色，其学术路径、方法及理论视角为中国政治学破解"被边缘化"的危机作出了贡献，是中国政治科学的学术自觉。田野政治学目前逐渐转向微观权力、话语及日常政治分析的研究范式；将农村问题置于历史深处，从时空情景下探究农村政治环境、功能、行为、文化、发展的独特性，寻找乡村治理的中国根基；并且不断与国际学术接轨、对话、超越本土化。① 有学者指出田野政治学的未来发展方向：一是田野调查中开发的概念与政治学理论的有机联结；二是概念的经验性与普遍性的有机结合；三是概念的深度开发与扩展研究；四是概念体系的完善。②

（三）新兴学科多围绕现实问题展开，而理论基础急需中国智慧

学科产生的社会价值在于它解决现实问题的实用性。一个学科想要不断创新和发展，就必须综合考虑经济社会发展程度、从实际出发开展研究，这也是一门学科能够产生不竭动力的生命力之所在。中国政治学新兴学科理论工作者不懈努力，从中国具体国情和现实发展出发思考问题，对一些重大现实问题进行了深入探讨和研究。面对中国特色社会主义新时代，倡导人类命运共同体，"一带一路"等新形势、跨界民族、新挑战等现实问题，学者仍孜孜追求，从未懈怠。周平从族际政治的视角展开，分别就族群政治理论的中国选择、民族国家认同构建，尤其是国家疆域及其治理等问题进行了深入分析。③ 这些扎根中国现实的理论建构，能够为中国政治学新兴学科的发展奠定现实基础并注入活力。而面对新冠疫情对经济社会发展的持续影响，学者愈发关注与之相关的生命政治学、健康政治学、技术政治学、政

---

① 王炳权：《新时代中国政治学的发展与前瞻》，《社会科学研究》2023 年第 1 期。
② 黄振华：《田野政治学：构建中国特色政治学的重要路径》，《探索》2021 年第 6 期。
③ 周平围绕这些问题发表了一系列相关论文，包括《族际政治：中国该如何选择？》(2018 年)、《民族国家认同构建的逻辑》(2017 年)、《陆疆治理：从"族际主义"转向"区域主义"》(2015 年)、《国家发展中的疆域安全问题》(2015 年)、《论国家疆域的治理》(2015 年)、《国家的疆域：性质、特点及形态》(2015 年) 等。

治传播学等研究，并以此为视角分析和总结现实问题。尤其是生命政治学、医疗政治学、身体政治学受到学者的广泛关注。宋培军指出，存异求同、休戚与共突破了公民社会的总体框架，创新了抗疫政治学的历史路径。① 刘继同则对上述几个紧密联系的新兴学科进行了反思、凝练与升华，提出了健康政治学的新范式。他认为，国内的生命政治学、身体政治学、公共卫生政治学、医疗政治学、健康政治学的研究状况比较滞后与边缘，亟待加强相关基础理论研究，进而运用政治学和健康福利理论，界定健康政治学的含义、范围内容与层次结构，聚焦国家政治权力、行政权威与医生专业权力、专业权威间关系议题，构建健康国家、健康社会、健康公民和健康生活方式，提高全民健康社会福利制度的质量。②

然而，对于越来越受到关注的政治学新兴学科而言，拓展学术视野和强化理论深度是现阶段的重要任务之一。政治学新兴学科的基础研究大都还停留在对西方理论的理解借鉴中，如空间政治学，空间政治学出场的时空纵深感和对理论谱系本身的系统性解读较为薄弱，在未来的研究议程中，空间政治学需要加强对理论底蕴和整体性框架的深入研究。③ 总之，"中国政治学虽然在长时间内以规范研究为主导，但遗憾的是其基础理论迄今仍然薄弱，创新性成果仍然匮乏"④。

（四）研究方法取得系列进展，而方法论体系还需突出政治学"底色"

研究方法是影响一门学科发展是否完善的重要因素之一，尤其是对于中国政治学新兴学科而言，丰富的研究方法更是完善学科体系的重要手段。在政治学及其交叉学科长期发展的过程中，学者从学科自身发展以及实践需要的角度出发，在遵循学科发展规律的基础上不断

---

① 宋培军：《中国抗疫政治学的历史基础、现实支点与全球抗疫走向》，《青海民族研究》2021年第2期。
② 刘继同：《从"医疗政治学"到"健康政治学"：国家健康权力治理体系现代化的制度化路径》，《湖南社会科学》2021年第3期。
③ 王炳权：《新时代中国政治学的发展与前瞻》，《社会科学研究》2023年第1期。
④ 张桂林：《中国政治学走向世界一流的若干思考》，《政治学研究》2018年第4期。

转换思考方式、创新研究方法。特别是随着社会实践的不断发展，加之行为主义政治学比较推崇实证研究方法，多样化的实证研究方法在中国政治学研究中不断加速成长，如大数据和人工智能、实验性研究、调查研究方法的创新等。以大数据技术和人工智能为例。政治学研究借力大数据和人工智能，在政务大数据运用、"互联网＋"政务服务、智慧城市、舆情分析、公共数据采集和使用安全、人工智能的政治哲学等方面展开研究并取得一定的成果，拓宽了政治学的研究领域。① 孟天广团队将大数据方法②和实验方法③引入政治学研究，以期提高研究的科学性。再如田野政治学，作为田野政治学的代表人物，徐勇强调"田野"与"殿堂"互动，并持续推进"百村十年观察"和"中国农村数据库"两大工程建设，④ 期望通过田野调查和数据收集整理的方法服务学术研究。总的来说，研究方法的创新将中国政治学新兴学科的发展推向深入，促进了政治学新兴学科分支的发展，推动了研究方法的规范化、科学化。

当前，政治学新兴学科大多停留在对其他学科研究方法的借鉴运用上。这些研究方法从单一或特定的角度开展研究，使得研究成果片面性、随意性较大。还有部分新兴学科的研究者还局限于人文科学的研究方法，没能充分运用现代科学的研究方法。而且，各新兴学科彼此之间交流互动较少，研究方法多样繁杂，未能形成独具学科特色的方法论体系。由于研究方法不兼容，各个学科彼此的研究范围和研究成果都很有限，对于政治学学科整体发展而言收效甚微。限于交叉学科起步发展较晚，研究者的方法论水平也存在差异，大量的实证分析方法及技术在引入中国政治学新兴学科之后并没有得到广泛的应用。如在大数据政治学研究方法与范式上，假如能够将大数据分析与微观政治现象分析结合起来，不但可以更好地展现政治发展的整体趋势，

---

① 王炳权：《新时代中国政治学的发展与前瞻》，《社会科学研究》2023 年第 1 期。
② 孟天广、郭凤林：《大数据政治学：新信息时代的政治现象及其探析路径》，《国外理论动态》2015 年第 1 期。
③ 孟天广：《从因果效应到因果机制：实验政治学的中国路径》，《探索》2017 年第 5 期。
④ 徐勇、慕良泽：《田野与政治：实证方法的引入与研究范式的创新——徐勇教授访谈》，《学术月刊》2009 年第 5 期。

也能够拓展关于政治现象的认知维度，这对于政治学研究来说不仅是一种新的尝试，而且是定量与定性综合研究的一大发展。

四 中国政治学新兴学科的研究展望

习近平总书记强调："要通过努力，使基础学科健全扎实、重点学科优势突出、新兴学科和交叉学科创新发展、冷门学科代有传承、基础研究和应用研究相辅相成、学术研究和成果应用相互促进。"[①]长期以来，学者对政治学新兴学科的学术探索，不仅丰富了政治学研究的理论框架，提高了学科的实践能力，而且促进了具有中国特色政治学体系的形成。结合以上知识图谱分析，未来中国政治学界的研究者可以从以下几方面作出努力。

首先，瞬息万变的现实情况要求政治学新兴学科实现理论创新。尤其是在局势瞬息万变的时代背景下，政治学新兴学科想要实现理论创新，必须以现实经验为基础，打破固有思维模式，引入新的话语体系，进行较高层次的理论提升和话语创新。事实证明，只有在中国实践与经验的基础上，加强关于马克思主义政治学的研究，遵循"现有理论—政治现实—理论创新"的研究过程，才能促进实现政治学新兴学科的理论创新。

其次，推动已有新兴学科进行深化研究与发展完善。时代发展及国内外环境的变化促使政治学新兴学科不断完善，社会的多元化结构使得政治学新兴学科的研究资源愈加增多，为不断涌现的新兴学科打下了良好的现实基础。随着政治学新兴学科朝着更多样化、更细致化、更完善化的趋势发展，诸如学科归属问题也会得到妥善解决。更重要的是，科学研究的综合化、社会化促进了各学科的分化、组合、深化，学科之间的壁垒已不再明显。政治学的研究将会不断追寻多元化的热点问题，形成广泛的研究领域，这不仅有利于交叉学科的出现，同时也促进了已出现的新兴学科成熟完善。

---

① 习近平:《在哲学社会科学工作座谈会上的讲话》,《人民日报》2016年5月19日第2版。

再次，学科发展需要研究方法的持续创新。中国政治学新兴学科不仅坚持发展规范研究方法，而且愈发注重实证分析方法及技术的研究和引进，比如案例分析、田野调查、实验方法和大数据方法等。然而，这些研究方法从单一或特定的角度进行研究，使得研究成果片面性、随意性较大；且由于研究方法不兼容，各门学科彼此的研究范围和研究成果都很有限，导致政治学学科整体发展收效甚微。因此，需要进一步创新研究方法，同时方法论体系还需突出政治学"底色"，使其成为兼具一般性、可行性与适用性的方法论基础。

最后，学科研究应当坚持"中国道路"，积极发挥中国智慧。中国共产党的百年奋斗重大成就和历史经验明确告诉我们，要"推进中国特色哲学社会科学学科体系、学术体系、话语体系建设"[1]。未来政治学新兴学科的研究重心是适应中国政治发展的需要，研究中国政治发展问题，要有大局观念，能够分清主次缓急、合理分工，既能做大局化、前瞻性研究，也能做具体问题的研究。这就需要深入理解中华文明，从历史和现实、理论和实践相结合的角度深入阐释如何更好地坚持中国道路、弘扬中国精神、发挥中国智慧。广大哲学社会科学工作者应当共同努力，在新的时代条件下推动中华优秀传统文化的创造性转化、创新性发展。[2]

---

[1]《中共中央关于党的百年奋斗重大成就和历史经验的决议》，《人民日报》2021年11月17日第1版。

[2]《习近平给〈文史哲〉编辑部全体编辑人员回信》，《人民日报》2021年5月11日第1版。